精研互鉴　育心育人

——大学生心理健康教育研究

主　编　李　焰　张国臣

副主编　马喜亭　刘云飞　石昌远　陈　阳

东北大学出版社

·沈　阳·

图书在版编目（CIP）数据

精研互鉴 育心育人：大学生心理健康教育研究 / 李焰，张国臣主编．— 沈阳：东北大学出版社，2021.10

ISBN 978-7-5517-2796-9

Ⅰ．①精… Ⅱ．①李… ②张… Ⅲ．①大学生－心理健康－健康教育－研究 Ⅳ．① G444

中国版本图书馆 CIP 数据核字（2021）第 207310 号

出 版 者：东北大学出版社

地址：沈阳市和平区文化路三号巷 11 号

邮编：110819

电话：024-83687331（市场部） 83680267（社务部）

传真：024-83680180（市场部） 83687332（社务部）

网址：http://www. neupress. com

E-mail:neuph@ neupress. com

印 刷 者：辽宁一诺广告印务有限公司

发 行 者：东北大学出版社

幅面尺寸：185 mm × 260 mm

印 张：31.25

字 数：646 千字

出版时间：2021 年 11 月第 1 版

印刷时间：2021 年 11 月第 1 次印刷

组稿编辑：向 阳

责任编辑：项 阳 邱 静

责任校对：汪彤彤 张 媛

封面设计：潘正一

ISBN 978-7-5517-2796-9 定 价：88.00 元

《精研互鉴　育心育人——大学生心理健康教育研究》编委会

序　言

在《精研互鉴 育心育人——大学生心理健康教育研究》即将出版之际，我们选用了我国资深心理学家林崇德先生在中国心理卫生协会大学生心理咨询专业委员会第六届委员会第三次会议暨2020年全国高校心理健康教育高峰论坛开幕式上的讲话作为本论文集的序言。林崇德教授作为教育部普通高等学校学生心理健康教育专家指导委员会主任，一直关心并推动我国高校心理健康教育工作的发展，曾多次亲临中国心理卫生协会大学生心理咨询专业委员会举办的学术会议并作重要指示，对大专委（即大学生心理咨询专业委员会）的工作给予了极大支持和鼓励。在本次高峰论坛的开幕式上，林崇德教授在百忙之中专门抽出宝贵时间为论坛作重要讲话。林先生在讲话中针对当前高校心理健康教育工作提出了三个方面的问题，值得每一位从事高校心理健康工作的教师深思，也是我们今后工作努力的方向。

征集学术论文也是本次高峰论坛的一个重要组成部分，旨在加强高校心理健康教育工作者的科研水平，开展学术交流，促进相互学习，共同进步提高。在本论文集公开出版前，我们事先向德高望重的林崇德教授请示，希望选用先生在论坛开幕式上的讲话作为论文集的“序言”，使我们高校未来的心理健康教育与研究更有方向和重点。让我们特别高兴的是，林先生欣然同意。在此，我们代表全国高校心理健康教育教师，再次感谢林崇德先生。

下面是林崇德教授在本次高峰论坛开幕式上的讲话。

各位心理学界的同行，或者说心理咨询的同行，大家好！

感谢大专委特别是清华大学李焰理事长、北京航空航天大学马喜亭副理事长的邀请，想和大家谈一点我自己对于中国心理卫生协会大学生心理咨询专业委员会的一些想法。这里，我想谈三个问题。

第一是建立中国特色的学生心理健康教育体系问题。我们心理咨询、心理健康教育，做了很多年了。如果从上海市黄浦区 1987 年搞心理健康教育开始算起的话，到现在已经三十年有余了。我们的大学、中学，甚至小学都在搞心理健康教育，但是我们有没有一个科学的体系？我们能不能建立坚持以辩证唯物主义哲学为导向、坚持洋为中用古为今用为原则、坚持理论联系的学风，建立具有中国特色的学生心理健康教育的体系？有关这个心理健康教育的体系问题，能不能作为新一届大专委的一项工作任务？

2015 年 4 月 22 日，我被教育部任命为普通高等学校学生心理健康教育专家指导委员会主任。当时教育部副部长杜部长问我：这一届，你的主要问题是抓什么？我说，抓大学生心理健康教育的指导纲要。后来我把这个指导纲要交给了我的弟子——中国人民大学俞国良教授，他把这项任务完成了。2018 年教育部党组颁发了《高等学校学生心理健康教育指导纲要》(教党〔2018〕41 号)。在指导纲要的基础上，我们再做深入一步研究，这就是体系的研究。我们的指导思想就是习近平总书记在中国哲学社会科学大会上的讲话精神。

第二是研究大学生的心理危机干预问题。比起国外、比起整个中国的成年人，我们当前的大学生自杀率是比较低的，但我们决不能满足，我们要力求一次次降低这个“率”。哪怕是一个人自杀，也是一个大问题，因为对这个学生的家庭来说，这就是百分之百；对社会来说，这是一种不安定的因素。因此，所谓自杀率低不值得骄傲。

话说回来，为什么我们中国大学生自杀率能够在整个国际大学生界，在中国成年人中间是低的？就是因为有我们大学生的心理辅导员，有从事心理健康教育的老师们。我们要以人民至上、生命至上为出发点，以积极的心理咨询、积极的心理辅导，引导学生走心理安全与生命安全的道路，我们是大学生安全的护航者。但事情一分为二，提出了另一个问题，就是针对目前大学生自杀的问题怎么办？我认为大专委下一届应把心理危机干预问题，或者说心理危机干预的研究问题、培训问题、实践指导的问题，作为一项重要的任务，使我们的大学生在校园里面安安全全地度过他们美好的、阳光的一段青春时期。

第三是提高心理健康教育教师队伍的质量问题。我们的大学、中学、小学心理健康教育搞了三十多年，尽管在师资质量问题上有些参差不齐，但是我们心理健康教育的老师，秉承着中国心理学界的一种优良传统，哪里有灾害、哪里有疫情，就冲向那里。2008年，他们冲向了抗震救灾的第一线；2020年，大家又都冲杀在抗疫的第一线，我们一起上了战场。因此，我的第三点想法，就是进一步提高我们心理健康教育教师队伍的质量问题，也就是以教师的质量为基础，提高我们整体大学生心理健康、心理咨询、心理辅导的质量，要使大学生心理更健康、更阳光、更安全，使他们积极向上、全面发展。因此，质量问题是下一届大专委应该重点考虑的问题，因为它包含着师德师风的问题。至于怎么提高，你们有办法，必要的时候，我可以和大家来一起商讨。

谢谢李焰理事长，谢谢马喜亭副理事长，谢谢所有邀请我参加大会的心理咨询的同行们！

林崇德

2020年11月26日

前　言

大学生心理健康不仅关系到学生的个人成长，也关系到民族素质的提高。良好的心理素质是一个人克服困难、战胜挫折，成为一名勇于探索、善于竞争、富于创新人才的不可或缺的因素。大学生作为一个特殊的社会群体，正处在人生重要发展时期，将面临许多问题，如学习环境的适应、专业的选择适应、人际关系的处理、恋爱问题中的矛盾及未来职业的选择等。如何使大学生减少或消除由上述种种心理压力而造成的心理问题，增进心理健康，以积极的心态适应当前及未来社会的发展，已经成为高校乃至全社会共同关注的问题。

为深入贯彻习近平新时代中国特色社会主义思想，落实党的十九大和全国教育大会精神，进一步提升心理育人质量，根据中共教育部党组《高校思想政治工作质量提升工程实施纲要》（教党〔2017〕62 号）、《高等学校学生心理健康教育指导纲要》（教党〔2018〕41 号）的工作要求，结合近年来大学生心理健康教育的专业化建设及创新发展研究，总结各高校在心理健康教育工作方面的成功经验，由中国心理卫生协会大学生心理咨询专业委员会主办，东北大学、辽宁省高校心理健康教育研究会承办的中国心理卫生协会大学生心理咨询专业委员会第六届委员会第三次会议暨 2020 年全国高校心理健康教育高峰论坛于 2020 年 11 月 26 日至 28 日以线上线下相结合的形式召开。本次论坛的主题是“精研互鉴　育心育人”，围绕心理健康教育基础理论和心理干预技术展开研讨。

本次会议收到论文 106 篇，经专家认真评审，最终选出 55 篇收入本论文集。根据论文主题分为大学生心理健康教育发展与体系建设研究、高校心理咨询理论与技术研究、大学生心理健康教育途径与方法研究、大学生心理特征研究和大学生特殊心理问题与应对研究等五个部分。本论文集是对全国大学生心理健康教育研究与实践的一次展示，它必将对高校心理健康教育工作的深化及高校心理健康教育工作者科研水平的提升起到积极促进作用。

在本书即将出版之际，我们要特别感谢我国资深心理学家林崇德教授同意将他在论坛开幕式上的讲话作为本论文集的序言，还要感谢上海交通大学党委书记杨振斌教授出席论坛开幕式并讲话，同时也衷心感谢东北大学及辽宁省高校心理健康教育研究会领导的关心和大力支持，还要感谢东北大学出版社编辑们的高效工作，最后也非常感谢中国心理卫生协会大学生心理咨询专业委员会的委员及全国高校心理健康教育的老师们积极参与以及大力支持。

因为论文集出版的时间紧迫，书中内容难免有疏漏和错误，敬请各位作者谅解，也请各位同人批评指正。

中国心理卫生协会大学生心理咨询专业委员会第六届委员会

2020 年全国高校心理健康教育高峰论坛优秀论文编委会

2021 年 3 月 25 日

目　录

大学生心理健康教育发展与体系建设研究

高校心理咨询理论与技术研究

大学生心理健康教育途径与方法研究

大学生心理特征研究

大学生特殊心理问题与应对研究

大学生心理健康教育发展与体系建设研究

疫情防控常态化背景下的高校心理危机干预：特点、资源与启发

冯　蓉　朱丽娜

北京航空航天大学　100191

【摘　要】疫情中，高校心理危机干预呈现出群体干预、隔空干预、联合干预、焦点干预等特点。在全员共同应对疫情的大背景下，学校内部、校与校之间、专业机构、家庭系统等都为高校心理危机干预提供了可利用的资源。这些特点和资源启发我们可以从构建校内心理育人协同联动矩阵、加强校际心理健康教育资源共享、推动高校与社会专业机构共建合作、探索家校协同心理育人模式等方面进一步完善高校心理危机干预体系，确保心理危机干预工作有序、有力、有效实施。

关键词：疫情；高校；心理危机干预；长效机制

心理危机是个体面临突然或重大生活困境时出现的心理失衡状态[1]。有效干预心理危机对于减轻个体及社会群体不良心理应激反应、促进社会稳定有重要意义。新冠肺炎疫情出现不久，国家卫生健康委员会（简称“国家卫健委”）下发《关于印发新型冠状病毒感染的肺炎疫情紧急心理危机干预指导原则的通知》，指导各地科学、规范地开展疫情相关心理危机干预工作。紧随其后，教育部发布通知，部署教育系统发挥学科和人才优势，面向广大高校师生和人民群众开展疫情相关心理危机干预工作。北京师范大学、武汉大学、复旦大学等全国各地高校纷纷行动起来，通过心理热线电话、心理专题网站、线上心理咨询等方式，为师生提供疫时心理危机干预服务。与高校日常心理危机干预工作相比，疫情背景下的高校心理危机干预呈现出许多不同的特点，也拓展出诸多可利用的资源，这些都为进一步完善高校心理

危机干预体系提供了有益启发。

1 疫情下高校心理危机干预的特点

1.1 群体干预

从工作对象来看，高校心理危机干预通常是面向个体开展工作，学校通过心理普查、定期排查、日常观察、心理咨询评估等方式确定心理危机干预的对象，由于筛查评估标准明确，干预对象可以具体到人，学校及院系针对被干预学生制定“一人一策”干预方案，确保干预举措具体、清晰、有效。而在疫情下，社会群体的安全感受普遍受到挑战，除焦虑外，社会群体共同体验着失控、困惑、烦躁、恐惧甚至愤怒等情绪[2]。一项包含全国34个省级行政区5万人的网络调查发现，我国普通人群中抑郁、焦虑、失眠以及急性应激反应的发生率为30%，在新冠肺炎患者中，这些精神心理症状的发生率高达70%[3]。面对突如其来的疫情，全国各省市自治区先后启动重大突发公共卫生事件一级响应，全社会紧急动员开展全民抗击新冠肺炎疫情的行动。减少恐慌、增加安全感和控制感，增强社会连接感是疫情发生后社会群体的共同心理需要。这种情况下，高校心理危机干预面向的是群体，把每位师生都纳入心理关怀的视野，这是疫情下高校心理危机干预最突出的特点。

1.2 隔空干预

从工作场域来看，高校日常心理危机干预多是面对面开展的，无论是“一对一”的个体咨询，还是“一对多”的团体辅导，都是心理健康教师与被干预者面对面的互动。在这种互动中，双方不仅有语言信息的交流，也有眼神、表情、手势、体态等非语言信息的交流，这些信息对心理危机干预效果有着积极作用。疫情下，面对面的心理危机干预无法实现，只能采取心理热线、网络咨询等隔空干预的方式，以语音或文字的形式进行干预，这对心理危机工作的开展提出了更高的要求：一是需要干预者具备扎实的心理危机干预专业能力，灵活应对不同处境中的干预对象，在无法观察被干预者表情神态的情况下，尽可能准确地把握其心理状态，并通过共情为被干预者营造安全的倾诉环境。二是需要干预者掌握有关新冠肺炎防护和治疗的基本知识、医学求助途径等，有针对性地为被干预者提供现实资源支持。对此，国家卫健委专门下发《关于设立应对疫情心理援助热线的通知》，对心理热线的服务流程及应遵循的伦理原则提出具体要求，保障工作规范、有序地开展。

1.3 联合干预

从工作布局来看，各高校日常心理危机干预主要面向本校师生，具有相对独立性。由于各高校学科建设、学生规模、师资队伍等数量及水平的不同，心理危机干预工作各具特色。疫情背景下，高校心理危机干预表现出联合干预的特点，在心理危机干预资源和被干预对象上具有明显的开放性。北京师范大学心理学部联合该校学生心理咨询与服务中心，面向全国开通心理支持热线和网络辅导服务。由教育部应对新冠肺炎疫情工作领导小组办公室牵头组建的教育部华中师范大学心理援助热线平台汇集了全国二百多所高校2700余名心理健康教师志愿者，提供在线心理干预。这种联合干预有效平衡了各地各高校心理危机干预资源不均衡的问题，扩大了服务面，为有心理危机干预需求的高校师生提供了更多的便利和选择，他们可以就近拨打心理热线电话，也可以跨学校、跨地区寻求高质量的心理危机干预服务。

1.4 焦点干预

从干预方式来看，在非紧急情况下，高校日常心理危机干预多是通过面谈咨询方式完成的。面谈咨询通常持续多次，每次50分钟左右。在这个过程中，干预者逐步与被干预者建立信任关系，确定干预目标，实施干预举措。当被干预者有深层次复杂心理问题时，则需要更长时间的咨询与陪伴。疫情背景下，无论从心理危机干预工作力量还是从干预情境的迫切性来看，都需要在短时间内完成有效干预。多数心理危机干预热线每次咨询时间为25~30分钟，并且许多心理热线无法回拨，因此就需要在一次干预中尽可能多地帮到被干预者。因此，疫情背景下心理危机干预多采取焦点干预的方式，即直面被干预者的现实处境与问题，在短时间内解决特定问题，改变被干预者的危机状况。这一干预方式的理论基础是焦点解决短期治疗理论（Solution-Focused Brief Therapy，SFBT），该理论以寻找解决问题的方法为核心，过程简洁、目标明确，重视个案的问题、资源、正向经验与远景目标[4]。直面问题，有效评估，安抚情绪，帮助被干预者寻找积极资源，采取可行措施，灌注信心和希望，是疫情下高校心理危机干预的重点。

2 疫情中高校心理危机干预的资源

心理危机干预是一项系统工程，资源的挖掘与运用在心理危机干预过程中发挥着重要作用。疫情为高校心理危机干预工作带来了很大挑战，但同时也激活了许多我们在日常工作中所忽视的资源。珍视并整合这些资源，能够为高校心理危机干预活动注入更多力量。

2.1 校内资源

在高校日常心理危机干预工作中，许多学生出现心理危机并不是因为心理功能缺陷，而是因为现实困难，如学业受挫、就业失败、感情失意等。心理危机是现实危机的伴随物，这些学生需要的不仅是心理援助，他们更需要解决现实问题。而这些现实问题的化解往往需要教学、管理、服务等多部门协同配合。疫情背景下，多数高校启动了“专班小组”计划，即针对疫情特殊时期的学生管理方案。对于疫情期间居家学习的同学，高校学生工作系统以院系、年级、班级、宿舍等为单位，通过学生按时打卡报体温、班级微信群讨论、线上主题活动等方式，加强学生们之间的连接。面对多数学校需要在线完成教学、考试、答辩等现实要求，学校能够多部门联动协同支持，让之前看似困难的问题有效化解，体现出学校内部资源的巨大合力。这种合力是高校心理危机干预的重要资源。

2.2 校际资源

疫情期间，清华大学社会治理与发展研究院、清华大学积极心理学研究中心、清华大学幸福科技实验室（H-Lab）等机构和单位，启动了“心系武汉”紧急心理援助公益项目。北京师范大学心理学部发起抗击新冠肺炎疫情心理健康支持项目，为受疫情影响严重的个体提供公益性免费心理咨询。教育部华中师范大学心理援助热线平台面向社会公众提供与疫情相关的心理援助热线和网络支持服务。此外，还有许多高校面向校内师生和社会群体提供有组织、有系统、有针对性的公益讲座、直播等资源。这些资源打破了学校心理健康教育资源的局限，拓宽了学生的心理求助平台，为存在心理危机的高校学生提供了更灵活、更丰富的心理成长资源。

2.3 专业机构资源

疫情中，各心理行业协会、各大专院校、各大医院纷纷行动起来，做了大量危机干预相关工作。中国心理学会临床心理学注册工作委员会、中国心理卫生协会先后发出倡议书，呼吁心理健康工作者勇于担当，为所当为，有组织地开展心理危机干预相关工作。中国心理卫生协会妇女健康与发展专业委员会积极倡议，号召各心理服务机构和心理卫生服务工作者积极参与“抗击疫情从心开始”心理专项志愿服务。2020 年 2 月 1 日，中国心理卫生协会组织 20 余位心理专家连夜赶写的《新型冠状病毒感染的肺炎公众心理自助与疏导指南》出版，为广大公众心理重筑防疫的堤坝。上海市心理卫生服务行业协会组织协会成员单位通过心理健康电台、心理援助热线、心理科普作品等方式参与抗疫心理疏导服务，充分彰显了心理专业机构的社会责任与担当，也让我们看到了高校心理危机干预可以信赖并合作的重要资源。

2.4 家庭系统资源

相关研究发现，超过一半的抑郁症患者在儿童时期、青春期或青年时期首次发病，这时候他们的主要成长环境还是家庭[5]。在工作中，我们也明显感受到，许多大学生心理问题的根源出现在进入大学前，我们看到的只是这些问题的成人状态和复杂阶段。并且，随着时间迁移及压力叠增，学生呈现出更加多样化的行为表现。这些为高校心理健康教育和危机干预工作提出了新的挑战。我们针对高校学生疫情期间心理困惑的调研发现，疫情前后有 13.3% 的青年学生心理困惑情况发生从有到无的变化。针对这一变化的深度访谈发现，一方面，学生心理困惑是动态的、暂时的、情境性的，通过转换环境、认知觉察能够得到调控和缓解。另一方面，疫情发生以来，一些家庭支持资源良好的学生，在居家学习过程中得到更多来自家庭的陪伴与支持，提升了内心的安全感。这些都提示我们，应该越来越多地认识到家庭对高校心理危机干预的重要支撑作用。

3 对构建疫情后高校心理危机干预体系的启发

疫情中高校心理危机干预工作的特点与资源，启发我们更加重视高校内外资源的挖掘与利用，进一步完善高校心理危机干预体系，确保心理危机干预工作有序、有力、有效实施。

3.1 构建一体化心理育人协同联动矩阵

疫情背景下，许多高校在协同联动解决学生学业、生活、就业等现实问题过程中表现出强大的协同优势，也让我们看到学校一体化育人的合力资源。对高校心理危机干预工作而言，发挥系统合力显得更为必要。2017 年 12 月，教育部党组印发《高校思想政治工作质量提升工程实施纲要》，明确提出“以全面提高人才培养能力为关键，强化基础、突出重点、建立规范、落实责任，一体化构建内容完善、标准健全、运行科学、保障有力、成效显著的高校思想政治工作质量体系，形成全员全过程全方位育人格局……”疫情发生后，部分学生面临着更加严峻的学业与就业压力，特别是因疫情导致科研受阻的研究生，需要面对缺乏研究数据和实验结果的现实，毕业和就业进展存在不确定性。这些现实压力更易诱发学生心理危机的产生。因此，建议从学校层面构建一体化心理育人协同联动矩阵，如学校和院系层面协同加强疫情后心理排查，增设心理咨询、团体辅导等心理援助途径；学工系统摸查掌握在学习、生活等各方面存在困难的学生情况；教务部门、研究生院等协同院系在教学、毕业设计、开题答辩等培养环节给出弹性化方案等，共同舒缓学生因疫情带来的心理压力。

3.2 加强校际心理健康教育资源共享

一直以来，我国不同地区、不同类型、不同层级高校的心理健康教育资源都存在配备及发展不均衡的情况。疫情的发生，启发我们看到校际心理健康教育资源共享的可能。各地区教育主管部门可充分发挥在学科建设、师资力量上具有优势的高校在心理健康教育工作方面的积极引领作用。可通过名师工作室、专业培训、工作联盟、课题联合等方式，发挥优势资源高校的辐射带动作用，促进校际心理健康教育资源共享。

3.3 推动高校与社会专业机构共建合作

当前，大学生心理危机成因日益复杂化，需要进一步加强高校与社会专业机构共建合作。但从高校心理危机干预工作实际来看，在与社会专业机构，特别是与精神专科医院的互动合作中，尚存在转介渠道不畅的问题。一方面，高校学生心理危机事件的突发性、不可控性以及对相关信息的保密性，致使校外专业人员的参与受到一定限制。另一方面，高校与精神专科医院合作手段和方式的法律效力、责任义务等问题尚缺乏明晰的界定与规范。疫情发生后，从学校心理危机干预的长远发展来看，有必要深入探索并突破上述问题，加强医校衔接，畅通学生转介诊治绿色通道，构建并利用好社会心理支持网络。

3.4 探索家校协同心理育人模式

家校沟通不畅是影响心理危机干预效果，甚至引发家校矛盾或纠纷的重要原因。家庭是一个人成长发展的首要环境，家庭结构、氛围、经济状况、教育方式等因素对大学生心理状况都有着重要影响。一些大学生心理问题的根源在家庭，弥漫冲突的家庭环境、强势控制的父母角色、缺乏温情的关系模式，影响到这些学生童年以及青少年阶段的心理发展。我们在对一些心理危机个案的分析中发现，许多危机学生在实施自杀行为前与父母有过言语交流或冲突，或在遗书中表现出未能达到父母期望的挫败感。因此，有必要探索加强高校家校合作心理育人模式，提升家庭对学生健康发展成长成才的贡献度。特别是对于缺乏家庭支持资源的学生，一方面要引导学生认识家庭、理解家庭，学会规避原生家庭的不良影响；另一方面，要帮助家长学会采取妥当方式跟进入大学后的孩子沟通，优化亲子关系，改善教管模式。对于存在心理危机转介就医的学生，更需要家庭按照学校和精神专科医院的建议做好日常陪护、定期复诊、遵医嘱服药等工作，共同发挥家校合力，帮助学生走出危机。

参考文献

[1]CAPLAN, G.Principles of preventive psychiatry[M].New York:Basic Books, 1964:25-26.

[2] 本报评论员. 高度重视疫情心理干预 [N]. 科技日报. 2020-02-04(2).

[3] 陆林 . 疫情后精神心理康复工作刻不容缓 [N]. 中国科学报 ,2020-06-23(1).

[4] DE SHAZERS,BERG I K.Doing therapy:A post-structural re-vision[J]. Journal of marital and family therapy, 1992,18(1):71-81.

[5] PEDRELLI P,NYER M,YEUNG A,et al. College students: mental health problems and treatment considerations [J].Academic psychiatry,2015,39)5)：503-511.

基于大数据的研究生心理健康需求分析

邓丽芳　王姝怡　高天艾　孙馨林　许金文　李　凯

北京航空航天大学　100191

【摘　要】高校研究生心理健康状况日益引发关注，要想帮助研究生维持良好的心理健康状况，首先需要明确研究生的心理健康需求，有针对性地进行干预。但是目前已有研究仍存在概念维度不清晰、测量工具陈旧、主观性过强等问题。本研究通过对社交网站评论的大数据分析与质性研究相结合的方法，建立研究生心理健康需求的词库，构建完整的研究生心理健康需求的理论框架。研究结果显示，当代研究生的心理健康需求可以分为科研学习需求、人际关系需求、自我管理需求、未来发展需求和社会责任需求 5 个主范畴，包括 14 个范畴和 43 个概念。基于研究结果为高校研究生的心理健康管理提出了对策和建议。

关键词：研究生；心理健康需求；大数据分析；网络爬虫

引言

随着高等教育的发展和教育改革的进行，我国研究生人数逐渐增多，研究生群体已经成为不容忽视的一大社会组成部分。与此同时，研究生的心理健康管理得到了国家的高度重视。但研究生心理健康问题仍频发，因此这一群体的心理健康问题受到了社会关注。以往研究发现，研究生是心理疾病的易感人群，其焦虑与抑郁的患病可能性是远远高于普通人群，同时国内外研究生自杀、自残等问题多发[1]。更令人担忧的是，研究生群体逐渐接受了自身心理健康水平低下的事实，缺乏自助意识。如何让研究生群体能够保持良好的心理健康状态是亟须解决的问题。

心理健康需求尚无明确定义，广泛看来是指维持心理健康状况的需要。不同学者以“心理健康需求”“心理压力”等主题展开研究[2]。目前对于研究生群体心理健康需求的研究取得了一定成果，相关研究指出了当代研究生心理问题的严重性、群体差异性、时代独特性，体现了与教育教学高度结合的心理健康教育及干预方法[3-6]，但弱化了对心理健康需求新维度的探索。

在以往研究中，建立词库能够在心理学领域帮助研究者拓展概念维度、辅助新概念界定。一些成熟心理学词典经历了数年的研究应用和信效度验证，得到了广泛使用[7-8]，建立研究生心理健康需求词库可以帮助研究者明晰心理健康需求的维度。心理词库建立有两种途径：人工取向或机器自动化取向。近年来，许多研究增加大数据在词库建立中的参与比重，优化机器学习方法，以处理庞大的互联网信息文本、排除人为判断的主观性[9]。其中爬虫技术拓宽了数据获取的渠道，降低了数据获取的难度。与心理学传统的研究方法相比，编写爬虫程序得到的海量数据更为真实和全面，在信息爆炸的互联网时代更加行之有效[10]。在国内，通过爬虫手段获取数据进行的心理学研究通常集中在微信、微博、论坛等社交网络平台[11-13]，两者的有机结合将会给心理学领域的研究带来新的启发。

回溯以往研究发现，较少有研究深入分析当代研究生心理健康需求的独特性，对于研究生心理健康的研究视角也较为局限，由于对心理健康内涵的不同定义，在测量工具选择上也存在较大差异。

因此本研究将以研究生为中心，结合大数据方法，关注群体和时代特征，基于对当代研究生群体心理健康需求的分析，提出研究生的心理健康维护对策，以期为改善研究生心理健康状况提供务实创新的观点和参考。

1　对象与方法

1.1　研究对象

哔哩哔哩视频网站（下面简称 B 站）1000 个“研究生”主题视频的 193141 条评论。

1.2　研究方法

本研究采取网络信息爬虫 + 三级编码的方式进行分析。基于文献法掌握研究现状和既有理论框架；利用网络爬虫技术，获取社交平台中我国研究生心理健康需求的相关信息，通过爬虫分词与人工筛选相结合的方式建立关键词词库、主题词库；通过三级编码的方式展开质性分析，构建完整的研究生心理健康需求的理论框架。

本研究需要在B站爬取“研究生”主题视频下的评论内容，首先需要将“研究生”参数传入URL（www.bilibili.com），获取1000个视频的子URL。再访问每个子URL，得到里面的评论。评论包含主评论和追评，主评在视频URL上就能获取，追评需要找到特定的接口获取。通过jieba分词库实现文本分词，包括词性分类，再进行词频统计。

在概念译码方式上，采用三级编码的方式来处理数据，即开放式编码、主轴编码和选择性编码三个环节。

2 结果

2.1 建立主题词库

首先对最近20个视频的分词词集进行筛查，发现其中对心理健康需求主题有贡献的词汇大多为名词，因此将名词作为需求主题词库。

然后，从1000个视频的193141条评论中随机抽取3000条评论，由3名研究者对评论所属主题进行标注。保证每条评论由2名研究者进行标注，当两人意见不一致时由第三人介入。最终共标注出需求相关评论458条。编码一致性（kappa值）为0.590~0.725，一致性程度较好。然后，对主题所属评论进行分词，共获得需求词库初始词汇3810个。为保证词库的代表性，平衡两子词库规模，保留词频≥3的需求词库备选词908个。最后对备选词进行人工筛选，仍有3名研究者两两配对进行“0”“1”标注，过滤与该主题无关的词汇。最终423个词汇纳入需求主题子词库。

2.2 建立关键词词库

在筛选需求主题编码词语集时，使用关键词中的名词子词库。首先拆分名词子词库中的关键词，与关键词名词词库进行交叉检索，当一条评论中同时包含名词词库中的关键词和需求词库的词时，则将关键词放入需求主题词集。记录每个关键词的词频、匹配需求词库中各词语的总次数，计算每个关键词匹配次数比例 P 需求（公式1）。最终得到需求主题词汇2383个。

$$P_{需求} = \frac{C_{Ni}}{\sum C_{Ni}}$$

C_{Ni} 为第 i 个关键词匹配需求词库中各词语的总次数。

2.3 三级编码

对需求词语集下词频不小于 100 的 492 个关键词进行三级编码，以形成编码手册，辅助后续大规模编码工作。3 名经过培训的研究者分别对 492 个关键词进行独立编码，通过讨论、整合确定编码结构，撰写各概念的操作定义。

在开放性编码环节，剔除与心理健康需求无关的关键词后，获得 339 个有效初始概念。然后对初始概念进行整理分组，归类为 34 个概念。进而通过概念联结和逻辑分析，提取出 14 个研究生心理健康需求范畴，分别为专业知识、培养环节、环境条件、既有人际压力、未来人际担忧、生活管理、形象管理、心态管理、目标管理、未来规划、职业规划、国际局势、国家发展、社会思考。在主轴编码中，深入挖掘范畴间的联系。将心理健康需求开放式编码中的 14 个范畴整合为 5 个主范畴，分别为科研学习需求、人际关系需求、自我管理需求、未来发展需求和社会责任需求。以此确定编码手册框架、各概念编号和操作定义，指导后续编码工作。主轴编码过程由 3 名经过统一培训的研究者，根据编码手册结构对词频不小于 10 的关键词进行编码。以 500 个关键词为周期，检查是否有新增概念、范畴或主范畴。保证每个关键词由 2 个人进行编码，当两人意见不同时由第三人介入，商讨确定关键词的最终概念归属。最终心理需求主题的总词数为 2169，总词频为 288272。编码一致性结果良好。大数据分析结果涵盖了研究生过去、现在和未来所涉及的各个环境，能够以角色转换为主线对研究生心理健康需求进行解释。

完成三级编码后，在编码手册基础上增加了 7 个概念，范畴和主范畴保持不变。最终形成了 43 个概念，分别是知识学习、日常科研、课程考核、毕业论文、交流实践、学习条件、校园安全、同学关系、朋友关系、师生关系、家庭关系、伴侣关系、组织关系、未来职场人际、未来伴侣关系、未来家庭关系、经济压力、健康与习惯、休闲娱乐、消费欲望、外在形象管理、内在气质管理、情绪控制、自我评价、竞争比较、网络信息焦虑、目标管理、行动培养、时间管理、人生理想、学业深造、社会地位、职业竞争力储备、择业方向、薪资待遇、就业政策、工作城市、职场压力预期、国际局势、文化情怀、发展与危机、社会思考、歧视与维权。

在研究生心理健康需求的 5 个主范畴中，科研学习需求占比最高，该主范畴下初始概念词频占总数的 29.18%，其次是人际关系需求（25.98%），而后分别是自我管理需求（25.86%）、未来发展需求（13.45%）和社会责任需求（5.53%）。哔哩哔哩视频网站中，研究生群体对“既有人际需求”这一范畴的讨论度最高，该范畴下的关键词词频累计总和为 65507 次，其次是专业知识、生活管理、心态管理和职业规划（如图 1）。

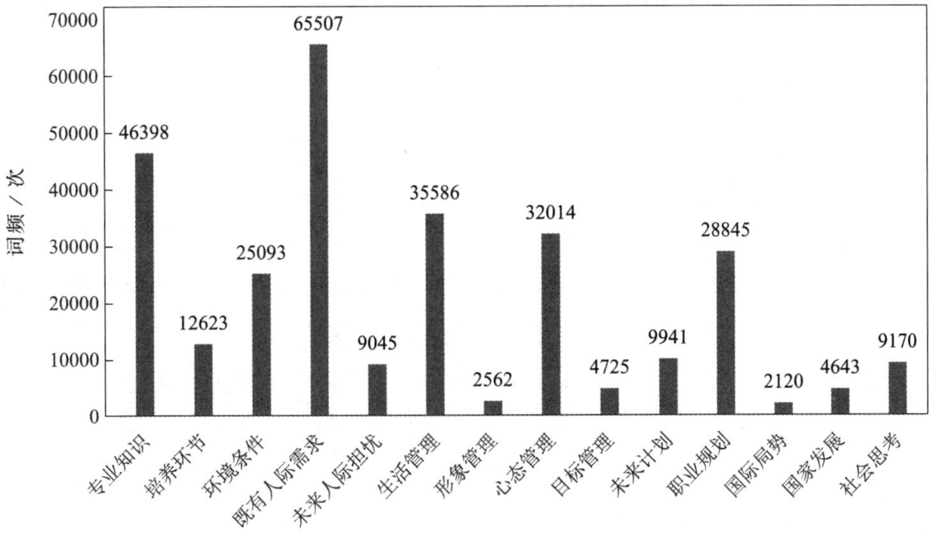

图 1　研究生心理需求各范畴词频柱状图

3　讨论与对策建议

通过大数据分析发现，研究生心理健康需求集中在科研学习、人际关系、自我管理、未来发展和社会责任 5 个方面。其中，研究生对学习、人际和自我管理方面的需求提及率最高。科研压力是研究生心理压力的关键，这一发现和以往研究者的调查发现类似[14]。在研究生心理健康需求的 5 个主范畴中，科研学习需求占比最高。在学习与研究中积极探索、获得成果仍是研究生群体的重要关注点。在网络资讯、社交软件高度发展的今天，“网络信息焦虑”成为研究生们自我管理需求的重要方面。互联网时代大量信息的涌入，加之网络环境中充斥着非理性的声音，使得研究生成为信息焦虑的易感人群，对研究生们的心理健康产生了重要影响。而“良好的人际关系”“既有人际需求”的满足可以串联起研究生心理健康的方方面面，是当今研究生生活中不可或缺的一部分，提示我们高校的心理支持体系建设应高度重视研究生的人际关系和情感联结，为研究生们的社交活动提供场所，提高便利性。

综合研究结果来看，我们提出以下对策和建议：

（1）鼓励研究生们敢于打破社交壁垒，增强沟通能力。积极参与校园活动，加强同学之间、课题组内、组与组之间的交流；在学习和学术研究中把握展示报告和评价讨论的机会，要在公开发言中锻炼沟通能力，树立和谐的人际沟通意识。

（2）充分发挥导师、教师、辅导员的作用。既要提高导师、教师和辅导员对研究生心理健康问题的重视和识别能力，又要重视对教职工的心理健康水平的关注与干预。要避免将学生心理测评结果严重化，对量表数字过分紧张，增加教职工育人压力。要避免将学生心理健康责任全部压在教育教学工作者身上，导致教职工不敢管、不敢担的情况。

（3）充分发挥高校心理咨询中心的作用。促进高校心理咨询中心的人才队伍建设；充分利用新媒体平台，促进心理咨询预约方式多元化、心理健康需求服务生活化；建立标准化、体系化、更具有效性和自主性的心理健康评估与预警机制。

（4）提高心理健康课程的质量和吸引力。要向学生提供必要的心理健康知识，包括心理问题去污名化、典型心理亚健康的特征、心理咨询的定位与意义等；在内容上提高课程吸引力，如增加案例分析、关注与校园生活相关的领域、探讨社会热点事件背后的心理学原理等；在形式上提高授课趣味性和互动性，探索学生参与性更强的授课方式，如心理学电影观看与解析、融入行为干预小实验等，通过多种方式提升研究生的学习动机。

（5）夯实心理健康教育政策基础。明确责任主体，对高校研究生心理支持系统的构建进行指导和监督。顶层设计不是空话，要安排专人专款，跟进年度汇报、普查抽查等后续监管工作。通过制度落实带动高校心理健康工作的思路转变和行为变化，提高高校对研究生心理健康的真实重视度。

（6）应避免高校对国家政策的过分解读，导致在心理健康教育和干预实践中过度紧张。高校心理健康教育的目标是辅助研究生更好地追求自我和回报社会，而非实现研究生心理"零风险""零患病"。对高校心理工作、学生工作的评估不能仅仅停留在冰冷的数字上，衡量高校心理工作和学生工作的标准应着眼于内容设计质量和学生获益水平。更应避免形成在研究生暴露出心理症状时，社会舆论、政府部门和家长问责学校，学校问责辅导员和导师，老师约谈学生和劝说就诊的责任下沉局面，以防出现研究生病耻感强化、教师遇事不报、学校封锁消息的消极处理链条。

参考文献

[1]TERESA M E ,LINDSAY B, JAZMIN B G, et al. Evidence for a mental health crisis in graduate education[J]. Nature biotechnology, 2018, 36(3): 282-284.

[2] 姚洁琼, 邓东沅, 王瑞婷, 等. 中医药院校研究生心理健康现状及需求调查 [J]. 中医教育, 2017,36(5): 56-59.

[3] 汪涓. 专业学位研究生心理健康及教育方案探索 [D]. 重庆：第三军医大学, 2015.

[4] 冯蓉, 张彦通, 马喜亭. 我国高校研究生心理健康教育研究现状与进

展：基于 CNKI(1983~2013) 的文献分析 [J]. 研究生教育研究，2015 (1): 21-25.

[5] 禹玉兰，郑希付. 扩招时期研究生心理压力现状及其相关影响因素 [J]. 心理发展与教育, 2005(3): 99-103.

[6]LIPSON S K,ZHOU S,WAGNER B, et al. Major Differences: Variations in undergraduate and graduate student mental health and treatment utilization across academic disciplines[J]. Journal of college student psychotherapy, 2016, 30(1): 23-41.

[7] 周杰. 基于情感词典与句型分类的中文微博情感分析研究 [D]. 银川：宁夏大学，2016.

[8] 方振宇. 基于抑郁词典的社交网络心理障碍检测方法 [J]. 电脑知识与技术，2017, 13(7): 244-247.

[9]WU F Z,HUANG Y F,SONG Y Q, et al. Towards building a high-quality microblog-specific Chinese sentiment lexicon[J]. Decision support systems, 2016, 87(7): 39-49.

[10] 黄聪，李格人，罗楚. 大数据时代下爬虫技术的兴起 [J]. 计算机光盘软件与应用，2013, 16(17)：79-80, 83.

[11] 刘泉，贾媚媚，马晓普，等. 考虑反从众心理因素的微博网络舆情演化模型 [J]. 情报科学, 2020(11):16-20.

[12] 刘仁强. 面向微博文本的自杀倾向原因识别研究 [D]. 南昌：江西财经大学, 2020.

[13] 杨子旸. 社交媒体用户心理危机干预时机预测 [D]. 南昌：江西财经大学，2020.

[14] 朱美燕. 研究生心理健康教育现状调查分析与对策思考 [J]. 黑龙江高教研究，2017(3): 117-121.

大数据视角下大学生心理状态群体划分与精准干预探索

——以2019年新冠肺炎疫情为例

胡　邓　王子扬

中国人民大学　100872

【摘　要】信息科学技术不断进步，改变着人们的生活，也改变了心理学临床工作的模式。开展大学生群体心理干预工作时，依托大数据技术收集信息，分析信息高效、精准的优势，兼顾总体与个体，对具有相同、相似特点的目标大学生群体进行分类，有针对性地进行指导和干预，是对大学生心理干预工作的创新之举。本文试探讨大数据技术对心理干预工作创新的重要意义，并以2019年新冠肺炎疫情期间的工作为例，就如何在大数据视角下开展大学生心理干预工作进行着重探索。

关键词： 大数据；群体；心理干预；新冠肺炎

引言

维克托·迈尔–舍恩伯格在《大数据时代》中提出：大数据的简单算法比小数据的复杂算法更有效。随着信息网络技术的不断发展与进步，宏观、立体的大数据技术在生产生活中扮演着越来越重要的角色[1]。2013年，科技部与工信部分别印发了《中国云科技发展“十二五”专项规划》与《物联网“十二五”发展规划》，均重点强调了支持大数据技术的发展。大数据技术深入各类学科，对于研究方法和模式的创新升级有着重要意义。

在心理学领域，依托大数据背景，创新大学生心理干预的工作模式已成为必然的趋势，我们应该充分发挥大数据技术收集、分析海量样本的优势，对数量庞大、特征复杂的大学生群体的行为模式和心理状态进行分析，将具有突出共性的个体划分为群体，既能实现对大学生群体共同需要的全面把握，又能实现对各个群体的特殊化需求的精准施策，从而大大提高大学生心理干预工作的效率和效果。

1 运用大数据技术对大学生进行群体划分与精准干预的意义

传统的临床心理干预模式下，咨询师通常是以一对一的方式了解来访者的具体情况及其心理状态，针对每个个体的情形进行干预和指导。这种工作方式在 19 世纪至 20 世纪居于主流地位。传统的大学生心理干预工作也与之相似，其依托的是个体样本、个体分析、开展个体干预。这样的方式虽然能够实现较为精准的干预，但往往要消耗大量的人力、物力，而面对海量大学生群体对及时、高效、精准的心理指导和干预日渐迫切的需求，这样的工作模式开始显得力不从心。

21 世纪是信息科技蓬勃发展的时代，互联网已经普遍走进了人们的生活。大数据技术的发展和应用，为解决这一问题提供了新思路。人人都在使用移动智能终端、使用互联网，其中，大学生群体更是走在了前列。[2] 在使用互联网的同时，他们的生活状态和轨迹以及行为规律都留在了网络世界。以往需要通过面对面填写心理量表进行主动测量的信息，如今都可以通过大数据技术进行直接收集和观测。通过将这些信息进行整合，就可以描绘并初步分析个体的人格属性和心理状态[3]。这将大大提高心理干预工作的前期信息收集效率，突破传统的一对一、面对面的模式，将心理观测与干预工作的对象由个体扩展到群体。

除此之外，大数据分析还展示了格式塔心理学中“整体大于部分之和”的优势。通过对前期收集到的海量样本进行研究和分析，挖掘个体行为与其心理状态的关系，并比较不同个体、群体之间行为模式与心理活动的异同[4]。这样一来，就能对具有人格特征、心理状态具有较高相似度的个体进行精准划分，将繁复混杂的总体划分为特征显著、共性突出的群体。在兼顾各个群体共同点的同时，对每个群体的特征进行更加深入的剖析，方能实现既精准又高效的心理干预[5]。大数据技术对于心理干预工作效率和效果的提升都具有显著意义，而对新事物接受速度快、对互联网使用频率高、对精准高效的心理干预需求迫切的大学生群体将成为最大受益群体之一[6]。

2 运用大数据技术对大学生进行群体划分与精准干预的实践探索

随着新冠肺炎疫情的暴发和蔓延，全国防控力度不断加强。对于未知病毒的担忧和对死亡威胁的恐慌，使得焦虑情绪开始在人群中扩散。在疫情当中，大学生群体的心理状态在整体上具有共同的特征，又因为其所处的不同情境，有着不同的特点。如何在疫情期间对大学生群体的心理状态进行及时、高效、精准的观测、指导和干预，大数据技术在其中将发挥着重要作用。

2.1 发现群体特征，实现精准划分

通过大数据技术对大学生群体在疫情期间的生活状态、行为轨迹进行分析，我们认为可以依照“是否处于隔离状态”为横轴，以“是否自愿地处于目前状态”为纵轴将目标人群进行划分，甄别出未感染群体、自我隔离群体、防疫隔离群体和一线工作群体四个群体（如图 1），然后透过大数据归集描绘出四个群体的心理行为特征。

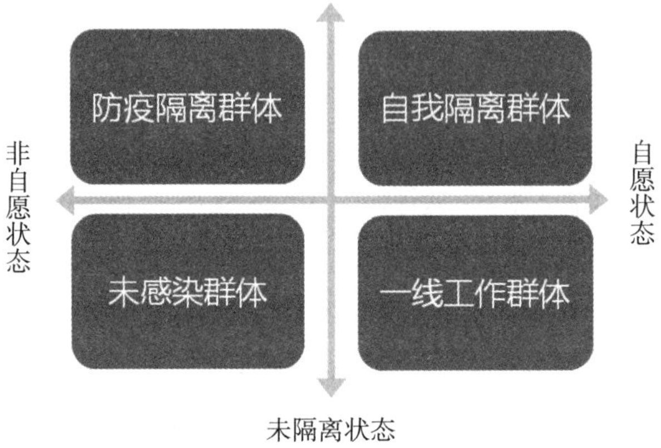

图 1　疫情期间大学生群体划分

2.1.1 未感染群体

疫情期间，全国每天都会有确诊和疑似病例增加，但实际上，占社会主体数量的群体始终还是未感染的普通大众，其中就包含大学生群体。由于疫情暴发时，绝大部分学生已经返家，因此大学生群体受感染极少。但即便如此，对未知病毒的恐慌和对死亡的恐惧依旧使这些大学生进入应激状态，出现焦躁、烦闷、敏感等情绪，伴随的则是坐立不安、注意力不容易集中、过于关注自身和家人的身体变化情况等表现。这种应激反应是此类未感染群体的共性。

2.1.2 自我隔离群体

自我隔离群体主要指曾与确诊人员或疑似确诊人员接触的大学生，或是离开疫区后，虽无感染症状，尚处于病毒潜伏期的大学生。他们需要自行隔离 14 天，在确认无感染症状后方可解除隔离状态。这类群体在隔离期间，容易受到外界的疫情发展信息的影响，主要表现为担心自己被感染，以及焦虑父母和亲人存在交叉感染的可能性。

除此之外，这类群体还有出现内心极端变化的可能，从而进一步分化为两类亚群体。

一类是过分紧张的灾难化者。主要表现为过度乃至失控的敏感、焦虑、恐惧情绪，他们时刻关注自己和家人的身体状态，稍有咳嗽、打喷嚏等疑似症状时，就会怀疑已经患病，感到失望乃至于绝望。而因为是潜在的感染者，这类大学生群体与认知和情绪相匹配的行为通常有反复测量体温，不断喝水，反复洗手、清洁等。

另一种是过分松懈不重视者。这类群体对于自己的健康盲目自信，认为不可能被感染，或者认为疫情报道过于夸张，并未给予足够重视。相应地在行为上表现为不严格遵循自我隔离要求，擅自外出，不戴口罩外出，甚至隐瞒去向、来源以及曾接触人群，降低自身被关注度等。

2.1.3 防疫隔离群体

防疫隔离群体主要是指已感染或疑似感染新冠病毒的大学生群体，这是最受外界关注，也是受到最多心理冲击的群体，主要表现为在认知上不同程度地产生灾难化思维和偏执的观念。

疑似感染群体对于可能被确诊感到害怕甚至恐慌，这种心理状态会扩大自身所存症状的自我感觉，于是陷入了更为恐慌、紧张的恶性循环之中。已确诊群体则担心自己得不到及时有效的治疗，对医护人员缺乏信任，情感上则会不受自我控制地出现消极情绪，认为自己很难康复甚至将会死亡，同时伴有烦躁易怒、悲伤无助、坐立难安等行为特征。严重者会因惊恐发作造成急性呼吸困难，加重病情，甚至出现自杀、自伤等极端行为。其中一部分会出现强烈的否认回避反应，不肯承认自己患病，甚至隐瞒病情拖延治疗。

2.1.4 一线工作群体

大学生群体中的一线工作群体主要是身处疫区的大学生志愿者，尤其是医学院校的高年级大学生。面对严峻的疫情，坚守一线的他们有着神圣的使命感和较高的社会价值感，并在志愿工作中获得较高的自我满足感和成就感，这有利于维持目前良好的工作和心理状态。

但在另一方面，这类群体也难免对自己是否会被感染、是否会在不知情的情况下传染给身边的亲友而感到担忧，由此会产生自责和内疚情绪。因此在志愿服务之余，他们往往表现为刻意回避与亲友见面，减少或不建立与同一工作岗位以外的人的现实联系，极少或不对家人提及与工作相关的情况。当被家人正常关心之时，这类群体起初尚能冷静、自如应对，但随着关心频次与时间的增加，则会表现出不耐烦、焦躁甚至是愤怒，这些都是由担忧演变而来的自我焦虑所引发的状态。

2.2　剖析心理状态成因，实现群体精准干预

总体来看，4类大学生群体在情绪上总体表现均为焦虑，因而在干预方法上具有一些共通之策；但因各个群体所处的具体状态不同，不同群体焦虑情绪的具体成因、焦虑程度和表现方式不同，因而化解焦虑的对症之策也应当体现差异，才能实现对这4类大学生群体的精准干预。

2.2.1　共通之策

（1）避免信息超载而引发的过度心理敏感。

疫情期间，关于疫情发展变化的信息滚动更新，时刻牵动着大学生群体的心，引发其不断的关注。但过度关注信息、夸大化解读则容易引起不必要的焦虑甚至恐慌。因此，建议大学生群体在疫情期间将自己的注意力适当分散，保持自己每天接收的信息量处于一个合适的当量，并理性、客观、全面地看待疫情信息。

（2）合理规划时间，规律生活。

受疫情影响，旅游、社会实践、走亲访友等诸多活动被迫取消。大学生群体应该利用好这个时间空当，合理规划时间，有计划地度过每一天，用充实规律的生活取代无意义的焦虑。可以选择静心阅读文献、翻阅感兴趣的书，或在家学习烹饪、感兴趣的乐器等。

（3）科学面对焦虑，学会自我调整。

面对焦虑等负面情绪，大学生群体应当坚持通过科学途径正确认识新冠病毒，理性看待自身和家人的状态，摒弃对不好结果的联想，减少诱发焦虑情绪的不合理意念。积极自我调整情绪，建议保证每周在家一定量的运动时间，以促进大脑分泌多巴胺和内啡肽，有效平抑焦虑情绪，缓解紧张心情；也可以采取自我积极对话或冥想的方式来帮助自己缓解焦虑情绪。

2.2.2　不同群体精准之策

（1）未感染群体。

对于居家隔离的未感染大学生群体而言，其焦虑情绪来自对前所未见的疫情和家庭外的环境存在可能感染的风险的恐惧和担忧。对于这类群体，建议坚持科学地看待疫情、了解疫情、应对疫情。正确识别疫情信息，按照科学的疫情防控指示做好日常消毒、隔离等工作，从根源上消除对疫情的过度焦虑。

（2）自我隔离群体。

针对自我隔离群体，除了前述的缓解焦虑方法，针对出现两种极端状态的大学生群体，更加应当采取针对性的应对措施。

对于过度灾难化者，重点在于缓解焦虑情绪，同时调整其认知上的灾难化倾向和非理性特点。采取一些自助情绪调节方法，如冥想、情绪放松音频、情绪书写日记等可以有效缓解焦虑。必要时应当通过远程心理指导进行针对性开导和疏解，通过外部助力和内在缓和消解焦虑情绪。

对于过分松懈者，重点在于强化其对疫情的认知和重视程度，并劝阻其危险行为。这需要家人、朋友、学校、社区、基层组织等多渠道合力进行工作和教育，让他们意识到自己的行为在整个疫情防控中的重要性，必要时需要升级干预力度。

（3）防疫隔离群体。

这类群体的焦虑与恐慌主要来自对自身病情的担忧和恐惧，因此对他们开展心理干预工作，应以认知矫正和情感安抚为主。医护人员应就病患病情、病程发展及其各阶段所呈现的状态给予客观叙述，帮助他们理性客观看待自己的病情并助其树立信心，保持良好心态，同时和亲友保持必要联络，从亲友的支持和鼓励中获得力量和陪伴。病区也可以采用播放舒压音乐等方式帮助病患疏解紧张情绪。

（4）一线工作群体。

战斗在一线的大学生志愿者们的焦虑主要来自对自身感染风险和传染给亲友的风险的担忧。因此，干预工作的首要措施是从现实层面消除他们内心的不安和担忧，帮助他们了解科学的防护措施手段并进行严格的培训，保障其自身生命健康安全，由此也可以降低他们传染给亲友的可能性。其次是帮助、引导他们缓解自我焦虑，在工作之余，采用前文所提到的情绪调节的方法，避免心理压力过载和负性情绪的积累。最后是强化大学生志愿者们的自我使命感和自我价值感，让他们深刻体会自身所做的工作对于疫情防控的重要意义，从而以积极的心态投入到一线工作中。

3　结语

依托大数据技术开展心理学临床工作，突破了传统的工作模式，在大大提高心理干预工作效率的同时，也实现了对不同特点的群体的精准划分、心理干预因人而异，具有十分重要的现实意义。大数据视角下的大学生群体心理干预工作，既注重目标群体的共性问题，又关照群体之间的差异化特征，将相对被动、低效、成本较高的传统心理干预工作转变为主动、高效、更为节约资源的现代化工作模式[7]。随着信息网络技术的进一步发展，相信大数据支撑下的心理干预工作将成为现代临床心理干预工作的新趋势。

参考文献

[1] 维克托·迈尔-舍恩伯格，肯尼思·库克耶. 大数据时代［M］. 盛杨燕，周涛，译 . 杭州：浙江人民出版社，2013.

[2] 张家明，王纯静 . 基于大数据技术的大学生心理危机预警研究 [J]. 教育与职业 ,2015(30): 75-77.

[3] 喻丰，彭凯平，郑先隽 . 大数据背景下的心理学 : 中国心理学的学科体系重构及特征 [J]. 科学通报 ,2015,60(C1): 520-533.

[4] 刘海，卢慧，阮金花，等 . 基于"用户画像"挖掘的精准营销细分模型研究 [J]. 丝绸 ,2015(12): 37-42，47.

[5] 朱廷劭，汪静莹，赵楠，等 . 论大数据时代的心理学研究变革 [J]. 新疆师范大学学报 (哲学社会科学版),2015,36(4): 2, 100-107.

[6] 文鸿莹 . 大数据视域下大学生心理健康教育的适应与创新 [J]. 高校辅导员 ,2014(6): 6-9.

[7] 王春秀 ."大数据"范式与"新媒体"无感干预：大学生心理危机防范的新路径 [J]. 沈阳大学学报 (社会科学版),2019,21(3): 328-332.

新冠肺炎疫情常态化防控形势下大学生心理健康现状、特征及应对策略

赵嘉路[1]　李征[2]　曾柏洁[3]

1 清华大学　100081　2，3 北京工业大学　100124

【摘　要】新冠肺炎疫情对大学生心理健康产生重要影响。本研究采用自编量表对新冠肺炎疫情防控第一阶段和第二阶段的 9455 名大学生进行调查。结果表明，疫情防控第一阶段和疫情防控第二阶段，大学生总体心理健康状况均表现良好，且疫情防控第二阶段有显著提升。大学生父母关系越好、与父亲或与母亲关系越好，心理健康状态就越好。大学生心理健康状态在性别、学科类别方面有显著差异，在年级、出生地方面无显著差异。在面对学业、就业、经济三方面的担忧中，大学生对于学业表现出最多的担忧。面对重大突发事件，高校应持续追踪、分析特征、促进保护因素、防范风险因素，搭建常态化的、动态化的“心理健康状态监控体系”。

关键词：新冠肺炎疫情；大学生；心理健康

重大疫情对全社会都造成了重大影响，大学生的心理健康状态也因假期延长、长期居家、无法正常到校参加学习和社交活动、毕业升学等原因受到影响。习近平总书记多次强调重大疫情防控中心心理援助工作的重要性[1-2]，联合国秘书长古特雷斯也表示新冠肺炎疫情严重影响全社会的精神健康和福祉[3]。以往研究结果表明，突发公共卫生事件给人们造成的生理损害可能在短时间内恢复，但对心理的影响却会持续很长时间[4]，尤其是不同时段、不同年龄或生活环境的人群，出现的心理问题、表现方式都不一样[5]。为此，本研究希望探究不同疫情防控阶段大学生心理健康状况。第一阶段为 2020 年 2 月 6 日—3 月 10 日。3 月 10 日，习近平总书记赴湖北省武汉市考察疫情防控工作时指出，疫情防控形势发生积极向好变化，取得阶段性重要成果[6]。第二阶段为 3 月 11 日—4 月 8 日。4 月 8 日，习近平总书记在

中共中央政治局常务委员会上指出，当前我国疫情防控阶段性成效进一步巩固，复工复产取得重要进展，经济社会运行秩序加快恢复[7]。在疫情防控常态化形势下，部分学生返校复学，部分学生在家进行线上学习，疫情的影响还在持续，高校仍需关注学生的心理健康。本研究拟在不同疫情防控阶段对大学生心理健康状态水平进行探索和追踪，分析其内在特征和时间变化趋势，并针对高校在疫情常态化形势下的心理干预工作提出针对性建议。

1　研究设计与实施

1.1　研究工具

一般情况调查表。包含社会人口学资料、疫情相关心理风险因素题目、家庭关系评定三部分。人口学资料包括性别、年级、学科类别、出生地。疫情相关心理风险因素题目包含“学业担忧”“就业担忧”“经济担忧”三个单选题题目，家庭关系评定包括“父母关系”“与父亲关系”“与母亲关系”三项 Likert 5 点计分（0—非常好，1—好，2——一般，3—不好，4—非常差）。第一阶段收集问卷中只包含社会人口学资料；第二阶段收集问卷中新增了疫情相关心理风险因素题目和家庭关系评定两部分内容。

重大突发事件下典型心理健康状态量表。该部分为自编问卷，问卷参考以往重大公共事件的心理干预研究[8-9]，形成重大突发事件下的典型心理问题的 4 个维度：“抑郁”“焦虑”“强迫”“疑病”，由两名研究人员编制 21 个条目，经过 3 名心理学专家对题目专业性、通俗性和可理解性指标进行考察，并对题目进行修改后，最终形成 21 个条目的量表，采用 Likert 5 点计分（0—没有，1—很轻，2—中等，3—偏重，4—严重）。本研究中，疫情防控第一阶段该量表的 Cronbach's α 系数为 0.948，各分量表的 Cronbach's α 系数依次为 0.896，0.882，0.819，0.882。疫情防控第二阶段该量表的 Cronbach's α 系数为 0.922，各分量表的 Cronbach's α 系数依次为 0.869，0.850，0.714，0.843，量表总体拥有良好的信度。

1.2　样本特征

本研究面向北京某高校大学生进行施测，为对比不同时期大学生心理健康状态，分别在疫情防控第一阶段（2020 年 2 月 6 日—3 月 10 日）和疫情防控第二阶段（2020 年 3 月 11 日—4 月 8 日）收集电子问卷。在第一阶段发放问卷 412 份，剔除无效问卷后实际回收有效问卷 393 份，问卷有效率为 95.4%，其中男生占 48.3%，女生占 51.7%；大二年级占 38.2%，大三年级占 39.2%，大四年级占

22.6%；人文社科占 31.8%，理工科占 68.2%。在第二阶段发放问卷 9440 份，剔除无效问卷后实际回收有效问卷 9062 份，问卷有效率为 96.0%，其中男生占 55.8%，女生占 44.2%；大二年级占 32.1%，大三年级占 33.7%，大四年级占 34.2%；人文社科占 31.0%，理工科占 69.0%；来自农村家庭的学生占 8.88%，郊区家庭占 6.81%，中小城市家庭占 23.76%，大城市家庭占 60.55%；上学期挂科学分数占比等于 0% 的学生占 84.30%，1%~20% 的占 12.81%，21%~40% 的占 1.71%，41%~50% 的占 0.60%，大于 50% 的占 0.58%；存在学业担忧、就业担忧、经济担忧的学生占比依次为 43.20%，32.23%，17.67% 的学生。

为进一步探索随着疫情发展大学生心理健康状态的变化，本研究对于第一阶段的 393 名被试进行数据追踪，以对比疫情防控第一阶段和第二阶段的心理健康状态变化。

问卷数据采用 SPSS 20.0 统计软件包分析处理，分析方法包括：可靠性分析、描述性统计分析、相关分析、单因素方差分析、独立样本 t 检验、配对样本 t 检验。

2 数据分析结果

2.1 大学生在疫情防控第一阶段和第二阶段心理健康现状及变化趋势

大学生在疫情防控第一阶段和第二阶段的心理健康状态总分及各维度得分统计显示，得分均值为 0.12~0.80，得分中位值为 0.00~0.60，均远远低于理论中值 2，这表明大学生在疫情防控第一阶段和第二阶段的心理健康水平总体良好。进一步分析各维度得分：依据平均值，在第一阶段和第二阶段得分最高的是抑郁和强迫；依据中位值，在第一阶段和第二阶段得分最高的是强迫和焦虑，但得分最低的都是疑病维度。见表 1。

表 1　疫情防控第一、二阶段大学生心理健康现状

	阶段	平均值	中位值	标准差	分数范围
总分	一	0.65	0.42	0.71	（0，4）
	二	0.26	0.10	0.38	（0，4）
抑郁	一	0.80	0.33	0.93	（0，4）
	二	0.36	0.00	0.57	（0，4）
焦虑	一	0.67	0.40	0.84	（0，4）
	二	0.27	0.00	0.50	（0，4）
强迫	一	0.73	0.60	0.76	（0，4）
	二	0.29	0.20	0.43	（0，4）
疑病	一	0.40	0.00	0.71	（0，4）
	二	0.12	0.00	0.32	（0，4）

为进一步探明疫情防控第一阶段和第二阶段大学生心理健康状态的变化趋势，研究跟踪了393名同时参加两个阶段的被试。本研究采用配对样本 t 检验，对比393名被试在疫情发展两个时期的心理健康状态变化情况。结果显示，疫情防控第一阶段和疫情防控第二阶段的大学生总体心理健康状态及抑郁、焦虑、强迫、疑病四个维度均存在显著差异（$p<0.001$），且疫情防控第二阶段的总体和各维度得分均低于疫情防控第一阶段的总体和各维度得分，表明随着疫情的发展，大学生的心理健康水平显著提升。见表2。

表2　393名被试在疫情防控第一阶段和第二阶段心理健康状态的变化趋势

	阶段	M	SD	t
总分	一	0.65	0.71	11.20***
	二	0.35	0.53	
抑郁	一	0.80	0.93	9.41***
	二	0.48	0.73	
焦虑	一	0.67	0.84	8.80***
	二	0.37	0.67	
强迫	一	0.73	0.76	11.20***
	二	0.35	0.53	
疑病	一	0.40	0.71	7.36***
	二	0.18	0.48	

注：$^{***}p< 0.001$。

2.2　大学生心理健康状态的特征

本研究在第二阶段扩大了样本数量，并增加了心理风险因素、家庭关系测查题目，及时纳入需要关注的心理因素，便于分析疫情常态化防控形势下大学生心理健康状态特征。

2.2.1　大学生心理健康状态的人口学因素特征

本研究考察了大学生心理健康状态在性别、学科类别、年级、出生地4个人口学因素的特征，结果如下：

（1）性别显著影响大学生总体心理健康状态及抑郁、焦虑、强迫、疑病4个维度（$p<0.05$），且男生在各维度及总体的得分均值均低于女生。

（2）学科类别显著影响大学生总体心理健康状态及抑郁、焦虑、强迫、疑病4个维度（$p<0.05$），且人文社科大学生在各维度及总体的得分均值均高于理工科大学生。

（3）年级对大学生总体心理健康状态的影响不显著，大二、大三、大四年级在疫情防控第二阶段的心理健康水平无显著差异。

（4）出生地对大学生总体心理健康状态的影响不显著，来自农村家庭、郊区家庭、中小城市家庭、大城市家庭的大学生在疫情防控第二阶段的心理健康水平无显著差异。

2.2.2 大学生心理健康状态的心理风险因素特征

大学生存在“有无学业担忧”“有无就业担忧”“有无经济担忧”三个心理风险因素的特征。

（1）“有无学业担忧”“有无就业担忧”“有无经济担忧”均显著影响大学生总体心理健康状态（$p<0.05$），且有学业、就业或经济担忧的大学生总体得分均值均高于无此担忧的大学生。

（2）有学业担忧的学生人数（43.20%）高于有就业担忧（32.23%）和经济担忧（17.67%）的学生人数。具体来说，在学业方面担忧最多的前三项依次是“影响下学期课程”、“无法按时毕业”和“论文开题／答辩不能如期进行”；在就业方面担忧最多的前两项依次是“春季招聘受影响”和“无法找实习”；在经济方面担忧最多的是“父母不能工作没有收入”，见表3。

表3　疫情防控第二阶段大学生在学业、就业、经济方面的担忧

变量	类别	数量	比例
学业担忧	无法按时毕业	776	8.56%
	论文开题／答辩不能如期进行	691	7.63%
	无法重修／补考	433	4.78%
	影响下学期课程	799	8.82%
	原定科研项目无法推进	440	4.86%
	交换项目无法进行	157	1.73%
	其他	619	6.83%
	无	5147	56.80%
就业担忧	春季招聘受影响	981	10.83%
	无法按计划入职	727	8.02%
	无法找实习	784	8.65%
	其他	815	8.99%
	无	5755	63.51%
经济担忧	父母不能工作没有收入	726	8.01%
	家人患病后无法继续工作	56	0.62%
	患病后承担不起医药费	82	0.90%
	开学生活费没有着落	323	3.56%
	其他	414	4.57%
	无	7461	82.33%

2.2.3 大学生心理健康状态在家庭关系方面的特征

首先，对家庭关系的三个变量进行描述性统计，见表 4。结果显示，疫情防控第二阶段大学生的父母关系良好（均值：0.73，标准差：0.92）、与父亲关系良好（均值：0.71，标准差：0.86）、与母亲关系良好（均值：0.46，标准差：0.66）。同时，大学生的父母关系、与父亲关系、与母亲关系及总体心理健康状态和抑郁、焦虑、强迫、疑病 4 个维度两两相关，且均在 0.01 水平上显著。结果表明，家庭关系越良好，心理健康水平越良好。

表 4　家庭关系与大学生心理健康的描述性统计分析及相关矩阵

	$M \pm SD$	1	2	3	4	5	6	7	8
1. 父母关系	0.73 ± 0.92	1							
2. 与父亲关系	0.71 ± 0.86	0.735**	1						
3. 与母亲关系	0.46 ± 0.66	0.562**	0.621**	1					
4. 总体心理健康状态	0.26 ± 0.38	0.188**	0.227**	0.210**	1				
5. 抑郁	0.36 ± 0.57	0.206**	0.247**	0.239**	0.869**	1			
6. 焦虑	0.27 ± 0.50	0.182**	0.220**	0.208**	0.907**	0.812**	1		
7. 强迫	0.29 ± 0.43	0.100**	0.126**	0.102**	0.786**	0.485**	0.564**	1	
8. 疑病	0.12 ± 0.32	0.107**	0.126**	0.110**	0.732**	0.425**	0.541**	0.654**	1

注：** 为 $p < 0.01$。

3　讨论与建议

3.1　持续关注，优化测量——追踪研判学生心理状态

研究发现，无论是疫情防控第一阶段还是疫情防控第二阶段，大学生的总体心理健康状态良好。以往研究结果各有不同[10-11]，可能的原因是以往研究样本较小且有 39% 的被试的居住社区有确诊病例，确诊病例会明显加重人的心理压力和焦虑情绪。同时，本研究对 393 人追踪调查的结果也表明，随着疫情发展，大学生的心理健康水平显著提升。可能原因是随着疫情逐渐得到控制，高校开展了有针对性的心理援助服务，大学生的心理压力逐渐减小，大学生依托内外的心理资源，能够更好地应对疫情所带来的抑郁、焦虑、强迫、疑病等影响。

但疫情的发展存在一定的不确定性。尽管疫情防控两个阶段中大部分学生的心理健康状态仍处于健康状态，但两者仍有明显的差异，这对于高校心理工作的启示在于：高校要跟踪学生的心理健康状况，对学生整体心理状态和变化趋势能够整体把握，通盘考虑。同时，根据学生心理健康状态的变化，优化测量工具，以保证能

够及时纳入需要关注的心理因素。

3.2 分析因素，关注特征——指导学生心理状态干预

在疫情防控第二阶段，大学生心理健康状态在“性别”“学科类别”两方面存在组间显著差异，即男生心理健康状态显著优于女生，理工科学生心理健康状态显著优于人文社科学生。可能的原因是，在文化、性格和学科思维的影响下，女性学生群体和人文社科学生群体更加细腻和感性，在疫情中感受到更多的担忧和压力，持续的担忧和压力势必对心理健康造成损害。大学生心理健康状态在大二、大三、大四三个年级不存在显著差异，在出生地不存在显著差异。不过有研究认为，在疫情期间，现所在地为“农村和近郊”学生的心理健康状态更需要关注[12]，对于不同的结论有两种可能的解释：一种解释是相较于城乡差异，疫情发展对于心理健康占据了更主要的影响；另一种解释是，以往大学生心理健康的城乡差异主要测查环境是在校园，而疫情暴发期间，学生居家隔离，学习、生活场所变成了家庭，因而家庭关系更能影响大学生的心理健康状态水平。

疫情对大学生的心理状态产生众多影响，厘清共性因素和个性因素，才能为研判提供依据，有针对性、有计划性地开展心理干预。例如，高校应及时梳理出学困生名单，并尽早对于补考、重修等安排作出说明，并在疫情期间重点做好学业辅导。同时，高校可根据学院组织心理健康宣传活动，对人文社科相关专业的学生加强疫情知识的科普，以认知上的积极调整促进情绪的良性改变。

3.3 家校联合，提升家庭友好氛围——促进保护因素的积极作用

疫情防控第二阶段纳入家庭关系评定题项后，分析发现大学生父母的关系，以及与父亲、母亲的关系，均与心理健康状态的各个维度成正相关关系，即关系越好，心理健康状态就越佳，这与以往的研究保持一致[13]。这意味着，虽然疫情期间学生的心理健康状态受到干扰甚至损伤，但良好的亲子关系、夫妻关系是大学生心理健康状态的重要保护因素。

疫情期间，家庭变成了学生学习、生活的主要场所，学生需要更为频繁地与父母进行互动，在不确定性和负性情绪弥漫在每个人心中的时候，能否从父母那里获得有效的支持，形成良性、健康互动就成为了关键。结论带来的启示在于，高校不仅应该面向学生开展直接的心理健康宣传与干预，还应该考虑到学生在家庭中的生活和体验，使其家长形成心理战疫的“共同体”，通过“家校联动”来促进亲子关系、夫妻关系的良性发展，以促使学生心理健康状态的稳定和提升。

3.4 部门协同，着力解决学生担忧——防范风险因素的消极作用

进一步分析疫情防控第二阶段数据，结果表明，有学业方面、就业方面、经济

方面担忧的学生心理健康状态均显著低于没有相关方面担忧的学生。其中有学业担忧的学生占比最高，有经济担忧的学生占比最低。在学业方面担忧最多的前三项依次是“影响下学期课程”、“无法按时毕业”和“论文开题/答辩不能如期进行”；在就业方面担忧最多的前两项依次是“春季招聘受影响”和“无法找实习”；在经济方面担忧最多的是“父母不能工作没有收入”。

疫情带来的压力和不确定性会引发连锁反应，使学生加重甚至泛化对于未来的担忧，甚至可能成为压倒“学困生”“贫困生”的最后一根稻草，引发众多危险行为。学校各部门间应通力合作，以数据为载体，识别学生具有共性和差异性的风险因素，是构筑学生心理健康状态底线的重要措施。具体而言，学校一方面应加大对学生问题的收集和梳理，及时更新相关的政策，如国家对于疫情医疗救助的政策宣讲、对于贫困生资助办法的解释；另一方面，学校有必要做好学业辅导、就业资源对接和宣传等工作，以“全覆盖”为工作目标，以“精准服务”为工作指引，切实缓解和降低学生的担忧，防范消极影响的进一步蔓延和恶劣影响。

3.5 搭建常态化、动态化的重大突发事件学生心理健康状态监控体系

疫情防控工作变化促使高校心理干预工作也需要动态调整，新冠肺炎疫情的出现不仅提示着高校要重视重大突发事件下学生的心理健康，也促进高校去搭建能够适应疫情发展、满足动态调整要求的心理健康状态监控体系。基于上述部分的讨论，本研究提出了“两模块、两因素”的“重大突发事件学生心理健康状态监控体系”，如图1所示。具体来说：

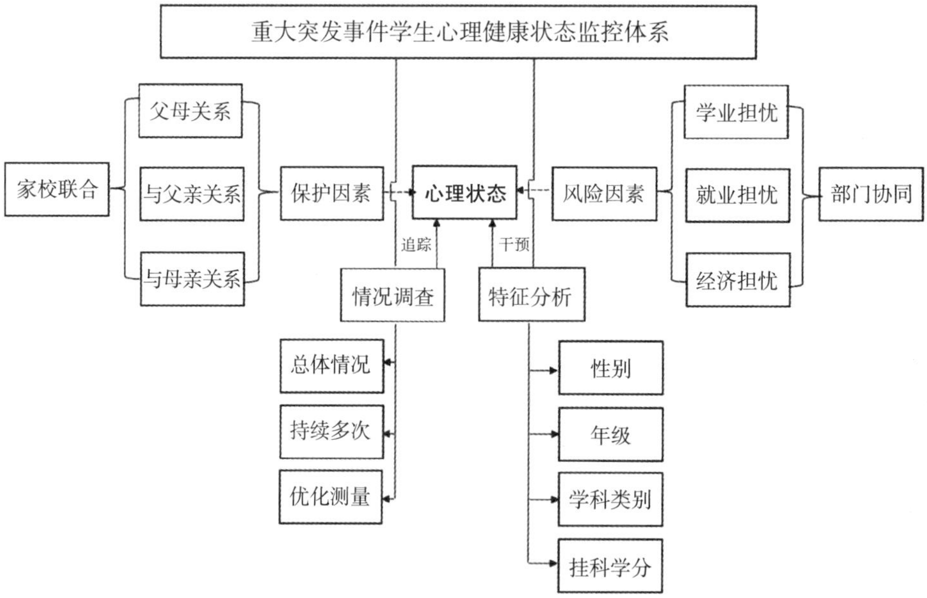

图1 重大突发事件学生心理健康状态监控体系

“两模块”指“情况调查”模块和“特征分析”模块，能够起到“监察”和“调控”的作用。“情况调查”模块强调学校持续多次地进行群体的总体心理健康状态调查有助于更清晰地看到学生心理状态变化的过程和趋势。“特征分析”模块强调学校对收集的相关数据进行更精细的比较和讨论，通过分组比较、相关分析得到有启示意义的结论，进而研判和调整干预策略。

“两个因素”指“保护因素”和“风险因素”，它们能够在促进和防范方面起到精准干预的作用。由于新冠病毒具有一定的未知性、传染性、伤害性，疫情的发展可能会加剧风险因素的消极作用，削弱保护因素的积极作用，高校应进一步通过“家校联合”来有效强化保护因素，通过“部门协同”来防范风险因素。

参考文献

[1] 习近平. 在统筹推进新冠肺炎疫情防控和经济社会发展工作部署会议上的讲话 [N]. 人民日报 , 2020-02-24（2）.

[2] 陆林. 加强心理疏导 做好心理防护 [N]. 人民日报 , 2020-03-16（9）.

[3] 古特雷斯. 新冠肺炎疫情可能造成更多更严重的精神健康问题 [EB/OL]. (2020−05−13)[2020-05-17]. https://news.un.org/zh/story/2020/05/1057292.

[4] 胡俊峰, 侯培森. 当代健康教育与教育促进 [M]. 北京：人民卫生出版社 , 2005:410.

[5] 王择青, 祝卓宏, 朱鸿武, 等. SARS 患者临床心理干预模式及疗效评估 [J]. 中国心理卫生杂志 , 2003, 17(9):587-590.

[6] 习近平 . 在湖北省考察新冠肺炎疫情防控工作时的讲话 [N]. 人民日报 , 2020-04-11(1).

[7] 习近平. 分析国内外新冠肺炎疫情防控和经济运行形势 研究部署落实常态化疫情防控举措全面推进复工复产工作 [N]. 人民日报 , 2020-04-09(1).

[8] 高文斌, 陈祉妍, 王一牛, 等. SARS 疫情期间公众心态影响及变化趋势分析 [J]. 中国心理卫生杂志 , 2003, 17(9):594-596.

[9] 钟杰, 钱铭怡, 张黎黎. “非典”心理援助热线来电初步分析报告 [J]. 中国心理卫生杂志 , 2003, 17(9): 591-593, 599.

[10] 西南大学新学工创新中心课题组. 新冠肺炎疫情对青年大学生影响研究：基于全国 45 所高校 19850 名大学生的实证调查 [J]. 中国青年研究，2020(4):12, 43-48.

[11] 钟梦婷，熊真真．新型冠状病毒肺炎期间在校大学生心理状况及影响因素研究 [J]. 成都医学院学报，2020, 15(2):163-168.

[12] 吕敬惠，袁愈新，王东．新型冠状病毒肺炎疫情下大学生心理健康状况及影响因素分析 [J]. 南方医科大学学报，2020, 40(2):171-176.

[13] 吴旻，刘争光，梁丽婵．亲子关系对儿童青少年心理发展的影响 [J]. 北京师范大学学报（社会科学版），2016 (5):55-63.

新冠肺炎疫情高峰期大学生心理健康状况及群体差异调查

——以上海理工大学为例

陈　峰[1]　朱卓影[2]

1 上海理工大学　200093　2 上海交通大学　200234

【摘　要】目的：了解疫情高峰期大学生的心理健康状况以及不同大学生群体的心理特点。方法：采用横截面调查法，2020 年 3 月 12—15 日，使用广泛性焦虑量表（GAD-7）和 11 条目简化流调中心用抑郁量表（CES-D11），通过网络对学生进行问卷调查。采用两独立样本 Mann Whitney U 检验和多个独立样本的 Kruskal Wallis H 检验分析不同学生群体的焦虑和抑郁水平差异。结果：收集问卷 3377 份，其中有效问卷 3353 份，GAD-7 得分平均（2.90±3.49）分，中位数 2 分；抑郁得分平均（9.08±6.85）分，中位数 9 分。焦虑得分大于等于 10 分人数占 4.65%；抑郁得分大于等于 16 分人数占 18.25%，可能出现临床水平心理障碍；女生比男生表现出更高的焦虑和抑郁水平（$Z=-4.84, p<0.001$；$Z=-5.54, p<0.001$）；不同家庭经济状况学生的焦虑、抑郁水平有统计学差异（$H=8.12, p=0.017$; $H=18, p<0.001$）；不同学位学生在抑郁水平上存在显著差异 ($H=8.877, p=0.012$)；本科生中不同专业学生的焦虑、抑郁水平均存在统计学差异（$H=10.539, p=0.014$；$H=7.916, p=0.048$）。结论：疫情影响下，大学生的总体心理健康状况良好，但有部分学生出现临床诊断焦虑、抑郁水平；女生、家庭收入相对较低学生、本科和硕士毕业班学生以及艺术类学生心理健康状况较差，学校应对这些学生群体给予更多心理支持和帮助。

关键词：新冠肺炎疫情；大学生；心理健康；群体差异

公共危机是指突然发生并危及公众生命财产，影响社会秩序，破坏公共安全，对社会价值和行为准则构成严重威胁，在短时间内政府和社会必须采取有效应对措施的公共事件[1]。21世纪以来，我国先后经历了SARS疫情、汶川大地震等几次重大公共危机事件。国内外诸多灾害事件心理调查的结果表明，当公共危机事件发生时，其恶劣影响及灾难性后果往往超出了民众的应对能力和心理承受能力，从而使大量民众陷入紧张、恐慌、焦虑等的消极心理状态[2]，影响民众的心理健康。

始于2019年底的新型冠状病毒肺炎（COVID-19，简称“新冠肺炎”）疫情是新中国成立以来传播速度最快、感染范围最广、防控难度最大的重大突发公共卫生事件[3]。面对严重而充满不确定性的疫情，民众在心理上承受了巨大的压力，易引发焦虑和抑郁情绪。作为大学生群体，他们既是普通民众的一部分，同时也有许多自身的特点。大学生十分关注疫情信息，但他们生活阅历相对较浅，很多人缺乏应对危机事件的经历和知识。在以往的有关研究中[4-5]，青年学生在重大危机事件中往往会表现出更多的焦虑、抑郁情绪。本次疫情发生后，全国各大高校纷纷推迟新学期开学时间，大学生们在家中度过了一个漫长的寒假。在这个非常特殊的时段，他们的心理健康状况备受社会关注。为了更全面、更清晰地了解疫情中大学生的心理健康状况以及不同大学生群体的心理特点，本研究对上海理工大学学生做了一次较大规模的心理调查，为开展有针对性的心理健康教育和心理干预提供依据和参考。

1 对象与方法

1.1 对象

面向上海理工大学在读的本科生和研究生（包括硕士生和博士生）收集问卷3377份，其中有效问卷3353份。学生填写问卷时的居住地覆盖除港、澳、台及青海以外的全国21个省、5个自治区和4个直辖市。

1.2 方法

本研究采用横断面调查方法，通过国内目前最大的问卷调查网络平台问卷星（https://www.wjx.cn）进行方便抽样。问卷信息收集时间为2020年3月12日—15日。

1.3 研究工具

本研究调查问卷包括：人口统计学资料、心理健康状况量表以及影响因素量表等三部分。

1.3.1 人口统计学资料

收集被试的性别、年龄、学历、年级、专业、居住地等常见影响危机事件后心理反应的人口学资料。

1.3.2 心理健康状况量表

（1）广泛性焦虑量表（Generalized Anxiety Disorder-7，GAD-7），该量表由 7 个条目组成，用于广泛性焦虑的筛查及症状严重度的评估[6]。采用“0—从来没有”到“3—几乎每天”4 级评分，总分 0~21 分，分值为 5、10、15 分别代表“轻度”、“中度”、“重度”焦虑[7]。国外大规模样本研究显示[6]，当分界值取 10 分时，GAD-7 的敏感度和特异度最佳。该量表在国内外研究中都有较高信效度（a=0.90~0.92）[8-9]。

（2）流调中心用抑郁量表（Center of Epidemiological Studies Depression Scale，CES-D）由 20 个条目组成，是常用的评定个体抑郁状态的量表[10]，用于判定过去一周内抑郁症状或感觉出现的频率。以“0—从来没有”到“3—几乎每天”4 级评分，总分为 0~60 分，通常以 16 分作为具有临床意义的分界值，对应 80 百分位[11]。本研究采用 11 条目简版量表，总分为 0~33 分。该简版量表与完整 20 条目原量表具有高度一致性 (a=0.95)，以 16 分作为分界值，对应百分位与原量表接近[12]。由于 11 条目简化 CES-D 量表的分界值尚无定论，本研究参考国内外已有研究[12-13]的观点，将 10 分和 16 分作为轻度抑郁和中度抑郁的分界值进行统计。

1.3.3 影响因素量表

根据中国疾病预防控制中心的有关规定[14]，通过以下问题评估个体受疫情影响程度：（1）当前居住省市（以判断客观疫情影响）；（2）接触程度（被感染未治愈；正与感染者共同工作；疑似感染、在医院隔离观察；疑似感染、在家隔离；曾与感染者有过密切接触，目前未感染；曾感染已治愈；未感染也无接触史）。

1.4 统计方法

采用 SPSS 19.0 统计软件对数据进行分析。对人口学基本资料进行描述性统计，计数资料用比例数（%）表示。因焦虑、抑郁得分均为非正态分布，采用中位数、百分位数描述和非参数检验，包括采用两独立样本的 Mann Whitney U 检验和多个独立样本的 Kruskal Wallis H 检验。检验水平 α 除特殊说明外均设定为 0.05。

2 结果

2.1 一般资料

本次调查共收到有效问卷 3353 份，占该校学生总数约 14%，学生平均年龄（21.83 ± 3.35）岁，其中男生 1651 人（49.24%），女生 1702 人（50.76%）；本科生 2033 人（60.63%），硕士生 1208 人（36.03%），博士生 112 人（3.34%）；本科生中理工类学生 1464 人（72.01%），经管类学生 189 人（9.30%），文学类学生 298 人（14.66%），艺术类学生 82 人（4.03%）；疫情期间从未去过湖北的有 3214 人（95.85%），曾经去过湖北后返回家中的有 27 人（0.81%），一直在湖北的有 112 人（3.34%）。该校湖北籍学生总数 700 人，其中约 16% 的学生参与了调查，具有良好的代表性。

2.2 大学生心理健康状况整体分析

以焦虑和抑郁得分作为分析大学生心理健康状况的两项主要指标。焦虑得分均分 2.90 ± 3.49 分，中位数 2 分。抑郁得分均分为（9.08 ± 6.85）分，中位数 9 分。见表 1。以 10 分作为 GAD-7 分界值[6]，小于 10 分共有 3197 人（95.35%），大于等于 10 分 156 人（4.65%）。如参照 CES-D 量表以 16 分作为分界值[12]，CES-D11 得分小于 16 分共 2741 人（81.75%），大于等于 16 分 612 人（18.25%），具体各分数段比例如图 1、图 2 所示。

表 1　大学生焦虑、抑郁得分总体分析 [$\bar{x} \pm s$，中位数 (P25, P75)]

	焦虑	抑郁
总体 (n=3353)	2.90 ± 3.49，2(0, 5)	9.08 ± 6.85，9(3, 14)
男生 (n=1651)	2.74 ± 3.64，1(0, 4)	8.44 ± 6.75，9(2, 13)
女生 (n=1702)	3.05 ± 3.32，2(0, 5)	9.70 ± 6.70，10(4, 14)
Z	-4.84^{***}	-5.54^{***}

***p< 0.001，**p<0 .01，*p<0 .05，下同

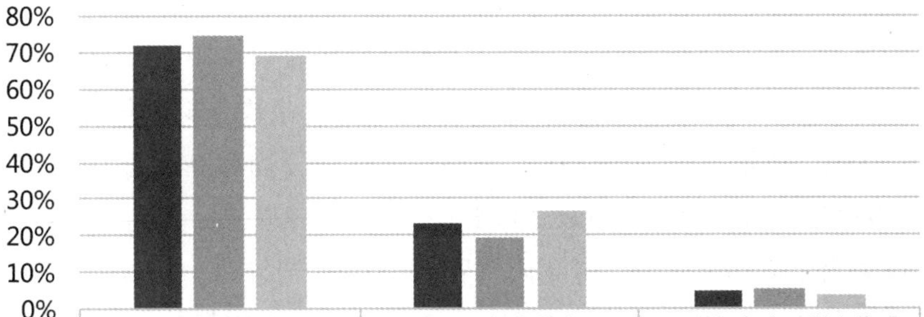

	<5分 无焦虑	5~9分 轻度焦虑	≥10分 中度及以上焦虑
■总	72%	23%	5%
■男	75%	20%	5%
■女	69%	27%	4%

■总 ■男 ■女

图 1　GAD-7 分数分布图

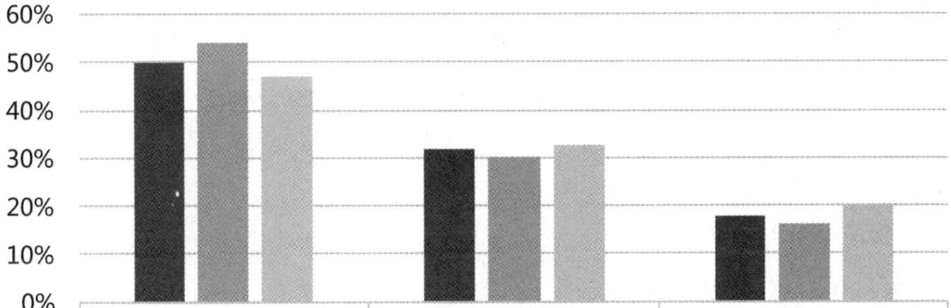

	<10分 无抑郁	10~15分 轻度抑郁	≥16分 中度及以上抑郁
■总	50%	32%	18%
■男	54%	30%	16%
■女	47%	33%	20%

■总 ■男 ■女

图 2　CES-D11 分数分布图

2.3　大学生心理健康的群体差异

2.3.1　性别差异

男生焦虑均分为（2.74 ± 3.64）分，中位数 1 分，抑郁均分为（8.44 ± 6.75）分，中位数 9 分；女生焦虑均分为（3.05 ± 3.32）分，中位数 2 分，抑郁均分为（9.70 ± 6.70）分，中位数 10 分。采用两独立样本 Mann Whitney U 检验了解男女生在以上心理健康指标上的差异。结果显示，女生的焦虑（$Z=-4.84, p<0.001$）、抑郁（$Z=-5.54, p<0.001$）得分均显著高于男生 (见表 1)。

2.3.2 不同家庭经济状况学生的差异

将学生的家庭经济状况分成三类：A 组家庭年收入小于 10 万元、B 组 10 万元 ~50 万元、C 组 50 万元以上。对以上三类学生的焦虑、抑郁得分进行 Kruskal Wallis H 检验，结果显示三类学生的焦虑、抑郁得分均存在显著差异（H=8.126, p=0.017; H=18.966, p<0.001）（见表 2）。进一步两两比较发现，A 组学生的焦虑、抑郁得分显著高于 B 组学生的得分（调整后 p=0.020，调整后 p<0.001）。可能由于 C 组人数相对较少的原因，B 组与 C 组以及 A 组与 C 组学生间的焦虑、抑郁得分无显著差异（调整后 p>0.001）。

表 2　不同家庭经济状况学生焦虑、抑郁得分 Kruskal Wallis H 检验（n=3353）

	家庭年收入	N	中位数 (P25, P75)	秩均值	H	p
焦虑	<10 万元	1927	2(0, 5)	1716.59	8.126*	0.017
	10 万~50 万元	1328	1(0, 5)	1625.64		
	>50 万元	98	1(0, 5)	1594.58		
抑郁	<10 万元	1927	10(3, 14)	1739.16	18.966***	<0.001
	10 万~50 万元	1328	8(2, 13)	1595.96		
	>50 万元	98	9(1, 13)	1553.01		

2.3.3 学历及年级差异

对本科生、硕士生以及博士生的焦虑、抑郁得分进行 Kruskal Wallis H 检验，发现三组学生的焦虑得分不存在显著差异（H=1.209，p=0.546），三组学生的抑郁得分存在显著差异 (H=8.877, p=0.012)（见表 3）。进一步两两比较发现，本科生的抑郁得分显著高于硕士生（调整后 p=0.017），但本科生与博士生以及硕士生与博士生之间的抑郁得分无显著差异（调整后 p>0.05）。

表 3　本科生、硕士生、博士生焦虑、抑郁得分的 Kruskal Wallis H 检验（n=3353）

	学位	N	中位数 (P25, P75)	秩均值	H	p
焦虑	本科生	2033	2(0, 5)	1687.00	1.209	0.546
	硕士生	1208	2(0, 5)	1655.36		
	博士生	112	2(0, 6)	1728.78		
抑郁	本科生	2033	10(3, 14)	1716.58	8.877*	0.012
	硕士生	1208	9(3, 13)	1619.64		
	博士生	112	9(1.25, 13)	1577.28		

对本科四个年级学生的焦虑、抑郁得分进行 Kruskal Wallis H 检验，发现不同年级学生的焦虑、抑郁分数均存在显著差异（H=27.153，p<0.001；H=9.837，p=0.020）（见表 4）。通过两两比较发现，三、四年级学生的焦虑得分显著高于一年级学生（调整后 p<0.001，调整后 p=0.001），其余组间得分差异不显著（调整后 p>0.05）。四年级学生的抑郁得分显著高于一年级学生（调整后 p=0.037），其余组间得分差异不显著（调整后 p>0.05）。

表 4　不同年级本科学生焦虑、抑郁得分 Kruskal Wallis H 检验（n=2033）

	年级	N	中位数（P25, P75）	秩均值	H	p
焦虑	一年级	1057	1（0, 4）	964.89	27.153***	<0.001
	二年级	594	2（0, 5）	1029.95		
	三年级	207	3（0, 6）	1137.07		
	四年级	175	3（0, 6）	1145.74		
抑郁	一年级	1057	9（3, 14）	984.02	9.837*	0.020
	二年级	594	10（3, 14）	1031.03		
	三年级	207	10（4, 15）	1062.25		
	四年级	175	11（5, 15）	1115.04		

对硕士三个年级学生的焦虑、抑郁得分进行 Kruskal Wallis H 检验，发现不同年级学生的焦虑分数存在显著差异（H=11.035，p=0.004），抑郁分数差异无统计学意义（p>0.05）（见表 5）。通过两两比较发现，硕士三年级学生的焦虑得分显著高于硕士一年级学生（调整后 p=0.004），其余组焦虑得分差异不显著（调整后 p>0.05）。

表 5　不同年级硕士生焦虑抑郁得分 Kruskal Wallis H 检验（n=1208）

	年级	N	中位数（P25, P75）	秩均值	H	p
焦虑	一年级	524	1（0, 4）	569.21	11.035**	0.004
	二年级	346	2（0, 5）	1029.95		
	三年级	338	2（0, 6）	1137.07		
抑郁	一年级	524	9（3, 13）	569.21	1.296	0.523
	二年级	346	9（3, 14）	1029.95		
	三年级	338	9（3, 14）	1137.07		

对博士入校第一年、第二年以及三年以上三类学生的焦虑、抑郁得分进行多组秩和检验，均未发现显著差异（p>0.05）。

2.3.4 受疫情影响的差异

将学生分为疫情前后从未去过湖北、去过湖北后返回以及一直在湖北三类，发现他们之间的焦虑和抑郁得分差异无统计学意义（$p>0.05$）。

2.3.5 专业差异

根据专业分类，将2033名本科生分为理工类、经管类、文学类和艺术类四大类，进行Kruskal Wallis H检验。结果显示不同专业学生的焦虑、抑郁得分均存在显著差异（$H=10.539$，$p=0.014$；$H=7.916$，$p=0.048$）(见表6)。通过两两对比发现，艺术类学生的焦虑得分显著高于理工类学生（调整后$p=0.032$），其余组间差异不显著（调整后$p>0.05$）；各组间的抑郁得分差异均不显著（调整后$p>0.05$）。

表6 不同专业本科生焦虑、抑郁得分Kruskal Wallis H检验（$n=2033$）

	专业	N	中位数 (P25, P75)	秩均值	H	p
焦虑	理工类	1464	1(0, 5)	998.34	10.539*	0.014
	经管类	189	2(0, 5)	1011.27		
	文学类	298	2(0, 6)	1067.66		
	艺术类	82	3(0, 6)	1179.15		
抑郁	理工类	1464	9(3, 14)	1001.03	7.916*	0.048
	经管类	189	9(2.5, 13.5)	990.05		
	文学类	298	11(4, 15)	1084.26		
	艺术类	82	11(7, 14.25)	1117.93		

3 讨论

3.1 疫情影响下大学生的整体心理健康状况

疫情影响因素量表数据显示，本次调查中99.64%的学生（3341人）既无感染史，也无接触史，仅12人与感染者有过不同程度的接触，也就是说，绝大多数学生客观上没有受到疫情的直接影响。从焦虑、抑郁得分各分数段的占比看，疫情影响下大学生的总体心理健康状况良好，如按照GAD-7分界值10分、CES-D11分界值16分看，焦虑、抑郁得分达到临床诊断分界值的人数无异常，但表现出轻度焦虑、抑郁大学生人数明显增多的特点。本调查中，GAD-7得分大于等于10分人数占比4.65%，这与国外普通人群GAD-7筛查[8]5%左右的比例及MERS疫情期间中东地区大学生同类调查[15]4.6%比例相近。本调查中，GAD-7得分为5~9分，占比为 23.27%，略高于 MERS 疫情期间中东地区大学生同类调查[15]18.4% 的比例。CES-D11 如以 16 分作为分界值，本次调查数据中男女对应的百分位分别为 84 和 80，与国外 CES-D11 调查中男女对应百分位 88 和 78 非常接近[12]。但本调查中 CES-D 得分 10 分对应的男女百分位分别为 54 和 47，而国外调查中男女对应百分位分别为 78 和 60 左右[12]。可见本调查中 10~15 分轻度抑郁的人数明显增多。因此，从数据分析看，疫情影响下，虽然大学生中焦虑和抑郁水平达到临床意义的人数没有明显变化，但疫情还是给一部分学生带来了心理上的冲击，提高了他们的焦虑和抑郁水平，导致存在轻度焦虑和抑郁人数增多。校方有必要面向全体学生做好疫情中心理健康的宣传与疏导工作，并在接下来的一段时间内进一步跟踪关注。

3.2 大学生心理健康状况的性别差异

本次调查发现女大学生的焦虑、抑郁得分显著高于男大学生，与以往一些相关研究结果一致[16-17]。有研究曾提出，女性比男性有更强烈的负性情绪易感性和反应性，面对同样的情绪刺激，女性会自我报告更强烈的情绪体验[18]。这可能是导致女大学生焦虑、抑郁得分显著高于男生的原因之一。当然，也有研究未发现重大突发事件中的心理健康状况的性别差异，如在本次疫情早期，有研究发现我国网民的 GAD-7 分数不存在性别差异[19]。这一结果可能与调查时间有关，疫情早期存在很多不确定性，民众的整体焦虑水平较高，可能掩盖了焦虑的性别差异性。

3.3 家庭经济状况对大学生心理健康的影响

本调查中，不同家庭经济状况学生的心理健康状况存在显著差异。其中家庭年收入小于 10 万元学生的焦虑、抑郁分数均显著高于家庭年收入为 10~50 万元的学生。可能由于家庭年收入大于 50 万元组学生的人数相对过少，该组学生的焦虑、抑郁分数与其他两组相比差异不显著。在以往对我国青少年及研究生抑郁的研究中[17-20]，也曾发现家庭或个人经济状况较差的学生，其抑郁水平较高。本次疫情期间，产生这种影响的原因可能还与疫情中家庭收入较低大学生对当下及未来经济状况的担忧有关。受疫情的影响，很多家庭的收入下降，对于年收入相对较低家庭的学生而言，将会面临更大的压力和不确定性。随着疫情形势的好转，疫情防控进入常态化阶段，但疫情对一些大学生家庭经济状况的影响未必能在短时间内消除。大学相关部门有必要对学生的家庭经济状况做一次重新摸底，对原本因经济贫困以及家庭经济状况受疫情影响较大的学生给予更多的关心和帮助。

3.4 不同学历及年级大学生的心理健康差异

通过对不同学历以及不同年级大学生的焦虑、抑郁得分进行分析，我们发现，研究生的心理健康状况总体好于本科生。而本科生与硕士生中毕业班学生的心理健康状况值得关注，表现出较高的焦虑或抑郁程度，这与非典期间云南理工科大学生心理状况调查的结果相类似。通过对部分学生的回访，硕士毕业班学生的压力主要来自以下几个方面：（1）担心无法按计划完成毕业论文；（2）原定准备参加的一些证书类考试因疫情取消或推迟，可能会影响就业竞争力；（3）招聘工作受到影响；（4）部分学生的出国留学计划不得不重新考虑。以上这些原因是导致毕业班学生焦虑和抑郁水平升高的主要原因。当前，国家已经陆续出台了相关政策，扩大研究生招生规模，促进大学生就业。各高校也正在采取多种措施，努力解决毕业生在毕业、升学和就业中遇到的实际问题，相信这些措施对他们的心理会产生积极的影响。但在未来一段时间内，还有必要继续关注他们的心理健康状况。

3.5 是否去过疫情严重地区对大学生心理健康的影响

本次调查中，一直待在湖北与去过湖北后返回以及从未去过湖北三类学生间的焦虑和抑郁分数均无显著差异，这与以往的研究结果存在不一致。有研究者曾经提出在危机事件中身处不同地区的民众，其心理状态呈现出的两种效应：“涟漪效应”，即越靠近危机事件中心区域，人们会表现出更高水平的负性心理；也可能出现相反的“心理台风眼效应”，表现为与高风险地段距离越近，民众心理反而越平静[21]。本次数据分析结果中两种效应均未出现，这一方面说明在重点疫区大学生的心理健康状况受疫情的影响可能并没有设想的那么大，另一方面也提醒我们，面对如此严重的疫情，在全国各个省区市纷纷启动突发公共卫生事件一级响应的情况下，各地大学生的心理健康状况都可能会受到影响。在这种情况下，身处或去过重点疫区的学生反而没有表现出更高的焦虑或抑郁水平。因此，在接下来的一段时间内，我们除了对重点疫区学生的心理健康状况做必要的跟踪外，还应该加大对非重点疫区但心理受到影响学生的识别，并给予同样的关注。

3.6 不同专业本科生心理健康状况的差异

分析理工类、经管类、文学类以及艺术类不同专业本科生的心理健康状况，我们发现有两个问题值得探讨。一是各专业的性别比例差异可能是导致心理健康状况差异的原因之一。四个专业中女生比例依次为理工类 31.76%、经管类 73.54%、文学类 83.89%、艺术类 90.24%。艺术类学生的焦虑得分显著高于理工类学生，可能与这两个专业的女生比例差异有直接的关系。二是专业本身也可能对学生的心理健康产生影响。经管类和文学类女生比例并不低，但与理工类学生的焦虑得分相比不存在显著差异，具体原因还有待进一步分析。四类学生中，艺术类专业学生的焦虑、抑郁得分均为最高，因此对于他们的心理健康状况还须给予更多关注。

4 结论

本研究结果显示，疫情影响下，大学生的总体心理健康状况良好，存在中度及以上焦虑和抑郁风险的人数比例没有明显变化，但轻度焦虑和抑郁的人数增多；女生、本科生及硕士毕业班学生、家庭年收入相对较低学生以及艺术类学生表现出了更高的焦虑或抑郁水平，学校需要对这些学生群体给予更多的心理支持和帮助。

本次调查结果有助于更加全面地了解疫情高峰期大学生的总体心理健康状况以及不同群体大学生的心理健康差异。其中对毕业班学生、家庭年收入较低的学生、艺术类学生以及来自重点疫区学生的心理健康状况特点的了解，将为学校采取必要的措施提供有参考价值的依据。本研究为了便于对焦虑、抑郁得分较高学生有效跟进，采取了实名制，可能对取样的随机性有一定的影响。但由于样本量较大，数据结果仍具有很大的代表性。本次研究采用横截面调查方法，但疫情对大学生心理健康的影响可能还会随着时间的推移而产生新的特点。在未来一段时间内，将会对参加调查的大学生心理健康状况进行跟踪研究，以便更好地了解疫情对大学生心理健康的持续性影响。

参考文献

[1] 张成福. 公共危机管理：全面整合的模式与中国的战略选择 [J]. 中国行政管理 . 2003, (7):6-11.

[2] 叶国平. 公共危机管理中的民众心理干预探讨 [J]. 前沿，2009(9): 152-155.

[3]《抗击新冠肺炎疫情的中国行动》白皮书，中华人民共和国国务院新闻办公室，2020-6-7.

[4] 张媛媛，杨艳杰，乔正学，等. 地震灾区高中学生心理健康与个性相关性分析 [J]. 中国公共卫生，2010, 26(3): 377−378.

[5] 王学义，金圭星，王青翠，等 . SARS 流行期不同人群心理状况调查分析 [J]. 健康心理学杂志 , 2003,11(1/6):441-443.

[6]SPITZER R L, KROENKE K, WILLIAMS J B W, et al. A brief measure for assessing generalized anxiety disorder: the GAD-7 [J]. Arch Intern Med.2006, 166:1092-1097.

[7] 何筱衍 , 李春波，钱洁，等 . 广泛性焦虑量表在综合性医院的信度和效度研究 [J]. 上海精神医学 , 2010(4):200-203.

[8]LÖWE, B. Validation and standardization of the Generalized Anxiety Disorder Screener (GAD-7) in the general population [J]. Medical care, 2008: 266-274.

[9] 王瑜，陈然，张岚．广泛性焦虑量表-7 在中国综合医院住院患者中的信效度研究 [J]. 临床精神医学杂志，2018(3): 168-171.

[10]RADLOFF L S. The CES-D scale: A self-report depression scale for research in the general population [J]. Applied psychological measurement, 1977(1), 385-401.

[11] 章婕，吴振云．流调中心抑郁量表全国城市常模的建立 [J]. 中国心理卫生杂志，2010,24(2):139-143.

[12]KOHOUT F J, et al., Two shorter forms of the CES-D depression symptoms index [J]. Aging health, 1993 (2): 179-193.

[13]CHANG K F,WENG L J. Screening for depressive symptoms among older adults in Taiwan: Cutoff of a short form of the Center for Epidemiologic Studies Depression Scale [J]. Health, 2013, 5(3): 588-594.

[14]AL-RABIAAH A. Middle East Respiratory Syndrome-Corona Virus (MERS-CoV) associated stress among medical students at a university teaching hospital in Saudi Arabia [J]. Journal of infection and public health, 2020,13(5): 687-691.

[15] 李亚云．汶川地震期间高职学生焦虑状况调查分析 [J]. 陕西青年职业学院学报，2008(3):61-64.

[16] 陈祉妍，杨小冬，李新影. 流调中心抑郁量表在我国青少年中的试用 [J]. 中国临床心理学杂志，2009,17(4):443-448.

[17] 潘朝霞，李冰冰. 大学生负性情绪调节效力的差异：心理素质与性别的作用 [J]. 西南大学学报（社会科学版）, 2019, 45(1): 113-119.

[18] 孙漫沁，李珊珊，岳虹妤，等. 新冠肺炎疫情期间我国网民焦虑状况及其影响因素分析 [J]. 世界科学技术—中医药现代化 ,2020,22(3):686-691.

[19] 高志利. 上海某重点高校研究生抑郁状况调查研究 [J]. 中国健康心理学杂志，2009, 17(8):961-963.

[20] 田军，杨玉宇. 非典 (SARS) 期间云南理工科大学生心理状况调查分析 [J]. 中国健康心理学杂志，2007,15(4):304-306.

[21] 谢晓非，林靖. 心理台风眼效应研究综述 [J]. 中国应急管理，2012(1):21-25.

突发公共事件时大学生心理波动趋向与引导策略

赵旭艳

营口理工学院　115000

【摘要】目的：探索突发公共事件时大学生群体的心理波动趋势。方法：结合半结构化电话访谈内容和汶川地震期间笔者身处重庆震区的亲身感受，综合分析某高校168名学生的问卷调查结果。结果：在突发公共事件的不同阶段大学生心理波动的8个趋向：泰然处之，恐慌与庆幸，焦虑与担忧，压抑与愤怒，坦然与淡定，感动与感恩，反思与成长，期盼。针对心理波动趋向提出建立完善的心理援助体系，官方媒体主动发声及时回应关切，积极构建行为表达与情感抒发平台的引导策略。

关键词：大学生；心理波动；突发公共事件；问卷调查

国务院颁布的《国家突发公共事件总体应急预案》明确指出，“突发公共事件”是指突然发生，造成或者可能造成重大人员伤亡、财产损失、生态环境破坏和严重社会危害，危及公共安全的紧急事件，主要包括自然灾害、事故灾难、公共卫生事件、社会安全事件等4类[1]。突发公共事件由于其不可预知性、突发性、紧急性、危害性和不确定性等特点，极易造成公众恐慌。近年来，针对国内外频发的公共突发事件引发的一般民众心理应激行为的相关研究相对较多。高等院校是人员高度密集、活动高度集中的特殊公共场所，加之大学生群体思想活跃、情感丰富、对社会事件敏感，突发公共事件下高校安全稳定工作压力巨大。因此，把握突发公共事件时大学生群体的情绪特点，采取积极有效的防控措施，有针对性地展开相应工作，对于维护校园安全稳定具有重要意义。

1 突发公共事件时大学生心理波动趋向与分析

新冠肺炎疫情已经持续1年有余，为深入了解大学生疫情期间真实的心理动态，对某高校168名同学进行问卷调查："在疫情不同阶段，你最深刻的心理感受是什么?"综合分析问卷调查结果，结合无结构化电话访谈内容分析，加之汶川地震期间笔者正在西南某高校求学，身处重庆震区的内心感受，将突发公共事件后不同阶段大学生心理波动趋向概括为以下几点。

1.1 泰然处之

对于像新冠肺炎疫情这样的突发公共卫生事件，由于缺乏对病毒危害性的认识，在疫情暴发之初，大学生在心理上并没有明显的变化。正如部分大学生在调查问卷里所反映的"疫情刚刚发生，因为不了解，也没有客观的数据显示，没有什么心理变化"、"疫情刚开始，不怎么关心，当成普通谣言新闻看，坐等辟谣"、"刚开始的时候，不相信会发生这样事情的，但是后来随着事态的发展，我意识到了事情的严重性"。可见在突发公共事件暴发初期或者瞬间，很多人并没有惊慌失措。5·12汶川地震时，重庆有明显震感，不排除有部分人匆忙跑到室外，但很多平生第一次经历地震的人，并没有弄清楚为什么摇晃，对摇晃没有太多的恐惧。

1.2 恐慌与庆幸

大学生对社会事件具有较高的敏感性，作为网络原住民的他们，会第一时间洞察到突发公共事件之后的信息变化，以及突发公共事件可能带来的多方面的危害。针对本次疫情而言，大学生要比同龄人或其父母更早了解到相关疫情信息，更早表现出恐慌的心理应激反应。从部分问卷信息中可以明显反映出这一点："面对突如其来的疫情我有些惊慌不知所措"、"随着疫情加重，感觉周围笼罩着危险气息，我开始变得慌乱，甚至开始抢购生活用品。"恐慌的同时，与身处疫区的同胞相比，内心会有一丝庆幸。就如同刚刚经历了地震的地动山摇，从房间匆忙逃离到安全地带的人，捂着紧跳的心脏，脱口而出的那句"吓死我了，好在没事"，这份庆幸仅是单纯的对恐慌中的自己的一丝慰藉。如因突发公共事件的影响，出现暂时停课停学等现象，摆脱平日学业压力的部分大学生某种程度上会表现出释放的心理。如同问卷中部分同学描述本次疫情前期的心理感受"在疫情刚开始的前期，觉得终于可以能够在家偷懒了，甚至有点小激动"。

1.3 焦虑与担忧

焦虑是一种内心紧张不安、预感到似乎要发生某种不利情况而又难于应付的不愉快情绪。大学生面对突如其来的公共事件毫无心理准备，缺乏有效的应对措施，淹没在真假难辨的信息流中，开始变得焦躁和担忧。在这次新冠肺炎疫情期间，大学生的焦虑与担忧情绪主要体现在两个阶段：在疫情前期，大学生的焦虑与担忧主要来源于对爆炸式网络信息的焦躁和对自己、家人及前线人员感染风险的担忧。部分大学生明确地表达出"外界信息变化大，信息量越来越多，我开始焦躁"、"害怕，怕自己和家人感染，怕疾病会残害生命"、"心情很忐忑，为前线战士捏一把汗"。疫情后期，大学生的焦虑主要源于长时间不能外出、枯燥的室内生活，同时担忧因周围环境缺乏学习氛围及自身自控力不足影响学业。对于地震等自然灾害类型的突发公共事件后，大学生的焦虑和担忧更多的是源自突发公共事件对同伴关系的考验与冲击，以及日后小心翼翼的修复。

1.4 压抑与愤怒

大学生群体具有很强的社会责任感，当国家、民族、同胞遭遇危难时，大学生的社会责任感和使命感被空前激发，但限于突发公共事件当时的一些特殊现实情况，却又无能为力。责任与现实两者之间的矛盾让有些大学生对自身不能为受害者提供帮助而感到非常压抑[2]。当自身不能为国家尽责的压抑遭遇危难时给国家添乱的言行时，压抑立即上升为愤怒。很多大学生对外国媒体无端污蔑中国的抗疫努力，抹黑中国对世界防疫做出的贡献的现象，以及对部分同胞不配合抗疫的行为等感到十分气愤。

1.5 坦然与淡定

突发公共事件后国家的紧急救援是颗定心丸，当大学生通过新闻媒体等关注到国家及时有利的救援行动与举措时，恐慌、焦虑、压抑的情绪开始降低。在本次疫情初期，当国家不惜承受巨大的经济损失，采取关闭离汉通道、公交停运、加大病毒监测等一系列防控措施后，大学生的心理安全感明显提升。正如电话访谈中部分大学生谈到：当看到祖国如此努力，我稍稍松了一口气；当疫情出现拐点，觉得心里悬着的石头终于落下了；当发现宅在家里就是为国家做贡献时，无法为国分忧的压力释怀了很多，开始以平静的心态去面对现实的生活。

1.6 感动与感恩

大学生是富有朝气和生命力的热血青年，充满爱国激情。突发公共事件之后，国家把人民安危放在第一位的责任意识，同胞们众志成城的凝聚力，极大地鼓舞着、感染着大学生群体。通过对新冠肺炎疫情期间大学生情绪变化的调查分析，大学生群体表现出的最鲜明的情感是民族自豪感。他们真挚的回答中充满了对祖国和疫情中无私奉献的同胞们的感动之情和日后报效祖国的感恩之情：惊叹于武汉 10 天建成容纳千人病床的医院，震撼于国家一声令下十几亿人能做到足不出户，敬佩、心疼不顾生死奔赴疫区的医护人员，为自己的国家感到骄傲，为自己是中国人而自豪；感叹祖国强大的同时也在内心激励自己，努力成为像这次疫情中做出重大贡献的人们一样优秀的人，将来为国家做贡献；感动无数逆行者们的无私奉献，希望以后保卫人民之处也有自己的身影……

1.7 反思与成长

大学生思维活跃，勤于思考，善于从生活中、社会实践中总结经验，反思自我，感悟人生。突发公共事件由于危害性大、事关生命安全，极易触动大学生敏感的神经，激发大学生对现实及自身的深入思考。新冠肺炎疫情防控阻击战是一场全民战争，广大青年大学生在这场战争中接受了一次科学教育、思想洗礼和观念更新，思想认识总体理性向上[3]。本次疫情犹如一堂哲学实践课，经历疫情的洗礼，大学生对生命、责任、亲情、价值等都有了更加深刻的理解与领悟。部分大学生慨叹生命如此脆弱，原来死亡离我们如此之近，余生一定要珍爱生命，不辜负为我们拼过命的人，珍惜来之不易的生活，不再抱怨，因为我们只是度过了一个无聊的冬天，而有的人却永远地留在了冬天。部分大学生谈到灾难来临时，认为谁都不是局外人，每一个人都应竭尽全力，对于替我们负重前行的人要永远心存敬畏。部分大学生深切体会到父母的艰辛和亲情的伟大。心理弹性是能够使个体在压力、危机、挫折或创伤下仍能积极适应、茁壮成长的心理品质[4]。经历疫情后，部分大学生的心理弹性明显提升，针对远未彻底结束的疫情，他们能够清晰地认识到现在需要做的就是接受已经发生的，做自己能改变的，对还未发生的保有信念。

1.8 期盼

期盼突发公共事件能够早日结束，早日妥善解决，将其危害与损失降到最低，这是每个人最基本的正常心理需求。针对这次长时间的新冠肺炎疫情而言，大学生对疫情早日结束重归校园的期盼更加迫切。他们有旺盛的精力，有明确的职业理想和奋斗目标，他们需要自由的时间、空间和深入的交流与探讨。“我想看看外面精彩的世界，品味人间烟火。宅在家里的每一天，都是对人生最大的浪费，呼吸的每一秒都是生命的哭泣。”这份问卷调查的回答生动地描述了部分大学生期盼的心声。

2 突发公共事件时大学生心理波动的引导策略

面对突发公共事件引发的大学生心理波动，高度重视并积极采取科学有效的措施给予引导，是高校治理能力的有效体现。

2.1 建立完善的心理援助体系

高校应不断完善应对突发公共事件的心理援助体系。心理援助体系是一套系统工程，功夫在日常，效果在“战场”。心理援助体系包括针对突发公共事件引发的心理危机的预警系统、干预系统和补救系统[5]。预警系统主要是在突发公共事件之前的日常教育教学工作中，有针对性地开展心理危机应对教育，普及处理心理危机的基本知识，提高大学生心理承受能力，塑造积极心理品质。同时，建立快速有效的信息反馈网络，在突发公共事件中迅速准确把握学生信息，并及时上报。干预系统是在突发公共事件中做好心理危机识别、评估工作，及时给予心理疏导和人文关怀。补救系统是针对突发公共事件对心理发展造成的影响进行科学评估，利用学校现有资源建立后续心理危机恢复计划，将及时心理危机干预与日常心理咨询进行有效衔接。

2.2 官方媒体主动发声及时回应关切

在多元媒体交织的时代，突发公共事件发生后，纷至沓来、真假难辨的信息极容易引起家长、师生的情绪波动。对于突发公共事件产生的恐惧心理往往是由于对事件的不确定和一知半解引发的。从社会心理学角度讲，信息公开化、透明化，是缓解恐慌情绪的最有效办法。在重大突发公共事件中，官方社交网络媒体不但能传播权威新闻和重大信息，而且对公众的认知具有重要的引导作用，是稳定社会舆论和社会心态的关键要素[6]。因此，面对突发公共事件，高校官方媒体要采取公开、负责的态度，积极主动发声，及时向学生传达客观、准确的信息，及时回应师生、家长关切的问题，化解他们心中的疑虑和恐慌情绪。引导师生、家长主动、全面了解突发公共事件的有关内容，不信谣不传谣。同时通过校园官方媒体积极宣传应对突发公共事件、合理处理负性情绪的有效办法与途径，提高师生、家长对突发公共事件的心理应对能力。

2.3 积极构建行为表达与情感抒发平台

突发公共事件牵动着每一位有担当、负责任的大学生的心。他们敢于表达，勇于行动，但有时因为情况特殊，虽有报国之心，但力有不足。这个时候高校要及时为大学生搭建行为表达和抒发情感的机会和平台，从而减轻他们因无力为国分忧而产生的压抑感，让他们能够以力所能及的方式表达爱国、爱校之情，及时抒发他们对同胞的感激、对民族的自豪、对自身成长的反思等。在这次新冠肺炎疫情共克时艰中，很多大学生的表现充分说明了这一点。有人主动请缨做志愿者，配合社区、驻村干部做好防疫工作；有人奔赴企业顶岗实习，助力企业复工复产；有人用画笔传递正能量，让作品成为最有力量的抗疫宣言……他们用实际行动诠释着青年大学生的责任与担当。

突发公共事件打破了人们内心的平衡，会引起不同程度的心理波动。把握大学生心理波动趋向，及时进行有针对性的引导，是有效应对心理应激，保护大学生心理和谐的重要组成部分。

参考文献

[1] 国务院发布《国家突发公共事件总体应急预案》[EB/OL].[2006-01-08]http://www.gov.cn/jrzg/2006−01/08/content_150878.htm.

[2] 奚佳梦. 大学生群体对负性社会事件的心理应激现象分析 [J]. 北京教育 ,2019(5):84-87.

[3] 西南大学新学工创新中心课题组 . 新冠肺炎疫情对青年大学生影响研究：基于全国 45 所高校 19850 名大学生的实证调查 [J]. 中国青年研究 ,2020（4）:12,43-48.

[4] 黄洁，张慧勇，商士杰. 心理弹性对大学生心理应激与心理健康关系的中介作用 [J]. 心理与行为研究 , 2014,12(6): 813-818.

[5] 王道阳，牛岩，李洋. 高校突发危机事件中大学生心理应激及其干预 [J]. 卫生软科学 ,2011（2）: 101-104.

[6] 姚琦，崔丽娟，王彦，等. 社交媒体信任对重大突发公共卫生事件中公众网络谣言自治行为的影响 [J] 心理科学，2020,43(2):481-487.

积极心理学视域下大学生积极心理品质培育路径研究

曾荣侠

辽宁现代服务职业技术学院　110164

【**摘要**】积极心理品质是积极心理学的重要内容。培育积极心理品质，为大学生身心发展注入积极能量，能有效推动大学生知情意行协调发展，充分整合大学生全面发展的教育资源。积极心理学视域下培育大学生积极心理品质，一方面要建立健全大学生积极心理品质培育的外部支持系统，另一方面要丰富充实大学生积极心理品质培育的内在心理资源。

关键词：积极心理学；积极心理品质；认知体系；情绪体验；人格特质

2013年5月，习近平总书记在五四青年节上的重要讲话以及给北京大学学生的回信中，殷切鼓励广大青年要始终保持积极的人生态度，胸怀梦想、锐意进取、艰苦奋斗。2017年10月，党的十九大报告中，习近平总书记强调，要加强社会心理服务体系建设，培育自尊自信、理性平和、积极向上的社会心态。积极的社会心态是人们的世界观、人生观、价值观在社会心理认知领域的集中体现，常常反映出人们对美好生活的向往，展示出人们自尊自信、理性平和的生活态度。这些都要求当前大学生心理健康教育要成为充满正能量的、平衡的教育。高校心理健康教育必须渗透积极的理念，注重激发大学生的发展潜能，培养其积极的心理品质。积极心理学致力于研究人类发展潜能和美德等积极品质，为高校心理健康教育提供新视角、注入新活力，更对大学生积极心理品质的培育具有重要的启示作用。

1 积极心理学对大学生积极心理品质培育的启示

1.1 培育积极心理品质，为大学生身心发展注入积极能量

积极心理学认为，大学生心理健康教育不仅意味着消极因素的减少，还意味着积极因素的增加。人的心理资源包括积极和消极两方面，哪种心理资源会占优势，主要看个体在不断地为哪种资源注入新的能量，为其创造发展环境。如果个体倾向于用积极的解释风格分析生活事件，就会感受到较多的快乐、满足，会体验到较多的幸福感，并采取积极的行动应对生活，其积极心理资源也会不断增强。因此，高校心理健康教育应以积极心理学理论为指导，切实培养大学生积极心理品质，不断增强大学生知情意等心理过程和个性心理特征的积极能量，增加积极情绪体验，为促进大学生身心健康全面发展注入积极的能量。

1.2 培育积极心理品质，有效推动大学生知情意行协调发展

积极心理学的研究内容主要集中在三个方面：积极的情绪体验、积极的人格特征以及积极的组织系统。培育大学生积极心理品质，不仅需要构建良好的社会、学校、家庭等外部环境，还需要大学生不断地自我成长，包括帮助大学生建立完善的认知体系，不断增强积极的情绪体验，提升意志的自觉性、果断性、自制性和坚毅性，鼓励大学生采取积极的行为方式，提高大学生的现实能力。因此，培育大学生积极心理品质，能有效推动大学生认知、情绪、意志和行为协调发展。

1.3 培育积极心理品质，充分整合大学生全面发展的教育资源

大学生积极心理品质的形成离不开积极的环境因素，应充分整合校内外各种教育资源，调动各个教育渠道中的一切积极因素，为培育大学生积极心理品质营造积极的组织氛围。学校要创设优雅舒适的校园环境，为学生提供健康向上的学习环境；课堂教学中，要开设积极实用的课程，建立融洽的师生关系，形成良好的教学互动；课外生活中，要创办有益于大学生身心健康的社团，举办各类有意义的文化活动，充实大学生业余生活，从而让学生在全面交叉的积极心理氛围中孕育并生成积极心理品质。

2 积极心理学视域下大学生积极心理品质培育的内涵

2.1 乐于学习

积极心理学认为，个体积极心理品质的内涵，首先就是智慧，即获得知识并运

用知识。乐于学习是大学生积极心理品质极其重要的要素。大学生正处于精力旺盛、智力发展的高峰期，是学习知识、不断充电的最佳时期，应朝气蓬勃、放眼世界、胸怀天下，积极探求知识、不断积累人生智慧。因此，要充分激发大学生学习动机，调动其学习的积极性。其次，大学生要善于内化知识，培养良好的学习习惯，运用适宜的学习方法，完善知识体系，丰富知识结构。最后，还要善于运用知识，不断创新，能够灵活运用所学的知识解决现实问题，提升实践能力。

2.2 心境良好

心境也称心情，是一种微弱的、平静的、持久的情绪状态，是一种最为常见的情绪体验。积极心理学认为，善于积累积极的情绪体验是培育个体积极心理品质的重要途径。大学生要善于感知与识别自己与他人的情绪，学会适度表达情绪；善于调控和管理自我情绪，合理宣泄不良情绪；善于积累积极情绪体验，更多地体验正性情绪，保持快乐、愉悦、开心的情绪状态，会体验更多的幸福感、意义感与获得感。

2.3 交往主动

心理学研究结果发现，和谐的人际关系有利于促进个体幸福感的提升，提升个体心理健康水平。因此，培育大学生善于主动交往、具备良好的人际关系是培育其积极心理品质的必要内容。大学生首先应充分认识到人际关系的意义与重要性，增强人际交往的意识。这就要求大学生要充分认识自我，了解自我的品格特点、志趣爱好，也要充分认识周围的学习、生活及人际环境，学会更好地适应环境。另外，大学生要培养人际交往的重要品格及交往能力，如主动热情、真诚守信、敢于担当、勤勉踏实、有责任心等，能妥善处理好周围的人际关系。

2.4 善于自控

个体善于自控，能够自我约束和自我调节是一种良好的意志品质，具有重要的社会生活意义。积极心理学认为，个体积极心理品质的培养需要较强的自我调控能力。大学生要善于自控，包括善于规划大学生活、制定合理的目标、严格执行计划、及时修订目标以及不断实现预期目标。一方面，大学生应有良好的行为习惯，合理利用自己的身心资源，健康有度、积极有为地做有意义的事情。另一方面，大学生要善于自我控制，排除障碍和干扰去实现目标。在确立明确的目标后，要勇于坚持、敢于追求、善于自我调控，能够妥善应对，并坚持到底。

2.5 积极进取

积极心理学研究的价值取向是激发个体的力量与潜能，充分实现自我价值。这就要求大学生应具备积极进取的品格，不断追求卓越，坚持个人理想与社会抱负相统一，并脚踏实地去实现理想与抱负。大学生是社会发展的主力军，是未来社会发展的建设者和接班人，他们肩头的责任重大、使命艰巨，因此，大学生要满怀信心、热情执着，坚定理想与信念，不断努力进取，用积极的心态、辛勤的努力，不断提升并完善自己，成为一个能积极适应环境、勇于开拓创新、不断改造环境的人。

3 积极心理学视域下大学生积极心理品质培育路径研究

3.1 建立健全大学生积极心理品质培育的外部支持系统

第一，建设优良的校园文化环境，构建全员参与式教育网络。积极心理学认为，个体积极心理品质的形成受多种因素的影响，既包括个体先天遗传因素、后天学习经验，又包含个体主观感受和外部环境的影响。在高校心理健康教育中，培育大学生积极心理品质，要综合运用多种育人因素和良好的校园环境，并使诸多育人因素形成合力，并加以综合利用。首先，高校教育管理者需注重校园文化环境的建设，优良的外界环境对大学生身心健康起着有益的熏陶作用。大学生身处其中，感觉轻松愉悦，会乐于学习、热爱生活。其次，高校教育者注重从自身做起，保持积极乐观的心态，充分发挥其自身的影响力。大学生“亲其师，信其道”，有助于其积极心理品质的培育。最后，在学校教育教学过程中，不同的教育主体应充分开展各具特色的教育活动。例如，教师应结合学科知识，开展专业领域的学习竞赛活动，帮助学生积累成功体验，拓展知识面，培养学生勤于钻研、努力追求、奋发向上的积极品质。舍务管理人员可以创设良好的生活环境，鼓励学生爱清洁、讲文明，养成良好的行为习惯，锻炼学生的意志品质。这样，不管是外部环境的积极构建，还是教育管理人员的积极引导，优良的心理环境将大大有利于促进大学生积极心理品质的形成。

第二，坚持课堂教学的主阵地作用，打造全覆盖式课程体系。国内积极心理学者孟万金和官群教授总结国内外研究结果，针对我国文化背景，制定了更加符合我国大学生实际的积极心理品质量表，分为 6 个维度，即认知、人际、情感、公正、节制、超越，其中包含热情、感受爱、创造力等 20 项特质[1]。基于积极心理学理论，我们认为，大学生必备的核心品质包括 5 个方面，即乐于学习、心境良好、交往主动、善于自控、积极进取。为促进大学生更快更有效地培育这些积极心理品质，高校心理健康教育中，应坚持课堂教学的主阵地，根据大学生的心理特点和不同阶段的心理发展任务，有针对性地开设不同的教育课程，打造全覆盖式积极心理品质培育课程体系。有学者认为，大学不同年级阶段各为不同的心理品质培育的关键期。一年级重点培养思维力和创造力，二年级重点培养爱的能力、感受爱、思维力与领导力，三年级重点培养信念、希望和团队精神，四年级重点培养真诚、交往智慧和领导力。同时，该学者还认为，不同的年级阶段还应发展不同的控制性品质，以防该阶段的大学生发生心理问题与行为。一年级发展重点是自制力、交往智慧、希望与信念，二年级是谦虚、坚持勇敢和自制力，三年级为审慎、风趣幽默，四年级为宽容、希望信念、心灵感受[2]。可见，不同年级阶段开设重点不同的课程教育，不失为培育大学生积极心理品质的一个重要举措。

第三，坚持德智体美劳相结合，形成多种合力的融合教育培育模式。2018年10月，习近平总书记在全国教育大会上强调，要坚持中国特色社会主义教育发展道路，培育德智体美劳全面发展的社会主义建设者和接班人。积极心理学认为，个体积极心理品质的培育受多种因素的影响，学校教育和社会生活经历的影响更为关键。高校教育教学及学生学习生活中，各种教育影响既发生在教师和学生之间，也发生在学生与学生之间。因此，高校在实施各种教育途径上应互相渗透，实现融合教育。首先，应将大学生积极心理品质培育与德育相结合。积极心理学认为，个体积极心理品质中诸如正直、诚实、正义、职业道德、爱的能力等都与思想品德教育过程密不可分。因此，高校心理健康教育应与德育相结合，通过相互渗透开展积极心理品质培育。其次，应将大学生积极心理品质培育与智育相结合。在学习活动中，大学生通过个人辛勤付出，敢于迎接挑战，勇于竞争，积累自信心，提高自制力，这些特质也是积极心理品质的重要内容。最后，积极心理品质的培育还要与体育、美育和劳育相结合。大学生通过体育锻炼、艺术鉴赏和劳动教育，可以有效地改善审美情趣、生活态度，锻炼其意志力，从而促进大学生积极心理品质的养成。

3.2 丰富充实大学生积极心理品质培育的内在心理资源

第一，帮助大学生构建积极的认知体系。认知是心理活动的前提和基础，对个体的情绪和行为具有重要的影响作用。积极心理学认为，个体秉持积极的解释风格，学会积极地认识自我、他人与社会，会带来更多的积极体验，更好地与周围环境相处，会增进个体的心理健康水平。心理学研究结果表明，大学生对自我的个性品质、能力素质、身体健康、仪表外貌等生理、心理特点的评价与其心理健康状况密切相关。大学生心理疾病，尤其是抑郁的发生，与其自我认同程度、自我接纳程度和自我调节能力均有较高的负相关[3]。因此，首先要引导大学生正确认识自我。

客观全面地评价自己，既能看到自己的优势与长处，也能看到自己的缺陷与不足，能充分认识自己，接纳现实自我，正确对待自己，又能不断发展自我和完善自我。其次，要引导大学生正确认识他人。学会理解尊重他人，学会宽容接纳他人，正确认识和评价他人，学会与他人公平竞争、合作共赢，以积极的态度对待他人，妥善处理与他人的关系。最后，要引导大学生正确认识周围环境，以感恩的心态对待生活，以积极的心态面对现实，用积极的乐观主义风格去解释生活事件与环境，以获得更多的积极体验，提高大学生的获得感、意义感与满足感。

第二，帮助大学生丰富积极的情绪体验。积极的情绪体验是积极心理学研究的重要内容之一，也是个体积极心理品质形成的决定性路径。情绪是指个体对客观事物是否符合自己的需要而产生的态度体验。如果符合个体需要，就会产生积极的体验；如果不符合，就会产生消极的情绪体验。因此，要帮助大学生丰富积极的情绪体验。首先，大学生要形成合理的需要。大学生要端正态度、摆正心态，形成合理的预期，不追求过高的期望，这样会更充分地获得积极的情绪体验，形成良好的心境。其次，培养大学生乐观的心态，对过去学会放下，对现在心满意足，对未来充满希望；善于关注事物的积极面，善于发现自身的积极能量，充分体验幸福感等积极情绪，培育积极稳定的心态。最后，大学生要善于积累成就感、价值感等积极体验；在学习生活、人际交往中，做个有心人，善于发现小确幸，善于体验小幸福，善于收获小成功，善于积累并传播正能量，增强主观幸福感等积极情绪体验。

第三，帮助大学生不断提升现实能力。大学生不仅要保持乐观向上的心态，还必须具备切实的、不断提升的现实能力，这也会在一定程度上增强其自信心，促进其积极心理品质的形成。首先，大学生应具备较强的自主意识，增强自我控制能力。要帮助大学生充分发展其自主意识，增强自我意识与能力，培养其思维力、判断力、选择力和决策力，帮助大学生学会自主反思，自主决策，不断提高其自我控制力。其次，大学生要善于自我规划。理想很丰满，现实很骨感。当代大学生有梦想有追求，但有些大学生自我控制力较弱，又易受他人暗示与影响。因此，高校心理健康教育应引导大学生善于自我规划，善于长、中、短期规划，并不断检验、及时修正规划，要客观务实地做好自我规划与成长。最后，提高大学生的执行力。执行力是计划实施过程中最重要、最关键的环节，也是积极心理品质培育的重要内容。因此，大学生要做到知行合一、躬行践履，切实将计划付诸实施，并在实践中提升自己，逐渐向目标靠近，收获进步，体验成长与幸福，向自己的人生目标不断迈进。

参考文献

[1] 孟万金，官群．中国大学生积极心理品质量表编制报告[J]．中国特殊教育，2009(8):71-77.

[2] 王新波．大学生积极心理品质培养研究[J]．中国特殊教育，2010(11):40-45.

[3] 樊富珉．大学生心理健康教育研究[M]．北京：清华大学出版社，2002:215.

论高校辅导员心理健康教育工作中的价值伦理观

钱 捷 赵晨晨

复旦大学 200433

【摘要】近年来，大学生心理健康问题受到了越来越多的关注，心理健康教育也正在变成高校辅导员工作的重要内容。但在众多的研究中，关于高校辅导员心理健康教育工作价值观的研究较少。一个成熟的行业，必须要有其核心的价值观和伦理体系，行业的活动也应该在这个价值观和伦理体系的规范下开展。高校心理健康教育不仅是发挥普通心理咨询，给予个体心理支持的作用，更有为国家培养全面发展的人才的使命。在这样的背景下，高校辅导员心理健康教育中的价值伦理体系的构建相当重要。因此，本文希望结合心理咨询和社会工作等助人工作中的核心价值，以及笔者个人的工作实践经历，探讨高校心理健康教育工作中的价值伦理观，以期为高校心理健康教育的规范化、科学化提供建议。

关键词：高校心理健康教育；高校辅导员；价值伦理

辅导员是高校思政工作当中的骨干力量，近年来我国一直在追求高校辅导员队伍的专业化建设，2014年教育部发布的《高等学校辅导员职业能力标准（暂行）》对辅导员的职业概括、基本要求和职业能力标准做出了相关的规定。该标准规定了辅导员的基本职业守则是：爱国守法、敬业爱生、育人为本、终身学习、为人师表。心理健康教育和咨询是辅导员职业能力标准的内容之一，心理健康教育的工作自然是思政教育的一部分，但是也有其特殊性：大学生心理健康教育是一项与生命直接对话的涉及多学科的实践，它既有心理学当中辅导与咨询的技巧和理论，同时也要发挥其作为思政工作的一部分的作用，还会涉及社会工作学的相关方法。此外，相对于专业的心理咨询而言，大学生心理健康教育的主体不仅仅是专业的心理咨询师，还涉及非常多的辅导员或者其他学生工作者。因此在开展大学生心理健康教育的过程中，除了遵守辅导员职业能力标准当中规定的职业守则之外，还应该对高校辅导员有更高的要求。

基于这样的思考，本研究期望从高校思政工作的要求和三全育人的大背景出发，结合心理学和社会工作学的价值观与伦理规范以及高校心理工作的实践，来探讨高校辅导员在心理健康教育工作中应该遵循的价值及伦理规范，为辅导员开展心理工作提供规范和指导。

1 辅导员工作中的核心价值观

1.1 提高学生心理素质是辅导员工作的重要内容

根据中共中央、国务院2017年印发的《关于加强和改进新形势下高校思想政治工作的意见》(以下简称《意见》)，高校思政工作要为党和国家培养又红又专、德才兼备、全面发展的中国特色社会主义合格建设者和可靠接班人。按照当代人才的标准，全面发展的人才需要有良好的心理素质，该《意见》将加强人文关怀和心理疏导、促进大学生身心和人格健康发展列为高校思政工作的重要内容。辅导员作为开展高校思想政治教育工作的骨干力量，在工作过程中要牢记为党和国家培养全面发展的人才的使命。

健康身体是革命的本钱，而心理健康已经成为公认的健康的标准。教育部最新公布的《普通高等学校辅导员队伍建设规定》也明确指出，开展心理健康教育与咨询工作是辅导员的主要工作职责之一。由此可见，不论是从人才的基本需求来看，还是从国家培养人才的内容来看，心理健康教育都是非常重要的部分。因此对于高校辅导员而言，必须牢记自己的使命和工作职责，发挥自身优势，积极开展心理健康教育工作，提高学生的心理素质，为当代人才真正能够为国家建设奉献五十年提供坚实的心理基础。

1.2 尊重每个学生的独特性

每个大学生都有其独特的生活经历，从而在心理方面表现出差异性和多样性。辅导员在心理工作中应该做到尊重学生的独特性（或者说是多样性）。受社会文化的影响，当代青年人更加注重自己是否被尊重，也更加具有差异性，尤其是对于处于青春期末期及成年早期的大学生而言，这也是心理工作中尊重学生独特性的重要因素。

实际工作中，当辅导员面对一些与自身经历差异性较大的学生的时候，如异性学生、贫困学生、特殊家庭学生、其他民族学生等，要努力做到对这些学生的独特性的理解与尊重，尝试用优势视角看待问题，并鼓励他们从优势的视角看待自己的特性。当然，辅导员在实际工作中要理解尊重与认可的差别，要注意尊重独特性的边界。本文认为，对学生独特性的尊重应该建立在社会主流的道德和法律的规范之下（注意，这里的规范是指社会主流的道德和法律规范，而不是个人的规范），而且要坚持无伤害原则。例如，当学生的行为严重损害了其他同学的合法权益的时候，辅导员应该及时制止，而不是简单地尊重学生的独特性。

1.3 在获得一定资源的基础上，学生可以产生改变

每个大学生都可能遇到各种各样的心理问题，但只要提供给他们恰当的资源，都有产生改变的可能性，并且可以产生积极的改变。而辅导员的任务就是给他们提供这些恰当的资源，让他们获得成长和改变的机会。

本文所说的资源并没有一个固定的范围，凡是可以帮助学生解决问题的东西都可以称为资源。按资源的性质可以分为物质资源和非物质资源，前者如金钱、图书等，后者如人际、情感、经验等。按资源的来源可以分为自身的资源、家庭的资源、朋辈群体的资源、学校的资源、国家和社会的资源等。总而言之，资源是多样的，我们要尝试调动一切可以调动的资源，来帮助学生解决遇到的问题。

1.4 维护学生的基本权益

在任何时候，辅导员都应该尊重人的基本权利。在学生心理工作中也是如此，甚至辅导员在心理工作中更要注重保护学生的基本权利不被侵害。这一点既是心理工作的要求之一，也是保障我们心理工作顺利进行的必要条件。

一个典型的例子就是学生的隐私权。心理工作很多时候是在与生命对话，我们难免触碰到学生不愿意让更多的人知道的内心感受或者经历。当学生向辅导员敞开心扉的时候，辅导员就要做到保障学生的隐私权，否则不仅可能对学生造成伤害，也有可能使学生失去对辅导员的信任，影响辅导员自身的工作。

除了保护学生隐私权之外，在心理工作中还要注意重点保障学生的两项权利：

一是学生的自决权，即学生有权利做自己的选择。辅导员的心理工作很多时候不是帮助学生做选择，而是要帮助学生理清楚他们有多少选择，然后和他们一起分析，最后让他们自己做出适合自己的选择。

二是学生的生命健康权。生命是我们探索人生的基础，因此辅导员心理工作的底线是保障学生的生命健康权不受损害。虽然在生命权这个维度，很多时候是需要专业的工作者介入的，但辅导员也可能遇到一些紧急的情况需要其处理，这时候就要牢记“保护生命第一位”的原则。

学生的生命健康权是在自决权之上的，即当学生有损害自己生命的行为倾向时，辅导员要及时制止。这里的生命健康的保护不仅仅是指出现问题的学生的生命健康，也指其他人的生命健康，即学生不论是对自己还是对他人的生命造成损害时，辅导员都要采取相应的措施。

1.5 将学生的心理问题放在系统中看待

前边已经讲到学生遇到心理问题是因为学生获取资源不足。那究竟是什么样的资源不足，以及辅导员如何才能让学生获得必要的资源呢？这就涉及另外一个看待学生心理问题的角度——系统观，即辅导员要意识到学生的心理问题是复杂的系统中不同因素相互作用的结果。

辅导员在工作中经常遇到一个问题：面对同样的压力事件（如考试），有些学生可能完全没有压力，有些学生虽有压力但不会影响考试，而有些学生却会因为压力无法面对考试。究竟是什么让学生面对同样的问题产生不同的反应呢？如果认真研究就会发现，这可能和很多因素有关，如父母对学生的要求、学生对考试的态度、学生身边同学的特征、学生所经历的失败等。如果辅导员只是告诉极度焦虑的学生这是一个不重要的小考试，或者觉得学生小题大做，可能就没有办法真正帮助到学生。因此辅导员在面对学生的心理问题时千万不能简单归因，要尝试找到问题背后的影响因素，然后从这些不同的因素出发，为学生提供相应的资源，进而帮助学生解决问题。

2 辅导员在高校心理工作中遵循核心价值观的具体做法

2.1 以发展为导向

大学生个体发展是高校学生教育工作中的重要内容，但个体心理的差异性又决定了个体发展的差异性，这要求辅导员尊重学生个体的独特性，有针对性地为学生提供发展指导。为尊重学生的个体差异，辅导员在工作中应做到以下几点：

（1）分类要求，不搞“一刀切”。辅导员一定要正视学生个体的差异，真正做到面向全体学生，使每个学生都积极主动地投入到健康生活中去。一方面，在做个体层次的要求时，辅导员应充分考虑学生的差异性，客观地显示优、良、中、差的层次梯度，使困难学生能接受、能消化，使优秀学生能吃饱，并能不断地发展。另一方面，辅导员要建立“只有差异、没有差生”的学生观，相信每一个学生。面对不同的学生个体，要给予不同层次的指导。

（2）分类评价，不揠苗助长。对不同层次的学生提出不同的要求，对发展较差的学生，只要有进步，便要及时鼓励，激发和调动学生的积极性，保护好学生的好奇心与求知欲。对于发展较好的学生，应该注意鼓励和告诫的合理运用，既要保证其不会自负，又要保证其自信心的培养。

2.2 以资源为基础

学生个体差异的存在决定了资源获取能力的差异，同时也说明了资源需求存在差异，为了保证学生的需求能够更合理地得以满足，辅导员应做到以下几点：

（1）辅导员需要正视学生所面临的问题与差异，肯定问题带来的价值与意义。一方面，问题的出现为学生提供了一个改变和发展的机会，是一种资源的发现，能否利用这个资源是学生的价值所在。另一方面，问题解决的过程为学生和辅导员提供了宝贵经验，为后续问题的解决提供了参考价值，可以说，问题不是麻烦，而是对学生发展的检验。

（2）学生出现问题时，恰当的资源利用能够帮助学生更好地发展。大学生正处在健康自我意识发展以及纠正的关键期，不成熟、不健全的意识可能会让学生无力面对问题，即使能够解决问题，也会花费大量时间，这时辅导员应该找准问题的产生方式，以及问题的症结所在，及时给予恰当资源，协助学生做出积极改变。

（3）系统处理学生间的个体资源差异水平。在班级内部，由于学生个体之间所受教育环境、所处地域、家庭环境等因素的不同，直接导致学生所拥有资源的不同，这对学生个体心理的影响格外重要，因此，在班级系统内调控这种资源差异带来的影响格外重要。例如，班级内有来自困难地区的资源不足的学生和来自一线城市的资源过溢的学生，为保证个体发展的有效性，就需要在班级内部进行资源调控，保证每个个体发挥不同作用，缩小资源差异带来的影响。在资源分配中，辅导员需要将不同层次的学生放到系统中来整体看待，保证整个系统的有效运转，进而促进个体发展。

2.3 以生命为底线

生命是一切行为、思想的基础，心理工作本质上是对其生命健康的负责，因此辅导员心理健康教育工作需要以学生生命健康为底线，在此基础上才能进行其他工作。学生出现自杀自伤或者伤害他人的情况，通常都是由于自身被他人否定或者自我否定造成的。因此，辅导员在对学生进行心理健康教育工作时，需要鼓励学生多视角、多元化看待问题，避免学生走入死胡同，产生极端化的思想与行为倾向。即使学生出现了极端化的行为倾向，辅导员也应该能够及时化解，保障学生的生命健康。

2.4 以助人自助为原则

辅导员在处理学生心理工作中，要做到帮助学生掌握独立解决自身问题的能力。也就是说，辅导员的另一项工作原则是助人自助。助人过程是辅导员工作的基本过程和工作重点之一。保证大学生的心理健康发展，有效化助人过程，加强辅导员队伍的朋辈关系建设很重要。朋辈关系的建设能够促进辅导员与学生之间的双向沟通，加强助人过程的有效实施。同时，朋辈的经验也更加适用于需要帮助的大学生，相较于辅导员来说，能够更加切实地帮助处于问题情境中的学生培养解决问题的能力，并一直沿用。

2.5 以全局为根本

全局观是辅导员工作中的重要素质要求，在大学这个对学生发展起承前启后作用的重要阶段，大学生的心理发展与自我意识的培养格外重要。在大学生心理工作中，辅导员需要以发展的眼光看待问题，多维度、多元化处理心理问题，以全局观看待大学生心理问题，这主要包括以下两点：

（1）多元化看待问题发展。辅导员面对学生问题时，要做到横向延伸，从学生个体出发，联想到与学生个体相关的各种因素，例如，同辈人际关系、家庭矛盾、学校影响、社会关注等，多元因素地寻找能够避免因为片面的信息而做出错误处理的方案，避免对学生造成二次伤害。例如，某学生精神状态不好，有抑郁症的前兆，如果只对该学生进行谈话沟通，那么掌握的信息必然带有其主观意识，这对后续的治疗具有很大影响。因此，面对此类情况，应该及时向其身边同学、朋友、家长等寻求信息，同时关注其动态环境，只有这样才能够掌握客观的信息，为后续的心理治疗提供更加完整的信息。

（2）结合人生发展看待学生问题。按照心理动力学观点，人在幼年阶段的经历与所处环境对之后的人格养成和心理发展具有重大影响，因此，面对大学生的心理问题，不能泛泛而论，要从根本上抓住问题根源。大学校园的学生正处于成年早期，如果单纯地用成年人的眼光去看待学生、帮助学生，可能会发现总是达不到自己想要的效果，甚至有时事与愿违。这个阶段的学生是过去与现在的集合体，是梦想与现实的矛盾体，在现在的冲突下，过去深藏的问题极易暴发，给学生带来各种问题。了解学生的人生历程有利于辅导员更好地理解其现阶段问题产生的原因，进而能够更有效地帮助学生解决问题。

参考文献

[1] 赵芳. 社会工作伦理：理论与实务［M］. 北京：社会科学文献出版社，2016.

[2] 李焰，杨振斌. 新时代中国特色大学生心理健康教育［M］. 长春：吉林大学出版社，2018.

大中学校心理健康教育的衔接与贯通路径探析

叶丽霞

惠州经济职业技术学院　516057

【摘要】根据埃里克森的心理社会阶段理论、弗洛伊德的心理发展阶段理论、朱智贤的心理发展观等，对心理健康教育的衔接进行研究，大中学校要准确规范各自教育阶段心理健康教育的目标和内容，建立大中学校心理健康教育的主要内容体系和保障措施，确保心理健康教育的针对性和实效性，逐步开展心理健康教育，实现心理健康教育差异性与递进性的统一。

关键词：大中学校；心理健康教育；心理健康教育衔接与贯通

近年来，高校学生心理问题呈增多趋势，每年“带心理问题入学”的新生比例也在增加，这对学校人才的培养提出了挑战。根据《高等学校学生心理健康教育指导纲要》《中小学心理健康教育指导纲要（2012年修订）》等文件精神，为贯彻落实习近平总书记在全国卫生与健康大会上关于加强心理健康服务的指示精神，树立大卫生、大健康的观念，加大心理健康问题基础性研究，大中学校心理健康教育要实现一体化发展衔接，减少各学段学生“带心理问题入学”现象的发生。

1　核心概念界定

党的十九大报告强调：“加强社会心理服务体系建设，培育自尊自信、理性平和、积极向上的社会心态。”全国卫生与健康大会指出，要加大心理健康问题基础性研究，做好心理健康知识和心理疾病科普工作，规范发展心理治疗、心理咨询等心理健康服务。学校作为教育单位，根本目的就是育人，以培养真正的人、全面发展的人为己任。

1.1 学校心理健康教育

学校心理健康教育是指根据学生身心发展规律，借助心理学理论和技术，依托学校的教育教学工作，直接或间接影响学生心理，让学生保持积极健康的精神状况，培养良好的心理素质，开发心理潜能，从而使学生的人格科学发展。[1]

1.2 大中学校心理健康教育的衔接

大中学校心理健康教育可以形成大中学段心理健康教育的前伸后延。根据大中学段学生心理成长特点和规律，探索心理健康教育一体化发展的路径，制定大中学段心理健康教育衔接工作机制，所以，学校心理健康教育的衔接是指社会主义现代化的“四有”人才的心理健康教育课程的培训需求，各学段根据实际阶段的任务要求和学生的心理发展，实现良好的分工与合作，为后续学段的工作做好铺垫。

综上，推动大中学校心理健康教育的衔接与贯通，需在各自教育阶段满足学生的教育需求，形成一个横向到边、纵向到底的心理健康教育工作模式，建好学生成长成才的心理社会服务体系。

2 大中学校心理健康教育衔接的学理基础

研究各学段心理健康教育衔接的理论比较多，主要有皮亚杰的认识发展阶段理论，埃里克森的心理社会阶段理论，维果茨基、列昂节夫、鲁利亚为代表形成的前苏联心理学派的发展阶段理论，陈鹤琴和朱智贤关于个体心理发展阶段的理论研究。他们认为，个体心理的发展是分阶段的，而且是连续的。因此，在心理健康教育过程中，不能忽视各阶段的连接问题。

2.1 埃里克森的心理社会阶段理论

埃里克森的心理社会阶段理论认为，人的自我意识发展会持续体现在人的一生中，个体在每一个发展阶段都会面临特定的心理危机。发展的成功与否不受发展的阶段影响，但个体在不同的发展阶段中出现的成功与否的关键点会影响下一阶段的发展内容，而特征危机还会出现。个体 8 个阶段的发展虽都能完成，但发展质量和发展速度却因人而异。

表 1 埃里克森的心理社会阶段理论

序号	年龄	心理社会危机	积极感受	消极感受	体验
1	0~2 岁	基本信任对基本不信任	内在好的感觉，信任自己和他人，乐观	坏的感觉，不信任自己和他人，悲观	希望
2	2~4 岁	自主对羞怯和疑虑	意志训练，自我培训，能做决定	积极严厉，自负怀疑，关注自我，空虚	意志
3	4~7 岁	主动对内疚	成功的欢乐，主动性，方向性，目的性	对深思的目标和取得的成就感到内疚	目的
4	7~12 岁	勤奋对自卑	能够被生产性的工作吸引，因完成工作而自豪	不适合感和自卑感，不能完成任务	能力
5	12~18 岁	同一性对角色混乱	对内在一致性和连续性有信心，生活充满憧憬	角色混乱，没有固定的标准，感到虚伪	忠实
6	18~25 岁	亲密对孤独	感情的共鸣，分享想法、工作和感情	避免亲密，关系淡漠	爱情
7	25~65 岁	繁殖对停滞	能投入工作，有建立亲密人际关系的能力	失去对工作的兴趣，人际关系贫乏	关怀
8	65 岁以后	自我整合对失望	有秩序感和意义感	怕死，对生活及生活中已得到的或没发生的事情感到痛苦、失望	智慧

大中学段的学生年龄为 12~25 岁，是青少年和成年早期，处于个体心理发展的第五、六个阶段，学生面对的问题是“同一性对角色混乱”“亲密对孤独”，即对内，学生要探索“我是谁”这个问题；对外，学生要学会与人建立关系。随着青少年向成年过渡，发展亲密关系的问题就变得越来越突出。当个体的同一性逐渐形成时，就能够与他人分享自己的同一性，从而发展出成功的亲密关系。理想情况下，亲密关系双方会在维持各自原有的同一性的基础上建立关于关系的新的同一性。[2]

2.2 弗洛伊德的心理发展阶段理论

弗洛伊德认为，性本能是人的心理的基本动力，是决定人和社会发展的永恒动力。为此，他提出了心理性欲发展阶段理论，把力比多的发展分为 5 个阶段：口欲期（0~1 岁）、肛欲期（1~3 岁）、前生殖器期（3~6 岁）、潜伏期（6~11 岁）、青春期（11 或 13 岁开始）。

弗洛伊德认为，心理发展过程如果不能顺利进行，会一直停留在一个发展阶段不向下一阶段过渡；或产生挫折后从一个高级阶段发展到一个较低的发展阶段，这可能会导致精神异常，成为各种神经系统疾病、心理疾病的来源。因此，该理论从心理异常发展的角度阐明了各阶段心理健康教育的衔接与贯通的必要性，在各阶段的教育和培训，都要注意到心理发展阶段的作用。

2.3 朱智贤的心理发展观

朱智贤是我国最早系统研究儿童发展心理学的专家，他用辩证唯物主义的观点探讨了先天与后天、内因与外因、教育与发展、年龄特征与性别特征之间的关系。该心理发展观理论不仅是内外因交互作用的发展观，而且提出了心理发展中内外因的具体内容，并且初步解决了需要理论、个性意识倾向性理论、心理结构（原有水平）理论等一系列的理论问题，同时也涉及了儿童学习积极性、能力发展、品德发展等一系列实际问题。朱智贤认为，心理发展不是由外因机械地决定的，也不是由内因孤立地决定的，而是由适合于内因的一定的外因决定的，也就是说，心理发展主要是由适合于主体内因的那些教育条件决定的。

同时，儿童心理发展也同一切事物发展一样，是一个不断进行量变和质变的过程。儿童心理发展的年龄特征就是在一定的社会与教育条件下，在儿童发展的各个阶段中所形成的一般的、典型的、本质的特征 。

3 大中学校心理健康教育衔接的现实需求

2019 年 10 月，对 2274 名学生（含成教生 21 人，继续教育学院 50 人）进行了心理健康状况普查。本次测试选用大学生人格问卷（UPI）和 SCL-90 症状自评表，分别从认知、情绪情感、意志行为、身心反应等进行普查，采用心海软件心理管理系统、社会科学统计软件包 SPSS19.0 对数据进行分析与统计。

表 2　2019 级学生测试情况统计表（n=2274 人）

类　别	应测试人数	测试有效数据		
		总人数	男	女
人数 / 人	2274	2237	1298	939
比例	100%	98.37%	58.02%	41.98%

本次数据筛查以 UPI 测试结果为主要依据，一对一访谈时结合 SCL-90 测试结果进行。其中，UPI 筛选项目主要有：总分 25 分以上，第 25 题（想轻生），第 8 题（自己的过去和家庭是不幸的）、第 16 题（常常失眠）、第 26 题（对任何事都没

有兴趣）至少 2 题做肯定选择，第 65 题（至今为止，你感到在自身健康方面有问题吗？）、第 66 题（曾经觉得心理卫生方面有问题吗？）、第 67 题（至今为止，你曾经接受过心理卫生的咨询和治疗吗？）至少 2 题做肯定选择，第 68 题明确提出咨询要求且属于心理问题者，以上项目的学生列入一类关注学生名单。

表 3　UPI 测试结果异常情况统计表（n=2211人）

序号	性别	一类学生 / 人数			
		总数 / 人	总分 25 分以上	第 25 题做肯定选择	第 8、16、26 题至少 2 题做肯定选择
1	男生	309	140	44	79
2	女生	253	154	57	70
汇总		562	294	101	149

其中，想轻生以及有并列项目的学生为重点关注学生，并进行一对一访谈排查危机，访谈结果依次反馈给各个学院。

表 4　心理访谈前后重点关注学生数量统计表（n=2211 人）

序号	性别	访谈前重点关注 / 人	访谈后重点关注 / 人
1	女生	98	18
2	男生	97	17
汇总		195	35

表 3 数据显示，男生总人数比女生多，其中总分 25 分以上、第 25 题做肯定选择的男生人数比女生少，第 8 题（自己的过去和家庭是不幸的）、第 16 题（常常失眠）、第 26 题（对任何事都没有兴趣）至少 2 题做肯定选择的女生人数较男生人数少。访谈过程中，有男生明确表示，普查过程中网络问题影响作答，本人在筛查数据中并无心理困惑。普查结果显示，学生的心理健康水平总体良好，学校通过开展常规性心理健康教育与咨询工作，发展性及适应性心理问题均得到有效消除，或者症状得到缓解。但是，伴随社会环境的变化和生活事件的影响，学生中间也存有部分问题难以通过心理咨询消除。

3.1　病耻感影响学生的主动求助行为

据世界卫生组织（WHO）披露数据显示，全球有超过 3.5 亿人罹患抑郁症，近十年来患者数量增速约 18%。根据估算，目前为止中国泛抑郁者 9500 万人。截至 2019 年 12 月，新浪微博、百度贴吧、知乎等网络平台对“抑郁”话题的关注度均非常高。国民对抑郁症关注度的提高，也存在患者疾病教育不充分、病耻感强、精神心理健康服务资源匮乏、地域分布不均等问题。

心理疾病病耻感指的就是个体对心理疾病的负面认知、消极情感体验和歧视倾向所构成的负面态度。心理疾病病耻感程度越深，患者的心理求助行为越少、越被动，治疗依从性也越差，疗效也会越不稳定。这种情况无论是对于患者及家属，还是对于社会公众，都存在不利于稳定的因素。[3]

3.2　带病入学的学生呈增多趋势

在高中三个年级均有学生被医院确诊为中重度抑郁症，并服用医生开具处方药物，但进入高校后未遵医嘱服药，大部分自行停药。带病入学的学生出现心理问题的主要原因为学业压力大、文理分科影响，部分学生心理疾病存有家庭或家族影响。此外，访谈中还发现，部分未就医的学生有抑郁和躁郁等情绪障碍，因担心给家庭增加负担、对心理疾病的认识不充分而未选择就医；此外，家长对心理疾病知识的缺乏，不承认学生的异常行为表现为心理疾病，或者认为心理疾病均为精神病，诊断结果出来即意味着贴上标签，会对孩子的未来造成影响，进而拒绝就医。

3.3　曾被同学欺负导致现在与人交往困难

访谈中有两例个案均因初中阶段被同学笑话长相问题而出现自卑，进而发展为自卑情结，导致现在对自己的学习、生活、工作等缺乏信心，常在朋友圈发自拍以获得点赞，点赞数量的多寡直接影响到学生的现实生活状态。

3.4　学习性知识的渠道不规范导致对性的错误认知

目前，高中阶段教学体系中没有性知识教育课程，在性知识教育上学生没有接受规范、系统的学习，存在通过不正规出版的图书、网络广告等渠道获取性知识，容易出现对正确性知识的错误认知，导致心理困惑存在，增加思想包袱。[4]

3.5　亲子关系困扰导致学生进入高校后的不良情绪

亲子关系困扰主要有父母重男轻女的思想引起学生的自卑、敌对情绪，父母期望过高而学生实际能力不足引起的巨大压力，父亲 / 母亲对学生使用语言暴力。

4　大中学校心理健康教育衔接与贯通的路径构建

学生积极心理品质的优化是一个系统工程，不能仅靠某一学段的科任老师、辅导员或者一个职能部门来完成，需要各层级学校共同努力，根据大中学段学生心理成长特点和规律，制定该学段心理健康教育衔接工作机制，建立高校—高中—初中—小学心理健康教育信息交流模式，保障心理健康教育体系的有效衔接，为学生的健康成才提供良好的环境与和谐的氛围，共同抵制社会上各种不良的观念对学生的侵蚀。

4.1 构建心理档案信息化管理体系

为了加强和提高学校心理健康教育活动的成效，学校心理健康教育工作者需要采取各种手段和方法，及时了解学生需要、心理发展特点和各种问题的表现，始终注意学生在成长过程中的特性，准确把握学生付出的努力和取得进步，及时评价学生优点和反馈缺点，帮助学生完成相同任务。[5]心理档案信息化管理体系的建立是一种及时、全面了解和评估学生心理成长变化的有效方式。

心理档案记录的信息有心理测验结果、个体心理发展关键节点的变化数据、心理咨询记录等，心理健康教育从业人员将这些数据按一定的排列组合，可以构成一项内部联系制度，反映学生在学校期间的整体精神面貌。借助这些为全部学生建立的心理健康方面的档案信息，学校可以更好地展开心理健康教育工作。

在建立和收集整理学生心理档案的过程中，应该结合学校及学生的实际情况，切实注重心理档案的信息化管理，在学生的学籍中加入心理健康档案资料，加强心理健康档案的信息化与动态化的计算机管理，让心理档案与学籍一样在大中学校心育过程中发挥真正重要的作用。

4.2 合理设置各学段心理健康教育课程体系

心理健康教育课程是任课教师能够吃透并且掌握心理学的专业知识，从而使用该知识培养学生良好的心理素质和心理技能的课程，具有所有其他课程一样的特点，比如系统性、主体性、积极性、开放性。但它又不同于一般课程的是，在教学活动中，以让学生感知、体验班级归属感、荣誉感等为前提进行行为训练活动，在这个过程中，加入团体辅导的一些方法，从而达到提高学生的心理素质的目的。

在大中小学校的心理健康教育课程的设置上，要实现从知性心理健康教育向生活心理健康教育、从有利于教到有利于学、社会发展需要与个体发展需要相结合、从抽象化到生活化、从生硬化到生动化的转变。各学段心理健康课程的教学既有所侧重，又要有所铺垫，小学阶段注重学生的发展性心理知识宣讲，辅以家长课堂，为家长讲授发展性心理知识与适应性心理知识；中学阶段为学生讲授发展性心理知识与适应性心理知识，开设家长课堂，讲授适应性心理知识和障碍性心理知识；高等教育阶段，注重学生发展性、适应性、障碍性心理知识授课，引入社会力量开展心理咨询、心理讲座，做好家校沟通工作。

4.3 坚持课堂教育与课外活动相结合

因为社会上诸多因素的干扰，学生越来越注重自我个性的发展，追求个性独特性。从教育视野来看，课堂教学有时难以解释学生所需的全部知识，而且课堂教学存在的一个不足之处就是学生参与的主体性不能够得以体现，也与当下国家强调的素质教育的要求相悖。因此，为更好地加强素质教育，大中学校应该加强课堂教育和课外活动相结合。

在大中学校心理健康教育活动的开展上，实现校园心理情景剧、团体辅导等团体活动在大中学心理健康教育中的衔接，加强大中学校学生心理社团的交流与合作，让学生在轻松愉快的气氛中潜移默化地学到一些解决心理问题的方法，得到有益启示，以减少心理问题的迁延性。

4.4 组织大中学校心理健康教育教师进行经验交流

要改变大中学校心理健康教育教师各自为战的现状，除了通过制度建设明确各学段心理健康教育的目标、内容、任务外，还应整合高校心理健康与咨询中心资源，进一步推进高校心理健康教育协同创新发展，发挥高校人才富集优势为中小学服务，建立大中学校心理教师读书成长小组，成立案例联合督导小组，推进纵向衔接，实现大中小学心理健康教育一体化。

4.5 建立有效的社会支持系统

在构建大中学校心理健康教育衔接与贯通的过程中，要充分重视学校以外的家庭和社会资源的作用，深入开展家校、校社联合，建立学校——家庭——社会心理健康教育信息交流模式，共筑“学校—班级—宿舍（无住宿生，此项略过）—家庭—医院 / 社区”社会支持系统，以保障心理健康教育体系的有效衔接。

4.5.1 学校心理健康教育机构网络化模式的构建

学校心理健康教师应通过多种形式获得学校其他教师和学生的不同层次的心理需求，组织、存储信息，传达给相应的接收机构。然后加强学校、家庭、社会接触，学生的生活环境主要是学校和家庭，因此，应加强对学校和家庭的指导，促进学生身心健康发展。

学校教育教学工作包括了心理健康教育与咨询工作，这项工作的有效开展需要得到各部门的配合和支持，主要有学生处、教务处、团委等。在此基础上，建立起以“学生、辅导员—心理健康教育从业教师、德育主任—分管校长、社会专业机构”为主线，高效快速联动的“三级预警系统”，从不同层面、角度和通道展开工作，实现学校心理健康教育工作全员参与，全过程跟踪学生心理动态，全方位保证学生生命安全和提升学生心理健康水平。

心理学教师要根据不同年级、不同性别、不同年龄的学生设计出相应的个别心理辅导和团体小组心理辅导方案：低年级侧重于日常生活指导、入学适应性教育和学习指导；中年级侧重于指导学生的生涯规划、适应性教育、人际关系、学习和情绪情感；高年级则侧重于辅导适应性教育、求职和升学、考试等。要与辅导员 / 班主任老师加强配合，让学生在班集体中茁壮成长，从而达到双赢的效果。可以结合学生实际情况和社会热点话题有针对性地设计开展专题讲座、团体辅导、心灵鸡汤、心理情景剧等活动，收集整理学生对这些活动的反馈意见，以更加有效地开展学校心理健康教育工作。

4.5.2　学校—家庭—社会三级网络支持系统的共筑

家庭是个体社会化、与人建立亲密关系的基本单位，也是孩子的第一所学校，学生的心理、言行与家庭氛围及父母的教养方式息息相关。在心理健康教育与咨询工作中，很多问题学生的异常心理和言行，在追根溯源的情况下，其缘由都可以归结为某些直接或间接的家庭教养方式不正确和家庭人际关系的不和谐，错误、扭曲的家庭教养方式则更容易甚至严重危害孩子的身心健康。

但现实是，家校合作是存在困难的。调查结果显示，即使在意识层面上一些父母能够意识到心理健康教育的重要性，但在行动上往往缺乏参与和跟进，反复推诿，逃避责任，认为心理健康教育是学校单方面的责任，甚至有些家长认为学校要求参与该活动是学校无能和推卸责任，缺乏参与的能力和动力，或没有欲望和勇气去参加活动。即便如此，学校仍然要不断努力，通过家访、家长会、建立家校联系卡、开设家庭课堂及家长学校、成立家委会等形式，对学生心理健康教育工作起到带头示范作用，以此带动家长的积极性。同时，为了提升家长对学校心理健康教育工作的支持，学校应该在心理健康教育的专业性方面给家长提供指导，以做到家庭和学校共同为学生的心理健康出谋划策，学生、家长、教师、学校得到共同成长。正是由于家庭的支持，学校心理健康教育工作才可以有效并且达到事半功倍的结果。

5　结语

大中学校心理健康教育必须互相衔接起来，做到不同学段心理健康教育的侧重点不一样，既要衔接又不至于累赘；在心理健康教育对象本身的基础上，充分使用外部资源，做到有计划、有步骤、分阶段、分层次地实施心理健康教育，通过在整个教育体系中突出心理健康教育的途径，以达到心理健康教育在学校所能起到的实效性作用。

参考文献

[1] 王韶先. 学校心理健康教育读本 [M]. 哈尔滨 : 东北林业大学出版社, 2009 : 7.

[2] 俞国良，王浩. 大中小学心理健康教育一体化：理论的视角 [J]. 教育研究，2019(8) : 108-114.

[3] 陈洁. 浅析心理疾病病耻感对在校大学生求助行为的消极影响 [J]. 教育教学论坛 , 2016(12) : 72-73.

[4] 姜哲. 高中生性健康知识认知现状及教育对策 [J]. 中国性科学，2010(7) : 25-27.

[5] 雒焕国. 成长记录袋在学校心理健康教育中的运用 [J]. 心理论坛，2012(5) : 56-58.

高校学生心理档案信息化建设研究

金　佳

吉林大学　130012

【摘　要】高校学生心理档案信息化建设既是高校心理健康工作的重要部分，也是高校心理健康教育工作的重要载体。文章首先对心理档案及心理档案信息化进行界定，然后阐述高校学生心理档案信息化建设的重要意义及必要性，最后提出高校学生心理档案信息化建设有效措施。

关键词：高校；档案管理；信息化建设

随着科技的不断进步，社会压力也在不断增强。可以说，我们所处的时代是最好的时代，同样也是压力最大的时代。在这样的时代背景下，我们的年轻一代、朝阳一代，“90后”“00后”的大学生们表现出低逆商、空心病和不同程度的心理困扰，这些现象的存在加大了高校心理健康教育工作的难度。对于高校心理健康教育工作者而言，有效把握学生心理健康状况至关重要。因此，高校大学生心理档案建设成为工作中的重要载体，它能够完整记录学生在大学期间的心理健康状况，有利于学校动态把握学生整体的心理健康状况，根据具体情况为学生提供有针对性的、个性化的心理健康教育服务，提高学生整体的心理健康水平，有效进行学生心理危机干预。传统的高校心理档案管理方法存在提取耗时长、使用不便捷、统计功能弱等问题。随着信息化技术的不断发展和信息化时代的到来，高校心理档案信息化建设工作迫在眉睫。

1　心理档案及心理档案信息化界定

以往的研究认为，心理档案是指“把心理测验的各项指标数据和评定结果整理成档案形式，记录个体个性特征和心理健康状况，用于评定、预测和监控大学生心理素质发展状况和个体心理行为的文件资料。”笔者认为，高校学生心理档案应包含一个学生从进入大学开始一切关于心理健康方面的信息与记录。其时间轴囊括一名学生来大学之前的心理健康整体状况及在大学期间的整体的心理地图；其内容轴囊括该生的基本身心状况、心理普查、测试情况、心理咨询、心理活动、心理探索的整个内容。

高校心理档案信息化建设通常指的是，对高校心理档案实现信息化并对其内容进行管理，及时发现在档案信息化中存在的问题，并采取有效策略进行调整，以完善高校心理档案信息化建设。高校心理档案信息化不应该是简单的纸质版材料的电子版，也不应是某类信息的信息化，高校心理档案信息化应建设一个多元、整合、立体的信息化系统。通过这种数字化、整合的心理档案，我们能够便捷地把握任何一个学生在大学的整个阶段的心理情况，方便高校心理工作者进行横向（时间）、纵向（研究对象）研究和分析，从而把握整个群体的心理健康状况，有针对性地提供有效的心理服务。同时，这种整体把握能够最大限度地提升心理指导、心理咨询、心理研判和危机干预的有效性和准确性。传统的学生心理档案仅仅是纸质版的学生咨询记录、诊断记录、危机处理记录，如果学生没有咨询，就很难了解到学生的心理健康状况。这些是远远不够的。如果能运用互联网技术，设计一套贴近高校心理工作实际的心理档案系统，系统中涵盖学生入校前人口学资料及一些心理方面评价；涵盖新生心理普查结果；涵盖学生心理咨询详细记录；涵盖学生参与心理活动、心灵探索等相关活动记录，心理关注对象记录，心理诊断及危机处理记录等，一定能够大幅度提升目前学生心理健康教育整体工作水平及效率，并且有效提高学生心理档案的管理和数字化建设水平。

2　高校心理档案信息化建设的必要性

高校心理档案信息化建设非常必要。第一，它将提高高校心理健康教育工作实效；第二，它可以最大限度地保障学生权益；第三，它有利于资源调配。

2.1　心理档案信息化建设能有效提高心理健康宣教指导活动、心理咨询工作及心理危机干预工作的实效性

建成比较完善的学生心理档案系统，使得高校心理健康教育教师能够便捷地在系统中了解学校学生群体整体的心理健康状况、咨询中最常见的问题以及在某一时间段内学生参与度较高的活动。通过这些信息化数据的获得，高校心理健康教育教师能够根据不同阶段学生特点有针对性地开展心理健康教育宣教指导活动。心理档案信息化还能够帮助咨询师更加整体、客观、便捷地了解来访学生的人口学资料、

以往心理健康状况、危机干预情况、就医信息等相关情况，提高心理咨询的效率。心理档案信息化水平还影响到危机干预的时效性、准确性。信息化水平越高，数据整合度越高，越能早发现危机，危机干预准确度就越高。

2.2 心理档案信息化建设能有效保障学生权益

心理档案包含学生在校期间心理相关记录，这些记录能够最大限度地帮助学生享有心理服务。另外，这个心理档案能够帮助学生更好地了解自己的心理健康状况，促进学生的心灵成长。

2.3 对于心理中心而言，心理档案信息化建设可以从管理层面更好地调配资源

心理档案信息化建设可以提高心理中心的管理水平，它可以用来追踪来访学生取得的进步。心理中心如果没有适当的心理档案来表明学生的咨询量是否增加、心理治疗措施是否合适、学生在心理咨询过程中是否获得了专业有效的服务，那么学校有可能会减少对心理咨询中心各项的投入，包括专业人员、场地设施和资金保障等方面。

3 高校心理档案信息化建设的有效措施

3.1 建立管理制度

在高校心理档案信息化建设工作的过程中，可以通过建立管理制度的方式，对各项管理工作的开展提供有效指导，充分发挥管理制度的作用与价值，提升管理水平与管理效率。在实际建章立制过程中，可以从以下几方面开展：（1）管理制度的构建，要结合心理中心实际发展情况，结合相应档案整理归档制度等，对现行管理制度进行完善。对心理档案卷内目录、卷宗目录等进行统一编制，同时对档案分类装订方法等做出规范。（2）结合心理档案的分类目标，比如，日常行政档案、学生心理咨询档案以及教育部思政创新发展中心档案等，将实际管理工作落实到各个科室与工作人员身上，明确工作内容以及工作进度，保证工作人员能够在规定时间内完成档案资料整理工作、分类装订工作、录入电子档案等。（3）在建立心理档案信息化管理制度的过程中，要积极鼓励各个工作人员参与到其中，这样可以在最大限度上保证管理制度的全面性。（4）管理制度建立后，在实际操作层面，可能存在管理制度与实际工作不相匹配的情况，针对出现的问题，要及时对制度进行修订与完善，提高制度的可操作性。

3.2　优化管理环境

良好的管理环境，可以促进心理档案信息化管理工作的有序进行。因此，心理中心，要将创造良好信息化管理环境作为重点工作。在实际工作中，可以从以下几方面开展：（1）对于心理档案信息化管理工作，心理中心要加大资金的投入力度，使得传统心理档案能够逐渐朝着数字化方向发展。对重要档案以及利用频繁的档案，及时做好数字化工作。将构建档案目录数据库与学生心理咨询全文数据库作为重点与关键，使得档案信息化管理水平得到提升。（2）加强电子文件档案管理工作，创建电子文件档案备份中心。在这一过程中，工作人员要做好电子档案归档工作，实现信息的有效收集与整理，确保档案信息准确性与合理性，提升档案内容利用率。（3）加强宣传工作，在心理中心内部宣传心理档案信息化管理的重要作用，以使每一位工作人员对心理档案信息化管理有正确认识，从而积极主动参与到管理工作中。在端正工作态度的同时，提升管理效率。（4）对于在管理工作中表现突出的工作人员，可以适当给予其奖励，通过该种方式，提升档案管理人员的工作热情与工作动力，促使档案管理人员能够将更多精力放在自身工作中，主动对心理档案信息化管理知识内容进行学习，在知识层面不断提升自己，掌握更多管理技巧。总之，对于心理档案信息化管理环境的创造，心理中心要将其作为重点工作，为心理档案信息化管理工作的展开打下良好的基础。

参考文献

[1] 轩双霞. 新媒体时代高校档案信息化建设策略探析 [J]. 计算机产品与流通，2019.

[2] 元绍菊. 高校档案信息化建设对高校档案文化建设的价值研究 [J]. 现代职业教育，2019（34）：232-233.

[3] 许淼. 高校档案信息化建设的新思考 [J]. 办公室业务，2019（22）：99-100.

[4] 谭果. 教育信息化发展时代高校档案信息化管理建设的研究 [J]. 科技风 ,2017(10):278.

[5] 时松和. 大学生心理档案计算机管理系统的研究与应用 [J]. 河南医科大学学报，1998（12）：29-32.

[6] 闫丽侠. 网络环境下大学生心理档案集成化服务研究 [J]. 长春师范学院学报，2013（4）：189-191.

高校心理咨询理论与技术研究

社会适应性不良大学生的运动干预研究

刘立新

北京工商大学　100048

【摘　要】目的：通过对适应不良学生实施运动干预，对比干预前后其社会适应性的差异，发现适应不良学生参与体育运动的特点以及与个体社会适应性提升的相关性，从而验证运动项目训练对大学生社会适应性的影响。方法：将田径中的长跑项目作为干预手段，将自编社会适应性问卷作为测量工具，采用自然观察和问卷调查相结合的方法采集数据，通过SPSS统计软件进行数据分析。结果：（1）被试对运动项目训练提升其社会适应性效果的主观评价较高，但前后测结果未能达到显著性水平；（2）运动频次对个体社会适应存在较为显著的预测性，而个体对运动训练的兴趣和态度与社会适应不具有预测性；（3）高运动频次学生与低运动频次学生在社会适应性的总均值及"自信开放""情境控制"两个因子上存在显著差异，且高于低运动频次学生。

关键词：社会适应性；大学生；运动干预

1　研究背景与目的

人的社会适应性是人心理健康概念的内涵之一。联合国世界卫生组织（WHO）认为，个体社会适应良好，不仅指没有心理疾病或变态行为，还指人格的完善和心理潜能的充分发挥，即在一定的客观条件下将个人心境调节至最佳状态。已有学者的实证研究证实：大学新生的学校适应不仅直接影响心理健康，还通过心理弹性间接影响心理健康。[1] 因此，提升个体的社会适应性也就在一定程度上促进其心理健康。多位学者的前期实证研究还发现：体育大学生相较于非体育大学生具有更高的社会适应性，而同样是体育大学生，由于其运动项目不同，其社会适应性水平和特质还有所不同，从事田径项目训练的体育大学生的社会适应性更高。[2-4] 据此，本研究将运动训练作为干预手段，采用自然观察的实验方法，观察社会适应性不良的大学生在运动干预后是否在其社会适应性上有所改善，比较体育运动前后存在哪些差异，运动项目训练与社会适应性提升的关系。

2　研究方法与过程

2.1　研究对象的确定

采用心理症状自评量表（SCL-90）和自编的大学生社会适应性行为问卷对某高校的本科一年级 2868 名新生实施测评，从中筛选出存在严重心理问题学生：以 SCL-90 总分大于 220 分、9 个因子均值得分均高于 2 分作为筛查指标，将存在较严重心理问题作为大学生社会适应性不良的指征，筛选出被试 68 人。

2.2　用于干预的运动项目选择

已有的实证研究证实：体育运动与大学生社会适应能力有显著关系。不同类别大学生的体育参与度对社会适应能力各因子均有不同程度的影响，与某些因子的影响力度呈显著性相关。[5] 本人前期研究也再次证实：田径项目既是简便易行的运动项目，又与球类和竞技体操等同样能够让个体生动地体验到自我愉悦的感受，全面提升运动者的社会适应性心理品质，特别是能够激发大学生自尊自主感，从而促进大学生获得更好的社会适应性。[6] 据此，将用于干预的运动项目确定为课外长跑。借助某高校开展的课外阳光长跑项目对社会适应性不良学生进行跟踪观测，探讨体育运动与大学生社会适应性的关系。

2.3　运动干预实施方式

利用学校体育部组织的课外阳光长跑活动作为运动干预的具体方式，不对被试做主动干预，而是采用自然观察的方法，由学生自行自主参与，历时三个学期。之后再次对被试进行问卷调查，收集研究数据。问卷既包括与前测相同的大学生社会适应性问卷，还包括对被试运动训练的兴趣、态度以及频次的调查，也包括被试对于运动训练对提升其社会适应性效果的评价。

2.4　研究工具

研究工具包括：SPSS19.0 统计软件包，以及《SCL-90 心理症状量表》《大学生社会适应行为》[7]《大学生参与体育锻炼情况调查表》。

3　运动干预效果分析及结果

3.1　被试对参加长跑训练在促进社会适应性提升效果方面的主观评价较高

当被试主观评价参加长跑训练对提升其自我社会适应性的效果时，其普遍认为有较大作用，并且不存在性别差异。见表 1、表 2。

表 1　运动促进社会适应性的主观评价均值

	N	极小值	极大值	均值	标准差
改善效果自评	67	2.00	5.00	3.716	0.794
有效的 N（列表状态）	67				

表 2　主观评价运动训练社会适应性改善的性别差异检验

		方差方程的 Levene 检验		均值方程的 *t* 检验					差分的 95% 置信区间	
		F	Sig.	*t*	df	Sig.（双测）	均值差值	标准误差值	下限	上限
改善效果自评	假设方差相等	0.420	0.519	−1.474	65	0.145	−0.290	0.197	−0.685	0.103
	假设方差不相等			−1.457	51.33	0.151	−0.290	0.199	−0.691	0.109

3.2　社会适应性不良学生参加长跑训练前后的社会适应性提升变化不显著

采用配对样本 *t* 检验，统计分析社会适应性不良被试经过三个学期的长跑锻炼后其社会适应性表现。统计结果显示：同一组适应性不良被试在参加长跑训练前和参加长跑训练后的社会适应性总均值不存在显著差异，在社会适应性的各个维度上也没有显著差异。见表 3。

表 3　前后测社会适应性总均值及各个分量表均值差异显著性检验

		成对差分							
		均值	标准差	均值的标准误差值	差分的 95% 置信区间		*t*	df	Sig.(双测)
					下限	上限			
对 1	干预前总均值–干预后总均值	–0.006	0.741	0.090	–0.186	0.175	–0.061	66	0.952
对 2	运动前开放自信–干预后开放	–0.028	0.83872	0.102	–0.232	0.176	–0.275	66	0.784
对 3	运动前客观现实–干预后客观	0.029	0.908	0.110	–0.191	0.251	0.269	66	0.789
对 4	运动前自尊自主–干预后自尊	–0.128	0.779	0.095	–0.318	0.061	–1.349	66	0.182
对 5	运动前耐受自制–干预后耐受	0.023	0.916	0.112	–0.199	0.247	0.213	66	0.832
对 6	运动前情境控制 – 干预后情境控制	0.056	0.961	0.117	–0.177	0.291	0.483	66	0.631
对 7	运动前豁达宽容 – 干预后豁达	0.000	0.883	0.107	–0.215	0.215	0.000	66	1.000

3.3　体育训练频次对社会适应性水平有一定预测性，存在显著影响

采用多元回归分析的方法，将社会适应性总均值作为因变量，将被试对体育运动特别是长跑运动训练的态度、兴趣、参与动机水平以及实际参与运动训练的频次等 4 个因素作为自变量，进行多元回归分析，调整 *R* 方为 0.136，Durbin-Watson 值为 2.079。说明基本满足线性回归分析的适宜性。见表 4。

表 4　回归分析适宜度模型检验

模型	*R*	*R* 方	调整 *R* 方	标准估计的误差	Durbin-Watson
1	0.434[a]	0.188	0.136	0.448	2.079

a. 预测变量：(常量)，一周参与频率，是否喜欢长跑，是否首选运动，是否愿意长跑；
b. 因变量：总均值

Anova 方差分析结果显示：相关系数的显著性水平为 0.011，由此说明自变量体育运动训练情况中至少有一个变量对大学生的社会适应性水平产生显著影响。这能够从客观上体现出大学生体育运动训练参与情况对其社会适应性发展存在着较为

显著的预测性。进一步对多因素回归系数进行考察发现：在 4 个影响因素中，体育运动训练的态度、兴趣和动机都对社会适应性水平没有影响，只有参与运动的频次（也就是运动训练的持续性）以及相应的运动强度与社会适应总均值存在显著性相关，见表 5、表 6。

表 5　Anova 方差分析相关显著性

模型		平方和	df	均方	F	Sig.
1	回归	2.878	4	0.720	3.591	0.011a
	残差	12.424	62	0.200		
	总计	15.302	66			

a. 预测变量：(常量), 一周参与频率，是否喜欢长跑，是否首选运动，是否愿意长跑；
b. 因变量：总均值

表 6　各个自变量与因变量的相关显著性

模型		非标准化系数		标准系数	t	Sig.	共线性统计量	
		B	标准误差	试用版			容差	VIF
1	（常量）	3.410	0.281		12.154	0.000		
	是否首选运动	−0.078	0.125	−0.075	−0.627	0.533	0.919	1.088
	是否喜欢长跑	0.082	0.066	0.179	1.244	0.218	0.635	1.576
	是否愿意长跑	−0.023	0.064	−0.051	−0.355	0.724	0.625	1.601
	一周参与频率	0.162	0.053	0.372	3.085	0.003	0.903	1.108

a. 因变量：总均值

从残差分析直方图以及散点图的分布来看，本次回归分析与线性回归分析模型的拟合度比较好，回归分析结果有一定的预测性。如图 1、图 2 所示。

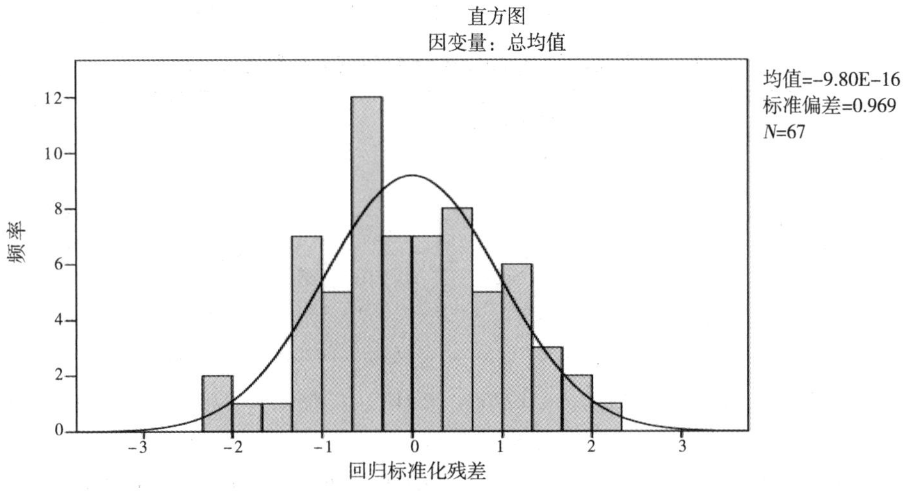

图 1　残差分析直方图

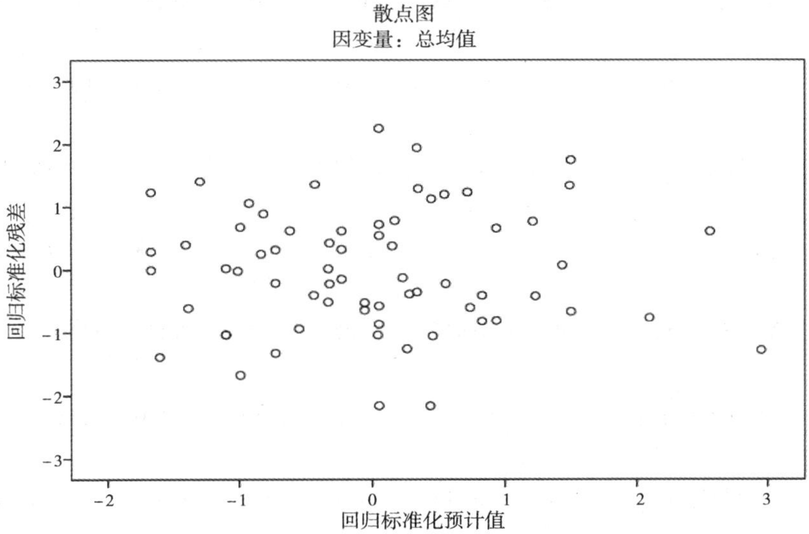

图 2　残差分析散点图

3.4　运动频次与社会适应性的相关分析发现：总均值及“自信开放”“情境控制”两个因子上都存在显著差异

在探究运动频次与社会适应各因子相关的显著性差异检验时，将被试分为高频运动和低频运动两组。高频运动组为一周运动频次大于等于 3 次的被试，低频运动组是一周运动频次小于 3 次的被试。对这两组被试进行独立样本 t 检验。检验结果显示：在社会适应的总均值以及“自信开放”“情境控制”两个因子上都存在显著差异。经过对两组被试的均值得分比较发现：运动高频组的社会适应总均值以及“自信开放”“情境控制”两个因子上的均值得分都高于运动低频次组。见表 7、表 8。

表 7　高低运动频次被试的社会适应性差异显著性检验

		方差方程的 Levene 检验		均值方程的 *t* 检验				
							差异的 95% 置信区间	
		F	Sig.	*t*	df	Sig.(双测)	下限	上限
总均值	假设方差相等	1.205	0.276	2.415	65	0.019	0.05001	0.52769
	假设方差不相等			2.321	40.145	0.025	0.03738	0.54032
开放自信	假设方差相等	0.755	0.388	2.619	65	0.011	0.08359	0.62018
	假设方差不相等			2.541	41.154	0.015	0.07221	0.63157
客观现实	假设方差相等	1.286	0.261	1.333	65	0.187	-.105990	0.53117
	假设方差不相等			1.267	38.973	0.213	-0.12689	0.55207
自尊自主	假设方差相等	0.032	0.859	1.307	65	0.196	-0.09776	0.46772
	假设方差不相等			1.328	46.863	0.190	-0.09517	0.46513
耐受自制	假设方差相等	1.040	0.312	1.710	65	0.092	-0.04562	0.58949
	假设方差不相等			1.641	39.951	0.109	-.06306	0.60693
情境控制	假设方差相等	0.075	0.785	2.299	65	0.025	0.04877	0.69313
	假设方差不相等			2.263	42.812	0.029	0.04030	0.70159
宽容豁达	假设方差相等	1.039	0.312	1.717	65	0.091	-0.04261	0.56534
	假设方差不相等			1.785	49.844	0.080	-0.03270	0.55543

表 8　两组运动频率被试社会适应性各个因子均值统计

	一周参与频率	N	均值	标准差	均值的标准误
总均值	⩾ 3.00	23	4.0137	0.50313	0.10491
	< 3.00	44	3.7249	0.44390	0.06692
开放自信维度	⩾ 3.00	23	4.3140	0.55520	0.11577
	< 3.00	44	3.9621	0.50433	0.07603
客观现实	⩾ 3.00	23	3.8944	0.68541	0.14292
	< 3.00	44	3.6818	0.58364	0.08799
自尊自主	⩾ 3.00	23	4.1304	0.53124	0.11077
	< 3.00	44	3.9455	0.55967	0.08437
耐受自制	⩾ 3.00	23	3.8174	0.67126	0.13997
	< 3.00	44	3.5455	0.58883	0.08877
情境控制	⩾ 3.00	23	3.9391	0.64789	0.13509
	< 3.00	44	3.5682	0.61598	0.09286
宽容豁达	⩾ 3.00	23	4.0000	0.54356	0.11334
	< 3.00	44	3.7386	0.61463	0.09266

4　研究结论及讨论

4.1　较高频次的体育运动对提升个体的社会适应性有显著效果

通过对高频次组和低频次组两个独立样本的 t 检验，发现：运动训练的频次与社会适应的总均值以及“自信开放”“情境控制”两个因子存在显著相关。经过对两组被试的均值得分比较发现：运动高频组的社会适应总均值以及“自信开放”“情境控制”两个因子上的均值得分都高于运动低频次组。这从客观上印证了被试的主观评价结果，即体育运动训练不仅对提升大学生的总体社会适应性水平是比较有效的，而且对提升其自信心和开放度，促使其对环境资源进行把握和利用，积极地选择和改变环境、主动地与他人交往合作、领导并影响他人等也较为有效。

4.2　教育者需要在体育运动习惯养成上下功夫

本研究将社会适应性总均值作为因变量，将被试对体育运动特别是长跑运动训练的态度、兴趣、参与动机水平以及实际参与运动训练的频次等4个因素作为自变量，进行多元回归分析，发现只有运动频次对社会适应性有预测效应。在实施运动干预的过程中，仅仅依靠调动个体的主观能动性是远远不够的，必须要有切实有效的监控和督促措施，培养个体良好的体育运动习惯，使得体育运动成为其自身的生活方式和行为方式，才可能对个体的社会适应性提升产生显著作用。

4.3 体质体能作为物质基础，会对个体心理以及社会适应性有一定的影响

通过回归分析探讨个体对体育运动训练态度、兴趣、意向动机以及实际参与运动训练的行为与其社会适应性关系可以发现：尽管这一群体在体育观念、体育兴趣、体育动机上都表现出较高水平，但是并没有在行为上表现出较高的参与度。统计显示，只有不到10%的人能够做到每周锻炼4次以上。是什么原因使得这些学生在心理上认可体育锻炼，而行为上又不能实施呢？也许是这些学生的体能较弱，身体的活动不够，导致其运动行为消极，因此学生良好的体能是保证其能够接受长期的、较高强度训练的物质基础。如何改善社会适应性不良学生的体质体能，增加其生命的活力，也是在提升其社会适应性方面需要加以关注的问题。

参考文献

[1] 陈福侠，樊富珉. 大学新生学校适应、心理弹性与心理健康的关系[J]. 中国健康心理学杂志，2014, 22(12)：1894-1895.

[2] 蒋兴宏. 体育运动对学生社会适应性提高的比较研究 [J]. 成都体育学院学报 ,2012(8):71-75.

[3] 李树旺. 体育与大学生“社会适应能力”的实证研究 [J]. 体育与科学 2009(11):71-76.

[4] 马启伟，张力为 . 体育运动心理学 [M]. 杭州：浙江教育出版社 ,1998:369-375.

[5] 肖丽琴 . 体育运动与大学生社会适应能力的关系 [J]. 体育学刊 2007(3):79-82.

[6] 体育大学生社会适应性特征对高校体育教学的启示 [J]. 北京体育大学学报 2017(1):78-83.

[7] 刘立新，金冬梅，夏永静. 大学生社会适应行为方式问卷编制及信效度检验 [J]. 中国健康心理学杂志 , 2016(3):421-424.

短版智能手机成瘾量表在大学生中的信效度检验

殷　芳　肖铁飞　高健峰　姚玉红

同济大学　200092

【摘　要】目的：检验短版智能手机成瘾量表（SPAI-SF）中文版在大陆大学生群体中的适用性。方法：随机抽取1566名大学生上机完成了SPAI-SF、网络成瘾危险因子核验表、症状自评量表（SCL-90）。结果：（1）探索性因子分析结果显示，SPAI-SF的10个项目可分成强迫行为、功能损害、戒断性、耐受性四个因子，解释了总方差的77.9%；（2）验证性因子分析发现，SPAI-SF的四因子模型拟合优秀（χ^2/df=1.84，GFI=0.99,CFI=0.99,TLI=0.99,IFI=0.99,NFI=0.99, RMSEA=0.03，SRMR=0.02）；（3）聚敛效度分析结果良好，SPAI-SF各维度组合信度为0.79~0.85，平均方差抽取量为0.56~0.72；模型比较结果显示，四因子模型各维度具有良好的区分效度。（4）关联效度结果显示SPAI-SF与症状自评量表（SCL-90）十个因子均呈有统计学意义的相关性（r=0.23~0.40，p<0.01），与网络成瘾危险因子核验表十个因子均呈有统计学意义的相关性（r r=0.24~0.50，p<0.01）；（5）SPAI-SF的内部一致性信度为0.90，分半信度为0.84；（6）大学生手机成瘾的发生率为29.82%，成瘾组和非成瘾组之间没有年龄（t=1.62，p=0.105）、性别(χ^2=0.61，p=0.435)或学历(χ^2=2.11，p=0.147)差异。结论：SPAI-SF中文版具有良好的信效度，可作为大学生手机成瘾的初步评估工具。

关键词： 智能手机成瘾；量表；信度；效度

截至2020年3月，我国网民规模达9.04亿，互联网普及率达64.5%，其中网民使用手机上网比例达99.3%[1]。智能手机已经成为人们用来连接互联网最普及的设备。然而在手机成为我们生活中不可或缺的一部分之际，随之而来的成瘾问题也逐渐浮显。如刘勤学等人的研究所述，智能手机成瘾的概念界定仍未统一，但总的来说均强调了四个共同的特征：（1）强迫性：不分场合地使用智能手机以及难以控制使用频率和使用时间；（2）过度依赖：持续性或周期性地对智能手机产生需求和依赖，忽视周围环境和现实生活；（3）戒断反应：当不能使用智能手机时，会出现一系列生理、心理上的不适，如产生焦虑、失落、暴躁等负面情绪；（4）功能损害：成瘾后对个体对人际关系[2]、睡眠质量[3]、主观幸福感[4]、生活满意度[5]、学业表现[6]等均有负面影响[7]。

对于智能手机成瘾问题，从多角度进一步深化智能手机成瘾的研究很有必要，如探讨其概念与影响因素、探究其行为表现和负面影响，以夯实预防和干预的理论和实证基础。手机成瘾问题已不可小觑，但就目前而言，国内对于智能手机成瘾的量化研究较少，若有有效且快速评估手机成瘾状态的量表，必将有利于关于智能手机成瘾研究的发展。

国内已有学者尝试自编手机成瘾量表，如熊婕等人编制了大学生手机成瘾倾向量表（MPATS）[8]，苏双等人初步编制了大学生智能手机成瘾量表（SAS-C)[9]；也有学者引入国外量表，如项明强等人在青少年群体中检验了智能手机依赖量表（SAS）及其简版（SAS-SV）中文版的信效度[10]，张璐等人修订了一般低头行为量表并在中国大学生群体中检验了其信效度[11]。这些量表丰富了智能手机成瘾的研究工具，但已经存在的量表[8-20]在理论角度出发点、题项数量多寡、题项设计与表述的适宜性等方面有各自的局限性，或者因其信效度还需进一步检验等，不足以满足各类研究的不同需要。

成瘾对象会随着时代发展而变化，但成瘾的核心心理病理以及阐述成瘾现象本质的各种理论是相对稳定的。台湾地区学者 Lin 等人在行为成瘾的理论框架下基于网络成瘾的特征和智能手机的特征编制了适合中国台湾大学生的智能手机成瘾量表（Smartphone Addiction Inventory, SPAI）[21]。SPAI 包括 4 个维度 26 个项目，4 个维度分别是强迫行为、功能损害、戒断性和耐受性，这与刘勤学等人总结学者们在智能手机成瘾的概念界定上均强调的 4 个特征一致[7]。为了方便使用，Lin 等人对 SPAI 进行了简化，修订出仅包含 10 个项目的短版智能手机成瘾量表（Short-form of the Smartphone Addiction Inventory, SPAI-SF）。SPAI-SF 准确地复制了原始 26 项 SPAI 的四因子结构，不仅保留了成瘾的核心心理病理学特点，还体现了智能手机成瘾的特定特征。SPAI-SF 具有良好的信效度、诊断准确性并且易于使用[22]。在前人基础上，本研究旨在验证 SPAI-SF 在大陆大学生群体中的适用性，充实智能手机成瘾研究工具，以供在大规模研究中快速筛查智能手机成瘾风险群体。

1 对象与方法

1.1 对象

研究对象为某高校所有专业的本科生和硕士研究生，按专业和学号排序，采用随机数字法随机抽取测试对象。被抽取测试对象凭测试卡上机测验，共取得1566份有效样本，样本无缺失值，信息完整。其中男生892人，女生674人；本科生734人，研究生832人；年龄范围为16.13~42.88岁，平均年龄为（21.38±3.24）岁。采用随机数字法选取总样本中一半被试（n=783）形成样本一，其中男生442人，女生341人；本科生376人，研究生407人，年龄为16.64~42.88岁，平均年龄为（21.35±3.32）岁。另一半（n=783）形成样本二，其中男生450人，女生333人；本科生358人，研究生425人；年龄为16.13~42.38岁，平均年龄为（21.40±3.17）岁。

1.2 研究工具

1.2.1 短版智能手机成瘾量表（SPAI-SF）[22]

Lin等人编制的短版智能手机成瘾量表（SPAI-SF）包含10个项目，采用1（极不符合）~4（非常符合）4点计分，无反向计分条目，分成强迫行为、功能损害、戒断性和耐受性4个维度，精神科医生诊断性访谈确定的24/25的分界点最能区分智能手机成瘾病例和诊断阴性病例。

1.2.2 网络成瘾危险因子核验表[23]

中国台湾网络成瘾研究团队编制的网络成瘾危险因子核验表共包含10个项目，采用1（非常不同意）~5（非常同意）5点计分，得分越高，表明危险程度越高，无反向计分条目，分别测量社交焦虑、忧郁、无聊感、低自尊、神经质、课业或工作压力、家庭关系不佳、同侪关系不佳、敌意、冲动控制不良10个网络成瘾危险因子危险程度，用以侦测和预防成瘾的发生，了解有网络成瘾风险者可能具有的心理性危险因子。10项网络成瘾危险因子被证实皆与网络成瘾显著相关，且成瘾组与非成瘾组在网络成瘾危险因子的平均得分差异显示，此表对网络成瘾者与非网络成瘾者具有良好的辨别力。

1.2.3 症状自评量表（SCL-90）

症状自评量表（SCL-90）包括90个项目，采用1（从无）~5（严重）5点计分，分为 10 个因子，其中 9 个因子为躯体化、强迫症状、人际关系敏感、抑郁、焦虑、敌对、恐怖、偏执和精神病性，将睡眠和饮食等归入第 10 个因子“其他”。SCL-90 从感觉、情感、思维、意识、行为直到生活习惯、人际关系、饮食睡眠等多种角度，评定一个人是否有某种心理症状及其严重程度。它对有心理症状（即有可能处于心理障碍或心理障碍边缘）的人有良好的区分能力。适用于评定人群中哪些人可能有心理障碍，其可能有何种心理障碍及其严重程度如何。

1.3 统计分析

使用 SPSS23.0 进行描述性统计分析、*t* 检验、卡方检验、探索性因子分析、信度分析、关联效度检验等；使用 Amos25 通过验证性因子分析评价结构效度，通过组合信度和平均方差抽取量评价聚敛效度，并通过模型比较的方法来考察各个维度的区分效度。

2 结果

2.1 项目分析

对样本一数据进行可靠性分析，结果发现，题项之间的两两相关系数为 0.33~0.70，均超过 0.3；项目与总分相关系数为 0.57~0.75，均大于 0.50；Cronbach's α 系数为 0.90；均超过推荐阈值[24]123。

2.2 结构效度

2.2.1 探索性因素分析

使用样本一（n=783）对 SPAI–SF 进行探索性因子分析，结果显示 KMO 值为 0.90，Barlett 球形检验的 χ^2 值为 3945.72，（p<0.001，df =45），适合进行探索性因子分析。依据 Lin 等人对 SPAI-SF 的理论假设，采用主成分分析法提取固定的 4 个因子，并使用最大方差法进行旋转，得出了与原量表相一致的结构。各题在所属因子上的载荷均处于较高水平（0.56~0.89），共同度均大于 0.60，累积方差贡献率为 77.9%，各项数据见表 1。

表 1　SPAI-SF 中文版探索性因子分析结果

题项	因子				共同度
	F1	F2	F3	F4	
s1	0.80				0.74
s2	0.78				0.73
s3	0.65				0.73
s4		0.79			0.74
s5		0.83			0.79
s6		0.56			0.67
s7			0.89		0.88
s8			0.80		0.83
s9				0.76	0.82
s10				0.89	0.88
					总计
特征值	2.17	2.03	1.83	1.76	7.79
方差解释率 (%)	21.7	20.3	18.3	17.6	77.9

注：F1、F2、F3、F4 分别代表强迫行为、功能损害、戒断性和耐受性。
主成分分析中，方差解释率 =（特征值 / 变量数）× 100%[24]133-134。

2.2.2 验证性因素分析

依据样本二数据（n=783），采用 Amos25 软件构建一阶斜交结构方程模型，对 SPAI–SF 的四因子结构进行验证性因子分析。结果（各题因子载荷见表 2）显示，模型对数据各项拟合指标均达到优秀标准（χ^2/df=1.84，GFI=0.99，CFI=0.99，TLI=0.99，IFI=0.99，NFI=0.99，RMSEA=0.03，SRMR=0.02）。强迫行为各项目的载荷为 0.71~0.85，功能损害各项目的载荷为 0.67~0.81，戒断性各项目的载荷为 0.70~0.95，耐受性各项目的载荷为 0.77~0.92。

2.2.3 聚敛效度及区分效度

本研究采用量表的组合信度和平均方差抽取量评价聚敛效度。对样本二进行验证性因子分析结果（详细结果见表 2）表明，组合信度为 0.79~0.85，均大于 0.70 的推荐阈值，表明各维度具有较高的内部一致性信度；平均方差抽取量为 0.56~0.72，均高于 0.50 的推荐阈值[24]605。由此可知，中文版 SPAI-SF 量表的 4 个维度收敛效度较为理想，所有指标对其实质潜在因素都有良好的负荷性。同时，通过模型比较的方法来考察 SPAI-SF4 个维度的区分效度，依据强迫行为、功能损害、戒断性和耐受性 4 个因子间相关系数从高至低（r=0.62~0.84）的顺序，分别两两合并为一个因子，以及将所有因子合并为一个因子。如表 3 所示，四因子模型与另外 7 个模型相比，卡方值最低，对实际数据最为拟合。从卡方差检验和模型拟合指数来看，合并任何两个因子都会导致有统计学意义的卡方差异，并且导致拟合变差，说明 SPAI-SF 的 4 个维度均具有良好的区分效度。

表 2 验证性因子分析结果

维度	题项	非标准化因子载荷	标准误差	*Z*	*p*	标准化因子载荷	*SMC*	聚敛效度	
								CR	*AVE*
F1	s1	1.00				0.71	0.50	0.81	0.58
	s2	1.08	0.06	18.26	***	0.73	0.53		
	s3	1.17	0.06	20.44	***	0.85	0.72		
F2	s4	1.00				0.67	0.45	0.79	0.56
	s5	1.09	0.06	18.03	***	0.75	0.56		
	s6	1.07	0.06	18.61	***	0.81	0.66		
F3	s7	1.00				0.70	0.49	0.85	0.69
	s8	1.21	0.07	17.60	***	0.95	0.90		
F4	s9	1.00				0.92	0.84	0.84	0.72
	s10	0.81	0.04	23.08	***	0.77	0.59		

注：*CR* 为组合信度；*AVE* 为平均方差抽取量；*** 为 p<0.001。

表 3　模型比较结果

模型	χ^2	ν	TLI	CFI	RMSEA	SRMR	模型比较检验		
							模型比较	$\Delta\chi^2$	$\Delta\nu$
1. 基准模型（四因子）	53.51	29	0.99	0.99	0.03	0.02			
2. 三因子模型一	146.41	30	0.96	0.97	0.07	0.03	2 vs 1	92.90***	1
3. 三因子模型二	214.95	30	0.93	0.95	0.09	0.04	3 vs 1	161.44***	1
4. 三因子模型三	265.77	30	0.91	0.94	0.10	0.04	4 vs 1	212.26***	1
5. 三因子模型四	294.20	30	0.90	0.93	0.11	0.04	5 vs 1	240.70***	1
6. 三因子模型五	298.92	30	0.90	0.93	0.11	0.05	6 vs 1	245.41***	1
7. 三因子模型六	322.19	30	0.89	0.92	0.11	0.05	7 vs 1	268.68***	1
8. 单因子模型	564.07	35	0.82	0.86	0.14	0.06	8 vs 1	510.56***	6

注：*** 为 $p<0.001$

基准模型：强迫行为、功能损害、戒断性和耐受性；

三因子模型一：在基准模型的基础上，将强迫行为和功能损害合并为一个因子；

三因子模型二：在基准模型的基础上，将功能损害和耐受性合并为一个因子；

三因子模型三：在基准模型的基础上，将强迫行为和耐受性合并为一个因子；

三因子模型四：在基准模型的基础上，将戒断性和耐受性合并为一个因子；

三因子模型五：在基准模型的基础上，将功能损害和戒断性合并为一个因子；

三因子模型六：在基准模型的基础上，将强迫行为和戒断性合并为一个因子；

单因子模型：将强迫行为、功能损害、戒断性和耐受性合并为一个因子

2.3　关联效度

本研究的效标为症状自评量表（SCL-90）各维度 T 分数以及网络成瘾危险因子核验表各因子得分，使用总样本（n=1566）进行关联效度检验。结果如表 4 所示，SPAI-SF 与症状自评量表各因子 T 分均呈有统计学意义的正相关性（r=0.23~0.40，p<0.01），SPAI-SF 与网络成瘾危险因子核验表各因子得分均呈有统计学意义的正相关性（r=0.24~0.50，p<0.01）。

表 4 效标关联度

SCL90	SPAI-SF	网络成瘾危险因子核验表	SPAI-SF
躯体化	0.24**	社交焦虑	0.32**
强迫	0.40**	忧郁	0.50**
人际关系	0.37**	无聊感	0.36**
忧郁	0.35**	低自尊	0.39**
焦虑	0.34**	神经质	0.41**
敌对	0.28**	课业或工作压力	0.43**
恐怖	0.26**	家庭关系不佳	0.30**
偏执	0.23**	同侪关系不佳	0.24**
精神性	0.31**	敌意	0.35**
其他	0.26**	冲动控制不良	0.39**

注：** 为 $p<0.01$

2.4 信度

本研究中的信度指标采用 Cronbach's α 系数和分半信度。对样本二（n=783）的分析结果显示 SPAI-SF 的 α 系数为 0.90，分半信度为 0.84，据此可以说明，SPAI-SF 具有较好的信度。

2.5 得分情况

本研究中总样本（n=1566）SPAI-SF 得分范围为 10~40 分，均分为（21.66 ± 5.92）分，男女生之间无显著性差异，本科生与研究生之间无显著性差异。Lin 等人的研究中由精神科医生的诊断性访谈确定的区分智能手机成瘾和诊断阴性的临界点是 24/25，即得分大于或等于 25 分的为成瘾，反之为非成瘾。依此将总样本分为成瘾组（n=467）和非成瘾组（n=1099）。结果见表 5，大学生手机成瘾发生率为 29.82%，得分呈有统计学意义的差异 (t=−46.94，p<0.001)，成瘾组和非成瘾组之间没有年龄（t=1.62，p=0.105）、性别 (χ^2=0.61，p=0.435) 或学历 (χ^2=2.11，p=0.147) 差异。

表 5　成瘾组与非成瘾组的比较

	成瘾组（n=467）		非成瘾组（n=1099）			
	n		n		χ^2	p
性别					0.61	0.435
男	259	0.56 %	633	0.58 %		
女	208	0.44 %	466	0.42 %		
学历					2.11	0.147
本科生	232	0.50 %	502	0.46 %		
研究生	235	0.50 %	597	0.54 %		
	$\bar{x}$	s	$\bar{x}$	s	t	p
年龄	21.17	3.25 %	21.46	3.25 %	1.62	0.105
SPAI-SF	28.28	3.30 %	18.84	4.33 %	–46.94	0.000

3　讨论

考虑到国内已经存在的量表，其理论方向、题项数量、题项设计以及表述各有局限，不足以满足各类研究的需要，本研究对 Lin 等人在行为成瘾的理论框架下基于网络成瘾的特征和智能手机的特征编制的短板智能手机成瘾量表在大陆大学生群体中的信度和效度等进行了检验。本研究中 Cronbach's α 系数为 0.90、分半信度为 0.84，达到了较高的信度标准，表明 SPAI-SF 具有很好的内部一致性。探索性因子分析探索出强迫行为、功能损害、戒断性、耐受性 4 个因子，累积方差贡献率为 77.9%，四因子结构与学者 Lin 等人的研究相一致 [22]。验证性因素分结果显示，四因子结构拟合最优，其各项拟合指标均达到了非常优秀的标准，并具有良好的聚敛效度和区分效度。这说明，量表表述及题项设计在相似的文化背景下所得出的结果，即大陆和台湾地区大学生智能手机成瘾表现的结果是一致的。

关联效度分析结果显示，SPIA-SF 总分与症状自评量表（SCL-90）各维度均呈有统计学意义的正相关性（r=0.23~0.40，p<0.01），与以往研究得出了同样的结果 [25]，这表明，大学生在躯体化、强迫症状、人际关系敏感、抑郁、焦虑、敌对、恐怖、偏执、精神病性等各维度上得分越高，心理健康状态越差，越可能是智能手机成瘾风险群体。SPAI-SF 总分与成瘾危险因子核验表中各因子均呈有统计学意义的正相关性（r=0.24~0.50，p<0.01），同样表明在社交焦虑、忧郁、无聊感、低自尊、神

经质、课业或工作压力、家庭关系不佳、同侪关系不佳、敌意以及冲动控制不良等境况下，其状态越糟糕的大学生，越可能是智能手机成瘾风险群体。

从总样本SPAI-SF得分情况来看，大学生手机成瘾的发生率为29.82%，接近Lin等人研究中28%的成瘾率。成瘾组和非成瘾组之间没有年龄（t=1.62，p=0.105）、性别（x^2=0.61，p=0.435）或学历（x^2=2.11，p=0.147）差异，这与Lin等人的研究相一致。正如Lin等人在其研究中的阐述，这些结果并不表明超过四分之一的健康大学生可能患有智能手机成瘾。SPAI-SF是在包括戒断和耐受性的成瘾理论框架下编制的，因此SPAI-SF可能高估样本中的智能手机成瘾率。此外，青少年的对判断和自我调节至关重要的皮层网络直到21到25岁才完全成熟，加上智能手机的便携性使干扰无时不在，与大约10%的接触成瘾物质的人会出现最严重的上瘾形式的估计相比，超过四分之一的成瘾率也不足为奇[22]。

当然，解释本研究中的结果时，也需注意一些局限性。首先，被试均来自同一所大学，可能限制研究结果的推广；其次，调查是基于自我报告的，需要一些更客观的方法来检验其有效性，如使用App客观记录智能手机使用情况[26-27]。

本研究弥补了Lin等人研究中绝大多数样本是男大学生且样本量较少的限制，并证明了短版智能手机成瘾量表（SPAI-SF）中文版在大陆大学生群体中具有较高的信效度。SPAI-SF是一种方便使用的10个题项的简短量表，不仅体现了成瘾框架下的四因素结构和智能手机成瘾的特点，也具备精神科医生诊断性访谈确定的临界点，可以作为在相关理论框架下的流行病学研究工具和临床快速筛查高危群体的工具使用[21]。

参考文献

[1] 中国互联网络信息中心. 第45次中国互联网络发展状况统计报告[R]. 北京：中国互联网络信息中心,2020.（2020-4-28）[2020-8-8]. http://www.cac.gov.cn/2020-04/27/c_1589535470378587.htm.

[2] 王慧慧，王孟成，吴胜齐. 不同手机成瘾类型对大学生人际关系和孤独感的影响：基于潜剖面分析的结果[J]. 中国临床心理学杂志,2015(5):881-885.

[3]YÜCEL EE, ÖNEN ÜNSALVER B. The relationship between smartphone using style and sleep quality and psychiatric symptoms among a foundation university students[J]. The European research journal,2019:538-377.

[4] 武碧云，邢锦涛，凯宁. 大学生智能手机成瘾与主观幸福感的关系：

一个有调节的中介模型 [J]. 心理学进展 ,2020,10(2):117−123.

[5]KULA H, AYHAN C, SOYER F, et al. The Relationship between smartphone addiction and life satisfaction: faculty of sport sciences students[J]. International journal of psychology and educational studies,2020,7(1):86-95.

[6]HAWI N S, SAMAHA M. To excel or not to excel: Strong evidence on the adverse effect of smartphone addiction on academic performance[J]. Computers & education,2016,98:81-89.

[7] 刘勤学，杨燕，林悦，等. 智能手机成瘾：概念、测量及影响因素 [J]. 中国临床心理学杂志 ,2017,25(1):82-87.

[8] 熊婕，周宗奎，陈武，等 . 大学生手机成瘾倾向量表的编制 [J]. 中国心理卫生杂志 ,2012,26(3):222-225.

[9] 苏双，潘婷婷，刘勤学，等.大学生智能手机成瘾量表的初步编制 [J]. 中国心理卫生杂志 ,2014,28(5):392-397.

[10] 项明强，王梓蓉，马奔. 智能手机依赖量表中文版在青少年中的信效度检验 [J]. 中国临床心理学杂志 ,2019,27(5):959-964.

[11] 张璐，张丽 . 中文版低头行为量表测评大学生群体的信度与效度 [J]. 中国临床心理学杂志 ,2020(1):29-32.

[12] 陈欢，王丽，乔宁宁，等. 成年人智能手机成瘾量表的初步编制 [J]. 中国临床心理学杂志 ,2017,25(4):645-649.

[13] 丁娇儿，李炜，李江，等. 上海市大学生手机网络成瘾分类量表的修订及信效度调查 [J]. 中国预防医学杂志 ,2018,19(5):345-350.

[14] 段杰月 . 手机习惯性使用问卷编制及习惯性手机使用的行为干预 [D]. 广州：广州大学 ,2019.

[15] 韩文娟 . 大学生手机依赖量表的编制 [D]. 山西：山西医科大学 ,2011.

[16] 胡丹丹，徐源，丁娇儿，等. 大学生手机网络成瘾分类量表的初步编制 [J]. 中国健康教育 ,2017,33(6):505-508.

[17] 屠斌斌，章俊龙，姜伊素. 大学生手机成瘾倾向问卷的初步编制 [J]. 和田师范专科学校学报 ,2010,29(4):48-50.

[18] 徐华，吴玄娜，兰彦婷，等. 大学生手机依赖量表的编制 [J]. 中国临床心理学杂志 , 2008, 16(1):26-27.

[19] 赵显文，史滋福，郑凯文，等. 中文版智能手机成瘾问卷在大学生

群体中的信度和效度 [J]. 心理技术与应用 ,2019,7(7):416-423.

[20] 朱元强，邓方方，李英，等. 中文版智能手机成瘾倾向量表在大学生中的信效度评价 [J]. 中国高等医学教育 ,2019(6):52-53.

[21]LIN Y, CHANG L, LEE Y, et al. Development and validation of the smartphone addiction inventory (SPAI)[J]. PLoS one,2014,9(6):e98312.

[22]LIN Y, PAN Y, LIN S, et al. Development of short-form and screening cutoff point of the smartphone addiction inventory (SPAI-SF)[J]. International journal of methods in psychiatric research,2017,26(2):e1525.

[23] 王智弘 . 危机即是转机：从危机干预谈网络成瘾的危险因子 [J]. 台湾心理咨商季刊 ,2016,8(1): Ⅵ-ⅩⅤ .

[24]HAIR J F, BLACK W C, ANDERSON R E, et al. Multivariate Data Analysis[M]. 7th ed, New York: Pearson,2009.

[25] 惠秋平，石伟，何安明 . 中学生大五人格特质对心理健康的影响 : 手机成瘾倾向的中介作用和手机使用动机的调节作用 [J]. 教育研究与实验 ,2017(1):92-96.

[26]NOË B, TURNER L D, LINDEN D E J, et al. Identifying indicators of smartphone addiction through user-app interaction[J]. Computers in Human Behavior,2019(99):56-65.

[27]LIN Y H, LIN Y C, LEE Y H,et al. Time distortion associated with smartphone addiction: Identifying smartphone addiction via a mobile application (App)[J]. Journal of psychiatric research,2015,65:139-145.

咨访双方的对话研究：咨询合作模型述评

吴 岳 李 焰

清华大学 100091

【摘要】咨询合作模型是考察咨询效果的一种研究方法，它能够揭示咨访互动模式与咨询效果之间的关系。从历史视角来看，心理咨询与治疗过程研究的关注重点从工作同盟转变到咨访关系的质量与强度，再过渡到变动与合作的咨访关系，其中咨询合作模型是对咨询改变与效果进行深入理解的理论之一。咨询合作模型综合了同化模型和新异时刻模型，通过咨询合作编码系统来评估咨访关系是否在咨询最近发展区工作，成为一个评估咨询是否有效的解释模型。

关键词：咨询合作模型；咨询最近发展区；同化模型；新异时刻模型；咨询合作编码系统

进入21世纪后，心理咨询与咨询领域开始逐渐聚焦改变过程（process of change），探索咨询改变事件中的互动要素成为一个日益凸显的研究趋势[1]，其中一个方向是着重于深入理解咨询关系过程，探讨“how”的问题，如咨询关系如何具有治愈性等。为加深对这些过程的理解，研究者开发出各种新的概念和方法，提供了多种视角来测量关系的各个层面，使用从微过程到事件等不同分析单位来审视会话过程，如Hill及其同事[2]于2014提出的即时性事件（immediacy events）概念、Muntigl和Horvath[3]同年提出的新会话分析方法等。

咨询合作模型（Therapeutic Collaboration Model）（E. Ribeiro，A. P. Ribeiro，Goncalves，Horvath & Stiles，2013）即是这些新概念之一，它旨在将双方促进合作的工作与来访者如何在咨询中取得进步的模型结合起来，能够时时追踪双方之间在说话轮次、层次的互动，有着很大的理论与实践价值[4]。但关于它的探讨，目前还处于初步阶段，国内尚无相关研究，国外也只是初步探索，在概念界定、研究方法、应用实践等方面探索较少。

1 咨询合作的概念界定

近40年对于共同因素的大量研究都集中在咨访关系（therapist-client relationship）上[5]。研究者探索了一些关系概念，如工作同盟、共情等，它们与疗效的相关性达到20%~27%，证据相当充分[6]。这些变量模糊了过程（即关系）和干预（如工作同盟、共情）之间的界限，结果咨询方法带来的效果似乎受到了忽视。但是关系性概念之间存在很多重叠：咨询关系中至少有17个不同方面已可靠地与结果差异联系在一起，但它们的联系和重叠仍不清楚[6-7]。

在咨访关系的研究中，工作同盟无可争议地成为当今咨询关系中最受欢迎的研究元素"。据研究，工作同盟可以说是最好和最可靠的预测因子[8]，并且通常被认为是心理咨询中最重要的共同因素之一[9]。

尽管学者们在工作同盟的概念上存在诸多分歧，但是多数人都将当事人与咨询师之间的合作视为工作同盟的核心[10-11]。其中，Bordin对工作同盟的概念强调相互性，成为最有影响力的工作同盟理论。[12]他整合了不同的理论观点，认为工作同盟的核心是咨询师与当事人的合作与协商，包括三个要素：目标一致，任务一致，情感联结。Bordin指出，工作同盟存在于所有的咨询关系中，只是不同疗法中工作同盟的具体形态有所不同，而且工作同盟的强度决定了咨询效果。

以Bordin的理论为基础，Norcross的定义被广泛使用，他将工作同盟定义为咨询中当事人与咨询师之间合作关系的质量与强度。[13]合作的定义因理论表述而异[14]，但每个表述都包含了决定咨询目标和计划活动的共同责任要素、积极参与咨询师的建议、遵守和参与咨询任务，以及亲和、合作和参与行为[15]。Safran和Muran（2006）认为，从概念上讲，在谈判而不是合作方面进行思考是有益的，因为"咨询师和来访者之间不断谈判的想法，突出了以下的事实，即工作同盟不是一个干预起效所需的静态变量，而是咨询关系一种始终变化的、突现的性质"[16]。同样，Hatcher[17]强调，合作是咨访双方的共同成就，这是一个突显的特征，它取决于来访者和咨询师各自贡献的有效结合，而不能简单地将这些贡献归于某一方。

有研究者认为，心理咨询研究中存在一个重要缺陷，即研究领域中主流的概念模型，是将心理咨询视为"咨询师所做的事"[18]。这也许解释了很多研究者即使面对相反证据，也不愿意放弃对主动的咨询师重要性的信念。在这些研究中，咨询师的干预被视为预测咨询效果的决定性因素，例如，与咨询师言语反应类型的研究相比，国内外对来访者言语反应类型的研究从数量到质量都处于弱势。

与此不同的是，一个更有启发意义的模型将咨询视为一个动态的互动过程、一个双向影响和相互作用的系统。对咨询师中心化研究，要求扩大观察视角，二元改变模型也更为复杂[19]。正如 Kiesler 所说，"为了了解心理咨询的重要事件，有必要研究、测量和分析咨访双方，将他们作为一个时时的交互系统，而不是调查单个参与者的孤立活动"。[20]

在关于互动的咨询合作的文献综述中，Lepper 和 Mergenthaler[21] 提到了一些研究，它们"表明交流行为存在特定的特征，它具有特殊的临床价值"，比如协调的过程[22]、或互补性[23]。这些研究表明，具有特定临床价值的交际行为具有相应的特征。它们在咨询过程的互动过程和结果之间建立了重要的联系。不过作者强调，"究竟在咨询师和来访者之间的转向互动水平上发生着什么，仍未得到充分研究"[21]。

为填补这一空白，Lepper 和 Mergenthaler[21] 开发了一种分析策略来研究咨询性互动，这个策略整合了咨询周期模型（therapeutic cycles model）[24] 和对话分析[25]。使用这一策略，他们在一系列案例研究中发现，作为一个合作关系的标记，话题一致性与情感及认知参与周期之间存在相关性[21，26]。

2 咨询合作模型

根据 Lepper 和 Mergenthaler 的观点，关注合作发展中涉及的交互式微过程（interactive microprocesses）及其对来访者改变的贡献是非常重要的。[21] 为了解合作如何推动咨询向前发展，需要一个概念框架，将双方促进合作的工作与来访者如何在咨询中取得进步的模型结合起来。咨询合作模型及咨询合作编码系统（therapeutic collaboration coding system，TCCS）就是这样一个概念框架。

根据咨询最近发展区（therapeutic zone of proximal development，TZPD）的概念[27]，E. Ribeiro，A. P. Ribeiro，Gonçalves，Horvath 以及 Stiles 提出了咨询合作（therapeutic collaboration，TC）的发展概念，将其定义为咨询师和来访者双方的共同努力，从而可以在来访者的咨询最近发展区范围内执行和维持咨询工作。[4] 咨询最近发展区的定义是来访者的实际发展水平（他们目前独立解决生活问题的能力，在咨询之初通常是僵硬和较差的）与他们潜在的发展水平（他们可以与他人共同完成的改变）之间的空间。由于来访者的实际和潜在发展水平是根据临床来访者表述的，因此咨询最近发展区是一个动态概念，取决于来访者的具体情况。因此，随着来访者的进步，实际的和潜在的发展水平将发生变化，以前的潜力等变为现实。

咨询合作模型认为，咨询师需要在来访者的咨询最近发展区内开展工作，以促进所需的改变，在支持他们问题性观点与挑战之间取得平衡。在支持时，咨询师会通过表现出理解和/或探索其问题性观点，在来访者实际发展水平附近进行干预。而进行挑战干预时，咨询师会针对问题性观点提出替代观点，从而更接近来访者的潜在发展水平。该模型认为，来访者对咨询师干预的即时反应，是对双方处在来访者咨询最近发展区位置的一个指标。如果来访者验证了咨询师的建议（如接受和/或扩展它们），则双方正在来访者的咨询最近发展区内工作，即他们正在合作。如果来访者使咨询师的建议无效（如捍卫自己问题性的观点），则双方正在咨询最近发展区之外工作，因此他们将无法合作，导致咨询合作中断。

咨询合作模型跨越并整合了不同的心理咨询改变理论：Stiles 的同化模型[28-29]以及 Gonçalves 与 Stiles 的叙事框架[30]，特别是新异时刻模型[31]。

2.1 同化与自我叙事

同化模型（assimilation model）是一种改变理论，它将自我视为内部声音的共同体，代表着人的经历或在世界中存在方式的痕迹。相似或相关经历被联系或同化，形成一个声音的共同体。声音共同体是人们经历的通常的自我、个性或经验中心。该模型表明，一些声音与共同体的脱节是多种形式心理困扰的基础。在咨询对话中，这些问题性声音可以通过构建意义桥梁（meaning bridges）被同化，意义桥梁是词语或其他符号，它们能代表、链接和包含先前分离的那些声音，从而形成新的结构（configuration）[29]。作为意义桥梁，自我叙事能够组织和交叉连接迥然不同的生活体验，提供通向后者的有序、顺畅的道路，并选择、组合和组织它们，从而形成不同的自我身份认同[31-33]。

来访者初始呈现的自我叙事可能是适应不良的，因为它无法承认来访者生活体验的重要部分。换句话说，如果自我叙事过于僵化并且从声音共同体中排斥一个声音，那么这个声音就可能会成为其他自我的问题[34]。

与同化模型一致，合作咨询模型将心理咨询中的积极改变视为一个发展性过程，来访者适应不良的自我叙事逐渐从功能失调的理解和体验方式——因为重要的内部声音被排斥在外——转变为包含先前所排斥声音的理解和体验方式。

2.2 新异时刻

从叙事疗法的角度看，非主流声音表达自己的情况构成了主流自我叙事的例外，并被确定为 innovative moments（IMs）[31,35]。李焰、周子涵[36]在对 IMs 模型的本土化过程中将其命名为“新异时刻”，其意义为：在咨询过程中，来访者叙述出现例外（unique outcome）的时间点。人们表达出非主流声音，即新异时刻，可以破坏当前声音共同体的主导地位，至少暂时地为新的意义桥梁提供了发展机会。因此，新异时刻的积累通过修改出替代性自我叙事，推动了咨询的发展。叙事咨询师不是解决问题的专家，而是带着好奇贴近来访者带来的问题故事，与来访者一起合作寻求生命宝藏、重写生命故事的另一个人[37]。

通常开始咨询时，来访者以其他方式体验世界的承受度或能力是有限的。咨询师致力于提供一种氛围，在这个氛围中，新的体验或新异时刻可以被承受和思考。因此，研究者将咨询活动概念化为两个主要组成部分：咨询师努力支持来访者并使他们感到安全。这通常涉及在来访者的通常视角（即目前占主导地位、适应不良的自我叙事）内，理解和接受来访体验的沟通。其次，咨询师可能会挑战主导的适应不良的自我叙事，促进新异时刻发生，促使来访者修改惯常的视角。

2.3 咨询最近发展区

研究者将咨询进展概念化为发展性连续体。在成功的咨询中，来访者从最初适应不良的自我叙事（即使用与其一致的方式解释现实）转向逐渐增加容纳新异时刻的能力。在这个过程中，先前的自我叙事转变为一个更适合他们面临挑战的新自我叙事。

Leiman 和 Stiles 将 Vygotsky 的最近发展区（zone of proximal development，ZPD）概念从儿童的认知发展扩展到咨询发展。[27]Vygotsky（1978）将最近发展区定义为儿童实际发展水平（以独立解决问题而确定）与潜在发展水平（由在成人指导下或与更有能力的同伴合作解决问题而确定）之间的距离[38]。研究者建议咨询师通过在咨询发展性连续体的咨询最近发展区（TZPD）内工作来促进改变[27]。咨询最近发展区被定义为来访者以下两种能力之间的空间：一是其当前容纳新异时刻的能力（来访者寻求帮助时，它通常非常有限）；二是其在与咨询师的合作中可能达到的潜在能力。

Leiman 和 Stiles 指出，咨询最近发展区是描述联合活动（joint activity）的一种方式，它既不是来访者的能力，也不是一个反映咨访二元稳定特征的变量。[27]随着咨询的进展，支持和挑战之间的这种最佳平衡点会发生系统性变化。

2.4 意义桥梁和内化

在 Vygotsky 的表述中，最近发展区的概念是描述性而不是解释性的——它表明了两个发展水平之间的差异。造成这种差异的原因是其他类型的心理过程，如符号中介（semiotic mediation）与内化（internalization）。分享经验的符号成为人与人之间的意义桥梁，它们发生在咨询最近发展区内。咨询师和来访者的心智化过程会促进人际与人之间意义桥梁的建立[39]。

Vygotsky（1978）认为，通过内化的发展过程，一个人在人际交流中形成的符号，也可以用于与自己的交流[38]。因此，在咨询中，无论咨询方式如何，被双方共同探索过的问题和策略的系统阐述，可能变成来访者建立内在意义桥梁的资源，这可能最终导致另一种自我叙事的出现。透过这些观点，E. Ribeiro 等[4]认为，合作本身可能就是一种咨询因子。

2.5 咨询师策略：支持 vs 挑战

咨询师用干预促进来访者从其实际发展水平向潜在发展水平移动，促进咨询改变的发生。要做到这一点，咨询师必须在某个特定时刻考虑来访者的咨询最近发展区，特别是来访者当前的变化阶段（如同化水平）和来访者的心智化能力（即理解咨询师言语的能力）。

随着变化的发生，咨询最近发展区会发生移动。也就是说，以前潜在的水平变为实际水平，并将来访者的潜在水平向容纳更多新异时刻的方向扩展。咨询师对来访者的潜在水平没有事先的了解，但他们可以通过调整支持或挑战的时机和内容来帮助来访者沿发展性连续体前进。

支持指在更接近实际咨询最近发展区水平的位置工作，即确认和阐述来访者对其经验的看法。研究者假设当来访者发现自己的观点得到咨询师支持时，体验到安全感。支持通常集中在当前的自我叙事（通常是适应不良的主导自我叙事），或者集中在新兴的新异时刻。

挑战指在更接近咨询最近发展区潜在水平的位置工作，即超越来访者当前的适应不良的自我叙事，这可能会鼓励来访者修改它，产生一种风险[35]。

2.6 风险水平和来访者的确认回应与无效回应

来访者对咨询干预的回应反映了他们体验到的风险水平，而风险水平取决于咨询师干预与当前咨询最近发展区的关系。咨询师干预、当前咨询最近发展区、来访者体验、来访者反应四个概念之间的关系如图 1 所示。这些可能性的交叉点为咨询合作编码系统提供了概念基础。

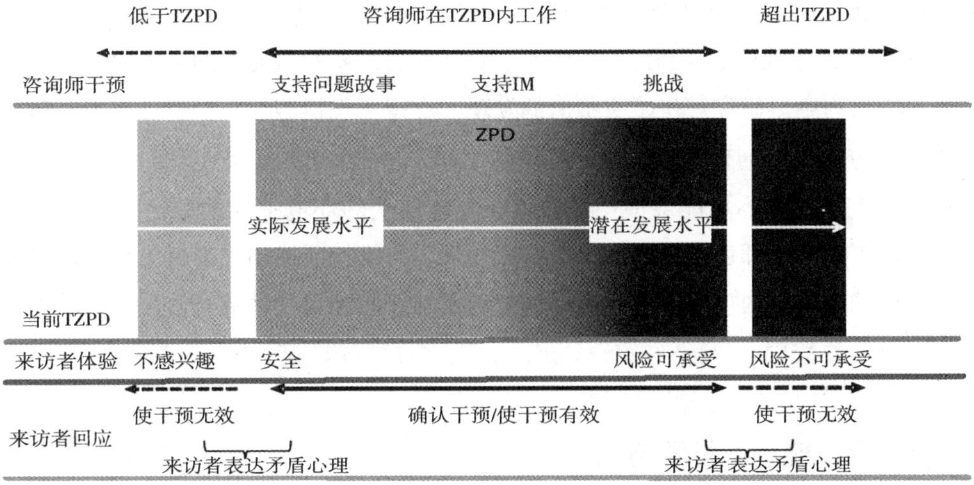

图 1　咨询发展性连续体上的咨询最近发展区（TZPD）分段

研究者使用来访者的回应来区分有效干预和无效干预。有效是指来访者明确或隐含地接受咨询师的邀请，从其提议的（新的）角度看待自己的经历。无效是指来访者拒绝接受咨询师提供的新观点邀请。当咨询师的干预不尊重来访者的改变水平，或不考虑来访者心智化能力时，就可能发生无效回应。咨询合作模型的假设基础是：来访者的有效回应 / 无效回应，能指出咨询师干预与咨询最近发展区的相对位置。

3　咨询合作模型的应用

基于以上关于咨访双方尝试在咨询最近发展区内进行咨询对话的理论，E. Ribeiro 等提出了咨询合作编码系统（therapeutic collaboration coding system，TCCS）。通过对 5 位来访者的 82 次咨询会谈——叙事咨询和认知行为疗法各半——的分析，研究者对该工具进行了改进和验证。它用于分析和跟踪咨询师和来访者之间的互动，目标是提供一种可靠的方式来评估正在进行的咨询工作。

研究证实了该编码系统的信效度。在 E. Ribeiro 等的研究中，咨询师干预的 Cohen's kappa 均值为 0.92（范围从 0.84 到 0.98；基于 $N = 3234$ 个说话轮次），来访者反应的 Cohen's kappa 均值为 0.93（范围从 0.91 到 0.95；基于 $N = 3234$ 个说话轮次），显示出了很好的编码一致信度。

目前已有一些研究使用咨询合作编码系统为工具，将其应用在同化模型、矛盾心理、合作破裂及重建等改变过程理论及概念中，显示出咨询合作编码系统良好的构念效度。结果显示，其提供的标记可以帮助研究者更好地理解咨询合作，并可以帮助咨询师更敏感地调节咨访关系[35]。

目前相关实证研究涉及的理论流派包括叙事疗法、认知行为咨询、情感聚焦（EFT）疗法、个人中心（PCT）疗法等，研究方法以质性研究中的个案研究、话语分析等方法为主。研究产生了有价值的发现，支持了理论假设，如实证结果普遍显示咨访双方大部分时间内在 TZPD 范围内工作[40]；E. Ribeiro 等人发现，涉及挑战干预的咨询性对话，可能会促使来访者在整体安全的环境中发生变化。[41] 通过一例关于叙事咨询抑郁症来访者的个案研究发现，与维持或退出之前行为相比，咨询师这么做的方式更为重要。咨询师承认来访者的经验和自主性的言语反应有助于重建咨询合作关系[42]。

4 咨询合作模型的发展方向

目前，咨询合作模型已在心理咨询与咨询研究领域中占有一席之地，并提供了一些有价值的发现。但迄今为止，除了同化模型外，研究者还没有将咨询合作模型整合进更大范围的过程研究中去，当然，这也是过程研究的前进方向之一：使用实证分析自下而上地建立理论，从而在一个更严格的时间尺度上描述改变过程，并希望这些理解能恰当地契合在一起，形成一个整体性理论。同时，针对咨询合作的研究大多是相关研究，不能确定它在改变机制中的具体作用。可以说，咨询合作的过程研究还尚不成熟，正处于起步阶段，未来可能的发展方向主要包括以下几方面。

4.1 丰富样本多样性

一是在我国本土心理咨询与咨询实践中验证理论假设，观察结果是否存在差异并加以探索。二是在已有文献的实证数据中，来访者主要困扰均为抑郁，其中一半以上被诊断患有严重抑郁障碍（Major Depression），年龄集中在 30~47 岁，咨询次数以 15 次或 16 次居多。这就存在着样本局限，为进一步研究提供了空间。

4.2 继续探索咨询合作与其他过程变量的关系

已有文献将好效果个案与不良效果个案对比观察，得到与效果相关的研究发现[41-43]。未来研究可以在过程研究的咨询师变量、来访者变量与二者交互这三类对象中，选取细分变量观察二者相关性，对改变机制做更深入的探索。

4.3 咨询实践与培训应用

已有文献表明，咨询合作的发展、特点与效果有一定相关性。咨询合作编码系统提供的标记可以帮助研究者更好地理解咨询合作，并可以帮助咨询师妥善地调节咨访关系[44]。这为咨询师实践与培训评估提供了一个可能的指标系统。

参考文献

[1] HORVATH A. Emerging trends in psychotherapy process research [J]. Estudios de psicología, 2016, 37(2/3): 226-259.

[2] HILL C E, GELSO C J, CHU H, et al. To be or not to be immediate with clients: The use and perceived effects of immediacy in psychodynamic/interpersonal psychotherapy [J]. Psychotherapy research, 2014(24): 299-315.

[3] Muntigl P, Horvath A O. The therapeutic relationship in action: How therapists and clients co-manage relational disaffiliation [J]. Psychotherapy research, 2014(24): 327-345.

[4] RIBEIRO E, RIBEIRO A P, GONÇALVES M M, et al. How collaboration in therapy becomes therapeutic: the therapeutic collaboration coding system [J]. Psychology and psychotherapy: theory, research and practice, 2013(3): 294-314.

[5] NORCROSS J C, LAMBERT M. Relationship science and practice in psychotherapy: Closing commentary [J]. Psychotherapy, 2014(51): 398-403.

[6] NORCROSS J C. Psychotherapy relationships that work: evidence-based responsiveness [M]. 2nd ed, New York: Oxford University Press, 2011.

[7] HORVATH A O. Alliance in Common Factor Land: A view through the research lens [J]. Research in psychotherapy: psychopathology, process and outcome, 2011(14): 121-135.

[8] WAMPOLD B E, IMEL Z E, 任志洪．心理咨询大辩论：心理咨询有效因素的实证研究（心理咨询与咨询经典译丛）[M]. 北京：中国人民大学出版社，2019.

[9] LAMBERT M J, OGLES B M. The efficacy and effectiveness of psychotherapy [M]. New York: Wiley, 2004.

[10] HORVATH A, LUBORSKY L. The role of the therapeutic alliance in psychotherapy [J]. Journal of consulting and clinical psychology, 1993, 61(4):561-573.

[11] CASTONGUAY L G, CONSTANTINO M J, HOLTFORTH M G. The working alliance: where are we and where should we go? [J]. Psychotherapy: theory, research, practice, training, 2006, 43(3): 271-279.

[12] BORDIN E. The generalizability of the psychoanalytic concept of the working alliance [J]. Psychotherapy: theory, research & practice, 1979, 16(3): 252-260.

[13] NORCROSS J. Psychotherapy relationships that work therapist contributions and responsiveness to patients [M]. New York: Oxford University Press, 2002.

[14] HORVATH A O, DEL R A, FLÜCKIGER C, et al. Alliance in individual psychotherapy [M]. New York : Oxford University Press, 2011.

[15] COLLI A, LINGIARDI V. The collaborative interactions scale: a new transcript-based method for the assessment of therapeutic alliance ruptures and resolutions in psychotherapy [J]. Psychotherapy research, 2009, 19(6): 718-734.

[16] SAFRAN J D, MURAN J C. Has the concept of the therapeutic alliance outlived its usefulness? [J]. Psychotherapy: theory, research, practice, training, 2006, 43(3):286-291.

[17] HATCHER R. Therapists' views of treatment alliance and collaboration in therapy [J]. Psychotherapy research, 1999, 9(4):405-423.

[18] PACHANKIS J, GOLDFRIED M. On the next generation of process research [J]. Clinical psychology review, 2007, 27(6): 760-768.

[19] LLEWELYN S, HARDY G. Process research in understanding and applying psychological therapies [J]. British journal of clinical psychology, 2001, 40(1): 1-21.

[20] KNOBLOCH–FEDDERS L, ELKIN I, KIESLER D. Looking back, looking forward: a historical reflection on psychotherapy process research [J]. Psychotherapy research, 2015, 25(4):383-395.

[21] LEPPER G, MERGENTHALER E. Therapeutic collaboration: how does it work? [J]. Psychotherapy research, 2007, 17(5): 576-587.

[22] WESTERMAN M A. Curvilinear trajectory: Patient coordination over the course of short term therapy [J]. Psychotherapy: theory, research, practice, training, 1998(35): 206-219.

[23] TRACEY T J. An interpersonal stage model of the therapeutic process [J]. Journal of counseling psychology, 1993(40): 396-409.

[24] LEPPER G. Mergenthaler E. exploring group process [J].

Psychotherapy research, 2005, 15(4): 433-444.

[25] SACKS H, SCHEGLOFF E A, JEFFERSON G. A simplest systematic for the organization of turn-taking in conversation [J]. Language, 1974, 50(4): 696-735.

[26] LEPPER G, MERGENTHALER E. Observing therapeutic interaction in the "Lisa" case [J]. Psychotherapy research , 2008, 18(6): 634-644.

[27] LEIMAN M, STILES W B. Dialogical sequence analysis and the zone of proximal development as conceptual enhancements to the assimilation model: the case of Jan revisited [J]. Psychotherapy research , 2001(11): 311-330.

[28] STILES W B. Assimilation of problematic experiences [J]. Psychotherapy, 2001(38): 462-465.

[29] STILES W B. Coming to terms [J]. Psychotherapy research , 2011(21): 367-384.

[30] GONÇALVES M M, STILES W B. Introducing the special section on narrative and psychotherapy [J]. Psychotherapy research, 2011(21): 1-3.

[31] GONÇALVES M M, MATOS M, SANTOS A. Narrative therapy and the nature of "innovative moments" in the construction of change [J]. Journal of constructivist psychology, 2009(22): 267-294.

[32] MCADAMS D P. The psychology of life stories [J]. Review of general psychology, 2001, 5(2):100-122.

[33] WHITE M, EPSTON D. Narrative means to therapeutic ends [M]. New York: Norton, 1990.

[34] RIBEIRO A P, BENTO, SALGADO J, et al. A dynamic look at narrative change in psychotherapy: A case-study using the State-Space Grids [J]. Psychotherapy research, 2011(21): 54-69.

[35] GONÇALVES M M, RIBEIRO P A, MENDES I, et al. Tracking novelties in psychotherapy process research: The innovative moments coding system [J].Psychotherapy research, 2011(21): 497-509.

[36] 李焰，周子涵．心理咨询与咨询过程研究的新方向：新异时刻 [J]. 西北师大学报（社会科学版）, 2016(06): 122-131.

[37] 赵君，李焰．叙事咨询述评 [J]. 中国健康心理学杂志，2009(12):1526-1529.

[38] VYGOTSKY L. Mind in society: the development of higher psychological processes [M]. Cambridge: Harvard University Press, 1978.

[39] DIMAGGIO G, CARCIONE A, SALVATORE G, et al. A rational model for maximizing the effects of therapeutic relationship regulation in personality disorders with poor metacognition and over-regulation of affects [J]. Psychology and psychotherapy: theory, research and practice, 2010(83): 363-384.

[40] RIBEIRO E, FERNANDES C, SANTOS B, et al. The development of therapeutic collaboration in a good outcome case of person-centered therapy [J]. Person—centered & experiential psychotherapies, 2014, 13(2): 150-168.

[41] RIBEIRO E, CUNHA C, TEIXEIRA A, et al. Therapeutic collaboration and the assimilation of problematic experiences in emotion-focused therapy for depression: Comparison of two cases [J]. Psychotherapy research, 2016, 26(6): 665-680.

[42] CARDOSO C, PINTO D, RIBEIRO E. Therapist's actions after therapeutic collaboration breaks: A single case study [J]. Psychotherapy research: journal of the society for psychotherapy research, 2019(3): 1-15.

[43] RIBEIRO, ANTÓNIO P, BRAGA C, et al. Therapist interventions and client ambivalence in two cases of narrative therapy for depression [J]. Psychotherapy research, 2016, 26(6): 681-693.

[44] RIBEIRO A P, RIBEIRO E, LOURA J, et al. Therapeutic collaboration and resistance: describing the nature and quality of the therapeutic relationship within ambivalence events using the Therapeutic Collaboration Coding System[J]. Psychotherapy research, 2014, 24(3) : 346-359.

交替描绘编故事法在一例有强烈孤独感的大学生个案中的应用

曲慧东　陈　阳

东北大学 110004

【摘　要】交替描绘编故事法（MSSM）是由山中康裕先生于 1982 年开发的一种表达性艺术治疗方法。在一次短程心理咨询中，对一例有强烈孤独感的大学生实施 MSSM 技术，将个案的无意识更具象化地表达出来，使他更清晰地看到自己的内在需求和情绪状态，也帮助咨询师明确了下一步的咨询方向，在咨询历程中起到了承上启下的作用。

关键词： MSSM 心理咨询；个案研究；孤独感

近些年，艺术治疗已逐渐成为心理咨询的主要技术之一，具有不受年龄、语言、认知能力等制约的特点，操作简便且阻抗小。艺术治疗包含绘画治疗、音乐治疗、沙盘游戏治疗、舞动治疗等多种表现形式，其中绘画治疗可以通过直观的图像来呈现画者的内心世界，将个体从前的创伤经验等不愉快的内容从潜意识中提取出来，具象、意象呈现，从而自由地表达自身的情绪和感受。

山中康裕先生于 1982 年开发的交替描绘编故事法（mutual scribble story making，MSSM）是一种以绘画为基础的表达性艺术治疗方法之一。MSSM 起源于美国玛格丽特·南伯格的“涂鸦法”（scribble）（1966 年），在英国温尼科特的“交替画线条法”（squiggle）（1971 年）、日本中井久夫的“相互斟酌区域法的交替画线条法”（1974 年）基础上得以发展。[1] 山中先生没有完全使用温尼科特的交替画线条法，而是在一张画纸上通过分格子交替涂鸦，在游戏的过程中，有意识地用线条把所有的图案连接起来，再让个案编一个故事。山中先生认为，不仅在涂鸦过程中给个案创造出时间和空间，在编故事的过程中也能够发挥出更加丰富的想象力。

本文中的个案是一位男性，来访时 20 岁，本科在读，工科专业。因情绪长期低落、有难以排解的孤独感而前来咨询。学校心理中心提供每周一次的免费咨询，共12次。个案的核心问题是早期依恋关系受损，个案很难与他人建立稳定的关系，自我没有得到很好的发展。

荣格认为，心灵事件类似于物理事件，两者皆可以从机械论的观点和能量的观点来看待。机械论或还原论是追溯问题的最初原因。从精神分析的角度，对于这个个案幼年期生活经历动荡，遭遇父母离异、主要照顾者变更等创伤经历，“自我”受到威胁，最早的依恋关系受损，导致个案无法发展与他人的安全依恋关系。从荣格心理学的角度看，“自我”是非常重要的一个情结，个案的经历、创伤、未被满足的欲望都凝聚于此，有着巨大的情感负荷。而在与世界的互动中，自我的“面具”也随之形成。从个案的叙述中可以看到，个案从童年后期到青春期再到成年早期适应不良，难以形成有效的“人格面具”，比如，对名牌服饰、用品的渴求，以及为了“在同学面前显得无所不知，私下里花时间查一些自己并不感兴趣的资料”，这与他的成长经历有关。同时，也不能忽略的一点是，荣格关于心理类型的论述：“两种主要态度（内倾和外倾）与四种功能（感觉、直觉、情感及思维）在自我从事调试任务与要求时，对自我的方向具有强大的影响力。”[2]个案在成长过程中，“有过一两个朋友，很少参加同学的活动，大部分时间用来看书”。个案是内倾的人，在应对外在社交活动时一直存在着一定的困难。在进入大学——社会生活预备期，这种困难就会格外显著。如Merry stein所说：“在一个外向态度远高于内向态度的文化当中，……则自我会被迫发展外向态度以适应环境。这会付出高昂代价。内倾者必须承担极大的心理压力才能做到。因为这种自我的调试不是自然产生的，所以旁观者也会有人为的感觉。”[2]Merry stein认为人生有多次人格面具的修正，第一次重大的转变发生在儿童期到青少年期，第二次是青少年期过渡到成年期，第三次是在成年期转换到中年期，最后一项是从发展期转换到老年时期。从能量导向的观点来看，个案情绪低落有孤独感，无法建立良好的关系也无法正常地工作学习，那么我们就要思考这个心灵的意图究竟是什么。所以咨询方向是肯定个案这种心理内倾的特质，并帮助其通过咨询关系的镜映和互动，发展有效的“自我”，发展有效的“人格面具”，增强现实适应性。12次咨询，分为3个阶段（1~4次，5~8次，9~12次），进行了6次梦工作，MSSM是在第5次咨询时实施的，这次咨询从整个咨询历程上看具有承上启下的意义。前4次咨询中，咨询师主要通过开放式的提问、共情式倾听、反馈性陈述接纳个案的问题和成长经历，并给予积极的反馈，以提供镜像的功能；在前2次梦工作中，通过无意识的象征表达联系个案现实处境，感受身体、情绪反应，个案从梦里感受自己的力量，对学业、事业和自己未来状态开始有了展望，但由于内在资源没有得到开发和整合，对如何具体探索和实现期望仍然迷茫。第5次咨询一开始，个案就提出不知道要说些什么的困惑，于是咨询师邀请他共同完成了一幅 MSSM 作品。如图 1 所示。

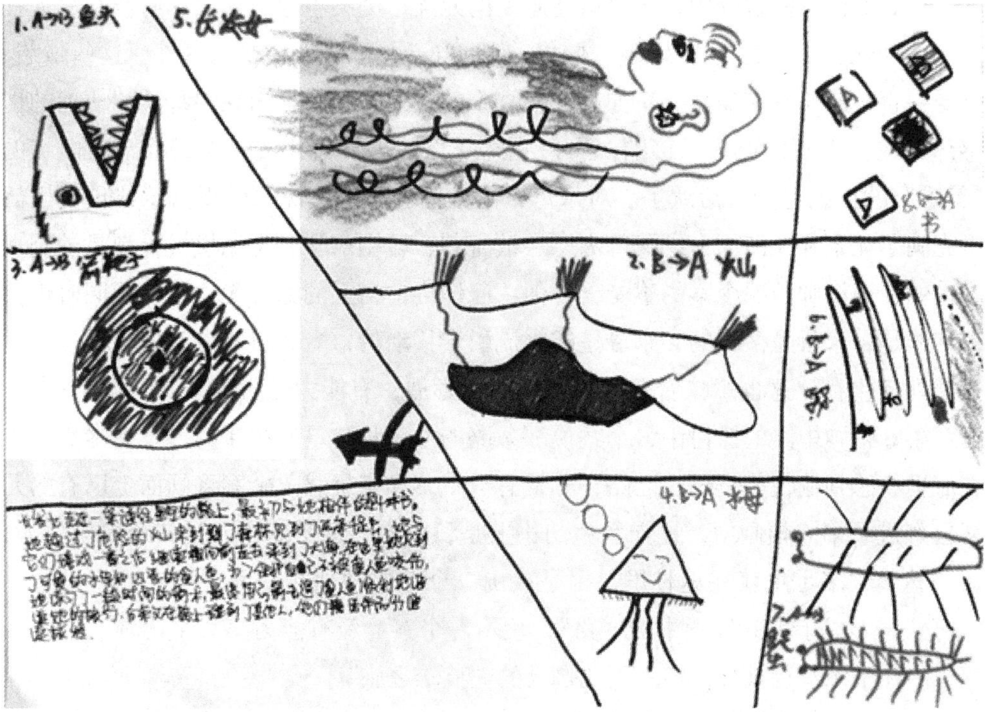

图 1　第 5 次咨询的 MSSM 作品（A 为个案，B 为咨询师）

涂鸦是一种更自由的绘画表现形式，在咨询师发出邀请时，个案说工业制图中的线都画不直，画画还是算了，但听到可以用涂鸦的方式去表现时，个案放下了防御，表示愿意尝试。第 1 幅，个案先起笔画了一个双线 V 字形，咨询师感受到了个案对出人头地的渴望，于是咨询师画了鱼头。第 2 幅，咨询师画了一条曲线，个案用红色涂成了连绵的火山，感觉内在有很多冲突和愤怒或热情需要表达。第 3 幅，个案画了两个圆，咨询师画上了弓箭和箭靶。第 4 幅，咨询师画了一个三角形，个案画了微笑的水母。第 5 幅，个案画了两条曲线，咨询师画了一个长发女。第 6 幅，咨询师画了一条折线，个案在这条折线的每一处转折点都添加了一些元素，有人、树、山、星辰以及延伸到远方的路。第 7 幅，个案画了几条线段，咨询师画了两条多足虫。第 8 幅，咨询师画了一个正方形，个案画了 4 本书，代表现实中正在学的课程。最后由个案根据画上的元素，编了一个故事：长发女走在一条通往星空的路上，最初与她相伴的是 4 本书。她越过了危险的火山，来到了森林，见到了两条千足虫，她与它们嬉戏一番之后，继续向前走。她来到了大海，在这里见到了可爱的水母和凶恶的食人鱼，为了保护自己不被食人鱼咬伤，她练习了一段时间的箭术，最终用弓箭击退了食人鱼，顺利地继续她的旅程。后来她又在路上碰到了其他人，他们相伴而行继续旅程。这个故事俨然童话中的英雄之旅，主人公进入无意识深处（森林、海洋），邂逅了千足虫，战胜了食人鱼，最终与他人结伴同行。

在后面讨论的过程中，通过讲述画上的元素，个案想起了几段小时候与家人在一起的回忆，以及曾经做得很“成功”但是自己并不认为成功的事件，这些情绪、感受一直被忽略和掩盖着。正如第 5 幅画中的长发女，个案内在混乱的、压抑的情感部分或女性面向得到了接纳，当这些感受再次被唤起并被镜映时，个案内在的“英雄”的自我也变得活跃了。对水母，个案体验到的是深深的无力感，现实生活中充满了无奈和无能为力，父母离婚、被寄养、转辗求学、志愿填报等都是被别人安排的，咨询师镜映个案的感受，与他一起体会情绪上的那种无力感。但同时也要看到的是，水母是微笑的，水母是靠水流引导移动的，受大自然母亲的指导，天生知道如何生存，这也意味着个案直觉功能的发展，有能力倾听内在和自然的声音。在对第 6 幅画中路的探讨中，个案说那条路的尽头是与星辰相接的，没有尽头，走在那里会感到愉悦，是理想之路，非常有成就感和满足感。个案将画面上已有的元素也融进了第 6 幅画中，比如黑色的小人是长发女，透明的小人是一个青年男人，树是丛林，多足虫就在丛林里，山是火山。个案主动地将画面中所有元素进行了“整合”，形成了第 6 幅画中的“路”，预示着个案已经有能力将人生困境、情感困惑、内在资源进行整合，踏上了他自己的“英雄之旅”。

MSSM 的使用是发生在第 5 次咨询时，此时个案和咨询师已经建立了积极的关系，此时的 MSSM 则能很好地反映个案与咨询师之间意识层面和无意识层面的互动。咨询师由个案的“V 字形、两个圆圈、两米曲线、几条线段”分别创作了食人鱼、靶子、长发女、两条千足虫，这是咨询师对个案问题及困境及出路的无意识的觉察——个案无法处理的阴影（个案将之命名为“食人鱼）、目标及应对技巧缺失、曲线代表的缠绕的情感、难以命名的无意识因素（千足虫），通过象征化的表达，咨询师可以“意识化”个案的这些体验和觉察，并通过这些意象将其反馈给个案。而个案则由咨询师的曲线、三角形、折线、正方形分别创作了火山、微笑的水母、路和书。个案通过这种象征性表达把其无意识中的困境、资源及出路予以呈现，其汹涌喷薄的冲突、情绪、热情或能量（火山），虚弱无助及对直觉功能开启的信任（水母），经验与智慧（书），一条艰难而整合的路（容纳了其他所有图画中的元素）。所以这一次的 MSSM 在这个咨询中起到了很好的承上启下的作用，不仅让个案对其过往的经历获得了新的认识和理解，也开启了其内在资源；同时通过这种互动，帮助咨询师更好地理解了个案的困境、内在资源及出路，也帮助咨询师对咨询过程的意识和无意识的舞动进行了“意识化”。

在接下来的 7 次咨询中，咨询师和个案又进行了 4 次梦工作，通过分析无意识层面人与人之间的关系变化，帮助个案理解之前过分需求同学间亲密感的原因。个案没有体验过正常的父母关系、同学关系，也就找不到正常关系的参照物，通过咨询师与个案间稳定咨访关系的镜映，他了解了同学之间的正常交往尺度。

与个案的 12 次咨询结束时，个案在与他人关系上发生了积极的变化，反馈自己与异性同学和同性同学的关系平衡了，生活、学习更加规律，有主动探讨未来发展的动力，表现出更多的掌控感。对自己的接纳程度也明显提高，情绪状态有了改善，能更多地体会到积极的情绪，即使偶尔还会有低落情绪产生，但知道这是可以接受的，自我也是能够调整的。虽然整个工作过程只使用了一次绘画治疗技术，但是这次工作起到了承上启下的作用，将个案的无意识更具象化地表现出来，让个案更清晰地看到自己的内在需求和情绪状态，也明确了下一步的咨询方向。

这 12 次咨询仅仅是为一个有早期依恋创伤的个案打开了一扇重新认识自我与他人的关系之门，不过目前咨询也取得了一定的成效，因为个案是一位非常会用无意识的象征语言来表达内在声音的成年男性，在他的系列梦和涂鸦中，象征将无意识充分调动起来，再通过心理分析把无意识变为意识，使机体重新做出正常反应，对于修复个体的依恋关系、提升自我意识都有促进作用。[3]

参考文献

[1] 山中康裕 . 表达性心理治疗：徘徊于心灵与精神之间 [M]. 穆旭明，译 . 北京：中国人民大学出版社，2018.

[2] 史坦 . 荣格心灵地图 [M]. 朱侃如，译 . 台湾：立绪文化事业有限公司，2017.

[3] 曲慧东 . 一例有强烈孤独感的心理咨询案例：以荣格分析心理学为咨询取向 [J]. 心理咨询理论与实践 ,2018(2):37-46.

状态焦虑的诱导与测量方法

刘静远　李　虹

清华大学　100084

【摘要】状态焦虑的研究可以有效规避临床焦虑患者样本难以获得的难题，从而突破焦虑的实验室研究的限制。然而目前国内研究中缺少对于有效启动状态焦虑以及实现操作检验的方法总结，即缺少对于状态焦虑的诱导方法与测量方法的全面整理与综合论述。因此该文章梳理与总结了常用的状态焦虑的诱导方法与测量方法，并对不同的研究方法的优缺点进行了比较和分析。从而为焦虑的实验室研究提供可以参考的方法。

关键词：状态焦虑；诱导方法；测量方法

引言

世界卫生组织指出：焦虑障碍在不同国家和文化中都是最为常见的综合征。焦虑障碍年患病率在亚洲与非洲国家为2%~5%，在欧洲和拉丁美洲国家为5%~12%，而在美国已达到约18%[1]。除此之外，虽然没有达到焦虑障碍的诊断标准，在面对生活中或大或小的应激事件时几乎所有人都存在严重程度不同、持续时间不等的焦虑情绪体验，即状态焦虑。鉴于焦虑障碍或焦虑体验的普遍存在，深入了解焦虑的特点以及可能的产生原因，尤其是维持因素对于控制焦虑的蔓延、持续与复发具有重要作用。在目前对于焦虑的研究中，主要运用对临床患者或类似样本的实验室分析[2-6]。然而，临床焦虑患者或类似样本并不容易获得，因此研究者可以通过启动状态焦虑的方式在实验室研究焦虑的特点。合理有效的激发程序是保证实验效果的重要前提和基础。但是国内研究中目前采用的状态焦虑诱导方法多为算数、考试、面试等压力启动[7-9]，较难纯粹地启动出状态焦虑情绪。而国外研究指出：通过情绪诱导程序（mood induction procedures, MIPs）可以在实验室控制条件下产生具体而暂时的情绪状态，与自然情境下所产生的情感体验类似[10–11]，同时实验室情绪诱导可以大大增加实验的内部效度，从而突破焦虑研究的限制。与此同时，对于状态焦虑的测量可以有效地评估焦虑情绪的水平或诱导的效果。因此，该综述先后介绍状态焦虑的诱导方法以及测量方法，从而为焦虑的实验室研究提供可以参考的方法。

1 状态焦虑的诱导方法

1.1 Velten 句子自我陈述

Velten 句子自我陈述首先由 Velten 于 1968 年开创应用，他自主设计了描述快乐、悲伤、平静三种情绪的句子各 80 条（如“我真的感觉很好”“我的生活中有太多糟糕的事情”“犹他州是蜂窝之州”），实验中要求被试以第一人称的方式大声阅读这些描述主观情绪的句子[12]。后期的大量研究均发现这些句子可以十分有效地诱导被试产生快乐、悲伤、平静等情绪，因此研究者们运用相同的方式增添了许多新的句子（如“一些将要发生的事情使我感到强烈的不安”）用以诱发焦虑情绪[13–15]。Velten 情绪诱导程序（Velten mood induction procedures, VIPs）也因此而成为一种固定的情绪诱导方式被广泛应用。

1.2 音乐诱导

听音乐是一种常见的诱导情绪的方法。研究发现，该方法对情绪诱导有显著的效果[16–17]。而乐曲 *Arnold Schoenberg-Erwartung*[18-19] 与 *Ligeti Project-Requiem*[20] 都被证实可以较好地诱导产生焦虑情绪。而且研究发现，听音乐过后给被试 2 分钟的富余时间，可以产生更好的诱导效果[13]。音乐诱导常与其他方法结合运用，使得诱导效果更佳[20–21]。

1.3 电影诱导

Gross 和 Levenson 对 250 部不同题材的电影进行了分析，最终确定了 16 部可以较好诱导愉快、生气、满意、厌恶、悲伤、惊喜、恐惧以及中性等情绪的电影。其中，*What Lies Beneath*（2000 年）、*Damien: Omen II*（1978 年）、*Pi*（1998 年）被广泛应用于焦虑情绪的诱导[20, 22–23]。

1.4 故事诱导

Fox 等人发现，让被试阅读具有焦虑情绪暗示效果的故事能够起到焦虑情绪诱导的作用。在该过程中，被试被要求阅读一篇来自美国海军的关于生物恐怖主义应急公告的文章，文章中涉及有关生物试剂的威胁性信息，并详细描述了生化武器攻击所带来的身体后遗症，结果表明这一方法可以有效地诱导被试的焦虑情绪[24]。

1.5 想象诱导

Mayer等提出了想象诱导情绪的范式，对于焦虑情绪具有良好的诱导效果。在该过程中，要求被试想象并写下三件过去、现在或未来使他们感到焦虑的事情，随后伴随着能够唤起焦虑的音乐，让其对其中最为焦虑的一件事情进行仔细的想象与揣摩，并使自己尽可能地沉浸在焦虑的情绪中[25]。

1.6 自陈式回忆

一些研究采用自陈式回忆(autobiographical recall)的方法使被试产生焦虑情绪[18-26]。该方法要求被试详细回忆曾经发生在自己身上的、能够使自己感到强烈焦虑的事件，并通过事件细节提问的方式加强被试的焦虑体验。

1.7 指导语诱导

指导语诱导（instructions）最初由Slyker和Mcnally提出，综合了想象诱导、自陈式回忆等方法，旨在替代Velten句子自我陈述及音乐诱导方法。在诱导焦虑情绪的实验中，指导语说明要求被试使用想象、回忆或其他任何有效的方式帮助自己进入焦虑情绪。实验结果证明，这一方法的诱导效果与Velten句子自我陈述及音乐诱导的诱导效果等同，日后的研究常将这三种方法结合使用，以求得更佳的诱导效果[19]。

1.8 可控/不可控应激范式

可控/不可控应激范式（controllable/uncontrollable stress paradigm）中，使用噪声压力作为厌恶刺激，分为两种应激模式：其中可控应激部分使用被试可以自行停止的噪声刺激；而不可控应激部分噪声的开始与终止均由电脑控制。其中的噪声为100 dB人类听觉范围内15~20 kHz的声音混合而成，长度为2~7 s，噪音间隔5~40 s，由电脑随机分配。研究结果证实，该方法可以有效诱导被试焦虑水平的提高[21, 27]。

1.9 小结

通过文献检索发现，上述方法中，可控/不可控应激范式在诱导状态焦虑的过程中使用相对较少，而Velten句子自我陈述、音乐诱导、指导语诱导、电影诱导、故事诱导、自陈式回忆、想象诱导等方法都较为常用。且大多数研究常采用上述方法其中的几种方法的综合[20-21, 23]。其中，电影诱导虽然方便而且被验证有效，但可能会引入其他无关变量，影响实验的纯粹性，应慎重使用。因为实验中必然会涉及指导语，所以指导语诱导常与其他方法，尤其是自陈式回忆或想象诱导等综合使用。而音乐诱导以其易卷入与便捷性的优点也常被结合 Velten 句子自我陈述及指导语诱导使用。但是由于 Velten 句子自我陈述需要"大声阅读"，要求被试处在具有独立空间的实验室以避免阅读过程中被试之间的相互干扰。在单间实验室数量有限的情况下，笔者认为"默读"也能起到启动的作用，但这一方式的效果有待进一步实验的研究。

2　状态焦虑的测量方法

2.1　状态特质焦虑量表

状态特质焦虑量表 (State-Trait Anxiety Inventory, STAI) 是目前测量特质焦虑或状态焦虑中使用最为广泛的量表。该量表基于两因素特质理论 [28-30]，即有 / 无焦虑 (anxiety-present/anxiety-absent)，包含状态焦虑 (STAI-S) 和特质焦虑 (STAI-T) 两个分量表，每个分量表各有 20 道题目。其中，STAI-S 测量个体此时此刻的情绪体验，即状态焦虑；为 4 点评分，1 表示完全没有，4 表示非常明显。而 STAI-T 测量个体平日里一贯的情绪感受，即特质焦虑；为 4 点评分，1 表示几乎从来没有，4 表示几乎总是如此。目前被广泛使用的有 STAI-X 和 STAI-Y [30] 两个版本，STAI-Y 版替换了 STAI-X 中可能测量抑郁的内容，同时更好地平衡了有 / 无焦虑两类因素题目数量。而国内现行的版本是由李文利和钱铭怡根据 STAI-Y 版本针对中国大学生常模修订而来的 [31]。

2.2　认知及躯体状态特质焦虑量表

认知及躯体状态特质焦虑量表 (State-Trait Inventory for Cognitive and Somatic Anxiety, STICSA) 由 Ree 等编制。该量表也是基于两因素焦虑理论 [28-29] 中对于特质焦虑与状态焦虑的区分，在认知与躯体两个维度上进一步对焦虑的症状表现分别进行测量。该量表由认知及躯体状态焦虑量表 (STICSA-State)、认知及躯体特质焦虑量表 (STICSA-Trait) 两个分量表构成，分别具有 21 道题目。每个分量表下又分为认知与躯体两个部分，即状态焦虑 – 认知 (State-Cognitive)、状态焦虑 – 躯体 (State-Somatic) 以及特质焦虑 – 认知 (Trait-Cognitive)、特质焦虑 – 躯体 (Trait-Somatic)。量表均为 4 点评分，1 表示完全没有，4 表示非常明显。这一量表增加了对于焦虑认知及躯体成分的测量，可结合生理指标进行全面的分析，在一些相关研究中得到广泛应用 [32-34]。

2.3　视觉模拟情绪量表

视觉模拟情绪量表 (Visual Analogue Mood Scales, VAMS) 由 McCormack 研究团队开发而来[35]。该方法的原始操作是在白纸上画出 1 条 10 cm 长度的水平线，并标有“你此时此刻感到多大程度的 × × ×（如焦虑）”，线的两端分别标注“0”与“100”，分别表示“完全没有”与“非常明显”。被试被要求在线上画出一个位置以此表示此刻感受到的某种情绪（如焦虑）的程度。在后来的研究中，水平线段的长度以及刻度会根据实验要求有所变化，此外也有将纸质操作拓展到电脑操作的。这一方法常被用来进行多种情绪的测量，如焦虑、悲伤、快乐、平静、抑郁、生气、恐惧、沮丧等，简单直观，方便有效[19, 36]。

2.4　Endler 多维焦虑量表

Endler 多维焦虑量表 (Endler Multidimensional Anxiety Scales, EMAS) 由 Endler 及其团队研究而成，包括三个维度：状态焦虑 (Endler-State)、特质焦虑 (Endler-Trait) 与知觉焦虑 (Endler-Perception)，并由此形成三个分量表。其中，状态焦虑分量表 (EMAS-State) 由 20 道题目组成，测量状态焦虑的自主情绪 (autonomic-emotional) 与认知担忧 (cognitive-worry) 两种成分；特质焦虑分量表 (EMAS-Trait) 由 60 道题目组成，涉及物理伤害、社会评价、模棱两可、日常活动共 4 种生活情境；而知觉焦虑 (EMAS-Perception) 包括 5 道题目，主要测量被试在上述 4 种情境的知觉程度以及受到威胁的程度[37–39]。

3.5　小结

综上所述，共有 STAI-S、STICSA-State、VAMS 和 EMAS-State 等 4 种可以测量状态焦虑的量表。其中，STAI-S 是使用最为广泛的测量状态焦虑的方法。由于 20 道题目较多，后又衍生出 6 道题目的简版量表[40]，可以满足同一实验中状态焦虑的多次测量的需求。VAMS 是最为简单而直接的测量状态焦虑的方法，适用于同一实验中对于状态焦虑的多次重复测量。但由于其为主观自我评价，且只有一道题目（以放松为焦虑的辅助测量时，可以有“焦虑”与“放松”两道题目），测量的准确性较差。而 STICSA-State 与 EMAS-State 相对使用较少。其中，STICSA-State 细分了状态焦虑的认知与躯体成分，适用于涉及焦虑与认知、躯体或生理方面相关的研究；而 EMAS-State 细分了状态焦虑的情绪与认知成分，适用于涉及焦虑与情绪或认知相关的研究。

4 总结

在实验室环境中，准确有效焦虑情绪的诱发及控制对研究焦虑情绪的本质及其对其他各种变量的影响具有重要意义。本文梳理与总结了常用的状态焦虑的诱导方法与测量方法。其中状态焦虑的诱导方法中，音乐诱导较为简单直接，其与 Velten 句子自我陈述以及指导语的结合使用效果较为明显。而状态焦虑的测量方法中，状态特质焦虑量表中的状态焦虑分量表与视觉模拟情绪量表均较为常用，后者在要求多次重复测量状态焦虑的实验中尤其适用。总而言之，后续研究者可以根据自己的实验需求以及条件限制选择上述方便有效的方法。

参考文献

[1] DEMYTTENAERE K, BRUFFAERTS R, POSADAVILLA J, et al. Prevalence, severity, and unmet need for treatment of mental disorders in the World Health Organization [J]. JAMA, 2004, 291(21): 2581-2590.

[2] KOSTER E H W, CROMBEZ G, VERSCHUERE B, et al. Components of attentional bias to threat in high trait anxiety: facilitated engagement, impaired disengagement, and attentional avoidance [J]. Behaviour research & therapy, 2006, 44(12): 1757-1771.

[3] MIONI G, STABLUM F, PRUNETTI E, et al. Time perception in anxious and depressed patients: a comparison between time reproduction and time production tasks [J]. Journal of affective disorders, 2016, 196: 154-163.

[4] 杨智辉，王建平. 广泛性焦虑个体的注意偏向 [J]. 心理学报，2011, 43(2): 164-174.

[5] 马慧，严进，王志红，等. 特质焦虑人群应激条件下 ERP 中 P3 的变化 [J]. 中国临床心理学杂志，2005, 13(3): 330-332.

[6] 马文有，姜长青，于振剑，等. 焦虑症患者心理控制源及人格特点的对照研究 [J]. 中国临床心理学杂志，2006, 14(2): 138-139.

[7] 田雨晴. 焦虑情绪对风险决策的影响 [D]. 北京：北京中医药大学，2015.

[8] 宋兵. 焦虑情绪对大班幼儿数学学习及其加工机制的影响 [D]. 上海：华东师范大学，2013.

[9] 张予贺，金艳，郑希付，等. 状态焦虑对条件恐惧习得和消退的影

响 [J]. 心理学报 , 2014, 46(3): 396-404.

[10] FALKENBERG I, KOHN N, SCHOEPKER R, et al. Mood induction in depressive patients: a comparative multidimensional approach [J]. Plos one, 2012, 7(1):1-9.

[11] GILET A L. Mood induction procedures: a critical review [J]. Lenc é phale, 2008, 34(3): 233-239.

[12] VELTEN E J. A laboratory task for induction of mood states [J]. behaviour research & Therapy, 1968, 6(4): 473-482.

[13] SINCLAIR R C, MARK M M, ENZLE M E, et al. Toward a multiple-method view of mood induction: the appropriateness of a modified Velten mood induction technique and the problems of procedures with group assignment to conditions [J]. Basic & applied social psychology, 1994, 15(4): 389-408.

[14] JENNINGS P D, MCGINNIS D, LOVEJOY S, et al. Valence and arousal ratings for Velten mood induction statements [J]. Motivation & emotion, 2000, 24(4): 285-297.

[15] SINCLAIR R C, SOLDAT A S, RYAN C A. Development and validation of Velten-like image-oriented anxiety and serenity mood inductions [J]. Basic & applied social psychology, 1997, 19(2): 163-182.

[16] FOX L S, KNIGHT B G, ZELINSKI E M. Mood induction with older adults: a tool for investigating effects of depressed mood [J]. Psychol aging, 1998, 13(3): 519-523.

[17] GERRARDSHESSE A, SPIES K, HESSE F W. Experimental inductions of emotional states and their effectiveness: a review [J]. British journal of psychology, 2011, 85(1): 55-78.

[18] BLAGDEN J C, CRASKE M G. Effects of active and passive rumination and distraction: a pilot replication with anxious mood [J]. Journal of anxiety disorders, 1996, 10(4): 243-252.

[19] SLYKER J P, MCNALLY R J. Experimental induction of anxious and depressed moods: are Velten and musical procedures necessary [J] Cognitive therapy & research, 1991, 15(1): 33-45.

[20] MONTORIO I, ROBERTO N, CABRERA I, et al. Differential

effectiveness of two anxiety induction procedures in youth and older adult populations [J]. Anales de psicología, 2014, 31(1): 28-36.

[21] RICHELL R A, ANDERSON M. Reproducibility of negative mood induction: a self-referent plus musical mood induction procedure and a controllable/uncontrollable stress paradigm [J]. Journal of psychopharmacology, 2004, 18(1): 94-101.

[22] GROSS J J, LEVENSON R W. Emotion elicitation using films [J]. Cognition & emotion, 1995, 9(1): 87-108.

[23] MARZILLIER S L, DAVEY G C L. Anxiety and disgust: evidence for a unidirectional relationship [J]. Cognition & emotion, 2005, 19(5): 729-750.

[24] FOX L S, KNIGHT B G. The effects of anxiety on attentional processes in older adults [J]. Aging & mental health, 2005, 9(6): 585-593.

[25] MAYER J D, ALLEN I P, Beauregard K. Mood inductions for four specific moods: a procedure employing guided imagery vignettes with music [J]. Journal of mental imagery, 1995, 19(1-2)：151-159.

[26] LABOUVIE-VIEF G, LUMLEY M A, JAIN E, et al. Age and gender differences in cardiac reactivity and subjective emotion responses to emotional autobiographical memories [J]. Emotion, 2003, 3(2): 115-126.

[27] BREIER A, ALBUS M, PICKAR D, et al. Controllable and uncontrollable stress in humans: alterations in mood and neuroendocrine and psychophysiological function [J]. American journal of psychiatry, 1987, 144(11): 1419-1425.

[28] SPIELBERGER C D. Anxiety: current trends in theory and research [M]. New York: Academic Press, 1966.

[29] SPIELBERGER C D. Notes and comments trait-state anxiety and motor behavior [J]. Journal of motor behavior, 1971, 3(3): 265-279.

[30] SPIELBERGER C D, GORSUCH R L. Manual for the State-Trait Anxiety Inventory (STAI: Form Y) [M]. Palo Alto, CA : Consulting Psychologists Press, 1983.

[31] 李文利，钱铭怡．状态特质焦虑量表中国大学生常模修订 [J]. 北京大学学报（自然科学版）, 1995, 31(1): 108-114.

[32] REE M J, FRENCH D, MACLEOD C, et al. Distinguishing cognitive

and somatic dimensions of state and trait anxiety: development and validation of the State-Trait Inventory for Cognitive and Somatic Anxiety (STICSA) [J]. Behavioural & cognitive psychotherapy, 2008, 36(3): 313-332.

[33] GRÖS D F, ANTONY M M, SIMMS L J, et al. Psychometric properties of the State-Trait Inventory for Cognitive and Somatic Anxiety (STICSA): comparison to the State-Trait Anxiety Inventory (STAI) [J]. Psychol assess, 2007, 19(4): 369-381.

[34] WAECHTER S, STOLZ J A. Trait anxiety, state anxiety, and attentional bias to threat: assessing the psychometric properties of response time measures [J]. Cognitive therapy & research, 2015, 39(4): 441-458.

[35] MCCORMACK H M, HORNE D J, Sheather S. Clinical applications of visual analogue scales: a critical review [J]. Psychological medicine, 1988, 18(4): 1007-1019.

[36] GADBERRY A L. Steady beat and state anxiety [J]. Journal of music therapy, 2011, 48(3): 346-356.

[37] ENDLER N S, EDWARDS J M, Vitelli R, et al. Assessment of state and trait anxiety: Endler multidimensional anxiety scales [J]. Anxiety research, 1989, 2(1): 1-14.

[38] ENDLER N S, COX B J, PARKER J D, et al. Self-reports of depression and state-trait anxiety: evidence for differential assessment [J]. Journal of personality & social psychology, 1992, 63(5): 832-838.

[39] ENDLER N S, PARKER J D, BAGBY R M, et al. Multidimensionality of state and trait anxiety: factor structure of the Endler multidimensional anxiety scales [J]. Journal of personality & social psychology, 1991, 60(6): 919-926.

[40] MARTEAU T M, Bekker H. The development of a six-item short-form of the state scale of the Spielberger state-trait anxiety inventory (STAI) [J]. British journal of clinical psychology, 1992, 31(3): 301-306.

一例轻度抑郁的认知行为疗法个案报告

刘 娟　姜喜双　詹天麒

辽宁工程技术大学　125105

【摘　要】来访者三个月前因毕业论文开题这一应激源逐渐出现情绪低落、无力感、失眠、身体不适以及学习效率下降等症状，咨询师采用认知行为疗法（CBT）对其认知、情绪和行为方面的问题开展工作，采用抑郁自评量表（SDS）、焦虑自评量表（SAS）和主观困扰程度（SUDS）评估咨询前后及过程中情绪的变化。经过8次咨询，来访者发展出更具适应性和功能性的信念，其症状及总体功能均有明显改善，达到咨询预期目标。

关键词：抑郁；认知行为疗法；个案报告

抑郁是一种以显著而持久的心境低落、思维迟缓、认知功能损害、意志活动减退和躯体症状为主要临床特征的情感障碍[1]，目前多采用药物和心理干预相结合的方式进行治疗[2]，对于轻中度抑郁的心理干预，CBT的疗效已被广泛证实，且求助者更愿意接受心理干预而非药物治疗[3]。本文在CBT结构框架下构建个案概念化[4-5]，对1例轻度抑郁的来访者进行干预，以期为同行提供个案概念化及CBT技术的实践参考。

1　个案基本情况

1.1　基本信息

小D，男，26岁，某高校二年级研究生，未婚，来自农村家庭，经济状况一般，有一个姐姐。

1.2 来访原因

小 D 三个月前开始准备毕业论文的开题，在此过程中遇到困难，所研究领域校内老师和学生无人涉及，由于导师长期不在学校而无法得到导师较好的指导，孤立无援，担心不能顺利毕业，出现焦虑、抑郁情绪，睡眠状况、身体状况和学习效率均受到了明显的影响。于是小 D 请假回家到当地某精神卫生医院就诊，被诊断为“轻度抑郁”，医生未给小 D 开药，建议其接受心理咨询。回校后，小 D 主动到学校心理中心进行心理咨询。

1.3 第一印象

小 D 中等身高，偏瘦，穿着整洁干净，言谈举止礼貌客气，眼睛里有轻微血丝，面容憔悴，语言交流较少，说话声音较小。

1.4 主要问题

准备毕业论文压力大，难以有效应对，怀疑自己的能力；经常感到情绪低落，觉得孤单无助，生活单调乏味；睡眠质量不好，感到疲惫，白天精力不好，学习效率明显下降，毕业论文写作进度缓慢；身体出现较重的湿疹和痔疮，身体不适，心情烦躁。状况已持续三个月。

1.5 个人成长史

小 D 来自农村，家有父母、姐姐和祖父母，在其小时候父亲贪玩不顾家，母亲对其管教严厉，父母关系不佳。他上小学时父母外出打工，他和姐姐与祖父母生活。村里一度小偷猖獗，父母不在身边他感到害怕，没有安全感，变得敏感脆弱。他重视学习，小学时成绩较好。上初中时他曾有两次较痛苦的患病经历，没有得到父母重视，感觉无助、不被关心。他在城里上高中时，感觉与城里孩子差距较大，各方面都不如城里学生，由于数学成绩不好他受到老师言语上嘲讽，感到自卑，经常情绪低落。他上高中时成绩一般，后来考上一所二本大学。大学期间他追求过几名女生没有成功，把精力转移到学习上，花很多时间在学习上，忽略了其他方面能力的培养。后来他考上硕士研究生，作为家里唯一一名研究生，他成为家人的骄傲，因而对自我期望高，更加努力学习，但同时觉得自己只会学习，没有其他的乐趣，交往圈子窄，除了与实验室的一些同学来往外，与其他人几乎没有来往。他大部分时间用于在实验室做实验和学习，缺乏兴趣爱好，感觉生活枯燥乏味，对未来迷茫。

1.6 心理评估与诊断

初步评估本案例为学业困扰以及轻度抑郁类问题。小 D 第 1 次来访是由于毕业论文这一现实问题，学习进程发展较慢，学习效率低，担心不能顺利毕业，伴随焦虑抑郁情绪和睡眠困难。采用焦虑自评量表（SAS）和抑郁自评量表（SDS）对来访者情绪进行评估：评估量表 SAS 得分 43 分，提示为轻度焦虑；SDS 得分 44 分，提示为轻度抑郁。其情绪症状是以抑郁情绪为主，尽管也伴随一些焦虑情绪，但焦虑情绪的出现常常是和具体情境非常相关的，并且会很快转向对自我能力的怀疑和自责，随之引发的无力感和低落、难过的情绪则持续时间更长，对小 D 的影响也更大。小 D 出现的情绪、认知、行为方面的症状作为对应激源的反应出现，内容与毕业论文这一应激源密切相关，且程度尚未很严重，故初步评估为学业困扰以及轻度抑郁类问题。此外，每次咨询开始时都采用“主观困扰程度”（SUDs）（0~100 分）对其进行心境检查。

2 个案概念化

2.1 促发因素

小 D 为某高校二年级研究生，三个月前开始准备毕业论文，所研究方向校内老师和学生没有人涉及，导师长期不在学校而无法得到导师较好的指导，平时跟实验室的同学以及同门同学间的交流不多，遇到困难也不愿向他们求助，感到困难重重。来访前三个月得知本学期末要进行开题报告的答辩，但自己毕业论文的研究却进展缓慢，担心不能顺利毕业，花更多的时间精力在写毕业论文上，但效率却明显下降，随后出现睡眠问题和一些身体不适，加重了焦虑、抑郁的情绪。

2.2 当前认知与行为的横断分析

小 D 的困扰主要源自与学习和生活相关的情境。从小 D 的主诉和家庭作业中，寻找出现频率较高、持续时间较长、对他影响较大的典型事件进行“认知—情绪—行为”的横断分析，具体分析如图 1 所示。小 D 典型的自动思维有“我让老师失望了，我什么都做不好”“我不如别人，我没有前途了”“我在团队中被忽视”，由此引发了自责、难过、无望、失落的情绪症状，随之而来的典型行为表现为两个方面：一是熬夜修改开题报告，花更多时间和精力在学习上以争取在学业上表现优秀；二是回避跟老师和同学接触以及有难度、有挑战的事，以避免出现自己胜任不了的情况。在这样的典型行为下随后逐渐出现躯体症状和学习效率的下降。

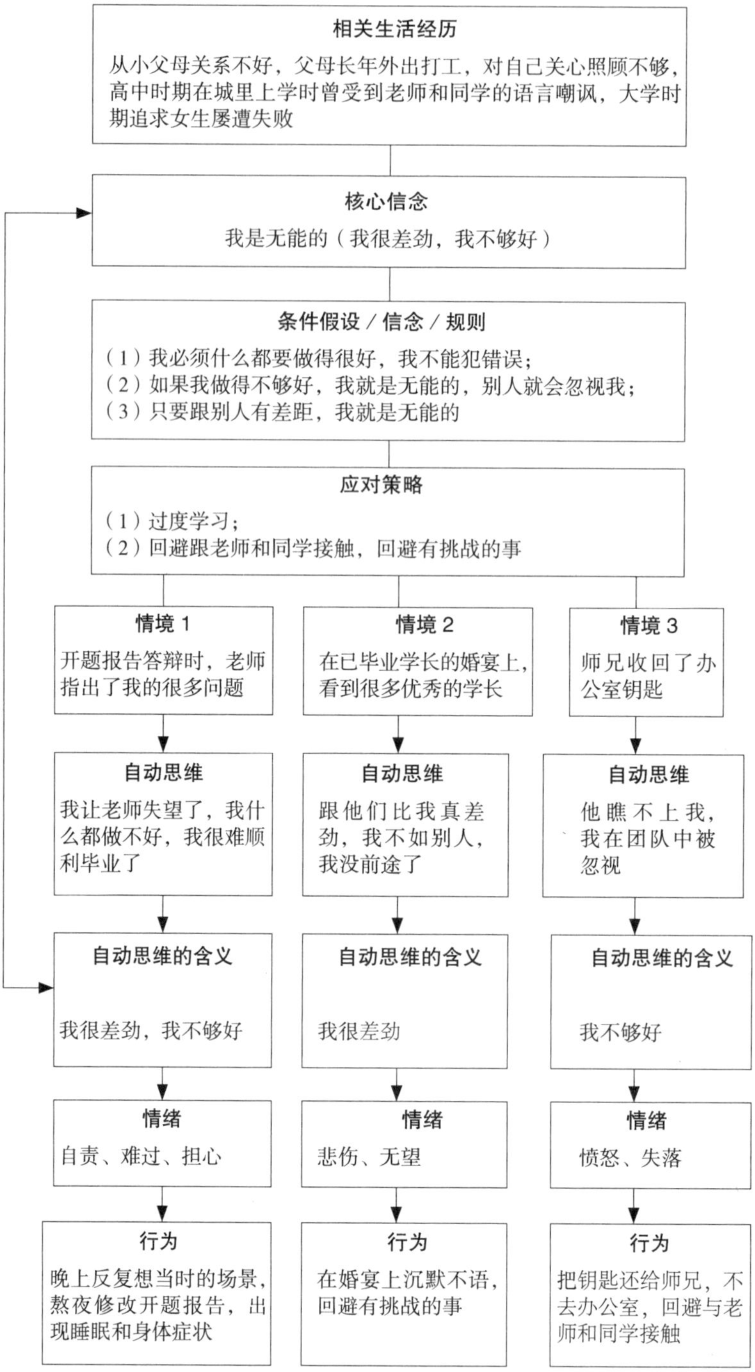

图 1　小 D 的认知概念化图

2.3　当前认知与行为的纵向分析

从小 D 经常出现、影响较大的自动思维入手，运用“箭头向下”技术探究其深处的核心信念主要是“我无能”。在不同情境中，核心信念被激活，由此产生相关的自动思维，如“我什么都做不好，跟别人比我很差劲，我在团队中被忽视”等，这些自动思维本质又指向核心信念，进一步强化核心信念。为防止核心信念被激活，小 D 在生活当中发展出应对的条件假设、态度和规则（即中间信念），如“我必须什么都要做得很好，我不能犯错误”“如果我做得不够好，我就是无能的，别人就会忽视我”“只要跟别人有差距，我就是无能的”。相应的应对策略表现为过度学习，害怕犯错误，回避有困难的任务和人际交往等，用这些刻板固化的策略来保护核心信念不被证实。

结合小 D 早年经历，从小在父母关系不和睦、父母长年在外打工、自己不被关注和关爱的家庭氛围中长大，让小 D 逐渐发展出“我不够好”的核心信念。高中时代，小 D 在城里同学面前失去了以往优势的地位和外界的认可，加重了对自己能力的怀疑，强化了自童年发展出的“无能感”。大学时代追求女生屡次失败的经历再次强化了“我无能”的核心信念。这类核心信念会在不同的情境中被激活并具体表述为“我不够好，我很差劲，我是被忽视的”，其本质都指向了“我无能”。

基于上述分析及个案概念化模型，对来访者个案概念化进行了总结和提炼，具体见图 1，该认知概念化图能更为清晰、简洁地体现自动思维、中间信念和核心信念之间的关系，这也是 CBT 取向的个案概念化中最为核心的部分。[6]

3　咨询过程

小 D 的咨询共有 8 次，每周 1 次，每次 50~60 分钟。这 8 次咨询共分为 4 个阶段，前两次咨询为第一阶段，开展了缓解情绪、咨访关系建立、资料收集与评估工作；第 2 次咨询后跟来访者协商采用 CBT 来开展工作，征得来访者的同意，后面 5 次咨询均采用 CBT 的结构化模式来开展，即按照心境检查、议程设置、收集最新信息、讨论家庭作业、讨论议程问题、引导总结、布置家庭作业、引导反馈的步骤来进行。最后 1 次咨询为结束阶段，帮助来访者巩固咨询效果，防止复发。

3.1　第一阶段（第 1~2 次咨询）

这个阶段的主要任务是建立咨访关系，收集信息与个案概念化，共同制订咨询目标和咨询计划。由于小 D 初次来访时伴随开题报告这个应激事件和较高的焦虑情绪，首先通过“正常化”让他认识到面临的挑战是现实存在的，从而更接纳目前自身的反应，运用真诚和共情与他建立良好的咨访关系。其次了解小 D 的主要问题，共同建立“问题清单”，引导他进行重要程度和优先等级的排序；通过倾听与提问技术收集相关的个人成长史，了解当前问题发生、发展的过程及相关因素，形成初步的个案概念化。再次，通过心理教育与小 D 分享对他的部分概念化理解，小 D

很快意识到除了客观的情境因素外，自身对他人言行比较敏感在意、自我要求高等性格特点和思维方式与问题的出现密切相关。然后，根据问题清单和个案概念化，共同讨论咨询所能达到的目标，即改善自责、难过、无望、失落的情绪，发展更加积极的应对行为方式；修正歪曲的认知，发展更加灵活适应的信念，增强自我价值感；改善睡眠和躯体不适感。最后围绕这些咨询目标制订相应的咨询计划。

3.2 第二阶段（第 3~5 次咨询）

行为激活，识别和挑战自动思维，使用问题解决策略。通过心理教育让小 D 看到抑郁的恶性循环，鼓励他通过每日活动安排表获得愉悦感和掌控感，通过采取行动去打破循环。通过心理教育，举例引导小 D 思考情境、想法、感受、行为之间的相互关系，帮助他了解认知三角模型，启动改变的动机。在个案概念化和咨询计划指导下，首先对自动思维进行识别、评估和挑战，这也是整个咨询的关键。例如，针对“开题报告答辩时，老师指出了我的很多问题”这个事件的自动思维“我让老师失望了，我什么都做不好，我很难顺利毕业了”，运用思维记录表引导小 D 通过列正反证据、找例外解释等进行认知评估和挑战，使小 D 形成新的认知“老师平时对我的论文指导也会提出很多建议，这是对学生的负责而并不是对我不满和失望；我之前写的小论文顺利发表，我并不是什么都做不好；这次开题报告受挫，只要我好好按照老师的意见来修改，也不一定无法顺利毕业”，由此自责的情绪从 60 分降到 20 分，难过的情绪由 70 分降到 20 分，担心的情绪由 70 分降到 30 分。通过家庭作业帮助小 D 把咨询室中学习到的自动思维的识别和重建技能运用到现实生活中并熟练掌握。考虑到开题报告的现实压力，此阶段还运用问题解决策略来处理小 D 的学业问题，通过行为安排，鼓励小 D 多与导师沟通，多和同学进行交流，积极寻求资源。经过前 5 次咨询，小 D 已能有效地区分想法与事实，能有意识地使用学到的认知技术对习惯化的自动思维叫停并进行更全面、更合理的分析，日常的负面情绪有了明显的改善。

3.3 第三阶段（第 6~7 次咨询）

对中间信念和核心信念进行工作。运用“箭头向下”技术引导小 D 思考表层的自动思维“我什么都做不好，我不如别人，我在团队中被忽视”对他来说意味着什么，看到自动思维与深处的核心信念之间的关系。通过对不同情境的类似反应模式进行归纳，找出小 D 为了应对核心信念而发展出的中间信念“我必须什么都要做得很好，我不能犯错误”“如果我做得不够好，就说明我无能，别人就会忽视我”“只要跟别人有差距，我就是无能的”，进一步让他看到三级信念的关系。通过认知连续体、苏格拉底式提问等工作技巧和方法，帮助他矫正不适应的中间信念，引导他形成适应性、功能性更强的态度、规则和假设，如“我希望自己是有能力的，被重视的，但并不意味着每一件事情我都必须做好，就算犯错误我也能接受”。通过跟小D分享对他的个案概念化呈现核心信念，通过对早年经历的追溯让他看到核心信念是如何产生并维持下来的，在此基础上对核心信念开展工作，通过核心信念工作表对负性信念进行矫正，引导他通过自我肯定清单对自己的能力进行全面评估，巩固并强化积极性、现实性、功能性更强的核心信念，再通过行为实验帮助他体验发展的新的核心信念的适应性和功能性。

3.4 结束阶段（第8次咨询）

巩固咨询效果，预防复发。简要回顾咨询过程，帮助小D总结在咨询中的收获，引导他将改变的因素再次与CBT的原理相结合并强化，鼓励小D将咨询室中学习的三栏表、五栏表、行为实验练习表等工具和技术继续在生活中运用，持续地比较新旧信念，不断收集“我有能力”的证据，并像相信新信念一样去行动。与小D强调咨询结束后在生活中可能会出现问题反复，但他会有更充分的准备和能力去独立解决这些问题，如果必要可以再次寻求帮助。

4 咨询效果

8次咨询按计划结束，结束后三个月进行了一次随访，从情绪、认知和社会功能三方面对咨询效果进行评估。在情绪方面，SDS初始得分44分（轻度抑郁），SAS初始得分43分（轻度焦虑），到第8次咨询结束时SDS得分34分（无抑郁），SAS得分36分（无焦虑），三个月随访时SDS得分34分，SAS得分29分。每次会谈心境检查时，小D报告的主观困扰程度虽然中间有起伏，但评分总体呈下降趋势。在认知方面，小D能认识到自己情绪和想法的关系，能区分想法和事实，在有情绪变化时能主动识别当时情景下的自动思维，并对一些功能不良的自动思维开展工作，发展出一些新的中间信念，如“我可以不必为了证明自己而过分努力学习”“我不可能在各个方面让所有人都认可”“我会尽量努力做好每一件事，同时我允许自己犯错、不追求完美，即使没有做好也不代表我差劲，我正在学习接纳自己”。对“我无能”的核心信念的相信程度由原来的70%下降为20%，对于新信念“我是有能力的”相信程度由原来的30%上升为80%。在社会功能方面，小D也有一定改善，表现为对写毕业论文不再逃避和焦虑，能有效寻找资源和方法解决在毕业设计中遇到的困难，后来顺利与一家国企单位签署就业协议，在学习之外积极发展自己的兴趣和爱好，不再把学习作为唯一重要的事情，在人际交往中的表现也更加积极主动。

5 讨论

CBT 取向的咨询比较强调对个案的评估，做出准确的个案概念化，从而把握个案问题的实质，这对后续干预方向和策略的选择有重要的指导意义。对本案例的咨询体现了沿着个案概念化的框架而系统推进的过程，这一过程包括咨询师通过收集信息和心理评估，做出针对来访者的个案概念化，在个案概念化的指导下制定出具体的咨询目标，在目标导向下制订出对来访者问题有针对性的咨询计划，从而对咨询过程起到很好的规划和指引作用，但咨询的进程和节奏的把握会根据实际情况而灵活调整。

回顾整个过程，咨询得以顺利进行并取得较好效果的主要因素包括：①来访者为高校研究生，学历较高，认知功能较好，求助动机强，配合度高；②与来访者共同确定了明确而具体的咨询目标，并通过不断的评估和反馈让来访者看到咨询目标的达成，从而巩固工作联盟；③通过心理教育适时导入了 CBT 的基本原理，与来访者共同制订了 CBT 取向的咨询计划，每次咨询也都在 CBT 结构化框架下开展工作；④认知的和行为的技术在咨询过程中有较好的整合运用；⑤咨询中始终强调家庭作业的重要性，来访者家庭作业完成情况较好，能将咨询成效迁移到生活中，逐渐学会了做自己的咨询师。

本案例存在欠缺之处：①由于高校 8 次咨询的设置，咨询节奏整体显快，开始时来访者可能会有压力，后期逐渐顺利；②来访者求助的直接问题在学习方面，问题的探讨主要也集中在这个方面，而对于其他方面的问题如人际关系问题的探讨存在不足，核心信念的探讨重点在“能力”方面，可能还存在“关系”方面的问题，没来得及进行假设和验证；③由于高校的环境，来访者与咨询师作为师生关系，来访者的依从性较好，咨访关系与咨询同盟的建立和维护仍需进一步把握好。

本案例的发表，已获得来访者的知情同意。

参考文献

[1] 弗斯特 . DSM-5 鉴别诊断手册 [M]. 张晓梅，张道龙，译 . 北京：北京大学出版社，2016.

[2] JORM A F，GRIFFITHS K M，Christensen H，et al. Actions taken to cope with depression at different levels of severity：a community survey[J]. Psychol med，2004，34(2):293.

[3] CHRISTENSEN H. Computerised therapy for psychiatric disorders[J].

Lancet，2007，370(9582) : 112-113.

[4] 贝克 . 认知疗法：基础与应用 [M]. 2 版 . 张怡，孙凌，王辰怡，等译 . 北京：中国轻工业出版社，2013.

[5] 贝克 . 认知疗法进阶与挑战 [M]. 陶璇，唐谭，李毅飞，等译 . 北京 : 中国轻工业出版社 ,2019.

[6] 徐慊，王建平，余萌，等 .1 例适应障碍认知行为治疗的个案概念化报告 [J]. 中国心理卫生杂志，2017，31(11):64-71.

强迫症心理病理机制探索

李　阳

南昌大学　330031

【摘　要】强迫症是一种常见但却难以矫正的心理障碍。矫正困难的原因众多，其中很重要的一点是到目前为止强迫症心理病理机制含混不清，各流派解释各不相同，缺少一个具体而准确的心理病理机制模型。本文在总结已有强迫症心理病理机制的基础上，结合心理咨询实践，建构“强迫症心理病理机制”模型：强迫症形成的人格基础是“内隐自卑”；内隐自卑的个体在和环境互动的过程中诱发的恐惧感是强迫症“知道没必要但仍然去做”心理动因；对恐惧感的不同应对方式，导致强迫症心理病理机制中两条不同具体路径。

关键词：强迫症；内隐自卑；恐惧感

强迫症(obsessive-compulsive disorder, OCD)是以反复闯入性的不自主地出现负性思维、影像或观念(强迫思维)，伴有重复的、刻板的或仪式化的动作(强迫行为)为特征的一种焦虑障碍[1]。当事人意识到自身的观念和行为有悖于常理但不能自控，无法摆脱，并因此感到焦虑和痛苦[2]。OCD是一种严重影响个体的学习工作和社会功能的心理问题，其特征表现为难以做决策、十分关注信息分类、经常需要复述信息，以及怀疑决策的正确性。OCD的终身患病率高达2%~3%，导致沉重的医疗和社会负担[3]。对于OCD的有效治疗能有效地减轻当事人的痛苦，改善生活质量，进而减轻家庭和社会负担。

目前临床上最常用的OCD药物治疗方法是选择性5-羟色胺再摄取抑制剂(selective serotonin reuptake inhibitors，SSRIs)和氯米帕明 。一篇纳入17项随机对照试验(randomized controlled trials，RCTs)的meta分析发现SSRIs对于OCD的疗效显著优于安慰剂[4]，而氯米帕明作为发现的第一种对 OCD 有效的药物，也经常被应用[5]。药物治疗的疗效也不是立竿见影的，一般的 SSRIs 类药物需要 10~12 周才能达到充分的抗强迫作用，且如果治疗有效仍需维持用药 1~2 年以巩固疗效，临床疗效一直不乐观，OCD 的药物治疗效果常不完全，平均改善为 19%–40%[6]。因为药物只能通过作用于当事人的神经系统缓解症状，而不能从根本上改变当事人的思维模式与性格，而现有大量研究结果都证明 OCD 与特定的性格和思维模式有关[7]。因此，在 OCD 的治疗上，心理治疗往往被寄予厚望[8]。要对强迫心理和行为进行有效心理辅导，弄清 OCD 的心理病理机制就显得十分重要。

1　主要心理咨询理论强迫症心理病理机制述评

心理咨询各大流派都对 OCD 的成因和治疗都提出了自己的看法和解决思路，当前在 OCD 心理治疗领域最有影响的要数精神分析和认知行为疗法 (CBT）[9]，同时还有日本学者森田正马提出的富有东方特色的“森田疗法”[10]。

1.1　精神分析理论

在心理学界，最早对 OCD 做出病因学解释的是精神分析理论。弗洛伊德提出，OCD 是内在心理冲突的妥协，是源于当事人在肛门期养成的对自我的过分控制和反控制病态防御[11]。精神分析师与 OCD 当事人着重讨论如情感隔离、反应形成、病理怀疑和仪式的意义[12]。让当事人通过理解那些自己无法接受的症状背后的潜意识含义，通过潜意识内容的意识化，最终达到觉察自我、消除症状的程度[12]。

1.2　认知行为治疗理论

认知行为疗法的研究者努力对 OCD 当事人的认知模式进行探讨。认为 OCD 当事人存在不合理消极想法的入侵（闪回）[13]。且当事人对这些闪回的内容极其恐惧并过分认真地去对待，并且努力地去想办法结束这些闪回的内容。

当事人结束闪回的办法往往是努力压抑、遗忘等方式，因为精神交互作用，压抑的结果是闪回更多地出现，变得更加稳定，最终使当事人持续关注这些闪回的内容[14]。对于儿童和青少年，父母的态度和教养方式有重要的影响。对于儿童和青少年 OCD 当事人，他们往往至少有一个完美主义的父母，他们对孩子不符合自己预期的行为反复管教，当孩子出现强迫观念或强迫行为之后，他们参与强迫疑问和行为当中，试图通过对强迫行为的纠正来消除强迫观念和行为，结果是他们无意中维护了恶性循环[15]。

1.3 森田疗法

森田正马认为强迫观念症（强迫症、恐怖症）是患者把偶然体会到的感觉或感想，夸大地看作病态的异常，然后对此不加思考地抗拒，从而引起心理上的冲突[16]。强迫观念是一般人同样会时常浮现的观念、体验和行为，正常人处在日常生活的精神活动过程中，会立即忘掉，或者根本没意识到，接着就迎来了新的刺激，所以他们不会在那些不必要的观念或行为当中纠结。而OCD当事人因疑病素质，思想矛盾，导致精神上的冲突，反而加剧了某种感觉，形成强迫观念。在森田正马的理论中，OCD形成的一个关键因素是当事人具有普通人所不具有的疑病素质。所谓疑病素质，是一种精神上的倾向性，一种担心患病的倾向性[17]。具有疑病素质的人精神活动内向，内省力强，对自己心身的活动状态及异常很敏感，被自我内省所束缚，总是担心自己的身心健康[18]。精神活动内向、富裕自我内省在人的精神生活中起重要的作用，是不可缺少的，但如过分担心身体状况，过分自我关注，则产生消极作用，形成疑病素质，森田疗法理论认为，疑病素质OCD发生的基础[19]。

2 强迫症心理病理机制探索

2.1 对强迫症形成机制现有理论析评

精神分析理论认为，OCD是内在心当事人内在心理冲突的妥协，是源于当事人在肛门期养成的对自我的过分控制和反控制病态防御。这种解释就能让咨询师意识到：OCD当事人看上去没有必要的强迫观念和强迫行为其实是当事人内在其他心理冲突变形而来，并且这种变形对于维护当事人内心的平衡有因病获益的效果。因此提醒我们，要帮助当事人减轻甚至消除强迫症状，最根本的不是和症状对抗，而是探索变形症状背后的深层冲突是什么，通过解决深层次的心理冲突从而解决表面的强迫观念和强迫行为。精神分析准确地看到了表面冲突与深层冲突之间的关系，可是对当事人为什么会产生深层次心理冲突，有什么样的深层心理冲突，这些深层冲突时如何变形为外在冲突等这些问题没有做出清晰说明。

认知行为治疗和森田疗法看到了当事人消极闪回在OCD当事人强迫观念和强迫行为形成中的存在，并强调是因为当事人不假思索地要消除这些消极闪回而导致这些消极闪回的强化，最终导致强迫心理和强迫行为的出现。但当事人为什么会对消极闪回采取抗拒态度，认知行为疗法完全没做解释。森田疗法则认为这是由OCD当事人的疑病素质导致的，但对于当事人为什么会形成疑病素质，疑病素质是通过什么机制、以什么路径导致OCD没有给出解释，并且没有说明疑病素质怎么形成的。

因此，以上的三个关于 OCD 形成机制的解释都从某个侧面对 OCD 心理病理机制做了部分解释，并没有对 OCD 形成的全过程给出一个系统而完整的说明。本文在吸收上述三个理论成果的基础之上，结合 OCD 心理咨询的实践经验，从动力学的角度，提出一个 OCD 心理病理机制新模型。

2.2 强迫症心理病理机制模型建构

强迫症心理病理机制新模型重点回答 OCD 当事人的消极闪回和疑病素质是如何形成的，为何 OCD 当事人在出现消极闪回之后，不能像普通人那样很快过去，而是紧紧抓住这个消极闪回不放，最后恶性循环成了强迫思维和强迫行为，形成“恐惧感—控制—失控—强迫性心理与行为—反控制”这样一个完成的 OCD 心理病理机制链条。这个模型被命名为“强迫症心理病理机制”，具体内容如图 1。

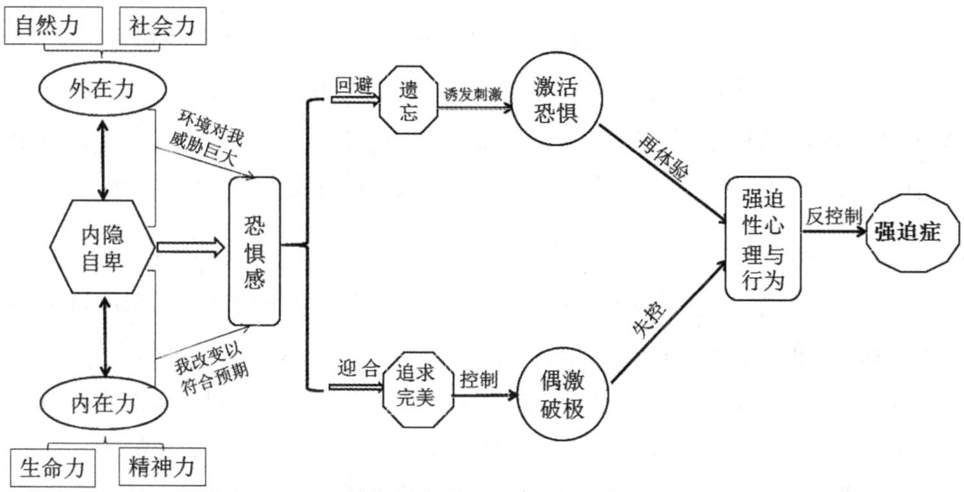

图 1　强迫症心理病理机制

2.2.1　内隐自卑导致个体恐惧感

在心理学领域中，阿德勒最先提出自卑这一概念。阿德勒将自卑划分成自卑感和自卑情结 [20]。西方学者普遍认同阿德勒修正后的自卑感定义：因个体知觉到自己不能达到其理想的完美标准而产生的一种不完美、不得志、比别人差的情绪 [21]。李艺敏从社会比较的视角对外显自卑的解释来确定外显自卑的定义：个体与所在群体中的他人比较时，意识到自己不如他人而视之为缺点，并为此感到苦恼的情绪和情感体验 [22]。阿德勒认为当周围人轻视、嘲讽甚至侮辱个体的某种能力或缺陷的时候，个体的自卑心理会因此而加深，此时个体对此极有可能以一些畸形的方式做出反应，如嫉妒、自我欺骗、暴怒等，自卑感越积越多，从而使得自卑感不断上升为自卑情结。1927年，Heidbreder[23]就指出自卑情结在每个人身上都不同程度地存在着，问题不是个体有或没有自卑情结，而是其是多还是少；正常人群的自卑情结呈近似正态分布。由于操作性研究方法的缺乏，直到20世纪90年代的中期，心理学家Greenwald等人以内隐联想测验（Implicit Association Test，IAT)对提出的一些内隐社会认知概念进行研究后，有研究者由此大胆提出了“内隐自卑”的概念[20]替代“自卑情结”概念。内隐自卑是指个体不能明确意识到自己不如他人并视为缺点的消极情感体验。内隐自卑是被个体压抑的、以另一种形式可能表现出来的自卑，如故意搞破坏以引起父母的关注、表现叛逆等。与内隐自卑相对应，研究者把阿德勒提出的自卑感界定为外显自卑。

外显自卑导致个体行为退缩，放弃努力甚至自暴自弃，因为从归因理论的角度，因为他们感觉（明确意识）到自己不行，所以往往放弃努力甚至自暴自弃。从社会角度看，外显自卑个体不努力不上进，但因为他们承认自己不行，所以不会和自己对抗，更不会有强迫观念和强迫行为。内隐自卑的个体潜意识认为自己不如他人，但意识层面感受不到，往往在这种潜意识自卑的作用下，表现得极其要强和上进，通过努力和上进来获取成就感和价值感。轻者表现为自我取向的完美主义；重者因为这种努力和上进超越身心可以承受的极限而表现为控制与失控的交互作用进而恶化为强迫症，以往临床心理学研究结果表明，完美主义人格与强迫症有密切的联系[24]。

2.2.2　恐惧感导致个体的强自我控制

恐惧感是人类三大基本情绪之一，是人类自我保护性反应之一，对维持生存有积极的意义。但过度的恐惧对人的心理、行为会产生消极影响，导致心理障碍[25-26]。Rachman[27]将恐惧定义为一种生存技能，包括被疼痛反应和内部混乱而激起没有理由的恐惧感，这是一种本能反应。恐惧是一种对真实或幻想情景的正常反应[27]。

正常个体由环境诱发与环境威胁程度相称的恐惧。内隐自卑的个体因为潜意识自卑而意识层面高要求甚至自负，在普通人看来不那么严重的威胁，内隐自卑者就会产生强烈的恐惧感。为了缓解这恐惧感，个体就会出现特定的想法或行为。这些想法和行为从理性角度看是不合理的、不愿意的，似乎被一股看不见的力量驱使着去做，个体被自己看不见的力量推动去做意识层面不愿意做的事情，好像是被迫的。其实被迫只是知行不合一，但从潜意识的恐惧来看，正好是恐惧感导致了当事人的这些想法和行为。

2.2.3　强自我控制欲诱发失控与反控制的恶性循环

对于控制的需要可能是人类最基本的需要之一，它来自人类对可预见环境的需要，个体获得并保持控制是其生存所必需的。怀特认为对控制的追求有着进化上的基础[28]。当个体觉得自己的生命和生活处于可控状态时，就能感觉到安全感和接受现状；当个体觉得生命和生活有失控风险的时候，他们就会努力去控制。这里个体对自己生命和生活的可控制程度就是个体控制感。控制感是与客观控制(即环境与个人实际具有的控制条件)相对的，对于控制的一种主观的感知、感受或信念。西方大量心理学研究结果表明：控制感高的人不但情绪更健康，身体也更健康[29]。控制感分内在控制感和外在控制感。内在(自我)控制感是成功调节压力的决定性因素[30]，"相信自己能控制"能够减低主观压力感[31]。高内自我控制感个体安全感充分，能坦然面对和接受生活中的意外。低自我控制感的个体出于对失控的恐惧，当已有的或预计有的控制受到威胁或不存在时，在情绪上会导致愤怒或故意。

内隐自卑是由恐惧引发的意识层面无法解释的观念和行为，它会让当事人产生强烈的失控感，失控感诱发更强的恐惧感。因为恐惧，当事人对"强迫观念和行为"本身进行控制，进而形成反控制（反强迫），结果当然是失控，如此恶性循环，最终形成强迫症。

2.2.4 两条不同的发展路径

应对方式可以简单地理解为个体在具体的压力情境中，为减轻压力的影响而有目的地采取的认知和行为的手段、方法和策略。它是心理应激过程中一种重要的中介调节因素，个体的应对方式影响着应激反应的性质与强度，并进而调节着应激与应激结果之间的关系[32]。

应对方式的人格功能理论认为，个体广泛而稳定的人格特质决定其应对方式，每个个体都处于和应对有关的几种人格维度上。1974年Coelhoetal就提出把应对方式"面对—逃避"人格维度[33]。强迫症之所以产生，是因为由内隐自卑诱发过度恐惧时，个体采用"逃避"端应对方式。当事人由于意识不到自己的内隐自卑，对恐惧要么采用迎合的方式来缓解，要么干脆采用"遗忘"这种自我防御机制避免恐惧，这两种不同的"逃避"策略分化出了两条不同的强迫症形成路径。

迎合失败强迫症形成通道。强迫症当事人在面对由于内隐自卑而诱发的强烈恐惧感时，他们采用迎合外在要求的方式来缓解恐惧，形成自我取向的完美主义（self-oriented Perfetionism，SOP）[34]。自我完美主义并不都导致强迫症，因为个体的自我完美主义要求在身心可以承受的范围内，也就是当他们对自己的身心还可控的时候，自我完美主义表现为对自己要求严苛，外在表现是别人眼中很优秀，但他们感受不到。就算达成自己梦寐以求的愿望，快乐感也很快消失并有空虚感。当他们对自己的要求控制超出了身心极限，比如通过努力考了全班第一后，希望总保持第一，就想要控制一切干扰自己学习的因素。当事人想排除一切噪声干扰，就会发现处处都是噪声而形成对噪声强迫；如果当事人想全心听课而排除一切胡思乱想，这个时候就会形成思维强迫；如果这个时候他要求每天晚上必须固定时间睡着以保证第二天精力充沛，就会形成失眠强迫……

遗忘失败强迫症形成路径。个体因为内隐自卑而诱发的恐惧有些可以通过迎合来缓解，有些是无法通过迎合这种方式来缓解的，部分个体就会采用遗忘的方式来缓解恐惧。遗忘只是让恐惧感在我们意识层面不存在了，其实是从意识层面进入了潜意识。这种被压抑到潜意识的恐惧感在没有被诱发的时候当事人表现一切正常，一旦某诱发因素激起了当事人潜意识中被压抑的恐惧感，为了缓解恐惧感，就会努力控制自己不恐惧，结果是恐惧加重交互作用形成强迫症。某强迫性洗澡的当事人就是因为 10 岁的时候被性侵，在保守的社会氛围下，当事人不敢把自己的遭遇告诉任何人，因为她觉得自己经历这样的事情就不是“干净”的女人了，周围人一旦知道，自己会被所有人歧视。于是她就决定隐藏并忘记这件事，随着时间的推移，她似乎也真忘记了这事情。直到 40 多岁的时候，她给儿子洗内裤看到上面的精液，她突然感觉自己好脏，就开始不停地洗澡……

3　小结

本文中的“强迫症心理病理机制”是在心理咨询实践的基础上，综合前人相关理论，提出的一个强迫症心理病理机制新模型，这个模型的特点是避免笼统地说强迫症的形成因素有哪些，而是在找出影响因素的基础上探索了各种因素相互作用的具体过程、强迫症形成的不同路径。这个病理模型除了帮助大家更好地理解强迫症是如何形成的之外，更重要的是根据这个模型可以建构强迫症干预模型和方法体系。根据这一模型，在咨询实践中笔者已经构建出以下几种干预的策略和方法：（1）对当事人内隐自卑的工作，帮助当事人看到内隐自卑，接纳自己的自卑，减缓当事人自我“强迫”的内在冲突，为当事人能够做到“顺其自然，为所当为”提供心理前提。（2）通过自我整合技术减轻当事人理想自我（完美追求）与现实自我（内隐自卑）之间的冲突。（3）通过社会支持系统重建、安全岛技术等培养安全感的技术，缓解当事人的恐惧情绪，消除强迫性心理和行为的背后的动力。

参考文献

[1] 谢静涛 . 儿童青少年强迫症的认知行为理论研究探讨 [J]. 医学与哲学 (人文社会医学版).2011(3)：39-49.

[2] 冯志颖 . 精神疾病诊疗常规 [M]. 天津：天津科学技术出版社 ,2004.

[3] 何影，张亚林 . 强迫症相关的社会人文因素分析 [J]. 医学与哲学 (人文社会医学版).2009(10)：41-43.

[4] 钟杰 , 聂晶 . 强迫症患者的执行功能研究 [J]. 中国临床心理学杂志 , 2004(4):420-423.

[5] SOOMRO G M，ALTMAN D，RAJAGOPAL S，et al. Selective Serotonin Re-uptake Inhibitors (SSRIs) versus placebo for Obsessive compulsive disorder(OCD) [J] . cochrane database Syst Rev，2008，23 (1) :1762-1765.

[6] National Institute for Health and Clinical Excellence. Obsessive compulsive disorder: core interventions in the treatment of obsessive compulsive disorder and body dysmorphic disorder [M] . London:National Institute for Health and Clinical Excellence，2006.

[7] ESPIE C A. Insomnia: Conceptual issues in the development,persistence, and treatment of sleep disorder in adults[J]. Annual review of psychology, 2002, 53: 215-243.

[8] HARVEY A G, TANG N K Y. Cognitive behaviour therapy for primary insomnia: Can we rest yet? [J].Sleep Medicine Reviews,2003, 7(4): 237-262.

[9] HEIDENREICH T. Mindfulness-based cognitive therapy for insomnia: a pilot study[Z]. Poster Presented at the EABCT Conference, Prague, Czechoslovakia, 2003, 8(4): 186-188.

[10] LUNDH L G. The role of acceptance and mindfulness in the treatment of insomnia[J]. Journal of cognitive psychotherapy, 2005, 19(1): 29-39.

[11] JASON C O, SHAUNA L S, Rachel M. Combining mindfulnessmeditation with cognitive-behavior therapy for insomnia: A treatment-development study[J]. Behavior Therapy, 2008, 39(13):171-182.

[12] JASON C O, SHAUNA L S, Rachel M. Mindfulness meditation and cognitive behavioral therapy for insomnia: A naturalistic 12-month follow-up[J].

Exptore January, 2009, 5(1):30-36.

[13] SHAPIRO S L, BOOTZIN R R, FIGUEREDO A J, et al. The efficacy of mindfulness-based stress reduction in the treatment of sleep disturbance in women with breast cancer[J]. An exploratory study. Journal of Psychosomatic Research, 2003, 54(15): 85-91.

[14] Lynda Bélanger, Josée Savard, CHARLES M M. Clinical management of insomnia using cognitive therapy[J]. Behavioral sleep medicine, 2010,4(3): 179-202.

[15] BASTIEN C H, VALLIÈRES A, MORIN C M. Validation of the insomnia severity index as an outcome measure insomnia rese-arch[J]. Sleep med, 2001, 2(5): 297-307.

[16] MEYER T, MILLER M, METZGER R, BORKOVEC T D. Development and validation of the penn swtate worry questionnaire[J]. Behaviour research and Therapy, 1990, 28(14): 487-495.

[17] 马雁冰 . 联合行为疗法治疗儿童强迫症疗效对照 : 第十三届中国中西医结合精神疾病学术会议论文集 [C]. 长春 : 吉林人民出版社 , 2014.

[18] 陆茜 , 肖泽萍 , 张天宏 . 强迫型人格障碍与强迫障碍的谱性关系 [J]. 中国临床心理学杂志，2012(4):489-491.

[19] Morin C M, Jackie S, David T, et al. Dysfunctional Beliefs and Attitudes About Sleep Among Older adults with and Without Insomnia Complaints[J].Psychol aging : 1993, 8: 463-467.

[20] 施章清 , 张安娜 . 普通高校自考助学学生自卑心理研究 [J]. 心理科学 , 2004(3):636-639.

[21]《社会心理科学》第29卷总目录[J].社会心理科学 ,2014(Z2):186-192.

[22] 李艺敏 , 孔克勤 . 内隐自卑的实证初探 [J]. 心理科学 ,2008(5):1054-1057.

[23] EIDBREDER E. F. The normal inferiority complex[J]. The Journal of abnormal and social psychology,1927,22(3):243-258.

[24] 周雪婷 , 张斌 , 朱虹 , 等 . 完美主义与强迫症的关系研究述评 [J]. 医学与哲学 (人文社会医学版), 2011(9):28-29.

[25] OLLENDICK T H. Reliability and validity of the Revised fear survey schedule for children [J]. Behavior research and therapy, 21(6):685-692.

[26] SLIVERMAN,W. K., LA GRECA, A. M.,WASSERSTEIN, S. What do children worry about worries and their relation to anxiety[J].Child development, 1995(66): 671-686.

[27] RACHMAN, S.Phobias: their nature and control [M].Thomas: Springfield, 1968.

[28] ROSS C E, MIROWSKY J.Age and the gender gap in the sense of personal control[J]. Social psychology Quarterly, 2002(2):32-34.

[29] SHEK D T L, LEE T Y. Family life quality and emotional quality of life in Chinese adolescents with and without economic disadvantage[J]. social indicators research, 2007, 80(2): 393-410.

[30] AHRENS C J C, RYFF C D. Multiple roles and well-being:Sociodemographic and psychological moderator[J]. Sex Roles,2006, 55(11-12): 801-815.

[31] NG T W H, SORENSEN K L, Eby LT. Locus of control atwork: a meta- analysis[J]. Journal of organizational behavior, 2006, 27(8): 1057-1087.

[32] 张林，车文博，黎兵．大学生心理压力应对方式特点的研究 [J]. 心理科学 ,2005(1):36-41.

[33] 叶一舵，申艳娥.应对及应对方式研究综述[J].心理科学 .2002(6):755-756.

[34] Hewitt PL，Flett GL.Perfectionism and depression:A multidimensional analysis[J].Journal of Social Behavior and Personality,1990,5:423-438.

抑郁与焦虑对求助的影响：论神经质的调节作用

秦向荣[1]　夏　勉[2]　孙启武[2]

1 上海海洋大学 201306　2 3 华中师范大学 430079

【摘要】本文考察抑郁、焦虑这两种心理问题症状表现和神经质人格特质对求助需要和求助行为的影响。方法：借助高校新生心理健康测试，使用问卷调查法对某部属高校大一学生进行了大样本调查。测量工具为抑郁自评量表、焦虑自评量表、艾森克个性问卷（EPQ）神经质分量表，及其自编的求助需要和求助行为问卷。研究发现：15% 左右的大一学生需要求助，其中约十分之一（1.5%）的学生的确有求助行为；高焦虑的大学生自认为更需要求助，高抑郁的大学生则只有具有高神经质人格特质才自认为更需要求助；自认为需要求助的大学生才可能确实地求助；具有高神经质的个体更加关心自己的身心健康，更加关注自身的变化，也自认为更需要求助；研究结果证实了神经质人格特质在心理问题症状对求助需要与求助行为的影响中起到调节作用。

关键词：求助需要；求助行为；神经质；抑郁；焦虑

1　问题提出

心理问题具有较高的发病率，但是因心理问题而寻求帮助的比例却很低，即使在心理咨询服务很容易获得的地方如大学，人们也不愿意向心理咨询专业人员求助。[1-2] 以大学生为例，大学生有较高的求助需要，但向心理健康服务人员求助的概率却比较低[3]。那么导致这一矛盾现象的原因何在？是否出现心理问题的症状，就一定能意识到心理问题，具有求助需要？是否有求助需要一定会产生求助行为？或者在心理问题症状表现和求助需要、求助行为之间，是否存在重要的影响变量？

夏勉的一项实验对此很有启发。这项研究发现，对心理问题的选择性注意不但与个体的心理问题症状表现有关，而且还与个体的人格特质有关。具有高神经质的个体更容易知觉到自己的不适，产生对心理问题相关词汇的选择性注意。而具有低神经质的个体则相反。然而这项研究仅停留在实验室内，本文拟用问卷调查法检验这一发现。简要地说，本文研究抑郁、焦虑这两种心理问题症状的表现和神经质人格特质对求助需要和求助行为的影响。

在本文中，求助需要定义为个体知觉到的求助需要，可以看作是个人判断自己的痛苦和压力，认为需要帮助，而不包括由重要的他人或者权威人物指出他需要干预和治疗的情况。求助行为定义为已经向相关心理健康服务机构求助。心理问题的症状表现考察“抑郁”和“焦虑”两个指标测量。根据以往的实验研究，人格特质则只考察“神经质”的影响。

本文的研究假设是：

心理问题的症状表现（抑郁、焦虑）和人格特质（神经质）对求助需要有显著影响。

人格特质（神经质）通过调节心理问题的症状表现对求助需要产生影响。

心理问题的症状表现、人格特质（神经质）和求助需要对求助行为有显著影响。

人格特质（神经质）通过调节心理问题的症状表现对求助行为产生影响。

2 研究方法

2.1 研究对象

本文的被试来自武汉某部属高校的大一学生，共 5114 名。测试时间在新生入学半学期后。测试内容包括心理健康测试（包括抑郁和焦虑）以及求助需求和实际求助情况的调查。本测试共发放问卷 6000 份，其中有效问卷 5114 份，有效回收率是 85%。

2.2 研究工具

症状表现问卷：在本文中，用抑郁和焦虑作为症状表现的指标。使用 Zung 抑郁自评量表（Self-Rating Depression Scale, SDS）和焦虑自评量表（Self-Rating Anxiety Scale, SAS）作为测量工具。这两个量表分别有 20 个项目，反映个体抑郁或焦虑的主观感受。这两个问卷都具有较好的信度和效度。

神经质问卷：采用龚耀先修订的“艾森克个性问卷”，选用其中的神经质分量表。

求助需要问卷：分为两部分，一部分是求助需要的内容，了解学生需要哪些内容和形式的帮助，如是否需要“帮助提高工作、照顾自己、利用时间、人际交往的能力”；另一部分是专业心理求助的需要，了解学生是否有心理咨询的求助需要。如“在过去的三个月里，你是不是曾经有一段时间因为心理问题（或者情绪问题）想去做心理咨询？”

实际求助问卷：采用自编问卷，询问被试是否进行了实际求助行为。如“在过去的三个月里，你是否去做过心理咨询？”

3 研究结果

3.1 知觉到的求助需要与实际求助行为的比率

在接受调查的 5114 名大一学生中，在过去的三个月里，知觉到求助需要、想去做心理咨询的学生有 781 人，占全部学生的 15.3%，已经寻求过心理咨询帮助的学生有 80 人，占全部学生的 1.56%。

知觉到求助需要的学生更可能求助。在知觉到求助需要的 781 名学生中，有 62 人实际寻求了心理健康援助，约占有求助需要人数的 7.9%，换而言之，在实际求助的 80 人中，有 62 人是体验到求助需求的，占实际求助的 77.5%。而另外 18 人未知觉到求助需要也进行了实际求助可能是源于老师、家人或朋友的劝告。

3.2 大学生对不同问题的求助需要

从调查结果来看，大学生的求助需要呈现以下特点：第一，对心理咨询有较高的需求。比较突出的需求是提高工作效能，人际技能等，提出此种需求的学生有 65.7%，表现出对自我提升的需要；同时有 50% 的学生希望就情绪问题进行咨询，50% 的学生也表达了希望通过谈话形式的咨询得到帮助；还有约 35% 的同学希望得到现实帮助，比如经济问题。第二，对药物治疗有较高的抵制，只有 5.7% 的同学希望通过药物控制情绪，93% 的同学表示不需要此种帮助。第三，与较高的求助需要相比，需要得到满足的同学较少。尽管有一半左右的同学需要帮助，但真正得到帮助的学生不到 10%。具体见表 1。

表 1　大学生对不同问题的求助需要

求助需要	希望得到帮助	不需要帮助	已经得到帮助
关于情绪的问题或者对这些问题进行咨询	50%	40%	10%
需要药物去帮助克服情绪问题	5.7%	93.1%	1.2%
咨询：包括任何可以帮助解决问题的谈话帮助	50.7%	38.8%	10.5%
帮助解决现实问题，如住房或经济问题	34.9%	60.0%	5.2%
帮助提高工作、照顾自己、利用时间、人际交往的能力	65.7%	25.0%	9.2%

3.3　神经质、心理问题症状表现、求助需要与求助行为的关系

本文拟了解从求助需要转化为实际求助行为的路径，尤其是神经质和抑郁、焦虑在其中的作用。由表 2 可见神经质、焦虑、抑郁、求助需要与求助行为的相关矩阵。

表 2　神经质、焦虑、抑郁、求助需要与求助行为的相关矩阵（*N*=5114）

	均值 ± 标准差	神经质	焦虑	抑郁	求助需要	求助行为
神经质	8.155 ± 2.915	1.00	—	—	—	—
焦虑	32.080 ± 5.432	0.355**	—	—	—	—
抑郁	34.452 ± 6.481	0.485**	0.252**	—	—	—
求助需要	0.153 ± 0.360	0.288**	0.181**	0.225**	—	—
求助行为	0.0161 ± 0.125	.100**0	0.042**	0.088**	0.223**	1

** 表示 $p<0.01$

3.3.1　神经质、抑郁与焦虑对求助需要的影响

求助需要指的是心理求助的求助需要，表现为在过去三个月中是否想寻求心理咨询的帮助，为二分变量。用 Logistic 回归考察人格特质（神经质），心理问题的症状表现（抑郁、焦虑）对求助需要的影响。通过逐步回归得出最优回归方程，见表 3。结果发现，焦虑、神经质与抑郁的交互作用对求助需要的影响显著，有统计学意义；而神经质和抑郁的主效应则均不显著。进一步的分析，将“神经质”得分在正负一个标准差以外的个体作为“高 / 低神经质”组，发现在高神经质组，抑郁与求助需要的相关为 0 .18（$p<0.001$），而低神经质组，抑郁与求助需要的相关为 0.049（$p>0.05$）。

这个结果说明，高焦虑的学生有较高的求助需要；而高抑郁的学生则不一定有

高的求助需要；但如果抑郁的学生同时是具有高神经质的人格特质则更可能产生较高的求助需要。

表 3 神经质、症状表现对求助需要的影响

	B	S.E.	Wald	df	Sig.	Exp(B)
焦虑	0.039	0.008	23.560	1	0.0000	1.040
神经质、抑郁	0.004	0.000	257.096	1	0.000	1.004
确定系数	Nagelkerke R Square	—	0.140	—	—	—

注：进入回归方程的方法为逐步回归。

3.3.2 神经质、抑郁与焦虑、求助需要对实际求助行为的影响

实际求助行为表现为是否求助，将实际求助行为作为二分变量，考查神经质的人格特质，症状表现（包括焦虑、抑郁）、求助需要对实际求助行为的影响。用Logistic 回归进行统计分析，通过逐步回归得出最优回归方程，见表 4。结果发现，求助需要对实际求助行为的影响显著，有统计学意义，求助需要越高越可能求助。另外，神经质和抑郁的交互作用对实际求助行为的影响显著，有统计学意义。

进一步分析，将“神经质”得分在正负一个标准差以外的个体作为“高 / 低神经质”组，在低神经质组，抑郁和实际求助行为的相关为 0.013（$p>0.05$）。在高神经质组，抑郁和实际求助行为的相关为 0.065（$p<0.05$），有统计学意义。需要指出的是，在本文中，虽然抑郁和实际求助行为的相关绝对值比较小，但因为求助行为是小概率事件（1.5%），因此仍然认为此相关具有现实意义。这表明如果抑郁的学生同时具有高神经质人格特质，则更可能去求助。

表 4 神经质、抑郁、辅导需求对求助行为的影响

	B	S.E.	Wald	df	Sig.	Exp(B)
辅导需求	2.854	0.282	102.281	1	0.000	17.360
神经质、抑郁	0.002	0.001	7.786	1	0.005	1.002
确定系数	Nagelkerke R Square		0.218	—	—	—

注：进入回归方程的方法为逐步回归。

4 讨论

本文借助高校新生心理健康测试，对大一学生进行了大样本调查。结果发现，有求助需要的学生占全部学生的 15% 左右，其中约十分之一（1.5%）的学生求助

了。另外有关求助需要的内容的调查发现，有 1/2 到 2/3 的学生有不同的求助需要，比如提高工作效能和人际技能、学会利用时间和照顾自己、缓解情绪等。然而如果将求助需要定义为专业心理求助的求助需要（即是否需要心理咨询），那么求助需要的比率则降低到 15%。秦向荣对上海市 1139 名不同高校的大学生的调查也发现大学生寻求帮助并不积极[2]，这与很多国内的研究保持一致[7-8]。可能的原因是大部分人希望自己解决问题，或者通过向亲朋好友求助解决问题，而不是向专业人员求助[3]，或者对心理咨询存在污名感[4]。

与国外的研究结果相比，国外被试报告的求助需要与国内被试相当，但实际求助的比率则较高。如以色列的一项全民抽样调查发现，自我报告的求助需要为 10% ~15%，其中 15% ~20% 的人向心理卫生从业人员求助了[5]。另外挪威的一项研究发现，约有 1/3 的医学生自我报告有求助需要，其中 2/3 求助了[6]。由此可见，国内外的大学生有相似水平的求助需要，但国内大学生的实际求助率则低得多。这说明高校心理健康的工作重点之一，在于如果将大学生的求助需要转化为实际求助行为，比如开展更多的有针对性的宣传、拓宽咨询的渠道等、主动关注。

本文还有一个重要发现，证实了神经质是影响个体求助行为的重要变量。人格特质（神经质）调节心理问题的症状表现（抑郁）对求助需要的影响，也调节心理问题的症状表现（抑郁）对实际求助行为的影响。具体来说，焦虑可以提高求助需要，但是抑郁本身则不能提高求助需要，高抑郁只有同时与高神经质人格特质并存时，才能提高求助需要。这证实了夏勉的实验研究结果，高神经质的个体更加关心自己的身心健康，更加关注自身的变化。因此更能够体验到求助需要。同样，高抑郁症状的个体，如果同时具有高神经质人格特质，那么也更可能求助。

需要指出的是，本文的取样存在局限，为了方便取样，本文调查的是同一所高校的大一学生，使得研究结果的可推广性受到一定限制。

参考文献

[1] 王亮 . 当代大学生心理求助行为实证调查 : 以华中农业大学为例 [J]. 法制与社会 ,2009(1):251.

[2] 秦向荣 , 马莹 . 大学生专业性心理求助的现状及思考 : 基于上海市 1139 名大学生的实证研究 [J]. 高校辅导员学刊 ,2014,6(2):92-96.

[3] 余晓敏 . 江光荣 . 心理求助行为及其影响因素 [J]. 中国心理卫生杂志 ,2004,18(6):426-428.

[4] 秦向荣 , 高晓波 . 妨碍大学生心理求助行为的原因与建议 [J]. 新余

学院学报，2012,17(4):93-96.

[5] 江光荣，王铭．大学生心理求助行为研究 [J]. 中国临床心理学杂志，2003,11(3) :180-184.

[6] 夏勉．社区居民对心理问题的知觉：过程和影响因素 [D]. 华中师范大学博士论文，2008.

[7] RABINOWITZ J，GROSS R，FELDMAN D. Correlates of a perceived need for mental health assistance and differences between those who do and do not seek help[J].Social psychiatry and psychiatric epidemiology，1999,34(3):141-146.

[8] TYSSEN R，RØVIK J O，VAGLUM PER，et al. Help-seeking for mental health problems among young physicians: Is it the most ill that seeks help?A longitudinal and nationwide study[J].Social psychiatry and psychiatric epidemiology，2004,39(12):989-993.

防御方式问卷 40 项版本（DSQ-40）的初步修订

王 旭

清华大学 100084

【**摘要**】目的：修订防御方式问卷 40 项版本（Defense Style Questionnaire 40，DSQ-40），建立中文的防御方式问卷 35 项版本，并检验其信效度。方法：结合 DSQ-88 中文版翻译 DSQ-40。对问卷进行专家评价，检验内容效度。对 170 名大学生进行中文版 DSQ-40、自尊量表（SES）、一般健康问卷（GHQ-20）的测试。8 周后对 61 名受试者进行重测。结果：（1）专家评价，修订后的问卷内容效度比（CVR）为 0.75。（2）内部一致性，总量表 Cronbach's α 系数为 0.71。（3）重测信度，成熟因子重测信度为 0.69；神经症因子重测信度为 0.72；不成熟因子重测信度为 0.59。（4）探索性因素分析，探索性因素分析结果表明量表与理论结果较吻合。（5）效标效度，防御机制三个因子与五个效标之间的相关结果符合理论预设，相关关系显著。（6）最终结果为剔除 5 道没有通过专家评价与探索性因素分析的条目，得到最终的中文防御方式问卷 35 项版本。

结论：中文版防御方式问卷 35 项版本的信效度符合心理测量学的要求。

关键词：心理测量；防御方式问卷；DSQ-40；信效度

防御机制是精神分析理论的基本概念之一，是指在自我中自动进行无意识心理活动，借助它，自我可以摆脱由内心冲突导致的不快和焦虑，控制过度的冲动、情感和本能欲望，以保持心理的平衡[1]。弗洛伊德和安娜·弗洛伊德最早描述了这种心理现象[2]，之后的临床与理论心理学家也对此进行了肯定和进一步的阐明，在 DSM-IV 轴 V 中有防御功能等级表（DFS），专门阐述了 28 种防御机制[3]。

20 世纪 70 年代开始，国外学者对防御机制的分级、问卷编制等做了一系列研究[4-6]：Vaillant 完善了防御机制的层级理论[7]，Bond 于 1986 年基于 Vaillant 编制了防御方式问卷（DSQ），这是一个自评问卷，该版本的 DSQ 包含 88 项题目，测量 24 种防御机制，并分为成熟、中间型、不成熟三个因子，以下简称 DSQ-88[8]。Andrews 等于 1989 年调整了 DSQ-88，修订为有 72 道题目的 DSQ-72[9]。随后 Andrews 等于 1993 年进一步改进 DSQ-72，修订出 40 道题目的 DSQ-40，测量 20 种防御机制，分为成熟、神经症、不成熟三个因子[10]。

我国由路敦跃等翻译并修订了 DSQ-88，并于 1993 年发表了 DSQ-88 中文版的初步试用结果[11-12]。该量表收录到 1993 年的《心理卫生评定手册》中[13]，该手册于 1999 年增订[14]，国内研究使用的防御方式问卷都源自上述两处，应用范围广泛。

DSQ-40 是防御方式问卷的最新修订，Andrews 等指出了 DSQ-88 存在的不足，根据 8 个标准，从 DSQ-88 中提炼出 40 道题目组成了 DSQ-40[10]。自 1993 年提出以来，国际上利用 DSQ-40 开展的研究逐渐增多[15-19]，先前的 DSQ 版本则逐渐淘汰，而国内仍在使用 DSQ-88 的中文版。因此，本文将 DSQ-40 译为中文，并对其进行信效度的检测，更新已有的防御方式问卷 DSQ-88。

1 对象与方法

1.1 对象

第一次测试：根据方便抽样法，选取北京一所理工科高校听一场讲座的学生 171 名，于讲座之后集体施测，删除未完成的问卷 1 份，有效问卷 170 份。其中男生 109 人，女生 61 人。专业分布为：理科 17 人，工科 116 人，人文社科 37 人。本科生 133 人，研究生 37 人。平均年龄 20.52 岁（*SD*=2.647）。8 周后重测：通知第一次测试的同学，有 61 人报名重测，单独施测。其中男生 51 人，女生 10 人。

1.2 工具

1.2.1 中文版 40 项防御方式问卷（DSQ-40）

与最初的 DSQ-88 相比，Andrews 等修订后的 DSQ-40 具有以下改进：（1）删除了与特定心理障碍相关的条目。（2）每个防御机制由两个题项测量，总题项减少为 40 项。其中成熟因子包含 4 个防御机制，神经症因子包含 4 个防御机制，不成熟因子包含 12 个防御机制[10]。

对于 DSQ-40 中 37 项在 DSQ-88 中已有的题项，由具备较高英语水平的心理学高年级研究生根据英文翻译之后，对照《心理卫生评定量表手册（增订版）》DSQ-88 中文版[14]，修改差异较大的题项，并适当调整用词与语序，令其更符合当前的语言习惯。对于 DSQ-40 中三项新加入题项，由一名心理学高年级研究生根据英文翻译之后请其他心理学高年级研究生复查，达成统一意见。形成 DSQ-40 的中文版。

中文版 DSQ-40 问卷依 DSQ-40 原量表，按 1 至 9 点打分（“1. 完全反对”至“9. 完全同意”），没有反向计分。测量 20 个防御机制，每个防御机制对应两个题项。20 个防御机制分为成熟、神经症、不成熟三个因子。

1.2.2 自尊量表（SES）

自尊量表（SES）[14] 在本文中用作效度检验。由 10 个条目组成，采用 4 点分数来计分（“1. 完全反对”至“4. 完全同意”），其中 5 道题目需要反向计分。本文中 SES 量表的 α 系数为 0.88。

1.2.3 一般健康问卷（GHQ-20）

一般健康问卷（GHQ-20）[20] 是由李虹等修订的问卷，在本文中作为效度检验。有 20 道题目，包含自我肯定、忧郁、焦虑三个因子，在中国大学生中有着良好的信效度。本文中总量表、自我肯定、忧郁、焦虑分量表的 α 系数分别为 0.856，0.746，0.774，0.713。

1.3 研究步骤

对于经过初步翻译的 DSQ-40，本文首先通过专家评价的方法计算内容效度比（content validity ratio，CVR），通过内容效度反映结构效度，探讨中文版 DSQ-40 的结构效度，并以此为基础对问卷进行修订。

分两次施测修订后的 DSQ-40，考察 DSQ-40 的社会期待性应答效应，对结果进行验证性因素分析，确认结构效度，以及进行信度检验和效标效度检验。

1.4 统计方法

内容效度比（CVR）[21-22]，t 检验，方差分析，探索性因素分析，相关分析，回归分析。

2 结果

2.1 专家评价

由于防御机制涉及精神分析概念，共请 12 位接受过精神分析系统培训的心理学工作者对量表进行评价：（1）题项是否符合所属的防御机制，其中防御机制的定义参考 DSQ-IV 轴Ⅴ防御功能等级表（DFS）的定义[3]。（2）防御机制是否属于所属因子。

根据内容效度比计算公式

$$CVR=\frac{n-N/2}{N/2}$$

其中 N 为评价者总数，n 为认为符合的人数，CVR 的范围是 -1 至 1，当所有评价者都认为符合则 CVR 等于 1，CVR 越接近 1 说明内容效度越高。

在对题项是否符合所属防御机制的评价中，属于神经症防御机制题项的 CVR 平均值为 0.73，处于可接受范围。成熟防御机制题项中，压制的"我可以把某个棘手的事情搁置一边，直到我有时间处理它"的 CVR 为 0.67，低于 0.7 的满意标准，将其移除后，成熟防御机制题项的 CVR 平均值为 0.73，处于可接受范围。不成熟防御机制中有 4 项 CVR 值很低，分别是属于贬低的"我是一个非常拘谨的人"，置换的"医生们从来都弄不清我患的到底是什么病"，分离的"我会忽视危险，好像我是超人一样"和"我有着特殊的天赋，足以使我顺利地度过一生"，删去这 4 项后，CVR 平均值从 0.63 上升至 0.78，可接受。总题项的 CVR 为 0.75。

在对防御机制是否属于所属因子的评价中，"置换属于不成熟因子"与"合理化属于不成熟因子"的 CVR 较低，考虑将置换、合理化归入神经症因子。其他各防御机制的 CVR 均较令人满意。

综上，专家评价的结果为，5 项题目与所测的防御机制不符，予以删去。压制、贬低、置换的防御机制得分即为剩下一项题项的得分。其中分离的 2 项题目皆被删去，所以实际测量的防御机制变为 19 个。合理化与置换重新归入属于神经症因子。防御机制结果见表 1。

表 1　量表与社会期望性应答的相关

成熟因子	神经症因子	不成熟因子
升华（sublimation）	抵消（undoing）	投射（projection）
幽默（humor）	假性利他（pseudo-altruism）	被动攻击（passive aggression）
预期（anticipation）	理想化（idealization） 见诸行动（acting out）	
压制（suppression）	反向形成（reaction formation）	隔离（isolation）
—	置换（displacement）	贬低（devaluation）
—	合理化（rationalization）	幻想（autistic fantasy）
—	—	否认（denial）
—	—	分裂（splitting）
—	—	躯体化（somatization）

2.2 信度

2.2.1 内部一致性

总量表与成熟、神经症、不成熟因子的 Cronbach's α 系数为 0.71，0.58，0.57，0.66（$p<0.05$）。Zeigler-Hill 等指出成熟因子与神经症因子所含题项较少，是造成其 Cronbach's α 系数较低的一部分原因[17]，另外需要考虑的是同一因子内的防御机制相关但不完全同质，中等程度的 Cronbach's α 系数能够反映出这一特点。

2.2.2 重测信度

8 周后通知第一次测试的同学，有 61 人报名重测。成熟、神经症、不成熟因子的重测信度为 0.69，0.72，0.59（$p<0.05$）。不成熟因子的重测信度较低。

2.3 效度

2.3.1 内容效度

成熟因子与神经症因子有相关关系（$r=0.342$，$p<0.05$），神经症因子与不成熟因子有相关关系（$r=0.269$，$p<0.05$），而成熟与不成熟因子之间没有相关。防御机制与因子间的相关分析显示神经症因子与成熟、不成熟因子都有相关关系，而成熟与不成熟因子之间没有关联。Vaillant 等提出，成熟、神经症、不成熟防御机制是连续的，神经症层的防御机制作为过渡，与成熟防御机制以及不成熟防御机制都有关联，具体需要视情景而定[8]，相关分析的结果符合以上理论假设。

在专家评价中，已通过 *CVR* 指数对内容效度进行了一系列检验，经过修改后的 DSQ–40（实为 35 道题目）已具有较好的 *CVR* 指数。随后进一步通过探索性因素分析加以检验。

对防御机制的探索性因素分析：Bartlet 球度检验显著（$p<0.001$），*KMO* 系数为 0.67，适合进行因素分析。采用主成分分析与 Varimax 正交转轴法，按照理论预设以及陡坡图，提取三个公因子。分析结果见表 2，因子 1 由全部的成熟防御机制与部分神经症防御机制构成；因子 2 由部分神经症防御机制与部分不成熟防御机制构成；因子 3 由剩下的不成熟防御机制构成。在同样可看出防御机制适应层级间的连续性，符合理论假设。

表 2　对防御机制的探索性因素分析结果

项目	因子 1	项目	因子 2	项目	因子 3
M 升华	0.59	N 理想化	0.67	I 被动攻击	0.71
M 幽默	0.58	I 躯体化	0.60	I 幻想	0.61
M 压制	0.58	I 见诸行动	0.54	I 隔离	0.60
M 预期	0.54	N 假性利他	0.53	I 投射	0.44
N 抵消	0.49	I 分裂	0.47	I 否认	0.41
N 合理化	0.47	N 置换	0.40	I 贬低	0.35
N 反向形成	0.41	—	—	—	—
特征值	2.49	—	2.36 %	—	2.02 %
贡献率	13.11 %	—	12.43 %	—	10.61 %
累计贡献率	13.11 %	—	25.54 %	—	36.14 %

2.3.2　效标效度

选用 SES，GHQ 的总分与自我肯定分量表作为心理健康的正面指标，GHQ 的焦虑分量表与抑郁分量表作为心理健康的负面指标，相关分析结果见表 3　量表与效标的相关表 3。结果显示成熟因子与各项心理健康正面指标正相关，与各项心理健康负面指标负相关；不成熟因子反之；而神经症因子则与心理健康的正面指标、负面指标皆无关。

采用逐步回归法（进入标准 $p<0.05$，排除标准 $p>0.10$），以防御机制作为自变量，SES、GHQ 总分、GHQ 自我肯定、GHQ 抑郁、GHQ 焦虑作为因变量分别进行回归分析，回归分析结果见表 4。多次进入回归方程的防御机制是幻想与投射（4 次），这两个防御机制都属于不成熟因子。陈国民等提出 DSQ 的不成熟因子与效标之间关系更密切[23]。

表 3　量表与效标的相关

	SES 自尊	GHQ_ 总分	GHQ_ 自我肯定	GHQ_ 抑郁	GHQ_ 焦虑
DSQ_ 成熟因子	0.189*	0.306**	0.218**	−0.247**	−0.275**
升华	0.004	0.190*	0.184*	−0.113	−0.134
幽默	0.105	0.148	0.125	−0.005	−0.200**
预期	0.283**	0.330**	0.204**	−0.403**	−0.230**

表 3（续）

	SES 自尊	GHQ_ 总分	GHQ_ 自我肯定	GHQ_ 抑郁	GHQ_ 焦虑
压制	0.105	0.112	0.035	−0.116	−0.145
DSQ_ 神经症因子	−0.042	−0.018	0.080	0.074	0.101
抵消	−0.028	0.000	0.043	0.100	−0.018
假性利他	−0.107	−0.090	−0.011	0.104	0.131
理想化	−0.108	−0.106	0.005	0.166*	0.146
反向形成	0.003	0.084	0.098	−0.058	−0.027
置换	−0.012	−0.055	−0.007	0.013	0.121
合理化	0.108	0.136	0.157*	−0.082	−0.059
DSQ_ 不成熟因子	−0.455**	−0.411**	−0.322**	0.381**	0.287**
投射	−0.336**	−0.345**	−0.220**	0.366**	0.274**
被动攻击	−0.218**	−0.135	−0.162*	0.070	0.059
见诸行动	−0.129	−0.188*	−0.161*	0.098	0.175*
隔离	−0.308**	−0.200**	−0.154*	0.190*	0.139
贬低	−0.252**	−0.227**	−0.171*	0.238**	0.146
幻想	−0.454**	−0.438**	−0.451**	0.333**	0.211**
否认	0.044	0.152*	0.140	−0.029	−0.170*
分裂	−0.109	−0.102	−0.062	0.096	0.095
躯体化	−0.232**	−0.326**	−0.156*	0.318**	0.358**

注：* 为 $p<0.05$，** 为 $p<0.01$。

表 4　防御机制与自尊、GHQ– 自我肯定、GHQ、GHQ– 抑郁、GHQ– 焦虑的多元回归分析

自变量	SES 自尊标准回归系数（β）	t 值	自变量	GHQ 自我肯定标准回归系数（β）	t 值	自变量	GHQ 总分标准回归系数（β）	t 值	自变量	GHQ 抑郁标准回归系数（β）	t 值	自变量	GHQ 焦虑标准回归系数（β）	t 值
I– 幻想	−0.316	−4.725**	I– 幻想	−0.455	−6.744**	I– 幻想	−0.329	−5.13**	M–预期	−0.384	−5.778**	I–躯体化	0.287	3.896
I– 投射	−0.165	−2.474**	M– 压制	0.194	2.871**	M– 预期	0.195	2.969**	I– 投射	−0.222	3.345**	I– 投射	0.182	2.49
M–预期	0.195	3.043**				I– 投射	−0.158	−2.379**	I– 幻想	0.192	2.936**	M– 幽默	−0.157	−2.221
I– 隔离	−0.192	−2.953**				I–躯体化	−0.157	−2.352**	N–抵消	0.172	2.625**			
I– 贬低	−0.176	−2.729**				I– 贬低	−0.143	−2.262**	I– 贬低	0.162	2.516**			
						M– 压制	0.181	2.814**						
						N– 假性利他	−0.129	−2.001**						

注：* 为 $p<0.05$，** 为 $p<0.01$。

3 讨论

自从有研究者利用自评方式测量防御机制开始，方法学上的讨论便一直持续。争论之一是自评方式能否测量防御机制。Bond 等提出防御方式问卷（DSQ）时指出，虽然防御机制是无意识的，但可以通过防御产生的结果的“意识衍生物”的形式被自身觉察，这种自评方式观察到的防御机制被称为“防御方式”[6]。支持者认为，虽然从概念上防御机制是无意识的过程，似乎天生就排斥自评的测量方式，但是有两点原因令自评测量得以实现：（1）人们虽然对防御机制不自知，但是能够自我察觉无意识过程所带来的结果。在事后自问当时为何有特定的行事方式，往往能够对行为表现背后的无意识过程有所察觉。（2）经常、习惯性地使用特定的防御机制会在人的信念、态度体系中留下痕迹，所以对某种特定的信条、观点的认可可以指示出某种特定防御机制[10]。Zeigler-Hill 指出：缓解内心冲突和焦虑的防御机制没有效果，或者防御行为被他人指出时，个体更容易觉察到自己的防御方式[17]。

DSQ 作为一种简单易行的测查工具得到了广泛的使用[15-19]。Andrews 等的修订令 DSQ 防御机制的设置与 DSM 诊断标准中提及的防御机制符合[9-10]。尽管 DSQ 中的题项是否能够代表所属的防御机制较少有确凿的、量化的研究证据，但众多的研究应用可从一个侧面反映研究者对该量表的认可。

4 结论

修订后的中文版 DSQ 具有 35 道题目，测量 19 种防御机制。总体而言，量表的信度尚可，符合心理测量学的要求。内容效度较好，因素分析的结果符合 Vaillant 等的防御机制层级理论[8]。成熟防御机制与不成熟防御机制之间的区别较大，分别处在不同的因子中。神经症防御机制处于中间，与成熟、不成熟防御机制都有关系。效标指标好，不成熟因子更为稳定。该研究没有重新填补删去的题项，需要在之后的研究中进一步完善。

否认防御机制的特例引出自评问卷的自我察觉是否会令防御机制的适应性层级提高的问题，有可能较为不适应的否认难以被个体自我觉察，以至于不会在 DSQ 中体现。同时，Davidson 等指出，自评式防御机制量表只适合有能力清晰表达自己情感、想法和行为的一部分人，这类人群在行为觉察以及自我监控方面的能力较强[33]。

最后，Cramer 推荐将自评防御机制量表与其他防御机制测评方法进行比较[24]，这可以作为检验 DSQ 是否测量的是防御机制的有效途径。Bond 等比较了 DSQ-88 与改版前的防御机制评分表（Defense Mechanism Rating Scale，DMRS）的相关，得到了较好的相关结果[25]。可以作为进一步的研究思路。

参考文献

[1] 米尔顿 . 精神分析导论 [Z]. 北京 : 中国轻工业出版社 ,2005.

[2] FREUD A. The ego and the mechanisms of defense[M]. New York:International Universities Press, INC.,1966.

[3] American Psychiatric Association. Diagnostic and statistical manual of mental disorders[M]. 4th ed.Washington, DC:American Psychiatric Press,1994.

[4] VAILLANT G E. Natural history of male psychological health: V. The relation of choice of ego mechanisms of defense to adult adjustment[J]. Archives of General Psychiatry,1976,33(5):535-545.

[5] GLESER G C, IHILEVICH D. An objective instrument for measuring defense mechanisms.[J]. Journal of consulting and clinical psychology,1969,33(1):51-60.

[6] BOND M, GARDNER S T, CHRISTIAN J, et al. Empirical study of self-rated defense styles[J]. Archives of general psychiatry,1983,40(3):333-338.

[7] VAILLANT G E. Theoretical hierarchy of adaptive ego mechanisms: a 30-year follow-up of 30 men selected for psychological health[J]. Archives of General Psychiatry,1971,24(2):107-118.

[8] VAILLANT G E, BOND M, VAILLANt C O. An empirically validated hierarchy of defense mechanisms[J]. Archives of general psychiatry,1986,43(8):786-794.

[9] ANDREWS G, POLLOCK C, STEWART G. The determination of defense style by questionnaire[J]. Archives of general psychiatry,1989,46(5):455-460.

[10] ANDREWS G, SINGH M, BOND M. The defense style questionnaire[J]. J Nerv Ment Dis,1993,181(4):246-256.

[11] 路敦跃，张丽杰 . 防御机制研究进展 [J]. 国外医学 . 精神病学分册 ,1992,19(2):69-72.

[12] 路敦跃，张丽杰，赵瑞，等 . 防御方式问卷初步试用结果 [J]. 中国心理卫生杂志 ,1993(2):54-56,94.

[13] 陈昌惠，舒良，吴文源 . 心理卫生评定手册 [G]. 北京 : 心理卫生杂志社 ,1993.

[14] 汪向东，王希林，马弘 . 心理卫生评定量表手册（增订版）[G].

北京：心理卫生杂志社，1999.

[15] RUUTTU T, PELKONEN M, HOLI M, et al. Psychometric properties of the defense style questionnaire (DSQ-40) in adolescents[J]. The journal of nervous and mental disease,2006,194(2):98-105.

[16] SCHAUENBURG H, WILLENBORG V, SAMMET I, et al. Self-reported defence mechanisms as an outcome measure in psychotherapy: A study on the German version of the Defence Style Questionnaire(DSQ-40)[J]. Psychology and psychotherapy: theory, research and practice,2007,80:355-366.

[17] ZEIGLER-HILL V, CHADHA S, OSTERMAN L. Psychological defense and self-esteem instability: Is defense style associated with unstable self-esteem?[J]. Journal of research in personality,2008,42(2):348-364.

[18] LEWIS A J, WHITE J. Brief report: The defense mechanisms of homophobic adolescent males: A descriptive discriminant analysis[J]. Journal of adolescence,2009,32(2):435-441.

[19] CALATI R, OASI O, DE RONCHI D, et al. The use of the defence style questionnaire in major depressive and panic disorders: A comprehensive meta-analysis[J]. Psychology and psychotherapy: theory, research and practice,2010,83:1-13.

[20] 李虹，梅锦荣．测量大学生的心理问题:GHQ-20的结构及其信度和效度[J]. 心理发展与教育，2002,18(1):75-79.

[21] 倪宗攒．医学统计学[G]. 北京：高等教育出版社，2003.

[22] LAWSHE C H. A quantitative approach to content validity[J]. Personnel psychology,1975,28(4):563-575.

[23] 陈国民，刘志宏，朱霞．防御方式问卷的效度调查[J]. 第四军医大学学报，2003(19).

[24] CRAMER P. Coping and defense mechanisms: what's the difference?[J]. Journal of Personality,1998,66(6):919-946.

[25] BOND M, PERRY J C, GAUTIER M, et al. Validating the self-report of defense styles.[J]. Journal of personality disorders,1989,3(2):101-112.

舞蹈动作治疗述评

阎 博 国 琦 沈雨瞳 王 旭

清华大学 100084

【摘要】舞蹈动作治疗（Dance/Movement Therapy，D/MT），简称舞动治疗，是表达性艺术治疗领域的分支，以现代舞、动作分析理论与精神分析理论为基础，于20世纪40年代在美国、英国得到发展。舞动治疗在国内发展不到20年，相应的培训体系和研究起步相对较晚，而国外在舞动治疗理论研究和实证研究方面相对深入。本文试图对舞动治疗的概念、发展、基本理论以及相关研究内容进行梳理，以进一步加深对舞动治疗的认识。

关键词：舞动治疗；舞动团体治疗；舞动治疗过程

引言

20世纪60年代以前，在美国精神医学治疗系统中，表达性艺术治疗被归类为其他类治疗 (alternative therapy) 或辅助性治疗 (adjunctive therapy)。20世纪70年代初期，Shaun Mcniff，Paolo J. Knill以及Norma Canner等人在美国马萨诸塞州莱斯利大学研究所设计了表达性艺术治疗方案。2000年，纽约州通过修订法案，将各类艺术治疗正式命名为“表达性艺术治疗”或“创造性艺术治疗”。在心理治疗学派中，使用如舞蹈、美术、音乐、戏剧、诗歌等艺术媒介方式，让心灵、情感、感觉得以表达，以作为自疗 (self healing) 或治疗 (therapy) 的方式，统称为“表达性艺术治疗”[1]。表达性艺术治疗的目的是将艺术手法融入心理治疗中，发掘来访者无法直接表达或没有注意到的细节。

舞动治疗作为表达性艺术治疗领域的方向之一，在不断变化的心理健康领域里受到了越来越广泛的关注。作为医学、心理学、艺术学等学科交叉的产物，舞蹈治疗弥补了传统心理治疗中谈话疗法的不足，使来访者通过动作这一非语言的方式实现情感自我、精神自我的探索以及认知自我与环境的整合[2]。

1 舞动治疗概述

1.1 关于舞动治疗的概念

舞动治疗源于20世纪40年代的美国。美国、英国和法国舞动治疗专业协会在其称谓及定义上有着细微的差异[2]。美国舞动治疗协会将其定义为："舞蹈/动作治疗通过动作治疗的方式，提高个体情绪、认知、身体及社会性的整合。"英国舞动治疗协会将其定义为："通过治疗性地运用动作和舞蹈，使人们创造性地参与治疗过程，以促进他们情绪、认知、身体和社会性的整合。"法国舞动治疗协会将其定义为："通过舞蹈的开发和调整，使身体、精神、心灵及社会性之间有更好的协调。"虽然三个国家的舞动治疗协会在定义舞动治疗的概念上有所差异，但都说明舞动治疗是一种动作干预的治疗方式，旨在达到个体身心灵及社会性的整合。米克姆斯[5]认为舞动治疗师藉由观察来访者或患者的反应、情感及动作表达，进行有效干预，最终达到生理和心理的整合。舞动治疗并不是在谈话治疗中直接加入动作，也不是在舞蹈或动作中加入直接谈话治疗，它本身就是一种心理治疗的形式。这一观点也受到了舞动治疗领域的普遍认可。

舞动治疗有其独有的特点，与其他相关的治疗方式有所不同。首先，舞动治疗与其他创造性艺术治疗（如音乐治疗和艺术治疗）之间是有区别的。舞动治疗的特点在于身体是治疗组成部分之一。譬如舞动治疗的动作练习就会使用以身体为基础的放松、镜像和共情等技术[4]。而音乐治疗、美术治疗或沙盘治疗等，可能以乐器、美术作品、沙盘等第三方媒介进入到治疗中，通过第三方引发访者的体验从而达到个体成长。其次，舞动治疗与躯体治疗也是有区别的。两种治疗方式虽然在力量、韧性、身体协调方面都可以通过物理方法改善情绪状态，但是舞动治疗中包含了即兴创作、创造性自我表达及社会互动[1, 5]，而创造性的活动在躯体治疗中是很少有的。

香港地区学者陈丽云教授基于中国的传统文化提出了身心灵全人健康模式的心理辅导理论，与舞动治疗的特点有殊途同归之感。身心灵整合理论认为，人的生命是由身体、心理和灵性三部分构成，三者平衡和谐，人方能保持健康，全面发展。人的身体和精神因素是相互作用、相互影响的，对于躯体疾病或心理不适，应当从整体角度进行调节[6]。舞动治疗也正具备了这样的特性。

1.2 关于舞动治疗的发展历程

早在19世纪，人们就发现了舞蹈与治疗的关系，出现了治疗性的舞蹈，例如埃及舞蹈Zar和意大利塔兰泰拉就是典例。

20世纪出现了以舞蹈作为治疗手段或舞蹈治疗的概念[3]。20世纪20年代，现代舞蹈先驱者伊莎多拉·邓肯(Isadora Duncan, 1878—1927)开始强调舞蹈语汇的自发性、率真性和个人化的表情，强调个人对身体的体验与心理感情的自然流露。通过舞蹈表现心理感情的艺术提倡促成了20世纪中期舞蹈心理治疗法的发展[7]。30年代，现代舞蹈治疗奠基人Marian Chace进一步强调了舞蹈的自我表现、交流和团体互动性[2]。40年代，英国出现了比较正式的舞蹈治疗，美国东岸和西岸也出现了不同流派的舞动治疗。不过在当时，舞动治疗与心理治疗被认为是截然不同的事物[4]。70年代，第二批舞动治疗先驱开始尝试将舞蹈和动作应用于心理治疗，英国舞蹈治疗和心理治疗开始逐渐融合，美国东西岸的治疗风格也开始相互融合。1966年，美国舞动治疗协会成立，舞动治疗开始得到了更多的关注，舞动治疗的发展更加正规。当今舞动治疗发展较为成熟的国家主要是美国、英国及德国。

2 舞动治疗的理论及过程

2.1 关于舞动治疗的原理

舞动治疗因为什么产生作用，为什么可以借助动作达到治愈的效果，引发了诸多学者从理论和实证层面的讨论。

李宗芹认为，舞动治疗产生作用的基本要素主要包括：身体与心理的交互作用、身体的动作反映人格、创造性的艺术治疗及动作关系的建立[8]。周红认为，舞动治疗有两个基本原理：（1）人的身体和心智是紧密联系的；（2）创造（力）能够促进人的心理健康[2]。米克姆斯在《舞动治疗》一书中归纳了舞动治疗背后的原理：（1）身心相互影响，动作显露人格；（2）创造性动作表现使内在冲突外化。即兴动作或创造性允许来访者试验新的存在方式，为来访者提供了将内在想法表达出来的路径；（3）身体动作改变，达至经验重构[4]。当内在冲突和经验通过动作外化后，治疗关系在某种程度上可以通过非言语行为进行调节。例如，通过治疗师镜照来访者的动作进行调节，使来访者能够有所觉察。

归纳来说，舞动治疗产生效果的原因主要包括三个层面：（1）身心的交互作用，构建了身体与心理的桥梁。Schilder率先提出了身体意象(body image)的观点，认为舞动治疗不仅会产生相应的神经肌肉动作，还会影响这个动作的表达以及它所唤起的相关情绪。“每个情感表达都会有特定的身体动作，表现出的态度也会有身体特征，这些可以通过肢体观察到”[9]。例如人们感到悲伤时，肌肉会松懈；生气时，肌肉会高度紧绷。Berrol 认为身心存在着交互作用，动作的改变会影响整体机能，人类的感知觉、处理和反馈将头脑和身体紧密地联结为一体，提到已有许多研究者的调查和实证研究证实了这方面内容。（2）经验性的动作表达为舞动治疗干预打开了突破口并提供了很好的素材。Schmais 提出动作具有象征功能，因而可以通过动作表达出潜意识过程迹象[10]。确实，在舞动治疗过程中，来访者所呈现出的象征性表达或象征性动作可以将其内在世界与外在世界结为一体，将内心感受与心理议题通过象征性动作外在化和一般化的方式表现出来。（3）舞动治疗中呈现的早期客体关系，在一定程度上可以通过非语言的方式进行调节和经验重构[4]。Schmais 和 White 指出：舞动治疗的首要目的是改善来访者的动作行为。她们看到许多来访者的动作模式比较拘束和局限，透过身体反映出了冷漠僵化的情感。所以通过动作的延伸变化或加强动作的力量感，推动患者表达出压抑的情绪。她们指出：如果一个人可以呈现不同的情感状态，说明她的行为不再固化，在实际生活中也就有了灵活的方式[11]。

2.2 关于舞动治疗过程及舞动团体治疗

舞动治疗是一种创造性的治疗方式。Hadamard 和 Poincar é 认为创造性艺术治疗需要经历 4 个阶段：准备、孕育、领悟、评估，舞动治疗在创造性治疗过程中同样需要经历这 4 个阶段[4]。

舞动团体的特点是“通过节奏鼓励并组织个体让他（她）在时间步调上与其他人的行为保持一致”[10]。在治疗过程中，舞动团体可促使人们表达出在谈话干预中不被“社会认可”的感受，情感可通过非语言关系体现，共享团体可节奏克服内心的孤独[11]。

和一般团体治疗或辅导一样，舞动团体也有规范的团体设置；舞动团体形式有结构式或非结构式的，例如许多舞动治疗师会在团体中采用 Marian Chace 的圆圈[12]；团体成员的组成可以同质也可以异质；团体内容包括热身、主题发展及结束[10]；团体过程中可以加入音乐、绘画元素以及球类、绳类、丝巾等道具。Capello 提出了 BASCICS 舞动治疗模型[13]。该模型分为两个既独立又相关的部分：内部系统与交互系统。内部系统有关个体及个体对身体、自我的觉察，外部系统有关个体与他人的关系。图中的每个内容都是相互关联、支持的。舞动团体治疗与一般团体一样，既会推动个体保持自我觉察，又会关注成员彼此间的互动关系。

根据团体发展阶段理论和 Yalom 提出的 11 个疗效因子，Schmais 提出了舞动团体过程的 4 个阶段，即联系 (affiliation)、分化 (differentiation)、亲密 (intimacy) 和分

离 (separation)，以及 8 个疗效因子，即同步性、表达性、节奏、生命活力、整合、凝聚力、教育性和象征性。这些也是目前舞动治疗领域中较为认可的理论内容。

3 关于舞动治疗的应用

舞动治疗具有应用场所普遍、应用人群广泛和应用内容丰富等特点。目前，英国、美国、法国、意大利等多国都在大学开设了关于舞动治疗的硕士和博士课程[3]。Prakash 在文中提到美国已有许多学校、医院等场所广泛使用舞动团体治疗[15]。舞动治疗或舞动团体治疗可以针对不同的人群开展，譬如国内有学者通过舞动团体治疗对大学生心理健康的影响进行研究后发现，学生的自我概念、自我接纳、人际关系、心理健康水平均有提高[16-17]；也有研究者发现，舞动治疗还能治疗如肥胖症、癌症、强迫症、痴呆等问题的人群[18-20]。总之在舞动治疗过程中，人们会在身体整合、情感表达、觉察自身行为以及人际互动等方面产生改变[11]。

4 小结

舞动治疗是多元结合的产物，其目的是通过身心表达，获得身心一致性体验。虽然舞动治疗、舞动团体研究很早就受到了关注，许多第一代舞动治疗师也提出了自己的理论构念，例如对舞蹈治疗中的身体意象探讨、舞动团体发展阶段及疗效因子等[3, 14]，但是舞动治疗在理论层面的推动仍有局限，在实践方面的经验相对丰富。譬如，尽管针对抑郁症进行舞动治疗干预研究的文献数量较多，干预结果也都基本显著，但遗憾的是包括舞动治疗发展较好的英、美国家也还没有对抑郁症的舞动治疗效果形成体系化的评估标准[21]。从国内舞动治疗总体发展程度上看，目前情况是更偏重舞动治疗实务培训，针对理论和实证研究的关注相对较少。今后可以进一步增加对舞动治疗作用机制的研究，这样不仅可以清晰地了解舞动治疗的运作方式和脉络，还能为舞动治疗的干预机制提供扎实的理论依据，提高干预的可行性与科学性，从而推动舞动治疗更加广泛地应用和发展。

参考文献

[1] 李宗芹，宋文理．表达性艺术治疗 [J]. 应用心理研究，2009(44): 21-45.

[2] 周红．舞蹈治疗简介 [J]. 中国心理卫生杂志，2004,018(11): 804-805.

[3] PANAGIOTOPOULOU E. Dance Therapy Models: An Anthropological Perspective[J]. American journal of dance therapy, 2011,33(2): 91-110.

[4] 米克姆斯．舞动治疗 [M]. 北京：中国轻工业出版社，2009.

[5] MALA A, KARKOU V, MEEKUMS B. Dance/Movement Therapy (D/MT) for depression: A scoping review[J]. Arts in psychotherapy, 2012,39(4): 287-295.

[6] 樊富珉，官锐园．身心灵综合健康团体辅导模式在大学生心理健康教育中的应用：一种华人心理辅导模式的研究：中国心理卫生协会第四届学术大会论文汇编 [C] 杭州：中国心理卫生协会，2003:6.

[7] 伏羲玉兰．舞蹈心理治疗的新进展 [J]. 北京舞蹈学院学报，2002,(3): 43-48.

[8] 陈丽．舞动的力量：浅谈舞蹈动作治疗的内涵及其运用 [J]. 北京舞蹈学院学报，2007(2): 54-57.

[9] BERROL, CYNTHIA F. The neurophysiologic basis of the mind-body connection in dance/movement therapy[J]. American journal of dance therapy, 1992,14(1): 19-29.

[10] SCHMAIS C. Healing processes in group dance therapy[J]. American Journal of Dance Therapy, 1985,8(1): 17-36.

[11] SCHMAIS C, WHITE E Q. Introduction to dance therapy[J]. American Journal of Dance Therapy, 1986,9(1): 23-30.

[12] JOHNSON D R, SANDEL S L, EICHER V. Structural aspects of group leadership styles[J]. American journal of dance therapy, 1983,6(1): 17-30.

[13] CAPELLO P P. An Intra/International Model of DMT with the Adult Psychiatric Patient[M]//CHAIKLIN S, WENGROWER H. The Art and Science of Dance/Movement Therapy: Life is Dance. New York: Routledge, 2009:77-102.

[14] PYLVÄNÄINEN P. Body Image: A Tripartite model for use in dance/

movement therapy[J]. American journal of dance therapy, 2003,25(1): 39-55.

[15] PRAKASH N. The impact of stroke on body image and self-esteem in young adults: Understanding implications for dance/movement therapy in the rehabilitation process of this population[J]. American Journal of Dance Therapy, 2012(34): 27.

[16] 张雯. 舞动心理团体辅导对大学生心理健康发展的实验研究 [D]. 北京师范大学 , 2007.

[17] 阎博 , 樊富珉 , 杨芊. 舞动团体对大学生身体自我概念及自尊的影响 [J]. 中国临床心理学杂志 , 2018,26(2): 405-409.

[18] MEEKUMS B, VAVERNIECE I, MAJORE-DUSELE I, et al. Dance movement therapy for obese women with emotional eating: A controlled pilot study[J]. Arts in Psychotherapy, 2012,39(2): 126-133.

[19] 王枫 , 吴增强 . 舞动疗法对强迫症治疗的个案研究 : 增强心理学服务社会的意识和功能 : 中国心理学会成立 90 周年纪念大会暨第十四届全国心理学学术会议论文摘要集 [C] 西安 : 中国心理学会, 2011: 2.

[20] WILKINSON N, SRIKUMAR S, SHAW K, et al. Drama and movement therapy in dementia: a pilot study[J]. Arts in psychotherapy, 1998,25(3): 195-201.

[21] MALA A, KARKOU V, MEEKUMS B. Dance/Movement Therapy (D/MT) for depression: A scoping review[J]. Arts in psychotherapy, 2012,39(4): 287-295.

疫情期间线上大学生心理咨询中的关系建立与问题解决

罗震雷　苗　荣　陈　茜

中国刑事警察学院　110854

【摘　要】疫情期间，很多大学生面临的心理问题亟待解决，由于环境限制，线上咨询成为大学生心理咨询的主要方式。本文通过对疫情期间大学生的主要心理问题与当前咨询技术进行梳理，结合疫情期间线上咨询的以随机性、单次性、急性心理问题为主等实际情况，提出了用结构化方式构建单次心理咨询方案，用开放式提问＋有效倾听的方式收集咨询信息，用合理共情＋短期焦点技术构建咨访关系，用短期焦点技术聚焦咨询问题，用整合疗法＋心理教育的方式解决问题的治疗策略，为线上大学生心理健康咨询提供了新的工作思路。

关键词：线上心理咨询；建立关系；短期焦点；问题解决

新冠肺炎疫情暴发以来，在全球范围内迅速蔓延，在短时间内给世界各国的卫生体系和经济发展都造成了极大的冲击，由于该疾病具有突发性、传染性、复杂性、严重性等特点，很多国家和地区都已启动重大突发公共卫生事件一级响应。Caplan 认为，当个人突然置身于困难情境但其自身常用危机处理方式和支持系统不足以应对当前苦难情境时，便会产生暂时的心理失衡状态，即心理危机[1]。面对危机，除了广大医护人员在第一时间冲在一线救死扶伤外，广大心理学工作者也以各种方式参与其中，为疫情防控工作的顺利开展提供了大量的心理支持和服务。

疫情期间，面对 24 小时不停滚动的新闻信息，人们的情绪会不自觉地被带入焦虑之中，出现不同程度的情绪困扰。因对疫情信息（如病毒来源、治疗效果等）获取的途径及理解的差异，人们极易产生如压力、焦虑、恐惧等负面情绪。由于疫情的突发性，很多人没有做好相应的心理准备，尤其是大学生，他们身心发展尚未成熟、社会阅历与生活经验较少，面对突如其来的困境，往往准备不足。另外，当下大学生是互联网和各类新兴媒体的使用主力，他们不可避免地置身于各种丰富的信息之中，由于自身的认知局限，他们非常容易受到谣言或不良疫情信息的影响与冲击，并由此引发大量的心理问题。

1 疫情引发的高频大学生心理问题

对广大民众来说，新冠肺炎疫情不仅是一个重大的公共危机性卫生事件，还是一个能够影响每个人健康和安全的压力性事件。2019 年年底我国大部分高校恢复线下教学，疫情期间我国大学生线上心理咨询工作大致经历了 10 个月。根据事件的发展，我们可以把疫情期间大学生心理健康咨询工作分为三个阶段，即疫情初期、疫情中期和疫情后期，相应地，大学生心理问题呈现也可以划分为孕育与震荡期、调整与适应期和结束期。不同时期大学生出现的心理问题也呈现出不同的特点。

1.1 孕育与震荡期

在疫情的初始阶段，个体的生活突然发生变化，内心平衡被打破，警觉性提高，开始体会到紧张。这时，大量信息冲击网络和各种媒体，谣言与未经证实的小道消息大行其道，因为与每个人的生活息息相关，又缺乏专业判断力，这些信息成为大学生无法回避的心理问题诱发性因素。因此，疫情初期大学生高发的心理问题主要表现为：创伤经验唤醒、急性应激障碍和替代性创伤。

1.1.1 创伤经验唤醒

创伤经验是指个体经历过的由外界因素引发的对个体产生刺激性、破坏性、可能一定程度造成身心损害的强烈情感反应。创伤主要来源于个体的生活经历，如天灾人祸和家庭教养方式。精神分析学派认为，心理创伤会对个人发展造成一定影响，比如情绪、智力、应对方式、人格特征的改变。凌宇等人的研究结果表明，童年创伤经历显著影响青少年抑郁水平[2]，且长期在创伤经历中成长的儿童在成人期面对应激刺激时更容易表现出各类情绪情感问题以及人际关系问题[3]。在疫情暴发早期，由于新冠病毒的强传染性和后果的严重性，人们的心理压力陡增，双重压力下，人们在居家隔离期间早期创伤体验也更容易被唤醒，一些大学生表现出不同程度的恐惧、自闭、自卑、抑郁、烦躁等心理问题。

1.1.2 急性应激障碍

急性应激障碍是指在遭受急剧、严重的精神创伤性事件后数分钟或数小时内所产生的一过性的精神障碍，一般在数天或一周内缓解，最长不超过 1 个月。主要表现为意识障碍、意识范围狭窄、定向障碍、言语缺乏条理，对周围事物感知迟钝、可出现人格解体，有强烈恐惧，精神运动性兴奋或精神运动性抑制。

此次新冠肺炎疫情来势汹汹，传播力强，人们在疫情初期认识和应对防范措施不足，导致感染范围广，这也是引发大学生应激性反应的重要应激源。在这个阶段，结合线上咨询求助实际情况可以看出，新冠肺炎疫情作为应激性生活事件，问题集中表现在因疫情引起的害怕、恐慌，害怕家人被传染，担心疫情会持续；出现焦虑、抑郁、沮丧、绝望、自责、愤怒等情绪反应；伴随心慌、胸闷等躯体症状或睡眠问题；怀疑自己得了新冠肺炎等情况，多数心理不适出现在短时间内大量集中阅读新冠肺炎疫情的各种非官方报道后出现，之后随着政府抗疫工作的启动，特别是官方正式报道和宣传教育等措施出台后，患者的症状会随之缓解，甚至消失。

1.1.3 替代性创伤

替代性创伤是一种由共情和同理带来的创伤体验，通常情况下，病患并未真的体验创伤，但会借由亲眼所见、看报道、听广播、听被别人转述等方式获得与危机事件相关的信息，并对信息中的当事人感同身受。如果病患所接受的破坏性场景或时间超过了自身的心理和情绪耐受限度，就会间接地导致心理异常，进而出现创伤反应。如厌食、难以入睡、易惊醒、噩梦、易激惹、容易受惊吓、注意力不集中、工作能力下降，对自己经历的一切感到麻木、恐惧、绝望，在交往中容易与人产生冲突等。Saakvitne 和 Pearman 认为，替代性创伤是一种由于共情和同理投入导致的一种内心转变，是病患共情投入危机当事人的创伤素材所产生的结果。过去替代性创伤大多发生在照护工作人员身上，现在随着资讯的迅猛发展，由媒体引发的替代性创伤也时有发生。疫情期间，大学生群体因更多使用网络，因而也更易被诱发替代性创伤。

按照突发性公共危机事件的传播规律，疫情初期的信息大多由危机发生早期的知情者和非权威的大众传媒发布，如网络社交平台、短视频等。为了博关注，这些未受过专业新闻训练的信息发布者往往不加甄选地公布病患传染以及死亡的报道，甚至会夸大部分信息。短期、大量、集中地阅读了这些信息后，一些大学生心理损害程度会超过自身的心理和情绪耐受极限，间接导致各种心理异常，出现持续的愤怒、羞愧、罪恶、忧郁等临床症状。

1.2 调整与适应期

疫情期间，大学生的很多心理问题属于压力条件下的危机性问题，随着整个社会对压力的认识和应对水平的提高，人们对新冠病毒的心理认识也从震荡期发展到调整与适应期。疫情中期，心理资本充足的个体，会产生新的图式，并逐渐顺应以解决自身困境。心理资本不足的个体，则会因无法找到合适的策略和解决问题的方法导致内心紧张程度继续上升，且更容易接受外界不良信息的暗示，处于自我损耗状态，容易形成冒险、攻击、成瘾等非理性行为[4]。此时强大的压力不仅会击溃个体的心理防线，甚至有些人会出现心理问题泛化，导致精神崩溃、人格解体甚至自杀，这也是个体最需要社会支持和心理干预的时期。

结合实际情况我们发现，大学生此阶段常见心理问题主要是焦虑固着和恐惧，症状以人际冲突、情绪问题为主，如烦躁、抑郁、焦虑、拖延行为、强迫行为等。

1.2.1 焦虑固着

焦虑，是一种内心紧张不安、预感到似乎将要发生某种不利情况而又难于应付的不愉快情绪。适度的焦虑对个体的发展具有重要意义，但过度的焦虑情绪会导致焦虑障碍。弗洛伊德认为，固着是一种焦虑的防御机制，因个体在进行新尝试时感到顾虑、恐惧而倾向于固定重复原先生活模式以避免改变。由于疫情的特殊性，政府要求人们尽量减少不必要的聚集和外出，大学生在相当长一段时间里被局限在家，无法参加社交活动，有些人会因家庭关系紧张或学业压力受到刺激而使安全感受挫，进而产生紧张、不安、烦恼、爱发脾气等情绪表现，部分大学生还会出现身心反应，如出汗、心跳增快、口干等神经功能紊乱症状。

1.2.2 恐惧

恐惧是人们面临危险情境时感到害怕、担心、焦虑、绝望的一种强烈情绪体验。当个体对事件的认知能力及应对方式不足时，就可能产生恐惧心理，进而诱发心理不适。疫情期间，很多大学生出现了网络疑病症，具体表现为：重复且多余的网络搜索行为；累积增加的消极情绪；阻碍正常生活节奏；不断寻求安慰。还有些大学生出现了“肺炎疑病”，如有些人出现低热症状因担心被怀疑患有新冠肺炎而不敢就诊；有些人感到时刻被新冠肺炎包围着，听到各类报道就心惊肉跳；有些患有躯体疾病或心理疾病的人因过度担心而病情加重；有人怀疑自己感染新冠肺炎多次到医院就诊，要求医生尽快给予确诊和治疗；有人出现强迫行为，如反复洗手；有人出现强迫性思维，不能控制地思考新冠肺炎的严重后果，并为此感到痛苦。

1.3 结束期

疫情后期，随着对新冠肺炎疫情应对水平的提高，我国逐步开始复工复学，这时大多数个体由危机导致的心理失衡状态会逐步恢复。在这一时期，解决问题的个体会找到新的应对危机的方式，获得自我成长，顺利度过危机。未解决问题的个体则会出现以下几种情况：（1）个体将危机事件暂时压抑，形成创伤。从表面看，危机本身对个体的影响减小，但可能在下次遭遇危机时被诱发。（2）个体未找到合适应对方式，危机对人格结构造成影响，当事人陷于神经症或产生精神障碍。（3）个体无法面对危机与生活，选择自杀。结合线上咨询，我们发现大学生在疫情后期的心理问题主要以第一种为主，临床表现为担心开学后学习不适应，生活不适应，厌学、恐惧开学等。其中，大一学生不愿返校的原因大多与寝室或班级人际关系有关，大二、大三学生以学习障碍、学业成绩不理想有关，大四学生以毕业论文及毕业求职等有关。

2 疫情期间线上大学生心理咨询的挑战

疫情期间大学生心理健康问题随着疫情变化呈现出阶段性特点，也对线上心理咨询工作提出了挑战。

2.1 突发疫情、缺乏特效药和医疗物资等现实问题对咨询师提出了挑战

与平时的线上心理咨询更多由现实问题引发不同，疫情期间大学生心理问题的问诊在初期大多与压力有关。疫情初期的心理问题大多与信息缺失有关，如不了解新冠病毒，不懂传染病基本防疫知识，缺乏特效药和防疫物资，权威渠道信息有限，非正式渠道小道消息大量充斥手机、互联网等。这一时期咨询师对疾病的认知和来访者基本处于同一层次，能做的工作除了倾听、共情、情绪稳定化等，真正有效的心理咨询工作很难开展。

2.2 限制外出和聚集，居家隔离不知何时结束等，由失控感和不确定感引发的多元性心理问题对咨询师提出了挑战

在平时的大学生心理咨询工作中，咨询师面对更多的是来自学生自身的学业问题、人际关系问题、适应性问题、恋爱问题等，虽然也会涉及亲子关系、家庭问题等，但大多以解决大学生自身的单一问题为主，而且大多可以通过面对面咨询来解决。疫情期间，由于限制性措施被严格执行，很多大学生自身的心理问题与家庭成员的心理问题叠加到一起，当两个或多个心理状态不稳定个体发生同频共振时，大

学生呈现出来的心理问题也更加复杂化、多元化。在这个过程中，厘清问题、解决问题的难度大幅度，也对咨询师提出了更大的挑战。

2.3 学习 APP 使用，适应线上咨询节奏，完成有效的单次咨询等，全新的咨询形式对咨询师提出了挑战

长期以来，我国大学生心理咨询以线下为主，咨询师的训练也以面对面咨询为主要内容。疫情袭来，一切发生了颠覆性的变化。对咨询师来说，首先就是要学习下载、安装和使用在线视频、音频咨询软件，这对于一些不熟悉电子产品的咨询师来说是个不小的挑战。其次，线上咨询节奏的适应，咨询框架的搭建，咨询时间的把控，咨询内容的聚焦，咨询问题的解决等都与面对面咨询有很大区别，这都需要咨询师重新构建自己的咨询体系。最后，疫情期间的线上咨询很多是公益性质的，采取的是随机匹配来访者的方式，这使得单次咨询的效果成为一大考验，如何在一次咨询中有效解决来访者的问题也成为咨询师面对的最大挑战。

3 一般性关系建立技术与线上心理咨询的特殊性

关系建立是进行心理咨询的前提和保障，良好咨询关系的建立能够减少来访者的心理防御，减少其心理阻抗，在咨询中更配合咨询师的治疗，这样可以最大限度地帮助来访者解决自身问题，达成行动目标。

3.1 一般性咨询关系建立技术

疫情之前，大学生心理咨询主要采用面对面咨询，与来访者建立咨访关系也大多遵循尊重、热情、真诚、共情和积极关注等普遍性原则。疫情来临之后，咨询师面对的最大挑战是，如何通过网络来表达对来访者的尊重、热情和真诚，如何评估对来访者的共情是否准确，以及来访者是否认同咨询师的无条件积极关注等。面对面咨询时，咨询师不仅通过语言来表达这些内容，还会通过非言语信息，如表情、动作、互动等来帮助建立有效的咨访关系。线上咨询时，受到网络质量的影响，有时会出现信息延迟、断网、声音与画面不同步等各种意外，这对咨询师解决问题的能力、情绪稳定性的调适、在困难情况下与来访者保持治疗关系的能力等都提出了更高的要求。

传统的面对面咨询中常用的技术有：倾听、开放式提问及封闭式提问、鼓励和重复技术、内容反应、情感反应、具体化、参与性概述和非言语行为的理解与把握等。其中，在收集信息阶段主要采用倾听和提问技术；在诊断和评估阶段主要采用

提问、内容反应、情感反应技术；在治疗和干预阶段主要采用鼓励、重复、具体化、澄清等技术；在评估阶段主要采用参与性概述和非言语行为的理解与把握等技术。当然，在治疗的各个阶段，这些技术是可以穿插使用的。

传统的面对面咨询时咨询师会从建立关系开始，遵循信息收集、初步诊断、制定咨询方案和目标，进行咨询干预，完成治疗并评估等基本流程开展咨询工作。这期间没有太多的时间压力和意外因素的影响，一般来说咨询进行时也不会被轻易打断，即便一次咨询无法解决问题也可以与来访者预约下次咨询。在这样的咨询中咨访双方的确定感比较容易建立，稳定的咨访关系也相对容易形成。

3.2 线上咨询的特殊性

与传统的面对面咨询不同，线上咨询具有匿名性、随机性、单次性和不确定性等特点，要求咨询师在50分钟咨询时间里要迅速与来访者建立良好的咨访关系，快速准确地评估来访者的心理状态和水平，合理地制定咨询目标和方案，有针对性地选择咨询方法和手段，并要留出一定的时间结束咨询。这些新要求对咨询师来说无疑是巨大的挑战。

面对这些要求，做好结构化的单次咨询无疑是摆在咨询师面前的一个问题。疫情期间，笔者先后在不同网络平台从事公益性大学生心理咨询工作，结合实际情况发现，要想在50分钟里完成一次有效的单次咨询，咨询师必须把咨询过程结构化。一般说来，咨询的0~5分钟用来打招呼、询问要咨询的问题，3~10分钟边收集信息边进行初步诊断，8~20分钟边诊断边进行初步干预，15~45分钟做干预，35~45分钟边干预边评估，40~50分钟边干预边宣教边结束。

4 焦点解决短期治疗技术在线上大学生心理咨询中的应用

4.1 焦点解决短期治疗

4.1.1 概念界定

焦点解决短期治疗（solution-focused brief Therapy，SFBT）是一种以解决问题为导向的短程心理治疗技术。因其因省时省力、方法简单易操作、具有成本效益且理念积极向上，近年来迅速崛起，被广泛应用于心理咨询领域。在传统的心理咨询方式中，咨询师往往希望通过“因果论”的方式探索来访者的病因，使其发生自我改善，这种咨询策略有时不一定见效，而焦点解决短期技术的发展基于后现代建构主义以及催眠领域的影响。刘宣文认为：“现实”是作为人的观察而存在的精神产品，个人的建构深受语言系统的影响；且个体具有正向的思考及学习能力，当个体寻求协助时往往是被眼前问题所困，应当善于发挥个体本身的潜能以解决问题[6]。

在此基础上，SFBT 提出，治疗应当以解决问题为导向，关注求助者本身，与求助者共同探讨其自身的资源、改变的可能性以及预后情况，尽量减少会谈次数，提升咨询的总体效益[7]。因此可以看出，SFBT 强调以正向的、面向未来的积极态度解决问题，促进改变的发生。

4.1.2 基本理念

SFBT 强调咨询师应当通过使用恰当的咨询技术使求助者对自身问题形成新的知觉或看法，挖掘求助者正向、积极的潜能以帮助求助者拓宽视野，增加解决问题的渠道，从而做出新的改变。

SFBT 认为，治疗的关键是帮助个体意识到未来可能发生的变化，尽快解决问题而不是一味追求原因的寻找。其中，咨询师应当秉承来访者拥有解决问题的积极力量的信念，来访者的问题是不当习惯模式造成的，此时的咨访关系是一种合作互动的关系，咨询师应当合理运用参与性技术倾听、配合来访者，一步步积极引导来访者思维发生改变。在治疗的过程中，咨询师应当引导来访者看到小的变化，从正向角度鼓励来访者持续做出积极改变，肯定他们的意义。需要注意的是，在 SFBT 的使用中应当格外注意“例外”的发生。“例外”作为个体没有注意到的存在，提示着个体成功的可能性，咨询师引导来访者找到“例外”的存在，能够缓解问题带给个体的严重性知觉，有助于来访者重新审视自身的资源与能力，促进问题的解决。

4.1.3 焦点解决短期治疗的相关研究

Sundstrom 是第一个使用标准化结果指标设计 SFBT 随机实验研究单次 SFBT 对女大学生抑郁情绪、自尊和辅导员知觉的影响的人，其研究结果显示，单次 SFBT 可以有效减轻抑郁情绪低落[8]。Zimmerman 等对 SFBT 作为父母管理青少年常见问题行为的干预策略的有效性进行了验证性研究，结果证明 SFBT 对青少年问题行为的干预有效[9]。Lindforss 和 Magnusson 的研究结果证明了 SFBT 网络干预在减少监狱囚犯累犯率方面的有效性[10]。Seagram 研究了 SFBT 对有安全监护的年轻犯罪人的治疗有效性，结果证明相比于未接受治疗的对照组，接受治疗的犯罪人药物滥用、反社会倾向上得分更低，同时也更具有同情心和内疚感，对自己能够做出改变更有信心[11]。Gingerich 比较了行为咨询、SFBT 两种咨询方式对小学生行为和课堂环境的影响，研究者将观众重点集中于 SFBT 的有效性上，结果也证实 SFBT 对学生行为改变的作用，可以肯定 SFBT 模式在学校咨询中的作用[12]。通过观察国外 SFBT 的初期相关研究发现，对该技术的研究主要集中于家庭、学校和社会领域，同时逐渐从“试验研究”转向“功效研究”，研究设计控制更为严格、研究领域也更加丰富。

国内对 SFBT 的研究主要有评述性、适用性研究，也有功效性研究。在临床心理障碍治疗中的应用，有针对焦虑症、强迫症、抑郁症的有效性研究，结果证明了与药物相结合的 SFBT 在临床治疗中的价值。在学校心理健康教育领域，主要针对学生的焦虑情绪、人际关系、自我效能感、手机（网络）成瘾行为、心理危机干预等方面的研究，研究结果证实 SFBT 能够有效改善学生的心理健康水平。

4.1.4 焦点解决短期治疗在线上咨询的适用性

治疗时间较短，能够应对疫情期间线上咨询的大量需求。由于疫情的突发性、严重性及相关政策的影响，大学生在这种情景下产生的情绪情感问题、亲子关系问题、学业问题、人际问题等突然增加与堆叠。由于无法进行面谈咨询，线上咨询成为最有效的选择。

治疗理念主要针对问题的解决，符合大学生进行咨询的目的，更适合解决一般性适应问题。焦点解决短期治疗不探寻问题产生的缘由，主要针对问题解决方案的制订，符合大学生希望在短时间内解决问题的期望。在治疗过程中咨询师与来访者共同探寻其自身的资源与解决问题的力量，引导来访者设定积极可行的目标。

治疗技术的使用，使线上咨询更能促进来访者的改变。焦点解决短期治疗突出小步改变、正向反馈、寻找例外的重要性。咨询过程中强调改变不是一蹴而就的，相信来访者能够就其自身问题设定合适的、正向的目标和解决方案，推动来访者对非问题环境的思考，鼓励想象未来问题解决时的体验，促使其按当前可行的措施行动。

4.2 焦点解决短期治疗线上应用的注意事项

（1）由于线上咨询存在信息沟通的损耗现象，咨询师应当注意咨询的方式与技巧，认真倾听，表达积极关注，建立良好咨询关系。

（2）对于短焦技术的使用，咨询师应当注意发挥言语在来访者资源构建中的重要性，积极鼓励来访者发掘其正向思维，促进问题的解决。

（3）虽然焦点解决短期治疗希望在短时间内解决来访者的问题，契合于线上咨询的便捷性，但依据实际情况不应忽视家庭作业，布置家庭作业有助于促进来访者对于自身的思考并形成新的目标，积极寻找改变的方法。

5 问题与反思

在疫情期间，小到作业无法完成带来的焦虑，大到就业或考学的压力，都成为大学生心理问题的主要来源。还有部分大学生面临着其他焦虑、抑郁等情绪问题或人际关系冲突，以及面对未来的恐慌。SFBT 作为新兴发展的咨询技术，其心理学理论基础还较为淡薄，因其更加强调短期治疗效果，其与线上咨询的特殊性相结合可以带来良好的预期，但对于部分个案而言，不探究其心理问题产生的原因未必合适。同时，SFBT 技术在线上的应用目前相对较少，对咨询师自身水平也提出了更高的要求。

参考文献

[1] 聂衍刚，刘伯兴，梁君倩．青少年大五人格、应对方式与心理危机特质的关系 [J]. 心理科学，2010,33(3):712-714,711.

[2] 凌宇，杨娟，钟斌，等．童年创伤经历与自尊对青少年抑郁的影响 [J]. 中国临床心理学杂志，2009,17(1):54-56.

[3] 傅文青，姚树桥，于宏华．儿童期创伤问卷在中国高校大学生中应用的信效度研究 [J]. 中国临床心理学杂志，2005(1):40-42.

[4] 马钰，肖晨洁，车敬上，等．自我损耗降低决策理性：心理机制与边界条件 [J]. 心理科学进展，2020,28(11):1911-1925.

[5] CASTELNUOVO G, GAGGIOLI A, MANTOVANI F, et al. New and old tools in psychotherapy: The use of technology for the integration of the traditional clinical treatments.[J]. Psychotherapy theory, 2003(40):33-44.

[6] 刘宣文，何伟强．焦点解决短期心理咨询原理与技术述评 [J]. 心理与行为研究，2004(2):451-455.

[7] 戴艳，高翔，郑日昌．焦点解决短期治疗 (SFBT) 的理论述评 [J]. 心理科学，2004(6):1442−1445.

[8] SUNDSTROM S M.Single-session psychotherapy for depression: Is it better to focus on problems or solutions？ [D].Ames:Iowa State University,1993.

[9] ZIMMERMAN T S, JACOBSEN R B , MACINTYRE M, et al. Solution-focused parenting groups: an empirical study[J]. Journal of systemic therapies, 1996, 15(4):12-25.

[10] LINDFORSS L, MAGNUSSON D. Solution-Focused Therapy in

Prison[J]. Contemporary FAMILY THERAPY, 1997, 19(1):89-103.

[11] Seagram B C.The efficacy of solution focused therapy with young offenders[D]. Ontario, Canada:Unpublished doctoral dissertation,1997.

[12] GINGERICH W J, Eisengart S. Solution-focused brief therapy: a review of the outcome research[J]. Family Process, 39(4), 477-498.

大学生成长沙盘活动运行模式及案例分析

朱卫嘉　陈　敏

1 重庆科技学院 401331 2 重庆邮电大学 400065

【摘要】大学生成长沙盘是大学生心理健康教育工作的有效探索。通过开展宿舍成长沙盘、师生成长沙盘、骨干学生培训成长沙盘等实践证明，借助沙盘规则，运用团体动力，可有效促进大学生现实人际互动模式改善，促进大学生进行人生追求、人生意义、人际关系、团队合作等方面的思考，进而引导团体及个人的心理成长。

关键词：大学生；成长沙盘；案例分析

近年来，各高校都配置了沙盘，如何充分发挥沙盘的独特作用，探索与创新沙盘活动模式，提高心理服务的专业性和有效性成为一个重要课题。重庆高校通过开展大学生成长沙盘竞赛，探索主题沙盘的操作模式，培养团体沙盘活动骨干，既推动了沙盘活动的普及，又提高了心理服务质量与效益。[1]

1　大学生成长沙盘活动的意义和作用

1.1　大学生成长沙盘活动的意义

大学生成长沙盘活动是借助沙盘沙具的规则及其独特作用，运用团体动力，促进大学生进行人生追求、人生意义、人际关系、团队合作等方面的思考，进而引导团体及个人的心理成长。当前阻碍大学生心理成长的难题主要集中在两大方面，一是人际关系，二是人生意义。改善人际关系应改善什么？主要应改善人与人之间的互动模式。思考人生意义，特别需要与同龄人探讨，向师长请教。这两大难题不是靠知识传授或理论讲解能解决的，必须靠学生自己的探索与实践。大学校园如何为学生提供这样的实践环境和对话平台呢？沙盘活动正好填补了这个空白。大学生成长沙盘活动为学生提供了人际互动的安全环境，为学生营造了人生对话的机会与平台，也满足了学生的心理成长的深层次需要，这是学生喜欢团体沙盘活动的根本原因，也是成长沙盘活动的意义所在。[2]

1.2 大学生成长沙盘活动的主要作用

1.2.1 营造相互理解的新模式，促进现实人际互动模式的改善

团体沙盘制作中的人际关系和现实生活中是一样的，并非自己想怎么样就能怎么样，自己的行为别人有时是不能理解的。因此，就得不断改变自己的想法和行为方式，学会如何与人相处，如何对待学习，如何看待人生。如果学生能将从团体沙盘活动中所获得的人际互动模式和关于人生的思考、学习经验迁移到现实生活中，就可能会促使其社会性成熟和形成积极向上的人生态度。[2]

1.2.2 提供“和他人一样”的体验，有助于人生思考与探索的深化

人们在将自己的内心世界袒露给别人时会担心自己的这种言语、思想、行为、情绪是否会受到他人的鄙视而损害自己的形象，因而也就不能畅所欲言地表达自己内心的真实世界，团体之间的交流有时就会停留在表面，无法深入进行，成员之间也无法接触其他成员内心深处的认知、情绪、情感。由于沙盘活动是一种非言语方法，成员之间的交流是用游戏的方式象征性地表达自己的内心世界，这既避免了言语交流过程中自身形象遭受损害的威胁，又能体验到自己与别人是一样的，有很多默契，进而感到被理解、接纳，最终达到自我接纳，促进相互交流、思考与探索的深入和深刻化。

1.2.3 共享多样化的资源和观点，接纳人与人不同的现实

人的心理存在着许多共性，但更多的是个性。因此，一个团体一起制作的沙盘作品所表现出来的心理资源和观点就会变得非常丰富、多样化。成员之间通过讨论自己制作沙盘时的想法及所摆的玩具的含义，也就以象征的方式共享着这些观点和资源，这是团体沙盘游戏最有价值的一个方面。在团体沙盘制作过程中，每个成员都可习得用象征方式表达内心世界的方法，同时，对某一心象的共同解释会使得个体获得一种心理支持、援助、理解，而不同解释则又启发了个体对该心象不同层面的理解，学会接纳人与人不同的现实。

1.2.4 寻找人生榜样，创造心灵归属，增强大学生的责任感

通过团体沙盘游戏，团体成员之间经常会达到彼此之间相互认同，并逐渐感到

自己是归属于整体的一部分。这种感觉会给人一种力量和信心，使人们能很好地应对团体沙盘世界之外的现实生活。更加难能可贵的是，沙盘游戏还可以帮助大学生相互成为他人的人生榜样。团体沙盘游戏规则的设定使团体成员明白，现实生活中总是有许多限定的，人们都必须遵守一定的规范和秩序。在团体中每个成员都处于一种无形的团体束缚和压力下，对于规则的遵守也直接受到其他成员的监督，无形中增加了大学生群体对自己的、对团体的和对规则的责任感。[2]

2 大学生成长沙盘活动的运行模式

2.1 针对大学生成长需要构建沙盘活动模式

为帮助大学生学会以积极健康的方式处理人际问题和思考人生问题，将大学生成长沙盘活动定位于引导学生互助成长，先后开发出大学生成长沙盘竞赛、“我爱我家”宿舍沙盘活动、大学生朋辈沙盘、各类主题沙盘、情侣沙盘等适合中国高校特色的团体沙盘活动模式。

2.1.1 以预防和化解宿舍矛盾为突破口，开展大学生宿舍成长沙盘竞赛

2014 年以来，重庆大专委组织高校团体沙盘竞赛活动 5 届，以竞赛来引导和推动团体沙盘活动的开展，特别是精心培育成功化解宿舍矛盾的沙盘作品，并以图文并茂的形式展示出来，起到了很好的示范和推广作用。

宿舍成长沙盘活动还可引导室友加强心灵沟通，通过创作“我期望中的宿舍”，建立宿舍生活的共同愿景，约定出现问题的解决方式，有效避免矛盾。

“我爱我家”主题沙盘适用于新生进校后开展，通过“我在我家”“我说我家”“我建我家”“我爱我家”4 个层次的沙盘创作与分享交流，加强新生宿舍内、宿舍间沟通，引导新生适应大学人际环境。[3]

2.1.2 以“师生共话大学人生”主题沙盘活动为契机，搭建师生深层次对话平台

“共话”人生系列主题沙盘有助于帮助学生走出迷茫，建立大学目标，可以在学生之间开展，也可以组织高低年级学生一起开展，其中最有意义的是“师生共话大学人生”主题沙盘。辅导员带领自己的学生通过“我在大学”“我说大学”“我们的大学人生”“无悔人生在大学”4 个步骤来展现目前的大学生活和大学目标，学生们介绍自己的大学生活，此活动能引导学生思考如何缔造无悔的大学人生，并在沙盘作品中展示出来。

2.1.3 以朋辈沙盘活动为抓手，培养团体沙盘活动学生骨干，普及沙盘活动

由于专业沙盘指导师人手有限，重庆高校还探索出朋辈沙盘活动模式，即由经过培训的学生心理委员担任主题沙盘活动主持人，咨询老师作为督导，使团体沙盘活动的服务面得到有效扩大，学生的互助作用发挥得更好。

2.1.4 以情侣沙盘为媒介，帮助大学生发展健康的恋爱关系，化解恋爱矛盾

学生的人际矛盾比较普遍地表现在恋爱关系中，以沙盘为媒介可以帮助情侣们更加直观地看清他们的相互关系及互动模式，学会相互协调、相互让步，化解恋爱矛盾，发展健康的恋爱关系。每年 5 月 25 日现场沙盘体验活动中，情侣沙盘都十分热门。

2.2 以骨干学校为龙头，建立沙盘活动基地，培育特色活动，服务周边学校

沙盘活动的普及开展需要专业化的师资队伍和比较充分的沙盘设备，各校条件不平衡。重庆大专委鼓励工作基础好的高校积极探索创新，培育团体沙盘特色活动。经过 5 年左右建设，2019 年初步验收，三所高校已基本形成各自的特色。重庆科技学院大学生团体沙盘“五进”活动，即团体沙盘进宿舍、进学院、进班级、进课堂、进社团；重庆长江师范学院连续 4 年开展大学生成长沙盘竞赛，服务学生 5000 多人；重庆邮电大学开展了“师生共话大学人生”“我的宿舍我的家”主题沙盘活动，以及现场沙盘体验活动等。骨干学校还积极承办工作坊，为重庆市高校提供服务。

3 大学生成长沙盘活动典型案例分析

3.1 大学生宿舍成长沙盘典型案例

大学生成长沙盘竞赛是学生在心理教师的指导下，将限制性团体沙盘的操作方式运用到引导团体沟通、解决团体矛盾中，借助沙盘、沙具、沙子等媒介帮助团体成员将内心纠结外化，达成相互理解与接纳，运用最多、效果最好的是大学生宿舍矛盾的化解。学生的宿舍矛盾总会在一些沙具上投射出来，抓住这些关键点，引导学生把憋在心里的话说出来，促使矛盾逐一化解。

◎案例一：一蛇化解三年怨

大三男生宿舍中，表面上大家恭恭敬敬，实际上心里都憋着火，大家都选择了忍。他们说："三年来互相之间很少交流，好像有什么东西挡在了我们之间，让我们欲言又止。有幸的是老师带我们走进沙盘世界，让我们把内心深处积累了三年的怨气发泄出来，正是这几次沙盘游戏为我们打开了心灵的另一扇窗户。"

前两次沙盘创作中，大家出现一些小争论。第三次沙盘创作中，大家完成了一直向往的海边世界，很是兴奋，同学 F 拿了一条蛇放到大海里，大家都傻眼了，大家都想远离那条蛇，有的同学赶紧把自己放在蛇旁边的沙具移开，有的同学用沙子把蛇埋了起来，轮到 F 同学时，他又把蛇掏了出来。整个一幅美好的画面里多了一条蛇，这条蛇引发了大家一致的攻击和不满，认为这是在故意破坏大家喜欢的大海氛围。F 同学几乎天天都在玩游戏，挂科很多，给人的感觉就是已经脱离外界。大家一致谴责这条蛇，却忽略了躲在角落里的 F 同学的感受。这时老师走到了 F 身边，鼓励他把心里话说出来。原来，他在很小的时候被邻居家小孩冤枉损坏玩具，从此就没有了朋友。考进大学后他很难与人交往，他总是用玩游戏来避免与人交往。听完 F 同学的故事大家都呆住了，原来他经历了那样的不幸，大家都不约而同地安慰起他来，纷纷表示要帮助他学习与人交往，改变长时间玩游戏的习惯。在这种互相剖析的氛围当中，每个人都说出了三年来一直想说而又没说的心里话。学生们在成长报告中写道："这是我们三年来第一次进行深层次的心与心的交流，这让我们都有很深的感触，三年来这么多的误会，如果大家早一点交流和沟通，也不至于误会这么深。在这次交流中我们知道了每个人生活习惯背后都有一段故事，在今后的生活中将时刻提醒我们，我们在接受和正视我们自己的过去的同时接纳和理解别人的过去，理解别人的很多行为习惯，学会在今后的生活中互相帮助，共同进步。"他们的作品"走进沙世界，化解三年怨"获得 2014 年大学生成长沙盘竞赛市级一等奖。

◎案例二：花虽各自灿烂，却因同根情深

某宿舍的 4 名女生，其中两人有矛盾，但都不说出来，在前两次沙盘活动中也表现出一些冲突，但仍然处于僵持状态，无法突破。此时老师用了一个小技巧，让她们回去思考，下次做沙盘时每人先用 4 个沙具来表现宿舍 4 人的关系，终于打破僵局。

有矛盾的两人之一的 Z 同学在成长报告中写道："第 3 次去做沙盘游戏，老师让我们每个人拿 4 个沙具来表现我们的关系。我毫不犹豫地摆了 4 个小人，她们围成一圈，像是在谈心。我很想知道 T 摆了什么，我猜想 T 会感情用事，摆什么三个小人儿来孤立我啊，或者干脆只摆三样东西把我当空气。后来，我才知道，自己心胸是有多狭隘，才把她想成那样。T 摆了 4 朵小花，她分享说：'我们 4 个像是竭力绽放的花朵，虽然各自灿烂，虽然来自不同的胚胎，但根却是连在一起的，我们应该接受彼此的气息与热量，即使身处沙漠也不会害怕。’Y摆了一个栅栏，两边是洁白的天使，她说：‘Z和T两人都很好，可能有什么误会吧，我希望她们能和好，然后我们4个可以像以前一样。’H挖了一条河，又架了两座桥。当时我心里的戒备一下子被攻破了，脑子里像放电影一样，浮现出我们4人每月出去小聚的欢乐，在林荫道上哈哈大笑，夜深人静聊悄悄话的样子……后来，我终于鼓起勇气给T塞了一张纸条。T当时就哭了，我突然内心一紧，这个本该受到众人宠爱的姑娘却在我这儿白白受了那么多委屈，我是该停下手中的傻事，给她一个拥抱。脑海中又浮现出那张T写的纸条，像是人生信条一样，守护着我与她的友谊。不是所有的人都会在你迷糊的时候拉你一把，而我握住了T这双温暖的手。不，还有Y和H，我们的4双手久久地握在一起，我们的4颗心紧紧地靠在一起了！”作品“花虽各自灿烂，却因同根情深”获得市级学会一等奖。

3.2 “师生共话大学人生”主题沙盘

近年来不少博士走上辅导员岗位，博士辅导员的专业水平和大学生活对大学生的成长有很好的示范和引导作用，但多数博士辅导员在与学生的心理互动和情感沟通方面不太擅长。而大学生进校后普遍比较放松，对轻松快乐的活动过于热心，对枯燥的学习不太上心，一些学生徘徊于迷茫之中。为引导学生走出迷茫，尽快确立大学学习目标，也为了帮助博士辅导员轻松走进学生心里，更好地实现自己的职业目标——带领学生把握好大学4年时光，完成好学业，重庆邮电大学探索创建了“师生共话大学人生”主题沙盘活动。“师生共话大学人生”主题沙盘活动提供了一个平台，营造了一个师生平等对话的机会，更是搭建了一座桥梁，让师生都能在讲述自己的人生故事中悄然走进对方内心世界，将比较严肃的人生话题转化为共同创作沙盘作品和解读沙盘故事的互动活动，师生双方都感到有趣且收获颇丰。

学生W说：“与老师和同学共同完成一个沙盘项目还是第一次，不免有些小小的紧张。随着活动的展开，我的担忧立即消散了。围绕着‘现实的大学生活’以及‘理想的大学生活’，辅导员老师与同学们默契又有序地在小小的沙盘上摆放移动着各类沙具，很快，大家共同的大学轮廓慢慢清晰起来。在我的心中，‘大学’一直是一个崇高神圣的词。来到重邮这所理工氛围浓厚的学校后，过去那些期待和兴奋渐渐归于平淡，我发现大学生活与高中其实也无二致。难以置信的是，随着沙盘的完成，我对‘大学’这个概念有了深刻的分析和思考。接下来的交流环节，我感受到了辅导员老师对同学们温暖而真诚的关心，内心泛起了阵阵暖意。之前对其他同学们摆放物品的迷惑也在同学的解释下变得清晰。理想的大学与现实的冲突也许存在，然而大学生活的关键永远在我们自己的手中，掌好前行之舵，自律、自信、自强，敢于拼搏，突破自我，并勇于尝试新鲜事物，永远不要磨平青春的热情，我们才能展翅高飞，实现理想。

“心理沙盘活动不仅是一次师生之间的快乐游戏，更是我们心灵的一次自我找寻。通过了解每个人不同的想法，各自的生活态度，需学习的和改变的，都是对大学生活的精准定位和思想碰撞的火花。我们一起畅谈了人生理想，了解了辅导员老师的大学生活及大学时代的理想，也为自己的大学生活做了一些初步的规划。从此次活动中，我们领悟到要在大学生活中树立远大的理想，虽然避免不了有挑战与困难，但仍要走出自己的舒适区，努力让大学生活步入正轨，让自己的大学生活不留下遗憾，为人生崇高的理想而不懈奋斗。

“随着交流的深入，我们的话题从沙盘转向了生活、学习，在交流的过程中，老师给我们传授了他在大学时代的学习经验，还针对我们提出的学习与生活上的困惑提出了建议，大家还一起对问题的解决方案进行了讨论。整个沟通过程非常的和谐、愉快，不仅收获了很多有意思的想法和建议，也拉近了我们心与心之间的距离。再次感谢心理健康中心的老师，希望以后可以多组织这样的活动。”

辅导员反馈：“努力成为学生的人生导师和知心朋友，这是辅导员的最高境界，也是我将来的目标。我们不仅能要引领学生，还要走进学生心里”；“致力教学，竭力做好教育工作，以身作则，言传身教，尽力引导学生走上正确、适合自己的人生道路”；“作为辅导员，我应深入学生当中去，因势利导，帮助学生了解自我，从而引导他们制定出比较切合实际的规划”；“作为学生大学四年人生导师的辅导员对自己的职业规划也有了新的思考：及时指导学生，在起点、终点和中间的关键节点进行指导，做好服务工作，帮助学生成长”；“我想在未来工作中多采用团体辅导和团体沙盘的形式，因为同学们在一起沟通表达所产生的思想碰撞，我认为是非常好的。”

3.3 大学生成长沙盘活动成功原因分析

活动设置合理，符合学生心理成长过程。实践证明，沙盘活动要有好的效果，一般要进行三次左右，相互适应——问题凸显——解决问题，一次性的主题沙盘活动也通过活动环节的设计实现这个层层深入的过程。这是因为个人暴露内心世界有个由浅入深的过程，相互接纳理解也有个循序渐进的过程。

活动过程安全自如，助推学生的社会化历程。学生借助沙具讲述自己的故事，相互分享，相互提问或好奇，不指责不评价。这既是一种最好的自我开放，也是一次用心的倾听，可以促进成员彼此之间相互认同，并逐渐感到自己是这个整体的一部分，这也是一种社会化历程，可以帮助学生更好地适应团体沙盘世界之外的现实生活。

活动环节完整，突出自我反思与问题解决。每次沙盘活动后要求每名成员写出自己的感悟与成长报告，开展小组内交流，填写小组活动总结表。小组成员共同解决问题、共同探讨人生意义的过程，正是运用集体同一性帮助“自我”同一性的过程，学生们将互为榜样，学会从他人身上吸取成长的智慧和力量。

活动成果突出成长，实现感性认识到理性认识的飞跃。三次沙盘活动完成后，每人写出个人成长总结，小组成员共同完成成长报告，主题沙盘成员写出自己的成长感悟。这个过程十分重要，是老师对学生深度辅导的过程。从操作层面看，小组成员都有争取获奖的高目标，激励大家为之共同努力，各自贡献智慧与能力。成长报告在老师指导下修改，数易其稿，不断启发学生对问题的深度思考及有效解决，乃至举一反三，学生感受到的成长是实实在在的。从理论层面看，这个过程可以帮助学生将零星的感悟、感动等感性认识上升为理性认识，再回到实践中指导自己的行为，这是大学生自我意识发展成熟的重要环节，也正是学生所说的沙盘活动经历将令自己终身受益的根本原因。

参考文献

[1] 侯玮，张日昇．限制性团体箱庭疗法促进初任班主任生涯发展的探究 [J]. 中小学心理健康教育，2014(2):12-15.

[2] 王玉．成长沙盘在改善大学生寝室人际关系的运用研究 [J]. 知识经济，2018(9):144-145.

[3] 钱玲，李丽，伏双艳．无声胜有声，成长悄无形：职校生团体沙盘游戏活动的实践与思考 [J]. 职业，2016(12):30-32.

一例心理绘画技术对降低新冠肺炎疫情期间大学生焦虑情绪的咨询案例

郭志峰

大连工业大学 116034

【摘要】2020年新冠肺炎疫情的暴发对于我国各行各业都造成了严重影响。各级各地都做了防控隔离，高校延迟开学。本文从实际案例出发，探讨在新冠肺炎疫情期间大学生出现的不良心理状况，运用心理绘画投射技术，对大学生焦虑情绪心理进行咨询和分析，探索出解决疫情期间高校大学生焦虑情绪的途径和方法。

关键词：心理绘画技术；新冠疫情；焦虑情绪

2020年1月，新冠肺炎疫情暴发并在全国范围内迅速蔓延。在疫情十分严峻的形势下，全国各地停止人员聚集性活动、隔离等一系列措施出台和落实。在此疫情下，高校积极反应，延迟开学，多方面应对疫情所带来的挑战。与此同时，由于疫情的不断发展和蔓延，很多大学生出现了应激性的情绪焦虑。

1　案例背景

求助者，男，湖北省黄石人，某高校大四学生。2020年2月拨打本校疫情心理援助热线寻求咨询。咨询前详细告知“网络心理咨询协议”说明，求助者表示认同并愿意接受心理咨询。

求助者自述疫情在湖北省暴发之后自己一直待在家中，随着疫情的发展，自己的焦虑感越来越重，每天多次测量体温（均正常），担心自己会被传染，严重时会影响睡眠和生活，自己每天待在家中无所事事，觉得自己无能为力。与父母交流时，父母多以冷漠、漠视的态度对待他。他经常会对一些生活琐事感觉敏感、多虑、担忧，但又不知如何调整和控制自己，十分困扰。

笔者了解到求助者居住于湖北省黄石某县城，他是家中独子，父母常年以打工、务农为生，由于父母受教育水平低，教养方式较为放任，加之求助者内向的性格，所以与周围人和亲戚的往来较少，成长过程中常常一个人面对生活及环境。后来随着年龄的增长，家庭经济状况的窘迫使得他很小就意识到自卑，处处不如“城里人”，对怎样才能有出息，他感到非常困惑苦恼。

大学期间，他的焦虑情绪也没有好转，不愿与周围人交流。他喜欢玩手机游戏，但事后常常觉得很自责；容易受到周围环境的影响，怕被别人看不起，说话、走路不敢抬头，对于别人的评价非常在意，经常会担心一些“小事儿”，如别人是否会在他不在时翻看他的手机等。2020 年 1 月，放寒假后他曾和几名高中同学聚会见面。之后武汉疫情大暴发，他听闻消息后懊悔不已，总是在担心会不会因聚会传染上新冠肺炎。虽然没有任何症状，但他每天早晨醒来情绪就很低落，担心自己被传染，控制不住反复测量体温（均正常）。再想到受疫情影响毕业遥遥无期，自己又缺乏求职技巧和能力，求职就业的压力也与日俱增。

2 案例咨询假设

首先，对求助者进行生理健康状况评估，可以排除新冠肺炎疑似个体。再进行焦虑自评量表（SAS）（网络版）测试，结果显示为 78 分（中国常模标准分为 50 分），存在明显焦虑症状，其原因有以下几点。

2.1 教养方式

父母教养方式为放任型，家庭经济情况也不好。在童年时，父母经常在外打工，与求助者情感上交流较少。在上大学之前的学习生活中，他的朋友很少，父母也不能给予关怀和引导，总觉得自己很孤独，每当生活中遇到了问题也总是以很悲观的态度来应对，觉得自己无能为力。

2.2 学业困扰

求助者学习成绩中等，学习动力模糊，在班级中常被他人忽视。他无特长，自我认知模糊导致学习动力不足，学习效率极低。他生活在疫情高发区，每天多以看手机打发时间，想到遥遥无期的延迟开学，自己又无能为力，加重了自我否定，焦虑情绪加重。

2.3 偶发事件

2020 年 1 月与高中同学（均来自湖北省内）聚会，加重了他怀疑自己会被传染上新冠肺炎的想法。反复测量体温，虽然自己也觉得这样做没有必要，但是每天看到增长的确诊新冠肺炎人数就感到担心和焦虑，如求助者自述：“现在的我，感觉什么都做不好，感觉对什么都没有兴趣……”

2.4 环境因素

因新冠肺炎疫情在全国暴发，求助者被困在家中，学习、生活突然变得迷茫，失去方向感。每天新闻媒体播出的疫情变化都会让他感到担心和焦虑。新冠肺炎疫情的影响使得现在和未来变得很复杂。加之他马上就要从大学毕业了，对就业也感到无从应对。

3 案例咨询方案及依据

3.1 咨询流程

对求助者的心理咨询基本技术路线是：通过心理绘画投射疗法塑造新的心理结构，建立积极认知结构和积极情绪反应来改善消极负面情绪[1]。即以自我觉察—反思—表达—升华为主线，通过在内心不断积极地完善构建新的认知结构来达到优势兴奋状态，从而能够自动提取使之降低负面焦虑情绪的体验。因疫情环境影响，咨询师与求助者共同商定采用微信视频与音频方式进行远程在线咨询。每周进行一次，每次 40 分钟。咨询分为三个阶段：梳理认知观念、发现潜在力量、构建积极意识；分别采用“自画像”“心灵涂鸦”“房树人”“爬山图”“雨中人”“九宫格”等不同主题形式，共进行 6 次咨询。

3.2 梳理认知观念

焦虑产生必有其诱因[2]。首先帮助求助者从认清自我认知的循环系统，了解焦虑情绪问题产生的基本诱导因素。从原生家庭的养育模式到自我认知偏差的负面情绪的积累及泛化，进而形成了因新冠肺炎疫情所诱导产生焦虑情绪的发展路径图（见图 1）。

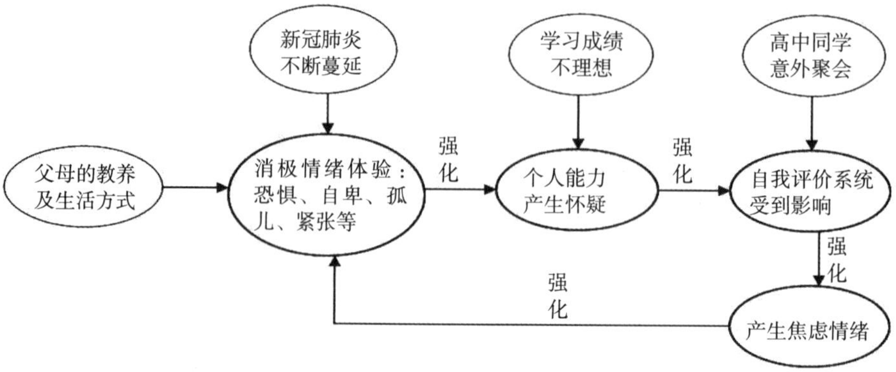

图 1　求助者焦虑情绪循环增强发展示意图

通过这一模式的咨询与解析，求助者逐渐认识到焦虑情绪产生的根源，在这样的认知循环中认知态度起到了关键作用，最终使求助者明白了焦虑情绪产生与自我意识反应是如何建立联系的。明白通过绘画投射技术在大脑中建立起具有积极情绪色彩的目标——动力图式[3]。在绘画咨询的影响下，求助者逐渐掌握家庭关系在潜意识中如何影响态度，自我内在与非理性相互抑制并诱发了焦虑情绪，并通过绘画探索找到潜在能量，指导如何克服疫情所带来的负面影响，合理规划目前的学习目标，期待美好的未来。

3.3　引导潜在力量

求助者因受新冠肺炎疫情影响，属于应激性焦虑情绪，但深层原因是家庭、学校、社会、个性等因素相互影响，使其性情懦弱，进而影响人际交往，社交焦虑症状也很明显。在认知和行为取向角度看[4]，对求助者进行绘画投射技术疫情焦虑情绪干预，能够帮助其通过新的学习来习得并形成了解新的适应性行为反应，绘画投射技术就是提供这样一种新情境，引导求助者从绘画中找到自己潜在的控制力、成就力和力量感，加深自我积极观念，从而更好地激发个人的潜能。因此，在绘画过程中，塑造结构化情境，并将目标行为分解成求助者可接受的认知，逐步加以示范，最终呈现目标行为，求助者的自信心得以增强，对于疫情的焦虑情绪也大大缓解。

3.4　构建积极意识

结合上面两个阶段的成效，借助绘画表达和投射过程，求助者建立起了积极情绪和认知，理清自我的心灵，并把困扰在大脑中的错误观念消除，这是自我解决心理冲突的过程。通过积极的心理构建，解决了求助者“自我”和“焦虑”之间的冲突。这相当于教会了求助者自我疏导的一种方式，长期积极意向的介入能够给求助者注入新的“能量”，进而改善了焦虑情绪和行为问题。

4　案例成效及解析

4.1　绘画疗法干预成效

通过6次绘画心理咨询后，求助者因疫情所产生的焦虑情绪得到了明显缓解，已经基本脱离了对于疫情的恐慌和担心，和父母的良性互动也有所增加，目标感也逐渐清晰。2020年8月，他通过网络招聘会签了一份自己比较满意的工作岗位，对于未来的职场生活充满了期待。

4.2　通过量表测评显示

咨询结束后，求助者的SAS总分为39分，低于国内常模标准分，焦虑情绪消除。

4.3　积极情绪发展的路径分析

首先，求助者受到新冠肺炎疫情影响是导致焦虑情绪的主要因素之一。其次，本人对自我心理健康意识关注，自我求助意识明确，是解决求助者焦虑情绪的心理动力来源。再次，通过绘画投射技术改善了不良认知，发展了良性的行为能力，提升对负面情绪的反应和应对。绘画投射技术最根本的目的是通过潜在意识行为的调整和积极情绪的暗示达到对求助者的心理调适和新观念建立的目标巩固[5]。最后，积极的心理路径形成强化（见图2），让求助者从绘画疗法中收获自信，消除负面心结，从而达到消除不良认知的目的。

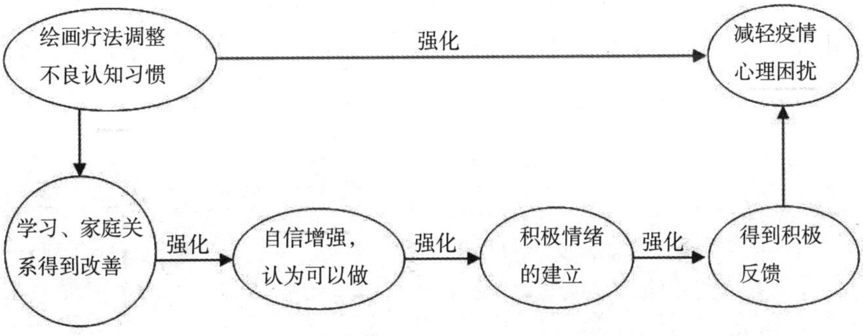

图2　求助者积极情绪循环发展路径图

5 讨论

目前，国内外关于焦虑的干预研究很多，干预的手段也各不相同，其中主要是以其他心理咨询和药物治疗为主[6]，而采用绘画投射技术这种心理咨询手段的较少，本文的研究对于在疫情等灾害面前大学生应激心理的化解与防范有一定借鉴意义。

本文求助者病程较长，为在疫情发生的环境下所产生的焦虑情绪心理问题。由于焦虑的发作期间产生的为紧张、恐惧情绪所强迫的灾难性思维，也可能将焦虑症状推向极高程度。求助者在高度焦虑情绪发作期间会有一种偏激的思维过程，即高度或极度的焦虑情绪体验状态下，求助者的思维总是把本来并不严重的事情看得极其严重，因而在焦虑症状的推动下，他们会强迫性地产生一系列的害怕、担忧、紧张的情绪。这种思维方式在其他人看来是不可能的事情，但对于有焦虑情绪的个体来说是极其可能的，是非常现实的，甚至会发生的灾难性思想。

在对求助者进行绘画心理干预的过程中，基于求助者的某些焦虑症状，从降低求助者总体的焦虑水平入手，可以达到较好的自愈的效果。同时，建立良好的咨访关系是保证咨询效果的前提，求助者全力配合会使咨询事半功倍；本文求助者症状得以改善，首先利益于求助者积极寻求心理帮助的意愿而没有选择消沉和回避，这一点是非常重要的。这有利于求助者不断发现自我、成长自我的心理品质塑造，也是咨询取得成效的坚实基础。其次，咨询师的专业水平在很大程度上决定了咨访关系。再次，求助者在咨询结束后自主应用心理绘画技术完善自己，效果才会巩固、长久。最后，心理绘画咨询采用引导式心理投射技术，个人通过绘画创作表达了情绪、情感，有助于宣泄或转移不良情绪，提升自我控制力，最有效地为求助者找到认知自我的媒介，对于大学生心理健康的积极塑造与完善起到了积极、重要的作用。

参考文献

[1] 潘润德 . 绘画治疗在情绪障碍中学生的临床应用 [J]. 中国健康心理学杂志，2008，16(7)：749-750.

[2] 赵婉黎，刘云艳 . 绘画疗法：心理治疗的艺术途径 [J]. 社会心理科学 ,2006(2):63-66,119.

[3] 张振娟 . 绘画在心理治疗中的作用及其应用 [J]. 中国临床康复，2006，10(26)：120-122.

[4] KUCHARSKI A J, ALTHAUS C L. The role of super spreading in Middle East respiratory syndrome coronavirus (MERS-Co V) transmission[J]. Euro surveil, 2015, 20(25): 14-8.

[5] 孙中青 . 积极心理学在大学生心理健康教育中的应用研究 [J]. 枣庄学院学报 , 2019(3): 131-135.

[6] 郭天笑 . 大学生焦虑情绪的相关研究 [J]. 吉林医药学院学报，2015，6(2)：49-51.

大一新生自卑与学习动机缺失的元认知干预一例①

李方圆　周济全

广东海洋大学　524088

【摘要】本文介绍了对一例大一新生自卑与学习动机缺失问题的元认知技术干预过程。大学生林力（化名），因高考发挥失常，产生高焦虑情绪，进而影响大学人际交往及学习状态。咨询师运用元认知干预技术，帮助来访者分析自身问题的心理机制，高效干预来访者的潜意识心理活动过程，为其建立自信交往程序，塑造高效学习状态，恢复学习动机，解决心理问题。

关键词：自卑；学习动机缺失；元认知干预技术

引言

通过以往研究和实际工作经验发现，学生学习动机缺失的原因一部分为思想问题，比如理想目标不明确；具有学习无用论、享乐主义、拜金主义等消极价值观等。另一部分为学习障碍问题，属于心理问题，学生因在学习上遇到困难无法解决，导致学习自信心和学习积极性严重受损，最终导致学习动机缺失。本文求助者学习态度端正，积极追求进步，思想问题不大，其学习动机缺失属于心理问题。

1　案例概况

林力（化名），主要问题为自卑与学习动机缺失，即高数学习障碍、考试焦虑。本文运用元认知干预技术，通过心理测量、认知调整、肌肉放松练习、布置作业等

①　基金项目：广东海洋大学第七期学生工作研究课题（gdou0709）；广东海洋大学 2017 年度人文社科项目（C18049）。

方法，共为求助者进行6次心理干预，取得预期效果。求助者自卑问题基本解决，高数学习障碍基本消除，考试焦虑问题基本解决，学习动机恢复。求助者自述：整个人像蜕变了一样。

1.1 案例分析

1.1.1 个人信息

林力（化名），男，大一学生。出生于广州一个普通家庭，独生子，父母为个体经营者。孝顺，责任心强。

1.1.2 问题表现

一是自卑；二是学习动机缺失。

（1）自卑。在班级竞选时，虽然准备得很好，但听到同学有很多优秀经历后觉得自己差远了，想放弃竞选，最终靠毅力完成竞选，“意外”当选；见到同学，担心比不上人家，不敢上前说话；去球场打球，觉得别人比他打得好，不敢主动一起玩；与女朋友相处时感到自卑。他觉得配不上女友，怕女友会看不起自己。觉得女友的朋友圈不适合自己，他们都是优秀的人，自己低人一等。

（2）学习动机缺失。具体表现为高数学习障碍和考试焦虑。

学习高数时，情绪低落，畏难情绪严重。想学学不进，对学习效果不满意。遇到难题卡顿时，心里发慌，不知所措。面对试卷心慌严重，担心题目不会、考试时间不够、考不好会对不起父母……难以静下心来答题，导致发挥失常。林力对自己的能力产生了极大的怀疑，丧失了学习的信心。

1.1.3 问题形成过程

高三时，面对即将到来的高考，感到害怕和迷茫。在这种情况下参加模拟考试，每次都很慌张，情绪无法平静，出现担心题目不会、担心考试时间不够、担心高考考砸等消极思维，最终高考发挥失常，比同水平的同学少考50~60分。虽然是村里第一个考上本科的大学生，家人也感到光荣，但是林力心中的痛苦无人知晓，并将这份痛苦带入了大学。

他上大学后想通过竞选学习委员来重拾信心，虽然当选，但自卑问题没有解决，常常纠结于自己为什么不优秀。他不喜欢与别人相处交流，觉得自己不配跟优秀的人交流，自卑情绪不断加重。

他认真学习，努力践行学习计划，但并没有意识到这种行为的积极意义，觉得并不是一件值得骄傲的事情，认为自己一生中没有什么值得骄傲的事情。

1.1.4 心理机制分析

元认知干预技术原理：几乎所有心理障碍都是潜意识心理活动现象，几乎所有的潜意识心理活动现象都是以条件性情绪反应为核心因素的；条件性情绪反应是后天形成的，容易建立也容易消除，因此心理障碍是可以治愈的[1]。

林力的自卑、高数学习障碍以及考试焦虑的心理机制都符合这一理论。以他与女友相处时的自卑问题为例来做具体分析。

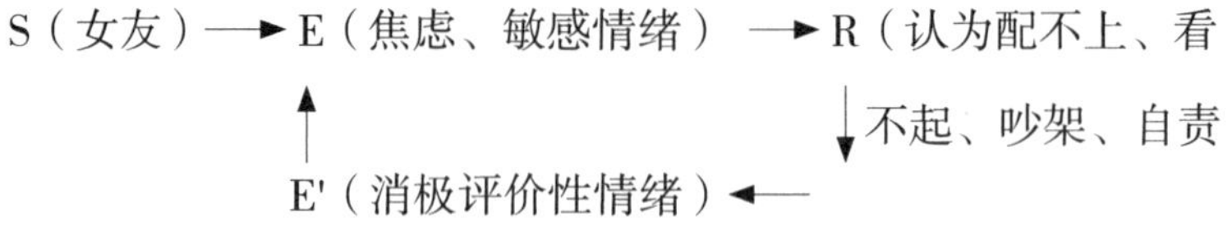

图 1　林力与女友相处自卑问题的心理机制

图 1 中 S 代表刺激点，指引发问题的特定事件或情境；E 代表特点刺激点下的情绪体验；R 代表不适反应，包括思维、行为及躯体反应等；E' 代表认知评价性情绪。

林力一到与女友相处的情境，就会出现条件反射性的焦虑、敏感等消极情绪，进而产生配不上女友、担心女友看不起自己等消极思维。从而引发吵架、逃避交往等消极行为。因为对自己的不良反应感到不满，产消极评价性情绪，进而推动原焦虑情绪不断升高，形成恶性循环，并以程序形式在潜意识中自动运行。

1.1.5　心理咨询方案设计

（1）主要咨询方法与使用原理。本文主要应用元认知干预技术。元认知干预技术是辽宁师范大学金洪源教授及其领导的课题组经历 30 多年努力研发的新一代高效心理干预技术体系。

（2）咨询协议。明确咨询师和求助者的责任和义务。咨询为每周一次，每次一小时。地点在广东海洋大学海滨校区心理咨询室，免费咨询。

1.1.6　心理干预过程

1.1.6.1　量表评估与诊断阶段

第 1 次咨询时间：2017 年 11 月 24 日。

目标和任务：了解林力具体情况；建立初步的咨询关系；进行心理测量；做出初步判断。

方法和要点：摄入性会谈，重点掌握求助者问题形成过程。

实施过程：让求助者填写咨询登记表，双方签订咨询协议，明确相应职责和义务；收集求助者相关资料；进行自信心量表的测量。

1.1.6.2　咨询阶段

本阶段共进行 5 次咨询，均采用元认知干预技术；实施形式为会谈法和肌肉放松练习；每次咨询结束后都会布置作业。作业包括每天运动 30 分钟，写 1 篇咨询日记，做 1~2 次肌肉放松练习。

第 2 次咨询时间：2017 年 12 月 1 日。

主要内容：分析心理机制、体验肌肉放松训练。

通过对自卑问题的心理机制分析，让林力明白自卑只是简单的条件反射，可以通过替换程序的方式解决。为林力讲解肌肉放松训练动作要领，体验肌肉放松。布置作业：学习元认知干预技术案例及视频讲座；常规作业。

第 3 次咨询时间：2017 年 12 月 8 日。

主要内容：自卑问题“不治而愈”，巩固初步成果

本次咨询，林力面貌焕然一新，充满活力。我问他：“不自卑了？”他毫不谦虚：“不自卑了。”

林力的自卑问题为什么不治而愈了呢？他在咨询结束后，认真学习案例和视频内容，并结合自身情况分析和运用。他带着对技术的热情和信任，在大脑里实现了对自卑问题的重新表征，看到了希望，认知焦虑情绪大幅下降，条件性焦虑情绪也被新的积极情绪取代，并巩固下来。

为林力设计上位化、综合性的自信程序，并进行临床放松训练。

第 4 次咨询时间：2017 年 12 月 16 日。

主要内容：解决高数学习障碍，塑造高效学习状态。

讲解知识学习的关键因素：学习状态（情绪）和学习方法（三类知识理论的应用）[2]。根据林力的实际情况，为其设计高效学习程序，进行放松训练。

第 5 次咨询：2017 年 12 月 24 日。

主要内容：考试焦虑的心理干预。

引导林力运用元认知干预技术原理分析考试焦虑的心理机制 [3]，设计从容应对考试程序，进行放松训练。

第 6 次咨询：效果巩固及预后防复发。

总结咨询成果，肯定林力的进步，鼓励他继续坚持；检测求助者自我干预能力；预测未来重大事件，并设计应对方案；讲解应对症状反复的方法和策略。

1.1.7 心理干预效果

（1）自卑问题得以解决。自述比以前更自信了，面对女友和他人的时候都能够自信从容，不再妄自菲薄。自信心量表得分由 15 分上升到 30 分（10~15 分：自卑，26~35 分为自信）。

（2）高数学习障碍基本解决。学习状态变好，学习效率提高，新的学习方法带来很大收获，期末考试成绩为 91 分。

（3）考试焦虑基本解决。自述期末考试状态接近完美。元认知让他的情绪保持

稳定。出现浮躁状态后，可以主动调控情绪，回到放松状态。能够平静面对薄弱科目的考题，没有出现患得患失的状况。考试焦虑量表得分由 37 分降到 6 分（12 分以下为低焦虑，20 分以上为高焦虑）。

（4）形成元认知自我干预能力，能够有效调控自身情绪状态。

（5）4 个月后回访结果：状态很好；遇到了有挑战的科目，但能够自信应对。

（6）1 年后回访结果：由于林立的优秀表现，已经进入卓越班（重点班）学习，学习动力很足。期末考试平稳发挥，偶有卡顿时能够从容应对，自述元认知调控能力已经非常熟练。大一学年全系排名第一，破格进入学院科研团队。

2 案例启示

运用元认知干预技术原理对学生学习动机缺失的心理机制进行科学分析，看到来访者的潜意识心理活动过程，找到解决问题的关键因素，进而干预条件性情绪反应循环系统恢复社会功能，是解决学习动机缺失问题的根本途径。

应加强在大学新生中开展各种形式的心理健康教育活动，普及心理健康知识，使学生在遇到心理问题时能够有知识、会求助。

应大力推广简单易操作的心理干预技术，使大学生能够掌握自我调控和自我干预的可操作方法，提高心理自助能力。

3 结语

通过短短 6 次心理干预，林力就实现了由自卑到自信的完美变形，学习动机缺失问题彻底解决。其原因如下：第一，问题典型；第二，技术高效，能够科学分析学习动机缺失的根本原因，并准确高效干预其心理活动过程，进而彻底解决问题；第三，求助者品质优秀：林力求助动机强、有悟性，能自觉坚持运用和练习技术。

参考文献

[1] 金洪源 . 元认知心理干预技术 [M]. 辽宁科学技术出版社 ,2013.

[2] 马立丽 . 提高学科学习能力的元认知策略与培养 [M]. 辽宁科学技术出版社 ,2016.

[3] 张秀春 . 元认知干预技术对大学生考试焦虑治疗的个案研究 [J]. 宿州教育学院学报 ,2012,15(3):9-11.

文化取向心理咨询治疗导论

——心理咨询本土化视角

赵富才　赵　彤

聊城大学 252059

【摘　要】文化取向心理咨询治疗（COCT）认为，人的心理问题复杂多样，但从根本说，都是源于文化的冲突。COCT 构建了一系列咨询的概念和技术，包括连结技术、心理空间、心理代价、具象化、咨询关系适宜性、技术灵活性、“元”咨询理论、多元咨询能力；而且具有整合心理咨询的理论方法、建立适宜的咨访关系、发展多元文化认同的理论功能。COCT 包括 5 个阶段：“观察 - 倾听”阶段，是建立良好咨询关系的关键环节；“连接 - 澄清”阶段，全面了解求助者及其与文化的关系；“鼓励 - 领悟”阶段，帮助来访者看到问题的全景及其与文化价值的关系；“改变 - 成长”阶段，来访者学会用新的视角、新的语言、新的行为去认识、表达和应对冲突；“生成 - 迁移”阶段，来访者能够将新的能力应用到生活中。

关键词：文化取向；心理咨询；心理治疗；本土化

人类心理行为是人类与社会文化互动的结果，文化对于心理行为的影响是根深蒂固的。心理咨询应该在文化的整体框架中进行，心理行为的解释也应该以社会文化为参照依据。而当前大多数心理咨询的理论、目标、方法，以及对心理健康的定义等，都是建构在西方文化价值观念之上的。对于不同种族文化背景和不同价值观念的求助者，他们的心理行为表现可能有巨大差异，咨询师如果不了解文化上的差异，仅以主流文化所强调的价值观念与行为表现来评价或判断求助者，就有可能阻碍咨询的顺利进行，甚至对求助者造成文化压迫。[1]

笔者依据 30 多年来的心理咨询的学习、教学、研究和临床实践，尤其是近十几年的临床咨询经验，发现个人的文化背景对一个人成长的决定性作用，从而提出了文化取向的心理咨询治疗（Culture-Orientated Counseling and Therapy，COCT）的观点与技术。人的心理问题复杂多样，但从根本上说，都是源于文化的冲突。而同一个咨询治疗理论技术针对不同文化背景的人其功效是不同的。不存在一种理论技术能解决所有的问题。COCT 理论与技术立足于我国的历史沿革、传统文化、经济条件、价值观念、生活习俗等方面，借鉴西方心理咨询的理论技术和成功的实践经验，构建本土化的心理咨询理论、方法和咨询实践模式。

1　研究思路和方法

在对国内外相关研究进行梳理的基础上，调查目前高校心理咨询师的理论取向和常用的心理咨询的技术方法，从文化的视角审视高校常用的心理咨询与治疗理论技术，探讨从西方引进的心理咨询理论和技术的优势和局限，及其对不同的文化背景和价值观念的求助者的不同适用性，探讨我国心理咨询的文化背景特点，构建文化取向的心理治疗的理论与技术。

2　国内高校心理咨询理论取向及常用理论技术调查分析

2.1　调查方法和结果

根据方便取样原则，选取三所高校的心理咨询师、心理辅导员进行焦点小组访谈。每个焦点小组 9 人，共 4 个小组，每组访谈约 50 分钟。访谈对象共 36 名，其中专职 17 人，兼职 19 人；男 14 人，女 22 人；平均年龄（33.66 ± 7.25）岁；已从事心理咨询、心理健康教育工作（7.24 ± 4.67）年。

编制半结构化访谈提纲，对 36 名调查对象进行半结构化焦点访谈。访谈内容主要包括 4 部分：（1）在咨询实践中你认为自己属于哪种理论取向？（2）在咨询实践中你比较擅长、最常使用的方法和技术是什么？（3）你入职前接受过哪些专业训练？入职后接受过哪些专业训练？还希望获得什么样的专业学习机会和专业支持？（4）在咨询实践中你感到最难的个案是什么？求助者哪类问题最难处理？（5）对于心理咨询工作，你觉得自己有哪些优势和局限？在自我成长方面最需要什么帮助？

焦点小组访谈由课题主持人和课题组主要成员担任正、副组长，在征求访谈对象同意后访谈全程录音，然后将访谈录音转换、整理成文字稿。资料分析采用类属分析的方法，即在访谈资料中寻找反复出现的现象以及可以解释这些现象的重要概念的过程，将具有相同属性的资料归入同一类别，并且以一定的概念命名。在本文中，首先对所有资料进行编码，4 个焦点小组分别编码为 A，B，C，D，每组中各名成员分别用数字顺序编码，并标出专职或兼职，如“A-1- 专”指 A 小组 1 号专职咨询员；其次由一名组长从收集的资料中提取主题或主要概念，进行主题分析；然后分别由另外三名组长对所有分析资料进行审核；最后四名组长对有疑问的或不一致的资料进行进一步分析，共同讨论。

访谈结果表明，高校心理咨询师和心理辅导员的理论取向选择的频率从高到低依次是认知主义、认知行为主义、行为主义、精神分析、人本主义。也有部分访谈对象认为自己好像没有刻意用什么理论取向，比较综合。比如人本的接纳、真诚是最基本的态度和技能，肯定要用；认知行为的、精神分析的理论和技术经常用到；其他的如森田疗法、格式塔疗法也会用到，没有刻意地偏向于哪个理论和技术。

高校心理咨询中常用的技术或方法主要有：（1）认知疗法；（2）行为疗法；（3）认知行为疗法；（4）支持疗法；（5）精神分析疗法；（6）以人为中心的疗法；（7）森田疗法。另外，部分访谈对象也学习和偶尔使用过其他疗法或技术，如格式塔疗法、催眠技术、神经语言程序疗法（NLP）、萨提亚家庭治疗、正念疗法。

2.2　对高校常用心理咨询理论技术的文化视角的分析

从文化的视角审视高校常用的心理咨询与治疗理论技术，我们会发现从西方引进的这些理论和技术各有优势和局限，对不同的文化背景和价值观念的求助者有不同的适用性。

CBT 认为，人的心理问题主要是由错误认知导致的结果。咨询的关键就在于指导求助者改变原来的认知结构，解除歪曲的想法，纠正不合理的信念，从而改变心理和行为。然而，CBT 理论和技术过于聚焦目标设定和转变的发生，缺乏对环境、社会和文化的考虑。CBT 由于过于依赖技术，因此可能会忽视咨询师的态度、价值观，求助者的文化背景、价值观、信念，以及双方的相互作用方式产生的影响。在多元文化的影响下，CBT 也逐步认识人与环境、社会、文化的相互作用。但 CBT 的价值观强调理性、个人独立、言语能力、认知和行为的改变，这与东方文化强调隐喻而非决断的言语沟通、相互依赖而非独立的关系、倾听和观察而非表达，以及强调接受而非改变的价值观大相径庭。另外，CBT 可能会因为侧重认知重建来改变求助者对种族歧视的认知，但却忽视了社会文化和历史对种族歧视的影响，也会忽视致力于改变种族环境的干预手段。例如，艾利斯的合理情绪疗法主张使用苏格拉底式辩论技术，可能会与一些特定文化观念相冲突，让求助者感到不舒服。而在咨询实践中，使用辩论的技术时要考虑求助者的家庭、文化、种族和年龄、性别、个人文化水平等因素的影响。虽然艾利斯的 REBT 通常因其清晰性和有效性很容易被大部分求助者所接受，但有效性不等于文化适合性，它可能存在文化偏见，因为西方心理咨询治疗理论强调个人主义，REBT 只倾向于把问题放在当事人身上，而未从文化层面对当事人进行咨询治疗。然而东方文化则鼓励相互依赖，个人必须调整自己的行为以符合家庭或群体的要求。因此对于那些重视合作、和谐相处的求助者而言，REBT 挑战信念的治疗方式也与有些文化价值观不相符合，比如，它所采用的质疑式辩论技术让一些“爱面子”的东方人感受到个人和文化上的攻击性。[2-3]

罗杰斯作为人本主义心理咨询的代表人物，他创立了以人为中心的疗法（person-centered therapy, PCT）。人本主义疗法强调创造一种良好的氛围，做到真诚相待、互相理解、彼此尊重，帮助求助者进行自我探索，认识自身的价值和潜能，发现真正的自我，对自己的成长负责，并朝着自我实现的目标前进。传统的人本主义理论鼓励求助者在做决定和理解周围世界时保持个体的独立性。因此，这样的理论方法不一定适用于生活在强调集体主义文化背景的求助者。人本主义心理学认为，每个人都具有自我实现的潜能和自主的倾向，但对于认为社群和集体的利益比自我实现更重要的求助者来说，PCT 的治疗效果可能会差强人意。例如，由于受到中国传统文化的影响，许多求助者寻求咨询时，他十分期待得到咨询师的直接建议和指导，这容易与 PCT 的人本主义治疗所遵循的非指导性原则产生冲突。对于来自尊崇权威文化的求助者而言，当 PCT 咨询师仅仅使用倾听、尊重、无条件地接纳求助者时，求助者可能会认为咨询师能力不高。PCT 强调通过咨询师无条件地积极关注、共情和真诚而建立起来的支持性的咨访关系，让求助者感到安全，有助于求助者体会到此时此地的情感。虽然 PCT 的核心条件包括尊重、热情、真诚、共情、积极关注，具有跨文化的普遍价值，但是在某些文化中，情感表达受到文化、习俗的限制，因此，咨询师就需要调整对求助者情感表达的反应。同样，咨询师在表达真诚一致时，也需要考虑求助者的文化背景。[4-5]

精神分析治疗的原理在于寻找症状背后无意识的动机，使求助者走进意识的层面，使之认识到其无意识中的症结所在，真正了解症状的真实意义，达成意识的领悟，从而使症状失去存在的意义而消失。但从文化的视角来看，经典精神分析存在着明显的局限：其高度口语能力的导向和治疗的长期性被认为仅适合中产阶级的求助者；其关于性别的观念受到了女性和少数族群的批评；其使用的自由联想、解释、梦的分析等技术，由于缺少性别、家庭、文化的考量而可能错失求助者改变和成长的关键。经典精神分析理论强调性驱力，但可能不适合强调性压抑文化的群体；强调个体的内部动力，却相对忽视了社会、环境、文化、家庭等方面的因素。因此，从文化的视角看，精神分析理论表现出文化上的矛盾性。例如，传统依恋理论强调的是核心家庭中母亲一个人的角色在依恋发展和形成过程中的作用，但亚洲或拉丁裔文化更强调跨代际大家庭的作用。精神分析治疗强调来访者和咨询师之间的言语交流，但在东方许多文化中，很多交流依赖不言而喻的共情性感知。文化会影响移情和反移情反应，求助者的移情反应可能是由于压迫，而咨询师的反移情则可能源于对求助者所处特定文化背景的刻板印象。[6]

3　我国心理咨询的文化背景与特点

心理咨询的文化不仅指国籍、民族、语言和宗教等人种志变量，而且包括年龄、性别等人口统计科学变量，教育、经济、生活方式等阶层变量，以及各种正式、非正式的团体隶属关系。心理咨询中的咨访双方在以上各个方面或多或少都有一定的差异，事实上就存在着某种程度的文化差别。

3.1　集体主义文化背景

集体主义是我国文化的一个显著特征。在集体主义文化中的个体，其个人的需求、欲望、个人成就都更多地服从于其所属群体的需要与目标。在改革开放、市场经济飞速发展的背景下，虽然我们开始更多地强调个人的价值和个体的独立性，但集体主义对人们的思想和行为仍有巨大影响。这种影响在使用西方以个人主义为导向的咨询理论技术对我国的来访者进行咨询时可能会出现矛盾和冲突，如奉行非指导性原则的人本主义心理治疗要求咨询师为强化来访者的自主能力，在会谈中要尽量处于跟随和观察的地位，不能给予直接的指导和建议。但在集体主义文化背景下的个体更愿意把咨询师看成解决问题的专家，期待咨询师有更多的指导和权威感，如果咨询师沉默不语，不给予指导和建议，就被认为是无能的表现。[7]

3.2　民族文化差异

我国是多民族国家，各族人民在其文明发展的历程中都形成了独特的文化和风俗，在理解世界的方式、人与人之间的交流、情感的表达等方面都有自己的传承和特点。即使是同一民族的文化，因为地域差异、经济发展水平不同也会出现较大的差异。这些差异和多样性就形成了各具特点的亚文化。在对来自某一民族文化背景的来访者进行咨询时，了解其文化背景对于咨询关系的建立、咨询效果的提升就成为非常关键的环节。[8]

3.3 地域文化差异

我国幅员辽阔，东部与西部、沿海和内陆、北方与南方区域发展不平衡，地区文化之间出现很大差异。较为开放的区域，社会、经济发展迅速，和西方文化有更多的交融，生活于此的人们更容易崇尚个人价值，思想和行为都具有独立性。而内地相对封闭的地区，社会、经济发展相对较慢，人们受中国传统文化的影响较大，会更多地考虑家庭，服从权威，人与人之间联系更为紧密。地域经济、社会、文化的差异会使人们在人际交往模式、情感表达方式、家庭观念等方面产生较大的差异。

3.4 宗教的影响

我国奉行信仰自由的原则，许多民族都有自己特殊的信仰。同时中国几千年的文化传统中，佛、儒、道更是深刻影响着许多中国人的个人信仰，甚至在一定程度上担负着调节人的认知和行为、保持心理平衡的重要作用。另外，基督教目前在中国也有一定的教众。咨询师在咨询过程中要了解来访者的宗教信仰，重视来访者的宗教信仰对其心理行为的影响。

4 心理咨询文化的操作性分类与界定

文化取向的咨询理论强调，咨询师在面对具体的求助者时，要考虑其文化背景及其多样性特点，保持对文化的敏感性，避免对求助者心理行为的误解。咨询师要时刻提醒自己，始终从文化的视角全面了解求助者的信息，对求助者的言行举止做出更为有效、准确的内容反应、情感反应、归纳总结，采取多种形式，满足不同文化背景以及同一文化背景的不同个体之间的需要。

中国文化具有内在多样性、多元化特点，为了准确把握文化对心理咨询的影响，发挥文化在心理咨询中的“定向”功能，本研究对文化做出操作性的界定和分类，将文化分成第一文化、第二文化、代际文化、家庭文化和个人文化（first culture, second culture, intergenerational culture, family culture and personal culture, FSIFP)。

第一文化，又叫主文化，是国家、民族和整个社会层面的文化，如本土文化与域外文化、东方文化与西方文化、国家民族文化等。第二文化又称亚文化，如区域文化、社区文化、城市与农村文化、学校文化等。代际文化指不同年代的文化，如青少年文化、成年人文化、老年人文化。家庭文化反映了一个家庭的各种关系，包括夫妻关系、亲子关系、兄弟姐妹关系等，它虽然是最小单位的文化，但对一个人的成长产生的影响是巨大的。例如，学生的学习态度、兴趣与家庭教育密切相关，亲子关系冲突反映了两代人的文化、价值观念的冲突。个人文化是指个人的文化水平、修养以及个人的主观能动性。

从社会文化层面看，当代文化与传统文化存在矛盾和冲突。如儿童、青少年在学校或社会人士举办的国学班上学习《三字经》《弟子规》《道德经》《大学》《中庸》等传统文化经典之作，其核心是仁、孝、忠，但这些道德精髓与市场经济逐利文化诉求正好相反。

从学校文化角度看，学校奉行的教育理念是素质教育，保障学生的全面发展，但现实中一些学校实施的是应试教育，学生经常处于“题山考海”的压力之下，难以实现个性的全面发展。

从个体的认知理念看，学生如果认为自己学习不好对不起父母、对不起老师，在中国传统文化语境下被认为是成熟懂事的表现，但 REBT 理论认为这是不合理信念。与西方人相比，中国人尤其是青少年和老年人，躯体化症状较突出，是因为在中国传统文化语境下，躯体疾病容易获得认可和同情，而精神心理疾病可能会遭到误解和鄙视。例如，有的学生以头疼、胃疼等躯体症状作为不想上学、逃避学习压力的条件，就可能是躯体化障碍的表现。

5 文化取向咨询治疗的概念构建与理论功能

5.1 概念的构建

（1）连结技术。是指尊重、热情、真诚、共情、积极关注的前提条件，包括咨询师与求助者之间的文化连接、文化与问题的连接、个人与群体文化的连接，等等。

（2）心理空间。文化心理空间是立体结构，分 4 层：一是同质层，相同的文化价值理念；二是混合层，同质异质文化理念在一起，冲突与和平共存；三是异质层，冲突不断；四是相容层，求同存异，相互尊重，都有发展。

（3）心理代价。求助者的任何改变和成长都需要付出一定的代价，文化取向的咨询理论技术以将求助者成长、改变的代价降到最低为目标。

（4）具象化。就是把抽象的东西表现得很具体，也就是把看不见的、不容易理解的，变成看得见、容易理解。比如，眼泪是悲伤的具象化，冰雪是寒冷的具象化，白发、皱纹是衰老的具象化，草木枯荣、沧海桑田、逝者如斯夫等是时间流逝的具象化，水银泻地、月华如水是光的具象化。

（5）咨询关系适宜性。文化取向心理咨询与治疗理论的一个重要观点是，来访者的问题可能源于个体内部，也可能源于个体的外部世界，外部现实有时比内部认知结构、无意识过程，甚至比共情水平更重要。咨询师采用与来访者文化相适应的咨询与治疗方法，并与其共建关系，将会发现来访者其实比想象的更具智慧。因而，只有考虑对方的文化背景，才能共建适宜的咨访关系。文化取向的治疗师的任务是与来访者合作，共同寻找最适宜的治疗体系。

（6）技术灵活性。一种咨询治疗理论技术或干预策略不可能适用于所有来访者和生活情境，对某种文化背景的来访者比较合适的干预策略，对另外一种文化背景的来访者则未必有效。咨询师需要根据来访者的生活经历和文化价值观，灵活地采用相应的技术和策略，制定恰当的目标，从而增强治疗的有效性。面对每个来访者，咨询师要重视其独特性，灵活应用多种咨询技术，注意在合适的时间以合适的方式将合适的技术运用到合适的来访者身上。

（7）"元"咨询理论。面对日益多元的文化和多样的群体，怎样才能将传统理论有机地整合在一起？针对情况各异的来访者，什么样的治疗方法才是最有效的？最好的答案是：摒除单一理论取向，采用整合的思考角度，整合各流派的适宜之处，形成适应不同求助者的"元"咨询理论。能起到"元"理论作用的就是"文化"。

（8）多元咨询能力。在具体的咨询中，咨询师无法做到完全理解来访者，因为只有来访者自己最能了解到其自身，他来寻求帮助，就是让咨询师有机会与他一起合作，一同寻找资源、共同面对困境。咨询师的多元咨询能力，要求咨询师不仅要具备相关知识和技能，而且具有自我觉察自我反思的态度，思考性别、籍贯、种族、文化、年龄、社会阶层、信仰、性取向，资历和阅历等是如何影响自己世界观、人生观、价值观的。在咨询过程中，咨询师能与来访者共同面对，为了更好地理解事情而一起谈论一个问题。

5.2 理论功能

一个人的成长受到家庭、学校、社区、民族文化深刻的影响，文化价值认同直接或间接影响着人的成长。从文化的普遍性来看，任何个人的成长、任何咨询治疗理论的形成都离不开特定文化的土壤；从文化的特殊性来看，不同文化背景下个人的成长都具有一定的差异性，不同文化背景下的心理咨询治疗理论具有不同的功能和适用性。

文化取向的心理咨询治疗把文化视作理论技术诞生和成长的土壤，在文化咨询过程中发挥"定向"、"整合"和"调节"的功能。

5.2.1 整合心理咨询的“元”理论

任何一种咨询与治疗的理论方法都是在一定的文化背景中形成、发展起来并加以实施的，因而每种理论方法都适用于特定的文化，而对与其不一致的文化背景来说，这种理论方法就可能出现偏差。咨询理论方法的文化价值观不同，对来访者问题的解释就不同。例如，精神分析疗法认为心理障碍来源于来访者的潜意识，与其幼年的创伤性经历有关；认知行为疗法则认为不适应性行为是社会学习的结果。不同的观点导致咨询师对来访者心理问题采用不同的解释与解决模式。文化取向的咨询与治疗也承认西方心理治疗理论与实践的实用价值，并认为这些理论和实践是发展传统治疗和创新理论的基础。但是，文化取向的咨询与治疗更强调来访者的文化属性，重视每位来访者的文化多元性和与咨询师的差异性，寻找与来访者文化背景相适应和协调的处理方法，在承认、接纳、支持和总结各流派理论的基础上，不再将治疗定格于某一理论，而是以所处的文化为背景，与来访者个体寻求行之有效的理论、策略和方法。[9]

5.2.2 建立适宜的咨访关系

咨询师与来访者的咨询关系涉及个人、家庭、学校、文化等多种因素，咨询师的文化背景与来访者的文化背景的交互作用，及双方对咨询关系的认知、体验是治疗能否取得理想效果的关键。良好的咨询关系是进行心理咨询的前提条件，也是心理咨询能否取得良好效果的先决条件，它决定了求助者能否解除自己的思想禁锢，开放自己的内心世界，从而拥有新的思维、情感和行为方式，有目的地、健康地生活。这种良好关系的建立需要在来访者的文化背景框架内进行，也需要来访者理解和尊重他人的观点。文化取向的心理咨询研究不同文化群体的特征，从而形成更加密切、适宜的咨访关系，致力于将文化作为核心要素纳入咨询疗法中，发展适合于求助者个体文化的理论和策略。

5.2.3 发展多元文化认同

文化认同发展是伴随意识各个层次或阶段，认知、情感和行为不断发展和扩展的过程。每个发展阶段都包含对自己的态度（自我认同）和对他人的态度（群体认同或差异）。它不仅受到文化因素的影响，也受到文化群体对主从关系认识的影响。文化认同的水平影响着来访者和咨询师如何认识问题、如何制定恰当的咨询和治疗目标及过程。每位来访者（个体、家庭、群体、组织）都有多种文化身份，这些身份发展不均衡，每一个体对其文化背景的意识水平各不相同，来访者的主要问题各不相同。文化认同的一个重要观点是，咨询师必须意识到不同个体的文化认同水平的差异，尽量与来访者的意识水平相匹配。[10]

6 文化取向心理咨询治疗的模式

文化取向的心理咨询与治疗模式包括 5 个阶段：

第一是“观察 – 倾听”阶段。在这个阶段咨询师的任务是倾听与观察，也是建立良好咨询关系的关键环节。在倾听的过程中做到完整地接纳和包容，不做价值评判，通过尊重、热情、真诚、共情、积极关注等技术，尽快建立良好的咨询关系，并且需要关注如下问题：在来访者所处的文化中，重要的个人特点和人际关系特点是什么？该群体的自然的优势、助人风格怎样？非言语和言语行为以及倾听和影响技术如何在群体中发挥作用？文化取向的咨询治疗认为，只有考虑对方的文化背景，才能共建适宜的咨访关系。

第二是“连接 – 澄清”阶段。这个阶段的主要任务是澄清事实，全面了解求助者的人口学信息、个人成长史、精神状态、生理功能、心理功能，以及求助者的问题、症状及其产生的原因、过程、相关人物和事件，通过内容反应、情感反应等技术，鼓励来访者不断自我开放，重点厘清这些事件与文化背景的关系，始终关注“文化”。例如，一位女性来求助，谈她在婚姻中的委屈，你却发现她对家庭婚姻的不当观念对她的伴侣造成伤害；一位男性因家暴问题来接受咨询，他是施暴方，而他从小生长在暴力家庭中，也值得可怜和同情；你向一位来求助的老人推荐一个调整睡眠的视频，却发现她由于年龄大、文化水平低，不会使用智能手机。

第三是“鼓励 – 领悟”阶段。帮助来访者看到问题和冲突的全景及其与文化价值的关系，看到他在冲突处境的应对中运用了哪些现实能力，缺失的是哪些现实能力。在这个过程中，来访者能够在尊重、平等、合作、共建的咨询关系中，扩展自己的思考和觉察，从不同的视角看待自己和自己的困扰，在这种不同于以前的特定空间之中，扩展思考和觉察，在与以前不同的认知和体验中，做出自己的应对和选择。

第四是“改变 – 成长”阶段。来访者学会用新的视角、新的语言、新的行为去认识、表达和应对冲突的阶段。咨询师的任务是根据来访者的文化背景采取适当的技术，比如内容表达、情感表达技术，鼓励来访者积极尝试，不断改变和成长，同时降低改变的心理代价。

第五是“生成 – 迁移”阶段。来访者能够将新的变化、新的能力整合应用到生活的其他方面，才意味着他整体“自助”能力的增强。

以抑郁症案例为例。对于一名抑郁症来访者的治疗，精神分析取向的咨询师可能会试图去发掘抑郁背后的潜意识的根源，认知主义取向的咨询师可能会帮助他改变看待世界的方式，人本主义取向的咨询师会帮助他了解、接受真实的自我。[11] 而文化取向的咨询师则考虑影响来访者的文化背景和个人健康的因素：文化背景、价值观念、经济背景；家庭背景，如单亲家庭、混合型家庭、留守家庭及重组家庭；创伤和威胁健康的因素，如贫困者、失业者、离异家庭的成员、艾滋病病毒携带者等；表达的特殊方式，如中国人倾向于将精神苦痛以躯体化症状向咨询师诉说而不是直接表达；特有的身体特征，如残障；居住环境和语言差异。

文化取向心理咨询的优势在于：一是包容性大，它是一种整合、一种理论取向；二是文化中心取向，强调咨询师要审视来访者的文化、种族、性别、年龄等因素，使咨访双方认识到求助者的问题一般不是源于个人内在的因素；三是致力于研究不同文化群体的特征，并致力于发展适合于当事人文化的辅导理论和策略。文化取向心理咨询治疗的主要局限，是它还处在形成和发展过程中，一些概念界定还不甚明确，文化的概念比较抽象，在操作层面容易发生分歧。因此，其理论和技术的完善还有很长的路要走，需要不断在实践中接受检验和得到提升。

参考文献

[1] SUE D W, SUE D. Counseling the culturally different: Theory and practice[M]. 4th ed. NY: John Wiley & Sons, 2003.

[2] JENCIUS M, WEST J. Traditional counseling theories and cross-cultural implications [M].MA: Pearson Education, 2003

[3] IVEY A E, ANDREA D M, IVEY M B, et al. Counseling and psychotherapy: A multicultural perspective[M]. 5th ed. Boston, MA: Allyn & Bacon, 2002.

[4] PEDERSEN P. The importance of both similarities and differences in multicultural counseling: Reaction to C. H. Patterson[J]. Journal of counseling and development, 1996, 74: 236-237.

[5] 李歆瑶 . 多元文化心理咨询：去除心理咨询中的文化偏见 [J]. 心理研究，2009,2(3):18-21.

[6] 刘晓敏，曹玉萍，陈琪嘉，等 . 不同从业系统心理咨询师和心理治疗师的理论取向 [J]. 中国心理卫生杂志，2013,27(8):578-582.

[7] 朱艳丽 . 多元文化心理咨询与治疗：文化意识的关注 [J]. 河南教育学院学报 ,2014,33(3):30-33.

[8] 杨安博，尤苗，余昕昊，等 . 从多元文化视角看西方主流咨询理论的局限性 [J]. 医学与哲学 ,2019,40(21):56-58.

[9] 罗伟 . 多元文化心理咨询理论与实践的反思 [J]. 吉林省教育学院学报 ,2012,28(5):141-142.

[10] 段媛媛 . 多元文化环境下大学生心理危机干预现状及对策研究 [J]. 辽宁经济管理干部学院学报 ,2019(5):119-121.

[11] 李稚琳 . 关于多元文化咨询能力的研究 [J]. 哈尔滨职业技术学院学报 ,2019(3):85-87.

大学生心理健康教育途径与方法研究

“微助教”融合下的BOPPPS教学模型在心理健康教育教学中的应用

——以“性别与两性关系”为例

封 静 张 婕 陈 静

湖北经济学院 430205

【摘要】针对我校目前已成一定体系的大学生心理健康教育课程，将BOPPPS教学模型的6个模块引入心理健康教育课程中，同时将此教学模型与“微助教”等课堂互动信息化工具有效融合，优化教学设计，增强教学实效性。本文以“性别与两性关系”这一章为例，基于“微助教”平台，根据BOPPPS模型设计教学过程和教学方案，探究BOPPPS模型在大学生心理健康教育课程中的应用。

关键词：BOPPPS教学模型；心理健康教育课程；教学应用

引言

《普通高等学校学生心理健康教育课程教学基本要求》《高等学校学生心理健康教育指导纲要》等文件中，明确指出各高校要积极开设心理健康教育课程，健全心理健康教育课程体系。按照要求，我校每年均面向全体大一新生开设大学生心理健康教育公共必修课，由有专业心理学背景的教师进行授课，每节课除了知识讲授外，融合了例如“微助教”“超星学习通”等课堂互动信息化工具，采用小组合作、角色扮演、团体心理活动等方式，力求充分发挥课堂教学在大学生心理健康教育中的重要作用。

目前，如何创新心理健康教育教学手段，激发学生学习兴趣，调动课堂参与度，优化教学体系，提升教学质量，成为教学研究的重点。本文基于“微助教”课堂互动信息化工具，围绕 BOPPPS 教学模型，探究此模型在大学生心理健康教育课程中的应用。

1 基于“微助教”的BOPPPS教学模型在心理健康教育课程中的应用

1.1 “微助教”与 BOPPPS 教学模型

BOPPPS 教学模型源自加拿大教师技能培训工作坊（Instructional Skills Workshop，即 ISW）[1]。据了解，ISW 是温哥华大学的道格拉斯·克尔根据加拿大不列颠哥伦比亚省针对教师资格认证的需要于 1976 年创建，BOPPPS 教学模型成为了 ISW 的理论基础[2]。该模型将教学过程划分为 6 个模块，其中包含导入 B（bridge-in）、目标 O（objective）、前测摸底 P（Pre-test）、参与式学习 P（Participatory learning）、后测 P（post-assessment）和课堂总结 S（summary）[3]。此模型有着较强的理论架构，各环节清晰明了，非常注重课堂中师生的互动及学生的参与度。

“微助教”平台以微信为载体，操作简便、有趣味性，在课堂管理、教法创新等方面较为突出，可以实现课前预习、师生互动、课后反馈、学情分析等功能。教师可使用平台将课件和学习资料等共享给学生，学生在微信端可快速加入课堂，进行签到、抢答、讨论、答题、复习、互评等，使用者在微信端和电脑端均可灵活操作，其平台的教学交互功能如图 1 所示。通过课堂互动信息化工具的引入，实现教学和信息化的有效融合，也使教学变得更加动态化。“微助教”能将其内部功能与模型中 6 个模块有效链接，让 BOPPPS 模型的开展有了实施载体[4]。

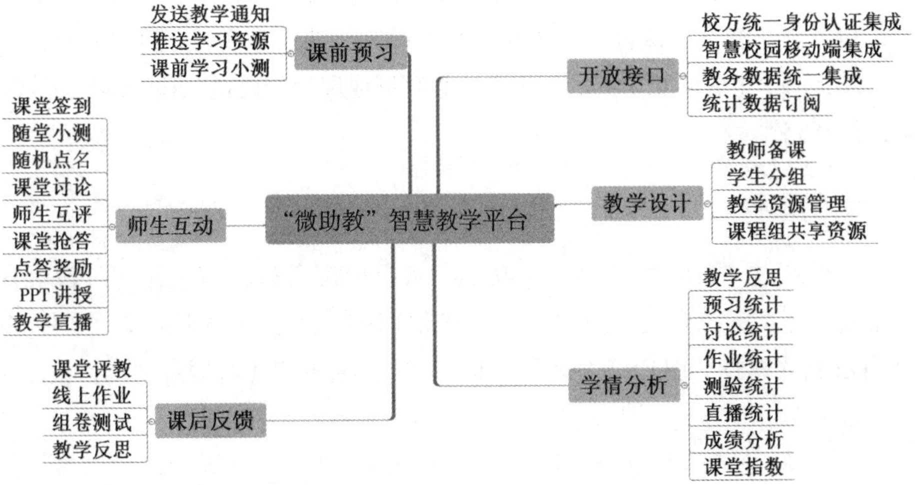

图 1 “微助教”智慧教学平台交互功能

2 基于“微助教”的BOPPPS教学模型教学设计与应用

大学生心理健康教育课程涵盖了心理健康概述、适应与发展、人际交往、情绪管理、心理求助与助人等内容，“性别与两性关系”是我校心理健康教育课中不可或缺的一章。本文选取本章中“性别面面观”这一节内容，主要探讨基于“微助教”的 BOPPPS 教学模型在实际教学中的设计与应用。为了使整体教学环节的呈现更加清晰，笔者根据以往教学经验和知识储备，将本次课的一系列教学环节设计了如图 2 所示。

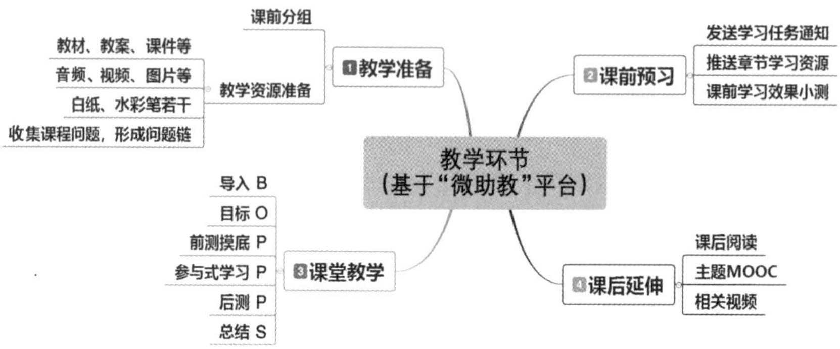

图 2 基于“微助教”的教学环节设计

2.1 教学准备

（1）课前分组。第一次课提前依据班级人数将学生分组，每组选定一名组长，教师可设计活动将学生分组，也可利用“微助教”【分组】功能，对班级学生进行分组、管理。本次课学生会依据已分好的小组就座，便于参与小组讨论等。

（2）教学资源准备。本次课需要给每小组学生准备白纸、水彩笔若干，同时教师需准备教材、教案、课件、音频和视频资源等。课前 2~3 天开启“微助教”【讨论】功能，向学生收集想了解的知识点，教师形成课程问题链，适时围绕问题链对教学进行补充[5]。

2.2 课前预习

本次课通过“微助教”【通知】功能，将提前准备好的课前预习资源利用此功能推送给学生。教师可在通知页面中编辑内容，或发送网页链接，上传 MP3，word，pdf 格式附件、图片等供学生提前预习。同时开启【答题】功能，检测学生课前学习效果。

2.3 课堂教学

实际教学中会依据 BOPPPS 教学模型，利用“微助教”平台辅助教学。

（1）导入。巧妙的导入对于激发学生的思维和学习兴趣，促进学生对新知识的探求，起到了至关重要的作用。在“微助教”的辅助下，导入方式不仅拘泥于复习导入，亦可融入逸闻趣事、歌曲、视频，或根据学生认知水平设置疑问，用认知冲突等方式[6]，让学生的思维更加活跃。心理健康教育课中的导入环节可采用心理测验、心理视频、心理现象剖析、案例分析、影视片段、设疑导入等方式进行。

本节课的导入环节，让学生发散思维，提问：谈到“性”会想到什么？谈到“性别”会想到什么？此环节教师用较为诙谐幽默的言语进行导引，激发学生学习兴趣，帮助学生专注于学习内容。

（2）目标。目标的设立应该是适当的、明确的、可检测和可衡量的，学习目标的设立需要明确教学目标的性质。心理健康教育课中的目标设立环节，作为教师应该明确本节课的任务是什么，要达到什么效果，利用设立的教学目标不断改进教学过程。在教学中，教师应让学生了解本节课的学习目标，让学生明确“要学习什么、掌握什么、方向是什么等”，并指导学生最终实现学习目标。

本节课设立的目标为：①了解性与性别的内涵，了解例如生理性别、社会性别、性少数群体（LGBT）；能了解同性恋“去病理化”等知识点。②学生能进行合作和参与式学习，提升对性别相关议题的理解力，增强课堂合作意识和创造性思维能力。③学生能增长学识，激发对性别议题的学习兴趣，提高主动性[5]。

（3）前测摸底。摸底环节能间接了解学生先前的储备知识、能力和兴趣点，进而帮助教师有效调整教学进度和深度。心理健康教育课中的前测摸底可以利用提问、测验、团体活动、头脑风暴等方式进行。

本节课开启“微助教”【讨论】功能，在课上让学生对如下题目进行线上作答：①是否知道生理性别和社会性别？②听说过性别刻板印象吗？③ LGBT 指什么？④同性恋是一种心理疾病吗？并将结果通过电脑端显示在【讨论墙】上供学生查看。教师可根据实际教学需求，选择讨论内容显示模式，例如匿名、词云、分组等。

（4）参与式学习。在“微助教”的辅助下，专业、互动的全方位参与式学习，可以适应多样化的教学目标，加强师生之间的信息和情感交流，帮助学生更好地掌握所学知识。心理健康教育课中的参与式学习，可采用师生互动、分小组讨论、角色扮演、主题辩论、情景模拟、小组展示等方式进行。

本节课设立了如下参与式学习：

①小组讨论。对开头导入环节进行再度深化，给每组发放两张白纸和水彩笔若

干，用头脑激荡的方式讨论由“性”所想到的议题后进行各小组展示，教师和每个小组学生会进行互动讨论。教师随后对“性”的内涵进行知识讲解，引出下一个内容。

②设疑提问。教师指出性别教育也是属于性教育的内容，提出在表格中看到“性别”这一栏之时，大部分同学会写什么、想到什么？学生一般反馈会想到：男和女。随后分享图片设置疑问，开启“微助教”【抢答】功能，利用奖励机制，鼓励学生主动思考，积极分享，以此引出生理性别和社会性别的概念。

③生活事件分享。教师利用身边的生活事件，引出“性别刻板印象”。邀请学生进行小组讨论后积极分享学习后的感悟，教师予以点评。

④邀请几名在前测摸底环节中知道“LGBT”的同学给大家讲解自己所了解的知识点。教师随后讲解 LGBT、LGBT 与心理健康等知识点。

（5）后测。后测环节可及时了解学生的学习成效，也可帮助教师调整教学活动以便改进教学。心理健康教育课中的后测可采用选择题、简答题等题型进行知识学习的检测，也可采用问题解决类型的作业进行心理知识应用的检测，还可以采用小组合作进行主题展示等方式。

本节课的后测采用：课程结尾之时，利用“微助教”【答题】功能设置判断题，例如：①性别角色认同就是让自己喜欢上自己的生理性别；②家庭教养方式、成长环境、学校环境都能影响一个人的性别认同；③一个典型的男性特质或女性特质的人更容易适应生活；④同性恋是一种性心理疾病[7]。

课程结束后，利用“微助教”【作业】功能，教师提前设置题目例如：①简述生理性别和社会性别的概念。②结合生活实际，谈谈你所看到的性别刻板印象。③如何看待多元性别？学生可利用平台提交文字或 word 文档，教师对未及时提交作业的学生可进行“一键提醒”，并导出作业进行管理、测评。

（6）课堂总结。帮助学生整合和总结所学内容，引导学生反思，并为下节课所讲授的内容做好铺垫和预告。心理健康教育课中的课堂总结环节，作为教师可回顾学习目标，重、难知识点，布置课外学习任务等；学生可分享自身学习心得，总结学习心理知识或参加心理活动后的感受等。

本节课包含两个层面：①学生层面。每个小组讨论后，对本次课学习的内容进行总结发言。②教师层面。参照教学目标，总结本节课的重、难知识点，例如生理性别、社会性别、性别认同与心理健康等内容，让学生多角度、多层面理解“性别”。

2.4 课后延伸

利用“微助教”的【通知】、【课件】等功能，在课后将相关主题 MOOC 链接、课后阅读材料、主题视频链接等上传“微助教”，进一步扩充学生的知识和视野，鼓励学生积极主动学习、思考。

3 总结

“微助教”平台操作便利、功能多样等特点对于教学来说，起到了非常好的辅助作用，同时对BOPPPS教学模型各环节的开展提供了有力的技术支持。在大学生心理健康教育教学中引入此模型，能够在心理健康知识讲授的前提下，围绕所设目标，通过教学过程的分解，激活学生内在情感和思维，让学生主动参与学习，能够学有所得。

应用“微助教”提供的技术支持，对于教师进行课堂管理、信息收集、课后延伸等提供了极大的帮助。从课堂实践、课后效果及反馈中可以发现，在此基础上应用BOPPPS教学模型大大提升了学生的参与度和实际教学成效，通过学生的答题、作业、课堂反馈等情况能够明显看到学生的学习效果，相信对于大学生心理健康教育课程教学目标的达成来说，也起到了至关重要的作用。与此同时，笔者认为应用BOPPPS教学模型，可能会受到课时、班级人数、课堂环境等诸多因素影响，故在大学生心理健康教育课程中，对于教师的综合素质，教师如何科学、合理地使用课堂互动信息化工具，如何有序安排各教学环节提出了更高的要求。

参考文献

[1] 陈海红 . 基于 BOPPPS 模型的网络概论课程教学设计 [J]. 教育教学论坛 ,2018(41):184-185.

[2] 曹丹平 , 印兴耀 . 加拿大 BOPPPS 教学模式及其对高等教育改革的启示 [J]. 实验室研究与探索 ,2016,35(2):197-200.

[3] 金美辰 . 基于产出导向法 +BOPPPS 模型的生态化英语教学 [J]. 中国冶金教育 ,2019(3):48-49.

[4] 陈龙云 , 徐安莉 , 陈会敏 , 等 . 微助教平台融合下的《生物化学》BOPPPS 教学模式探讨 [J]. 中国医学教育技术 ,2019,33(6):720-721.

[5] 封静 , 张婕 , 李晓华 , 等 . 性与性别多元化议题引入独立学院心理健康教育课程的探索与实践 [J]. 文教资料 ,2017(31):179-180.

[6] 杨羽 , 杨紫涵 . 基于 BOPPPS 模型下的应用光学教学环节设计：以实际光路计算为例 [J]. 轻工科技 ,2020,36(1):160-161.

[7] 江光荣 . 大学生心理健康 [M]. 武汉 : 华中师范大学出版社 ,2018.

大学生心理健康服务校医共建机制探赜

徐燕萍

广东外语外贸大学 510545

【摘　要】大学生心理健康服务的校医共建是响应国家政策要求、提高大学生心理服务质量的重要举措，应从顶层设计及具体实施方案等方面予以规划部署，最大限度地调动和发挥高校及医疗系统的心理教师、心理咨询师、心理治疗师等资源，使心理健康教育、心理咨询、心理治疗等心理干预手段融合于大学生心理健康服务体系的全过程，维护大学生心理健康，从而提高大学生的心理健康质量。

关键词：大学生；心理健康服务；校医共建；机制研究

社会转型的特殊历史时期，需要中国特色的社会心理服务与社会心理建设[1]。我国心理健康工作起步较晚，心理健康工作体系、制度等还在不断建设和完善。从资源及布局等方面来看，学校心理健康工作走在社会心理服务的前列，但仍有较大的调整和规划的空间。从心理健康教育走向心理健康服务，是学校心理健康教育发展的必然趋势，这种趋势顺应了世界心理科学发展的新特点[2]。而大学生心理健康服务应满足学生的不同心理需要，除了涵盖心理健康教育、心理知识普及、心理健康检查等预防和成长型服务外，还包含心理咨询、心理危机干预及转介、心理疾病的治疗及跟踪服务等干预型服务。但当前我国的心理人力资源布局及法规政策使学校心理健康服务工作者无法承担全部的心理服务内容，需要医疗卫生机构的心理医生提供专业支持。综合实践经验和已有研究成果发现，目前国内的校医共建呈现动力不足、内容局限等问题，对策建议多停留在微观层面。鉴于此，本文在澄清大学生心理健康服务校医共建的价值、分析目前国内校医共建的不足的基础上，试图构建校医融合视域下的心理健康服务自上而下的整体框架，进一步探索校医心理资源有效融合于大学生心理健康服务的路径。

1 大学生心理健康服务校医共建机制的价值与意义

在学校心理服务系统运作方面，美国注重医学、社会工作与学校教育力量的整合，一般学校不承担过多的学生心理服务工作[3]。而我国在教育和医学的心理健康服务专业力量和水平不是很充分的前提下，学生心理健康教育与服务主要还是依托教育系统本身的专业资源[4]。随着大学生心理健康服务内容的丰富和国家对社会心理服务质量的关注，探索全方位、多层次的校医共建机制对提高大学生心理服务质量和健全社会心理服务体系具有重要的实践价值。

1.1 校医共建是响应国家法规政策要求的应然之举

近十年，国家颁布系列法律政策文件指导高校心理健康工作，几乎都提及高校与医疗机构的工作界限及侧重，并鼓励校医双方协同共建，共同维护大学生心理健康。2011 年，教育部办公厅印发的《普通高等学校学生心理健康教育工作基本建设标准（试行）》中提出："高等院校应积极在院（系）、学校心理健康教育和咨询机构、校医院、精神疾病医疗机构等部门之间建立科学有效的心理危机转介机制。有条件的高校可在校医院设立精神科门诊，或聘请精神专科职业医师到校医院坐诊。"2012 年 10 月第十一届全国人民代表大会常务委员会第二十九次会议通过《中华人民共和国精神卫生法》，2018 年 4 月第十三届全国人民代表大会常务委员会第二次会议修改，第十六条和第二十三条明确提出："学校和教师应当与学生父母或者其他监护人、近亲属沟通学生心理健康情况。""心理咨询人员不得从事心理治疗或者精神障碍的诊断、治疗。心理咨询人员发现接受咨询的人员可能患有精神障碍的，应当建议其到符合本法规定的医疗机构就诊。"2015 年 6 月，国家卫生计生委、中央综治办、教育部等 10 部门联合制定的《全国精神卫生工作规划（2015—2020 年）》中提出："高等院校要与精神卫生专业机构建立稳定的心理危机干预联动协调机制，并设立心理健康教育示范中心。"该规划还明确了加强政府领导、落实部门责任、形成工作合力、保障工作经费、加强科学研究等保障措施。2016 年 12 月国家卫生计生委、教育部等 22 部门联合印发的《关于加强心理健康服务的指导意见》中指出："要建立多学科心理和躯体疾病联络会诊制度，与高等院校和社会心理服务机构建立协作机制，实现双向转诊。"2017 年，教育部印发的《普通高等学校健康教育指导纲要》中明确提出："发挥专业组织的协同推进作用。积极争取卫生部门和健康教育专业机构的技术支持和专业指导。聘请专业人员培训健康教育师资、开展专题讲座等健康教育活动，增强健康教育的针对性和实效性。”2018 年 11 月，国家卫生健康委、教育部等 10 部门联合印发的《全国社会心理服务体系建设试点工作方案》中提出建立健全社会心理服务体系。2020 年 4 月，国家卫生健康委、教育部等 9 部门联合印发《全国社会心理服务体系建设试点 2020 年重点工作任务及增设试点的通知》，进一步明确全国社会心理服务体系建设试点 2020 年重点工作任务，并新增湖北武汉为全国社会心理服务体系建设试点地区。校医共建已然成为大学生心理健康服务的重要工作形式，是响应国家政策法规的应然之举。

1.2 校医共建是提高大学生心理健康服务质量的实然之需

美国、澳大利亚等国家高校内部配有心理咨询师及精神科医生，而且高校与社区、社会精神卫生机构及医疗单位共同合作为高校学生提供心理健康服务。当前，我国在社区心理健康服务、精神医学发展及学校心理健康服务等方面的专业力量仍显不足，发展不充分。大学生心理健康服务主要或几乎全部依托教育系统，学校在学生心理健康服务工作中承担着艰巨的工作任务，尤其高校心理健康工作者承受着巨大的心理压力。不仅要做好心理疾病的筛查和预防，还要做好心理健康知识普及，提高心理疾病辨识率，消除学生病耻感和对心理问题的传统偏见，通过心理健康教育课程及心理健康团体活动等提高学生心理健康水平，对个别或部分一般心理问题学生开展个体或团体的发展性咨询，及时发现存在心理危机的学生并对其进行有效干预等。高校的心理学与教育学模式交互作用不足以应对大学生的所有心理健康问题，需要精神医学模式的积极参与。高校心理教师、心理咨询师与精神或心理科医师工作侧重不同，高校心理工作者侧重于心理问题的预防性干预，主要任务是“治未病”，而临床心理工作者侧重于心理问题的治疗性干预，主要任务是“治已病”。当前高校在没有校医共建的情况下，一旦发现存在心理危机或严重心理问题的学生，所要采取的应对措施是第一时间通知监护人将学生带离学校，并建议监护人带学生到专科医院进行诊治。这种方式可能导致三种比较消极的结果：其一，家长出于病耻感等原因坚持认为自己的孩子没事，拒绝将其带离学校就医；其二，家长无法获得较为匹配的医疗资源，耽误学生病情；其三，学生经过治疗后，学校无法得知学生的治疗进度及治愈情况，无法跟进学生的心理健康服务。校医共建机制推动精神卫生医疗机构参与大学生心理健康服务的“治未病”、心理危机应对、心理疾病治疗及跟踪服务的全过程，使大学生心理健康服务工作更加全面、顺畅、细致，提高大学生心理健康服务的质量，也成为家、校、医有效沟通的助推器，有效解决上述各种消极应对结果，使高校和医疗机构更合理、有针对性地为学生提供心理健康服务，共同提升大学生预防性及治疗性心理干预，为大学生心理健康保驾护航。

1.3 校医共建是健全社会心理服务体系的必然之势

加强医校协同，构建面向全体、立足教育、防治结合、防重于治的教育与防治体系，即“治未病”健康医学模式在大学生精神疾病防治与心理健康促进方面的体现，是坚持教育学模式、心理学模式与精神医学模式的有机结合与优势互补的表现，是高校心理健康教育的发展趋势[5]。在建设健康中国的大战略背景下，目前医校分离、各司其职、断崖式转介与治疗的大学生心理问题应对方式暴露出明显的缺陷和不足，给多数高校和饱受心理疾病困苦的学生及其家庭造成较大困扰，有的甚至严重影响学校教学秩序、学校和学生监护人间的关系、学生的学业及心理疾病的有效治疗等，不利于家庭、学校及社会的稳定。大学生心理健康服务体系是社会心理服务体系的重要组成部分，据教育部 2019 年统计数据，全国普通高等学校专科以上在校生人数达 3300 余万人，每一名大学生都牵扯着一个家庭的希望与未来，千万家庭是和谐社会的关键构成单位，校医共建的大学生心理健康服务机制可以在很大程度上弥补国内当前面临的预防与治疗分离的现状。医教结合不仅是专业力量的同盟，更是医学和教育的共同体[6]。以“预防为主”“防治结合”“联防联控”为指导，加强高校与专业精神卫生医疗机构之间的交流合作，发掘“治未病”深刻内涵和丰富意蕴在大学生心理健康服务工作中的意义与实践途径，积极促进大学生心理健康工作的开展，具有十分重要的意义[5]。学生及其家庭、高校都将是校医共建机制的极大受益者，而且有利于医疗系统对学生疾病的诊治，提高心理疾病的治愈率，对社会的和谐、稳定、健康发展具有推动作用，有益于整个社会心理健康服务体系的建设，并积极促成“健康中国 2030”目标的实现。

2 大学生心理健康服务校医共建机制发展现状

美国是开展心理健康服务医教协同较早的国家，构建了以医院为主导的心理健康服务网络，通过心理健康项目为专业人员提供平台，并且形成了一个从职前到职后的完整的心理专业人员培训体系，以及连接医院、学校、家庭和社区的心理服务体系，政府在其中扮演的是政策支持和财政支持的角色[4]。一些西方国家的校园心理健康服务团队包含了心理咨询师、心理治疗师、精神分析师等不同资质的人员，承担不同的心理服务内容。而依据我国的国情，从理论上看，现代医学和现代教育存在相互协作的基础和必然性，但在实践中医院与学校仍存在相互独立、貌合神离的尴尬情况，双方的合作并不紧密，尚未形成制度化的协作共享机制[7]。在缺乏国家的宏观部署、顶层设计及明确的政策、法规、资金支持的情况下，我国当前部分地区试行的校医合作还存在形式单一、内容局限、合作不力等诸多问题。

2.1 大学生心理健康服务校医共建机制尚未普及

目前，全国少数教育较发达地区的高校已尝试建立大学生心理健康服务校医共建机制，但形式不一，总体效果向好。重庆精神卫生中心开展“医校结合”，进行心理健康宣传已有 20 多年历史[8]。2005 年，上海交通大学学生工作指导委员会与上海市精神卫生中心签署协议，联合开展大学生心理健康教育与危机干预工作，并聘请精神医学专家担任学校的心理健康教育顾问，开创了我国高校与地方精神卫生机构联合开展大学生心理健康教育与危机干预的先河[9]。自此之后，上海多所高校与医院签订合作协议，探索范围更加广泛、内容更加丰富的合作方式，并取得了不错的效果。2011 年 10 月，北京举办大学生心理危机预防与干预医校合作专题论坛，北京市教育工委代表北京高校与北京回龙观医院签署学生心理危机预防与干预医校合作协议，并提出要探索建立全方位、多层次的协作模式。2012 年 3 月，福州大学心理健康教育与辅导中心和福州市第四医院签订《大学生心理危机预防与干预医校合作协议》，福州市第四医院将为福州大学专兼职心理咨询教师提供专业培训和督导并担任心理健康工作顾问，为大学生心理危机个案开通转介诊疗绿色通道，定期进校园开展心理健康宣传活动等，是福建省校医合作加强大学生心理危机预防与干预的首次尝试[10]。2018 年 6 月，陕西省心理卫生协会大学生心理咨询专业委员会在西北工业大学举办了“新时代医校结合共建高校心理健康服务体系工作模式研讨会”，西安市的 5 所主要精神专科医院或者综合医院精神科负责人以及近 50 所高校心理健康教育中心的负责人参与，就开展“医校结合”工作模式进行了深入的探讨和交流，取得了良好的效果[11]。但目前，国内学术界在大学生心理危机应对工作中引入“医教模式”的研究仅处于起步阶段，高校、医院与家庭结合的模式更是研究空白[7]。由于缺乏明确的政策引导、机制保障和资金支持，校医共建模式尚未形成普及之势，多数地区和高校仍然停留在等待与观望阶段。

2.2 大学生心理健康服务校医共建机制尚不成熟

高等院校与精神卫生医疗机构在大学生心理健康服务的合作中仍然存在诸多问题。例如，共建机制缺乏规范性与约束性、共建形式及职责不清晰、共建工作缺乏相应保障等。大学生心理健康服务的校医共建是一种自发之需的探索合作，缺少专门的组织或部门对合作进行规范，缺乏有效的合作协议制度保障，所以对双方合作的权利和义务等缺少相应的规定，影响了大学生心理危机预防与干预中快速处置的针对性和时效性[12]。校医共建机制对承担大学生教育与管理的高校来说受益大于精神卫生医疗机构，因此高校在合作的积极性和主动性等方面显著高于医疗机构。据了解，部分高校在主动寻求与医疗机构建立大学生心理健康服务校医合作时被医疗机构开出较高的“合作年佣金”，让一些心理工作经费有限的高校望而却步。这种“自下而上”的自发之需的合作探索在实践过程中缺乏相应的指导和保障，实际操作面临种种困难，而“自上而下”的国家法规及文件指导纲要还停留在简略的软要求上，仍未形成明确具体的硬性要求和保障体系，各地教育及卫生指导部门也鲜有联合制定文件促成并保障大学生心理健康服务校医共建机制的建设。从当前一些地区的共建实况来看，通过比较权威的第三方组织（如省级心理卫生中心等）为中间平台促成高校与医疗机构的共建是比较可行的，但在缺乏“自上而下”的明确法令文件指导要求下，校医共建探索举步维艰，更多高校仍处于或止步于“探索”阶段，大学生心理健康服务的校医共建还有很长的路要走。

2.3 大学生心理健康服务校医共建内容尚不全面

在大学生心理健康服务校医共建机制尚不成熟的情况下，很多高校只能首先解决最迫切、最重要的合作需要，因此学生心理危机干预与心理疾病转介成为校医共建的主要或唯一合作内容。《普通高等学校学生心理健康教育工作基本建设标准（试行）》中明确提出：“辅导员、班主任、研究生导师是大学生心理健康教育工作的重要力量，每年应为他们至少组织一次心理健康教育专题培训。应对学生宿舍管理员等后勤服务人员开展相关常识培训。”大学生心理健康服务校医共建的服务对象应不仅限于学生，还应包含高校的教职员工，关注教职员工的心理健康状态，提升教职员工的心理危机及心理疾病鉴别和应对能力。精神卫生机构的心理医生、心理治疗师参与学校心理健康服务“治未病”过程，维护高校师生的心理健康，并通过临床心理医生开展的心理专业培训和讲座，指导师生掌握识别精神及心理疾病的基本方法，更加有效地防范、识别心理问题及心理疾病，提高心理调节能力，增强心理健康水平，维护校园安全稳定。校医共建内容应涵盖心理卫生知识宣传、心理健康培训、心理督导、大学生心理问题课题研究、心理危机干预、心理疾病转介、心理疾病诊断及治疗、心理疾病跟踪服务、心理健康服务人员专业能力提升等多个方面，贯穿大学生心理健康服务工作的每个环节，校医双方在心理健康服务的各个环节虽工作重心有所侧重，但应共同致力于大学生心理健康服务的全过程，而不仅仅局限于心理危机转介等个别环节。

3 大学生心理健康服务校医共建路径

大学生心理健康服务校医共建是一个系统工程，需要宏观层面的整体布局及微观层面的伦理及职责规范共同作用，注重厘清工作理念和目标、完善政策和法规、架构工作网络和平台、拓展工作内容和形式、提供支持并予以监督，构建自上而下完整的心理健康服务校医共建体系。

3.1 顶层设计：制度与平台

3.1.1 心理健康服务校医共建制度建设

在政策制度方面，美国学校心理服务强调立法，政府部门不多做行政干预，而国内学校心理健康教育目前主要是依靠政府部门，行政推动力度大，法规制度建设非常薄弱[3]。大学生心理健康服务涵盖的内容非常广泛，并非高校所能独立承担的，需要社会各方力量共同投入，因校、医所属系统不同，需要有明确的制度对心理健康服务的工作进行指导和规范，厘清校医双方的职责和权利，才能使共建工作顺利开展。校医共建制度是高等学校和医疗体系共同致力于大学生心理健康服务的纲领、准则和保障。而制度的建设必须是业内认可的权威组织或部门根据行业发展需要而制定，因校医共建制度涉及不同的社会工作体系，需要政府进行资源的整合。近年来，教育部联合相关部门印发多份政府文件，包含精神卫生、心理健康方面的工作规划、工作方案及指导意见等，对全国各地级、各体系均有一定的指导和影响作用。校医共建机制也应由教育部和相关部门联合制定，明确医疗体系和教育体系在学生心理健康服务工作中的职责及联合方案，规范两大体系的联盟机制及运作方式，为大学生心理健康服务的社会服务综合体系的建立勾画工作蓝图，指导各方力量合理、有效参与共建机制，发挥心理服务体系的综合作用。制度体系是大学生心理健康服务校医共建机制的重要保障。俗话说“需要是创新之母”。近年来，上海、北京等国内较发达地区率先掀起大学生心理健康的校医共建浪潮以及国内各高校心理咨询专职教师深刻感受到的断崖式转介、心理危机干预之无力无不反映出大学生心理健康服务的校医共建之需要及趋势。这种“自下而上”的自发行为虽然在实践中取得了一定的效果，但没有国家政府的明确支持，要想形成更具效能的发展态势仍是举步维艰。国家层面的心理健康服务校医共建制度无疑能够有效推动这项事业的迅速普及和发展，指导各地方充分调动高校、医院相关资源，合理、有效地投入大学生心理健康服务工作，对实现“健康中国 2030”的战略目标及在更广阔的层面护航大学生的身心健康具有重要的现实意义。

3.1.2 心理健康服务校医共建平台建设

大学生心理健康服务的校医共建不仅需要国家顶层设计的文件政策或法律法规支持，还需要一个落实政策法规、融通校医心理服务资源的第三方平台。而第三方平台的资质需要认真考量，只有真正能指导、督促校医双方达成共建意愿并有效实施共建举措的第三方才有可能将校医双方真正融合于大学生心理健康服务工作中。第三方平台需要承担的工作职责包括：落实文件要求，促成校医资源融合；邀请校、医心理服务团队协商制定校医共建细则；提供交流平台，连接高校心理咨询师与心理医生的对话；对校医共建效果进行评估指导；设计建设大学生心理健康服务校医共建网络平台，提供心理服务资源，为校、医、家、生全方位的沟通创造条件；通过规划具体的心理服务项目及科研课题，使校医双方的心理服务资源有效融合；提供多种可能的校医合作模式，并定期举行正规的校医共建仪式；定期举办校医交流会，针对合作中出现的问题及时进行整改；推动校医互动，促成高校心理教师走进医院，了解临床心理治疗的技术方法，鼓励心理医生进入校园担任心理健康兼职教师；每年举办一次校医共建总结会，对在校医共建中做出卓越贡献、表现突出的心理医生、医院、高校、心理咨询师进行表彰，并对优秀的共建经验进行推广；不定期举办心理咨询、心理治疗专业培训及学术会议，促进心理医生与高校心理咨询师的交流和学习，加深对彼此职业的了解，畅通情感及信息沟通途径，提高校医共建的及时性、有效性；等等。高校和医疗机构分别承担着不同的社会职责，因服务对象的交集才能构成一个共同的服务联盟，第三方平台将二者的沟通顺畅化、合理化。因此，第三方组织在校医共建中起着举足轻重的作用，而非一般的行业协会能够承担。目前，国家并没有在各省市地区统一设立心理健康中心，以广东省为例，学校的心理健康工作是由省教育厅思政科进行布置和指导，学校心理健康工作缺乏系统性和生命力。因此，具有政府行政权的省市区各级心理健康中心的建立对指导学校、医院、社会机构等的心理健康工作及融合各方心理服务资源将大有裨益，也是构建社会心理健康服务体系的重要部署。另外，政策、资金及资源的支持将是对校医共建可持续发展最有力的保障。

3.2　共建举措：内容与方式

3.2.1　“治未病”阶段

大学生心理健康服务工作预防大于治疗，这一学校心理健康服务的基本观点在国内外教育领域已达成共识。在国家相关文件明确要求的政策驱动下，高校通过进行大学生心理健康教育、开展内容丰富和形式多样的心理第二课堂活动及提供心理咨询等多种途径向学生提供心理健康服务。在“治未病”阶段，高校心理咨询师及心理教师承担更多的心理健康服务工作，但需要心理医生的参与才能使“治未病”阶段更加专业。大学生的心理健康普查目前已成为高校的一项日常工作，给高校心理工作者带来工作量及工作难度的极大挑战，通过若干心理量表所筛查出的“问题学生”比例高达10%~30%。校医共建机制及平台的建设可以有效调动教育及医疗资源参与大学生心理健康服务的“治未病”工作环节，在大学生心理健康普查的随访阶段可根据实际情况分多层鉴别梯队，最后经层层筛选被认为“问题较为严重”的学生需要精神医学的介入诊断。除心理健康普查外，心理治疗师、临床心理医生还可参与高校心理健康知识宣传、心理危机识别及应对等阶段。通过建立健全工作机制，加强专业知识培训和专业伦理教育，积极搭建工作团队，以构筑服务于全体学生心理健康的学生工作系统，形成全员育人的工作氛围[13]，进而提高大学生维护心理健康的意识、心理健康水平及对心理疾病的认识能力。

3.2.2 心理转介

心理转介是指在心理咨询、心理干预的过程中因各种原因由求助者或咨询师主动提出的经求助者同意的更换心理咨询师或心理治疗师继续对学生进行心理帮助的过程。高校心理咨询师在工作过程中初步判断学生的心理问题是否超出了心理健康的范围，特别是在学生发生心理危机的突发情况时，心理健康服务应从高校的心理健康教育、心理咨询等环节转入医疗系统的心理诊断和治疗环节，由高校心理咨询师、辅导员或其他教师、学生监护人及心理医生共同形成家、校、医三方协同的心理干预体系对学生的心理健康状况进行维护。转介过程中由校方心理健康服务教师针对学生的心理咨询情况、学习、情绪、人际关系、行为等方面的异常向心理医生做具体的说明，有利于心理医生更快速、全面地了解学生的情况，有针对性地制订治疗方案。当然，在转介过程中，高校心理健康工作者应遵守心理咨询的基本伦理，心理问题的转介必须经过学生本人的同意，并在学生授权的情况下才能将咨询的主要内容介绍给其心理医生或心理治疗师。倘若咨询者不遵守道德规范，学生不仅不会得到适当的帮助和解脱，而且还可能受到更大的利益损伤[14]。美国学校心理咨询师协会制定的相关伦理准则为："认识到首要的职责是为学生保密，但家长也有知情权，要平衡这两者"；"尊重家长的权利和责任，在合适时与家长合作"[13]。心理危机是指个体遭遇有重大心理影响的事件或境遇，使用现有的心理资源无法有效应对，进而引起认知、情感、躯体或行为等方面的失衡或危险状态[15]。在学生发生心理危机时，高校心理工作者要着重做好与学生监护人的沟通，明确说明心理危机转介的重要性及价值，努力赢得家长的信任和配合，必要情况下可以邀请权威的心理医生参与心理危机转介的协商过程。校医共建机制使学生心理危机转介过程更加畅通、科学、有效，避免了学生监护人带学生自行求医的"断崖式转介"带来的种种弊端。

3.2.3 "治疗"阶段

当学生被确诊为某种心理疾病或发生自杀、自伤等心理危机时，需要进入心理健康服务的心理治疗环节，危机干预目前已成为临床心理服务的重要分支[16]，在这一环节中，心理治疗技术和手段起主要作用，但来自高校与家庭的支持同样起着重要的辅助作用。心理危机是危险与机遇并存，如果当事人能够利用这一机会或得到恰当的帮助，则能摆脱危险或威胁，从而获得个体的成长和自我实现的机遇[17]。在心理治疗阶段家长的处境较为艰难，对孩子健康、学业及他人眼光的担忧都有可能成为阻碍家长持续支持孩子进行心理治疗的“绊脚石”，而且家长分别与医院、学校的单线沟通容易耗费心力，极有可能会发生中断治疗并让学生带病返校复学的情况，不仅贻误了孩子的病情，还会对校园及学生自身安全造成威胁。在遵守专业伦理的基础上，加强医疗与教育之间的沟通，建立双向重点反馈制度，对于医疗专业人员进行准确诊断，减少由于监护人、本人出于病耻感或其他原因对真实问题的规避而导致的困难方面十分有益[18]。校医共建机制使高校积极参与学生心理健康服务的全过程，在治疗阶段有高校的主动积极参与可以打消家长的一些顾虑，同时高校教师及同学可为心理疾病学生提供一定的社会和情感支持，学校心理咨询师及辅导员还可以持续跟进学生的心理治疗情况，对学生返校复学有准确的预判并能制定针对性的应对预案。校医结合模式重点在于联合学校及医院的心理服务资源共同应对学生心理危机，但也不能忽略家庭这一重要因素。校医共建机制将家长单向联系的校医两方聚合（如图 1），可以改变目前的家长－医院、家长－学校的传统低效沟通模式，而将家长、学生、医院、学校有效联合成心理治疗共同体，从心理、生理、社会各方面提供资源及情感支持，对提高学生心理治愈率、促进家庭和谐、保障校园安全、维护社会稳定等有重要的意义。

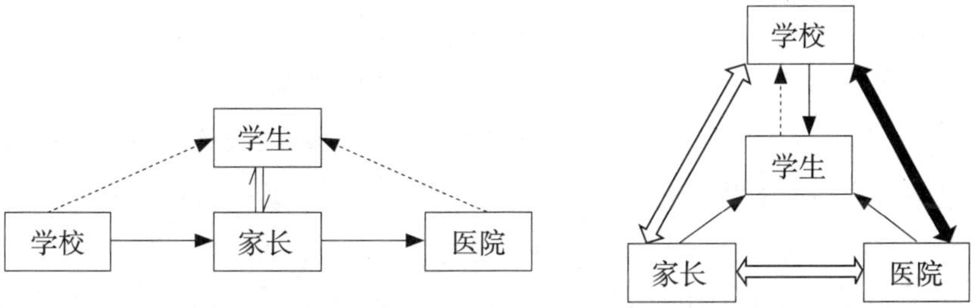

图 1　传统心理危机应对模式向校医共建心理危机应对模式转变

3.2.4　跟进服务阶段

学生心理危机的转介及就医并不意味着心理危机干预的终止，对心理危机愈后返校的学生进行有针对性的心理健康服务和心理关怀，可以巩固心理治疗的效果，增强学生心理应对及调节能力，预防心理危机的复发。提倡积极跟踪，不仅为当事人重新面对生活注入更多动力，更有利于建立良好的工作关系，既易于咨询关系或治疗关系的深入，便于及时准确地掌握危机当事人的发展动向，还能为学校类似事件的处理提供参考依据[19]。学生在接受心理治疗一段时间后会有好转或进入康复进程，这时家长一般都急切希望学生复学参与校园活动，高校在批复因心理问题请假或休学的学生复学申请时一般需要参考临床医生的诊断，建议对学生进行科学的心理健康评估。在校医共建机制下，高校教师（心理咨询师及辅导员等）可以直接了解到学生的心理治疗过程及目前的康复情况，并与医生详细交流该生目前是否适宜马上回归校园生活、回归校园生活后应注意哪些事项等，及时有针对性地确定学生返校后为其提供的心理服务内容，同时督促学生按时复诊、按医嘱服药。高校应建立全方位、立体化的心理健康跟踪服务体系，密切关注学生的动态，及时了解学生的心理状况，在学生复诊前向主治医生提供学生近期在校的人际关系、行为、情绪及学习表现，为医生调整治疗方案提供有价值的参考依据，并可以通过建立学生心理互助小组有针对性地为学生提供社会支持，使学生尽快回归健康的生活状态，恢复正常的社会交往和良好的身心状态。

4 总结与展望

在校医结合的全域性视角下，精神卫生服务和心理健康服务融合再造，形成完整的心理育人链条，把育心融入大学生在校学习的全过程、全周期[6]。大学生心理健康服务的校医共建工作是符合高校实际需求、顺应历史潮流的重要举措，国家层面应将校医共建作为建设完善社会心理服务工作体系的重要内容，力争在十年内将校医共建体系从目前的局部实行、狭义共建、自我管理的零星之态，通过政府统一指导规划发展为全国普及的、覆盖大学生心理健康服务全过程的普及之势，对校医共建联盟给予资金及政策上的支持，这一联盟的建设不仅有益于大学生的心理健康服务工作，而且对千万家庭及高层次人才的整体心理素质将有较有力的保障。牢固、稳定的校医联盟的建立可以极大优化大学生心理健康服务资源，使心理健康教育、心理咨询、心理治疗等融合于大学生心理健康服务的全过程，使大学生心理健康服务达到及时、稳定、持续发展的效果，提高大学生的整体心理健康水平，促进校园、家庭的安全稳定，从而推动社会心理服务体系的建设和发展，为实现健康中国的战略目标贡献力量。

参考文献

[1] 俞国良 . 社会转型 : 社会心理服务与社会心理建设 [J]. 心理与行为研究 ,2017,15(4):433-439.

[2] 俞国良 , 侯瑞鹤 . 论学校心理健康服务及其体系建设 [J]. 教育研究 ,2015(8):125.

[3] 吴增强 . 医教结合 : 美国波士顿地区学校心理服务系统考察 [J]. 上海教育科研 ,2013,33(1):30-34.

[4] 吴增强 . 医教协同 : 一种学生心理健康服务模式 [J]. 江苏教育 ,2019(16):20-22.

[5]　赖海雄，张虹．基于“治未病”思想的医校协同心理健康教育模式[J]．思想理论教育，2017,6:105.

[6]　季文泽，汤琳夏，吴庆涛．医教结合视域下高校心理健康服务的融通模式—以上海高校为例[J]．高等教育研究学报，2020,43(1):45-50.

[7]　杨振华，李宁．《中华人民共和国精神卫生法》背景下大学生心理危机“医教家”应对模式探析[J]．重庆医学，2019,48(23):4137-4140.

[8]　邱建国．医校结合建立大学生心理健康绿色通道的实践探索[J]．中国行为医学科学，2006(8):691.

[9]　毕玉芳．“医教结合”高校心理健康服务工作的探索[J]．思想理论教育，2013(8 上):68.

[10]　孟昭丽．福州大学探索高校医院联手加强大学生心理危机干预模式[J]．中国社区医师，2012,14(22): 195.

[11]　姚斌．新时代背景下“医校结合”高校心理健康服务体系建设[J]．思想理论教育，2019,5:93.

[12]　常荣．基于协同视野下大学生心理危机预防与干预的“校医合作”模式研究[J]．校园心理，2019,17(1):59.

[13]　金蓓蓓．心理健康服务家校医相结合模式探析[J]．思想理论教育，2017,3:88-91.

[14]　史占彪，张建新．心理咨询师在危机干预中的作用[J]．心理科学进展，2003,11(4):393-399.

[15]　EVERLY S, FLANNERY B, MITCHELL T. Critical incident stress management: A review of literature[J].Aggression and violent behavior: a review journal, 2000(5):23-40.

[16]　LLEWELLYN C, GAYNELL S, LAURA L, et al. Reach out and I’ll be there: Mental health crisis intervention and mobile out reach services to urban African Americans[J]. Health-and-Social-Work, 2003,28 (1):73-78.

[17]　季建林，赵静波．自杀预防与危机干预[M]．上海：华东师范大学出版社，2007,7:250.

[18]　张海燕．高校医教结合心理健康服务工作的探索：以上海高校为例[J]．思想理论教育，2016,1:92.

[19]　杨颋．基于高校危机干预体系的心理转介应对思考[J]．黑龙江高教研究，2013(7):116-118.

课程教学对大学新生心理健康素养的影响：一项追踪研究

孙　斌[1]　侯金波[2]　刘陈陵[2]*

1. 中国地质大学（武汉）心理科学与健康研究中心，430074；
2. 中国地质大学（武汉）学生心理健康教育中心，430074

【摘 要】目的：了解大学新生的心理健康素养现状及其对心理健康的影响，为探查课程教学作为提高心理健康素养主渠道的有效性与可持续性提供参考。方法：采用国民心理健康素养问卷和中国大学生心理健康筛查量表对武汉某高校2878名新生进行调查，并将心理健康素养作为大学新生心理健康课程教学的评估指标，通过前测、后测及10个月后追踪探查课程干预效果。结果：大学新生心理健康素养总体得分（40.12±6.57）高于全国平均分（35.81±8.06）；心理健康素养存在性别和城乡差异；无心理问题新生的心理健康素养总分高于有心理问题新生（$F=28.25$，$p<0.001$）。课程教学显著提升了新生的心理健康素养，10个月后追踪发现效果依然显著（$F=374.80$，$p<0.001$）。结论：大学新生心理健康素养总体较好，心理健康教育课程提高了心理健康素养。

关键词：心理健康素养；心理健康；心理健康教育；课程教学

* 基金项目：湖北省教育厅人文社科研究专项任务（编号18Z405），湖北省高校人文社科重点研究基地——大学生发展与创新教育研究中心科研开放基金资助项目（编号DXS20180018），湖北省高等教育教学改革项目（编号2017413）。

1 引言

心理健康素养（mental health literacy）是指帮助人们认识、处理或预防心理疾病的相关知识和信念，是健康素养的重要组成部分，最早由澳大利亚学者 Jorm 提出[1]。之后，Jorm 进一步明确心理健康素养包括五个维度：①预防心理疾病的知识；②识别心理疾病；③关于求助和可获得的治疗的知识；④与一般心理问题自助有关的策略与知识；⑤帮助心理疾病患者或处在心理危机中的人的技能[2]。二十多年来，心理健康素养的研究和教育实践在全世界范围内被广泛关注，来自不同国家的调查研究发现，增加对公众心理健康素养的干预有助于提高公众心理健康水平[3-4]。我国正处于社会经济的转型期，国民在心理健康方面呈现患病率高、就诊率低的现象[5-6]，提升国民心理健康素养显得尤为重要。近年来，国家有关部门联合发布《关于加强心理健康服务的指导意见》《全国社会心理服务体系建设试点工作方案》等文件，提出要提高国民心理健康素养水平，使普通人群心理健康核心知识知晓率达到 50% 以上[7-8]；2019 年，国务院印发《关于实施健康中国行动的意见》，将居民心理健康素养水平列为“心理健康促进行动”的一项结果性指标[9]。

国内外学者概括总结了 4 种途径可以提高国民心理健康素养：①覆盖全社会的社会运动；②针对年轻人的社会运动；③个人培训项目；④教授求助技能、提高心理弹性的学校干预[10]。学校是改善年轻人心理健康素养的理想场所[11]，通过学校教育，可以对心理健康素养进行有效干预[12-14]。Ojio 等的研究显示，经过 45 分钟的标准化课程干预，小学生的心理健康 / 疾病知识、心理健康状态的认知、有心理健康问题时帮助同伴 / 寻求帮助的意愿显著提高，3 个月后效果依然显著[15]；结构式的学校心理健康素养项目显著改善了 90% 青少年的心理健康素养和应对方式[16]。有研究发现，18~24 岁的年轻人更容易将精神分裂症识别为抑郁症，这一倾向表明有必要提高他们的意识，关注精神障碍的区分[17]。

进入新世纪以来，我国高校开始以课堂教学作为主渠道来加强大学生的心理健康教育，增进大学生心理健康意识[18]。目前大多数高校开设了各种形式的心理健康教育课程，但较少从心理健康素养角度来了解大学生心理健康素养现状、对心理健康的影响以及评估课堂教学的效果。江光荣等梳理了心理健康素养内涵和外延的变迁，发现 Jorm 的心理健康素养概念聚焦于心理疾病识别与应对相关的知识，是一种狭义的定义，没有涉及心理健康维护与促进；国外研究多采用案例访谈法，针对欧美国家民众进行，其结果对非欧美国家不具有文化适用性，且不利于大范围的调研。因此他们把心理健康素养重新界定为：个体在促进自身及他人心理健康，应对自身及他人心理疾病方面所养成的知识、态度和行为习惯。新概念在结构上包含“心理疾病应对—心理健康促进”和“自我—他人”两个维度；在内容上包含知识、态度和行为习惯三个方面。由此划分而成的六个维度可以分为两大块：自助心理健康素养，包括维护和促进自身心理健康以及应对自己心理疾病的知识、态度和行为习惯；助人心理健康素养，包括帮助和促进他人心理健康以及帮助和促进他人应对心理疾病的知识、态度和行为习惯[19]。本研究以武汉某高校大学新生的心理健康必修课程为例，采用问卷形式调查大学生的心理健康素养现状、心理健康素养对心理健康的影响和课程教学效果。

2 对象与方法

2.1 研究对象

采用整群抽样的方法，以中国地质大学（武汉）大一新生为研究对象，心理健康素养前测 2878 名，剔除无效数据 34 名，问卷有效率为 98.8%，其中男生 1808 名，女生 1036 名；城镇 2158 名，乡村 686 名。复测根据学号匹配后有效样本 1699 名，其中男生 1095 人，女生 604 人；城镇 1319 名，乡村 380 名。再测根据学号匹配后有效样本 1383 名，其中男生 885 人，女生 498 人；城镇 1004 名，乡村 379 名。再测时平均年龄（19.25 ± 0.69）岁。本研究已获得中国地质大学（武汉）心理科学与健康研究中心伦理委员会批准（批准号 RCPHS-20190901），所有研究对象均知情同意。

2.2 研究工具

2.2.1 国民心理健康素养问卷

由吴珏等开发，内容分为心理健康的知识和观念、心理疾病的知识和观念、维护和促进自己心理健康的态度和习惯、应对自己心理疾病的态度和习惯、维护和促进他人心理健康的态度和习惯、应对他人心理疾病的态度和习惯 6 个维度，共 60 题。1~30 题为判断题，采用 0、1 计分；31~60 题采用 Likert 5 点计分，计算总分时则转化为 0、1 计分。分数越高，代表心理健康素养越好。6 个维度的内部一致性信度在 0.64~0.76 之间；以大学生为样本，测得问卷总分间隔 3 周的重测信度为 0.72；与心理健康素养量表（Mental Health Literacy Scale, MHLS）[20] 的聚合效度为 0.74。

2.2.2 中国大学生心理健康筛查量表

由方晓义等编制，可作为中国大学生心理健康筛查的测量工具[21]。量表共 96 题，采用 Likert 4 点计分，分为 3 级筛查，共 22 个筛查指标，分数越高问题越严重。一级筛查为严重心理问题筛查，包含幻觉等严重精神病性症状、自杀行为与意向两个指标；二级筛查为一般心理问题筛查，分为内化心理问题和外化心理问题两类，其中内化心理问题包括了焦虑、抑郁、偏执、自卑、敏感、社交恐惧、躯体化7个指标，外化心理问题包括依赖、敌对攻击、冲动、强迫、网络成瘾、自伤行为、进食问题、睡眠困扰8个指标；三级筛查为发展性困扰筛查，包括了学校适应困难、人际关系困扰、学业压力、就业压力、恋爱困扰5个指标。一级和二级筛查为学生心理健康问题筛查的核心，三级筛查主要提示潜在的心理问题。量表内部一致性信度在0.61~0.89之间，重测信度在0.56~0.87之间，具有良好的内容效度、结构效度、校标关联效度和实证效度。

2.3 研究过程

问卷调查得到中国地质大学（武汉）学生心理健康教育中心的支持。该校每年10月都会对大学新生开设心理健康教育必修课，并进行心理健康普查，本研究是课程效果评估的一部分。具体流程：该校心理学与自我成长课程的任课老师作为主试，在第一节课和最后一节课（间隔8周）采用“问卷星”现场收集数据，课程结束10个月后追踪探索课程教学效果的后效。采用学号关联相关数据，3次数据收集分别作为前测、后测、再测。心理健康状况在新生普查中集中施测，与心理健康素养前测的时间相近。

心理学与自我成长共32课时，内容包括8个主题：概论、自我意识与自我发展、自主学习、学会共处、爱与亲密关系、情绪与压力管理、常见的心理问题及自助策略、意义与价值。课程自开设至今已有10年，采用结构化的教学方案，教学团队、教案相对稳定。课程旨在帮助新生处理常遇到的心理问题，使学生明确心理健康的标准及意义，增强自我心理保健意识和心理危机预防意识，掌握并应用心理健康知识，培养自我认知、人际沟通和自我调节能力。

2.4 统计分析

使用SPSS26.0软件完成数据处理和分析。符合正态分布的计量资料采用（$\bar{x} \pm s$）表示，组间比较进行独立t检验或单因素方差分析，事后多重比较假设方差不齐性，采用Tamhame T2检验，检验水准α=0.05。

3 结果

3.1 干预前大学新生心理健康素养状况

3.1.1 总体状况

结果显示，2844 名大学新生总分（40.12 ± 6.57）分，其中“心理健康的知识和观念”维度（7.88 ± 1.08）分，“心理疾病的知识和观念”维度（14.02 ± 2.55）分，“维护和促进自己心理健康的态度和习惯”维度（18.81 ± 2.54）分，“应对自己心理疾病的态度和习惯”维度（28.62 ± 3.73）分，“维护和促进他人心理健康的态度和习惯”维度（22.11 ± 2.83）分，“应对他人心理疾病的态度和习惯”维度（38.79 ± 4.43）分。

3.1.2 性别差异

结果显示，除“心理疾病的知识和观念”、“维护和促进他人心理健康的态度和习惯”2 个维度外，其他维度和总分的性别差异均有统计学意义。男生在“维护和促进自己心理健康的态度和习惯”维度得分高于女生，而在总分以及“心理健康的知识和观念”“应对自己心理疾病的态度和习惯”“应对他人心理疾病的态度和习惯”3 个维度显著低于女生。见表 1。

3.1.3 城乡差异

城镇新生的心理健康素养总分高于乡村新生（$p<0.001$）。心理健康素养 6 个维度得分的城乡差异均有统计学意义（$p<0.05$）。见表 1。

表 1 不同组别新生心理健康素养得分比较（$\bar{x} \pm s$）

组别		N	统计值	心理健康的知识和观念	心理疾病的知识和观念	维护和促进自己心理健康的态度和习惯	应对自己心理疾病的态度和习惯	维护和促进他人心理健康的态度和习惯	应对他人心理疾病的态度和习惯	总分
性别	男	1808		7.85±1.11	13.98±2.55	18.92±2.58	28.31±3.81	22.07±2.93	38.50±4.46	39.91±6.73
	女	1036		7.94±1.01	14.11±2.56	18.63±2.47	29.17±3.53	22.17±2.63	39.31±4.34	40.49±6.26
			t 值	−2.166	−1.285	2.849	−6.051	−0.899	−4.734	−2.330
			p 值	0.030	0.199	0.004	<0.001	0.383	<0.001	0.020
城乡	城镇	2158		7.91±1.04	14.12±2.55	18.91±2.58	28.74±3.79	22.23±2.87	38.97±4.50	40.44±6.57
	乡村	686		7.78±1.17	13.71±2.52	18.50±2.41	28.26±3.53	21.72±2.65	38.24±4.16	39.12±6.46
			t 值	2.528	3.703	3.663	2.976	4.309	3.926	4.588
			p 值	0.012	<0.001	<0.001	0.003	<0.001	<0.001	<0.001

3.2 心理健康素养与心理健康的关系

通过学号对新生心理健康素养状况和心理健康状况进行匹配，共有 2737 份有效数据。单因素方差分析及事后检验显示：在心理健康素养总分方面，无心理问题新生显著高于有心理问题新生。在“心理健康的知识和观念”和“心理疾病的知识和观念”2 个维度中，组间差异无统计学意义。在“维护和促进自己心理健康的态度和习惯”维度，无心理问题新生高于有心理问题新生；在“应对自己心理疾病的态度和习惯”维度，无心理问题新生高于有心理问题新生，三级心理问题新生高于二级心理问题新生。在“维护和促进他人心理健康的态度和习惯”维度，无心理问题新生高于二级、三级心理问题新生，一级心理问题新生高于二级、三级心理问题新生；在“应对他人心理疾病的态度和习惯”维度，无心理问题新生高于二级、三级心理问题新生，一级心理问题新生高于二级、三级心理问题新生（$p<0.05$）。见表 2。

表 2　不同心理健康状态新生心理健康素养得分比较（$\bar{x} \pm s$）

心理健康状态	N	心理健康的知识和观念	心理疾病的知识和观念	维护和促进自己心理健康的态度习惯	应对自己心理疾病的态度和习惯	应对自己心理疾病的态度和习惯	应对自己心理疾病的态度和习惯	总分
一级心理问题	236	7.85±1.18	14.31±2.79	17.91 ± 2.91	27.18 ± 3.88	22.27 ± 3.14	39.22 ± 4.91	39.37 ± 7.12
二级心理问题	305	7.76±1.20	13.94±2.64	18.16 ± 2.52	27.11 ± 3.88	21.46 ± 3.05	37.87 ± 4.68	38.44 ± 6.99
三级心理问题	600	7.84±1.02	13.90±2.55	18.35 ± 2.51	27.89 ± 3.43	21.62 ± 2.79	38.04 ± 4.27	38.69 ± 6.48
无心理问题	1596	7.91±1.06	14.02±2.51	19.24 ± 2.40	29.39 ± 3.61	22.39 ± 2.72	39.22 ± 4.32	41.05 ± 6.31
F 值		2.036	1.545	40.444***	61.740***	16.972***	16.066***	28.248***

注：*** 为 $p<0.001$。

3.3 课程教学的效果评估

对课程开始时的前测、课程结束时的后测，以及 10 个月后的追踪数据进行匹配，共有 1383 名新生完成了 3 次心理健康素养调查。进行重复测量方差分析及事后检验：总分经箱线图判断，数据无异常值；经 Shapiro-Wilk 检验，各组数据不服从正态分布（$p<0.001$），由于单因素重复测量方差分析对于偏离正态分布比较稳健，尤其是在各组样本量相等的情况下，且非正态分布实质上并不影响犯 I 型错误的概率，因此可以直接进行检验；经 Mauchly's 球形假设检验，因变量的方差协方

差矩阵不相等，$\chi^2(2)=109.87$（$p<0.001$），通过 Huynh-Feldt 方法校正 $\varepsilon=0.93$。

结果显示，新生在课程开始前、结束后以及 10 个月后的心理健康素养总分分别为（40.15 ± 6.26）分、（44.73 ± 6.20）分、（40.75 ± 8.09）分，得分差异有统计学意义，校正后 $F=374.80$（$p<0.001$）。课程结束时心理健康素养总分比课程开始前升高了 4.58 分（95%CI=4.21~4.95）（$p<0.001$）；课程结束 10 个月后心理健康素养总分比课程结束时降低了 3.98 分（95%CI=3.52~4.44）（$p<0.001$），但相较于课程开始前，仍然升高了 0.60 分（95%CI=0.14–1.07）（$p=0.006$）。见表 3。

表 3　课程教学前后不同时间大学新生心理健康素养得分比较（$\bar{x} \pm s$）

	N	心理健康的知识和观念	心理疾病的知识和观念	维护和促进自己心理健康的态度习惯	应对自己心理疾病的态度和习惯	维护和促进他人心理健康的态度和习惯	应对他人心理疾病的态度和习惯	总分
前测	1383	7.90 ± 1.02	13.97 ± 2.51	18.85 ± 2.48	28.58±3.62	22.12±2.76	38.81±4.29	40.15 ± 6.26
后测	1383	8.20 ± 0.86	15.91 ± 2.10	19.72 ± 2.55	30.43±3.90	22.56±2.94	40.34±4.69	44.73 ± 6.20
复测	1383	7.71 ± 1.45	14.06 ± 2.99	19.30 ± 2.46	29.25±3.78	21.73±2.90	39.32±4.65	40.75 ± 8.09
F 值		87.112***	409.909***	77.588***	177.341***	57.617***	87.081***	374.796***

注：*** 为 $p<0.001$。

经过课程学习，男女生的心理健康素养均有显著提升，但女生的总分依然高于男生 [(43.96 ± 6.39) (45.10 ± 5.80)，$p<0.001$]；课程结束 10 个月后，女生心理健康素养总分比课程开始前升高了 1.38 分（95%CI=0.62~2.13）（$p<0.001$），男生差异无统计学意义。课程结束时，虽然城镇新生和乡村新生的心理健康素养都有提升，但是两者之间心理健康素养总分和各维度的差异有统计学意义，城镇新生均高于乡村新生；课程结束 10 个月后，城镇新生心理健康素养总分比课程开始前显著升高了 0.77 分（95%CI=0.23~1.31）（$p<0.001$），乡村新生差异无统计学意义。见表 4。

表 4　不同组别新生不同测试时间心理健康素养总分比较（$\bar{x} \pm s$）

组别	选项	N	前测	后测	再测	F 值	p 值
性别	男	885	39.92 ± 6.45	44.23 ± 6.42	40.09 ± 8.45	283.17	<0.001
	女	498	40.54 ± 5.90	45.60 ± 5.70	41.92 ± 7.28	213.79	<0.001
城乡	城镇	1004	40.49 ± 6.23	45.15 ± 6.18	41.26 ± 7.93	357.40	<0.001
	乡村	379	39.25 ± 6.26	43.60 ± 6.11	39.41 ± 8.38	132.87	<0.001

4 讨论

4.1 大学新生心理健康素养现状

本研究发现，大学新生的心理健康素养整体高于全国平均水平[22]，但在自助心理健康素养的态度和习惯方面存在薄弱之处。经过课程学习，新生的心理健康素养总体上得到显著提升，但性别和城乡差异值得关注。

男生在课程开始前和结束后心理健康素养均比女生低。有研究者指出，较差的心理健康素养与男性性别密切相关，可能是男性自杀倾向的一个预测因素[23]。Koyama等发现，日本女性对自闭症的心理健康素养更高，因此建议努力传播相关知识，尤其是在男性群体当中[24]。Cotton等对澳大利亚12~25岁年轻人的研究发现，心理健康素养的性别差异显著，男性对与心理疾病相关症状的认知程度明显较低，更倾向于支持使用酒精来处理心理健康问题[25]。因此，这似乎是一个跨文化的现象，值得进一步探讨其成因和干预方式。

城镇新生的心理健康素养好于乡村新生，这可能与经济发展水平和教育发展水平有关。在印度乡村开展的调查结果也表明，对心理障碍的错误信念和消极态度仍然很明显[26]。尽管来自乡村的新生在课程结束后心理健康素养有所提高，但依然低于城镇新生，差距并没有因课程学习而减少。男生较女生、乡村学生较城市学生更倾向于自己解决问题[27]，因此，有必要采取积极有力的教育措施[28]，对学生尤其是针对男生和来自教育水平较低地区的学生进行心理健康素养干预[29]。

4.2 心理健康素养与心理健康的关系

不同心理健康水平的新生在心理健康/心理疾病的知识和观念方面差异无统计学意义，差异主要集中于自助心理健康素养和助人心理健康素养的态度和习惯。无心理问题的新生心理健康素养高于有心理问题的新生，说明良好的心理健康素养可能有助于心理健康。值得进一步探讨的是，一级心理问题新生在助人心理健康素养的态度和习惯方面反而要好于二级和三级心理问题新生，跟无心理问题的新生差异无统计学意义。也许正如抑郁症患者通常的防御机制是将攻击转向自身一样，存在严重心理问题的新生在自助心理健康素养的态度和习惯方面存在更多问题，甚至会有更频繁的自我攻击；疾病带来的痛苦经历使他们在面对类似个体时，能够站在对方的角度考虑问题，体验对方的情绪、情感，这种同情能够增加助人行为和其他亲社会行为[30]。

积极心理健康素养是心理健康的重要解释变量[4]，如果公众的心理健康素养得不到提升，可能会阻碍其接受有效的心理健康保健，有常见心理障碍的人无法有效自助，可能也无法接受他人的适当帮助[31]。在特定人群中开展的研究证实了这一点，如在酒精和药物依赖人群中，较低的心理健康素养与更严重的抑郁症状有关[32]。不过，也有研究者对此持反对意见，认为心理健康素养与一般心理健康之间不存在相关性，但考虑到社会背景不同，该结论的推广应当谨慎[33]。

4.3 课程教学对大学新生心理健康素养的影响

本研究发现，结构化的心理健康教育课程有效地改善了本科新生的心理健康素养，短期效果和长期效果都较为显著。但相对于课程刚结束时，10 个月后的心理健康素养得分有相当大的回落，甚至其中的 2 个维度低于课程开始时。原因可能有：① 有限学时的课堂教学是不充分的。国外的研究结果也证实了这一点，如果没有额外的学习，心理健康素养会随着时间的推移而下降，但总体上仍高于基线水平[34-35]。有学者认为，这种局部性干预不符合个体心理和行为改变的一般规律，要在生态系统理论的指导下，进行系统干预，以弥补缺少连贯和系统的不足[36]。② 新冠肺炎疫情的潜在影响。有研究提示，新冠肺炎流行早期中国大学生焦虑和抑郁程度高于常模，武汉高校大学生焦虑和抑郁程度高于其他区域高校大学生[37]。由于复测和再测之间新冠肺炎疫情暴发，学校又地处疫情重点地区，均可能对课程教学效果产生不利影响。③ 新生存在的适应困难。大学生学校适应包括学习适应、同伴关系适应、身心适应、校园生活适应和就业自信五个维度，适应过程主要经历蜜月期、震惊期、调适期和掌控期 4 个阶段[38]。可能有部分学生在某些维度上存在适应困难的情况，适应过程难以顺利进行，同时又受到疫情的叠加影响，整个学期都是通过互联网学习，加剧了返校后的适应困难，或许会在一定程度上抵消课程教学产生的积极效应。

互联网是提高心理健康素养的可行方法[39]，信息和通信技术（information and communication，ICT）干预对增强青少年对未知疾病（如焦虑症和厌食症）的心理健康素养有帮助[40]。学校提供的心理健康教育课程是短暂的，而心理健康素养的保持和提升并非一朝一夕的事情，因此，借助互联网对学生进行继续教育、持续教育是值得考虑的。

课程教学效果还与授课教师自身的心理健康素养息息相关，教师必须具备良好的心理健康素养，才能有效地教授相关课程[41]。有研究显示，提高教师对抑郁症的素养能最大限度地提高学生对抑郁症的素养[42]。因此，对授课老师自身心理健康素养的培训可以作为课程设计的一部分，以更好地提升课程效果。

4.4 研究局限与展望

探究大学生的心理健康素养现状，以及课程教学作为普及教育的重要手段是否有效是高校心理健康教育的核心任务。为学校心理健康教育提供科学依据，进行循证实践是本研究的出发点和落脚点，基于此，本研究充分利用高校对新生实施的心理普查和课程教学采集数据。鉴于课堂教学是该校实施多年的结构化教学方案，本身没有对照，因此研究设计为单一样本的追踪研究，研究结论的代表性和外推性不可避免地受到限制。此外，受新冠肺炎疫情影响，计划的 1 个月、3 个月的追踪调查没有顺利进行，而心理普查因为教育系统的原因，无法用同一量表追踪到大学生的心理健康变化，也就无法知晓心理健康状况随心理健康素养的改变而发生的变化。尽管国外有研究指出，心理健康素养的改善伴随着心理健康的改善，特别是对于患有轻度到中度抑郁症的人来说[43]。学校心理健康素养干预研究还处于初级阶段，缺少充分的证据表明学校心理健康素养项目对知识增长、态度转变或求助行为有积极影响，未来的研究需要考虑随机对照试验和其他实验设计[44]。

国外对心理健康素养的研究十分丰富，可以有效地指导政府、社会组织、社区开展心理健康教育实践，如在澳大利亚，人们对药物有效性和干预措施的看法已经更接近专业人员，但在对心理障碍的认知和治疗信心方面，心理健康素养仍然有增长的潜力，尤其是在精神分裂症领域[42]，为未来的干预指明了方向。国内对心理健康素养的认识十分有限，有关全体国民和特定群体心理健康素养的调查和追踪研究也较为匮乏，未来需要更多的本土化研究和更多针对公众的干预措施，以改善心理健康素养、促进行为改变，这些应当用高质量的研究设计进行评估，例如随机对照试验[45]。

参考文献

[1] JORM A F, KORTEN A E, JACOMB P A, et al. “Mental health literacy”: a survey of the public’s ability to recognise mental disorders and their beliefs about the effectiveness of treatment[J].The medical journal of Australia, 1997,166(4):182-186.

[2] JORM A F. Mental health literacy: empowering the community to take action for better mental health[J]. American psychologist, 2012, 67(3):231-243.

[3] KUTCHER S,WEI Y,CONIGLIO C. Mental health literacy[J]. The Canadian journal of psychiatry,2016, 61(3):154-158.

[4] BJØRNSEN H N,ESPNES G A,EILERTSEN M B,et al. The relationship between positive mental health literacy and mental well-being among adolescents: implications for school health services[J]. Journal of school

nursing,2019, 35(2):107－116.

[5] HUANG Y,WANG Y,WANG H,et al. Prevalence of mental disorders in China: a cross-sectional epidemiological study[J]. The lancet psychiatry，2019，6(3):211-224.

[6] PHILLIPS M R,ZHANG J,SHI Q,et al. Prevalence, treatment, and associated disability of mental disorders in four provinces in China during 2001-05: an epidemiological survey[J]. Lancet,2009,373（9680）:2041-2053.

[7] 国家卫生计生委，中宣部，中央综治办，等.关于加强心理健康服务的指导意见[EB/OL]. (2016-12-30)[2021-1-25]. http://www.nhc.gov.cn/jkj/s5888/201701/6a 5193c6a8c544e59735389f31c971d5.shtml

[8] 国家卫生健康委，中央政法委，中宣部，等.全国社会心理服务体系建设试点工作方案[EB/OL].（2018-11-16）[2021-1-25].http://www.nhc.gov.cn/jkj/s5888/201812/f305fa5ec9794621882b8bebf1090ad9.shtml

[9] 健康中国行动推进委员会.健康中国行动(2019—2030年)：总体要求、重大行动及主要指标[J].中国循环杂志,2019,34(9)：846-858.

[10] KELLY C M, JORM A F, WRIGHT A.Improving mental health literacy as a strategy to facilitate early intervention for mental disorders[J]. The medical journal of Australia,2007,187(7):26-30.

[11] MCLUCKIE A,KUTCHER S,WEI Y,et al. Sustained improvements in students'mental health literacy with use of a mental health curriculum in Canadian schools[J]. BMC psychiatry,2014,14(1)：1-6.

[12] 明志君，陈祉妍.心理健康素养：概念、评估、干预与作用[J].心理科学进展，2020，28(1)：1-12.

[13]SKRE I, FRIBORG O,BREIVIK C,et al. A school intervention for mental health literacy in adolescents: effects of a non-randomized cluster controlled trial[J]. BMC public health,2013,13(1):1-15.

[14]CAMPOS L, DIAS P, DUARTE A, et al. Is it possible to "find space for mental health" in young people? effectiveness of a school-based mental health literacy promotion program[J]. Internation journal of environmental research and public health, 2018,15(7):1-12.

[15]OJIO Y,FOO J C,USAMI S,et al. Effects of a school teacher-led 45-minute educational program for mental health literacy in pre-teens[J]. Early

intervention in psychiatry,2018,13(4)：984-988.

[16]RIEBSCHLEGER J,COSTELLO S,CAVANAUGH D L, et al. Mental health literacy of youth that have a family member with a mental illness: outcomes from a new program and scale[J]. Front psychiatry,2019,10:1-10.

[17] FARRER L,LEACH L,GRIFFITHS K M,et al. Age differences in mental health literacy [J]. BMC public health，2008，8(1):125-132.

[18] 俞国良，董妍．大学生心理健康教育工作的展望：调研证据 [J]. 中国人民大学教育学刊 ,2018(6):79-89.

[19] 江光荣，赵春晓，韦辉，等．心理健康素养：内涵、测量与新概念框架 [J]. 心理科学，2020，43(1):232-238.

[20]O'Connor M, Casey L. The Mental Health Literacy Scale (MHLS): A new scale-based measure of mental health literacy [J]. Psychiatry research,2015,229(1/2):511-516.

[21] 方晓义，袁晓娇，胡伟，等．中国大学生心理健康筛查量表的编制 [J]. 心理与行为研究，2018，16(1)：111-118.

[22] 江光荣，李丹阳，任志洪，等．中国国民心理健康素养的现状与特点 [J]. 心理学报，2020，53(2):182-198.

[23]KANEKO Y, MOTOHASHI Y. Male gender and low education with poor mental health literacy: a population-based study[J]. Journal epidemiology，2007，17(4)：114-119.

[24]KOYAMA T,TACHIMORI H,SAWAMURA K,et al. Mental health literacy of autism spectrum disorders in the Japanese general population[J]. Social psychiatry and psychiatric epidemiology,2009,44(8):651-657.

[25]COTTON S M,WRIGHT A,HARRIS M G,et al. Influence of gender on mental health literacy in young Australians[J]. Australian and New Zealand journal of psychiatry,2006,40(9):790-796.

[26]KERMODE M, BOWEN K, AROLE S, et al. Attitudes to people with mental disorders: a mental health literacy survey in a rural area of Maharashtra, India[J]. Social psychiatry and psychiatric epidemiology,2009,44(12):1087-1096.

[27] 江光荣，王铭. 大学生心理求助行为研究 [J]. 中国临床心理学杂志，2003，11(3)：180-184.

[28] 熊燕，于祥成，胡义秋，等．硕士研究生新生心理健康状况的调

查研究 [J]. 中国临床心理学杂志，2007，15(1):56-57.

[29] REAVLEY N J, JORM A F. Public recognition of mental disorders and beliefs about treatment: changes in Australia over 16 years[J]. The British journal of psychiatry, 2012, 200(5)：419-425.

[30] EISENBERG N,FABES R A,MILLER P A,et al. Relation of sympathy and personal distress to prosocial behavior: a multimethod study[J]. Journal of personality and social psychology,1989,57(1):55-66.

[31] JORM A F. Mental health literacy : public knowledge and beliefs about mental disorders[J]. The British journal of psychiatry,2000,177(5)：396-401.

[32] LINCOLN A,PAASCHE-ORLOW M K,CHENG D M,et al. Impact of health literacy on depressive symptoms and mental health-related: quality of life among adults with addiction[J]. Journal of general internal medicine,2006,21(8):818-822.

[33] BAHRAMI M A,BAHRAMI D,CHAMAN-ARA K. The correlations of mental health literacy with psychological aspects of general health among Iranian female students[J]. International journal of mental health systems,2019,13(1):1-7.

[34] PERRY Y,PETRIE K,BUCKLEY H,et al. Effects of a classroom-based educational resource on adolescent mental health literacy: a cluster randomiszed controlled trial [J]. Journal of adolescence,2014,37(7):1143-1151.

[35] MCLUCKIE A,KUTCHER S,Wei Y,et al. Sustained improvements in students'mental health literacy with use of a mental health curriculum in Canadian schools[J]. BMC psychiatry,2014,14(1):1-6.

[36] 王甜，夏勉，韦辉，等．国民心理卫生素养提升途径的生态化倾向 [J]. 中国健康教育，2019，35(2)：156-160.

[37] 边慧冕，潘婷，赵孟．新型冠状病毒肺炎疫情早期大学生情绪分析 [J]. 中国学校卫生，2020，41（5）：668-670.

[38] 邹小勤．我国大学生学校适应研究 [D]. 厦门：厦门大学，2013.

[39] BRIJNATH B, PROTHEROE J, MAHTANI K R, et al. Do web-based mental health literacy interventions improve the mental health literacy of adult consumers? results from a systematic review[J]. Journal of medical internet research, 2016,18(6)：1-13.

[40] TAY J L,TAY Y F,KLAININ-YOBAS P. Effectiveness of information

and communication technologies interventions to increase mental health literacy:a systematic review[J]. Early intervention in psychiatry,2018,12(6):1024-1037.

[41] WHITLEY J,SMITH J D,VAILLANCOURT T. Promoting mental health literacy among educators: critical in school-based prevention and intervention[J]. Canadian journal of school psychology,2013,28(1):56-70.

[42] MILLER L,MUSCI R,D'AGATI D,et al. Teacher mental health literacy is associated with student literacy in the adolescent depression awareness program[J]. School mental health,2019,11(2):357-363.

[43] WEI Y,HAYDEN J A,KUTCHER S,et al. The effectiveness of school mental health literacy programs to address knowledge, attitudes and help seeking among youth[J]. Early intervention in psychiatry,2013,7(2):109-121.

[44] REAVLEY N J,MCCANN T V,JORM A F. Mental health literacy in higher education students[J]. Early intervention in psychiatry,2012,6(1):45-52.

[45] LU S,OLDENBURG B,LI W,et al. Population-based surveys and interventions for mental health literacy in China during 1997-2018: a scoping review[J]. BMC psychiatry, 2019,19(1):1-12.

心理健康课程SPOC教学环境数据分析的应用研究

高　玲

盘锦职业技术学院　124000

【摘要】随着教育改革创新的不断深化，越来越多新的教学理念深入人心。与此同时，现代信息技术的发展也正在对心理健康教育教学实践产生着日益重要的影响。以SPOC平台为依托进行的“线上＋线下”混合式教学模式正日益彰显出其对心理健康教育课程的巨大影响力。这些既向传统的心理健康教育模式提出了严峻挑战，同时更为心理健康教育创新发展提供了新的机遇。通过对SPOC教学数据的诊改分析，总结SPOC教学模式实际应用中显现的优势，剖析实践中存在的问题，可以对心理健康教育课程的不断优化提供参考。

关键词：SPOC；心理健康教育；研讨课；课程改革

随着我国心理健康教育近二十年的蓬勃发展，心理健康观念已经逐步深入人心，心理健康教育的内涵也越来越丰富、具体。2018年7月，教育部印发的《高等学校学生心理健康教育指导纲要》指出：“心理健康教育是提高大学生心理素质、促进其身心健康和谐发展的教育，是高校人才培养体系的重要组成部分，也是高校思想政治工作的重要内容。要培育学生自尊自信、理性平和、积极向上的健康心态，促进学生心理健康素质与思想道德素质、科学文化素质协调发展。”这里明确阐述了心理健康教育的核心内容包括“知识＋能力＋素质”的多维层面，也明确了心理健康教育是针对全体学生进行的“发展性素质教育”。这意味着，对学生心理健康的促进，不能仅局限于传统意义的对心理健康知识和卫生常识进行普及，对心理问题的预防和危机干预，同时还需要对学生积极的心理品质、心理潜能、核心能力和社会适应能力等一系列综合性素质能力科学、有系统地进行正向引导和促进。

同时，在课堂教学方面，随着社会的飞速发展和信息技术的更新，人们的生活和学习方式也正在发生改变。能够熟练使用新一代媒体技术，并高度依赖智慧化的学习环境，学习内容和时间碎片化，信息获取渠道和方式非常广泛而灵活，是以"90后""00后"为代表的新一代的学习者的学习行为的重要特征[1]。封闭式主题"一言堂"的授课模式已经不能充分满足新一代学生的学习需求。这意味着心理健康课堂必须适应社会的发展需要，需要有效地激发学生的学习动机和自我探索的热情，引导学生形成更高的逻辑思维能力，能够适应并提供学生更灵活的学习方式，引导学生积极地将知识转化为自身的素质能力。

总之，随着现代社会的飞速发展，心理健康教育内容的不断丰富、具体化和现代信息技术的不断更新，心理健康教育者正面临着从教学理念到教学方法、手段、策略等方面的全方位挑战。这些挑战迫切需要心理健康教育工作者积极转变观念，对传统的心理教育理念和方式进行改革和创新，并能将信息技术与心理健康教学进行深度融合，更好地创设以学生为中心、教师为主导的交互式学习环境，以适应时代的发展和当今心理健康教育核心任务的基本要求，提升课堂实效性和心理健康教育课的质量。

1　对SPOC教学模式的概括

SPOC（small private online course）混合式教学模式（即"小规模限制性在线课程"）是在信息技术的发展与教育深度融合的大背景下产生的。这种教学模式充分地利用了信息技术为教育教学活动创造的智慧化学习环境的优势，并结合了传统课堂对学生面授的优越性，将在线课程与师生面对面互动有机结合，形成了"线上"+"线下"混合式的教学模式[2]。

SPOC混合式教学模式为学习者进行灵活的深度学习提供了可能性，代表着当今教育领域教育教学的革新方向。2014年以来，对于如何将SPOC技术平台、教学内容、学习方式、评价手段等融入高校教学过程，并翻转传统教学流程的研究众多，SPOC教学模式日益成熟，并逐渐在各教学领域得以应用[3]。对这种新型教学模式进行实践研究，尤其是对SPOC教学环境形成的相关数据进行分析，全面地评估学生，将有助于教师更好地理解学生的学习特征，总结教学规律，有效地进行教学设计，并以此为依据选择与教学目的匹配的教学策略。[4]

2 大学生心理健康课程特点

大学生心理健康教育课程是对教育部《高等学校学生心理健康教育指导纲要》等文件的具体落实，是促进大学生身心和谐发展，健康成长、成才的重要途径。原则上是一门针对全体学生开设的公共必修课，应设置 2 个学分、32~36 个学时。师生比不低于 1∶4000。课程通常不设置考试环节，以考查为主。

传统的大学生心理健康教育课主要围绕与大学生身心发展有关的心理卫生常识、心理学知识（如情绪管理、学习问题、恋爱、人际沟通、压力调控、心理疾病、生涯规划等）进行主题式通识教育，为学生提供有益身心健康发展的心理知识和科学观念，理论性较强。

3 大学生心理健康课程面临的困境与挑战

目前，心理健康课程在教学实践中处于比较尴尬的境地，主要有三个方面导致心理健康课程的实效性不足。

第一，学生的学习积极性不高。传统课堂侧重心理健康的理论和知识常识。在“互联网 +”的大背景下，虽然授课内容的主题受到学生的广泛欢迎，但与主题内容相关的常识性知识学生普遍通过生活中的经验交流以及在互联网中就已了解，课堂已不再是学生获取心理健康知识和经验的唯一、主要渠道。以 2018 年盘锦职业技术学院心理健康教育课程问卷调研结果为例，大部分学生通过日常经验与网络文章学习这些途径已经获取了相关的知识，以心理健康教育课程这一途径获取心理健康知识常识的比重仅占 23%（图 1）。因此，虽然大学生心理健康教育是一门公共必修课，但是学生对心理健康课程的实际参与度并不高，课堂上学生的听课积极性不高，课程往往不能取得很好的效果。

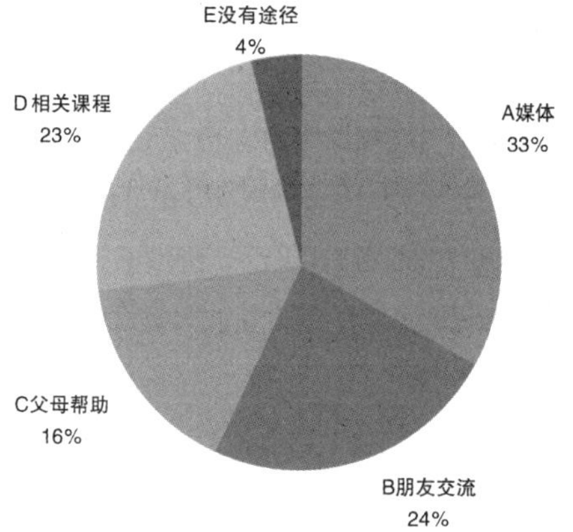

图 1　你获取心理健康知识的途径

第二，学生的学习主动性差。大学生心理健康是一门全体学生必修的课程，授课学生人数众多。按照师生比 1∶4000 的比例，心理健康课程通常班型巨大，授课时间紧凑集中，教师的教学活动以专题讲授为主。在这种情况下，教师往往做不到以学生为主体，授课效率低，授课过程也不能得到有效管理。授课主题较为封闭，学生在学习过程中处于相对被动状态。

第三，教学目标不清晰。传统的课堂由于缺乏有效的信息技术支撑，教师在授课时对学情的掌握延迟、滞后，对学生心理素质和能力层面的引导不足。在近十年的积极心理学思潮的推动下形成的积极心理教育任务对个体的自我完善，是以学生个体原有心理图式为基础的“引导式”教育[5]。这对心理健康教育课程的教学模式和技术手段、教学方法都提出了新的要求：对学生心理图式的引导是建立在清晰地了解学生心理和思维方式基础上的，这尤其需要师生双方的热情互动，才能深度挖掘学生的心理潜能，了解学情，达到引导学生身心和谐发展的目的。同时还需要强化愉快的学习体验，使学生愿意主动地探索自我、发展自我、完善自我[6]。

4 SPOC教学环境的数据分析

信息化技术手段的发展与各类 SPOC 教学平台的出现，正与心理健康教育的发展需求不谋而合。将现代信息技术与心理健康课堂实现深度融合，顺应了当下积极心理教育对有效的教学技术手段支撑和教学模式变革的需求，为心理健康教育课程的改革和创新提供了有力的技术支撑和更大的发展空间。对 SPOC 混合式心理健康课程的智慧化教学环境产生的各种数据进行分析和概括，理解其中的教师和学习者的教学行为信息，挖掘和发现教学规律，将为进一步推动心理健康教育课程改革提供借鉴。

4.1 基于超星学习通平台创建的 SPOC 心理健康课——大学生心理健康完形研讨课总体情况

本门 SPOC 心理健康课程名称为大学生心理健康完形研讨课，是以积极心理教育理念为基础，基于过程导向教学模式设计的标准化小班授课课程，核心任务指向学生的能力和态度层面，通过研讨的方式对学生的思维模式、社会行为、态度予以分析和引导，帮助学生了解自我、发展自我、完善自我，以达到提升学生综合心理素质和社会心理－行为能力的目的。

课程利用超星学习通 APP 平台创建，使用自建的在线微课。包括课前、课中、课后三个环节（表 1）：

课前：教师在课前完成建设资源库和任务清单等建课工作。教师在课前发布课程说明、课程任务和任务督导。学生需要在课前完成线上学习任务，包括微课学习、参考资料阅读及课前测试、问卷调查等。

课中：研讨课课中以行政班级为单位进行小班授课。共计5次课10学时，包括主题研讨、主题任务。主题研讨用头脑风暴的方式进行，教师通过在线问卷、投票、讨论的办法对学生的研讨行为和主题任务进行实时赋分，进行过程性评价。

课后：学生需要在课后完成分组作业，教师对作业进行在线反馈答疑、进一步进行任务督导，并提供后续心理咨询预约服务。

表1　大学生心理健康完形研讨课

	课前		课中		课后	
	学生	教师	学生	教师	学生	教师
线上任务	课程导学 完成在线任务 （包括微课学习、参考资料学习、课前学习测试、课前问卷 / 投票）	课程公告 发布任务 任务督导	任务评价 （对分组任务进行小组间互评）	过程评价 （发起讨论 / 投票，对研讨活动进行在线实时赋分）		任务督导 答疑 作业反馈 咨询预约
线下任务		建设资源库 建设题库 建设活动库 建设任务单	主题研讨 主题任务	组织、指导主题任务	分组作业	

2019年采用此模式授课的教师1人，限制性地选择本校大学一年级11个行政班的学生作为授课对象，学生人数总计394人。教学情况良好，课程累计点击数112 753次。

课程为考查课，大部分学生通过考核，通过率为98%。学生期末总成绩包括平时成绩和期末成绩两项，权重比为8∶2。

平时成绩：平时成绩由教师进行过程性评价，给予实时在线评分。包括课堂互动40%（测试、讨论、投票、问卷及课堂活动过程性在线评分）、在线学习10%（微课及参考资料知识拓展学习）、签到30%。

期末成绩：教师布置期末作业，学生以小组为单位完成作业。期末作业成绩采取学生自评的方式考核。学生以小组为单位进行互相评价，得出小组期末作业成绩等级。期末作业成绩占总成绩20%。（图2）。

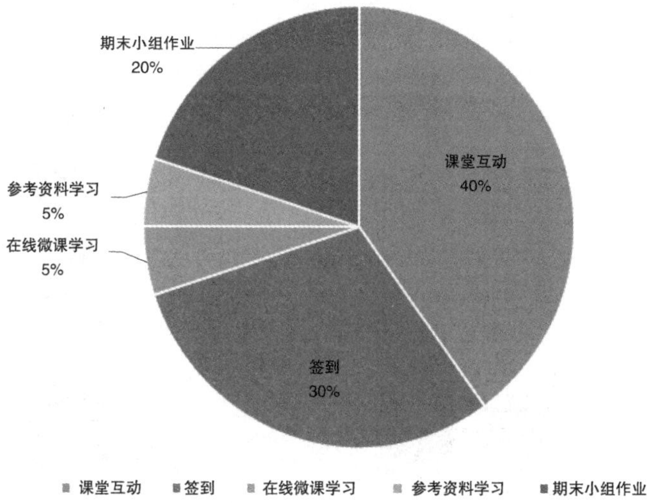

图 2　考核权重分配

4.2　学情分析

在课前进行问卷调查，对问卷的数据进行分析，可以有效地把握学生的思想动态，为研讨课的研讨主题侧重点提供实时的参考依据。例如，为了了解学生对“健康”的理解情况，在问卷中对“你认为自己的健康程度如何?”进行调研。50.8% 的学生认为自己是健康的，2.3% 的学生认为自己不健康，有 46.9% 的学生不能确定自己是否健康。调查结果表明，近半数的学生对如何判断“健康”的标准并不了解，需要在专题中进行知识点详解。

在线签到对学生的出勤起到了积极的督促作用，提高了教师在课上进行组织教学的效率。学生的出勤率良好，平均签到率为 98.5%。

了解学生课前在线自学情况可以有效地为教师的教学行为和教学策略的选择提供参考依据：课前三天统计到的在线微课视频等任务点的完成率为 18%。而在线学习结果测试完成率是 81.3%，及格率为 8%。这表明，大部分同学没有完成课前在线学习任务。并且，在没有完成学习的情况下，大部分学生直接进行了课前在线学习任务的测试，其结果显示，截至本课程第一次课开始时，大部分同学并没有掌握课程的知识点。这为教师如何对第一次课进行教学设计提供了客观的参考依据，并提示教师须在接下来的授课中加强督导，选择恰当的教学策略促进学生学习的自律性，并且适当地调整课外在线学习任务比率。

在经过教师在线发送督导通知，并在第一次课课上重复进行一次督导后，在线任务点完成率达到 88%。在线学习测试未及格打回重做后的及格率为 72%。(图 3)

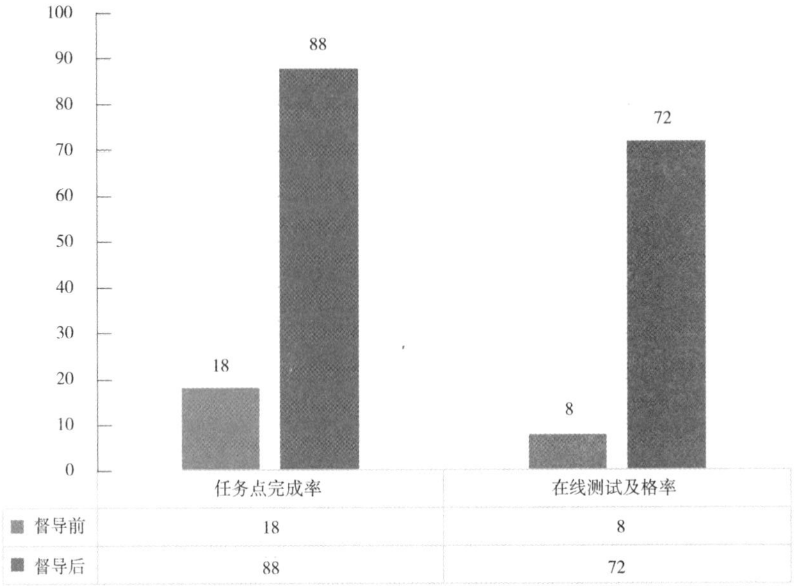

图 3　督导前后任务完成对比图（%）

4.3　课堂教学行为分析

课上在线互动包括问卷、投票、抢答、分组任务。问卷完成率为 82%，投票完成率为 100%，参与讨论平均抢答率为 92.5%，课上分组任务完成率为 100%，课后分组任务完成率为 100%。

通过发起课堂问卷和抢答讨论活动，并进行实时赋分的行为，在有效地实时掌握学生的思维动态的同时，极大地激发了学生参与讨论的积极性，促进学生积极思考，有利于研讨型课程的展开。

4.4　教学质量分析

SPOC 混合式心理健康研讨课按照权重比例分配后，各项加一起的期末总成绩按照 0~<60 分不及格、60~<70 分及格、70~<80 分一般、80~<90 分良好、90~100 分优秀进行五级评定，不及格占 2%，及格占 8%，一般占 10%，良好占 54%，优秀占 26%。与往年的传统教学相比较，SPOC 教学课堂准确地筛选出了 2% 参加课程活动不积极的学生，出现了不及格比率；而良好和优秀的比率大幅度上升（图 4）。同时，通过课中的过程性量化考核，将学生学习过程的表现情况具体量化，有效地考查了学生在学习整个过程各个环节的具体表现，也为教师对学生的过程性考核与管理提供了高效的工具。

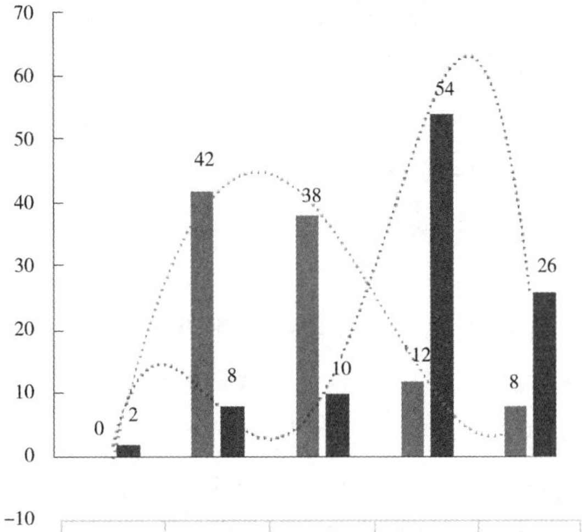

	不及格	及格	一般	良好	优秀
2018年传统课堂	0	42	38	12	8
2019年SPOC混合式课堂	2	8	10	54	26

图 4　传统课堂与混合式课堂期末成绩分布图（%）

课程优良率的提高，也显示了在线平台的督导功能和课堂在线互动功能对学生参与课程的积极性起到了很大的促进作用。以 2018 年传统的心理健康通识课教学为例，教学中也初步尝试使用了一定的信息化手段，制作了视频微课，并在 EOL 教学平台中上传了课前必修微课，但平台上的视频课程下载播放率为零。对学生课前学习的质量并没有有效的督导方法，导致教师不得不在课中重复讲解本已制作好的微课内容，降低了教学效率。另一方面，学生在传统课堂的活动由教师在签到簿中予以人工标记，由于效率低下，常常只能对一对一回答问题的同学予以计分，无法适应研讨型课程对学生研讨对话过程进行准确计分的需要。特别是在合班授课的超过 50 人的中大型班级，课堂的互动效率更为低下。并且，在传统的课堂上，学生参加活动后无法得到教师及时的、直观的回馈，也打消了部分学生的参与积极性。SPOC 混合式教学的在线平台通过实时问卷、抢答、投票等方法，实现了研讨课的高效互动、实时计分，即便班型巨大也不受限，有效地激发了学生的参与热情，解决了传统课堂学生参与度低、师生互动不良的问题。

5　总结与展望

从心理健康教育的发展实际出发进行 SPOC 混合式教学，是信息技术的发展与教育教学进行深度融合的探索过程中形成的一个心理健康课程革新的方向 [7]。相较于传统的教学，SPOC 在线课程将帮助教师合理分配时间和精力，有针对性地将部分理论性知识的传授转移到线上，在有限的课堂教学时间中，将重点转移到对学生技能和素质的引导层面[8]。在线平台也将帮助教师获得大量的课前、课中、课后学习数据，对这些数据的分析研究可以对心理健康教育信息化教学的改革起到促进作用，同时也帮助教师真正实现了以学生为主体、以过程为导向的教学，为教师提供了能够实时了解学情动态、高效地进行过程性评价的技术支持。同时，在线平台的师生互动功能也使学生在课堂中从传统的被动的知识型学习模式中解脱出来，与教师形成良好的互动，能主动地参与并积极地思考。

值得注意的是，SPOC 混合式教学的线上和线下教学环节不是割裂进行的，而是相互融合的完整的一套教学过程。教育者在进行混合式教学设计的时候，首先要考虑的重点问题应该是其教学理念是什么。选用什么样的教学模式、使用哪些信息化技术与教学平台等都是为其教学理念和其秉持的理念所要达成的教学目标服务的，不应割裂地、生硬地为了技术手段去设计课程，而忽略了教育的规律与其根本目的。首先，线上的教学环节不仅仅存在于课前，数据显示，在课中使用在线互动教学，对课程的教学质量起到了非常大的积极作用。另外，在对线上课程的教学质量管理过程中，通过对 SPOC 教学环境的数据分析可以得出，教师的督导对学生的学习结果作用非常明显，是解决学生课外自学不能自律的问题的重要手段。最后应注意的是，线上课程作为教学的一部分其所占比重不宜过大，应有针对性地设置线上课程，教学的中心环节仍然应是线下授课的过程。

总而言之，从心理健康教育的发展角度看，信息化技术与教育过程进行深度的融合是时代发展的趋势，这对传统的心理健康教学既提出了巨大挑战，也为心理健康教育的革新与发展提供了强有力的技术支持和发展机遇。

参考文献

[1] 李葆萍，张丽峰 .“互联网 +”教育时代大学生学习方式的变化和应对策略 [J]. 北京教育 (高教), 2018(10):11-15.

[2] 曾明星 . 从 MOOC 到 SPOC: 一种深度学习模式建构 [J]. 中国电化教育 , 2015(11):28-34,53.

[3] 王东娟，国内 SPOC 研究现状分析 : 基于 2014—2018 年 CNKI 期刊论文的文献计量分析 [J]. 无线互联科技 , 2018(24):100-102.

[4] 逯启荣 . 基于 SPOC 平台的学习者学习行为分析与研究 [J]. 科技创新导报 , 2018(24):130-132.

[5] 高玲 . 积极心理学视角下的心理健康课程模式创新 : 以沙盘游戏体验

课为例 [J]. 辽宁高职学报 ,2019(4):75-76,104.

[6] 刘桂芬 . 积极心理学对大学生心理健康课的作用 [J]. 教育与职业，2011(2):86−88.

[7] 康叶钦 . 在线教育的“后 MOOC 时代”: SPOC 解析 [J]. 清华大学教育研究 , 2014(2):85−93.

[8] 高丹阳 , 赵燕燕 . 基于学习分析的 SPOC 学习环境建设探究 [J]. 中小学电教 , 2019(1):73−77.

新冠肺炎疫情下大学生身心状态与网络团体辅导需求的调研

陈秋燕　尹平平　钱　敏　王晓刚

西南民族大学　610000

【摘　要】目的：调查新冠肺炎疫情期间大学生的身心状况和心理服务需求，了解特殊时期如何给大学生提供有针对性的心理服务，为高校开展心理健康工作提供参考。方法：采用大众抗疫心态自检自助表和自编网络团体辅导需求问卷对某高校大学生进行调查，共收到有效问卷732份，从人口学变量、疫情期间活动范围以及是否参加过网络辅导等方面，了解新冠疫情期间大学生的身心状态情况和他们对网络团体辅导的需求状况。结果：①不同性别、专业、年级的大学生在心理症状上的得分具有显著性差异（$p<0.05$），疫情期间大学生的活动范围和是否愿意参与团辅在心理症状上的得分有显著性差异（$p<0.05$）。②有57%的大学生愿意参与网络团体辅导，最想要参与网络团体辅导的主题是情绪管理、时间管理、压力问题等；大学生愿意参与1~1.5小时、1~2次的网络团体辅导。③不同性别大学生在时间管理团辅主题上有显著性差异（$t=-4.18$，$p<0.001$）；疫情期间不同所在地大学生在偏见和歧视团辅主题上有显著性差异（$t=-2.11$，$p<0.05$）；不同年级大学生在压力问题团辅主题上有显著性差异（Welch $F=16.595$，$p<0.001$）。结论：新冠疫情对大学生身心状态有一定负面影响，有一半以上的大学生愿意参加网络团体辅导活动，学校可以围绕大学生网络团体辅导需求，为其提供行之有效的网络团体辅导服务。

关键词：新冠肺炎疫情；大学生；网络团体辅导

引言

随着2019年新冠肺炎疫情的暴发，心理危机干预工作首次被放到如此重要的地位，心理援助与疾病防控方案几乎同时颁布。国家卫健委第一时间发布的《新型关注病毒感染的肺炎疫情紧急心理危机干预指导原则》中指出，“了解受疫情影响的各类人群的心理健康状况，根据所掌握的信息，及时识别高危人群”。

大学生在面对突发公共卫生事件时因缺乏应对经验常产生一些不适当的应激反应。王学义等人在对SARS流行期间不同人群心理状况的调查中发现，大学生由于对重大事件较为关注，但又缺乏这方面的知识，故表现出比其他人群更多的恐惧和焦躁不安[1]。朱小林等人对新冠肺炎疫情期间学生心理健康状况的调查发现，37.8%的学生出现明显的应激反应[2]。大学生在疫情期间普遍存在恐惧、愤怒、疑虑、焦虑等情绪[3]，出现不同程度的抑郁与焦虑心理问题[4]。因此，非常有必要针对大学生群体制定相应的心理干预措施。

随着互联网技术的成熟发展，疫情期间通过网络平台为社会大众提供心理服务的方式被广泛使用。中国心理卫生协会团体辅导与团体治疗专委会发布《网络团体心理工作指南（试行稿）》也规范了网络心理工作。利用网络给学生提供心理健康服务，既可以避免聚集性传染事件，又发挥了网络的积极作用。方芳提出心理健康服务的开展首先要了解服务对象的需求[5]，大学生群体有自己偏好的心理健康服务的内容和形式。但目前对于网络心理健康教育需求的文献较为少见[6]。

为给大学生提供更优质的心理健康服务，本文企图了解新冠肺炎疫情下大学生的身心状况和网络团体辅导需求，以此为基础，制订更具有针对性的团辅方案及提供更优质的心理健康服务。

1　对象与方法

1.1　研究对象

本研究采取整群抽样原则，通过问卷星收集了某高校本科大学生732份问卷。其中男生186人，女生546人；年龄分布在17—26岁；大一231人，大二231人，大三145人，大四125人；心理学系253人，非心理系479人；湖北籍37人，非湖北籍695人；疫情期间，封闭在家474人，可以外出217人，其他41人。

1.2 研究工具

1.2.1 一般情况调查表

包括年龄、性别、年级、专业、健康状况、所在地、疫情期间活动范围、是否参与过团体辅导、是否愿意参与网络团体辅导等社会人口学资料。

1.2.2 大众抗疫心态自检自助表

共有10道题，测量睡眠、抑郁、激惹、强迫、躯体化、焦虑、恐惧和疑病等症状。其中，疑病是指“怀疑自己有肺炎的症状”，躯体化是指“不明原因的身体不适（如头、背、关节、腹部、腿部）”。每个条目按照发生频率进行5级计分，0表示“无”，1表示“很少”，2表示“有时”，3表示“经常”，4表示“总是”，分数越高，表明身心健康状况越不好。总分0~13分为心理状况适应良好；14~23分为心理状况不适应；24~40分为心理状况严重不适应。本研究中量表的Cronbach α系数为0.89。

1.2.3 自编抗疫网络团体辅导需求调查问卷——接受结构思路和信效度

用于调查大学生愿意参与网络团体辅导时间、次数、人数、主题等信息。

1.3 统计方法

采用Excel 2016对收集到的数据进行录入与整理，SPSS22.0对回收的问卷进行数据统计与分析。计量资料采用“均数 ± 标准差”进行描述；计数材料采用频数、百分比进行描述。以大学生的一般社会人口学变量为自变量，以心理症状总分和各因子得分为因变量进行单因素分析，组间比较采用独立样本 t 检验，多组间采用单因素方差分析；以大学生的一般社会人口学变量与网络团体辅导的设置进行卡方分析，均以 $p<0.05$ 为差异具有统计学意义。

2 结果

2.1 疫情期间大学生身心状况的结果比较

2.1.1 性别、专业、年级的身心状况比较

对性别采用独立样本 t 检验后发现，除激惹因子、躯体化因子外，男女其余因子得分差异有统计学意义，女性在各因子得分及心理症状总分上均高于男性。独立样本 t 检验结果表明，不同专业的学生在抑郁、焦虑、疑病、强迫因子得分差异上

有统计学意义，心理系学生在抑郁、焦虑、疑病因子得分上高于非心理系学生，但在强迫因子得分上低于非心理学系学生。单因素方差分析结果表明，不同年级的学生在焦虑因子得分差异上有统计学意义。事后检验结果表明，大四学生的焦虑得分均高于其他三个年级。

表 1　不同性别、专业、年级的心理症状总分和各因子得分结果比较（$\bar{x} \pm s$）

项目	性别		t 值	专业		t 值	年级				F 值
	男（n=186）	女（n=546）		心理系（n=253）	非心理系（n=479）		大一（n=231）	大二（n=231）	大三（n=145）	大四（n=125）	
睡眠	0.3±0.6	0.5±0.7	−3.70***	0.5±0.7	0.5±0.7	0.62	0.4±0.7	0.5±0.8	0.5 ± 0.7	0.5±0.7	2.55
抑郁	0.7±0.9	0.9±1.0	−2.90**	1.0±1.0	0.8±1.0	2.46 *	0.8±1.0	0.8±1.0	0.8 ± 0.9	0.8±1.0	0.05
激惹	0.7±0.9	0.8 ±1.0	−1.44	0.9±1.0	0.8 ± 1.0	1.28	0.7±0.9	0.9±1.0	0.7 ± 0.9	0.9±1.0	1.07
焦虑	0.6±0.7	0.8±0.8	−3.69***	0.9±0.8	0.7±0.8	2.31 *	0.6±0.8	0.7±0.8	0.8 ± 0.8	1.0±0.9	5.90**
疑病	0.3±0.5	0.5±0.7	−3.58***	05±0.7	0.4±0.7	2.13 *	0.3±0.7	0.4±0.7	0.4 ± 0.6	0.5±0.7	2.31
恐惧	0.5±0.7	0.9±0.9	−5.574***	0.8 ± 0.8	0.8 ± 0.8	0.77	0.7±0.8	0.8±0.9	0.9 ± 0.9	0.8±0.8	1.70
强迫	14±1.2	1.7±1.1	−2.96**	1.5±1.1	1.7±1.2	−2.74**	1.6±1.2	1.6±1.2	1.6 ± 1.1	1.7±1.2	0.48
躯体化	0.3±0.6	0.4±0.7	−1.30	0.4±0.7	0.3±0.7	1.86	0.3±0.7	0.4±0.7	0.4 ± 0.8	0.4±0.7	2.35
心理症状总分	4.8±4.3	6.5±4.8	−4.27***	6.4±4.7	5.9±4.8	−1.32	5.5±4.4	62±4.9	6.3 ± 4.6	68±5.1	2.35

注：* 代表 p<0.05 差异显著；** 代表 p<0.01 差异十分显著；*** 代表 p<0.001 差异极其显著。

2.1.2 疫情期间的活动范围、是否参与过团辅或愿意参与网络团辅与身心状况的比较

表 2 活动范围、是否参与过或愿意参与网络团辅与心理症状总分和各因子得分结果比较（$\bar{x} \pm s$）

项目	疫情期间活动范围			F 值	是否参与过团辅		t 值	是否愿意参与网络团辅		t 值
	封闭在家（n=474）	可以外出（n=217）	其他（n=41）		是（n=175）	否（n=557）		是（n=417）	否（n=315）	
睡眠	0.5 ± 0.7	0.5 ± 0.7	0.4 ± 0.7	1.23	0.5 ± 0.7	0.5 ± 0.7	0.97	0.5 ± 0.7	0.4 ± 0.7	1.97 **
抑郁	0.8 ± 1.0	0.9 ± 0.9	0.8 ± 1.0	0.24	0.9 ± 1.0	0.8 ± 0.9	0.57	0.9 ± 1.0	0.8 ± 1.0	0.92
激惹	0.8 ± 1.0	0.8 ± 0.9	0.8 ± 1.0	0.31	0.8 ± 0.9	0.8 ± 1.0	−0.12	0.8 ± 0.9	0.8 ± 1.0	0.81
焦虑	0.7 ± 0.8	0.8 ± 0.8	0.8 ± 0.9	0.52	0.9 ± 0.8	0.7 ± 0.8	1.67	0.8 ± 0.8	0.7 ± 0.8	0.78
疑病	0.4 ± 0.7	0.4 ± 0.7	0.4 ± 0.7	0.24	0.4 ± 0.6	0.4 ± 0.7	−0.70	0.5 ± 0.7	0.3 ± 0.6	2.70 **
恐惧	0.7 ± 0.8	0.9 ± 0.8	0.9 ± 0.9	4.30*	0.8 ± 0.9	0.8 ± 0.8	0.15	0.8 ± 0.9	0.7 ± 0.8	1.90
强迫	1.6 ± 1.2	1.8 ± 1.1	1.7 ± 1.0	1.98	1.5 ± 1.1	1.7 ± 1.1	−1.05	1.7 ± 1.1	1.5 ± 1.1	2.98 **
躯体化	0.3 ± 0.6	0.5 ± 0.8	0.4 ± 0.9	4.05*	0.4 ± 0.7	0.4 ± 0.8	1.01	0.4 ± 0.7	0.3 ± 0.7	1.38
心理症状总分	5.8 ± 4.9	6.6 ± 4.4	6.2 ± 5.2	2.30	6.2 ± 5.0	6.0 ± 4.7	0.33	6.5 ± 4.9	5.6 ± 4.5	2.42 *

注：* 代表 p<0.05 差异显著；** 代表 p<0.01 差异十分显著；*** 代表 p<0.001 差异极其显著。

疫情期间不同的活动范围在恐惧、躯体化因子得分差异上有统计学意义。事后检验结果表明，可以外出的大学生在恐惧、躯体化上因子得分均高于封闭在家的大学生。独立样本 t 检验发现，大学生是否参与过团辅与各因子及心理症状总分差异没有统计学意义。独立样本 t 检验结果表明，大学生是否愿意参与团辅与睡眠、疑病、强迫、心理症状总分的得分差异有统计学意义，愿意参与团辅的大学生在上述因子得分高于不愿意参与团辅的大学生。

2.2 大学生对于网络团体辅导的需求

2.2.1 大学生对于网络团体辅导设置的需求

此次调查中，愿意参与网络团辅的人数有 417 人，占 57%，超过一半。由表 3 可知，大多数学生对于网络团体辅导活动的人数没有特别的要求；学生更愿意参与时长 1~1.5 小时一次的单元网络团体辅导。同时，我们还发现，愿意参与网络团辅的大学生，更愿意参与只一次（26.6%）、共两次（30%）的网络团辅；而不愿意参与网络团辅的大学生，也更愿意参与只一次（67.9%）、共两次（16.8%）的网络团辅。

表 3 大学生对于网络团体辅导设置的需求（n=732）

	团辅人数设置				团辅时间设置			团辅次数设置				
	5~8 人	9~10 人	11~12 人	都可以	1 小时	1.5 小时	2 小时	只一次	共二次	共三次	共四次	更多次
人数	291	92	11	338	630	81	21	325	178	93	47	89
百分比	39.8%	12.6%	1.5%	46.2%	86.1%	11.1%	2.9%	44.4%	24.3%	12.7%	6.4%	12.2%

2.2.2 大学生对于网络团体主题辅导的需要

关于最需要的网络团体辅导主题的调查中，排在前三的是压力问题、情绪管理辅导和时间管理辅导。压力问题包括学业压力和就业压力；情绪管理问题包括抑郁、焦虑、紧张、悲伤和愤怒情绪；亲密关系问题包括恋爱关系和家庭矛盾问题。

表 4 对于网络团体辅导主题的需要状态

题目	最想参加	想参加	可以参加	合计
压力问题	22.4%	25.8%	28.2%	76.2%
情绪管理辅导	24.9%	24.8%	23.2%	72.9%
时间管理辅导	27.3%	20.7%	19.5%	67.5%
生活意义问题	8.9%	10.9%	10.5%	30.2%
亲密关系问题	6.7%	8.8%	7.7%	23.2%
偏见与歧视问题	6.3%	7.4%	7.9%	21.6%
缺失值	3.2%	1.2%	3.4%	7.8%

备注：本题选项为单选题，因此将多选的个案视为缺失值。

根据表4的调查结果，将人口学变量和团辅主题做差异比较，得出以下结论：

（1）不同性别与时间管理辅导主题团辅有显著性差异，男生在时间管理辅导主题上平均得分为1.80±1.21，女生平均得分为2.26±1.33，t=–4.18，p<0.001，说明女生比男生更想要参与时间管理辅导主题的团体辅导。

（2）疫情期间所在地同偏见与歧视主题团辅有显著性差异，湖北籍学生在偏见与歧视主题上平均得分为1.76±1.21，非湖北籍学生平均得分为1.33±0.84，t=–2.11，p<0.05，说明疫情期间湖北籍学生比非湖北籍的学生更想要参与偏见与歧视主题的团体辅导。

（3）不同年级与压力问题主题团辅有显著性差异，假设经Levene's方差齐性检验，各组数据方差不齐，采用Welch方差分析，Welch F=16.595，p<0.001。得分分别为大一（1.63±0.72）、大二（1.37±0.59）、大三（1.54±0.70）、大四（1.92±0.82）。Games–Howell检验结果表明，大四年级压力问题主题平均得分均高于其他三个年级，差异具有统计学意义（p分别为0.009，0.000，0.001），说明大四年级比其他年级更想要参与压力问题主题的团体辅导。

3 讨论

3.1 大学生身心状况

本研究发现在新冠肺炎疫情期间，女性整体的身心状况劣于男性，这与朱旭等人在对新冠肺炎流行时大众心理症状调查中的结果一致[7]，同时也与非典期间的研究结果一致[8]。心理系的学生比非心理系的学生表现出更严重的抑郁、焦虑和疑病的症状。江永燕等人在研究新冠肺炎疫情下大学生心理健康状况时也发现心理学专业学生心理健康状况劣于非心理学专业的学生，可能是因为心理学系的大学生更敏感，也更容易表达和觉察自己的不良的身心反应[9]。而大四学生可能因为学业压力和就业压力较大，因此表现出比其他年级学生更严重的焦虑症状。王慧等人在研究新型冠状病毒肺炎期间研究生的心理健康状况时也发现，同样面临着毕业与就业的研三学生心理健康水平较差[10]，这可能也是影响大四年级比其他年级更想要参与压力问题主题的团体辅导原因之一。由于疫情传播能力较强，流行期间可以外出的大学生受感染的可能性要高于封闭在家的学生，也就表现出更多的恐惧与躯体化。而之前的团辅经验并没有帮助大学生有效地面对疫情，可能是因为突发公共事件对学生的影响力与冲击力比日常生活中面临的问题更大。同时，愿意参与团辅的大学生也在睡眠、疑病、强迫、心理症状总分得分上更高，表明了大学生求助的主动性更强。

3.2 网络团体辅导需求情况

3.2.1 网络团体辅导设置需求情况

在本次调查中，愿意参加网络团体辅导的比例为57%，超过一半的学生愿意参与团辅，可能有以下原因：① 在疫情期间，国家政府、卫健委积极开展心理危机干预工作，学校心理健康中心、辅导员、各公益组织有效地科普了心理健康知识。大家意识到了心理健康的重要性，对心理辅导的需求变高，而网络团体正好在这样的公共卫生危机下适用。② 网络团体辅导具有便携性和隐蔽性，通过网络，学生更容易获得心理帮助，并且在网络团体辅导里采取匿名的方式，学生在一定程度上容易获得安全感。综上，与以往研究不同，学生对团体辅导的参与度高。

不愿意参加网络团体辅导的比例为43%，可能有两方面的原因：原因之一是本次疫情并未对学生产生较大的心理困扰，疫情知识科普力度很大、范围很广，学生能够较为理智地看待疫情，因此觉得自己不需要接受团体辅导。另一个原因可能是学生对于团体辅导特别是对网络团体辅导的了解不多，将团体辅导误解为团体游戏、上课，或者担心自己在团体中会暴露自己的隐私，对参与人员不信任等。已有的研究结果表明，心理疾病污名、自我表露和心理咨询信任是影响大学生心理求助意愿的三个非常重要的因素[11]。针对这种情况，在后续的心理服务工作中，应加大对网络团体心理辅导的宣传力度，增加学生的了解和信任，激发学生寻求网络团体辅导的动机。

而在团体辅导设置方面，绝大多数的学生对于团辅中人数的设置没有要求。但更愿意参与1~2次、1~1.5小时的短程团辅，疫情背景下，尽管大学生参与团辅的意愿不一，但他们对参与短程的一次或两次网络团体辅导的态度十分开放。这与台湾王智弘老师的研究一致。他认为，“短期咨商服务的需求愈来愈多，特别是透过函件、电话或网络的中介媒体，或是具有危机处理特质而求助的当事人，对短期的咨商期待尤为强烈，甚至期待能从一次咨商单元中获益”[12]。

值得一提的是，王智弘老师提出的“一次单元咨询模式”正是源于网络咨询的兴起而发展起来的，它以建立良好的咨询关系为基础，以问题解决为导向，单次的咨询必须具有效果，这符合现代社会对于效率、经济的追求；同时，若当事人有第二单元或后续的咨询需求，也可以在一次单元的基础上延续下去[13]。

3.2.2 网络团体辅导主题需求的情况

关于最需要的网络团体辅导主题的调查中，学生最想参与的网络团辅主题是压力问题主题、情绪管理主题和时间管理辅导主题。由此可知大学生在疫情期间普遍受到不同程度的影响，而以往的研究结果也表明，学生需要的心理健康知识中，情绪管理、压力调适排在最前列[14]。

疫情期间绝大多数的学生居家隔离，在家里能做的活动极其有限，大部分学生每天的生活都是吃、睡、上网的重复，有大量的时间可以使用却没有做具体的事务，新的学习方式对大学生来说是一种挑战。女大学生对于时间管理辅导的团体辅导要求迫切。

疫情暴发初期，对疫情的不正确认识，一度让湖北人民陷入非议之中，网上错误舆论的快速传播更使湖北地区的群众受到了不该遭受的指责与歧视，这也就不难理解为什么湖北籍的大学生比其他地区的大学生更想要参与偏见与歧视主题的团体辅导了。

大学生的心理压力来源主要是“学习压力”[15]，因为疫情期间全国各大高校都推迟入学，大四的学生不仅面临学习压力，还面临着就业压力。因此大四相较于其他年级更想参加压力问题团体辅导。

3.3 本研究的意义与启发

为给学生提供针对性的心理服务，本研究从了解大学生疫情期间的身心状况和网络团体辅导的需求入手。根据调查结果，未来需要开展以下工作：

（1）着重普及和宣传心理健康知识，帮助人们更多地了解心理咨询、团体辅导、网络团体辅导对于提高心理健康水平的功能。

（2）重视大学生短期的咨询服务需求，将王智弘“一次咨商理念”融入网络团体辅导中，对学生开展有针对性的以压力问题、情绪管理等主题的短程网络团体辅导，并且达到一次团辅就有效果，以满足学生的心理服务需求。

（3）“一次单元咨询模式”有广泛的应用性，不仅满足于通过网络中介咨询的模式，也满足于危机事件状态下的咨询，对各高校制订网络团体辅导计划有指导性的意义。

（4）发挥互联网的积极作用，即使在疫情结束后也可以普遍运用网络团体辅导这一服务形式，它比传统的团体辅导更加方便和省时省力，同时也更易于被大学生所接受。

参考文献

[1] 王学义，金圭星，王青翠，等．SARS流行期不同人群心理状况调查分析[J]. 中国健康心理学杂志，2003, 11(6):441-442.

[2] 朱小林，刘丹，闫芳，等．新冠肺炎流行期间学生与员工的心理健

康状态 [J]. 中国心理卫生杂志 ,2020(6):549-554.

[3] 黄捷畅 . 新型冠状病毒肺炎疫情下大学生心理健康状况及对策 [J]. 数码世界 , 2020(6):195-196.

[4] 昌敬惠 , 袁愈新 , 王冬 . 新型冠状病毒肺炎疫情下大学生心理健康状况及影响因素分析 [J]. 南方医科大学学报 , 2020(2):171-176.

[5] 方芳 . 我国心理健康服务需求研究现状和展望 [J]. 沈阳大学学报 (社会科学版), 2019 (3):324−327 .

[6] 肖潇 . 我国高校大学生心理健康教育需求研究综述 [J]. 赤峰学院学报 (自然科学版), 2017(20):63-65.

[7] 朱旭 , 胡英哲 , 王婷婷 , 等 . 新冠肺炎流行期大众心理症状调查 [J]. 中国心理卫生杂志 ,2020,34(8):703-709.

[8] 唐小岚 , 吕琳 , 曾翠琼 , 等 . SARS 流行期间广西贵港少数民族地区不同人群的心理调查报告 [J]. 中国健康心理学杂志 , 2006(5):592-594.

[9] 江永燕 , 白树虎 , 谭丁豪 , 等. 新冠肺炎疫情下大学生心理健康影响因素分析 [J]. 成都医学院学报 , 2020(9):1-11.

[10] 王慧 , 黄琦岚 , 尹红新 , 等 . 新型冠状病毒肺炎期间研究生心理健康状况 [J]. 中国健康心理学杂志 , 2020, 28(10):1477-1482.

[11] 刘雪冰 . 90 后大学生心理求助意愿实证研究 [J]. 教育现代化 , 2018, 5(46):233-234,258.

[12] 王智弘 , 杨淳斐 . 一次单元咨商模式的概念与应用 [J]. 辅导季刊 , 2006, 42(1):1-11.

[13] 王智弘 , 杨淳斐 . 一次的力量 : 含摄华人文化观点的一次单元咨商模式 [M]. 台北：张老师文化事业股份有限公司 , 2016.

[14] 闫明 , 刘取芝 . 在校大学生心理健康服务需求调查 [J]. 南京晓庄学院学报 , 2013, 29(2):80-82.

[15] 王小运 , 邓莎莎 . 不同类别大学生心理压力研究探析 [J]. 杭州师范学院学报 (医学版), 2008, 28(4):254-258.

疫情防控常态化下“双一流”高校学生心理状况排查与应对策略

郑　霞　高美才　刘润香　梅小峰

南昌大学 330031

【摘要】目的：做好疫情防控常态化下，学生复学返校后的心理健康教育工作，预防学生心理状况的波动和心理危机事件的发生，帮助学生提高心理适应力，为相关部门制定针对性的干预策略和措施提供参考。方法：于2020年6月1日—6月17日采用自行设计的调查问卷在“双一流”高校进行心理排查，以学院为单位进行组织，辅导员在各班级开展数据收集，34 492名学生参与了调查，共排查出有心理问题的学生438人。分析大学生复学返校后的心理现状及其影响因素。结果：从心理排查的情况看，各年级存在心理问题学生的比例有差异。排查出的学生中，发现存在适应问题、需重点关注和学业困难的学生最多，其次是遭遇突发事件、单亲家庭或亲子冲突严重、家庭经济困难的学生。高年级筛查出的人数较低年级的多，尤以大四最为突出。 结论：疫情对学生心理的后续影响持续存在，疫情防控常态化心理健康教育需要从宏观、中观和微观层面着手，高度重视大数据与自媒体心理危机干预，建立全面覆盖的动态排查和关注机制，建立家庭－学校－医院－社会四方联动的心理危机干预机制。

关键词：疫情常态化防控；“双一流”高校；疫后学生心理问题状况；心理健康教育

联合国秘书长古特雷斯在2020年5月提出各国必须将促进精神卫生作为当前重要事项，迅速加以应对新冠疫情的号召。随着新冠肺炎疫情逐步被有效控制，中国的疫情防控迎来常态化新阶段，高校大学生遭遇史上最长的非常假期后，从居家学习到逐步开始有序返校复学，学生一方面要应对疫情所带来的心理冲击和后续影响，另一方面要面对新的压力，尽快适应返校后的生活[1]。本研究通过问卷调查，旨在了解返校学生心理状况，妥善做好高校大学生复学返校后的心理健康教育工作，预防心理危机事件的发生，帮助学生提高心理调适能力。

1　对象与方法

1.1　对象

2020年6月1日—6月17日，通过问卷调查，对“双一流”高校32个学院进行调查。截至6月17日下午17：00，共有34 492名学生参与了调查，排查出有心理问题的学生438人。

1.2　方法

采用德尔菲法，并在查阅相关文献的基础上自行设计调查问卷，结合历年新生参与“中国大学生心理健康测试量表”普查的结果进行比较。问卷通过学校内部办公网发放，由各班级辅导员填写上报学院，学院整理后，统一上报校心理健康教育中心，对问卷进行严格的质量控制，所有参与调查的对象均了解此次调查的意义和目的。调查内容按照危机干预理论和时间经验，制定了14条心理排查的标准，主要是将精神痛苦程度重度、学生自觉难以忍受且痛苦持续时间在一周以上，频率为一周内三次以上，社会功能受损，基本的生活、学习、人际交往受到严重影响的学生排查出来，以做到及早预防、及早干预，避免极端悲剧性事件的发生。排查的重点人群包括十四类：（1）近期本人及家庭有重要他人被感染新冠肺炎；（2）来自重点疫区或从国外疫情严重国家返回的学生；（3）被隔离的学生；（4）往年心理健康普测和心理健康摸底排查工作中确定的重点关注学生；（5）患严重身体疾病，治疗周期长，个体感觉痛苦，仍在校坚持学习的学生；（6）与父母有严重亲子冲突，或因家庭经济困难、学习困难或就业困难而出现心理、行为异常的学生；（7）因各种原因受处分、经常旷课或经常联系不上的学生；（8）网络依赖严重，有网贷记录或养成其他不良习惯的学生；（9）遭遇突发事件，如家庭发生重大变故、个人或家人发生不幸，或身边同学遭遇突发事件的学生；（10）人际关系失调或个人感情受挫后出现心理、行为异常的学生；（11）返校后适应不良，如学习适应、生活适应、自我适应、交往适应等问题，导致心理、行为异常的学生；（12）患有各种程度心理障碍或心理疾病，仍在校坚持学习的学生；（13）既往有伤人、自伤、轻生未遂史或家族中有轻生者的学生；（14）性格过于内向、孤僻、缺乏社会支持的学生。

1.3 统计分析

利用 EXCEL 建立数据库，采用 SPSS22.0 和悦图软件进行分析。因调查样本量大，经检验发现绝大多数比较均有统计学意义，而差异不一定具有实际意义，因此对结果主要进行描述性分析。

2 结果

2.1 一般情况

此次心理排查的对象为“双一流”高校在校大学生，共有 34 492 名学生，排查出学生 438 人，学科分为文科、理科、工科、医学、艺术和其他。文科 9 个学院 9168 人，排查出 88 人（9.6%）；理科 1649 人，排查出 29 人（17.59%）；工科 13 389 人，排查出 220 人（16.43%）；医学 7156 人，排查出 74 人（10.34%）；艺术 2487 人，排查出 15 人（6.03%）；其他 643 人，排查出 12 人（18.66%）。

2.2 心理问题描述的词频分析情况

将排查出的学生的心理问题描述为具体症状、原因分析、后期跟踪三大类，将数据导入悦图软件进行词频分析，具体结果见图 1。词云图是材料来源词频的图形展示，字体愈大，表示被编码的节点愈多。从图 1 可以看出，学习、中度抑郁、情绪、焦虑、返校、自残、轻生、压力是高频词，说明大学生常见的心理问题主要表现在学业问题、心理疾病、返校适应、挂科、延毕、沉迷游戏、抑郁症、压力和情绪问题；从人际关系方面来看，学生、同学、班委、老师、孤僻、父母、家长是高频词，这说明家长、老师和同伴在大学生心理问题的干预过程中起到比较重要的作用；从应对策略来看，关注、跟踪、约谈、交流、治疗、就诊为高频词，说明学校对存在心理问题的学生进行了跟踪、关注、社会支持、约谈以及医校合作等手段干预，并取得了较好的效果。

图 1　大学生心理问题具体描述的词频分析（词云图）

2.3　有疫情创伤的学生筛查情况

此次排查的学生中，受新冠病毒疫情影响，产生创伤的学生有 34 人，信息不全，情况不确定的 25 人；情况良好的 3 人，未产生影响的 376 人。疫情创伤主要分为六大类，分别为：丧亲、学业问题、抑郁症、特困生、学校封闭管理压力和亲子冲突。其中学业问题 18 人，丧亲 3 人，抑郁症 7 人，特困生 1 人，亲子冲突 2 人，学校封闭产生较大心理压力 3 人。男生 26 人，女生 8 人；大一学生 7 人，大二学生 23 人，大三学生 4 人。有 6 名学生来自疫情重点地区，创伤严重，主要原因是至亲病故、抑郁症、多门挂科和特困生。有疫情创伤的人群需引起高度重视。

2.4　有自杀风险和心理疾病的总体情况

有自杀行为的 21 人，有自杀意念的 38 人，无自杀风险的 379 人；疑似其他类型心理疾病的 73 人，疑似精神分裂症的 4 人，疑似抑郁症的 99 人，无心理疾病情况的 262 人。

2.5　不同心理问题的人数比较情况

疫情引起大学生认知、行为、情绪和生理发生变化，是遭遇重大危机事件的应激反应，是非正常情况下的正常情况。排查出的学生中，发现存在适应问题、重点关注人群和学业困难的学生最多，其次是遭遇突发事件、单亲家庭或亲子冲突严重、家庭经济困难的学生。不同心理问题的人数情况具体见表 1。

表 1　不同心理问题的人数比较

不同心理问题	人数	百分比
遭遇突发事件情况	99	23%
适应情况	433	99%
个性极端封闭	49	11%
学业困难	193	44%
就业困难	25	6%
家庭经济困难	91	21%
网络依赖严重或有网贷	38	9%
存在重度身体疾患	10	2%
单亲家庭或亲子冲突严重	76	17%
重点关注人群	414	95%
有留守经历	39	9%

2.6　心理问题的年级分布情况

从心理排查的情况看，各年级存在心理问题学生的比例有差异。总体上，大一共筛查出 82 人，占比 18.72%；大二共筛查出 85 人，占比 19.41%；大三共筛查出 108 人，占比 24.66%；大四共筛查出 159 人，占比 36.30 %；大五共筛查出 4 人，占比 0.91%。从中可以看出，高年级筛查出的人数较低年级的多，尤以大四最为突出。具体情况见图 2。

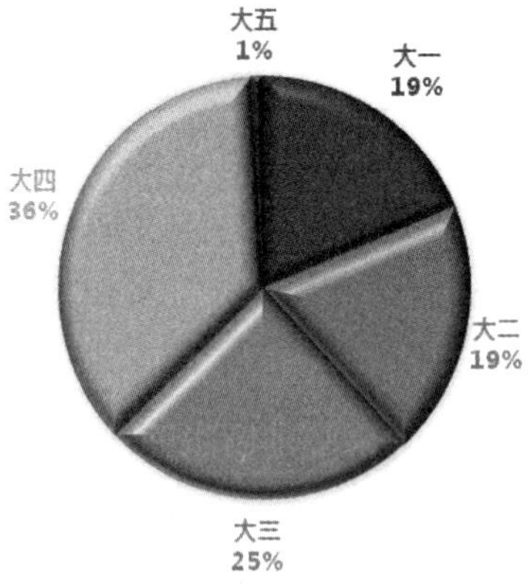

图 2　心理问题的年级分布情况

2.7 四类特殊群体的心理问题分析

2.7.1 学业、就业心理问题

学习是大学生的首要任务和主要活动方式，它对大学生的心理健康和心理发展有很大影响。学业、就业心理问题主要是学业存在困难（如挂科、经常旷课、无法完成作业或毕业论文）和适应不良。此次心理问题排查中，有 198 人适应不良，适应不良类型包括学业适应不良（如找不到合适的学习方法、缺乏明确的学习目标）、人际关系适应不良、自我适应不良和生活适应不良。此外，网络依赖、就业困难（如低年级的学生担心无法就业、毕业班的学生难以就业），都可能引发学生出现心理问题。本次排查出来的学生中存在学业困难、适应不良、网络依赖、就业困难的性别、年级和学科见表 2。

表 2 学业、就业、适应困难和网络依赖排查学生的分布情况

特征		问题类型							
		学业困难		适应不良		网络依赖或有网贷		就业困难	
		人数	百分比	人数	百分比	人数	百分比	人数	百分比
性别	男	29	16.48%	112	56.57%	36	94.74%	20	80.00%
	女	147	83.52%	86	43.43%	2	5.26%	5	20.00%
年级	大一	19	10.98%	41	21.03%	8	21.05%	0	0.00%
	大二	33	19.08%	55	28.21%	10	26.32%	1	4.00%
	大三	14	8.09%	66	33.85%	15	39.47%	5	20.00%
	大四	107	61.85%	33	16.92%	5	13.16%	17	68.00%
	大五	0	0.00%	0	0.00%	0	0.00%	2	8.00%
学科	文科	14	7.95%	48	24.24%	7	18.42%	2	8.00%
	理科	13	7.39%	22	11.11%	10	26.32%	5	20.00%
	工科	118	67.05%	59	29.80%	16	42.11%	14	56.00%
	医科	26	14.77%	54	27.27%	3	7.89%	2	8.00%
	艺术	0	0.00%	6	3.03%	1	2.63%	0	0.00%
	其他	5	2.84%	9	4.55%	1	2.63%	2	8.00%

2.7.2 家庭问题

个体的家庭情况也是影响大学生心理健康的重要因素。本次排查调查的家庭情况主要有家庭的经济情况、是否单亲家庭、童年是否和父母生活在一起。家庭经济困难、单亲家庭、有留守经历的性别分布见表3。

表 3

特征		问题类型					
		有留守经历		家庭经济困难		单亲家庭或亲子冲突严重	
		人数	百分比	人数	百分比	人数	百分比
性别	男	27	69.23%	2	50.00%	43	56.58%
	女	12	30.77%	2	50.00%	33	43.42%
年级	大一	8	20.51%	2	20.00%	14	18.42%
	大二	8	20.51%	2	20.00%	16	21.05%
	大三	17	43.59%	2	20.00%	33	43.42%
	大四	6	15.38%	2	20.00%	12	15.79%
	大五	0	0.00%	2	20.00%	1	1.32%
学科	文科	4	10.26%	2	0.17%	23	30.26%
	理科	10	25.64%	2	0.17%	4	5.26%
	工科	13	33.33%	2	0.17%	20	26.32%
	医科	10	25.64%	2	0.17%	23	30.26%
	艺术	1	2.56%	2	0.17%	4	5.26%
	其他	1	2.56%	2	0.17%	2	2.63%

2.7.3 人际关系问题

人际关系对心理健康的影响是双向的，人际关系良好是心理健康的保护伞，但当有些大学生遭遇严重的人际冲突、个性极度内向不善交际、出现人际适应不良等情况时，可能会引发心理健康问题。本次排查存在人际关系问题的学生情况见表4。

表 4　人际关系问题分布表

人际关系问题	人数	百分比
遭遇严重的人际冲突	11	11.22%
个性极端封闭	50	51.02%
人际适应不良	37	37.76%

2.7.4 应激事件

当个体面临突发或重大的问题，而他以前的应对方法和支持系统不足以应付这些情况，即他面对的困难超过了他的能力时，这个人就会陷入心理危机状态。本次排查遭遇应激事件的性别分布、年级和学科分布情况见表5。

表5 遭遇应激事件的学生分布情况

特征		遭遇应激事件的情况					
		遭遇其他重大生活变故		遭遇恋爱冲突与挫败		遭遇严重人际冲突	
		人数	百分比	人数	百分比	人数	百分比
性别	男	42	67.74%	4	36.36%	5	38.46%
	女	20	32.26%	7	63.64%	8	61.54%
年级	大一	7	10.29%	3	18.75%	3	20.00%
	大二	7	10.29%	3	18.75%	5	33.33%
	大三	12	17.65%	6	37.50%	1	6.67%
	大四	35	51.47%	1	6.25%	2	13.33%
	大五	7	10.29%	3	18.75%	4	26.67%
学科	文科	13	20.97%	3	23.08%	5	45.45%
	理科	4	6.45%	0	0.00%	1	9.09%
	工科	37	59.68%	4	30.77%	1	9.09%
	医科	4	6.45%	3	23.08%	2	18.18%
	艺术	3	4.84%	1	7.69%	2	18.18%
	其他	1	1.61%	2	15.38%	0	0.00%

3 调查结果讨论与分析

3.1 调查结果讨论

心理健康排查通常是比照一定的排查标准，对照大学生的心理和行为表现，筛查出符合特定标准的对象[2]。大学生心理健康排查是完善综合动态测评系统的必要措施，也是发现高危人群预防自杀的重要途径[3]。本次大学生心理健康排查按照心理理论和时间经验，制定了14条心理排查标准，对34 492名在校学生进行了心理排查。把这次排查结果与学校原来已经确定的重点关注名单进行对照，发现这次结果中有5.48%属于新发现的学生，94.52%属于原来已经确定的重点关注对象；相较于去年原来已经确定的关注对象81.99%，今年筛查率有所提升。该结果说明，大部分存在心理问题的学生在新生心理普查中就已经被发现了，但每次新的排查又能发现新的存在问题的学生。出现这样的情况，除了普查和排查标准的更新、实施手段的不同外，更重要的原因是学生的心理状况是一个动态变化的过程；本来没有心理问题的学生，可能在外在刺激之下发展出心理问题；也可能原来存在心理问题的学生，因为自身的治愈力，随着时间的推移，问题慢慢减缓甚至消失了。因此，新生心理普查尽管有需要提升之处，但仍是十分重要的发现大学生心理问题的手段。鉴于心理普查和排查手段的不完善及心理发展的动态性，为了更准确地掌握大学生心理健康的状况，在入学普查的基础上，需要定期进行心理排查，准确掌握学生的心理健康状况，这个结果与鲍英善等人[4]的研究结果是一致的。

从存在问题的性别分布来看，总体来说，男生占比远高于女生。之所以出现这个结果，依据相关的理论，主要是因为女生总体上更善于社会交往和情绪表达，当她们遇到不良情绪的时候，可以表达出自己的情绪，并更乐于求助，所以她们面临重大心理困扰甚至出现心理危机的概率比男性要小。但从具体分类看，在自杀风险这一项上，女生人数比男生人数多。从自杀的动机来看，可以把自杀分为功能性自杀和真实性自杀，不管哪种文化之下，社会对女性“一哭二闹三上吊”行为的容忍度都比男性的要高，是否因为这个原因女性更容易表现出功能性自杀，所以导致女生有自杀风险的人数比较多，通过相关查询还没有查找到相应的研究结论，这是接下来的研究当中一个非常值得探讨的问题。在疑似抑郁症这一块，女生人数也多于男生人数，这和女性情感体验更丰富，更注重内在的体验，而男生更擅长理性思维，更乐于用理性的方法思考和解决问题有关。在疑似其他心理疾病方面，男生显著高于女生，为什么会出现这样的结果？通过知网等主要数据库没有查找到相应的研究结论，但根据多年大学生心理咨询的经验可以推测，这主要是因为社会文化不鼓励男性表达自己的情绪，这就导致男性大学生习惯于用压抑等方式处理自己的情绪，以“坚强”的人设表现自己的言行，结果导致男生当中更常见的问题是躁狂、双向障碍、惊恐发作，边缘性人格等。在将来的工作中，可以针对这一现象做更进一步深入的研究和探索。

从存在问题的年级分布来看，排查出问题的学生中，大三和大四的学生占了大多数（60.96%）。出现这个结果的原因，主要是大三和大四（因为大五只有医学、建筑等少量专业的少量学生，这里就不再讨论）大部分学生已经完成身份转变，开始全身心投入到学位深造或者就业准备当中，所以面临的现实压力更大。而大一、大二年级问题只是减少，但问题并没有消失，因为大部分学生需要完成角色的转变和生活的适应，那些没有完成角色转变和大学生生活适应的学生仍然存在心理问题，甚至可能有更严重的心理问题，因为看着身边的同学全身心地投入学习和求职，会对存在心理问题的同学形成心理压力。从具体问题来看，在自杀风险情况中，有自杀行为的 21 人，有自杀意念的 38 人，无自杀风险的 379 人；疑似其他类型心理疾病的 73 人，疑似精神分裂症的 4 人，疑似抑郁症的 99 人，无心理疾病情况的 262 人。

自杀一个都太多，大学生的生命教育需要得到高度重视，教育需安身、安能，才能教育。生命至上，教育第一，要义就是身心合一，知行合一。精神分裂症之外的其他心理疾病可通过治疗和自我调整得到有效缓解或者治愈。只有疑似抑郁症这种精神问题在各个年级分布中没有出现明显的变化，这是因为抑郁症这一导致自杀的首因的顽固性，其不易随着环境的变化而变化，这一点要引起足够的重视。

从学科分类来看，其他（际銮书院）占比 18.66%，理科占比 17.59%，工科占比 16.43%，医学占比 10.34%，文科占比 9.60%，艺术占比 6.03%。

这个结果同日常教学和咨询中接触到的情况比较符合。际銮书院的学生皆为尖子生，他们容易产生心理问题，是因为对自己期望和要求过高，行为上过分关注细节，甚至出现强迫倾向；对他人及环境的要求过高，对周围的环境和现象不能接受；常把父母和老师的期望，自觉或不自觉地转换为自己的学习压力；对自我的认识和评价上，表现出自负、争强好胜的心理；抗挫折能力差。

理科教育缺少文科的人文素养熏陶，工科教育日常更注重具体工程问题的解决，学生心理调适途径有限，也容易出现心理问题。医学生筛出比率高是因为医生职业人命关天，所有医学院的训练都极为严格，要求很高，学生普遍学习压力很大，加上医患矛盾在医学生当中引起的焦虑和心理压力，导致其容易出现问题。艺术生检出率很低，这与去年的排查数据基本一致。究其原因是这些学生平时看上去行为不那么中规中矩，但就是在这种不中规中矩当中，学生的心理压力得到了释放，所以检出率比其他专业的都低。当然也存在该学科人数在我校学生中基数小，所以筛出少。从具体问题来看，在自杀风险这一项上，文科占比 42.5%，艺术和其他学科占比 24%，工科占比 22.5%，理科占比 7%。这说明文科虽然出问题总数不高，但在存在自杀风险的个体当中，文科占比最多。这是因为文科受人文精神的熏陶，喜欢思考人生和生死问题，思考清楚了，能做到大彻大悟；但如果思考偏了，就容易误入歧途，怀疑人生和生活的意义。艺术及其他学科虽然筛查出来的总人数少，但是在自杀这一问题上，占比却达到了第二位。这是因为艺术类的学生崇尚个性自由，不像其他学科那样在乎别人的看法，这在一定程度上可以保护他们，但当他们的思想和行为与社会规范的反差突破极限的时候，却很容易出现极端事件。工科生虽然筛查出来的总人数多，但他们更多的是以其他方式表现出来，不会想到用自杀的方式来解决问题。理科学生因为理性素养的作用，在面对问题的时候，最少选用自杀这种方式来解决问题，这一调查数据与日常工作的经验极为符合。在疑似精神分裂上，文科占比40%，其他学科相同，都占比20%。文科之所以在疑似精神分裂问题上占比高于其他学科，一个很重要的原因就是文科是一个抽象和思辨的学科，在这个学科的学习当中，学得好可以融会贯通悟透人生和世事，但在学习过程中，一旦受阻或者误入歧途，就容易导致思维的颠覆和混乱。在疑似抑郁症问题上，文科、工科和医科占比相当，只有理科占比（4.62%）明显低于其他学科。这是因为抑郁症是一种非理性的情绪表达，理科生的理性可以有效对抗这种非理性情绪。在疑似其他心理疾病上，工科占比（30.61%）最高，这是因为工科学生虽然不会像文科生那样思辨以至于对生命意义产生怀疑，产生自杀的想法和抑郁的情绪，但他们也缺少理科生理性的素养，所以他们的心理问题常常以其他心理疾病的方式表现出来。

3.2 调查结果分析

3.2.1 应激原因分析

3.2.1.1 隔离加剧抑郁和焦虑

受新冠病毒疫情影响，社会疏远和孤立对人们的心理健康和情绪健康产生了重大影响。社交距离会导致公众的焦虑和抑郁情绪加剧，有些大学生在隔离后因缺乏娱乐和户外活动而感到焦虑，还有些大学生渴望尽快恢复正常的社交活动水平。

后疫情时代，很多人会有PTSD的创伤后应激障碍。创伤后应激障碍（PTSD）[5]是一种与创伤性事件及心理应激密切相关的精神疾病，是指由突如其来且超乎寻常的威胁性、灾难性事件引发的一组以多种精神行为异常和心理障碍为主，并对个体产生明显的影响，致使其职业能力和社会功能受损的延迟或持久的反应[6]。社交隔离带来失落感，意味着失去结构和常规，从排查报告看，很多大学生很难将在家学习和社会交往达到平衡。疫情的不确定性，让一部分大学生感受到压力，他们不知道这种不确定性会持续多久，这种状态持续时间越长，他们可能越少支持和顺从。

3.2.1.2 隔离加剧亲子冲突和家庭矛盾

受疫情影响，大学生亲子冲突和家庭矛盾上升，自我学习效能感低。一场疫情打破了人们原有的生活节奏，各大高校开展线上教学，学生与父母在家相处时间更长了，距离太近，难免有摩擦，从亲密无间到冲突不断，亲子关系的种种问题也在这个特殊时期凸显出来，比如代沟、价值观念、生活模式和遵守规矩多少等。亲子间的冲突多表现为言语和肢体暴力。

3.2.2 外部原因分析

疫情打破了生活的常态，而现实竞争的压力并未减少，甚至受疫情影响，今年就业形势更加严峻，深造学习也面临更多不确定和突发因素，矛盾不断加剧，个体心理行为问题及其引发的社会问题日益凸显[7]。另一方面，心理行为异常和常见精神障碍人数逐年增多，个人极端情绪引发的恶性案（事）件时有发生，成为影响社会稳定和公共安全的危险因素。对于大学生这样一个特定的群体来说，他们面临更多复杂和竞争激烈的社会环境：大学生的成长经历，让他们更多地被保护而少了挫折锻炼，同时长辈的过多关注和过高希望，也让他们承受过大的心理压力。随着高等教育的大众化，大学生慢慢从象牙塔里的精英变成了普通的劳动者，就业的环境相对变差，竞争压力不断增大。同时，在家每个人都是“小太阳”，一群“小太阳”在一起，彼此之间的相互磨合也是一个不得不面对的问题。上面这些因素导致大学生面临心理问题和困扰。

3.2.3 内部原因分析

从总体上来说，是社会的变革和压力导致了大学生心理问题，但面对同样的压力和社会环境，绝大多数大学生能够适应良好。而普查筛查和心理排查出来的这部分学生表现出心理问题的原因在于，对于大学生这样一个人格基本稳定的群体来说，社会只是外因，人格是否健全、自我是否和谐才是环境这个外因刺激之下表现出问题的主因。有研究结果表明，大学生心理异常的比率高达24%，在大学生心理异常的各类问题当中，排前五位的“强迫症状”、“人际关系敏感”、“敌对”、“焦虑”和“恐怖”占了总数的53.7%[8]。这说明心理普查和排查出来的大学生当中，大多数存在内在自卑而外在要强的完美主义性格，人际关系当中，存在人际关系敏感和敌对的情况，在他们身上常见焦虑和恐惧等不良情绪。

4 结论

综上所述，学生的心理问题是一个动态变化和发展的过程。在疫情防控常态化下，从宏观应对策略上看，更需家庭－学校－医院－社会等多系统联动、协同干预，建立全时程的跟踪、支持和关怀机制，加强对大学生心理问题的校本研究，加强专业化培训，充分发挥心理课堂的作用，加强心理安全教育；从中观应对策略上看，建立以学院为主体的心理危机快速反应机制，更加及时有效地干预学生的心理问题，为特殊群体学生建立爱心档案并进行及时的关注、跟踪、支持和关怀；从微观应对策略上看，要建立“学校、学院、班级、宿舍”四级心理辅导站，将心理健康教育工作纳入全员育人体系，由专人负责并关注学生的心理健康状况，建立朋辈心理辅导机制，建立快速报告制度，高度重视大数据范式与融媒体心理危机干预。利用大数据思维以全方位信息搜索为基础，以系统化危机评估为支撑，以精准化心理干预为手段，以立体化持续反馈为保障，构建大学生心理危机干预防范机制，通过增加用户黏度和建立深度介入机制，实现新媒体手段的无感干预。

参考文献

[1] 边玉芳 . 复学后学校面临的学生心理问题及应对策略 [J]. 基础教育课程 , 2020(12): 27-32.

[2] 曹桂红 , 王元天 . 高校学生心理排查机制研究 [J]. 湖南工程学院学报 (社会科学版), 2017. 27(3): 113-116.

[3] 姚婕 , 张慧 , 冯翊 , 等 . 大学生心理危机的识别与干预工作策略探究：以西安工程大学为例 [J]. 西部素质教育 , 2019, 5(2):84-86.

[4] 鲍英善 , 崔宁 . 大学生自杀心理干预的系统分析 [J]. 沈阳师范大学学报 (社会科学版),2013, 37(3):113-115.

[5] 黎轶丽 , 刘丽香 , 吴新 , 等 . "后疫情时期" 武汉市某三甲医院护理人员创伤后应激障碍、职业倦怠与离职倾向分析 [J]. 职业卫生与应急救援 , 2021, 39(1):34-39.

[6] 现代英汉：汉英心理学词汇 [M]. 北京 : 中国轻工业出版社 , 2006.

[7] 苏琴 , 胡志建 . 新形势下大学生就业心理问题和调适对策 [J]. 就业与保障 , 2020(2): 181-182.

[8] 刘春艳 . 大学生常见心理问题及危机干预策略探究 [J]. 兰州教育学院学报 , 2017, 33(2): 167-169.

萨提亚模式团体心理辅导缓解大学生愤怒效果研究

刘　丽[1]　赵丽涛[2]　张　芳[3]

1，2，3. 山西大学 030006；2. 太原铁路机械学校 030006

【摘要】目的：比较萨提亚模式干预与认知行为模式干预对降低大学生愤怒的效果。方法：将两个自然班自愿参加愤怒管理团体辅导的76名大学生随机分为萨提亚模式干预组和认知行为模式干预组，分别进行连续8周、每周2小时的团体辅导。采用状态－特质愤怒量表进行前测、后测和追踪后测。结果：萨提亚模式组和认知行为组被试的愤怒气质和状态愤怒的后测得分和追踪测得分显著低于前测，特质愤怒的追踪测显著低于前测，特质愤怒后测、愤怒反应后测和追踪后测与前测差异不显著；萨提亚模式组和认知行为模式组的特质愤怒和状态愤怒的后测改变量和追踪测改变量的差异不显著；萨提亚模式组成员的团体满意度更高。结论：萨提亚模式团体辅导在缓解大学生愤怒上具有与认知行为团体辅导同等的即时效果和长期效果，且比认知行为干预更受欢迎，可以作为愤怒干预的新方法进行推广。

关键词：大学生；愤怒；萨提亚模式；认知行为

愤怒[1]是一种消极的情绪状态，包括状态愤怒和特质愤怒。状态愤怒是由刺激、烦恼、狂怒和暴怒等组成的主观感觉，伴随着自主神经系统的激活或唤醒；特质愤怒是个体对于经历的状态愤怒情绪在频率、强度和持续时间上的一种人格差异。经历强烈或长期频繁的愤怒会对个人生活造成严重干扰，这种干扰主要表现在两个方面：一是严重影响身体健康，引发心脏病、高血压和高胆固醇等症状，从而导致心血管疾病[2]；同时高愤怒的个体还易于参与各种不健康的行为，包括烟草使用[3]、过度酒精摄入量[4]和不健康的饮食习惯[5]。二是严重影响心理健康，一方面愤怒情绪会对社交能力、技巧带来显著的损害，造成包括同伴交往、亲子冲突、婚姻关系在内的人际关系问题[6]；另一方面愤怒会导致抑郁[7]和焦虑等心理问题，极度的愤怒也是许多精神障碍的核心特征[8]。此外，高愤怒情绪也会危害公共安全，高愤怒情绪常常伴随攻击性行为，是激进驾驶行为[9]、亲密伴侣暴力[10]、虐待儿童[11]以及自杀[12]有效预测因子。

大学时期是人生的重要转折和过渡时期，这时候大学生也许已经学习到愤怒能够作为帮助他们实现目标或者回报的手段，因此，他们可能已经学会将愤怒作为操纵他人的有效工具去使用。同时在这个时期，他们正处于心理延缓偿付期[13]，面对新的学业要求及来自家庭、学校和社会等各方面的环境压力，如果过度地使用愤怒或不能很好地处理愤怒情绪问题，在刺激情境下则容易引发严重的攻击、暴力事件。近几年来，江歌案以及不断见诸媒体的大学生愤怒情绪引发的攻击和暴力事件成为社会关注的焦点。因此，探索能够有效降低大学生愤怒的干预方案，帮助大学生学会对自己进行愤怒管理与转化显得尤为重要，将会有效推动相关的心理健康教育与咨询工作以及临床治疗工作。

愤怒情绪干预中出现最多的心理治疗方法是认知行为取向的，认知行为的效果是中度有效的（Cronbach d = 0.68）；非认知行为干预获得实证研究支持的极少，但非认知行为的方法产生了较大的效应值（如心理动力学 Cronbach d = 1.40 和家庭治疗 Cronbach d = 0.80）[14]。心理动力学和家庭治疗在愤怒情绪干预中往往存在着创伤揭示和实践困难的情况。

萨提亚模式是一种以积极正向为目标，透过转化性改变而帮助个体迈向成长的人本主义流派的短程治疗模式。萨提亚模式认为，愤怒是积累而来的，个体在成长发展过程中，从不同的成长经验中习得不同的应对姿态，如讨好型、指责型、打岔型、超理智型。在人际交往中，他们通常会忽略自我、他人或者情景的感受，从而容易造成个体内失衡，或压抑，或过于愤怒。萨提亚模式不需要对童年创伤进行深入、持久的探索，它让人们承认、拥有并表达自己的感受，鼓励人们根据自己的感受来对当下做出最由衷的选择，这种对情绪的处理过程适用于团体干预。以往研究结果表明，个体自尊与愤怒情绪成显著负相关，且高自尊可以显著预测低愤怒[15]。萨提亚模式被证实能够提高个体自尊[16]，且愤怒情绪干预也是萨提亚模式干预的重要内容。

综上所述，本研究拟参照认知行为模式干预理论设计认知行为模式干预方案，根据萨提亚模式干预理论设计萨提亚模式干预方案，并通过对照实验验证萨提亚模式团体辅导的效果，以突破以往愤怒干预以认知行为干预为主的局限，为大学生愤怒情绪干预的研究和实践提供新的思路和方法。

1 对象与方法

1.1 对象

通过为山西某高校某学院两个自然班开设“愤怒情绪心理健康课”的方式，经过辅导员同意、心理委员协商以及遵循自愿报名原则招募被试对象。筛选标准是：①自愿参加团体活动，并愿意真诚分享；②能够按时参加每次的团体活动；③在生活中对自己的愤怒情绪及其影响有所觉察，并自愿参加降低愤怒情绪的团体辅导课。招募完成并签订知情同意书后，随机将两个班分为对照组和实验组。最终招募被试男生 18 人，女生 58 人，共 76 人；对照组男生 6 名，女生 25 名，共 31 人，出席率为 93.55%；实验组男生 12 名，女生 33 名，共 45 人，出席率为 98.61%。

采用独立样本 t 检验，表 1 显示，两组被试在状态愤怒各维度及总体、特质愤怒各维度及总体差异均不显著，可以认为干预之前两组被试的初始状况为同质。

表 1　认知行为模式组与萨提亚模式组前测数据的差异分析

愤怒情绪	认知行为模式组		萨提亚模式组		t	p
	$\bar{x}$	s	$\bar{x}$	s		
愤怒反应	2.34	0.61	2.48	0.54	−1.08	0.281
愤怒气质	2.30	0.53	2.19	0.66	0.82	0.412
特质愤怒	2.20	0.45	2.24	0.41	−0.32	0.746
愤怒感觉	1.55	0.35	1.56	0.46	−0.17	0.870
愤怒言语	1.23	0.28	1.30	0.50	−0.62	0.540
愤怒动作	1.06	0.12	1.12	0.31	−1.32	0.253
状态愤怒	1.28	0.20	1.33	0.38	−0.64	0.522

1.2　工具

1.2.1　状态 – 特质愤怒量表

采用刘惠军和高红梅修订的状态 – 特质愤怒量表 [17]。量表采用李克特 4 点计分。状态愤怒子量表共 15 个条目，包含愤怒感觉、愤怒动作和愤怒言语 3 个维度；特质愤怒子量表共 10 个条目，包含愤怒气质和愤怒反应 2 个维度。得分越高，表明个体的愤怒特征越突出。

1.2.2　团体满意度表

采用徐西森编制的团体满意度自我评量表 [18]。该量表 1~9 题为量表计分，在每次团体辅导结束后用于调查被试对象对团体气氛和自我成长的评价，采用 1 到 10 级计分，1 表示“极不符合”，10 表示“极符合”，得分越高，表明个体在团体辅导中的满意度越高。该量表 10 题为主观题“我认为下次活动可以改进的地方是：”，用于团体领导者根据团体成员的反馈意见及时调整、改进下次团体内容。

1.3 研究设计

本研究采用对照组前后测实验设计。自变量为实验处理——认知行为模式干预与萨提亚模式干预，因变量为愤怒得分。在团体开始之前，团体领导者通过对团体成员的一对一访谈了解团体成员参与团体的动机和对团体干预的了解程度，并向成员介绍愤怒干预的基本情况与设置，签订知情同意书。

其次，将两个自然班以整班形式随机分配到实验组和对照组，对照组为认知行为组，实验组为萨提亚模式组。两组被试组同时实施每周 120 分钟、连续进行 8 周的团体辅导干预，团体辅导干预在专门的团体辅导室中进行。所有参与成员均在实验前进行状态——特质愤怒量表前测，实验后进行后测，团体结束 3 个月后进行追踪测。此外，每次团体辅导结束时填写团体满意度自我评量表，以调查学生对当次团体辅导的满意度，以便主试及时调整干预方案。

1.4 干预方法

研究以萨提亚模式和认知行为模式作为理论基础，设计萨提亚模式团体辅导和认知行为团体辅导方案，具体内容见表 2。

表 2　萨提亚模式组与认知行为干预组干预方案对比

萨提亚模式干预组			认知行为干预组		
活动主题	活动目的	主要活动内容	活动主题	活动目的	主要活动内容
快乐相知	促进信任，协商规范	无家可归，歌赛，希望树	快乐相知	促进信任，协商规范	无家可归，歌赛，希望树
自我连接	加强信任，自我连接	自我影响轮，进入冥想	敞开心扉	提高凝聚力信任度	猜我是谁，自我探索
沟通姿态	了解、觉察沟通姿态	姿态雕塑，你的本质	觉察愤怒	了解愤怒，觉察愤怒	面包十字模型，放松训练
触摸感受	发现愤怒，接纳愤怒	可知我心，接纳欣赏自己	自动思维	监控矫正自动思维	听我说，认知重评，放松
转化观点	寻找愤怒后的观点	温度读取，重新沟通	自我效能	处理核心错误认知	辩驳，优点轰炸，放松
家庭规则	探索愤怒家庭来源	家庭规则、期待的转化	合理行为	学会合理行为反应	主动反应训练，集思广益
重塑自我	体验成长，重塑自我	雕塑个案，创造未来	促进实践	运用所学，促进实践	角色扮演，放松训练
面向未来	评估成长，处理离愁	成长历程，互赠留言	重塑故事	评估成长，处理离愁	成长历程，互赠留言

1.5　统计方法

使用 SPSS20.0 对量表数据进行录入和处理。经检验，数据符合正态分布。对实验组与对照组的组间数据采用独立样本 t 检验，采用配对样本 t 检验组内数据进行检验。

2　结果

2.1　两组被试愤怒三次测量分数之间的差异比较

采用配对样本 t 检验，分别检验两组被试三次不同测量分数之间的差异，结果见表 3。

表 3　两组被试三次测量分数之间的差异比较

愤怒情绪	认知行为团体			萨提亚团体		
	前 – 后	前 – 追踪后	后 – 追踪后	前 – 后	前 – 追踪后	后 – 追踪后
愤怒反应	–0.925	1.340	1.964	1.674	1.059	–1.000
愤怒气质	3.803**	8.597***	5.775***	2.832**	8.118***	6.675***
特质愤怒	1.415	3.503**	1.309	1.838	2.069*	–0.120
愤怒感觉	4.005***	2.942**	0.162	3.476**	4.019**	0.869
愤怒言语	3.647**	2.683*	0.538	2.837**	2.050*	–0.822
愤怒动作	2.528*	2.747*	1.438	2.304*	2.355*	0.573
状态愤怒	5.296***	3.786**	0.481	3.459**	3.491**	0.369

注：* 为 $p<0.05$，** 为 $p<0.01$，*** 为 $p<0.001$，下同。

由表 3 可知，对照组在状态愤怒及其愤怒感觉、愤怒言语和愤怒动作三个维度的前测与后测、前测与追踪测上均存在显著差异，后测与追踪测则不存在显著差异；在特质愤怒中的愤怒气质维度的前测与后测、前测与追踪测、后测与追踪测上均存在显著差异；而在总的特质愤怒的前测与追踪测中存在显著差异，在前测与后测、后测与追踪侧上以及愤怒反应维度的前测与后测、前测与追踪测、后测与追踪测上均存在显著差异。可见，认知行为模式组可以有效减少个体的状态愤怒以及愤怒气质，且具有长时间的效应。

实验组在状态愤怒及其愤怒感觉、愤怒言语和愤怒动作三个维度的前测与后测、前测与追踪测上均存在显著差异，后测与追踪测则不存在显著差异；在特质愤怒中的愤怒气质维度的前测与后测、前测与追踪测、后测与追踪测上均存在显著差异；而在总的特质愤怒的前测与追踪测中存在显著差异，在前测与后测、后测与追踪侧上以及愤怒反应维度的前测与后测、前测与追踪测、后测与追踪测上均存在显著差异的。可见，萨提亚模式组可以有效减少个体的状态愤怒以及愤怒气质，且具有长时间的效应。

2.2 两组被试愤怒指标改变量间的差异比较

运用独立样本 t 检验来考察两组被试后测分数减去前测分数所得差值以及追踪后测分数减去前测分数所得差值的差异，结果见表 4。

表 4 两组被试愤怒指标改变量间的差异比较

愤怒情绪	前后测差值（$\bar{x} \pm s$）		t	前追踪测差值（$\bar{x} \pm s$）		t
	认知行为模式组	萨提亚模式组		认知行为模式组	萨提亚模式组	
愤怒反应	0.11 ± 0.68	−0.17 ± 0.67	1.781	0.47 ± 0.08	−0.08 ± 0.52	−0.251
愤怒气质	−0.35 ± 0.52	−0.27 ± 0.63	−0.642	−1.02 ± 0.66	−0.98 ± 0.81	−0.186
特质愤怒	−0.10 ± 0.38	−0.13 ± 0.48	0.333	−0.17 ± 0.28	−0.12 ± 0.40	−0.596
愤怒感觉	−0.23 ± 0.32	−0.26 ± 0.51	0.291	−0.24 ± 0.46	−0.32 ± 0.54	0.664
愤怒言语	−0.13 ± 0.20	−0.20 ± 0.48	0.940	−0.15 ± 0.32	−0.17 ± 0.55	0.127
愤怒动作	−0.04 ± 0.10	−0.09 ± 0.27	1.088	−0.06 ± 0.12	−0.10 ± 0.29	0.915
状态愤怒	−0.14 ± 0.14	−0.19 ± 0.36	0.857	−0.15 ± 0.22	−0.20 ± 0.38	0.600

由表 4 可知，在认知行为模式干预组与萨提亚模式干预组中，特质愤怒及其各维度与状态愤怒及其各维度的后测与前测差值均不存在显著差异，因此萨提亚模式干预组和认知行为模式干预组对个体的状态愤怒和愤怒气质的即时效果相同。认知行为模式干预组与萨提亚模式干预组的特质愤怒及各维度与状态愤怒及各维度的追踪测与前测差值也均不存在显著差异，因此萨提亚模式干预组和认知行为模式干预组对个体的状态愤怒和愤怒气质的长时间效果具有同等的效果。

2.3 两组对团体满意度的统计评定

在每次团体辅导结束后，两组成员均填写团体满意度自我评量表。团体满意度自我评量表包含的 9 道量性计分题，分别用于评估团体成员在团体中的开放程度、投入程度、知识掌握程度、自我认识程度和分享程度，团体氛围和包容性以及领导方式的满意度，两组得分统计结果见表 5、表 6。

表 5　萨提亚模式组团体满意度自我评量表八次统计结果（$\bar{x}$）

9 道量性计分题	一	二	三	四	五	六	七	八
1. 我能在这次团体活动中向人表达我的看法	7.98	8.44	8.29	8.33	8.64	8.09	7.79	8.43
2. 我喜欢这次团体活动	8.29	8.58	7.96	8.27	7.93	7.71	8.00	8.57
3. 我觉得在这次团体活动中学会了更加关怀别人	8.00	8.30	7.71	8.23	8.30	8.18	8.34	8.49
4. 我对自己越来越了解	6.98	8.06	8.16	8.08	8.23	8.18	8.13	8.34
5. 参加团体使我对自己越来越自信了	7.23	7.98	7.69	7.90	8.25	8.18	8.18	8.57
6. 在这次团体中我乐意与其他人分享我的经验	7.64	8.56	7.96	8.25	8.61	8.323	8.13	8.63
7. 我觉得这次的团体经验很有意义	8.14	8.70	8.02	8.38	8.61	7.79	8.61	8.60
8. 我觉得这次聚会大家相互信任而且彼此坦诚	8.13	8.66	8.04	8.48	8.32	8.38	8.74	8.66
9. 我喜欢领导者的带领方式	8.09	8.24	8.06	8.63	8.23	8.24	8.26	8.60
总均分	7.83	8.39	7.99	8.28	8.31	8.11	8.24	8.54

表 6　认知行为模式组团体满意度自我评量表八次统计结果（$\bar{x}$）

9 道量性计分题	一	二	三	四	五	六	七	八
1. 我能在这次团体活动中向人表达我的看法	6.96	7.00	7.79	8.28	7.35	8.14	8.07	8.61
2. 我喜欢这次团体活动	7.42	7.43	7.33	7.63	7.45	8.29	8.19	8.70
3. 我觉得在这次团体活动中学会了更加关怀别人	7.46	7.00	7.40	7.68	7.55	8.38	8.00	8.63
4. 我对自己越来越了解	6.13	6.70	7.40	7.23	7.43	8.21	7.93	8.70
5. 参加团体使我对自己越来越自信了	6.46	7.00	7.02	7.30	7.15	8.21	7.90	8.67
6. 在这次团体中我乐意与其他人分享我的经验	7.29	6.91	7.55	7.98	7.55	8.26	8.19	8.76
7. 我觉得这次的团体经验很有意义	7.54	7.52	7.57	7.68	7.43	8.33	8.14	8.80
8. 我觉得这次聚会大家相互信任而且彼此坦诚	7.52	7.22	7.86	7.83	7.88	8.55	8.21	8.89
9. 我喜欢领导者的带领方式	7.48	7.09	7.07	7.53	7.28	7.80	7.88	8.63
总均分	7.14	7.10	7.44	7.68	7.45	8.22	8.06	8.76

由表可知，实验组与对照组团体成员对团体的满意度均随着团体活动次数的增加而呈现越来越满意的趋势。这表明在两组团体成员心中，随着团体活动次数的增

加，团体活动越来越能实现自己的预期和团体目标，即减少自己的愤怒情绪。除去第一次团体建立和第八次团体结束两次内容，在团体正式干预阶段，对照组第六次的总体团体满意度最高，这表明第六次的团体活动对对照组团体成员的影响较大；实验组第五次的总体团体满意度最高，这表明第五次的团体活动对实验组团体成员的影响较大。最后，对照组团体满意度总均分为 7.73，实验组团体满意度总均分为 8.21，这表明实验组（即萨提亚模式组）成员的团体满意度高于对照组（认知行为模式组）。

团体满意度自我评量表的第 10 题为主观题，用于询问团体成员“下次活动可以改进的地方”，以便于团体领导者及时调整团体方案。经过归纳总结，改进建议具体内容见表 7。

表 7　团体满意度自我评量表第 10 题

干预次数	认知行为模式组	萨提亚模式组
第一次	加强与别的小组的交流	增多男女搭配的活动
第二次	小组内分享时间加长	无
第三次	放松训练加长	雕塑时可加入背景音乐
第四次	趣味性增强	监控个别小组讨论时间
第五次	时间缩短	无
第六次	无	无
第七次	大组内分享时间加长	团体次数加长
第八次	团体次数加长	无

3　讨论

本研究采用萨提亚模式团体辅导和认知行为模式团体辅导对大学生愤怒情绪进行干预，对比二者的干预效果。研究结果表明，萨提亚模式团体辅导后团体成员的状态愤怒分数和愤怒气质分数显著下降，从而说明萨提亚模式的干预方式能够显著降低大学生的状态愤怒以及愤怒气质，并且具有长期效果。团体满意度自我评量表的结果也显示，团体成员对此次团体辅导活动的开展、实施有较高的满意度。总之，为期 8 周的萨提亚模式团体辅导干预在帮助大学生降低状态愤怒与愤怒气质方面效果显著，并且具有长期效应。这与萨提亚模式干预中一系列适用于处理愤怒情绪的活动有关。

3.1 探索自我资源，塑造自尊

萨提亚模式认为，个体的愤怒与自尊水平相关，低自尊水平下，个体不能够充分做出思考而导致愤怒。同时，研究结果表明，个体的低自尊能够显著预测高愤怒情绪[15]。因此，本研究通过帮助个体发现愤怒情绪下自我的自动化模式，激发个体对自我的觉察和探索，引导个体利用自身的内部资源，增强自身的力量，塑造并提升个体自尊，帮助个体做出新的改变。

3.2 探索愤怒来源，修通愤怒感受

萨提亚模式认为，掩藏在愤怒水平之下的是个体的知觉和预期，而这些知觉和预期又依赖于过去的经验基础（愤怒经历以及原生家庭），因此个体的愤怒往往来源于积聚起来的感受。彭小凡等人[19]的研究也发现，愤怒被激发后，同样影响个体后续的认知与归因，从而产生愤怒的“聚光灯效应”。因此，本研究通过“内在冰山图”“基本三角关系”等一系列活动让被试者去审视自己的期望和知觉，引导个体表达对愤怒的应对、感受、感受的感受、知觉、期待以及渴望，帮助个体重新理解愤怒，修通愤怒感受。

3.3 萨提亚冥想，整合内部信息

萨提亚冥想不仅重视呼吸、感觉和凝视，而且重视信息的深度和重要性。萨提亚认为，冥想不仅是领悟探索的途径，而且是治愈的途径。因此，本研究针对不同的团辅主题，播放不同的萨提亚冥想词，帮助个体在探索的过程中强化肯定、积极的知觉、恰当的选择、新的可能，以及对自我的接纳。

3.4 一致性的表达，发生改变

从满意度量表中可以看出，在所有的干预过程中一致性的表达对被试者的影响最大，这表明一致性的表达在帮助萨提亚模式组个体缓解愤怒上起着重要作用。萨提亚模式认为，每个人都有愤怒的感受，而如何处理这些感受才是问题的重点，想要转换愤怒下的期待与恐惧则需要通过一致性的表达。研究也发现[20]，当个人使用良好的社交技能来中止或改变不断升级的冲突和摩擦的过程时，愤怒情绪则会降低。因此，本研究通过“雕塑”等活动让被试者体验非一致性表达的限制，通过“温度读取技术”“家庭转化规则”等活动引导被试者体验一致性表达下的平衡，帮助个体学会在愤怒情绪下将愤怒转换为一致性表达，更新经验，发生改变。

此外，比较萨提亚模式组与认知行为模式组干预效果发现，萨提亚模式组与认知行为模式组之间差异无统计学意义，即两种方法具有同等的干预效果。鉴于认知

行为模式与萨提亚模式对愤怒干预具有同等量化的干预效果，表明起至关重要作用的还包括两种干预中的共同因子：

（1）团体辅导的形式。团体辅导作为一种独特的治疗形式，本身就具有治疗效果。樊富珉[21]认为团体成员可以在团体中获得情感支持、尝试积极体验、发展适应行为、重建理性认知。Yalom[22]也认为，团体心理治疗具有灌输希望、体验普遍性、发展社交技能、人际学习、情绪宣泄等疗效。此外，团体提供了更安全的环境，帮助团体成员无所顾忌地进行讨论与分享。

（2）共同的团体领导者。为避免干预者效应，两种干预统一由同一领导者带领，该领导者具有丰富的团体辅导与个体咨询的经验。

（3）愤怒的觉察与探索。两种团体干预在团体内容设计上都帮助成员觉察和探索愤怒情绪，鼓励团体成员及时地表达自己的愤怒情绪，帮助团体成员思考自己的愤怒情绪与认知、感受。这种愤怒的觉察和探索能够有效帮助团体成员合理宣泄愤怒情绪，从而缓解愤怒情绪。

（4）愤怒的表达与转化。两种团体干预在团体内容设计上都鼓励团体成员改变固化的愤怒表达，帮助团体成员掌握合理表达与转化愤怒情绪的方式，这种技能的训练能够有效帮助团体成员做出愤怒表达的改变，从而缓解愤怒情绪。

（5）放松与冥想的共同作用。最近的研究结果表明[23]，愤怒情绪与大脑内部的结构有关。而放松训练[24]和萨提亚冥想[25]均通过帮助个体进入专注的情境，一方面帮助个体关注自己，调节生理唤醒；另一方面帮助个体利用神经可塑性，将信息传达给大脑，进而整合内心的加工过程。

同时，满意度量表的总均值表明，萨提亚模式组团体成员的满意度高于认知行为模式组，即相较于认知行为模式组，萨提亚模式更易被干预对象所喜爱和接受。此外，比较出席率可以发现，萨提亚模式组的出席率要比认知行为模式组的出席率高，这也可以反映出干预对象萨提亚模式的高接受度。这可能是因为传统的认知行为存在着机械化的缺陷且更侧重于认知分析，而萨提亚模式更强调个性、自我和自尊的提升，更符合大学生发展个性的要求[26]。

综上所述，本研究采用的萨提亚模式干预方案在充分强调个性、自我和自尊提升的同时，使大学生对愤怒产生新的理解和感受，促进其发展出合理的愤怒表达方式，从而降低其愤怒情绪水平。但本研究还发现，两种干预方法对个体的状态愤怒以及愤怒气质的干预有即时和长期的效果，而对愤怒反应不存在干预效果。这可能是因为，当个体在完成对抗性的工作任务时，他们往往喜欢提高他们的愤怒水平，并且这种愤怒改善了他们的工作表现[27]，这种在某些情境中有利的愤怒往往具有进化功能和激励倾向。另外，两种方法对个体的总愤怒特质不存在即时效果却存在着长期效果，这可能是因为特质愤怒是一种人格特质，它是以连续和渐进的方式形成的[28]。因此为期 8 次的团体辅导不足以改变个体当下的特质愤怒，而个体在 8 次团辅中学习到的内容能够促进其思考，所以即使在团体结束的情况下，个体通过反思其特质愤怒也会得到降低。因此未来可通过加长干预次数，以得到本干预方案对大学生更具针对性的愤怒情绪的缓解效应。

参考文献

[1] SPIELBERGER C D. State-trait anxiety inventory and state−trait anger expression inventory[M].American Cancer Society,2010:2-3.

[2] 于斌，刘惠军．愤怒与心血管疾病关系研究进展 [J]. 中国公共卫生，2011, 27(8):1051-1052.

[3] SPIELBERGER C D, FOREYT J P, GOODRICK G K, et al. Personality characteristics of users of smokeless tobacco compared with cigarette smokers and non-users of tobacco products[J]. Personality and individual differences, 1995, 19(4):439-448.

[4] LITT M D, COONEY N L, MORSE P. Reactivity to alcohol - related stimuli in the laboratory and in the field: predictors of craving in treated alcoholics[J]. Addiction, 2000, 95(6):1107.

[5] MILLER P M, ANTON R F, EGAN B M, et al. Excessive alcohol consumption and hypertension: clinical implications of current research[J]. Journal of clinical hypertension, 2010, 7(6):346-351.

[6] LEMAY E P, OVERALL N C, CLARK M S. Experiences and interpersonal consequences of hurt feelings and anger[J]. Journal of personality and social psychology, 2012, 103(6):982.

[7] LUUTONEN S. Anger and depression—theoretical and clinical considerations[J]. Nordic journal of psychiatry, 2007, 61(4):246-251.

[8] DO L L T N. American psychiatric association diagnostic and statistical manual of mental disorders (DSM−IV)[M]. Boston:Springer,2011.

[9] DEFFENBACHER J L, LYNCH R S, OETTING E R, et al. Driving anger: correlates and a test of state-trait theory.[J]. Personality and individual differences, 2001, 31(8):1321-1331.

[10] WOLF K A , FOSHEE V A . Family violence, anger expression styles, and adolescent dating violence[J]. Journal of family violence, 2003, 18(6):309-316.

[11] NOMELLINI S, KATZ R C. Effects of anger control training on abusive parents[J]. Cognitive therapy and research, 1983, 7(1):57-67.

[12] 赵琳，李贞，刘芳，等．自杀人际理论框架下大学生愤怒与自杀意念的关系研究 [J]. 中国临床心理学杂志，2015, 23(3):467-472.

[13] 张日昇．同一性与青年期同一性地位的研究：同一性地位的构成及其自我测定 [J]. 心理科学，2000, 23(4):47-51,127.

[14] LEE A H, DIGIUSEPPE R. Anger and aggression treatments: a review of meta-analyses[J]. Current opinion in psychology, 2018, 19:65.

[15] 刘丽，赵丽涛．家庭功能对愤怒的影响：自尊的中介作用 [J]. 山西大学学报（哲学社会科学版），2018, 41(5)：139-144.

[16] 余亭蓉，唐立．萨提亚团体辅导对离异家庭大学生自尊及心理弹性的影响 [J]. 中国健康心理学杂志，2017(11):1721-1726.

[17] 刘惠军，高红梅．状态－特质愤怒表达量表修订版在大学生中的信效度 [J]. 中国心理卫生杂志，2012, 26(1):70-76.

[18] 徐西森．团体动力与团体辅导 [M]. 广州：广东世界图书出版有限公司，2003.

[19] 彭小凡，谢德光，张大均．愤怒的聚光灯效应对个体新闻阅读的归因影响 [J]. 心理发展与教育，2013, 29(6):578-587.

[20] DEFFENBACHER J L，THWAITES A. Social skills and cognitive-relaxation approaches to general anger reduction[J]. Journal of counseling psychology, 1994, 41(3):386-396.

[21] 樊富珉．团体心理咨询 [M]. 北京：高等教育出版社，2005.

[22] YALOM I，MOLYN L. 团体心理治疗：理论与实践 [M]. 北京：中国轻工业出版社，2010.

[23] COX D E, HARRISON D W. Models of anger: contributions from psychophysiology, neuropsychology and the cognitive behavioral perspective[J]. Brain structure and function, 2008, 212(5):371-385.

[24] 张燕冰，杨斯环，张莉，等．放松训练对脑电、情绪的影响及与人格特征的关系 [J]. 中国心理卫生杂志，2004, 18(1):21-23.

[25] 任俊，黄璐，张振新．基于心理学视域的冥想研究 [J]. 心理科学进展，2010, 18(5):857-864.

[26] 崔景贵．当代大学生心理发展特点与高等教育新理念 [J]. 高教探

索，2005(1):83-87.

[27] TAMIR M, MITCHELL C, GROSS J J. Hedonic and instrumental motives in anger regulation[J]. Psychological science, 2008, 19(4):324-328.

[28] VEENSTRA L , BUSHMAN B J , KOOLE S L. The facts on the furious: a brief review of the psychology of trait anger[J]. Current opinion in psychology, 2018, 19:98-103.

系统式督导理论的团体督导实践与探索

戴　吉[1]　段思岚[2]　姚玉红[3]　孟　馥[4]

1. 湖南工商大学　410205；2. 长沙学院　410022；

3. 同济大学　200092；4. 同济大学附属东方医院　200120

【摘　要】在连续封闭式团体督导情境中，督导师带领团队运用系统式提问、家谱图、角色扮演等系统式督导理论与方法，聚焦三个焦点、遵循七个步骤、体现督导师的四种角色，取得了良好的督导效果。结果显示，系统式督导是一种以督导诉求为导向的结构化督导模式，有助于提升咨询师的专业水平。

关键词：系统式督导；督导焦点；督导步骤；督导师角色

心理咨询督导（supervision）是指学习者在有经验的督导者的指导与帮助下，实践咨询技巧，改进咨询工作，提高自身专业水平的过程[1]。规范专业的督导可以促进整个行业健康、规范而有序地运行[2]。“系统式督导”（systemic supervision）被认为能有效提升咨询师的专业水平。

1　系统式督导理论

1.1　系统理论与系统式督导

系统理论对系统内或系统间大量的、同时或连续发生的过程的复杂性尽可能给予恰当的描述[3]。1950 年系统思想开始运用于心理咨询和心理治疗，并在家庭治疗中体现得最为充分。家庭治疗重点在于揭示个体与个体之间的联结模式，认为家庭的每个部分都会对整体起到作用[4]。后来，系统论不再局限家庭治疗，进一步发展为"系统式个体治疗""系统式团体咨询"等。1990年以后，扩大到"对组织和组织中的人员进行干预和督导"。可以说，"所有意识地运用系观点的工作形式，都可被称为系统式工作"。

系统式督导在国外开展得较早，在社会工作、管理组织方面应用较广[5-7]。2017年，德中心理治疗研究院联合北京大学临床心理中心举办的"中德高级系统式督导师连续培训项目 Chinese-German Continuous Advanced Supervision Training Program For Systemic Therapy"在国内最为明确地提出了"系统式督导"，即基于系统思维的督导专业行为，关注个人、角色、诉求和制度之间的循环相互作用[8]。系统式督导坚持诉求取向（mandate orientated），通过构建新角度、创造新信息，聚焦解决方案和资源（focused on solutions and resources），强调合作性取向，解决方案被看作督导系统中双向互动的结果。假设、系统式提问、家谱图、时间线、雕塑、角色扮演等是系统式督导常用方法。

1.2 督导设置

系统式督导的形式包括团体督导和个体督导，通常采用现场督导或视频督导。无论何种形式，都要签署知情同意书和保密协议，遵守所在国家的专业伦理，遵守督导团体规则。督导团体的人数、时间和形式视需求而定。

1.3 督导焦点

系统式督导主要围绕督导诉求的3个心智盒（mental boxes）开展，称之为"三个焦点"。焦点1是来访者系统，将解决实际问题作为目标任务，针对来访者系统开展工作。焦点2是指来访者与咨询师系统，针对工作领域中咨询师和来访者之间的关系开展工作。焦点3是指咨询师个体，尤其当咨询师自身存在困难导致无法与来访者系统自由工作时，将针对咨询师系统开展工作。

1.4 督导步骤

系统式督导分为7个步骤：开场（opening round）、规划会谈（planning the session）、协商督导计划（contract with the individual introducing the case）、探究问题（exploration of the issue）、收集解决方案（gathering possible solutions）、被督者进行决策（the case presenter sorts and decides））、评估环节（evaluation round）。

1.5 督导师角色

Antony Williams 提出督导师的四种角色[9]。角色1是教师（teacher），即教育、传达和告知信息的角色，在督导过程中传授知识、解释关系、给予建议、启动学习过程。角色 2 是促进者（facilitator），即倾听被督者，给予他们情感上的支持。角色 3 是顾问（consultant），即通过系统式方法帮助被督者进行探索和发现。角色 4 是评估者（evaluator），即对督导情境、督导过程、被督者的行为、情感和角色等给予评估和反馈。

2 团体督导实践

2.1 步骤 1

步骤 1 是开场，建立良好的督导关系。

本团队为连续督导项目成员，共 40 人。已经进行地面团体督导 14 次，本次是第 15 次督导，每次由 1 人呈报案例，其他成员参与。团队成员均为有专业资质和实践经验的心理咨询师、心理治疗师和精神科医生。督导师为中国心理学会首批注册督导师。在正式开始前，督导师与团队进行了 5 分钟的沟通，询问大家的心情和对本次督导的期待，确保团队成员轻松安全地进入督导状态。

2.2 步骤 2~3

步骤 2 是规划会谈，确定会谈主题，进行会谈安排。步骤 3 是协商督导计划，由咨询师报告案例，提出督导诉求，督导师确定督导焦点。

本案例中，咨询师呈报案例并提出督导诉求后，督导师进一步澄清诉求，最后商定在 2.5 小时的会谈时间内，由督导师采用系统式督导模式，带领团队进行督导。

2.2.1 案例基本情况与个案概念化

来访者为某高校在校大四女生 A，21 岁，主动来预约学校免费咨询，过往无咨询经历。母亲车祸去世后，A 对父亲感到愤怒，无法与其正常沟通。但她在其他亲人面前努力掩饰情绪，还要管着弟弟，安抚祖父母。A 的父母离异 5 年，A 与弟弟和妈妈在一起生活，父亲每月提供弟弟的生活费。A 从小与母亲关系亲密，与父亲关系生疏，对于母亲去世后父亲的一些做法感到怨恨。督导时，咨询师已经为 A 提供了 3 次心理咨询，并且将继续进行。

咨询师进行个案概念化：① 母亲去世是重大生活事件，A 感到难过，情绪低落。② 家庭关系存在三角化。A 从小与母亲关系亲密，在成长过程中父亲角色功能弱化。A 对父亲的很多做法感到不满，替母亲抱不平，但又为父亲找理由，痛苦纠结。③ 压抑自己、满足他人的人际模式。A 在家庭中扮演照顾者角色，经常隐藏自己的情绪，压抑自我需求，担心自己的情绪会影响别人。

2.2.2 提出督导诉求，确定督导焦点

咨询师提出几个督导诉求，经过督导师对督导诉求的澄清，最后明确为：督导诉求 1 是如何更好地理解来访者与父亲的关系。这属于焦点 1，即针对来访者系统开展工作。督导诉求 2 是如何保持咨询师的中立。这属于焦点 3，即关注咨询师本人。

2.3 步骤 4~6

步骤 4 是探究问题，通过系统式方法，帮助督导系统获得结构化的概述。步骤 5 是收集解决方案，引入多种视角，收集督导团队对于解决方案的见解、观点和建议。建议无对错之分，重点在于让不同观点对系统进行扰动，产生改变。步骤 6 是由咨询师整理和做出决策，总结哪些观点和建议对咨询有帮助。在实际工作中，往往一个督导焦点会完成这三个步骤，然后开始第二个督导焦点。下面用督导逐字稿来展示过程。

2.3.1 对来访者与父亲的关系的理解

咨询师：我希望对他们家的关系多一点理解，尤其是她对爸爸的愤怒。

督导师：（对团队）我们一起看家谱图，（对咨询师）你可以多说一点。

咨询师：在处理妈妈车祸后，她特别不能理解爸爸的一些做法，觉得不可理喻。比如爸爸会经常在 QQ 空间上说起如何想念妈妈，实际上后事都是来访者去处理的。她觉得爸爸特别虚伪，埋怨爸爸为什么妈妈在的时候不好好珍惜。当她告诉爸爸自己的想法时，爸爸的处理方式是把她屏蔽了，然后继续发……

督导师：你是怎么看这个资料的呢？

咨询师：她提到，她跟爸爸之间一直有冲突，或者说爸爸妈妈离婚之后，她对爸爸的怨恨情绪就比较强烈。

督导师：如果这个来访者跟我说这些信息的话，我可能会觉得也许来访者卷入父母的婚姻冲突太深了。我们一起看着家谱图，从关系的角度去理解：她之所以恨爸爸，是因为恨爸爸对妈妈不够好，尤其是妈妈突然离去，会更觉得爸爸对妈妈不够好。她所说的这些表明她过度地卷入父母的婚姻。在父母的婚姻中，她太久地处于调解或极力参与的状态中，以至于父母婚姻都已经结束甚至其中的一个人已经走了，她还陷入其中。

咨询师：是的，她在这个过程中承担了很多。

督导师：她承担了一些不属于她的部分。我可能很好奇地问她："为什么爸爸表达对妈妈去世的这个悲伤，在你看来就是虚伪？跟爸爸的冲突究竟有多少属于你

们父女两个人之间的？有多少是属于之前他和妈妈之间的。”你觉得我这样提问是干吗呢？

咨询师：提醒她，你承担了很多？

督导师：咨询师的工作是帮她减掉不应该属于她的，可以通过提问帮她去自我分化。自我分化的概念我们以前提过……（简单介绍自我分化理论）

咨询师：还有一个情况，就是她每次讲完爸爸不好之后，又会给爸爸找一个借口……

督导师：根据之前提供的信息，请大家分为四人小组，每组一人扮演咨询师，一人扮演来访者，其他两人做观察者，做一段访谈。然后请扮演来访者的谈一下自己的感受。

团队成员：感觉纠结……矛盾……纠缠不清……矛盾是一种牵挂……想联结……

督导师：我们可以理解一下，好像她和父亲表面上的那些冲突也是他们特殊的一种联结方式。你会看到，妈妈影响她的情绪，爸爸也影响她的情绪，爸爸和妈妈之间的关系更是影响她的情绪。对于一个大四的学生，咨询师要帮助个体向外发展。除了处理妈妈去世带来的影响，在处理家庭关系时，要慢慢地让她去跟家庭分开和放下。现在，她父母没有完成的事情要她去处理，所以她情绪比较复杂。咨询师要支持来访者，所做工作的方向就是支持她的个体发展，完成自我分化。

督导师：你觉得我们刚才的讨论，对你有什么帮助吗？

咨询师：对我非常有启发。

督导师：哪些启发呢？

咨询师：她是调解父母关系的人，她替妈妈代言，她对父亲又爱又恨……

督导师：你猜，接下去你会如何去做呢？

咨询师：我想……大家刚才说的感受让我很有触动，我会更好跟她共情……然后帮她澄清自我分化的问题。

“如何更好理解来访者与父亲的关系”的诉求属于督导焦点 1，即针对来访者系统开展工作。督导师使用了家谱图、系统式提问、角色扮演等方法。第一，督导师使用家谱图帮咨询师看到来访者困在父母关系中，替母亲代言。此处督导师进行了指导，是教师角色。第二，督导师随后示范如何使用“关系提问技术”来扰动来访者，帮助她领悟自己在家庭中的位置。关系提问技术是系统式治疗中常用的方法，所提问题涉及家庭成员之间的关系，能引发家庭成员的思考，引出他们之间的对话，从而活现家庭关系和家庭结构[10]。本案例虽然是个体咨询，但也可以用关系提问促进来访者对关系的思考。此处督导师进行了指导，也示范促进了咨询师的思考，是教师和顾问角色。第三，为帮助咨询师理解“来访者虽然恨爸爸但又帮他找借口”的矛盾心理，督导师让团队分组进行角色扮演，总结来访者纠结行为背后的感受，进一步提出“自我分化”[11]概念。角色扮演是系统式督导常用方法，在团体督导中尤为常用，可以引入多样的视角，打破系统的确定性。此处督导师促进了咨询师的探索，讲授了自我分化概念，是教师和顾问角色。第四，督导师请咨询师总结收获。系统式督导遵循合作取向，对呈现的新信息、新方案不做评判，而是为多样化视角创造空间，由咨询师来选取。此处督导师是顾问角色。

2.3.2 咨询师中立问题

咨询师：来访者谈到她非常顾全大局。原来夹在爸爸和妈妈中间，劝完爸爸马上劝妈妈。爷爷奶奶和弟弟吵架，她哄完这个，转头又劝慰那个……她说的时候我也非常有感触，觉得她特别不容易，有点委曲求全，替她不值得。

督导师：我听到你一直在用来访者的视角看问题，感觉你和来访者有点融合了。是什么让你也变成了她？

咨询师：我和来访者有很多相似之处，比如她总是考虑别人的感受，其实我平时可能……

督导师：你也是一个站在别人角度考虑的人，对吗？实际上这是一个很优秀的品质。什么让你觉得这是个问题呢？

咨询师：可能有时隐藏了自己真实的感受。

督导师：会觉得有时委屈了自己，委屈自己的部分会让你很难过吗？

咨询师：会累。

督导师：会累一点。吃得消吗？

咨询师：自己调整之后也没关系。

督导师：通常用什么调整方法呢？

咨询师：可能自己待会儿，出去看看电影，消化一下这个情绪。

督导师：所以你还是有办法处理的。办法多吗？有效吗？

咨询师：还不错。

督导师：那如果想象有一天你变成很自我、很自私的人，完全不考虑别人的感受，你愿意那样吗？

咨询师：好像也不愿意。

督导师：那你怎么平衡这个关系呢？比如说有多少时候，你是站在别人的角度去考虑的；有多少时候可以给自己一点小空间，去考虑一下自己？

咨询师：我现在会告诉自己，更多地把它看成一种能力。我在乎的、能接纳的就更多地去包容。如果不在乎，可能一次之后不会再……我会更直接地去表达真实的感受。

督导师：会区分一下，是吗？那很好啊。那你区分后，那些你愿意去帮助或认同的人，你就会花更大气力，甚至牺牲个人的一部分，是吗？

咨询师：对。

督导师：那很好。现在对你来说，是你发展的一个难题吗？

咨询师：曾经是。

督导师：嗯，现在已经走过来。那我们刚才讨论的部分，对你的咨询有什么帮助呢？

咨询师：我要相信来访者的力量，也许她和我一样能区分、能应对。如果她暂时不行，我也可以和她讨论这个问题。

“如何保持咨询师的中立”的诉求属于督导焦点 3，即针对咨询师本人进行工作。督导师敏锐地发现咨询师不知不觉中有所卷入，将自己“容易站在别人角度考虑，压抑自我需求”的性格特质与来访者的性格特质混淆，从而差点失去中立的立场。同时，咨询师对于自己这个特质并不满意。督导师直接指出问题，同时通过启发性的提问，帮助咨询师澄清这个特质对自己的影响，还从资源取向赋能，指出咨询师做得好的部分，促进自我接纳。系统式督导强调资源取向，强化咨询师的自我效能，促进咨询系统向积极正面的模式转变[12]。此处督导师给予了咨询师情感上的支持，对他的行为、情感和角色进行了评估，也通过提问促发其自我探索，因此是评估者、促进者和顾问的角色。

2.4 步骤 7

步骤 7 是评估督导的效果，咨询师和团队都进行反馈，有的案例还有后期反馈。

第一，咨询师总结了督导对后续咨询的启发，例如，如何理解来访者和父亲的关系，如果帮助来访者进行自我分化，如何自我觉察避免卷入来访者的情绪中。咨询师认为，“督导师给我做了很好的示范，没有着急去给出答案或指导，而是引导我，给我时间去理解和选择。在我疑惑时，团队也及时反馈，让我有了更多不同的视角。”第二，团队成员分别从督导方式、督导焦点、督导效果反馈了自己的收获。例如：角色扮演来访者时，“我一下子感受到了她对父亲的爱恨交织，更加理解她了”。督导师敏锐地觉察到咨询师将自己对他人过度照顾的生命姿态带入了咨询中，并开展了工作。督导师问咨询师：“是什么让你也变成了她？”这句话有效地提醒了咨询师。第三，后期反馈。在后续 8 次咨询中，咨询师更加共情，从自我分化角度做了一些工作。来访者觉察到自己卷入父母冲突太深，尝试从过度卷入中退出，转而发展自己，与父亲能保持正常沟通交流。目前来访者顺利进入某公司开始了校外实习，并主动提出结束咨询。

3 讨论

系统式督导以系统理论为基础。即使是个体咨询，也注重将来访者放置在整个家庭系统和社会环境脉络中去理解。在本案例中，督导师把父女冲突转化为整个家庭关系的呈现，通过自我分化的概念帮助咨询师明确咨询方向。关系提问被认为是扰动旧模式的一种“非常温和、优雅”的系统化方法。本案例中，督导师在语言上进行了示范，通过几个简单的关系提问来扰动来访者系统。团体督导的本身也是一个系统，督导师灵活而果断地充分调动整个系统的资源，形成督导师、咨询师和团体成员 1+1+1>3 的系统力量。

系统式督导关注三个焦点。这是一种内在组织方法，通过区分不同的系统水平，划分为来访者系统、咨询师和来访者系统以及咨询师系统，以此帮助督导师准确将会谈聚焦于督导诉求，防止其在督导中失去方向。本案例中，督导师以咨询师的督导诉求为中心，对焦点 1 来访者系统和焦点 3 咨询师系统进行了督导。

系统式督导遵循七个步骤，是一种结构化的督导模式，便于实际操作。在本案例中，督导师从开场的融入工作（joining），到澄清督导诉求，再到进行会谈规划，清晰地完成了步骤 1~3。步骤 4~6 是督导的核心，督导师与咨询师运用系统式方法探讨督导诉求，积极从外部引入督导团队的推动力，挖掘咨询师内在资源，使其获得新的感受、产生新的想法，资源取向、合作取向贯穿其中。在步骤 7，被督者和团队成员都进行反馈，完成了督导效果的评估。

系统式督导师明确自己所承担的教师、促进者、顾问和评估者四个角色，有助于在复杂的督导情境中更好地定位自己的功能，满足被督者的需求。在本案例中，讲解自我分化等理论知识时，督导师是教师角色。带领团队、运用系统力量来探讨诉求时，督导师扮演顾问角色。咨询师带入一些个人议题，不自觉有情感卷入时，督导师进行了倾听、支持和挖掘资源，成为了促进者角色。督导师对咨询师的行为、情感和角色进行评估时，是评估者角色。

本案例督导还存在一定的不足。如果时间充分，可以在更大的系统中探讨来访者两系三代的家庭关系，也可以从时间线角度探讨如何帮助来访者进行自我分化和促进未来发展。

总之，系统式督导是一种以督导诉求为导向的结构化的督导模式，有助于提升咨询师的专业水平。

参考文献

[1] 樊一鸣 . 心理督导过程中的重要事件对新手咨询师专业成长的影响 [D]. 南京 : 南京大学 , 2016:15.

[2] 黄希庭 , 郑涌 , 毕重增 , 等 . 关于中国心理健康服务体系建设的若干问题 [J]. 心理科学 , 2007, 30(1):2-5.

[3] 施利佩 , 施魏策. 系统治疗与咨询教科书基础理论 [M]. 上海 : 商务印书馆 , 2018:1-2.

[4] 里维特 , 斯特里特 . 家庭治疗 100 个关键点与技巧 [M]. 蔺秀云 , 房超 , 何婷 , 译 . 北京 : 化学工业出版社 , 2017:4-5.

[5] DUGMORE P, PARTRIDGE K, SETHI I,et al.Systemic supervision in statutory social work in the UK: systemic rucksacks and bells that ring[J]. European journal of social work, 2018,21(3):400-414.

[6] PENDRY N. Race racism and systemic supervision[J].Journal of family therapy, 2012, 34(4):403-418.

[7] SHAW E.Mentoring or monitoring:formulating a balance in systemic supervision[J]. Australian and New Zealand journal of family therapy, 2013, 34(4): 296-310.

[8] 林红 , 钱英 , 王冲 , 等. 中德系统式家庭治疗督导师培训效果 [J]. 中国心理卫生杂志 , 2019, 33(1):1-7.

[9] 弗利斯泽尔 , 史汶 . 系统式心理治疗工作手册 [M]. 上海 : 华东师范大学出版社 , 2020:271.

[10] 徐汉明 , 盛晓春. 家庭治疗：理论与实践 [M]. 北京 : 人民卫生出版社 ,2010:11.

[11] 姚玉红 , 刘亮 , 赵旭东. 不同性别低年级大学生的自我分化与心理健康 : 自尊的调节作用 [J]. 中国心理卫生杂志 , 2011, 25(11):856-861.

[12] 刘丹 , 张婕 , 孟馥 , 等 . “多能父亲、无能母子” 家庭治疗个案督导 [J]. 中国临床心理学杂志 , 2013, 21(4):681-684.

感恩团体辅导在高职生感恩教育中的实证研究

万秋红　胡　宁

湖南电气职业技术学院　411101

【摘要】目的：探索基于感恩三维结构理论及高职生的身心特点设计的感恩团体心理辅导方案，对高职生感恩品质的提升效果。方法：选取我校电商专业大一年级两个平行班，分成实验组和对照组，在实施感恩团体辅导前、后，采用青少年感恩量表（AGS）了解两组学生的感恩水平。结果：通过感恩团体辅导干预后，实验组感恩六因素及总分与前测比较存在显著性差异，对照组感恩六因素及总分前测、后测无显著差异。结论：通过感恩团体辅导干预，能有效提升高职生的感恩水平，促进学生心理健康发展。

关键词：团体心理辅导；高职生；感恩

随着社会经济的飞速发展，对职业人才的需求量增加，高职院校肩负着向社会输送德技兼备的高素质技术技能型人才的重要任务，而高职生的心理素质也成为重要的考核内容。近些年来，随着积极心理学思潮的兴起和发展，感恩作为一种积极人格特质得到很多关注和重视，对大学生的感恩教育已成为高校素质教育的重要内容。一些研究结果表明，感恩对于提高个体的幸福感、促进其社会行为及心理健康有积极的作用[1]。因此，对高职生的感恩教育显得尤为重要。虽然许多研究从理论及实践角度探讨了感恩的内涵及如何开展感恩教育，但对高职生的感恩实证研究偏少。本研究倾向于何安明提出的感恩三维结构理论，即以感恩的情感特质理论和认知情绪理论为基础，融合了感恩的拓宽建构理论和道德情感理论的内容，构建一种新的符合我国本土化的感恩理论模型，包括“对象”（他人、社会、自然）、“操作”（感知和体验、表达和回报）和“内容”（特质感恩－持久性感恩、状态感恩－即时性情绪）三个维度，感恩可以细分为 12 种基本类型[2]。因此本研究探索基于感恩三维结构理论及高职生的身心特点设计的感恩团体心理辅导方案对高职生进行感恩实证研究，以提升高职生的感恩水平，促进其心理健康发展与成长，为高职院校开展实效性的感恩教育提供参考。

1 研究方法

1.1 研究对象

在我校电商专业大一年级选取两个平行班，分成实验组和对照组，实验组男生 14 人，女生 26 人，对照组男生 12 人，女生 29 人；实验组实施感恩团体心理辅导，对照组进行感恩月活动常态教育。研究时间从 2019 年 9 月开始持续到 2019 年 12 月。

1.2 研究工具

本研究选取的感恩量表是由国内学者何安明等人编制的基于特质感恩的量表——青少年感恩量表（AGS）。量表选项采用 1~5 级计分，根据自己的实际情况回答是否符合（从“1 完全不符合到 5 完全符合”），分为对象（他人、社会、自然）、操作（感知和体验、表达和回报）、内容（特质感恩—持久性情感）3 个维度，组合成 6 因素（因素 1 即对社会恩惠的感知和体验，因素 2 即对自然恩惠的表达和回报，因素 3 即对自然恩惠的感知和体验，因素 4 即对他人恩惠的表达和回报，因素 5 即对社会恩惠的表达和回报，因素 6 即对他人恩惠的感知和体验），共 23 题 [3]，其中第 12、15、22 题为反向计分题。总分得分越高，说明感恩水平越高。

1.3 研究设计

采用实验组和对照组前后测实验设计，第一个自变量为被试组别，分为实验组和对照组两个水平；第二个自变量为施测时间，分为前测和后测两个水平。因变量为被试的感恩品质。实验设计思路如表 1。

表 1 实验设计思路

被试组别	前 测	后 测
实验组（n=40）（感恩团体辅导）	青少年感恩量表（AGS）	同前测
对照组（n=41）（感恩月活动常态教育）	青少年感恩量表（AGS）	同前测

1.4 研究程序

在正式实施团体心理辅导活动的前一周，对实验组、对照组的学生进行青少年感恩量表测试，了解两组学生干预前的感恩水平。实验组从 2019 年 10 月 10 日开始，每周四下午的 4 点到 5 点半，在学校团体辅导室进行感恩团体辅导活动，共 10 次，每次 90 分钟。对照组不做实验干预，进行感恩活动月常态教育。在 10 次感恩团体心理辅导结束一周后，用青少年感恩量表对两组被试实施后测。

1.5 感恩团体辅导方案的设计

根据感恩三维结构理论、团体辅导理论及实践，围绕感恩的六因素创编了一套适用于高职生的感恩团体心理辅导方案，帮助学生去感知体验感恩、表达和回报感恩，唤醒学生的感恩意识，促进学生的感恩心理发展。

表 2 感恩团体辅导方案

阶段	单元主题	目标	具体活动设计
第一阶段 开始阶段	单元一：有缘来相聚	1. 消除陌生感，增进成员彼此的了解与认识 2. 引导成员了解团体目标及活动的方式 3. 澄清成员对团体的期待 4. 制定团体规范	1.“叠罗汉”（30 分钟） 2.“自画像”（25 分钟） 3.“许愿精灵”（15 分钟） 4.“你我的约定”，填写团体契约（15 分钟） 5. 活动总结与布置作业（5 分钟）
	单元二：寻找感恩的心	1. 增进团体成员的凝聚力，促进成员之间的了解 2. 认识感恩，体验积极情绪，改善认知	1. 突破重围（10 分钟） 2. 信任之旅（30 分钟） 3. 羊羔跪乳视频（10 分钟） 4. 讲出自己感动的故事（35 分钟） 5. 活动总结与布置作业（5 分钟）
第二阶段 成长阶段	单元三：增加对他人恩惠的感知和体验	体验父母、老师等人对自己的爱，体验和感知他人的恩惠，增加积极情绪体验	1. 无家可归（10 分钟） 2. 生命中最重要的五样、生命的由来（20 分钟） 3. 难忘师生情（20 分钟） 4. 算算亲情账、感知父母恩（30 分钟） 5. 活动总结与布置作业（10 分钟）

续表 2

阶段	单元主题	目标	具体活动设计
第二阶段 成长阶段	单元四：增强对社会恩惠的感知和体验	体会国家的强大，社会的和谐稳定，人际的友善，感知社会的恩惠，体验积极的社会系统	1. 同舟共济（10 分钟） 2. 汶川地震，八方支援（20 分钟） 3. 感谢苦难，让我成长（25 分钟） 4. 人人爱我，我爱人人（30 分钟） 5. 活动总结与布置作业（5 分钟）
	单元五：增强对自然恩惠的感知和体验	发现大自然界的美丽，体验和感知大自然的恩惠，获得更多幸福感	1. 环保拍手歌（10 分钟） 2. 观赏感恩自然纪录片（30 分钟） 3. 地球的叹息（20 分钟） 4. 角色扮演：树根和树叶（25 分钟） 5. 活动总结与布置作业（5 分钟）
	单元六：学习对他人恩惠的表达和回报	学会对父母、老师等人表达感恩，培养积极的人格特质	1. 信任圈（10 分钟） 2. 老师、同学，我想对你们说（30 分钟） 3. 我向父母献孝心（45 分钟） 4. 活动总结与布置作业（5 分钟）
	单元七：学习对社会恩惠的表达和回报	学会对社会表达感恩，以建设更和谐的社会	1. 无敌风火轮（10 分钟） 2.《感恩中国》纪录片节选（35 分钟） 3. 演讲赛：我爱我的祖国（30 分钟） 4. 歌曲：《祝福你，祖国》（10 分钟） 5. 活动总结与布置作业（5 分钟）
	单元八：学习对自然恩惠的表达和回报	学会对自然界一切表达感恩，并获得更多积极情感体验，培养积极乐观的心态	1. 马兰花开（10 分钟） 2. 角色扮演：风景区与游客（35 分钟） 2. 书写爱心墙（10 分钟） 3. 诵读《感谢》、感恩沉思（30 分钟） 4. 活动总结与布置作业（5 分钟）
第三阶段 结束阶段	单元九：做感恩的人	1. 提升感恩能力，培养感恩行为，获得幸福感； 2. 内化于心，外化于行，促进身心和谐发展	1. 爱的传递速度（20 分钟） 2. 绘制生命线（20 分钟） 3. 自编自导本校心理情景剧《爱不曾走开》（45 分钟） 4. 活动总结与布置作业（5 分钟）
	单元十：怀揣感恩，一路前行	团体成员分享感受与心得，相互祝福惜别，巩固改变的成果，结束团体	1. 学习手语舞《感恩的心》（10 分钟） 2. “回首来时路”（30 分钟） 3. “祝福留言卡”（30 分钟） 4. “大团圆”（15 分钟） 5. 活动总结与布置作业（5 分钟）

2 研究结果

为考察感恩团体辅导和传统感恩教育月活动对感恩品质的提升效果，以被试组别和施测时间为自变量，以感恩品质各维度得分及总分为因变量，进行混合方差分析。结果表明，独立的被试组别、施测时间主效应不显著，但被试组别和施测时间的交互作用显著。进一步进行简单效应检验，结果在感恩品质各维度及总分方面，除了感恩因素 5 外，实验组前－后测均有显著性差异，提升效果显著；对照组的前－后测得分无显著差异，提升效果不显著；实验组和对照组的前测得分差异不显著；但实验组的后测得分显著高于对照组的后测得分，有显著性。具体结果如表 3 所示。

表 3 实验组、对照组感恩品质的提升效果分析（$M \pm SD$）

实验项目		感恩因素 1	感恩因素 2	感恩因素 3	感恩因素 4	感恩因素 5	感恩因素 6	总分
实验组	前测	14.7±4.96	10.5±4.64	10.95±2.77	11.28±5.08	8.38±2.32	8.53±3.06	64.32±20.53
	后测	17.1±4.56	13.63±4.00	12.85±2.87	13.8±4.39	8.55±2.19	10.9±2.23	76.82±15.79
对照组	前测	14.85±5.36	11.51±4.43	11.85±3.17	12±5.31	8.61±2.53	9.58±3.15	68.41±21.09
	后测	15.32±4.64	10.32±5.08	11.53±3.12	10.90±5.29	8.44±2.17	9.1±2.41	65.61±19.97
方差分析	被试组别	1.123	2.57	0.19	1.886	0.029	3.263	2.462
	施测时间	3.468	1.816	2.838	0.814	0.01	0.776	0.69
	交互作用	1.586	9.1**	5.567*	5.242*	0.227	5.473*	4.331*
简单效应检验	实验组前－后测	5.077*	10.41**	9.069**	5.656*	0.12	15.725**	9.318**
	对照组前－后测	0.175	1.289	0.208	0.88	0.108	0.622	0.382
	两组前测比较	0.018	1.009	1.863	0.394	0.19	2.36	0.782
	两组后测比较	3.037	10.567**	3.879	7.189**	0.052	12.221**	7.836**

注 :* 表示 $p<0.05$；** 表示 $p<0.01$。

3 讨论

3.1 感恩团体心理辅导对高职生感恩品质的提升比感恩月常态教育更有效

研究结果表明，感恩团体心理辅导能显著提升高职生的感恩水平，而感恩教育月活动日常教育对学生感恩品质的提升效果不显著。这说明，感恩团体心理辅导对高职生感恩品质的提升比感恩教育月活动教育更有效。这与团体辅导活动方案是以感恩为主题有关。实验组针对感恩六因素设计了相应的活动，并促使学生在活动中体验、感悟，激发了其更多的感恩行为，从而提升了感恩水平；对照组学生感恩品质前后测得分没有显著变化，这是因为对照组仅进行常态教育，缺少了在感恩团体情境中对感恩的感知和体验、表达和回报，缺少互动交流、自我探索、自我感悟成长的机会。

3.2 感恩团体辅导方案的讨论

从以上研究结果来看，实验组经过感恩团体心理辅导干预后感恩水平得以显著提高，说明感恩团体心理辅导对于提升高职生的感恩水平是有效的。这与张睿、宛蓉基于感恩三维结构理论设计感恩团体辅导进行干预、有效提高中学生对家人的感恩，李智勇研究的发展性团体辅导可以提升高中生的感恩品质的结论一致，再次验证了感恩团体心理辅导在提高感恩水平、促进心理健康中的积极作用。本次感恩团体心理辅导能取得显著的效果，主要基于以下两个方面的原因：一是团体心理辅导独具的特点；二是精心设计以感恩为主题的团体心理辅导方案，通过持续 10 周的感恩团体心理辅导干预，培养了学生对感恩的体验和认知，激发了学生对感恩的回报和表达，从而提高了学生的感恩品质，促进了学生心理健康的发展。

综上所述，针对高职生身心发展的特点，基于三维感恩理论的团体心理辅导方案切实可行，通过感恩团体辅导干预，提升了高职生的感恩水平。目前，我国高职院校开展的感恩教育的方式主要为理论讲授法，即以教师讲授为主，而学生则是被动地接受，或者是在每年 12 月份进行感恩教育月活动，在感恩教育的过程中存在一定的局限性。通过本研究可以发现，学生参加感恩团体心理辅导后，感恩认知和领悟能力得到加深、勇于表达自己的感情、积极实践感恩行为，感恩水平得到提升，因此可以将学生喜欢的感恩团体辅导作为提升高职生感恩水平的有效方式，通过培养学生的积极心理品质来促进学生的健康成长与发展。

参考文献

[1] 喻承甫，张卫，李董平，等.感恩及其与幸福感的关系[J].心理科学进展，2010, 18(7):1110-1121.

[2] 何安明，刘华山，惠秋平.感恩三维结构理论模型的建构[J].心理研究，2013, 6(3):11-17.

[3] 何安明，惠秋平，刘华山.大学生情绪智力与感恩的交叉滞后分析[J].心理科学，2015(2):349-354.

新冠肺炎疫情下延长开学期间大学生心理辅导策略

李　丽　陈晓勇

贵州财经大学　550025

【摘　要】本研究采用自编问卷，对贵州财经大学746名大学生进行调查。结果表明：①疫情下大学生普遍的应激心理表现为担心，少部分出现抑郁、焦虑、恐惧感以及听天由命的消极情绪；②大学生对疫情相关信息知晓度处于一般和较熟悉之间的较高水平；③对国家的信任感、对疫情风险的评估以及自我信任是影响大学生是否乐观面对疫情的重要有效资源。心理辅导建议：①疫情中心理咨询模式遵循促宣泄、正常化、正信念、找资源四步骤；②班级心理委员和朋辈互助小组是疫情中心理健康教育的主力军及主要形式；③高校建立突发危机事件下大学生心理教育及干预的长效机制是根本。

关键词：新冠肺炎疫情；大学生；应激心理；心理辅导

引言

2020年中国农历新年，新型冠状病毒肆虐。疫情来势凶猛，时值春节人员大流动，导致疫情迅速在全国蔓延。这次灾难对国家和每一个公民来说都是一次严峻的考验。国家启动公共卫生事件一级响应，并举全国之力防控疫情。铺天盖地的疫情防控宣传及各地限行隔离等措施，再加上病毒蔓延本身的不确定性、涉及范围如此广泛而又无能为力等因素，对我国广大民众的心理产生很大冲击。

新冠肺炎疫情对于民众来说是突发性风险事件。研究发现，突发性应激事件对大学生身心健康会带来一定的危害[1]。应激下常见的情绪反应有：担心、恐惧、替代性创伤（同理心、看到伤亡）、愤怒（无力感、不通畅）、失控感（生活受限制）等。疫情发生、延期开学这些都是大学生群体要面临的问题。大学生正处于从学生过渡到社会人的特殊阶段，其思想比普通民众更为敏锐，但又具有不稳定性。在重大压力下会产生较大波动。其应对环境的策略及承受能力较之成人要差一些。社会及家庭对大学生在责任感及担当方面可能保持更高的期望与大学生未能以完全社会人的身份融入具体的社会角色任务中的矛盾，可能是大学生内心矛盾冲突的来源。另外，因疫情影响，大学生延期开学，跟家人相处时间很长，学习模式发生变化，导致大学生疫情应激心理、学习的自律性、学习计划的执行以及生活规律等方面发生变化，并可能因此带来一些困扰及不适。高校心理援助服务在这个特殊的阶段如何满足大学生所需，是我们心理工作者应该思索的问题。

1 疫情期间大学生应激心理状况

课题组在 2 月 25—26 日采用自编问卷（问卷内容根据中国科学院心理研究所编制的“SARS 社会心理调查问卷”（全国版）进行了修订[2]），对贵州财经大学大一至大四学生共 746 人进行了调查。结果发现疫情期间大学生应激心理状况表现情况如下：

疫情期间大学生心理状况总体是平静、放松的（73.46%）；担心自己或家人被感染（40.88%）是最普遍的情绪状态；少部分大学生出现抑郁（4.96%）、焦虑（4.56%）、恐惧感（4.16%），以及听天由命（6.17%）等应激心理及情绪表现。

调查显示，新冠肺炎疫情造成大学生心理恐慌的主要原因，选择结果从多到少依次是：病毒很可怕，看不见摸不着，传染性极强（80.16%）；尚无特效治疗方法（68.5%）；相关药物及物资抢购或脱销（63.14%）；网络信息及各类传言（59.92%）；政府启动了一级响应以及各类限行、隔离等措施（55.23%）；广泛的媒体报道（47.05%）；周围的人都很恐慌 37.67%。可见，事件的不确定性、不可控性、物资准备是否充足、政府行为及广泛的信息宣传等是引起民众心理恐慌的重要因素。为了进一步分析引起恐慌或不良情绪的具体原因，我们调查大学生在什么时候开始觉察到自己的恐慌、抑郁或担心等不良情绪的。选择结果从多到少依次是：每日看到疫情新闻报道时（25.2%）、国家启动一级响应时（19.17%）、听到延长开学通知时（16.62%）、武汉封城时（14.61%）、听到父母无法按时复工时担心生活用度（10.32%）。可见，疫情信息报道、政府行为、自身及家庭境况等会引起大学生的心理恐慌。大学生应该平衡好每日关注疫情信息的时间，适当关注疫情而不至于造成过度刺激。

本研究结果显示，大学生在疫情应激状态下总体心理状况是平静、放松的。一定程度的担心是应激状态下的正常反应。研究发现，大学生对疫情相关信息的平均知晓度为 3.76，处于一般和较熟悉之间的较高水平。知晓度最高的是关于新冠病毒预防的方法。之前的研究也揭示了对于事件的认知熟悉程度与受众的心理情绪稳定性之间具有正向相关关系。对病毒较高的知晓度、对国家及政府的信任感（85.79%）、对疫情风险的认知（75.87%）以及对自我的信任（51.07%）是个体乐观应对疫情的重要有效资源。应激源并不是引起应激反应的必要条件，不熟悉和控制感不足是导致民众恐慌和非理性行为的风险因素[3]。现代心理应激理论认为，“危机并不必然存在于情境本身，而是存在于个体在适应过程中与环境的交互作用之中”。李茹的研究也证实了人们对应激事件的反应取决于他们的认知评价[4]。对刺激的知晓度、对事件可控性的评估以及对相关部门、人员的信任感是个体应激事件反应有效的预测因子。

2　疫情期间大学生心理辅导策略

2.1　疫情中的心理辅导

作为咨询师一定要明确，疫情期间的心理辅导有其特殊性。面对突如其来的传染性极强的新冠病毒，大众可能承载了对死亡的恐惧感、被隔离的孤独感、生活的失控感等更多情绪。此刻，他们最需要的是心理支持。大多数求助的个体都经历了自我失控感或者觉得自己“不一样”了的心理冲突。所以，首先，帮助来访者表达并认识情绪。要让求助者宣泄情绪，宣泄的目的是要让来访者安静下来，安静之后才能有所思考，接下来才能够清醒地看到自己，看到自己的情绪，评估自己的情绪。同时在宣泄的过程中也让求助者感受到来自心理咨询师的心理支持。其次，对来访者的情绪进行正常化解释。强调反应的正常性，强调求助者的反应并不特殊，是特殊事件下的正常反应，将求助者的问题正常化有助于降低其焦虑感。接纳本身就有很好的疗愈意义，同时又是耗能比较少的一种处理情绪的方式。再次，要辨识其信念，进行认知加强或者重塑。认知上，首先要让求助者知道此次不适是由新冠病毒引起的，对病毒的未知增加了个体的恐惧感及不确定感。所以了解病毒、知晓病毒，科学地去对待它，有利于降低对于病毒的不确定感，缓解人们的情绪。最后，进行心理健康教育，同求助者探讨适合他（她）的应对方式。帮助他（她）寻找应对的心理及现实资源。在正确认知的基础上才能该干什么就干什么。并提醒求助者要避免因长时间关注疫情而造成过度刺激。

咨询过程中鼓励求助者关注情绪本身，做到自我觉察及自我评估。在疫情发展过程中，总有一些人很害怕、很焦虑。如果焦虑的时间长、强度高就会带来一定的影响。这个时候不要逃避，要自我觉察，对自己的焦虑状态进行量化的评估。理性的评估可以帮助我们从循环的焦虑旋涡中跳出来，把主观模糊的感受变为可评估的。要找到并明确，哪些东西是客观事实，哪些是我们自己的感受，看看自己的感受是否夸大了事实。可能有一些弥漫性的感受，一定要找到引起感受的具体原因。情绪是需要的指针，是心理与我们对话的方式，但真正所指的是目的地。所以，咨询师要看到并去引导来访者情绪背后想要去的目的地。找到对方想要去的地方。要走到对方的心里，用他的眼光来看待问题。

对于部分特殊的“困难”求助者，不要担心他们会“油盐不进”，只要是打进电话或者是主动预约的人，一定都会有咨询的突破口，只是咨询师还没找到而已。比如说对于新冠肺炎疫情不以为意、没有防护措施的，应该从他最关心的对象谈起。对于无聊的人，可以让他找一张纸列出哪些是他可以做并愿意去做的。此次疫情中，不少咨询者的困扰都跟现实问题有关。当心理咨询遇到现实问题，最有效的方法就是改变环境，解决问题。但大多数情况下我们是控制不了环境的，也没办法帮助来访者解决具体的问题。但并不表示心理咨询对这类问题就无能为力。我们控制不了现实，但是我们可以跟求助者探讨看待问题的方式以及怎么样处理我们出现的情绪。在可能的情况下提供一些具体的解决问题的方法或者资源，让来访者感受到来自心理咨询师的心理支持。当然，若这个过程中咨询师能点燃来访者内心的希望或者照亮他前行的路，那就更好了。当解决问题的思路被卡住的时候，咨询师要引导来访者去思考、看待问题被卡住的方式。并不是只有问题得到解决，才说明咨询是成功的。有时候问题没有得到解决，但是成长已然在发生；有时候改变没有发生，但是我们已经变得更强大了。

2.2 疫情中的心理咨询方式

热线电话及网络心理咨询是此次疫情中主要的咨询方式。尽管热线电话比起网络咨询更为便捷迅速，但由于此次疫情的特殊性，热线电话对人员的组织、场所的要求、工作过程的管理以及专业督导等要求更高，大多数地区普通高校很难做到。所以针对本校大学生群体采用网络咨询（如 qq、微信、邮箱）的方式，若因个案需要也可采取语音或网络视频的方式。网络咨询存在关系的临时性与不稳定性、非言语信息的缺失、咨访双方空间随意性等特征，这对咨询师提出了更高的要求。因此，咨询师应积极加强学习，教育部、北师大、清华大学等在疫情期间都推出了针对疫情应激心理的网络及热线电话咨询免费培训内容，对于提高疫情期间的心理咨询能力非常有益。

2.3 开展疫情下的心理健康教育

对于大学生群体而言，协助他们渡过危机，尽快恢复心理平衡，是高校心理教育工作者应该思考的问题。疫情中心理健康教育的目的是以科学的态度认识新冠病毒疫情、以积极的措施预防疫情、以健康的心态应对疫情，从而缓解恐慌心理，增强战胜疫情的决心和信心。总体而言，高校在重大应激事件中学生的心理工作应该包括心理危机干预三级网络、构建和谐的校园环境、开展心理健康教育、提供专业心理援助。疫情中，班级团体辅导是主要的形式，班级心理委员是心理辅导的主力。主要形式可包括：第一，高校心理健康教育中心可以通过班级心理委员向学校各班级进行关于疫情认知及心理健康类知识的宣传及教育工作。此次疫情中国家及各级政府发布了各类疫情防控手册及宣传视频，与疫情应激心理相关的免费网络课程也会及时发布到全校班级心理委员群。同学们可以根据需要择优选择。从前面的调查可知，信任感是应对此次应激的重要心理素质，因此，在心理健康教育中要特别加强大学生对政府防控疫情的信心及自我效能感培养。第二，建立班级团体辅导或朋辈互助小组。同学们可以在小组内倾吐、宣泄、分享、互通有无。我校在此次疫情中建立班级朋辈互助小组的活动成效是明显的。很多同学在活动中感言：原来你们也有这样的情绪啊；今天说了之后，心里舒服多了；我之前太堕落了，明天起开始制订学习计划，向你们学习；这是个好主意，借用了！在朋辈互助小组里，同学们感受到了归属感和互相支持，小组内的每一个人不再是一个人。这次疫情的特殊性使大家不能见面，这种朋辈互助小组既避免了空间上的人员聚集，又满足了同学们心理上及情感上的需求。通过这样的朋辈互助小组工作过程，同学们大多数的问题都能在小组内得到消化，如果小组内有共同的困惑或者极个别同学有特殊心理需要，教师再进行团体心理辅导或个体干预。第三，鼓励班级心理委员在班上开展多种形式的心理健康教育活动。我校班级心理委员在疫情期间开展的活动包括：我为战“疫”出份力、每天快乐三件事、你说我听、影视杂货铺、爱上厨房等，此外还有疫情主题的征文、漫画、宣传视频制作、主题班会等活动。疫情下，同学们似乎比平时更加团结、更加积极主动。高校心理健康教育中心还可以从中选择一些比较好的活动在全校班级推广。

最后，教育工作的成效非一日之功，学生心理素质的养成及应对危机的能力是学校日常心理健康教育工作的体现。高校建立突发危机事件下大学生心理教育及干预的长效机制是根本。

参考文献

[1] 张雪飞，胡永年，王平，等.SARS 期间大学生心理状况调查分析[J]. 广西预防医学，2004,10(4):210-213.

[2] 时勘，范红霞，贾建民，等.我国民众对 SARS 信息的风险认知及

心理行为 [J]. 心理学报 2003, 35(4):546-554.

[3] 时堪 . 我国灾难事件和重大事件的社会心理预警系统研究思考 [J]. 管理评论 , 2003, 15(4):18-22.

[4] 李茹 , 付文青 , 王育强 . 对民众的 SARS 心理应激反应的分析 [J]. 医学与哲学 , 2004, 25 (3):47-49.

“1+10”大学生心理健康主渠道教育教学模式研究与实践

白仲琪　赵　山　朱丽雅

吉林大学　130012

【摘　要】“1+10”课堂主渠道教育教学模式针对全体学生心理品质提升，根据教师主导作用与学生主体地位相统一原则，以 1 门大学生心理健康慕课为核心课，以 10 个系列的大学生心理成长微课为拓展课，构建了更加贴近学生实际需求的权威性、滴灌式、渗透式教育指导体系，打造总体化引领与分众化指导相结合的心理主渠道教育模式。“1+10”课堂主渠道教育教学模式在教育教学体系、管理运行模式、教学平台搭建等几方面进行了实践探索，并进一步提出在漫灌大雨与滴灌细雨的“1+10”教育教学模式基础上，打造心理育人的三场“润心雨”。

关键词：心理健康；课堂主渠道；慕课；微课；教学模式

心理健康教育课程教学是进行心理健康教育的主渠道。目前，全国已经有 91.89% 的院校开设了心理健康教育课程[1]，但是在心理健康教育课程的教学中也存在着一系列的问题。具体表现为对心理健康教育课程存在认识上的误区，认为心理健康教育课程可有可无，常常是迫于上级检查才开设；还有观点认为，开设心理健康教育课是实现心理健康教育的唯一途径，导致心理健康教育出现课程化倾向。同时国内各地区学科发展和师资力量的局限，使得部分心理健康教育教师的教学观念落后，缺乏对心理健康教育的认识，存在实践经验缺乏、专业能力素质不足、教学质量高等问题。因此需要进一步健全心理健康课程建设。

1 构建“1+10”大学生心理健康主渠道教育教学模式

大学生心理健康教育具有较强的专业性、指导性、应用性和自主性，需要做到教师的主导作用与学生的主体地位有机统一、相辅相成、良性互动[2]。根据以上原则，针对全体学生心理品质提升的需求，心理健康教育课程建设应重点解决课堂主渠道教育针对性不够、实效性不强、覆盖面不大、满意度不高的问题。“1+10”大学生心理健康主渠道教育教学模式通过创新课程模式、提高课程质量、优化主渠道教育，可以为全国高校创造具有针对性、开放性、选择性的优质平台课程。该教育教学模式的“1”是指1门大学生心理健康慕课，“10”是指10个系列的大学生心理成长微课。该课程模式以大学生心理健康慕课为核心课，以大学生心理成长微课为拓展课，通过将线上慕课与线下见面课相融合，从而拓展心理健康教育的广度和深度，探索总体化引领与分众化指导相结合的具有开放性、共享性、示范性的主渠道教育教学新体系新模式，促进学生知识、技能和人格的完善发展。

“1+10”教育教学模式中的大学生心理健康慕课是一门高质量通识教育共享学分课程，课程站位高、受众大、覆盖广。具体特色体现为：课程设计“高大全”，课程制作“小确幸”。

课程定位“高大全”。“高”指课程起点比较高、定位比较高。课程方案设计明确了课程走精品路线，将打造成大学生心理健康教育的样板，授课团队都是国内在大学生心理健康教育第一线的名师，力争打造大学生心理健康课堂主渠道教育的高地。“大”是指课程建设的格局比较宏大，课程力争做到6个“统一”，即将参与体验与示范引领相统一，将有意义学习模式与实效性教学效果相统一，将教师的主导作用与学生的主体地位相统一，将理论深度与普及广度相统一，将国际化发展模式与中国本土化教育体系相统一，将学生心理成长需求满足与积极人生观引导相统一。“全”是指覆盖面比较全、内容比较全。课程设置为2学分36学时，其中在线学习课程28学时、跨校直播互动课堂8学时。在线学习分为4部分，包括绪论、认知与探索、调试与应对、发展与提升，聚焦80个知识点，时长793分钟。授课内容涉及学生从入学到毕业整个大学期间可能遇到的问题，有较强的针对性。同时，利用现代信息技术，课程能够覆盖全国各地各层次高校，真正实现优质资源共享。

课程制作“小确幸”。“小”是指讲课专家努力将整个课程涉及的理论分解细化为若干个小的知识点，每个知识点的讲授又特别贴近学生学习生活的实际，把小放大、以小见大，并且融合了学生喜闻乐见的时代、时尚元素，既有理又讲理，把理论魅力转化为鲜活的课程体验，从而诠释专业理论价值。此外，在课程讲授中又特别突出具体真实的情境，既能接地气，又有操作性。授课专家在课程讲授中力图将宏大的立意具体化，让理论能够“落地”，让理念能够“生根”。“确”首先是指明确的目标。经过深入的研查研究，将课程的教学目标定位为三个方面：一是有特色，也就是把握中国本土化的心理健康教育理念，充分发挥课堂教育主渠道作用，强调学生积极心理的培养，将社会主义核心价值观融入课堂教学中；二是有温度，也就是让学生普遍享有专业化、层次化的走心、温情的心理健康课程体验；三是有力量，也就是通过搭建课堂教育的“快速路”，助力学生打开心灵世界，助力成功人生、乐享生命时光。其次是指课程制作精良，课程的展现形式，能准确表达授课专家的思路想法，形式与内容做到了相当程度的契合。“幸”是指课程从头至尾贯穿了积极心理学的理念，努力做到课程设计很用心、课堂讲授很走心、学生体验很开心，进一步提升学生对于学习生活“幸福度”的认知和感受，从而达到“让心灵靠近心灵，让生命影响生命”的教学目的。

“1+10”教育教学模式中的大学生心理成长微课则旨在满足学生成长过程中的个性化需求。这门系列课程采取模块化设计，围绕大学生心理品质提升系列主题，设计了认识自己、自我成长、情感教育、生命教育、学业成长、情绪调节、压力管理、生涯规划、社会支持、心理知识等10个系列课程，覆盖学生心理成长需求的全部知识点。

微课内容精到、形式新颖、灵活多样、交流便捷、指向性强，能够找准授课量与学生接收理解的平衡点，实施精准教学。突出特点：一是聚焦需求、贴近贴实。在充分研判新形势下学生心理心态新特点、新需求的情况下，设计制作体现层次化、分众化的教育教学新样态。二是强化体验、落小落深。注重以小见大，围绕小群体，突出小主题，实施小制作，体现滴灌式融入、渐进式深入，破除时空条件限制，力争用最少时间、最短路径、最有效话语触碰心灵，引起共鸣。三是整合师资、群策群力。动员和汇集校内外有关专家、学者、一线资深教师、学生骨干参与课程设计制作，形成多点多面支撑，实现供给与需求的有效对接，保证教育指导频度高、接口多、覆盖广和影响大。

2 “1+10”大学生心理健康主渠道教育教学模式教学改革创新点

课程的“1”通过在线慕课与见面课，整合高端师资，强化走心互动课程体验，实现大水漫灌式课堂教育全覆盖；课程的“10”针对大学生的心理特点和需求，通过微课建立滴灌式教育指导模式，找准授课量与学生接收理解的平衡点，实施精准教学。

2.1 教学模式融合创新

大学生心理健康采取慕课与见面课相融合的线上线下混合式教学模式。授课形式包括线下集中授课与互动课堂、线上视频课程与直播课程。一是突出沉浸式体验。让学生在课堂上不仅有认知体验和知识接收的过程，还有感官和心理体察、体悟过程。二是强化互动式教学。注重发挥学生的参与性，突出学生的主体地位。三是实施整合式教学。将线上、线下与小组讨论有机结合，形成混合式互动教学体。课程拟与心理评估系统对接，及时向特定心理风险类型的学生主动推送对应课程，将课程作为提前干预的有效方式，把控心理危机前端，最大程度地发挥课程主渠道教育的正向引导力。

2.2 考核评价融合创新

形成线下集中授课与小组互动讨论、线上慕课与见面课整合式的互助教学体系，编制《大学生心理健康》学生学习手册、助教工作手册、慕课教学日历、标准学习进度表等辅学材料，规范了助教工作和学生自助学习行为。同时面向授课教师、助教、学生建立多向适时沟通，通过线上工作信息通报、线下“下校区、走学院”、深入学生开展集中授课与教学指导等形式实时进行沟通，注重过程指导，实施有效激励，及时改进教学工作。

2.3 教学组织融合创新

课程教学组织实施标准化课程管理，应用督学导学的辅学模式，编撰《大学生心理健康课程助教工作任务清单及考评标准》《大学生心理健康课程教学日历及标准学习进度》等教务管理文件，助教需优先学习课程内容，并通过集体导学、组建学习小组、组织集中学习、寝室走访、线上讨论、线下座谈、个人约谈、平台信息通报等工作方式，督促与指导学生养成主动自觉学习的习惯。

3 “1+10”大学生心理健康主渠道教育教学模式实践探索

“1+10”心理健康教育教学课程体系融合新理念、新模式、新平台等元素，课程体系目标是通过优质资源的整合与共享，构建更加贴近学生实际需求的权威性、滴灌式、渗透式教育指导体系，打造总体化引领与分众化指导相结合的心理主渠道教育模式。课程采取“核心课＋拓展课”相结合的混合式教学模式，既实现心理健康教育与服务普及性、专业化的总体引领，又满足学生针对性、个性化心理成长的需要。授课形式包括视频课程、直播课程、线下互动课程等，尽最大可能实现体验式教学模式。尤其是在在线学习环境下的体验，要通过深度融合了影视音效、教学案例、现实生活的沉浸式呈现，引起受众的情感共鸣，能从教学中反思自身，从而更好地接收教学内容。根据吉林大学心理健康教育课堂主渠道建设经验，“1+10”课堂主渠道教育教学模式在教育教学体系、管理运行模式、教学平台搭建等几方面进行了实践探索。

3.1 建立系统化教育教学体系和管理运行模式

课程采取线上、线下混合式教学的授课形式，深度融合了影视音效、教学案例、现实生活的沉浸式呈现，进行翻转课堂设计，引起情感共鸣与反思，努力做到课程构建很用心、课堂讲授很走心、学生体验很开心。同时，为了满足学生互动参与的需求，课程不仅包括视频讲授，还邀请了国内知名专家就大学生广泛关注的主题，进行了 4 次跨校直播。跨校直播互动课的形式让学生和专家能够面对面交流，辅以线下互动课程，让学生获得专业化、层次化、走心温情的心理健康课程体验与内在提升。

大学生心理成长微课建立菜单式课程群，使学生可以利用信息技术平台实现自主化、有选择的学习。学生可以依据其自身的兴趣特点选择学习内容，可以依据其自身的能力水平决定学习速度和学习方式，从而真正地进行个性化的学习。课程在教学方法上，突出教育的实效性和感染力。第一，突出沉浸式体验。课程渗透了沉浸式体验的内容，让学生在课堂上不仅有认知体验和知识接收的过程，还包括感官和心理、体察和体悟过程。第二，强化互动式教学。授课教师把教学看成动态发展和交互作用的过程，注重发挥学生的参与性，突出学生的主体地位。第三，实施整合式教学。注重线上、线下的有机结合，形成了线上教学、线下体验与小组互动讨论的整合式互助教学体，使学生能够获得系统化、温情化的学习感受与内在提升。

3.2 打造标志性阶段成果和可持续推广教学平台

目前，大学生心理健康慕课全国选课学校 949 所，选课学生达 267 万人。该课程 2017 年被教育部认定为国家首批精品在线开放课程。在全国选课高校中随机抽样 3000 名学生对这门课程进行的质量评估结果显示，86.89% 的学生认为教学内容能够满足学生的学习需要，91.79% 的学生认为教师在课程中给出了解决生活中遇到的心理问题的方法与策略，90.5% 的学生认为教师的授课风格易于接受。智慧树网课程评估的大数据统计获得了相似的结果，绝大多数学生表示，课程具有启发性，学习体验好，很有收获，并且愿意将课程推荐给其他同学[3]。

大学生心理成长微课建设方面，在全国范围内分区域形成微课设计制作小组，课程采集及制作统一由智慧树网在各地区的课栈具体实施。授课讲师对于授课内容需细致研究、认真严谨。课程要导向积极、观点正确、主题突出、专业性强；课程内容要具有吸引力、感染力和时代感，能够有效对接学生兴趣点和需求点，实现教育指导小型化、系列化和精准化。每个系列课程以一个完整课程形式在平台上发布、推广和实施，持续拓展补充新主题。

3.3 形成具有示范性的教育教学实践探索模式

为保障大学生心理健康慕课教学质量，我们制定了课程督学服务与课程管理办法，从课程组织管理、多层面互动沟通、工作总结考核和评价、慕课质量提升试验项目研究等方面，多维度探索教育教学实践的有效路径，取得了较好的效果。通过5个学期的主动督学服务与量化教学管理，开课学校学生该课程平均成绩和优秀率连续两年位居全国同类高校第1名，在各学院辅导员中累计评选出“优秀心理慕课助教”90人次。

同时，为规范微课评选标准，保证上线课程质量，大学生心理成长微课采用“三评一改两互动”评审模式。一评是请专家评课，按照“优、良、中”三个等级给出评价、提出建议，并综合同行与学生评价结果，确定课程能否上线。二评是请群里各位老师针对课程提出建议，形式不限，酌情在群里发布，必要时也可与授课教师单独沟通。三评是请学生代表看课评课，评出五星、四星与三星课程，由开课学校将学生评价反馈给一评专家。“一改”是指授课教师根据反馈意见与建议进行调整和修改。“两互动”是指微课授课过程中要有互动，讲授过程中要有小问题弹出，能调动学生看课的兴趣；还要增加课后互动，课程最后要有深度思考，留出“深度思考题”，同时，还要有“延伸阅读”，为学生推荐书目或直接给出阅读内容。通过向学生公布教师的微信、微博与学生进行可能或必要的交流，增加课程和授课教师本人的影响力。

4 完善心理健康主渠道教育教学模式的思考

“1+10”教育教学模式通过大学生心理健康慕课实现漫灌大雨全覆盖，推动大学生心理健康通识化教育；通过大学生心理成长微课实现滴灌细雨很精准，搭建更加贴近学生心理需求的教育指导体系。但心理育人工作的要求与学生心理成长的需求说明，该模式尚需也尚有空间进行完善，如可把握心理健康教育全覆盖的关键时间点，面向全体新生下好“心理入学”的第一场雨；针对高校人才培养需求，实施提升心理品质的“人工降雨”；对标全过程心理育人的要求，通过“心理健康轴带教育指导计划”提供及时雨。在漫灌大雨与滴灌细雨的“1+10”教育教学模式基础上，形成心理育人的三场“润心雨”，探索特色心理育人模式。

4.1 第一场雨要走心

通过“新生入学心理健康指导课”下好第一场雨，帮助学生强化“每个人都是自己心理健康第一责任人”的意识。打造“新生入学心理健康指导课”，向新生普及心理健康知识，提供优化心理品质的方法和路径，引导学生在学校开心生活，适应环境，和谐成长。同时，通过课程引导学生端正对心理咨询的认识，学会主动寻求帮助，缓解负性情绪，避免因心理问题加重而导致心理危机的发生，走好大学第一步。

4.2 人工降雨定位高

一流大学需要一流的学生，一流的学生要具备一流的心理品质。为响应国家培养具有创新意识和实践能力的国际化创新人才的号召和高校“双一流”建设要求，打造心理品质培养课程，针对优质人才培养需求实施“人工降雨”，提升学生的思辨创新、协作领导、战略执行、规划发展和应变抗压能力，积极探索拔尖学生心理素质培养模式。

4.3 及时雨正当时

通过“轴带教育指导计划”提供及时雨，加强学生心理健康教育“自助－他助－互助”载体建设，满足学生不断增长的心理健康需求，实现全过程育人工作模式。以“3·25—5·25—12·25”(“善爱我－“我爱我”－“珍爱我”）为教育主轴，结合时间节点、季节因素，创新教育内容和形式，开发教育辐射带，健全普及教育体系，设计打造纵向全贯通、横向宽辐射、贯穿全年的“轴带教育指导计划”宣教体系，将心理健康教育融入学生成长成才各环节，推动学生心理健康普及教育常态化、系统化进程。

参考文献

[1] 杨元花. 论高校心理健康教育模式的有效途径 [J]. 世纪桥，2015(2):63-64.

[2] 赵山，李焰. 构建大学生心理健康主渠道教育中国化模式 [J]. 中国高等教育，2017, 593(19):61-62.

[3] 汤晓，赵山，何思彤.《大学生心理健康》慕课教学质量保障体系的建立与完善 [J]. 黑龙江高教研究，2019(21):13.

深度心理学洞察对提升心理健康课程教学效果的个案研究

——一则有趣的故事

王　旭　陆可心

清华大学　100084

【摘要】本文介绍的是一个个案研究。在一门心理健康选修课上，授课教师和课程助教利用深度心理学的洞察，发现一名学生心理健康课的课程作业中蕴藏的深层次心理学内涵。授课教师与助教做深入分析之后，探讨出最适合的回应方式，以此促进学生的心灵成长。

关键词： 案例研究；文本分析；深度心理学；心理健康；课程教学过程

1　案例概况

学生心理发展指导中心开设心理健康与潜能开发课，某年春季学期，授课教师王旭在课上介绍了童话的象征意义，随后的一次作业是要求学生凭回忆写下自己印象最深刻的童话故事（个人叙述），并请他们随后对照该童话故事的公开版本与自己的个人版本。

其中一名学生报告了一则日本童话《兔子、团子和青草地》，其个人叙述在一关键主题上缺乏连贯性，与公开版本存在巨大差异。本门课程的助教感受到这一次作业带给这名学生的内心波动，于是与授课教师展开分析讨论。

通过对这则童话故事以及该名学生个人叙述的深入心理学分析，我们认为，该童话的内涵为身体变形恐惧。身体变形恐惧是死亡焦虑在儿童时代的特定表现形式，对此，儿童需要在心理上加以防御，该童话提供了一种解决方案。透过分析个人叙述，我们识别出了这一特定个体成功及/或失败的防御模式。

最后，基于对学生文本的深度心理学分析，我们通过精心设计出的作业批语，恰当地回应了学生，弥补了学生心中的遗憾和困惑，以此促进学生的心灵成长。

2 具体案例

2.1 初见文本：《艾蒿原野的风》，安房直子公开版本与学生个人版本的对比

作为授课教师与助教，在心理健康与潜能开发课课堂上布置了一次作业，请学生凭回忆写下自己印象最深刻的童话故事（个人叙述），并请他们随后对照该童话故事的公开版本与自己的个人版本。其中一名学生报告了一则日本童话，他给自己回忆中的童话（以及作业的名称）取名为《兔子、团子和青草地》。

他在作业中如此开头：

> 我曾经找了它很久。
>
> 这个故事，我在很多年前看到它，也许是小学，也许更早。我不记得那本书是什么，不记得在什么时间，什么地点遇到它，只记得那大约是一个绘本，有着明亮温和的色调和细腻的水彩笔触，纸张略微有些粗糙，不是现在儿童读物光溜溜的那种铜版纸。
>
> 有一页上画着近乎白的淡蓝天空，有很多云，青草地铺了半个画面，是早春的绿色，近处挑起几株狭长叶子的草，叶片丰厚，风吹过去翻出带着银色绒毛的背面来。
>
> 大概是在初中之后，不止一次的，我会突然想起这个故事——有这么一个故事，但不记得故事的名字是什么，不记得结局，其中的细节，一半清晰一半模糊，清晰的那部分倒像是自己臆想出来的。有时候我去搜这个故事，问我身边的人，问我的同龄人，但没有任何结果。没有人听过这个故事，网页上也查不到任何相关的痕迹。每次想起它，会有两三天的时间我反复回忆这个故事，查找，询问，一无所获，然后再次淡忘它。等到不知道什么时候，它再一次出现在我脑子里，像一个幽灵。
>
> 这个故事是关于一群变成兔子的孩子的。

本门课程的助教是心理学系的博士研究生、心理中心实习项目培养出的学生，对心理咨询技能有一定掌握，也深刻知道言语背后蕴藏着巨大的情感。她感觉出这

名同学的开篇文字背后有着萦绕不去的困惑与焦虑感，但凭当时所学无法确切地理解那是什么。

因此，助教提醒授课教师着重查看这次作业，随后二人一起阅读了学生记忆中个人版本的童话：

> 初春的时候，有一群孩子去采一种青草——我记不起具体是什么——一种可以吃的，可以用来做类似青团的甜点心的小草，草叶狭长，一面是嫩绿的，有清晰叶脉痕迹的，另一面是白色，有一层短短的银色绒毛。围着围裙的妈妈在门口喊："早点回来！"于是孩子们应了一声，拿着篮子，背着方格子的小布包，欢快地跑出去了。
>
> 在山坡上，他们遇到了一群在野餐的兔子。都是白色的毛茸茸的小兔子，但仔细看的话会发现，它们没有表情变化，自始至终都是很绅士的，愉快地淡淡微笑着。兔子邀请孩子们一起野餐，但野餐的桌布上空空如也。兔子解下领巾——那是一块方格子的手帕，它把手帕铺在桌布上，念着咒语，再掀开的时候，手帕下面已经出现了很多青色的小团子。"是团子呀！"孩子们惊喜地说。他们吃了那些团子，豆沙馅的团子。"比妈妈做的甜好多呢！还有清香的味道！""而且好方便呀！"孩子们这样说。于是兔子露出一点点满意（或者是自豪？）的表情来。
>
> "来和我们一起玩吧，"兔子说，"坐公交车到那边的山上去。"
>
> "公交车？"孩子们四下张望，并没有什么车。这时有一群排成队的兔子跳了过来，兔子的队列左右各有一根长长的绳子，每个小兔子都抓着绳子。"来，进来！"它们说。孩子们站进队列里，抓住绳子。他们和兔子们一起往前走了两步，然后四周的景色飞速向后退去，风吹在脸上，只是一瞬间，他们已经到达了目的地。
>
> 兔子们在玩跳绳。"来跳绳吧。"两只兔子在摇绳子，摇得很高。"来吧！"它们说。孩子们犹豫了一下，钻进去开始跳绳。兔子在一旁很开心地数数："1！2！3！……"每跳过一个，它们就数一个数。在跳绳的孩子慢慢觉得有什么不对劲，似乎周围的世界变大了，他变得越来越矮，然后他抬起手，看到了自己毛茸茸的、白色的爪子——他变成了兔子。

学生继续写道：

在我的记忆里，故事到这里戛然而止。

它应当是还没有结束的，应该还有一个机智的某某想办法解除了兔子的魔法，让小伙伴们变回原形之类的结局，但我什么都不记得了。故事的结局，我找了很多年，也从未找到过。

上课的时候老师说“你印象最深的一个童话故事”，我第一时间想起了这个故事。然后很突然的，甚至可以说突兀的，我想起来了——是艾蒿。孩子们找的那种青草是艾蒿——然后我查到了这个故事，虽然不是当初我看过的绘本的版本，但的的确确就是这个故事。

是一则日本童话——《艾蒿原野的风》，很奇怪，我没有任何印象它是日本的。

这个故事稍微有点长。

（作者按：下面学生写下了日本作家安房直子的《艾蒿原野的风》原文，附录于文末。）

学生在作业的最后，按照授课教师的作业要求进行自我分析，讨论了自己的个人版本与公开版本的异同：

我记忆里的故事和原本的故事差别主要有三点。

首先，故事里很多日本民俗风的东西被我替换掉了，而我记忆中的场景更像是我自己的同年，原野的样子、出发前和妈妈告别、反复出现的格子布都是我童年时常见的场景。其中格子布尤为明显，在我记忆里就是那种小时候非常流行的花格子，甚至兔子的绿领巾也被我替换成了格子布的。

其次，在我印象中的故事里，兔子的形象更诡异。原作里的兔子像是一群恶作剧的小家伙，但在我的印象里它们成了一群让人很不舒服的东西。单纯的外表，只有微小变化的表情，可爱但无机质的面孔，充满诱惑的话语和隐藏在背后的阴谋。它们像是被设计好了的生物，冷酷无情，披着毛茸茸的可爱外皮，用可爱的语调说着最残忍的事。非常可怕，而且让人感觉难受。我一直不喜欢兔子，不知道是这个故事的因还是果。

最后一点，就是我的记忆里，这个故事没有原文一样的结局。

——孩子们变成了兔子，故事结束了，他们并没有变回来。

一个好好的童话被我脑补成了黑童话，萦绕着一种很淡很轻柔，但是挥之不去，绵延不绝的恐惧。我想不明白这意味着什么。也许是一个孩子对未知世界的恐惧，或者是对一种异化的恐惧，或者仅仅是因为我当初看这个故事的时候就没看到结局。

非常奇怪，有点可怕。

可以看出，哪怕这名同学已经通过这次作业的契机，找到了如同“幽灵”一般萦绕在他头脑中近十年的意象的“真实模样”，但似乎还是有什么东西没有理顺，学生最后的一句话是“非常奇怪，有点可怕”，呼应着一开始的“我曾经找了它很久。……等到不知道什么时候，它再一次出现在我脑子里，像一个幽灵。”

学生的焦虑感仍然深深地埋藏在他心灵深处，需要通过深度的心理学分析加以理解。

2.2　文本结构分析

首先，我们只有学生提供的 A 一段前言、B 一段个人版本文本、C 一段承前启后的介绍、D 一段公开版本的童话、E 最后的收尾总结五段文本。其中 A、C、E 的自述话语中都流露出强烈的不安、困惑和焦虑。但值得深入探讨（同时也是唯一的）的材料是 B 与 D 之间的差异：

学生个人记忆中的版本《兔子、团子和青草地》	安房直子公开版本《艾蒿原野的风》
结构： 顺叙开头——由儿童的活动开始。 突然收尾——突然、悬置的结尾。	结构： 倒叙开头——跳过儿童白天的活动，从晚上妈妈们找孩子的视角开始。
内容： 三个孩子早上出发，去摘艾蒿做团子。 他们遇到了兔子，兔子邀请他们吃青团，随后兔子们邀请孩子们跳绳。 孩子们犹豫了，但是还是和兔子一起跳绳。 突然结束的结尾，没有任何支持与帮助：“在跳绳的孩子慢慢觉得有什么不对劲，似乎周围的世界变大了，他变得越来越矮，然后他抬起手，看到了自己毛茸茸的、白色的爪子——他变成了兔子。” 没有支持、安抚的母亲。	内容： 三个妈妈发现孩子不见了，去找孩子。 艾蒿草原上，妈妈们发现三只睡着的小兔子。妈妈们回忆起一个传说，艾蒿草原上的兔子会骗小孩吃团子，和小孩跳绳，然后把孩子变成兔子。 妈妈们唱兔子会唱的歌，并且挥动跳绳。三只小兔子被歌声叫醒，被妈妈的跳绳吸引，跳绳的过程中变回了孩子。 孩子们感觉很神奇，又感到很放松，妈妈和孩子们回家了。 关心、安抚、智慧、坚强的母亲一直都在。

容易看出，学生个人版本与公开版本的最大不同是母亲形象的缺失。在学生的个人记忆版本中，母亲形象在行文结构上和具体内容上都是不存在的，似乎正因为“母亲”这一原本公开版本（以及我们日常生活的认知中）为孩子提供安全感、照料、呵护、抚慰的重要养育者的缺乏，导致学生的个人记忆版本中，以及学生的心灵世界中一直萦绕着一种如同幽灵一般无法散去的失落感、焦虑感、恐慌感。

2.3 借助深度心理学理论加以理解

2.3.1 童话中的身体变形恐惧

我们认为，这则童话在学生心灵中留下了强烈印记（心理阴影）的部分，体现出对“身体会变形”这个念头的恐惧。具体文段为，孩子们被兔子迷惑，先是吃下了它们的食物（某种东西进到体内），随后在跳绳的时候，他们的身体变形了（内外皆发生变化）。

学生的个人记忆版本戛然而止在“他们无法醒过来”处，从象征的意义上讲，学生的内在心灵世界中体会到的乃是“他们死了”。这样的联想有另一精美的儿童文学作品为证：《快乐王子》（奥斯卡·王尔德）中写道，“小燕子说，我去的不是埃及。我要去死神的屋子了。死是睡的兄弟，不是吗？他亲了快乐王子的嘴唇，掉到他的脚边死去了。”

在公开版本中，这种对变形的害怕感隐约存在于童话故事中，但由于公开版本的故事以母亲的视角写成，所以讲述的是在母亲的帮助下，孩子如何从可能的“变形厄运”中恢复的故事。但在个人记忆的叙述中，是以孩子遭受“变形诅咒”，乃至在一睡不醒中戛然而止为纲要，故事突然结束了，但情绪影响却如同一直萦绕在心间的噩梦那样，困扰他近十年。

因此可以说，学生的深层次心结可能与儿童时代特有的身体变形恐惧有关，这个故事核心之一的变形元素击中了学生的心结，而同样作为故事核心的母亲 / 养育者的温柔帮助却没有引起学生的共鸣，导致了这个故事变成一个困扰他许久的表层意象。我们可以假设，当这个意象再次出现之时，很可能与他再次体验到和身体变形有关的情绪念头，再次感到没有养育者的支持有关联。

2.3.2 童话对于儿童生活的心理学意义

童话来源于生活，源于广大群众在历史中积累起来的集体育儿智慧。一个优秀的童话的心理学功用在于，使用童话这种相对抽离，但又有所隐喻、有所象征的形式，指涉某一项儿童在成长过程中必然会经历的焦虑或恐惧。而由于儿童的心智发育尚不成熟，所以儿童体验到的痛苦往往是不合逻辑的，比如将父母出门体验成将要被父母抛弃，将被送去看医生、打针体验成父母不爱自己、惩罚自己等。这一些恐惧在儿童成长过程中是常见的，因此人民群众会在漫长的历史中发展出各种童话，既触碰到孩子的恐惧，但又在童话体贴地提供解决的方案，让孩子借着童话主人公的力量得到安抚。相对应的童话可能是《丑小鸭》(以为被抛弃的孩子终于与家人重聚)、《小红帽》(不被邪恶的力量吓倒，成功恢复大家的健康)等。

我们认为，安房直子在她创作的当代童话《艾蒿原野的风》中，关注的则是儿童的身体变形恐惧。

2.3.3 儿童生活中身体变形恐惧

我们常常观察到，当大人跟比较小的孩子开玩笑，假装伸出手在孩子的鼻子面前抓一把，然后说："我把你鼻子拿掉了！"一个小孩可能会被吓哭。对于小孩来说，失去身体部分的恐惧是真实的！旁观的大人可能觉得很好笑，怎么可能拿走一个人的鼻子，但在小孩不成熟的认知世界中，身体的一部分真的有可能会被碰到、拿掉、切掉、不小心丢掉、做坏事后被取掉、膨胀、变形、变软、变松、融化、扭曲、消失！也许一些孩子见到残疾人士会害怕，也是因为残疾人的身体特征击中了孩子自己内心的变形恐惧。

2.3.4 产生身体变形恐惧的原因

我们认为，幼儿产生身体变形恐惧是正常的，除了儿童的认知能力不足这一普遍原因之外，还有两个特定的导致身体变形恐惧的原因：

(1)儿童缺乏自我调节的能力，儿童的身体神经系统和中枢神经系统尚没有完全发展成熟，因此对机体的兴奋调节能力较差。当儿童太过兴奋时，他的整个身心都会处于高度唤起状态，带来太多的身体感受，如燥热、抖动、紧张、异常内脏感觉等，这些都会让儿童产生一种自己的身体在膨胀，体内的力量无法被皮肤约束的具身化的感觉，即身体会爆炸。

(2)儿童的生理成长速度也是惊人的，在长身体的最高峰时期，一周长高好几厘米也不少见。但当身体以几乎肉眼可见的速度发育时，儿童的心理可能无法跟上生理发育的速度。儿童的认知能力本身有限，需要学习的课程、处理的学校社交游戏活动业已很多，无法再兼顾去思考、理解、接受自己身体的变化。因此，长身体，不论是长高，还是长体毛，还是某个身体部位的突出或增长，都有可能令儿童产生困惑和恐惧——如果长得停不下来怎么办？长得太快会不会掉下来？

以上两个原因，导致儿童常常会有这种对身体变形的恐惧。然而，这种恐惧虽然深刻，但在正常足够好的发展中，养育者似乎也不需要觉察到，不需要特意做些什么，就能够自然而然地被儿童克服。这可能令我们好似无法在儿童身上识别出这种恐惧——除非我们具备深度心理学的视角；或是在一些出现问题的情况下，比如本文的案例所示，才能更清晰地呈现出身体变形恐惧的影响力。

2.3.5 成年人身上的身体变形议题

身体变形恐惧并不专属于儿童，成人世界中，也有其存在的影子。如果考虑出现问题的情况，当属卡夫卡的《变形记》中所描写的，一个忙忙碌碌的职员一天早上醒来，发现自己变成了一只甲虫！当然，我们可以从社会压抑、人性沦丧的角度解读变成虫子的意义；但小说中也生动地传递出由人变成虫子的恐怖感、诡异感，令读者的皮肤似乎都要皱起来，这个部分应该来自具身化的身体变形的恐惧。

成人世界中也有以更加健康、升华的形式体现的身体变形议题，即北欧等地的德鲁伊传说、蒙古的萨满传说以及中华文化中的种种人或动物的法术变化，这些由人变成动物的民间信仰、传说故事之所以有根基，似乎也在于人类在漫长的文明发展中对身体变形这一主题的持续执迷——每个人都曾经是儿童。

2.3.6 儿童如何修通身体变形恐惧

需要再次强调，儿童有身体变形恐惧是正常的，因为儿童：① 缺乏自我调节能力；② 有着快速发展的生理和暂时跟不上的心理。

在正常的情况下，儿童都能够得到足够的帮助，找到解决方案，克服身体变形恐惧。前文也已经提到，童话通常为儿童的特定焦虑提供一些解决方案，如《白雪公主》《灰姑娘》《丑小鸭》等。童话可以创造出一个过渡的中介空间，儿童的幻想和成人在童话中的思考相互交融，共同创造出解决方案。这也是妈妈的枕边故事为何总能让孩子安然入睡的原因。

我们提出，儿童面对身体变形恐惧，能够使用的解决方案有两大类别：

（1）由自我调节。

当儿童有更多心理上的掌控感时，他 / 她就不会那么容易被身体变形恐惧侵扰——内外在刺激引发的强烈兴奋会导致身体变形恐惧，而对自己的身体机能、运动状态有更多的掌控感，自然可以让人更加熟悉自己体内的内部感受。掌控感实现了从被动变主动的过程，将不由自主地被内在的兴奋感所淹没，到由自己主动去控制、诱导出身体的兴奋感并且逐渐适应。因此，我们可以观察到儿童对跳绳、荡秋千等刺激项目有着既恐惧又着迷的趋避心理，但往往更勇于尝试、挑战，哪怕让跳绳抽到自己也在所不惜。类似的掌控感行为还有让爸爸举高高、在游乐园坐过山车等。

自我调节是有着适用条件的，自我调节起作用的基础是孩子深刻地、重复地、笃定地意识到，当自己需要养育者时，养育者可以及时出现在自己身边。这一论述超出了本文所要讨论的范畴，后面不再继续展开，但这一论断其实是下面一点的基础。

（2）由他人调节。

当儿童的自我调节接近极限时，一个足够好的养育者会及时觉察到，并且负起责任，承担帮助孩子平复恐惧的任务。养育者帮助孩子平复过度的兴奋，因为过度的兴奋会带来痛苦。养育者的安抚，帮助孩子重新以一种可接纳、可理解的方式处理消化自身的身心体验。

可以看到，此处的他人调节实际上指的是儿童的重要养育者，也就是依恋理论所强调的依恋对象。在最主要依恋对象不可获得时，儿童会寻求次要依恋对象的安抚，如果这也不可获得，儿童会继续寻求熟悉的他人的安抚，比如学校的教师等。但依恋的级别越低，所提供的安抚的效果也会相应减弱。此番关于依恋理论的陈述也超出了本文的范畴，不再展开。

2.4　理解公开版本《艾蒿原野的风》中的解决之道

上文已提出，童话具有创造过渡空间，将儿童幻想中的恐惧和养育者的关怀思考相交融，针对特定的儿童恐惧、焦虑，创造出心理的解决方案的功用。而安房直子在她创作的当代童话《艾蒿原野的风》中，关注的则是儿童的身体变形恐惧。

那么，安房直子在《艾蒿原野的风》中提供的解决方案是怎样的？

明显可以看出，安房直子强调的解决方案是第二类，由他人调节，即来自母亲的爱和理解帮助孩子缓解身体变形恐惧。

我们可以看到，从结构上，安房直子的行文是倒叙讲述的，一开始即让读者（以及听故事的小孩子）代入了妈妈的视角，叙事在既关怀又有一些担忧的氛围中展开。

在安房直子的故事中，妈妈是焦虑的，但没有超载。这一点很重要，她们焦虑是因为她们深爱着自己的孩子，所以才会有担心，其中一个妈妈还落下了几滴眼泪。但是她们没有过度焦虑，所以她们可以继续思考，并且试着去理解，这些睡着的、兔子一样的小东西就是自己的孩子。但是这些小兔子失去了用语言表达自己的能力，无法说出自己的感受。

——试想一下，在现实生活中，是否也有孩子哭泣、脸涨得通红，甚至要开始尖叫、失去对身体姿态的控制，却无法说出一个字的情况？而那个时候，一个有心理学洞察、敏锐的养育者也许能够耐心地通过一些非言语的线索，以及她 / 他自己的情感、自己的理性、自己的思考来帮助孩子表达出那种无法说出的感受。这便是心理咨询中最为重要的“言语化”的过程，诚然，心理咨询的技巧其实来自最天然、质朴的养育。

回到安房直子的故事中，妈妈们成功地管理好自己的焦虑情绪，保持了思考的能力，坚持着对孩子的爱意，因此才能够想到具体的行动方案。她们通过复杂的呼唤、抚慰、表达、行动的过程，帮助孩子从身体变形的震惊中恢复过来。兔子醒了，重新变回了人类。

到这里，一个人可能自然会思考，如此精彩、深刻又美好的故事，这样的幸福的结局，为什么没有保留在这名学生的个人记忆里？为什么妈妈以及妈妈所代表的养育者的功能——来自他人的调节，在这名学生的个人记忆里是完全缺失的？这名学生通过这次作业的触发，成功找到了这个故事的原始版本，但这是否足以帮助他从困扰了他近十年的噩梦中摆脱出来？换句话说，找到了安房直子的故事，是否等于他已经克服、修通了对身体变形的恐惧？以及更根本的，为什么身体变形的恐惧对这名学生有着这么严重、持久的负面影响？

为了回应以上的问题，也为了找到一种具有心理疗愈性质的作业批复，在不做过多粗暴解释的情况下，促进他的心灵继续成长，我们对学生进行了一些假设性质的分析。

3 结果分析

3.1 为何在学生的个人记忆版本中，安房直子提供的他人调节的解决方案失效了

我们对学生的心理，对为何在他的个人记忆版本中，安房直子提供的他人调节的解决方案失效进行了一些假设性质的分析。之所以说是假设性质的，是因为我们除了学生提供的 A、B、C、D、E 这五段文本之外，没有其他信息能够佐证这名学生的性格、特点、困扰和成长经历。但我们相信，我们严格限定在文本当中提取出的信息，佐以能够经得起考验的深度心理学理论，所得出的假设很可能是真实、准确的，具有参考意义。我们在学生的个人记忆文本中看到的是：

（1）母亲是缺失的（不论是内容上，还是结构上），童话中的儿童需要独自面对身体变形恐惧。

（2）诱惑是巨大的，在学生的描写中，有较大笔墨用来描写团子的美味（甚至出现了一句“比妈妈做的甜好多呢！还有清香的味道”，此处似乎可继续分析所谓“好的缺席了”和“不好的不在”的递进关系，但稍显牵强，因此不做展开）、兔子跳绳时的兴奋和快乐。

（3）外在世界过于有威胁，在学生最后的总结文字中，他提到的第二点是“在我印象中的故事里，兔子的形象更诡异……可爱但无机质的面孔，充满诱惑的话语和隐藏在背后的阴谋。它们像是被设计好了的生物，冷酷无情，披着毛茸茸的可爱外皮，用可爱的语调说着最残忍的事。非常可怕，而且让人感觉难受”。

（4）没有解决方案。故事的结束是仓促、突然的。故事中小兔子陷入沉睡，再也无法变回小孩！

（5）强烈的焦虑感。在这次作业的开篇，学生就写道，“这个故事，我在很多年前看到它，也许是小学，也许更早。……大概是在初中之后，不止一次的，我会突然想起这个故事——有这么一个故事，但不记得故事的名字是什么，不记得结局，其中的细节，一半清晰一半模糊，清晰的那部分倒像是自己臆想出来的。有时候我去搜这个故事，问我身边的人，问我的同龄人，但没有任何结果。没有人听过这个故事，网页上也查不到任何相关的痕迹。每次想起它，会有两三天的时间我反复回忆这个故事，查找，询问，一无所获，然后再次淡忘它。等到不知道什么时候，它再一次出现在我脑子里，像一个幽灵。”

除了这种弥散、悬浮不定的焦虑感，这段文字里的时间线索也值得玩味。初中对应着青春期，正是一个人身体开始再次高速发育，并且实现性成熟的关键阶段，因此也是一个生理高速发展高度兴奋的时期。学生在这个阶段再次以强烈的焦虑为底色回忆起这个小学甚至更早前看过的故事，似乎可作为佐证，证明我们提出的“身体变形恐惧”的理论立场。

3.2 对学生成长发展的假设

因此，我们假设：学生在成长过程中，可能有过多的独自一人的体验，特别是独自一人面对自己所不熟悉的身心感受。

可能某种内在或外在的躯体感受是具有诱惑力的，我们不妄加揣测，但一般经验告诉我们，学龄男童即有初步的性生理反应以及对自己生殖器官的好奇，不过除此之外，任意一种陌生的躯体感受都有可能被体验成有诱惑吸引力的，这也是事实。

同时，可能是由于缺乏外在现实照料者的支持和锚定，学生在成长过程中面对外在世界，也许有强烈的不适应感，我们不知道会不会甚至有被欺凌的体验，但如果有也不应感到意外。

学生的困扰肇始于初中，这个生理爆炸性发展的青春期，佐证了身体变形恐惧的理论立场，并且让假设的天平向性兴奋这一段倾斜。对于青少年，性是巨大的诱惑，但也可能同时是恐怖的内在、外在双重威胁。

以上的种种困难，导致学生无法在内心感到养育者可以成为自己的支持、为自己提供理解，帮助自己调节。这体现在了学生个人回忆的质量以及重复性上，这个残缺的、充满焦虑情绪的故事，却有着异常惊人又令人费解的黏度，并不会消失，而是隐藏在学生人格的阴影当中伺机而动。

当学生在当时的生活中感受到潜在的兴奋超载，或缺乏支持时，这一幽灵可能会重新回到学生的意识当中。

3.3 作业的启动效应

心理健康课上留的作业带来了启动效应，这是进行到课程的二分之一时，给学生们布置的第二次课后作业。也许是授课教师以及助教在课上的娓娓讲授，以及批复作业时体现出来的关怀与贴切，还有课上对深度心理学理论的介绍，让学生有了被理解、被支持的感觉，以这种积极的希望感为动能，学生想要解决这个十年幽灵的决心、信心被调动起来，让他能够找到这个故事的公开版本。

但是，在对学生的困扰与产生困扰的原因进行了深入的分析之后，授课教师和助教仍然面临一个难题：如何在不做过于粗暴武断的解释的同时，仍然能够点触到身体变形恐惧的核心议题，并且进一步肯定学生的成就，为学生心灵的进一步成长添加燃料？

毕竟，学生作业最后的总结部分让我们知道，即便他得到了故事的公开版本，但故事中的他人调节的解决方案似乎仍然没有进入他的心中，他仍然很困惑与迷惘。

4 干预与总结

4.1 对学生的作业批复

授课教师和助教在这个案例上的密集讨论、研究时间加在一起可能超过了6个小时，持续了好几天的时间，当我们感到已经完整体会了学生作业背后的心理特征、困扰、纠结点和潜在的发展方向后，我们反复推敲出以下一段简洁却直击主题的文字，回复到学生的网络学堂上：

> （王旭老师）这个故事很有意思，我很高兴你终于能想起线索补完了这则童话，解开了一个心结。
>
> 很多童话都在帮助人们处理自己的恐惧和焦虑，个人版本更能凸显出每个人当时感知到的焦虑以及应对焦虑的方式。或许你也可以思考，在这个故事中，最让你焦虑的部分是什么？
>
> 当然，有一些童话本身就给出了创造性的应对方式，你也可以根据你自己的反思，搜索一些用创造性的方式应对你的焦虑的童话。

我们希望为学生的探索留白，而不是如同这一篇冗长的案例分析那样，事事力求分析透彻，不留任何边角存疑。这是因为，我们在学生能够借助这个作业，认真投入，最终找到心中故事的公开版本的这一事实上，识别出学生的自愈能力和成长的潜能，我们认为学生的心灵成长之路已经启动，潜能已得到开发（课程名称：心理训练与潜能开发）。我们所做的，是为他的启航做出必要的引导和辅助。我们相信，在作业批复中提出的几个问题，会成为指引他继续前行的航标。

4.2 总结

童话为人类（特别是儿童）提供了特定焦虑与恐惧的解决方案。但是如果威胁过于巨大（不论来自内在或外在），养育者的爱不可获得，那么儿童就无法从童话中吸收那些解决方案。在这种情况下，童话中的触发焦虑的部分会被儿童记住，变成时而出现的幽灵。

在本文分析的案例中，《艾蒿原野的风》这则童话处理的是身体变形的恐惧，这是儿童期恐惧的一种特定但也常见的形式。儿童会尝试通过自我调节来应对这种恐惧，主要体现为掌控感，通过熟练掌握跳绳、荡秋千等运动，化被动为主动；或者通过他人的调节，儿童会去寻求养育者的支持、理解和帮助。深度的心理学洞察可以提升心理健康教育课程的教学效果，在适当的契机下，它可以为我们理解学生提供非常不一样的视角。

高校辅导员团体辅导能力培养

陈　敏[1]　朱卫嘉[2]

1. 重庆邮电大学　400065；2. 重庆科技学院　401331

【摘要】培养团体辅导能力既是辅导员职业能力的要求，也是助力辅导员工作的重要途径。组织开展团体辅导能力专题培训，引导辅导员结合思想政治教育工作、班级管理和建设、日常教育管理等工作内容，设计并实施团体辅导方案，能有效提升辅导员的团体辅导能力，促进辅导员的专业化职业化发展。

关键词：团体辅导；能力；辅导员

辅导员是高等学校从事德育工作，开展大学生思想政治教育的骨干力量，是大学生健康成长的指导者和引路人。育心与育德是高校辅导员工作中不可分割的两个部分，辅导员具备团体辅导能力，在学生教育管理、班级建设等工作中运用团体辅导的方法和技术，是实现育心与育德相结合的有效途径。

1　高校辅导员团辅能力培养的意义

1.1　实现学校心理健康教育的重要使命，帮助学生发展健全人格

学校心理健康教育的重要使命在于使广大学生具有健全的人格、良好的个性心理品质，促使学生丰富内心世界、充实精神生活、发挥潜能。在团体中每个成员既是“求助者”又是“助人者”，可在有引导的相互影响中多视角地学习，有理论，有实践，有体验，有分享，获得多重的反馈，从而产生心理与行为的改变。这对于落实教育部要求，引导学生正确认识义和利、群和己、成和败、得和失，培育学生自尊自信、理性平和、积极向上的健康心态具有十分重要的意义。

1.2 更好地履行辅导员的工作职责

从辅导员的工作特点与任务看，辅导员的工作就是团体工作，一个辅导员带多个班级，每个班级内又有宿舍小组、学生骨干团队等，算起来至少有 20~30 个团体。掌握和运用团体辅导的理念与技术，可以帮助辅导员更加科学有效地带好这些团体，实现耗时短、效率高、收效好的目标。

1.3 更好地满足学生的心理需要，帮助学生完成社会化过程

从整体上看，学生在心理和行为上表现出一些“问题”，大部分是成长过程中出现的发展性问题。例如，大一新生的行为特点是不会交往、不会活动、不会调节情绪、不会处理人际矛盾等；大二、大三学生面临专业发展、恋爱问题；大四学生面临求职、考研问题。团体心理辅导能更好地满足学生的心理需要，帮助学生完成社会化过程，完成大学学业，顺利走向社会。

从现实工作需要的层面看，每年新生心理普查后，有大量心理服务工作（如对重点学生的关注与监护、对亚健康学生的积极引导与心理教育等）都需要辅导员来做。近年的普查数据显示，处于亚健康状态的学生高于 20%，用个别工作的方式远远不能适应工作需要，辅导员必须学会运用小组辅导和团体辅导。在团体中不但可以更有效地影响或改变个人的某些自我概念或想法，还可以协助解决原本在个人之间难以解决的问题。

1.4 辅导员个人成长及专业能力提升的最佳平台

辅导员的工作是做人的工作，了解人的心理并给予及时有效的帮助是最重要的专业能力。团体辅导活动能帮助辅导员轻松走进学生心里，在友好接纳的环境里与学生交心，得到学生的信任；可以在较短时间内与更多的学生接触，了解更多学生的问题所在，展开更好的针对性服务；能帮助学生建立社会支持系统，让学生了解并体验到自己是被其他同学支持的，学会从与别人的互动中获得成长智慧，增进自信心；还可以鉴别需要特别予以援助的学生，并给予及时有效的辅导。

综上所述，团体辅导是最适合高校心理健康教育形式的群体，团体辅导能力是辅导员应当具备的最重要心理教育能力。

2 关于辅导员团体辅导能力培养的思考

2.1 组织专题培训

团体辅导能力是一种实践能力，培养辅导员的团辅能力也要重视实践环节。辅

导员大都不是学心理学的，因此辅导员的团体辅导能力的培养首先可以从组织团体辅导专题培训开始。

重庆市大学生心理咨询专委会在2010—2019年组织了两次大规模的团体辅导专题培训。两次培训除了有心理健康教育工作教师参与以外，更多的是来自各高校的辅导员。培训内容从认识团体辅导的重要性和必要性开始，培训教师比较详细地介绍了团体辅导的设计思路、设计方案，并带领所有培训人员进行了团体辅导的体验。这两次培训得到了参训辅导员的积极反馈。辅导员参与团体辅导的专题培训，可以直观地体验团体辅导的独特效果，可以系统地学习团体辅导的设计方法，为后续结合辅导员工作开展团体辅导打下良好的理论和方法基础。

2.2 结合辅导员的工作设计实施团辅方案

在有了一定的团体辅导理论和方法基础后，辅导员可以结合自己的工作设计团体辅导方案并实施。以下是重庆市部分高校辅导员设计并实施的团体辅导方案简介。可以看到，通过实践，辅导员的团体辅导能力得到极大的提高。同时，团体辅导也为辅导员的思想政治教育、日常教育管理、班级建设等工作带来了新的思路和活力。

2.2.1 适应与交往团体辅导

一般在新生进校初期或军训期间实施，分为户外版和室内版两大类。户外版以团体活动为主，在生动活泼的心理游戏中引导新生相互认识，结交新朋友，建立新友谊，促使学生提高交往的主动性，积极发展良好的人际关系，为顺利完成军训任务和大学学业奠定良好的基础。室内版结合班级建设进行，在生动有趣的活动中引导学生相互交心，积极互助，为班级建设献计献策。

2.2.2 宿舍关系与班级建设团体辅导

可结合班会、班团干部队伍建设、宿舍人际关系建设等进行。重点是帮助大学生了解自己的气质与性格，学习如何与不同气质、性格的同学友好相处。在宿舍人际关系建设方面，团体辅导的基本思路是从认识气质类型切入，帮助学生明白自己为什么与别人不一样，如何发挥自己气质的积极方面，限制与克服自己气质的消极方面，而不能被气质弱点所左右。在宿舍生活中，不同气质类型的同学生活习惯、睡眠习惯有很大不同，胆汁质、多血质的同学外向好动、精力旺盛，社会活动多，回宿舍晚但入睡快；黏液质、抑郁质的同学内向好静，早睡早起生活有规律，入睡慢，特别是晚上被吵醒后很久不能再入睡，很多宿舍矛盾由此引起。在团辅活动中，了解自己与室友的气质特点，采取合适的互动方式，对与自己气质类型不同的室友要利用相容性与互补性去接纳他们，这样就可以预防矛盾，增进友谊。在班级建设团体辅导中，可引导班干部学习如何针对同学的气质特点做工作。例如：对胆汁质、多血质的同学宜多给难度较大、挑战性的工作，并令其独当一面，不须过多限制，以调动他们的热情，发挥其创造性；对黏液质、抑郁质同学只能交给他们力所能及的任务，并多加关照，帮助他们解决工作中遇到的问题与困难，保证顺利完成任务，以增加他们的成功感。

2.2.3 自我意识的发展与完善

可结合班会、心理健康课程进行。大学阶段是自我意识发展最重要的时期，这个阶段的主要任务是发展自我同一性。自我同一性的建立可以使大学生了解自己与周围各种事物之间的关系，懂得自己是什么人，应该做什么，能够做什么，即懂得他们能够担任的角色与应该承担的责任，具体表现为有明确的自我观念与自我追寻的方向。按照美国著名心理学家艾里克森的观点，能否形成自我同一性的决定性因素主要是家庭和学校所提供的工作或社交经验。在当今中国的高考制度下，学生进入大学前所受教育存在诸多不一致，如父母之间、家长与教师之间、教师之间等，大学生自己的生活经历、个体意识倾向也错综复杂，存在矛盾，只是忙于高考没有进行自我剖析，所以没有明显意识到它的存在。到了大学才突然意识到自己纷繁复杂、矛盾冲突、起伏不定、变化多端的内心世界，一时理不出头绪，不知如何去解决自己内心的矛盾与冲突。这被大学生们称为“纠结”“迷茫”，也是大学生不知为什么上大学、不知自己要成为什么样的人，进而不能安心学习的一个重要原因。自我同一性发展不良，主要是过去十几年的家庭教育、学校教育及社会教育造成的，责任不在大学生身上；但是，解决这个问题，解开自我的种种“纠结”，走出迷茫，重新建立积极的自我同一性，却只能靠大学生自己！获得自我同一性，实质上就是正确认识个人与社会的关系，确立正确的自我意识的过程，大学时期是自我意识通过分化、矛盾，达到在新的方向和水平上的协调一致，即达到自我与客观环境、教育和社会发展要求的统一的宝贵时期。只要充分发挥“自我”的巨大潜能，以社会精神主导“自我”的作用，运用集体同一性帮助“自我”同一性，就能克服自我同一性发展危机，建立明确的自我观念与自我追寻的方向与目标，实现自我健康成长。

本团辅方案设计中通过 20 个自我、10 个自我或“描述自我、解读自我、开放自我、憧憬自我”等活动，引导学生层层深入地开展自我反思，并与同学积极分享，互帮互助。本团辅活动在 10 多年的教学和实践中受到学生欢迎，也收到良好效果。一名学生这样写道：“回想本学期的课程，大学生心理健康课对我影响颇深，每个课时都引起了我深深的思考。我还清楚地记得，老师在课上连续问了我们 20 次‘你是谁’，这个问题久久地盘踞在我心里。当这个问题在我耳边回响时，它深深地扣进了我的心田。我是谁？我到底是谁？我是以什么样的姿态存活在这个世上？我活在这个世上对这个世界产生了或将要产生怎么样的影响？这些问题平时都被我忽略掉了，但在这次提问之后，我开始逐渐认识到这些问题，并且开始重视这些问题。随着对自己的反复提问，我慢慢地开始认识自我，渐渐地发现自己的优势，明确自己的目标，拥有了学习的动力。在这之后，我不会再为自己的目标感到迷茫，不会再为找不到自己的优点而失望，不会再为没有动力而感到苦恼。这 20 个“我是谁”真的给了我很多，也让我明白了很多很多。”

2.2.4 团体沙盘

可在宿舍关系、班级建设、共话人生、大学生恋爱关系处理等多方面运用。例如“我爱我家”主题沙盘，适用于新生进校后开展宿舍建设，根据沙盘的数量可 20 人左右同时参与，通过“我在我家”“我说我家”“我建我家”“我爱我家”四个层次的沙盘创作与分享交流，加强新生宿舍内、宿舍间沟通，引导新生适应大学生活。

“我的大学”团体沙盘适用于对亚健康学生的辅导。处于亚健康状态的学生人数较多，结合学生喜欢趣味心理游戏的特点，我们将团体沙盘活动作为对亚健康学生进行心理辅导的重点活动。一般的趣味心理游戏有娱乐或益智等功能，但不具有心理辅导功能。团体沙盘游戏则是借助沙盘沙具的规则及其独特作用，运用团体动力，促进大学生进行沟通、交流与思考，进而引导团体及个人的心理成长。每个人的想法与生活习惯都与他过去的生活环境有关，当一个人讲述自己摆放的沙具及其背后的故事时，就是一种最好的自我开放，听别人的人生故事时也是对别人更深入的了解。通过团体沙盘游戏，团体成员之间经常会达到彼此之间相互认同，并逐渐感到自己是归属于整体的一部分。这种感觉会给人一种力量和信心，使人能很好地应对团体沙盘世界之外的现实生活。这对于比较内向的亚健康群体的学生是一种很好的辅导方式。

总的来说，培养高校辅导员的团体辅导能力，既是高等教育对高校辅导员职业能力的要求，也是助力辅导员工作的重要途径和手段。加强高校辅导员队伍建设，促进辅导员专业化和职业化发展，培养高校辅导员团体辅导能力有重要价值和意义。

新冠肺炎疫情下大学生面临的心理问题及心理应对浅析

薛曼曼

辽宁民族师范高等专科学校　110000

【摘要】本文通过对在校大学生的问卷调查，归纳总结出大学生在新形势下面临的心理问题主要表现为居家隔离引发的不良情绪问题、时间管理、亲子关系和学业等方面。高校心理健康教育教师可以通过多渠道了解学生的心理动态，做好学生心理状况的排查、整合资源，提供线上心理支持服务、结合实际，积极开展线上心理健康教育活动等，帮助大学生更好地应对疫情大背景下所面临的心理问题。

关键词：新冠肺炎疫情；大学生；心理问题；心理应对

新冠肺炎疫情伊始正值大学生寒假期间，受自媒体时代的影响，其发展态势波及范围之广、影响面之大，深深地影响着大学生的身心健康。随着疫情的升级，各地采取封闭的方式，教育部发布春季开学延期的通知，居家隔离的大学生们经历着一系列心理上的变化、冲击和挑战，他们在心理上或多或少地存在一些问题。本文通过对411名在校大学生进行半开放式问卷调查，总结出他们面临的心理问题。进而有针对性地提出相应的对策分析，从而为当前疫情防控时期的高校心理健康工作提供有针对性和可操作性的建议与措施。

1　疫情防控期间大学生面临的心理问题

1.1　居家隔离引发的不良情绪问题

心理学研究表明，生活应激事件尤其是重大生活应激事件会给个体带来不同的心理压力强度，面临作为重大的公共卫生事件的新型冠状病毒肺炎，个体会产生一系列的负面情绪，如烦躁、焦虑等消极情绪，大学生虽然身心各方面已发展成熟，但是在情绪上容易受外界因素的影响而产生波动，延期开学导致的长期封闭生活引发一系列的情绪问题。自媒体时代，信息传播速度快、信息的易得性、信息量之大使得大学生对疫情报道的关注引起焦虑和恐惧、不知所措和不确定感等，甚至有的学生每天看着患病的人数不停地增长，内心很惶恐，在口罩紧缺期间“一罩难求”，担心买不到口罩，心里特别恐慌和担忧，担心自己和家人被感染，害怕去医院被隔离，等等。

总体来说，学生所面临的情绪问题大多局限于疫情、学习、人际关系等方面，即未泛化，学生自己能够认识到自身所面临的情绪问题是心理应激事件的正常反应，通过积极地寻找适合自己的减压和宣泄情绪方式（比如运动、挖掘自身新技能，心情低落、烦躁的时候也会和其他城市的朋友通过电话、微信等形式在线沟通，聊一聊天等），能够很好地化解不良情绪对自己的影响，时间长短因人而异。

1.2 缺乏规划意识导致的时间管理问题

国内有研究表明，超过一半的大学生有浪费时间的感受，有改变自己时间安排的需求，普遍存在缺乏时间规划意识、花费在网络上的娱乐活动时间过长等问题。[1]而新冠肺炎疫情期间，学生不能正常返校上课，对于00后大学生来说，时间管理更是一个巨大的挑战，在疫情等不确定因素的影响下，自控力差的大学生更容易放纵自我，沉浸在手机游戏、刷手机短视频APP等娱乐性活动中[2]，甚至有些同学的作息时间日夜颠倒，时间管理失败所导致的不良后果又会导致大学生出现不良的情绪体验，产生后悔、自责、愧疚等内心体验，从而陷入“放纵—不良情绪体验—放纵”的恶性循环。从线上调查可以看出，部分同学对前途感到迷茫，学习没有动力和自信心，内心想学习但自控力差，没有明确的学习目标和计划。

1.3 居家隔离引发的亲子关系问题

疫情这段特殊时期使学生与父母相处的时间变长，利用此空歇期，学生与家长的沟通交流增多，在家这段时间通过做家务等也有所收获，但长期与父母相处难免产生或多或少的矛盾，具体表现为既有的隐藏的旧矛盾和新产生的矛盾。这些矛盾往往是由两代人在思维方式、生活习惯等方面的差异造成的，既有矛盾一般情况下短时间内得不到解决，但如果长期得不到妥善处理，又伴随着新矛盾的产生，大学生的心理压力无法疏解，长期压抑会产生更加严重的心理问题。

1.4 线上教学的不适应带来的学业问题

因为疫情的原因，高校采用不同于传统教学模式的线上教学模式，多数同学因为是首次体验全程网络授课，加上受假期作息时间不规律、未能及时调整学习状态等因素的影响，对网课授课产生了些许的不适应。有同学刚开始对网课还算是有新鲜感，对待网课十分认真，可是时间一长，就开始对网课产生厌倦感了。受网络卡顿、操作不当和学习方式、学习环境等因素的影响，与实地教学相比较而言，面对面的教学会让学生更加投入，线上教学可能会产生一些问题，比如学生偷懒，交流互动效果差，“只闻其声，不见其人”的线上教学效果需要学生良好的自觉性来保证。甚至有的同学因为看不懂教学视频等情况而情绪崩溃、心情压抑，担心自己会挂科。在线上教学方式上，不同的老师可能会根据自身优势和科目特点使用不同的软件或线上教学工具（比如腾讯会议、学习通、QQ 群、微信等多种途径和方法），一定程度上使学生能够通过丰富多彩的方法丰富知识、扩大视野和增长才干，但也会使学生产生错乱和不知所措。居家学习使得学生学习的积极性和主动性降低，对于老师布置的作业或任务，大多数同学拖延的现象比在校时更加严重。综上所述，疫情大背景下因线上教学引发的学业不适和学业焦虑等成为当前高校心理健康教育面临的新问题。

2 疫情下大学生心理问题对策分析

2.1 多渠道了解学生的心理动态，做好学生心理状况的排查

疫情期间，高校应该通过学生档案、通讯录等资料掌握学生的位置和近况，辅导员或班主任也可以通过钉钉、微信群、QQ 群等线上通信工具了解学生居家期间的身心健康状况，有条件的高校可以开展线上学生心理健康状况普查，全面地了解学生心理受疫情影响的程度。高校要构建起学校、系部、班级、宿舍等多层次的心理健康教育工作网络，通过自下而上的排查，第一时间掌握学生因疫情产生的心理异常情况，同时将排查出的心理问题进行分级分类，筛选出存在心理危机的学生名单下发给相关辅导员。辅导员认真学习和掌握心理健康教育相关知识以及学生心理危机排查标准后，可以针对学生的心理状况开展摸排谈话，并做好记录，做到耐心、细致、全面。辅导员了解学生情况后发现确实存在心理问题的，由心理健康教育与咨询教师介入，及时开展心理干预，并及时与家长取得联系，对确诊有精神疾患的学生应尽快将其转诊，或令其休学治疗，以避免情况恶化。

2.2 整合资源，提供线上心理支持服务

各高校可以结合本校实际情况，整合现有心理健康教育资源，为学生提供线上心理支持服务。有条件的高校可以开通针对本校师生关于疫情的心理援助热线，通过多种线上渠道、班级心理委员等在学生中开展广泛的宣传，引导需要心理支持的学生主动求助，打开心扉。没有条件开设心理援助热线的高校可以与其他高校合作，或者为学生提供公益心理援助热线。此外，还可以通过 QQ 号、微信号等线上预约心理咨询的方式，满足学生的心理咨询需求。

2.3 结合实际，积极开展线上心理健康教育活动

各高校可以结合实际，通过多种渠道积极开展线上心理健康教育活动。为了确保疫情期间心理健康教育工作的全面性和实效性，高校心理健康教师可以通过充分调动班级心理委员的积极性，结合心理普查的结果，将具有共同心理问题的同学组成结构性团体，有针对性地开展朋辈互助小组活动和团体心理辅导活动。此外，还可以动员班级结合“逆行者精神”等疫情相关主题开展主题班会活动，通过班会活动引导学生积极正确地认识当前的疫情以及疫情给自身带来的影响，并邀请参加疫情阻击战志愿服务的同学分享自己的志愿经历，以此强化学生的责任意识和服务意识。

为了更加高效地帮助学生应对心理问题，各高校可以积极开办线上心理主题讲座，比如通过开办大学生情绪调节主题讲座，多为学生提供实用有效的情绪调节小技巧，帮助学生摆脱因疫情等相关因素引起的不良情绪的困扰；通过开办大学生时间管理等相关主题讲座，引导学生合理规划和管理疫情居家期间的学习和生活；为了帮助大学生更好地解决居家期间的亲子关系问题，可以举办如何与家长沟通等主题的心理讲座；还可以通过开办专题讲座指导学生如何高效地适应疫情居家隔离期间的线上教学。此外，为了更加有针对性地帮助学生应对心理问题，也可以开展系统的团体心理辅导活动。

3 小结

从调查、分析和总结可以看出，大学生在新冠肺炎疫情居家隔离期间面临的心理问题主要体现在情绪、时间管理、亲子关系和学业等方面。为了帮助学生更好地应对新形势下面临的心理问题，高校心理健康教师可以通过多种途径和措施积极开展新形势下的心理健康教育活动，将疫情危机作为思想政治教育、职业规划教育和心理健康教育的契机[3]，引导他们关注自我成长、追逐梦想，培育他们积极坚韧的心理品质，帮助他们树立正确的生命观、人生观和价值观。

参考文献

[1] 贾东荣，周尔祥，宋晓登. 大学生时间管理研究与发展趋势 [J]. 青少年研究 (山东省团校学报), 2017(3):48-55.

[2] 郑秋强 , 张军 . 新型冠状病毒肺炎疫情防控期间大学生心理支持面临的挑战与对策 [J]. 黔南民族师范学院学报 , 2020, 40(4):48-53.

[3] 张斌 , 刘颖 , 李爽 . 新冠肺炎疫情下医学生心理健康服务需求及教育对策 : 以首都医科大学本专科生为例 [J]. 医学教育管理 , 2020, 6(4):373-377.

本土化的生命态度教育对大学生心理危机干预的影响

左振鹏 杨紫豪

吉林大学 130012

【摘要】目的：通过对本土化视角探索生命态度教育方式方法，试分析其对大学生危机干预工作的作用。方法：本研究采用生命意义感量表与应对方式量表对某高校四个自然班共443名大学生进行测评，并将被试分为实验组（227名）与对照组（216名），进行前后测设计的心理健康教育实验。结果：干预后实验组在生命意义探索维度和积极应对维度上得分高于对照组 [(24.80±5.19)vs. (23.84± 5.55)，(36.44±5.24)vs.(35.22±5.57)，$p<0.05$]。干预后实验组在生命意义探索维度与生命意义感得分上高于干预前得分 [(23.47±6.27)vs.(24.80±5.19)，(48.04± 8.06)vs.(49.78±7.96)，$p<0.05$]，而在消极应对维度上，实验组干预前的得分高于干预后的得分 [(17.28±4.31) vs.(16.59±3.58)，$p<0.05$]。结论：以本土化生命态度理论为基础构建的生命健康课程对学生心理危机起到干预作用。

关键词：生命意义感；大学生心理危机；积极心理资源

引言

高校学生心理危机已经引起社会的普遍关注，并成为影响学生成才和高校稳定的因素之一。我国心理危机干预的研究还不够深入和成熟，研究和实践起步晚，体系建设还不完善，目前尚处于初级阶段；但发展很快，势头很好，初见成效。如北京、上海等地开设了青少年自杀心理预防热线。各高校也相继颁发了《心理危机干预实施办法》等文件，启动了大学生心理危机干预机制。这些能有效地帮助危机中的大学生渡过心理难关，及早预防、及时疏导、有效干预、快速控制心理危机事件。

但是，在心理危机干预模式不断完善的过程中，也暴露出了一些问题，比较突出的是许多工作都着眼于从心理层面解决问题，出现了危机干预中的短视行为。例如许多危机干预工作仅仅是消除了危机主体的症状，其实并没有彻底解决问题，只是使问题暂时得以缓解，因为很多心理危机事件从表面上看是由心理问题引起的，但实际上都可以追根溯源到深层的人生观、价值观及对生命态度的思考上[1]。因此传统心理危机干预模式从预警到善后的链条在一定意义上是不完整的。只有将生命态度教育贯穿危机干预的始终，不同阶段选择不同的教育形式，才能标本兼治地应对心理危机。

近年来，“生命教育”作为一个专门的研究领域，在世界各国越来越受到重视。一些国家的生命教育开始得相对较早。美国于 20 世纪 50 年代末已开始进行死亡学研究，1968 年，杰·唐纳•华特士开创与实践生命教育；1979 年，澳大利亚成立“生命教育中心”；乌克兰于 2001 年着手开设生命科学教育基础课。1996 年前后，我国台湾、香港地区开始在学校开设生命教育课程。我国内地关于生命教育的研究也逐渐增多。国内学者王丽敏等从干预前后学生对生命看法的比较发现，生命教育在转变大学生对生命态度方面不但具有积极的作用，而且能降低对应激源、应激反应的感受程度和改善抑郁症状[2]。

国内外关于生命教育的理论研究对于在学校推动生命教育具有积极的意义，但是由于生命教育的内涵和外延非常丰富，中西方的理解又有所不同，特别是文化传统上的差异[3]，现阶段在我国内地的生命教育实践还很难落地，未达到预期的效果；与危机干预相关的心理健康教育也一直停留在情绪管理、挫折教育等方面。相比之下，与心理危机干预相结合的有效生命教育则一直没能在学校中充分得到发展。

存在主义哲学家维克多・弗兰克 (Victor E.Frankl) 认为，每个人的生命都有其独特的意义。人们通过理解痛苦和美好的经历来赋予生命新的意义，最重要的是，通过寻找意义这一过程来赋予生命意义[4]。根据存在主义，如果对人生的意义感到迷茫，没有目标、价值观和理想，会使人感到焦虑，最终会导致孤独、空虚感、抑郁、自杀想法、药物滥用等。

对于初入大学的大学生，他们正处于世界观、人生观、价值观形成的关键时期，在这一时期他们努力理解生活，为自己设定目标、价值观和理想，这是和谐、健康、快乐生活的基础[5]。影响人们采用怎样的应对方式去对待生活的最重要因素是他们赋予生命的意义及在实践中获得的生命意义感。“应对”指的是为减少或消除压力和冲突，以及解决问题时的各种认知与行为[6]。一般来说，如何建构、理解问题的意义以及生活的目的，对于解决问题的认知和行为发展起着重要的作用[7]。而积极心理学所倡导的发掘个体自身积极心理品质，调动自身心理资源，以积极乐观的态度构建生命的意义，对于大学生生命意义感的获得具有重要促进作用[8-9]。

人们把他们面临的问题赋予意义，这在应对方式的发展中也起着关键作用。Halama 和 Bakosova[10] 报告称，生活意义感得分高的大学生更注重解决问题，而得分低的大学生倾向于回避问题，这表明生活意义感对应对方式有影响。而 Kübra 和 Fatma[4] 的研究结果表明，生命意义感高的人会采用更自信的应对方式，即通过自己的努力来应对压力，同时当个体积极利用自身资源来建构生命意义感时，往往不会感到无助，也不会采用顺从的方式来应对挑战与压力，而更积极的应对方式有利于个体获得自我的满足，这对于生命意义感的获得具有重要帮助[8]，同时也会引导大学生在面对压力时避免采用消极的应对方式，从而促进大学生心理危机工作的开展[11]。

本研究把握生命教育的核心，即培育积极的生命态度，引导出学生生命意义感，结合现阶段大学生的特征进行本土化研究和实践，使其对生命有充分的认知，肯定生命的价值、掌握生命的技巧，并且注重培养学生在面对压力时的积极应对方式，觉察并改变反生命的行为意向，以期在心理危机干预中获得实效。本研究将心理危机干预的研究视角拓宽到预防教育部分，并且从挖掘积极心理资源、培养健康的生命态度等正向引导和预防教育入手，系统地探讨大学生生命态度教育与心理危机干预的相关性，以此延伸和丰富心理危机干预理论链条。

1 对象与方法

1.1 对象

抽取某高校大学一年级四个自然班共 443 名学生，并按照原本班级结构随机选取两个自然班（216 人）为对照组，另外两个自然班组成实验组（227 人）。两组被试在人口学变量上无显著差异。

1.2 测量工具

1.2.1 生命意义感量表（MLQ）

采用由王鑫强翻译并修订、Steger 等人编制的生命意义感量表（MLQ）[12]。该量表包括两个维度，即意义体验维度和意义寻求维度，共 10 道题。采用李克特 7 点计分：1—不符合，2—不符合，3—有点不符合，4—说不清，5—符合，6—有点符合，7—完全符合。两维度之和得分越高，表示生命意义感水平越高。本次研究中 Cronbach α 系数为 0.630，意义体验维度与意义寻求维度的 Cronbach α 系数分别为 0.648 和 0.687。

1.2.2 简易应对方式问卷（simplified coping style questionnaire, SCSQ）

简易应对方式问卷是谢亚宁[13]在 Folkman 和 Lararus 编制的英文版应对方式问卷（WCQ）的基础上，结合中国文化背景及被试特点，在翻译并修改后编制的，由积极应对与消极应对两个维度构成，共 20 个题目，每个题目有 4 个选项：0=“不采用”、1—“偶尔采用”、2—“有时采用”和 3—“经常采用”，由被试选出最接近自身实际情况的选项。该量表在结果上重点反映了被试在面对压力事件时所采用的行为方式及行为取向，量表的 Cronbach α 系数为 0.90，重测信度为 0.89，信效度较好。本次测验中该量表的 Cronbach α 系数为 0.728，积极应对与消极应对的 Cronbach α 系数分别为 0.736 和 0.744。

1.3 研究过程

1.3.1 前测与后测

在开始本土化生命态度教育课程前，采用生命意义感量表与应对方式量表对实验组和对照组进行统一施测。在课程结束后，使用生命意义感量表与应对方式量表对实验组和对照组进行统一施测，收集测验结果。

1.3.2 本土化生命态度教育课程

按照原本的计划，实验组与对照组于 2019 年 9 月开始进行心理健康教育课程。对照组按照原本的教学计划进行为期三个月正常的心理健康教育课程。而实验组则对课程进行重新的规划，旨在打造培养学生本土化生命意义感的课程，本次课程由专业心理健康教育专家设计，专职心理健康老师组织实施，一共分为 4 章 10 节，每周进行 1 节，每节 135 分钟，本次课程用时 1350 分钟。内容设计上首先对生命意义感进行本土化定义，结合学生访谈以及前期心理健康教育工作经验，确定生命意义感的结构，在征求心理健康教育专家意见的基础上修订并完善。

1.3.3 统计方法

使用统计分析软件 SPSS21.0 对数据进行录入分析，采用独立样本 t 检验等统计方法。

2 结果

干预前实验组与对照组在各维度上差异不显著（$p>0.05$），干预后实验组与对照组在意义寻求维度与积极应对维度上的差异具有统计学意义（$p<0.05$），详见表1。实验组自身在干预前后的比较中，意义寻求维度、生命意义感总分上的差异达到了统计学意义上的显著（$p<0.05$）；而对照组在干预前后的比较中，所有维度上的差异并未达到统计学意义上的显著（$p>0.05$），详见表2。

表1　干预前后实验组与对照组在各维度上得分（$M \pm SD$）

干预前后	组别	人数	统计值	意义体验维度	意义寻求维度	生命意义感总分	积极应对	消极应对
干预前	实验组	227		24.56 ± 3.45	23.47 ± 6.27	48.04 ± 8.06	35.67 ± 5.54	17.28 ± 4.31
	对照组	216		24.87 ± 3.58	23.67 ± 5.91	48.55 ± 7.75	35.12 ± 6.00	17.21 ± 4.39
			t	−0.962	−0.351	−0.697	1.060	0.171
			p	>0.05	>0.05	>0.05	>0.05	>0.05
干预后	实验组	227		24.97 ± 3.58	24.80 ± 5.19	49.78 ± 7.96	36.44 ± 5.24	16.59 ± 3.58
	对照组	216		24.85 ± 3.70	23.84 ± 5.55	48.69 ± 7.95	35.22 ± 5.57	16.86 ± 3.83
			t	0.377	1.961	1.492	2.676	−0.795
			p	>0.05	<0.05	>0.05	<0.05	>0.05

表2　实验组与对照组干预前后在各维度上得分（$M \pm SD$）

组别	干预前后	人数	统计值	意义体验维度	意义寻求维度	生命意义感总分	积极应对	消极应对
实验组	干预前	227		24.56 ± 3.45	23.47 ± 6.27	48.04 ± 8.06	35.67 ± 5.54	17.28 ± 4.31
	干预后	227		24.97 ± 3.58	24.80 ± 5.19	49.78 ± 7.96	36.44 ± 5.24	16.59 ± 3.58
			t	−1.351	−2.667	−2.510	−1.645	2.010
			p	>0.05	<0.05	<0.05	>0.05	<0.05
对照组	干预前	216		24.87 ± 3.58	23.67 ± 5.91	48.55 ± 7.75	35.12 ± 6.00	17.21 ± 4.39
	干预后	216		24.85 ± 3.70	23.84 ± 5.55	48.69 ± 7.95	35.22 ± 5.57	16.86 ± 3.83
			t	0.066	−0.310	−0.196	−0.132	0.886
			p	>0.05	>0.05	>0.05	>0.05	>0.05

3 讨论

表 3 生命意义感心理健康教育课程内容

章	节	教学内容	培养目标
第一章 探究生命意义	第一节 认识你自己	自我意识 人生意义 人生理想	自尊自信： 勇气和决心 智慧和知识
	第二节 成长从了解家庭开始	生命诞生 生命成长 生活态度	
	第三节 人格完善	人格尊严 人格成长	
第二章 创造生命精彩	第四节 责任与成长	生命意识 生命价值 生命责任	
	第五节 生涯规划	生命能量 学习 生命支点 职业	
	第六节 组织心理	人际支持 需求与激励	
第三章 正视生命困顿	第七节 犯罪心理	反省生存危机 强大生存勇气 培养生存能力	理性平和： 公平和公正 节制和谦逊
	第八节 社会心理	个体与群体 态度与行为	
第四章 完善生命可能	第九节 爱与关怀	生命感情—— 亲情 友情 爱情	积极向上： 温情和爱护 精神和超越
	第十节 生命陪伴	善待生命馈赠 安顿生命终结 完善生命智慧	

本研究发现，实验组在课程前后在意义寻求与积极应对上表现出明显的改善，而且相对于进行普通心理健康教育课程的对照组来说，变化更为明显。这说明结合积极心理研究成果的本土化生命态度教育在大学生心理健康教育工作中的应用，有利于提升大学生的生命意义获得感，培养积极的心态，以更为自信的应对方式去处理实际生活中遇到的问题，避免消极地对待挑战与压力，从而减少危机事件的发生。而本次课程的实施过程中也发现了问题，意义体验维度的提升并不显著，可能的原因是本次选取的被试均是大一新生，而处在这一时期的大学生正处于新环境适应与人际关系建构的时期[14]，生命意义正处于探索与发展时期，到大学中期会逐渐稳固下来。这也进一步说明，针对不同时期学生的心理发展特点，应采用不同侧重点的课程设置。

同时相较于传统心理健康教育而言，新课程无论是课程的理论设置还是实际操作均渗透着生命健康教育的特点[15]，并取得了较为显著的效果，但这并不是对传统课程的批评与否定，而是对传统课程的发展提出了补充方向[16-17]，即大学生心理健康教育应走向精细化、系统化、规范化、模块化。在通识心理健康课程的基础上，结合对学生心理健康状况的跟踪与测评，建立专属个人档案，有针对性地开展心理健康教育工作，不仅仅是生命健康教育，在生涯发展、人际关系改善等常见大学生心理问题上开发出更为系统的课程。

参考文献

[1] 蒋海飞，刘海骅，苗森，等. 生命意义感对大学新生日常烦心事和心理适应的影响 [J]. 心理科学，2015, 38(1):123-130.

[2] 王丽敏，张亮，王小雪，等. 生命教育对大学生心理健康干预的效果研究 [J]. 中国行为医学科学，2005(6):523.

[3] 李家成. 论当代中国教育研究中的“生命”概念：一种中西比较的视角 [J]. 当代教育论坛，2003(12):28-30.

[4] KÜBRA A,FATMA Ö. Health sciences undergraduate students' perceived meaning of life and their coping styles[J]. Perspectives in psychiatric care, 2020, 56(2)：439-447.

[5] KONKAN R, ERKUŞ G H, GÜÇL Ü O, et al. Coping strategies in patients who had suicide attempts[J]. Noro psikiyatri arsivi, 2014, 51(1):46-51.

[6] FOLKMAN S. Personal control and stress and coping processes: a theoretical analysis[J].Journal of personality and social psychology,1984,46(4):839-852.

[7] CARLIN N. The meaning of life. [J]. pastoral psychol, 2016,65(5):611-630.

[8] 邹兵，崔道伟，韩慧等. 高校大学生生命态度意义与目的积极心理学干预效果分析 [J]. 中国学校卫生, 2014,35(11):1732-1734.

[9] 朱蓉蓉，甘怡群，李艳，张贤．大学新生积极情绪在认知重评与生命意义感关系中的中介作用 [J]. 中国心理卫生杂志 ,2017,31(6):490-494.

[10] HALAMA P, BAKOSOVA K. Meaning in life as a moderator of the relationship between perceived stress and coping[J]. Studia psychologica,2009,51(2/3):143.

[11] 张荣伟，李丹．如何过上有意义的生活？：基于生命意义理论模型的整合 [J]. 心理科学进展, 2018,26(4):744-760.

[12] 王鑫强，游雅媛，张大均．生命意义感量表中文修订版在大学生中的信效度及与心理素质的关系 [J]. 西南大学学报（自然科学版）, 2016, 38(10):161-167.

[13] 解亚宁．简易应对方式量表信度和效度的初步研究 [J]. 中国临床心理学杂志, 1998(2):53-54.

[14] 段春晓．感恩与生命意义感的关系：主观幸福感和领悟社会支持的链式中介作用 [D]. 长春：吉林大学, 2019.

[15] 何仁富．生命教育引论 [M]. 北京：中国广播电视出版社, 2010:2.

[16] 顾海良．生命教育大学生读本 [M]. 北京：人民出版社, 2007:10.

[17] 郑晓江，张名源．生命教育公民读本 [M]. 北京：人民出版社，2010:5.

大学生心理特征研究

新冠肺炎疫情中大学生心理防御机制对焦虑抑郁的影响：社会支持的中介作用

陆可心　吴洁琼　王　旭

清华大学 100084

【摘要】本文采用聚类分析的方法，探究了个体采取成熟型、中间型和不成熟型心理防御机制的综合倾向，将个体分为三大类：成熟型、不成熟型和低防御型。同时，本文以新冠肺炎疫情为背景，探究了三种防御类型的个体在疫情期间的焦虑和抑郁症状，并考察了社会支持在个体的防御类型与焦虑抑郁症状之间的中介作用，发现成熟型和低防御型个体焦虑抑郁症状显著低于不成熟型，但机制不同：低防御型个体感知到的社会支持和焦虑抑郁症状均显著更低，而成熟型个体感知到的焦虑抑郁症状显著高于低防御型，但是成熟型个体能够通过更高的社会支持对抗焦虑和抑郁症状。

关键词：心理防御机制；社会支持；焦虑；抑郁；中介分析

1 研究背景

当今社会充满压力，突发事件频发，这些事件往往成为压力源，对个体的心理健康带来极大的挑战。心理防御机制是个体应对外在压力事件，进行自我心理调适的机制，这一概念最早由弗洛伊德提出，后来由他的女儿安娜·弗洛伊德进一步扩充和发展，并在此后不断完成，逐渐成为精神分析体系的最核心概念之一，也是心理卫生实践中的重要概念[1]。

根据精神分析理论，防御机制是个体的自我用来应对本我驱力、超我规范和外在现实要求之间的张力，努力减轻内在冲突、实现内心平衡的心理机制。当内在的或外在的刺激引起个体的情绪波动时，人们会不自觉地使用自己相对熟悉的方式，来解释和处理体验到的内在冲突，这种保持内心平衡、调节自身行为以适应内外在环境的心理功能即防御机制[2]。J. 布莱克曼认为："防御是将不愉快的情感的某个组成部分——想法、感觉，或两者——移除到意识觉察之外的一种心理操作"[3]。防御机制随着个体的发展历程，在自我调节内部需要和外界限制的关系中不断改变和发展，带有一定的个体特质。尽管面对具体的刺激，人们所采取的防御机制有所不同，但是个体倾向于采用的防御机制在较长时间内仍具有一定的稳定性[2]。

目前测量防御机制使用最广泛的量表之一就是 Bond 等人于 1983 年设计的防御风格问卷（defense style questionnaire, DSQ）[4]。该量表通过 88 道题测量 24 种防御机制，将防御机制分为 24 种，并分为成熟、中间型、不成熟三个因子。Andrews 等于 1989 年将 DSQ-88 修订为有 72 道题目的 DSQ-72，并于 1993 年进一步改进 DSQ-72，修订出 40 道题目的 DSQ-40，测量 20 种防御机制，分为成熟、神经症、不成熟三个因子。在以往研究中，研究者常常采用防御风格问卷量表来测量个体特质性的防御方式。

个体的心理防御机制和风格在个体调节情绪和心理状态的过程中扮演重要的角色。有效的心理防御能够帮助个体减少负面情绪，提升心理健康程度，而低效的心理防御则可能使个体在日常生活中体验到更多的负面情绪。在对神经症患者群体的研究结果发现，相比于正常群体，神经症患者更多地使用不成熟型防御机制和中间型防御机制，而不成熟型防御机制与焦虑和抑郁呈现显著正相关趋势，成熟型防御机制与焦虑和抑郁水平呈现出负相关趋势，中间型防御机制和焦虑抑郁水平呈现正相关趋势[5]。有文献对抑郁障碍和焦虑障碍与防御机制的关系进行了系统的综述，发现需多抑郁、焦虑障碍以及相关精神障碍中的抑郁、焦虑症状，均与更多使用不成熟型防御机制、更少使用成熟型防御机制有关[6]。

这种在一般情境下防御风格对情绪的影响，在应对压力事件时或许会更加凸显。目前少有研究对压力事件下个体心理防御机制与焦虑抑郁症状之间关系及其内在机制进行细致的考察。以往有研究结果表明，焦虑症和抑郁症患者更倾向于使用不成熟型防御机制，更少使用成熟型防御机制。同时，焦虑症和抑郁症患者尽管获得了更多的主客观社会支持，但是对社会支持的利用程度显著低于正常群体[7]。可见，社会支持可能是与焦虑抑郁及心理防御风格均相关的因素。

本文认为，压力事件下的社会支持可能是防御机制风格对焦虑、抑郁情绪影响的重要因素。不成熟型防御机制可能与低社会支持有关，具体来说，在压力事件下，倾向于采用不成熟型防御机制的个体，可能不愿意寻求社会支持，或者主观感知到的社会支持较低，进而导致更高的抑郁和焦虑水平。而倾向于采用成熟型防御机制的个体，可能会积极寻求社会支持，并能感知到有更多的社会支持，因此面对压力事件，抑郁和焦虑情绪更低。

此外，以往研究多将防御机制量表的三个维度，即成熟型、不成熟型、中间型防御机制分别进行考察，这样往往只能考察其中某一维度与其他变量之间的关系。本研究希望综合三种防御机制维度，采用聚类分析的方法，综合考察如何依据这三个维度将人群按照防御类型进行分类，并用分类的结果，进一步与社会支持、焦虑与抑郁症状进行关联。

综上，本研究以2020年初新冠病毒疫情这一全国性客观压力事件为背景，根据心理防御风格量表，对大学生的心理防御风格进行分类，并考察按照防御机制风格进行分类的不同个体在压力情景下的焦虑与抑郁症状表现，以及主观社会支持在其中的中介作用。

2 研究方法

2.1 研究对象

于2020年3月5日—3月15日发放问卷，共4084名清华大学的学生参与调研，其中男性2275人，女性1809人。剔除651份无效问卷（填写时间过短、年龄信息有误、未通过注意力筛查等），共3433份问卷数据进入正式分析。其中，男性1862人，女性1571，年龄范围为15—48岁，平均年龄为22.87岁（SD=3.57）；本科生1427人，硕士生1224人，博士生782人。

2.2 研究工具

2.2.1 焦虑

采用Spitzer等人于2007年编制的广泛性焦虑量表（7-items generalized anxiety disorder scale）中文版，问卷包括7道题目，均为4级评分[8]。

2.2.2 抑郁

采用世界卫生组织推荐的患者健康问卷抑郁量表（patient health questionnaire depression scale, PHQ-9）中文版，问卷包括9道题目，均为4级评分[9]。

2.2.3 社会支持

采用领悟社会支持量表（perceived social support scale, PSSS）中文版，问卷包括12道题目，均为7级评分[10]。

2.2.4 防御机制

采用防御风格问卷（defense style questionnaire ,DSQ）中文简版，去掉掩饰条目，共包括 35 道题目，均为 7 级评分。其中共测量 20 种防御机制，包含三个维度：成熟型防御机制、不成熟型防御机制和中间型防御机制。

2.3 数据处理

本研究根据本研究的目的和假设，采用 SPSS 24.0 以及 SPSSSAU 线上平台进行数据分析。首先，我们根据防御机制量表的三个分维度成熟因子、中间因子、不成熟因子，采用 K-means 聚类法对所有数据进行聚类分析，将所有个体分为三大类，并根据三类个体在成熟因子、中间因子、不成熟因子三个维度上的得分差异进行命名和解释，建构“防御类型”这个新的分类变量。随后，我们对三种不同防御类型的个体的社会支持、焦虑和抑郁的得分进行方差分析，进一步观察三组不同防御类型个体的差异。在此基础上，对“防御类型 – 社会支持 – 焦虑”和“防御类型 – 社会支持 – 抑郁”两个中介效应进行检验，来探究防御类型、社会支持和负面情绪（焦虑和抑郁）三者的关系，具体而言，社会支持是否在防御类型对负面情绪的影响中发挥重要作用。

在开始数据分析之前，分别对“防御类型 – 社会支持 – 焦虑”和“防御类型 – 社会支持 – 抑郁”采用 Harman 单因子检验，结果表明，未旋转和旋转后得到的第一个因子解释的变异量均低于 40%，说明本研究不存在明显的共同方法偏差。

3 研究结果

3.1 对防御机制量表分维度进行聚类分析

采用 SPSSAU 线上分析平台，将防御机制量表中成熟因子、中间因子、不成熟因子得分总分作为分析项，使用 K-means 聚类分析方法将所有样本分成三类，聚类结果如表 1 所列和图 1 所示。

表 1 聚类类别基本情况汇总

聚类类别	频数	百分比
cluster_1	943	27.47%
cluster_2	1133	33.00%
cluster_3	1357	39.53%
合计	3433	100%

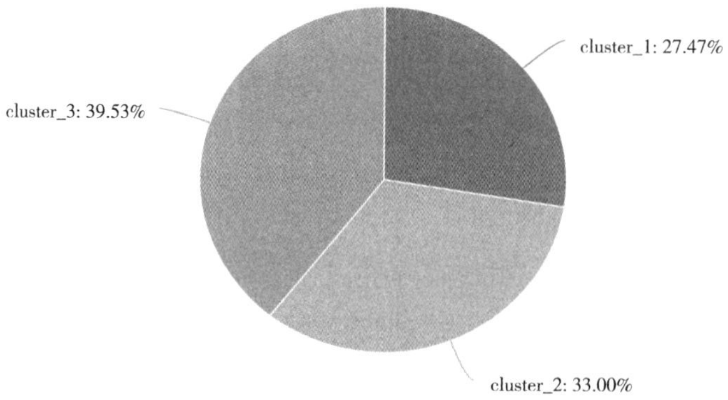

图 1　聚类类别百分比图

三类群体的占比分别是 27.47%, 33.00%, 39.53%。整体来看，三类人群分布较均匀，说明聚类效果较好。各类群体在三个分析项上的得分存在显著的组间差异（如表 2 所列）。根据方差分析中事后检验结果，在每一个分析项上，三组之间两两差异均显著，三组在三个分析项上的排序如表 3 所列（表 3 中的排序具有统计学上显著的差异）。

表 2　聚类类别方差分析差异对比结果

	聚类类别方差分析差异对比结果（平均值 ± 标准差）			F	p
	cluster_1(n=943)	cluster_2(n=1133)	cluster_3(n=1357)		
成熟因子（总 28）	17.39±2.78	21.12±2.02	16.90±2.23	1136.486	0.000**
中间因子（总 42）	20.67±2.94	26.48±2.69	25.37±2.66	1277.058	0.000**
不成熟因子（总 63）	23.47±4.51	26.59±4.65	33.16±3.85	1539.969	0.000**

表 3　聚类类别在分析项上的排序

	Cluster 1	Cluster 2	Cluster 3
成熟因子	2	1	3
中间因子	3	1	2
不成熟因子	3	2	1

从表 3 看，第一类样本总体上在三种类型防御机制上得分比较低，命名为“低防御型”；第二类样本成熟因子和中间因子得分均较高，命名为“成熟型”；第三类在不成熟因子上得分最高，成熟因子上得分最低，命名为“不成熟型”。由于本次聚类的分析项是防御机制量表的三个分维度，因此将建构出来的分类变量命名为

"防御类型"。

3.2 对社会支持和焦虑抑郁情绪进行方差分析

为了进一步探究不同防御类型之间社会支持和抑郁焦虑情绪的差异，以防御类型为自变量，焦虑总分、抑郁总分、社会支持作为因变量，进行方差分析。结果表明，所有的变量组间差异均显著(见表4)。

表4 焦虑、抑郁、社会支持方差分析结果

	F	*p*	偏 Eta 方
焦虑总分	157.58	0.000	0.084
抑郁总分	217.95	0.000	0.113
社会支持总和	238.16	0.000	0.122

具体来看三组的焦虑、抑郁和社会支持得分（如表5）。不成熟型个体焦虑总分显著高于成熟型与低防御型，成熟型与低防御型无显著差异（如图2）；不成熟型个体抑郁总分显著高于成熟型与低防御型，成熟型与低防御型无显著差异（如图3）；成熟型个体在社会支持总分上显著高于不成熟型与低防御型，低防御型显著高于不成熟型（如图4）。

表5 焦虑、抑郁、社会支持在三种类型中的描述性结果

聚类结果	*N*	焦虑	抑郁	社会支持
		M (*SD*)	*M* (*SD*)	*M* (*SD*)
低防御型	943	10.18 (3.67)	12.98 (4.12)	22.16 (4.47)
成熟型	1133	10.13 (3.24)	12.95 (3.85)	23.49 (3.77)
不成熟型	1357	12.58 (4.55)	16.30 (5.38)	20.25 (4.44)
总计	3433	11.11 (4.09)	14.29 (4.86)	21.85 (4.46)

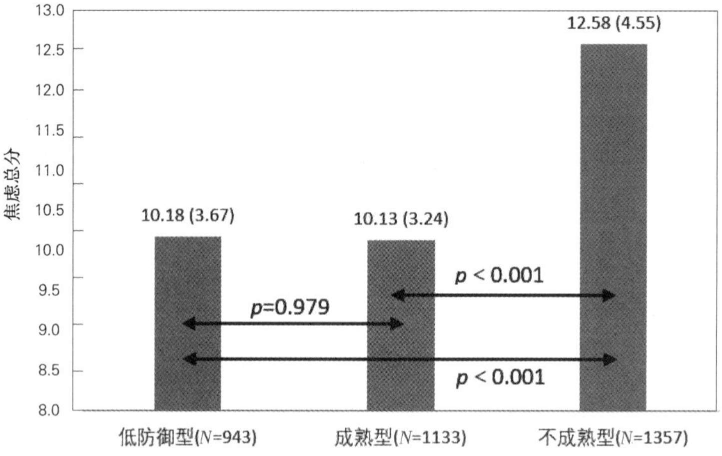

图 2　三种防御类型的焦虑总分对比

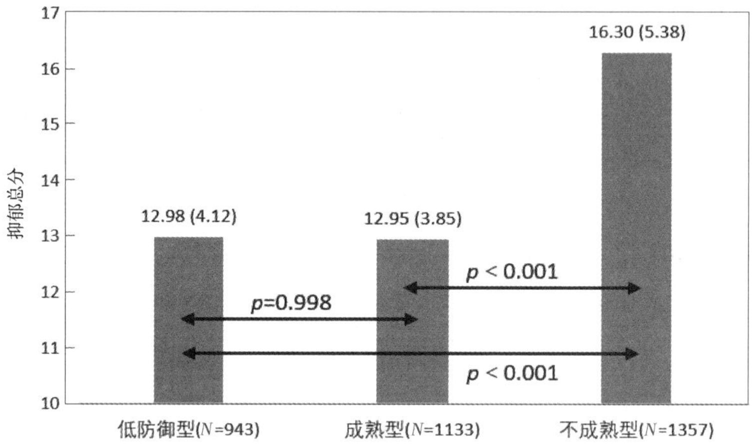

图 3　三种防御类型的抑郁总分对比

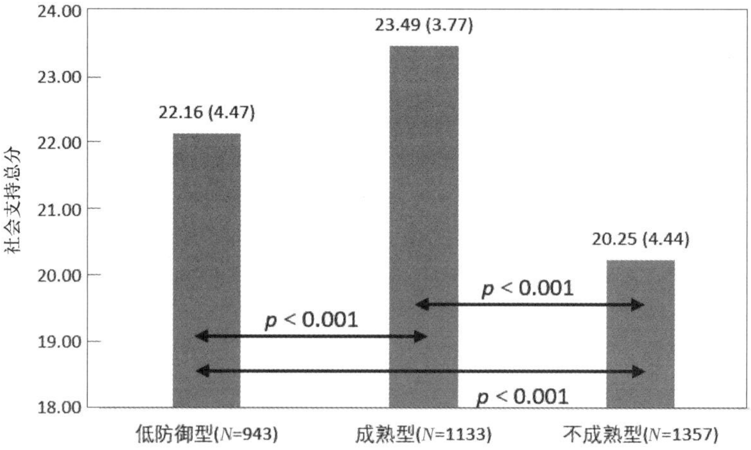

图 4　三种防御类型的社会支持总分对比

3.3 防御类型 – 社会支持 – 负面情绪的中介分析

为了进一步对防御类型、社会支持和抑郁与焦虑两种负性情绪之间的关系，具体而言，检验“防御类型 – 社会支持 – 焦虑”和“防御类型 – 社会支持 – 抑郁”的中介效应模型，采用联合显著法对三者之间的中介关系进行检验。

3.3.1 防御类型 – 社会支持 – 焦虑

表 6 中的回归分析结果表明，首先，根据模型 1，防御类型对社会支持存在显著影响 (R^2=0.12, F=238.16, p<0.001)，其中，成熟型个体的社会支持得分显著高于低防御型 (B=3.45, p<0.001)，不成熟型个体显著低于低防御型 (B=–6.45, p<0.001)，这一结果与方差分析的结果是一致的。其次，根据模型 2，防御类型对焦虑的影响是显著的 (R^2=0.08, F=157.58, p<0.001)，其中，成熟型个体的焦虑总分与低防御型没有显著差异 (B=–0.05, p=0.753)，不成熟型个体显著高于低防御型 (B=2.40, p<0.001)，这一结果与方差分析的结果也是一致的。最后，根据模型 3，在模型 2 的基础上加入社会支持，发现模型的相关性变化显著 (ΔR^2=0.10, ΔF=399.71, p<0.001)。社会支持对焦虑的影响显著，社会支持越高，焦虑水平越低 (B=–0.11, p<0.001)。在控制了社会支持之后，不成熟型个体的焦虑水平 (B=1.69, p<0.001) 显著高于低防御型，这与模型 2 以及方差分析的结果一致；成熟型个体的焦虑水平 (B=0.33, p=0.048) 显著高于低防御型，这与模型 2 以及方差分析的结果有所不同（详见讨论）。由三个模型的结果可知，社会支持在防御类型与焦虑的关系中起到部分中介效应的作用。

表 6 防御类型 – 社会支持 – 焦虑的回归结果表

		模型 1：社会支持		模型 2：焦虑		模型 3：焦虑	
		B	标准误	B	标准误	B	标准误
	常数	67.58***	0.38	10.18***	0.13	17.61***	0.39
自变量	成熟型	3.45***	0.51	–0.05	0.17	0.33*	0.17
	不成熟型	–6.45***	0.49	2.40***	0.17	1.69***	0.16
中介变量	社会支持	—	—	—	—	–0.11***	0.01
R^2		0.12		0.08		0.18	
调整后 R^2		0.12		0.08		0.18	
F		238.16***		157.58***		250.51***	
ΔR^2		0.12		0.08		0.10	
ΔF		238.16***		157.58***		399.71***	

3.3.2 防御类型 – 社会支持 – 抑郁

表 7 中的回归分析结果表明，模型 1 同“防御类型 – 社会支持 – 焦虑”。模型 2 表明，防御类型对抑郁的影响是显著的（R^2=0.11, F=217.95, p<0.001），其中，成熟型个体的抑郁水平 (B=–0.03, p=0.895) 与低防御型没有显著差异 ，不成熟型个体抑郁水平 (B=3.32, p<0.001) 显著高于低防御型 ，这一结果与方差分析的结果也是一致的。模型 3 表明，在模型 2 的基础上加入社会支持，发现模型的相关性变化显著 (ΔR^2=0.12, ΔF=557.81, p<0.001)。社会支持对抑郁的影响显著，社会支持越高，抑郁水平越低 (B=–0.15, p<0.001)。在控制了社会支持之后，不成熟型个体的抑郁水平 (B=2.36, p<0.001) 显著高于低防御型，这与模型 2 以及方差分析的结果一致；成熟型个体的抑郁水平 (B=0.49, p=0.048) 显著高于低防御型，这与模型 2 以及方差分析的结果有所不同（详见讨论）。由三个模型的结果可知，社会支持在防御类型与抑郁的关系中起到部分中介效应的作用。

表 7　防御类型 – 社会支持 – 抑郁的回归结果表

		模型 1：社会支持		模型 2：抑郁		模型 3：抑郁	
		B	标准误	B	标准误	B	标准误
	常数	67.58***	0.38	12.98***	0.15	23.04***	0.45
自变量	成熟型	3.45***	0.51	–0.03	0.20	0.49**	0.19
	不成熟型	–6.45***	0.49	3.32***	0.19	2.36***	0.19
中介变量	社会支持	—	—	—	—	–0.15***	0.01
R^2		0.12		0.11		0.24	
调整后 R^2		0.12		0.11		0.24	
F		238.16***		217.95***		354.82***	
ΔR^2		0.12		0.11		0.12	
ΔF		238.16***		217.95***		557.81***	

4　讨论与结论

本研究考察了在真实压力情境，即新冠肺炎疫情背景下个体防御机制和社会支持对焦虑抑郁情绪的影响。首先，将防御机制量表三个维度作为分析项，对所有个体分成三大类：低防御型、成熟型和不成熟型。这种方式能够同时将防御机制量表中成熟因子、中间因子和不成熟因子同时纳入检验，也可以更真实地反映三个层次防御机制在人群中的组合情况。

从方差分析的结果来看，低防御型个体在各个层次的防御机制上得分都比较靠后，没有突出较高的防御机制，在社会支持、抑郁焦虑情绪的得分上也比较偏中等。低防御型的个体则明显在不成熟因子上得分最高，而在成熟因子上得分最低，社会支持得分最低，抑郁焦虑情绪得分最高；成熟型个体在成熟因子和中间因子上得分都最高，社会支持得分也最高，焦虑抑郁水平与低防御组没有显著差异，都比较低。如果考察防御类型成熟度的高中低顺序与社会支持以及焦虑抑郁情绪高低的对应关系，我们会发现，社会支持似乎与防御类型的成熟度一致，但是抑郁焦虑情绪却有一些不一致：成熟型个体与低防御型个体在焦虑抑郁水平上没有差异，都显著低于不成熟型。

进一步考察防御类型与焦虑抑郁情绪之间的关系，本研究将社会支持作为防御类型影响焦虑抑郁情绪的中介机制，结果发现部分中介结果成立，防御类型既可以直接影响个体的抑郁焦虑情绪，也可以通过社会支持来影响抑郁焦虑情绪，但是两种影响方式有所区别。将低防御组作为对照，不成熟型个体相比之下社会支持更低，而社会支持对抑郁焦虑情绪均有负面影响，社会支持越低，抑郁焦虑情绪越高，因此，不成熟型个体的抑郁焦虑水平更高；在控制社会支持的影响之后，不成熟型个体的抑郁焦虑情绪仍然显著高于低防御组，可见，不成熟型个体的防御机制模式本身就可以导致更高的抑郁焦虑水平，也就是说，对于不成熟型个体，在控制社会支持的影响前后，防御类型本身与抑郁焦虑的关系是一致的。而对于成熟型个体，控制社会支持影响前后，防御类型本身与抑郁焦虑的关系是不同的。从总效应上看，成熟型个体与低防御型的焦虑和抑郁水平没有显著差异。在控制了社会支持的情况下，成熟型防御也会导致个体体验到更高的焦虑抑郁水平。但是，从中路径看，相比于低防御型，由于成熟型防御个体的社会支持更高，而社会支持对焦虑水平有负向的影响，社会支持越高，焦虑抑郁越低，因此，成熟型防御的个体通过更高的社会支持，从而得到显著更低的焦虑抑郁水平。成熟型个体通过社会支持的反向影响抵消了防御类型本身对焦虑抑郁情绪的正向影响。因此，在方差分析中呈现出的低防御型个体与成熟型在抑郁焦虑水平上没有显著差异，可能的解释是，低防御型本身体验到的情绪水平比较低，而成熟型则是通过社会支持来对抗体验到的负性情绪的。

总结来看，本文采用聚类分析的方法发现，按照防御机制量表中成熟型、不成熟型和中间型防御机制三个维度，可以将大学生群体分为三类：成熟型防御、不成熟型防御和低防御。其中，不成熟型防御个体在不成熟因子上得分最高，成熟型防御得分最低；成熟型防御个体在成熟因子和中间因子得分均最高；低防御在不成熟因子和中间因子上得分均最低，即不成熟型防御个体（以下简称不成熟型）更多使用不成熟型防御机制，较少使用成熟型防御机制，成熟型防御个体（以下简称成熟型）更多使用成熟型防御机制，也会较多使用中间型防御机制；低防御型个体（以下简称低防御型）较少使用各种防御机制。同时，成熟型防御个体与低防御个体在焦虑抑郁症状上没有显著差异，均低于不成熟型，而在社会支持上，成熟型高于低防御型高于不成熟型。在考察个体的防御类型与焦虑抑郁症状的关系以及社会支持在其中的作用时，我们发现，尽管低防御型和成熟型在焦虑抑郁症状上没有显著差异，但两种个体的调节方式是不同的：在面对压力情景时，成熟型防御通过体验到更高的社会支持来应对和调节体验到的焦虑和抑郁症状，而低防御型个体本身体验到的社会支持和焦虑、抑郁症状都比较低。这对于心理健康工作的启示是，对症状和情绪的敏锐觉察不一定是坏事，和他人的联结和人际支持或许应当成为应对和干预负面情绪的重要途径。

参考文献

[1] 梁宝勇，崔光成．心理防御机制与临床实践[J]. 中国心理卫生杂志,2002(7):488-490.

[2] 孔祥军，杨昭宁，李惠萍．大学生一般自我效能感、防御方式及其关系研究[J]. 中国健康心理学杂志，2006,14(1): 111–112.

[3] J. 布莱克曼，毛文娟，王韶宇． 心灵的面具:101 种心理防御[M]. 上海：华东师范大学出版社,2011.

[4] BOND M. Empirical study of self-rated defense styles[J]. Archives of general psychiatry, 1983,40(3), 333–338.

[5] 郑节华，肖泽萍．神经症患者心理防御机制的特点对照研究[J]. 四川精神卫生,2003, 16(1), 16-18.

[6] 袁勇贵，张心保，吴爱勤．焦虑和抑郁障碍的心理防御机制[J]. 国际精神病学杂志,2002,29(4), 208-211.

[7] 肖勃，谢文娇，张帆，等. 焦虑症与抑郁症患者心理防御方式社会支持和家庭功能研究[J]. 中华行为医学与脑科学杂志,2016,15(9):797-800.

[8] SPITZER R L, KROENHE K, WILLIAMS J B W, et al. A brief measure for assessing generalized anxiety disorder[J]. Archives of Internal medicine, 2006,166(10): 1092.

[9] MARTIN A, RIEF W,KLAIBERG A,etal. Validity of the brief patient health questionnaire mood scale (phq-9) in the general population[J]. General hospital psychiatry,2006, 28(1): 71-77.

[10] 全宏艳，叶茂林，何资桥，等. 领悟社会支持在人格与心理健康之间的调节作用[J]. 中国临床心理学杂志，2007,15(6): 598-600.

艾森克人格问卷大学生常模的变化和 P 维度的走向

曹晓平　董婉玲　张津凡

沈阳大学 110044

【摘要】采用艾森克人格问卷（成人版），对大学生随机整体取样，将测量结果进行平均分差异的显著性检验。讨论了 *p* 维度分布的文化心理和民族心理的差异，以及可能的精神质划定解释标准的误差，甚至人格结构原理的偏差。同时根据本次测量的有效数据修订了 EPQ 的大学生常模，并对测量结果的解释标准提出建议。

关键词：人格问卷；常模；大学生

艾森克（Hans J.Eysenck）从大脑功能的角度，依据皮质唤醒水平构建人格的理论，采用因素分析法编制了人格问卷，以测评个体的人格特质[1]。艾森克人格问卷在人才选拔和心理健康教育中有广泛的应用。

1　对象与方法

对象：对沈阳大学 2017 级 8 个专业（其中工科 4 个专业，文科 4 个专业）各两个班的学生，整体随机取样。有效问卷男生 177 份，女生 294 份。

方法：使用艾森克人格问卷（成人版）的网络版，按照指导语统一施测。采用 SPSS 16.0 处理数据。

2　结果与分析

艾森克认为人格有三个基本因素构成：内－外倾 (introversion-extraversion)、情绪的易动－稳定（neuroticism-stability）、精神质（psychoticism）[2]。人格问卷中的 *L* (lie scale)是掩饰量表。

2.1 艾森克问卷大学生测试结果的变化

将测量结果同 1983 年的测量结果进行平均分差异的显著性检验，见表 1。

表 1 EPQ 大学男生平均分差异的显著性检验

项目	1983 年 *n*=91		2018 年 *n*=177		
	M	*SD*	*M*	*SD*	*Z*
P	7.09	3.01	4.12	2.63	8.30***
E	10.93	4.15	13.06	4.46	3.87***
N	11.59	5.25	10.54	5.66	−1.29
L	9.69	3.88	10.69	3.78	2.02*

注：*<0.05，***<0.001。下同。

表 1 中，17—20 岁组大学男生在 *P*、*E*、*L* 维度上差异显著，其中 *P* 和 *E* 达到 0.001 的水平。

表 2 EPQ 大学女生平均分差异的显著性检验

项目	1983 年 *n*=50		2018 年 *n*=294		
	M	*SD*	*M*	*SD*	*Z*
P	7.16	3.14	3.14	2.46	−8.61***
E	11.36	3.85	12.75	4.50	2.29*
N	12.28	5.27	10.44	5.59	2.26*
L	11.12	3.05	12.45	3.41	2.8**

表 2 中，17—20 岁组大学女生在 *P*、*E*、*N*、*L* 维度上差异显著，其中 *P* 达到 0.001 的水平。

2.2 *P* 维度的走向

2.2.1 大学生 *P* 维度测试结果的分布

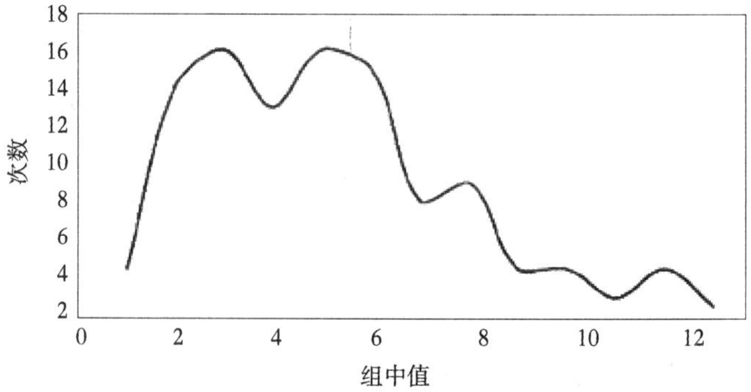

图 1 大学男生精神质测试结果的分布

艾森克人格问卷（成人版）中精神质维度有 23 道题目。大学男生的精神质的最高分是 13 分，平均分是 4.12，标准差是 2.63。

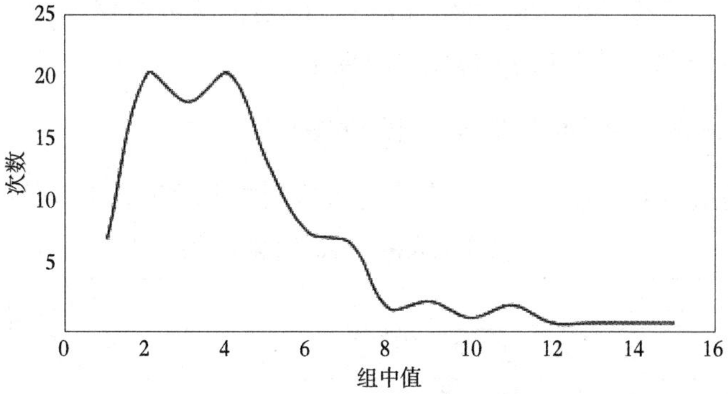

图 2　大学女生精神质测试结果的分布

大学女生的精神质的最高分是 11 分，平均分是 3.14，标准差是 2.46。

2.2.2　艾森克人格问卷 *P* 维度项目分析

表 3　艾森克人格问卷 *P* 维度项目分析

题号	难度	区分度	建议
9	0.43	0.53	很好
34	0.29	0.42	很好
38	0.28	0.63	很好
42	0.18	0.42	很好
66	0.22	0.53	很好
68	0.21	0.42	很好
76	0.25	0.47	很好
88	0.29	0.58	很好
85	0.38	0.47	很好
18	0.31	0.37	良好
81	0.18	0.36	良好
2	0.51	0.26	尚可
26	0.08	0.21	尚可
30	0.15	0.26	尚可
72	0.15	0.26	尚可
75	0.36	0.26	尚可
6	0.04	0.16	淘汰
11	0.08	0.16	淘汰
22	0.08	0.16	淘汰
46	0.11	0.16	淘汰
50	0.11	0.05	淘汰
56	0.10	0.11	淘汰
62	0.10	0.16	淘汰

项目分析中，难度在0.30以上的有2，9，18，75，85等5道题可保留，其余18道题目难度低于0.30，应该淘汰或修改。按鉴别指数标准（L.Ebel，1965）应淘汰的题目有6，11，22，46，50，56，62等7道题，尚可需修改的题目有2，26，30，72，75等5道题，其余的11道题目可保留。

2.2.3 艾森克人格问卷的大学生常模的修订

根据本次测量结果，我们修订了艾森克人格问卷大学生导出分数的换算。

表4 艾森克人格问卷的大学生常模

男生 N=177				原始分	女生 N=294			
P	*E*	*N*	*L*		*P*	*E*	*N*	*L*
34	20	31	21	0	37	22	31	14
38	23	33	24	1	41	24	33	16
42	25	35	27	2	45	26	35	19
46	27	37	30	3	49	28	37	22
50	30	38	32	4	53	31	38	25
53	32	40	35	5	58	33	40	28
57	34	42	38	6	62	35	42	31
61	36	44	40	7	66	37	44	34
65	39	46	43	8	70	39	46	37
69	41	47	46	9	74	42	47	40
72	43	49	48	10	78	44	49	43
76	45	51	51	11	82	46	51	46
80	48	53	53	12	86	48	53	49
84	50	54	56	13	90	51	55	52
88	52	56	59	14	94	53	56	55
91	54	58	61	15	98	55	58	57
95	57	60	64	16	102	57	60	60
99	59	61	67	17	106	59	62	63
103	61	63	69	18	110	62	64	66
107	63	65	72	19	114	64	65	69
110	66	67	75	20	119	66	67	72
114	68	68	—	21	123	68	69	—
118	—	70	—	22	127	—	71	—
122	—	72	—	23	131	—	72	—
—	—	74	—	24		—	74	—
P	*E*	*N*	*L*	原始分	*P*	*E*	*N*	*L*

3 讨论与建议

（1）艾森克人格问卷测量结果的解释标准，是在正态分布的面积中截取 0.67 和 1.15 的节点作为划分程度的临界值[3]。

但是，由于 *E* 维度的平均分与标准差同 *N* 维度的平均分与标准差相差较大，在正态分布的面积上取值很难形成等边的对称图形，所以在 E–N 关系图的坐标图中，不再适宜规定共同的临界标准。

（2）考虑细致的导出分数对于个体的评估并不对应人格特质的详细描述，建议简化导出分数的换算。

（3）亟待对艾森克人格问卷 *P* 维度中文版题本的修订。*P* 维度的显著低分，可能是文化心理和民族心理的差异，也可能是精神质划定解释标准的误差，甚至人格结构原理的偏差。不排除信息时代生活方式的变化，人们对孤独的理解和耐受性的变化。

参考文献

[1] 刘晓明 . 两种人格理论：艾森克与格雷 [J]. 平原大学学报，2007，24（6）：90-93.

[2] 钱铭怡，武国城，朱荣春，等 . 艾森克人格问卷简式量表中国版 (EPQ-Rse) 的修订，[J]. 心理学报 2000,32（3）:317-323.

[3] 陈仲庚 . 艾森克人格问卷的项目分析 [J]. 心理学报，1983，15（2）：211-217.

父母教养方式与大学生自信的关系

——亲子依恋的中介作用

陈　华[1]　谢　逅[2]

1. 西南交通大学 611756；2. 中国传媒大学 100024

【摘　要】目的：探讨父母教养方式、亲子依恋和大学生自信三者之间的关系和作用机制，尤其是探讨亲子依恋类型在父母教养方式与大学生自信关系中的中介作用。方法：以 6 个省 14 所高校的 885 名大学生为研究对象，采用简式父母教养问卷（S-EMBU-C）、父母与同伴依恋量表（IPPA）中的父、母子依恋分量表、中文版个人评价问卷（PEI）进行调查。结果：①父、母教养方式中的各维度与大学生亲子依恋的相关都达到显著水平（$p<0.001$）。除父亲过度保护维度外，父母教养方式中其他维度与大学生自信水平的相关达到显著水平（$p<0.05$）。亲子依恋与大学生自信水平的相关达到显著水平（$p<0.001$）。②父母情感温暖的教养方式对大学生自信正向预测的作用显著。③父亲情感温暖在对大学生自信的影响中直接效应不显著（$p>0.05$），通过父子依恋的间接效应显著，间接效应值为 0.917，总效应值为 1.062；母亲情感温暖在对大学生自信的影响中直接效应不显著（$p>0.05$），通过母子依恋的间接效应显著，间接效应值为 1.198，总效应值为 1.206。结论：亲子依恋在父母情感温暖的教养方式和大学生自信的关系中起完全中介作用。

关键词： 父母教养方式；亲子依恋；自信；大学生；中介作用

1 问题提出

自信是自我意识的重要成分，是一个多维度、多层次的心理系统，代表个体对自己的积极肯定和确认程度，是对自身能力、价值等做出正向认知与评价的一种相对稳定的人格特征 [1]。自信心强的个体，能对自己做出积极评价，相信自己的判断且很少从众，其获得成功的可能性较自信心弱者更大。车丽萍、林宇等人的研究都表明，自信对大学生的心理健康水平有明显影响，相比低自信水平的大学生，高自信水平的大学生有更好的社会适应能力，发挥自身潜能，整体心理健康状态更好 [2-3]。在大学这个人生的重要的时期，学生的自信水平，将影响到未来的人际交往、生活态度、工作学业成就等各方面发展。

吴旻旻指出，大学生自信水平的高低，受家庭、学校、社会等多种外部环境的影响 [4]。其中，家庭因素起到极大作用。家庭环境可以影响子女心理与行为发展，而父母的教养方式则在极大程度上影响着子女的行为方式、人格塑造以及适应环境的方式 [5]。父母教养方式是父母在教育和养育子女过程中呈现出来的教育理念、关于对子女的态度以及在这个经历中的所有言行举止 [6]。张楚的研究结果表明，良好的家庭教养方式有利于提高大学生的自信水平 [7]。何华敏等人在研究中，又专门探讨了大学生外显自信和内隐自信分别与父母教养方式之间的关系。研究结果表明，外显自信和内隐自信是两个独立的系统，其中父母教养方式与外显自信有密切的关系 [8]。

在家庭因素中，前人的研究也证明了亲子依恋也会影响大学生的自信水平。依恋是人对生活中特定人物的一种强烈而深刻的情感联结，与这个人的交往带来愉快体验，面临压力时会从这个人得到安慰 [9]。而亲子依恋是个体与父母之间的情感纽带，让他们之间存在一种安全愉悦的情感。李放的研究结果表明，青少年的一般自我效能感、学习能力自我能效感、学习行为自我效能感，都与其父子依恋、母子依恋存在不同程度的正相关关系。同时，进一步分析发现，父子依恋、母子依恋通过一般自我效能感为中介间接影响学习能力自我效能感与学习行为自我效能感 [10]。而曹佳佳在关于大学生依恋和一般自我效能感的研究中也表明，依恋的两个维度即依恋焦虑、依恋回避均与自我效能感存在显著负相关，即焦虑分数或回避分数越高，自我效能感越低 [11]。

以往的研究结果已经证明了父母教养方式、亲子依恋分别和大学生自信之间存在相关一定的相关关系，但它们之间内部作用机制、两两之间的关系却依然不是很明晰。刘琴的研究结果表明，青少年的依恋状况与父母教养方式存在显著的相关。母亲关爱、父亲鼓励自主能显著预测个体的依恋回避，母亲控制和母亲关爱能显著预测依恋焦虑 [12]。

如上所述，教养方式会影响大学生的亲子依恋关系，而它们又分别会影响大学生自信水平。于是我们推测：父母教养方式对大学生自信水平的影响有一部分通过亲子依恋的中介作用产生。本研究提出一个父亲与母亲教养方式影响大学生自信水平的假设模型（如图 1），试图探讨以下两个问题：（1）父、母亲的教养方式对大学生自信水平有显著影响；（2）亲子依恋在父、母教养方式与大学生自信关系中具有中介作用。

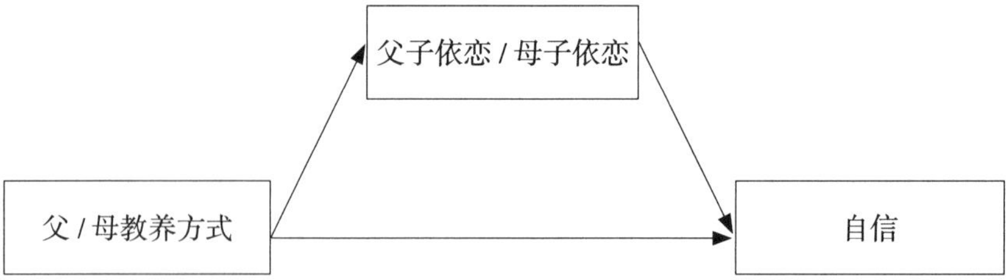

图 1　父亲与母亲教养方式影响大学生自信水平的假设模型

2　对象和方法

2.1　研究对象

对广东、四川、重庆、北京、上海、浙江等 6 个省份 14 所高校的大学生进行随机抽样，采取纸质问卷和网络问卷的方式，共回收问卷 1160 份，剔除因答题时间过短、答案空缺、规律性作答等不符合标准的问卷后，有效问卷为 885 份，有效率为 76.3%。被试基本情况见表 1。

表 1　被试基本信息表

因素	类别	人数	百分比
性别	男	338	38.2%
(N=885)	女	547	61.8%
	大一	195	22.0%
年级	大二	226	25.5%
(N=885)	大三	148	16.7%
	大四	186	21.0%
	研究生	130	14.7%
是否是独生子女	是	486	54.9%
(N=885)	否	399	45.1%
家庭所在地	城镇	644	72.8%
(N=885)	农村	241	27.2%
专业类型	理工类	463	52.3%
（N=885）	文史类	309	34.9%
	艺体类	113	12.8%

2.2 研究工具

2.2.1 父母教养方式问卷

采用由 Arrindell，Sanaviob，Aguilar 等人编制，蒋奖、许燕等人（2010）修订的中文版简式父母教养问卷（S-EMBU-C）。该问卷分为父亲版、母亲版两个部分，每个版本包含 21 个项目，除对象不同，两版本问题一致。问卷包括情感温暖（7 个项目）、拒绝（6 个项目）和过度保护（8 个项目）三个维度。采用 4 点计分，1~4 代表行为发生程度依次增加，1 分代表“从不”，4 分代表“经常”，部分项目反向计分。各维度得分越高，代表父亲或母亲使用该种教养方式的程度越高。本次研究中父亲教养方式三个维度的内部致性系数分别为 0.87，0.86，0.77；母亲教养方式三个维度的内部一致性系数分别为 0.86，0.83，0.77。

2.2.2 大学生亲子依恋量表

采用由 Armsden 和 Greenberg 编制，孔荣修订的父母与同伴依恋量表 (inventory om parent and peer attachment，IPPA)，该量表包括父亲、母亲、同伴依恋三个维度表，本研究聚焦大学生的亲子依恋，故只选用父子依恋、母子依恋两个分量表。每个分量表包括 24 个项目，分为沟通（9 个项目）、信任（9 个项目）、疏离（6 个项目）三个维度。采用 5 点计分，1 代表“从不”，5 代表“总是”，其中部分项目反向计分。疏离维度在计算总分时反向计分，总分越高，表明依恋关系越好。本次研究中父子依恋三个维度内部一致性系数分别为 0.86，0.91，0.73；母子依恋三个维度内部一致性系数分别为 0.85，0.90，0.71。

2.2.3 大学生自信量表

采用由 Shrauger 编制，季益富、于欣翻译并修订的中文版个人评价问卷（personal evaluation inventory, PEI），该问卷包括联合量表包括三个维度，40 个题项，(学业表现、社会相互作用、同人们交谈、身体外貌、爱情关系均为 7 个项目，体育运动 5 个项目)，另有一般自信量表、心境状态量表各有 7 个题项，共 54 题项；采用 4 点计分，从“非常不同意”到“非常同意”，部分项目反向计分，总分越高，表明自信程度越高。本次研究中该问卷内部一致性系数为 0.93。

2.3 施测过程与数据处理

采取纸质问卷和网络问卷的方式，统一指导语。为保证答卷质量，纸质问卷在高校图书馆发放，答完后当场收回。网络问卷被试在各高校平台或微信群进行招募。

采用 SPSS23.0 对数据进行统计和分析，使用 Hayes 编制的 SPSS 宏程序 Process3.4 对中介进行验证。

2.4 共同方差偏差的检验

本研究采用自陈式问卷进行调查，所以可能存在共同方法偏差的问题。为控制共同方法偏差，采用 Harman 单因素法对问卷所有测量题项进行探索性因素分析，结果表明第一因子的贡献率为 20.37%，小于 40%，表明本次研究中共同方法偏差带来的影响可以忽略不计。

3 结果

3.1 大学生父母教养方式、亲子依恋与自信的总体状况

对大学生父母教养方式、亲子依恋和自信及其各维度分别进行描述统计，结果见表 2、表 3、表 4。

表 2　父母教养各维度的描述统计

	计数	最小值	最大值	平均值	标准差	项目均值
父情感温暖	885	7.00	28.00	19.85	4.95	2.84
父过度保护	885	8.00	32.00	16.29	4.26	2.04
父拒绝	885	6.00	24.00	8.47	3.24	1.41
母情感温暖	885	7.00	28.00	21.05	4.52	3.01
母过度保护	885	8.00	32.00	17.58	4.31	2.20
母亲拒绝	885	6.00	23.00	8.65	3.05	1.44

由表 2 可知，在大学生父母教养方式的各维度中，父母在情感温暖项目均值都高于中间值 2.5（2.84~3.01），而过度保护和拒绝的项目均值则都低于中间值 2.5（1.41~2.20）。

表 3　父母依恋各维度的描述统计

	计数	最小值	最大值	平均值	标准差	项目均值
父依恋总分	885	28.00	117.00	83.74	17.34	3.49
父沟通	885	9.00	45.00	28.88	7.34	3.21
父信任	885	9.00	45.00	34.16	7.54	3.80
父疏离	885	6.00	30.00	15.30	4.61	2.55
母依恋总分	885	32.00	119.00	87.42	15.76	3.64
母沟通	885	9.00	45.00	30.80	6.93	3.42
母信任	885	10.00	45.00	35.47	6.62	3.94
母子疏离	885	6.00	28.00	14.85	4.32	2.48

根据表 3 可知，父母沟通、信任两个积极维度的项目均值都高于中间值 3（M=3.21~3.94），疏离维度项目均值均低于中间值 3（M=2.48~2.55）。

表 4　大学生自信各维度的描述统计

	计数	最小值	最大值	平均值	标准差	项目均值
自信心总分	885	64.00	189.00	136.09	18.71	2.52
学业表现	885	10.00	27.00	19.18	2.36	2.74
身体外貌	885	7.00	27.00	17.13	3.58	2.45
爱情关系	885	7.00	28.00	16.37	3.99	2.34
社会相互作用	885	9.00	28.00	17.80	3.29	2.54
同人们交谈	885	7.00	28.00	18.38	3.42	2.63
体育运动	885	5.00	20.00	12.34	3.48	2.47
一般自信状态	885	7.00	25.00	16.92	3.15	2.42
心境状态	885	7.00	28.00	17.97	3.52	2.57

表 4 表明，在大学生自信各维度中，学业表现、同人们交谈、社会相互作用、心境状态的均值在中间值 2.5 以上（M=2.54~2.74），其中学业表现得分最高；而体育运动、身体外貌、爱情关系、一般自信状态均值在中间值 2.5 以下（M=2.34~2.47），其中爱情关系得分最低。

3.2　大学生父母教养方式、亲子依恋与自信的差异检验

分别以性别、是否独生、家庭所在地、专业类型和年级作为分组变量，检验大学生在父母教养方式、亲子依恋以及自信上的差异，结果见表 5、表 6。

表 5　父母教养方式在人口学变量上的差异

		父亲教养方式				母亲教养方式			
		n	情感温暖	过度保护	拒绝	n	情感温暖	过度保护	拒绝
			$M \pm SD$	$M \pm SD$	$M \pm SD$		$M \pm SD$	$M \pm SD$	$M \pm SD$
性别	男	338	19.42 ± 4.89	16.41 ± 4.27	8.56 ± 3.03	337	20.74 ± 4.60	17.55 ± 4.25	8.47 ± 2.93
	女	547	20.11 ± 4.97	16.21 ± 4.26	8.41 ± 3.37	542	21.24 ± 4.46	17.60 ± 4.35	8.76 ± 3.13
t			−2.02*	0.66	0.67		−1.58	−0.16	−1.36
是否独生子女	是	486	20.31 ± 5.06	16.38 ± 4.43	8.58 ± 3.57	482	21.49 ± 4.57	17.82 ± 4.35	8.62 ± 3.11
	否	399	19.28 ± 4.76	16.17 ± 4.04	8.34 ± 2.79	397	20.52 ± 4.40	17.30 ± 4.25	8.69 ± 2.99
t			3.06**	0.75	1.14		3.19***	1.8	−0.36

表 5（续）

		父亲教养方式				母亲教养方式		
		n	情感温暖	过度保护	拒绝	n	情感温暖	过度保护	拒绝
			$M \pm SD$	$M \pm SD$	$M \pm SD$		$M \pm SD$	$M \pm SD$	$M \pm SD$
家庭所在地	城镇	644	20.14 ± 5.06	16.39 ± 4.31	8.46 ± 3.37	640	21.30 ± 4.61	17.67 ± 4.30	8.62 ± 3.08
	农村	241	19.06 ± 4.55	16.01 ± 4.12	8.49 ± 2.88		20.38 ± 4.22	17.36 ± 4.33	8.73 ± 2.99
t			3.03**	1.17	−0.10		2.79**	0.95	−0.47
专业类型	理工类	454	19.78 ± 4.86	16.19 ± 4.08	8.23 ± 2.79	459	21.10 ± 4.43	17.53 ± 4.25	8.44 ± 2.78
	文史类	305	19.90 ± 5.10	16.78 ± 4.62	9.11 ± 3.92		21.05 ± 4.65	17.95 ± 4.48	9.20 ± 3.57
	艺体类	110	19.98 ± 4.92	15.31 ± 3.76	7.66 ± 2.55		20.85 ± 4.56	16.81 ± 3.97	8.01 ± 2.30
F			0.11	5.07**	10.88***		0.14	2.97	8.67***
$F(LSD)$				③ < ①，②	② > ③，①				② > ③，①
年级	大一	195	19.79 ± 4.88	16.78 ± 4.21	8.43 ± 3.07	195	21.00 ± 4.30	18.33 ± 4.50	8.72 ± 3.04
	大二	226	20.14 ± 4.88	16.24 ± 4.21	8.52 ± 3.52		21.37 ± 4.33	17.26 ± 3.96	8.58 ± 3.11
	大三	148	20.19 ± 5.04	16.18 ± 4.54	8.46 ± 2.98		21.22 ± 4.68	17.77 ± 4.54	8.55 ± 2.66
	大四	186	19.65 ± 4.90	16.29 ± 4.25	8.38 ± 3.01		20.92 ± 4.43	17.34 ± 4.38	8.78 ± 3.11
	研究生	130	19.33 ± 5.14	15.74 ± 4.08	8.58 ± 3.62		20.57 ± 5.09	17.15 ± 4.12	8.59 ± 3.35
F			0.79	1.19	0.09		0.741	2.31	0.18
$F(LSD)$									

注：* 为 $p<0.05$，** 为 $p<0.01$，*** 为 $p<0.001$，①为理工类，②为文史类，③为艺体类。

表 6　父母依恋关系、自信在人口学变量上的差异

		父子依恋		母子依恋		自信	
		n	$M \pm SD$	n	$M \pm SD$	n	$M \pm SD$
性别	男	338	83.14 ± 16.39	338	86.37 ± 15.45	338	139.81 ± 17.75
	女	547	84.11 ± 17.91	547	88.08 ± 15.92	547	133.79 ± 18.93
t			−0.81		−1.56		4.71***
是否独生子女	是	486	84.72 ± 18.61	486	88.76 ± 16.16	486	138.38 ± 19.34
	否	399	82.55 ± 15.61	399	85.80 ± 15.11	399	133.30 ± 17.53
t			1.87		2.79**		4.06***

表 6（续）

		父子依恋		母子依恋		自信	
		n	*M* ± *SD*	*n*	*M* ± *SD*	*n*	*M* ± *SD*
家庭所在地	城镇	644	83.97 ± 18.01	644	87.70 ± 16.23	644	136.92 ± 19.41
	农村	241	83.10 ± 15.43	241	86.68 ± 14.42	241	133.86 ± 16.54
t			0.71		0.90		2.17
专业类型	理工类	463	83.95 ± 16.31	463	87.43 ± 14.87	463	137.02 ± 18.02
	文史类	309	82.98 ± 18.35	309	86.87 ± 16.74	309	135.00 ± 19.71
	艺体类	113	84.95 ± 18.65	113	88.89 ± 16.51	113	135.25 ± 18.66
F			0.59		0.68		1.21
F(*LSD*)							
年级	大一	195	82.99 ± 17.54	195	86.61 ± 15.15	195	136.16 ± 18.72
	大二	226	83.33 ± 17.22	226	87.61 ± 15.62	226	134.60 ± 20.04
	大三	148	84.01 ± 17.42	148	87.43 ± 16.49	148	137.76 ± 18.86
	大四	186	84.53 ± 17.56	186	88.03 ± 15.93	186	136.06 ± 16.69
	研究生	130	84.13 ± 17.07	130	87.45 ± 15.96	130	136.72 ± 18.94
F			0.24		0.21		0.69
F(*LSD*)							

注：* 为 $p<0.05$，** 为 $p<0.01$，*** 为 $p<0.001$，①为理工类，②为文史类，③为艺体类。

表 5、表 6 表明，父亲对于男生的情感温暖显著低于女生，而男生的自信程度则显著高于女生。独生子女的父、母情感温暖维度、母子依恋及自信上都显著高于非独生子女。城镇家庭的学生在父、母情感温暖上都显著高于农村家庭的学生。父亲过度保护维度艺体类得分显著低于文史类和理工类；父、母亲拒绝维度文史类得分显著高于艺体类和理工类。

3.3 大学生父母教养方式、亲子依恋与自信的相关分析

大学生父母教养方式、亲子依恋与自信的相关分析结果见表 7、表 8。

表 7　父亲教养方式、父子依恋和自信的相关分析

因素	$M \pm SD$	1	2	3	4	5
父亲情感温暖	19.85 ± 4.95	1	—	—	—	—
父亲过度保护	16.29 ± 4.26	−0.168***	1	—	—	—
父亲拒绝	8.47 ± 3.24	−0.434***	0.536***	1	—	—
父子依恋总分	87.42 ± 15.76	0.784***	−0.318***	−0.575***	1	
自信总分	136.09 ± 18.71	0.269***	−0.404	−0.0742*	0.334***	1

注：* 为 $p<0.05$，** 为 $p<0.01$，*** 为 $p<0.001$。

表 8　母亲教养方式、母子依恋和自信的相关分析

因素	$M \pm SD$	1	2	3	4	5
母亲情感温暖	21.05 ± 4.52	1	—	—	—	—
母亲过度保护	17.58 ± 4.31	−0.154***	1	—	—	—
母亲拒绝	8.65 ± 3.05	−0.411***	0.499***	1	—	—
母子依恋总分	87.42 ± 15.76	0.774***	−0.357***	−0.559***	1	
自信总分	136.09 ± 18.71	0.284***	−0.106**	−0.131***	0.369***	1

注：* 为 $p<0.05$，** 为 $p<0.01$，*** 为 $p<0.001$。

从表 7、表 8 中可见，父、母情感温暖与父、母子依恋分别成显著正相关（$p<0.001$），父、母过度保护，父、母拒绝与父、母子依恋分别成显著负相关（$p<0.001$）；母亲拒绝与自信成显著负相关，父、母子依恋与自信分别成显著正相关（$p<0.001$）。父亲拒绝与自信成显著负相关（$p<0.05$）；母亲过度保护（$p<0.01$）与自信成显著负相关。父亲过度保护与自信相关不显著。

3.4　大学生父母教养方式、亲子依恋与自信的中介分析

3.4.1　回归分析

分别以父亲教养方式的三个维度为自变量，自信作为因变量进行多元线型逐步回归分析。结果显示，在父亲教养方式三个维度中，仅有情感温暖一个因素进入回归方程，说明情感温暖（$\beta=0.269$，$p<0.001$）对大学生自信的预测作用显著，而过度保护（$\beta=0.005$，$p>0.05$）和拒绝（$\beta=0.052$，$p>0.05$）的预测作用不显著。

3.4.2　中介作用分析

采用百分位数校正的 Bootstrap 检验，抽取 5000 个样本，使用 Hayes 编制的

Process3.4 程序模型 4，在控制性别的情况下，进行中介效应的检验，如果路径系数在 95% 的置信区间没有包括零，则表示中介效应显著。

回归分析表明（表 9）：父亲情感温暖显著正向预测大学生父子依恋和自信。

中介分析结果表明（表 10）：父子依恋在父亲情感温暖对大学生自信的影响中存在显著的中介效应，中介效应值为 0.917，占总效应 86.33%，95% 置信区间为 [0.580,1.244]；父亲情感温暖到自信的直接效应不显著，95% 置信区间为 [–0.232，0.523]。

表 9　变量关系的回归分析

结果变量	预测变量	R	R^2	F	β	t
父子依恋	—	0 .785	0.616	694.491***	—	—
—	情感温暖	—	—	—	2.756	37.246***
—	性别	—	—	—	–0.944	–1.255
自信	—	0 .376	0.141	47.322***	—	—
—	情感温暖	—	—	—	0.145	0.755
—	父子依恋	—	—	—	0.323	6.076***
—	性别	—	—	—	–6.558	–5.403***
自信	—	0.323	0.104	50.432***	—	—
—	情感温暖	—	—	—	1.062	8.729***
—	性别	—	—	—	–6.872	–5.553***

注：* 为 $p<0.05$，** 为 $p<0.01$，*** 为 $p<0.001$。

表 10　父子依恋在父亲情感温暖和自信之间的中介效应分析

	效应值	标准误	t	P	CI 下限	CI 上限	效应量
总效应	1.062	0.122	8.7290	0.000	0.823	1.301	
直接效应	0.145	0.192	0.755	0.451	-0.232	0.523	13.67%
间接效应	0.917	0.170	—	—	0.580	1.244	86.33%

3.4.3　回归分析

分别以母亲教养方式的三个维度为自变量，自信作为因变量进行多元线型逐步回归分析。结果显示，在母亲教养方式三个维度中，仅有情感温暖一个因素进入回归方程，说明情感温暖（β=0.284，p<0.001）对大学生自信的预测作用显著，而过

度保护（β=–0.063，p>0.05）和拒绝（β=–0.018，p >0.05）的预测作用不显著。

3.4.4　中介作用分析

采用百分位数校正的 Bootstrap 检验，使用 Hayes 编制的 Process3.4 程序模型 4，在控制性别的情况下，进行中介效应的检验，如果路径系数在 95% 的置信区间没有包括零，则表示中介效应显著。

回归分析表明（表 11）：母亲情感温暖显著正向预测大学生母子依恋和自信。

中介分析结果表明（表 12）：母子依恋在母亲情感温暖对大学生自信的影响中存在显著的中介效应，中介效应值为 1.198，占总效应 99.37%，95% 置信区间为 [0.832，1.560]；母亲情感温暖对自信的直接效应不显著，95% 置信区间为 [–0.387，0.402]。

表 11　变量关系的回归分析

结果变量	预测变量	R	R^2	F	β	t
亲子依恋	—	0.774	0.600	655.839***	—	—
—	教养情感温暖	—	—	—	2.696	36.133***
—	性别	—	—	—	0.372	0.537
自信心	—	0.407	0.166	57.909***	—	—
—	教养情感温暖	—	—	—	0.008	0.038
—	亲子依恋	—	—	—	0.445	7.710***
—	性别	—	—	—	–6.622	–5.595***
自信心	—	0.330	0.109	53.571***	—	—
—	教养情感温暖	—	—	—	1.206	9.170***
—	性别	—	—	—	–6.456	–5.282***

注：* 为 p<0.05，** 为 p<0.01，*** 为 p<0.001。

表 12　母子依恋在母亲情感温暖和自信之间的中介效应分析

	效应值	标准误	t	P	CI 下限	CI 上限	效应量
总效应	1.206	0.132	9.170	0.000	0.948	1.464	—
直接效应	0.008	0.201	0.038	0.970	–0.387	0.402	0.63%
间接效应	1.198	0.187	—	—	0.832	1.560	99.37%

4 讨论

4.1 大学生父母教养方式、亲子依恋与自信的特点

通过对研究变量的描述统计，发现我国大学生受到父母教养方式影响就整体而言是比较积极的。可能是由于我国科教水平进步，人口素质提高，越来越多父母意识到了良好家庭的环境对孩子的健康成长的重要性，因此整体更倾向于给予子女情感温暖型的教养方式，而非过度保护或是拒绝。差异分析显示，性别、是否独生、家庭所在地的组间差异，在父母情感温暖这个维度上都较为显著。其中女生在父亲情感父亲上的得分显著高于男生，这与社会上的普遍观念吻合，许多父亲会给予女儿更多关心与爱护，而对男孩的要求则更加严格。独生子女、城镇学生报告的父母情感温暖得分分别显著高于非独生子女和农村学生，这可能是因为在独生子女家庭中，父母所有的关怀、家中所有资源都会给到唯一的孩子，没有兄弟姐妹的竞争，孩子能体会到父母所有的爱。而相对于农村家庭，城镇家庭父母的受教育程度、经济水平都更高，因而更有意识和条件为孩子创造温暖的家庭成长环境。

对亲子依恋的统计结果表明，大学生的亲子依恋整体处在中上水平，其中母子依恋的水平又高于父子依恋，这与前人对中学生、大学生的研究结果相类似[13,14]。可能是因为在我国，往往父职教育缺失现象严重，子女对父亲的态度常是敬畏有余，亲密不足[15]，父亲主要负责家庭的经济收入部分，而母亲则负责料理家务、养育子女的工作。孩子和母亲有更多的相处陪伴时间，能更多感知到母亲给予自己的关注与照顾，与母亲有更多互动，自然也会和母亲形成更紧密的情感联结。而从组间差异来看，独生子女的母子依恋水平还要显著高于非独生子女，可见家中独子与母亲的关系尤其紧密。

对自信的统计结果表明，我国大学生的自信水平还处在中等的水平，有较大的上升空间。整体而言，学业表现的自信水平最高，这可能是因为我国以应试为主的教育制度，让学生从小学开始便将学习看作生活中最重要的部分之一，而本研究的对象是经历了高考选拔、顺利进入高等院校的大学生，他们中的多数人在学习方面已是同龄人中的佼佼者，因此整体表现出了较高的学业自信。与此同时，学生在爱情关系中表现出的自信水平则较低，可能同样是由于许多学生将更多精力放在了学业上，对爱情关系体验较少，因而对爱情不甚了解，造成整体自信水平较低。从差异检验来看，男生的自信水平显著高于女生，这与许多前人的研究结果都一致[16-17]。近年来，虽然许多性别方面的固有观念已经在人们心中大大减少，但“重男轻女”的思想依然影响着国人的观念与生活，导致男性在自信和成功方面更易得到积极影响与强化，而女性的自信在此过程中往往更易受到削弱与伤害[18]。另外，独生子女

的自信水平也显著高于非独生子女，可能是因为在非独生子女的家庭中，兄弟姐妹之间存在着潜在的竞争关系，孩子长久在这种竞争环境中下成长，自信发展会受到影响。

4.2 大学生父母教养方式、亲子依恋与自信之间的关系

相关分析结果表明，父母教养方式中各维度对大学生亲子依恋的相关都达到显著水平。其中父母情感温暖与父母子依恋分别成正相关关系，而父母过度保护、父母拒绝与父母子依恋分别成负相关关系，这与李俊磊对中职生的研究结果一致[19]。父母教养中的情感温暖，能够让孩子感受来自家庭环境中的支持、关怀，从而愿意与父母亲近、相信并依赖父母，由此促进亲子间依恋关系的培养。然而，一旦这种关怀过度，到达了过度保护的程度，会让孩子感受到无处不在的束缚，想要挣脱父母的庇护，尤其是对于处在青春期的大学生，如果感受到过多来自父母的控制，则会想要疏离他们，从而给亲子依恋带来负面影响。至于拒绝的教养方式，会让孩子感到被忽视，需求难以得到回应，体会不到家庭的温暖，自然亲子依恋关系会受到影响。

除父亲过度保护维度外，父母教养方式中其他维度与大学生自信水平的相关也都达到显著水平。其中积极教养方式（情感温暖）和自信水平均为正相关，而消极教养方式（过度保护、拒绝）则为负相关，这与王丹针对重庆大学生的研究结果基本一致[20]。在情感温暖型教养环境下长大的孩子，当取得进步、获得成就，能够得到父母的鼓励，而遇到挫折或犯错时，也不会受到父母的过多斥责，这种家庭中良性互动的模式，能够极大地促进子女自信水平的提高。而受到过度保护的孩子，生活中大小事务常被父母控制、由父母包办，自身与外界接触少，当进入大学，需要更独立地面对社会，发现许多问题无法自己解决，便会自信受挫。至于受到拒绝型教养的孩子，对父母情感需求常无法得到的满足，感到被忽略，自信水平自然不高。

在亲子依恋关系中，父子、母子依恋和大学生自信都有着显著的正相关关系。自信在个体与他人、社会、外部环境互动时得以培养与表现，而与父母的互动是个体一生中与外界产生的最初联络，因此与父母建立良好的情感关系，对子女自信的培养有十分重要的作用。正如马茜芝等人在关于亲子依恋与生命意义感的研究中得出的结论，亲子依恋水平越高，越能促进积极生命意义感的形成[21]。而积极的生命意义感，让个体更乐观面对生活，有较高的自信水平。

4.3 亲子依恋的中介作用

多元线性逐步回归分析表明，在父母教养方式中，情感温暖对大学生自信水平

的正向预测作用显著，而过度保护和拒绝两个消极教养维度都未进入回归方程，对自信的预测作用并不显著。由此可见，积极的教养方式对大学生自信的影响作用较大，父母使用正向教养方式的程度越高，大学生会表现得越自信。这可能是因为，子女会经由家庭这一团体来体会自己在社会上的地位，达到自我确认，自我肯定[22]。如果他们在家庭生活中能持续感受到来自父母的关怀和爱护，获得情感上的满足，便能产生安全感和幸福感，愿意以更加乐观积极的方式看待世界，更善于发现自己的优势、正面评价自己的价值，表现出较高的自信水平。

中介效应检验结果表明，亲子依恋在父母情感温暖这种教养方式对大学生自信的影响中起完全中介作用。说明父母情感温暖的教养方式完全通过亲子依恋间接影响大学生自信水平。在这个过程中，父亲、母亲的作用机制相同。

父母教养方式反映了亲子关系的数量、形式，而亲子依恋则反映了亲子关系的质量[23]。Bowlby 提出的“内部工作模式”假说表明，个体在早期对父亲或母亲的依恋中形成的自我内部工作模式，会对日后社会交往中的情绪、认知和行为起着指导作用[23]。家庭是孩子成长的第一所学校，而父母则是孩子的第一任老师。孩子与父母的亲子依恋是孩子成长过程中最初始也是重要的依恋关系，将极大地影响孩子日后与外界的互动、对自我的认知，从而作用于其自信的建立。子女若在家庭教养中接受到较多的父母给予的情感温暖，心理情感需求得到充分满足，建立起了良好的亲子依恋关系，父母将是他们未来发展中最坚实的后盾，这对自信水平的提高有重要的促进作用。反之，如果父母的教养方式是缺乏温暖的、没有情感沟通的，建立起不安全的亲子依恋关系，当子女进入大学，步入社会，面临来自各方面的竞争、压力，可能无法做出正向的自我评价，便会出现自信缺乏甚至自卑的情况。

5 结论

5.1 父母教养方式中的各维度与大学生亲子依恋相关显著

5.2 父母情感温暖的教养方式对大学生自信具有正向预测作用

5.3 父亲情感温暖对大学生自信的直接影响效应不显著

5.4 亲子依恋在父母情感温暖的教养方式与大学生自信的关系中起完全中介作用

参考文献

[1] 车丽萍．青年大学生自信的理论建构研究 [J]. 心理科学，2006，29（3）：563-569.

[2] 车丽萍，庞连生，黄大伟，等．大学生心理健康与自信人格的关系研究 [J]. 西南大学学报（社会科学版）,2010,36(6):20-24.

[3] 林宇，周慧．大学生自信与心理健康关系论析 [J]. 继续教育研究 ,2011(7):116-117.

[4] 吴旻旻．大学生自信感的影响因素及干预研究 [D]. 上海：上海师范大学 ,2018.

[5] 刘湍丽，赵宇飞．父母教养方式对大学生攻击行为的影响：道德推脱的中介作用 [J/OL]. 信阳师范学院学报（哲学社会科学版）:1-7[2020-04-01]. https://kns-cnki-net.w.cuc.edu.cn/kcms/detail/41.1030.C.20191219.1621.002.html.

[6] DARLING, N,STEINBERG L. Parenting style as context: an integrative model[J]. Psychological bulletin,1993,113(3):487.

[7] 张楚，王江洋．大学生自信心与家庭教养方式的关系研究 [J]. 中国健康教育，2016,32（2）：124-126.

[8] 何华敏，胡媛艳，周小梅．大学生外显、内隐自信与父母教养方式的关系 [J]. 中国健康心理学杂志 ,2012,20(2):278-279.

[9] 劳拉・E. 伯克．伯克毕生发展心理学 [M]. 陈会昌译．北京：中国人民大学出版社，2014.

[10] 李放．重点初中青少年依恋对学业自我效能感的影响 [J]. 中国学校卫生，2013,34（2）：149,151,155.

[11] 曹佳佳，曾天德．大学生成人依恋与一般自我效能感的关系研究 [J]. 牡丹江大学学报 ,2012,21(4):147，149.

[12] 刘琴．青少年依恋状况及其与父母教养方式的关系 [J]. 中国临床心理学杂志，2009,17（5）：615,616,619.

[13] BUIST L K, DEKOVI C M, MEEUS, W,et al. Developmental patterns in adolescent attachment to mother, father, and sibling[J]. Journal of youth and adolescence, 2013, 31 (3): 167–176.

[14] 朱春红．大学生亲子依恋对社会适应的影响 [D]. 开封：河南大

学,2015.

[15] 汤重.青春期父母教养方式、性别角色认同与心理健康的关系研究[D].南京:南京师范大学,2016.

[16] 黄泽娟,许冬青,李董平,等.大学生自信现状研究[J].社会心理科学,2005(Z1):84-89.

[17] 何源,徐济达,王洁,等.南京市部分大学生自信现状研究[J].中国学校卫生,2004(5):545-547.

[18] 车丽萍.大学生自信发展特点的研究[J].心理科学,2003(4):661-666.

[19] 李俊磊.中职生家庭教养方式、亲子依恋及性心理健康的关系研究[D].昆明:云南师范大学,2017.

[20] 王丹.重庆大学生自信水平与家庭教养方式的相关研究[J].开封教育学院学报,2018,38(04):169–171.

[21] 马茜芝,张志杰.高中生亲子依恋与生命意义感的关系:同伴依恋和时间洞察力的中介作用[J].心理发展与教育,2020,36(2):168-174.

[22] 金毅,王克荣,刘芳,等.高中二年级学生的自信心与家庭教养方式的关系[J].中国心理卫生杂志,2005,19(07):479.

[23] WILLIAMS S K ,KELLY F D. Relationships among involvement, attachment, and behavioral problems in adolescence: Examining father's influence[J]. The journal of early adolescence,2005,25(2):168-196.

[24] 左恩玲.大学生成人依恋、归因方式与人际信任的关系[D].长春:东北师范大学,2009.

组织支持感对心理委员胜任力的影响：心理资本和应对效能感的链式中介

王敬群　操　心　陈子楠

江西师范大学　330022

【摘要】目的：探讨心理资本和应对效能感在高校心理委员组织支持感与胜任力之间的链式中介作用。方法：采用组织支持问卷、心理委员胜任力问卷、心理资本问卷和应对效能感问卷对来自江西省4所高校的366名大学生心理委员进行施测。采用结构方程模型探讨心理资本和应对效能在组织支持和心理委员胜任力之间的中介作用。结果：组织支持、心理委员胜任力、心理资本和应对效能总分两两之间存在显著正相关(r=0.57~0.72, p<0.01)。心理资本和应对效能总分的链式中介作用的Bootstrap输出的95%置信区间为（0.063,0.202）。结论：组织支持感可以直接预测心理委员胜任力，也可以通过心理资本和应对效能感的链式中介预测心理委员胜任力。

关键词：高校心理委员；组织支持感；胜任力；心理资本；应对效能感

引言

心理委员从大学生群体中选拔出来，具有良好的同伴支持作用，在大学生心理危机预防和干预环节中作用重大[1-2]。对于个体而言，组织提供的支持或者班级给予的支持是较难控制的外部因素，但可以通过提升个体内部因素来提升其胜任力水平[3]。因此探索影响心理委员胜任力的影响因素和作用机制，不仅可以提升心理委员自身的工作能力，也可以在一定程度上通过调节心理委员自身的个人特征来帮助其以后在岗位和生活中更好地发展。

大学生心理委员胜任力指在大学生心理健康教育和心理危机干预工作中，能将高绩效表现优秀的心理委员与表现一般的心理委员区分开来的个体潜在的特征，是与工作或工作绩效或生活中其他重要成果直接相似或相联系的知识、技能、能力、特质或动机[4–5]。组织支持感是指在员工需要有效工作和应对压力情境时，他从组织中能够获得帮助的保证与确信[6–7]。社会交换理论认为当我们得到他人的积极对待时，我们也倾向于积极的回报[7]，个体知感到组织对自己的关心和赞赏、肯定时，也通常会给予组织更多的积极反馈，会更多地持续参与组织活动，进而促进提升工作行为表现[8–9]。研究结果表明组织支持感对工作投入、利他行为、工作绩效有显著的预测作用[10–12]。心理委员组织为心理委员提供技能培训、信息支持和尊重感，有助于提高心理委员的自信心和积极情绪情感状态，改善心理健康工作能力。班级支持、学校支持、组织支持和社会支持都对胜任力有正向预测作用[13–14]。由上所述可知，组织支持感提高，胜任力便有所提升，所以据此我们提出假设 1：心理委员组织支持感能正向预测心理委员胜任力。

组织支持感可能会对胜任力产生一定影响，而组织支持感起作用的过程应当离不开个体自身的特征[15]。心理资本是指个体在成长和发展过程中表现出来的一种积极的心理状态，良好的心理资本可使个体获得一定的竞争优势[16–17]。人与人之间的关系、社会支持和组织支持感会直接影响个体的积极性生理和心理状态或结果，进而激发提升个体的心理潜能[18]。根据组织支持感理论和已有研究结果表明，组织支持感对心理资本具有正向的影响[19–21]。研究结果表明，心理资本会影响个体行为活动表现、态度和心理状态[22]。心理资本涵盖的个性特征反映人的一些观点，并影响支配着一个人的工作动机和态度，有研究结果表明心理资本是胜任力提升的重要方面[23]，且验证了心理资本在支持感强的组织氛围与员工的高绩效水平中起到了中介作用[18]。综上所述提出假设 2：心理资本是组织支持感和胜任力的中介变量。

心理委员的心理资本水平和应对危机情境的效能感水平应当会影响到其工作行为和工作能力，当个体感受到的组织支持感高时，会影响其心理水平，进一步促使其处理好对工作的胜任能力[13]。应对效能是个体处于应激状态时对自己能否成功应对所具有的信心，是对自己应对能力的评价[24]。研究结果表明组织支持感和社会支持感能够对个体的效能感产生一定影响[25–27]。在工作和生活中，积极性的效能感会培养积极的承诺，能够促进和预测胜任能力的发展[28]。工作要求－资源模型在发展过程中引入的个体资源如乐观、效能等对工作投入、态度等有一定的影响，且个体资源多在其中发挥中介角色[29]。因此，在这我们提出假设 3：应对效能感是组织支持感和胜任力的中介变量。

有研究结果认为积极的心理资本能够有效促进效能感的提升[30]。社会认知理论认为在工作中有高应对效能感的个体，在工作生活中会更针对性地提升自己的能力[27]。而且一个人在应对各种应激情景的效能会受到个体个人经历、内在价值系统等各种因素的影响[31]。有研究结果发现心理资本对社会自我效能感、学业效能感和创业自我效能感等有显著影响[30-33]。同样的，效能感也与胜任力有关，自我效能感能显著预测胜任力，效能感降低，胜任力也会随之下降[34]。应对效能感对胜任力有正向的预测作用[34-36]。有研究结果发现，效能感概念在积极心理资本和工作绩效、职业选择等因素中发挥中介作用[37-38]。基于此提出假设4：心理资本和应对效能感在组织支持和心理委员胜任力间起链式中介作用。

综上所述，本研究目的有4个：（1）检验组织支持感对心理委员胜任力的预测作用；（2）考察心理资本在组织支持和心理委员胜任力之间的中介作用；（3）考察应对效能感在组织支持和心理委员胜任力间的中介作用；（4）检验心理资本和应对效能感在组织支持和心理委员胜任力间的链式中介作用（见图1）。

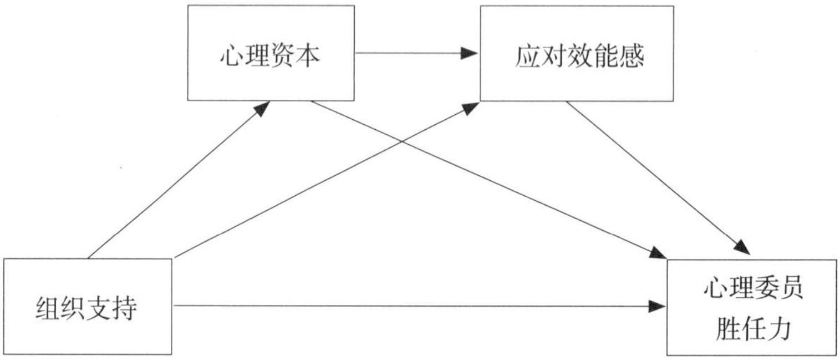

图1　心理资本和应对效能感的链式中介作用

1　研究方法

1.1　研究被试

采用方便抽样法选取江西省4所高校的427名大学生心理委员为研究对象，回收有效问卷402份，回收率为94.1%，剔除不符合条件的无效问卷后，最终有效问卷数为366，有效率为91.0%。其中，男性171人，女性195人；大一到大五分别为119名、103名、96名、32名、4名和研究生12名；年龄范围在18~26（20±1.83）岁；文科类154名，理科类132名，艺术类80名。

1.2　研究工具

1.2.1　组织支持感量表（organizational support scale，OSS）

采用修订后的组织支持感量表，原问卷为陈志霞[7]编制的《相对广义组织支持感问卷。在对心理委员群体进行访谈后，将原问卷题项和情境修订为与心理委员组织相关的情境和内容。问卷包括 16 个条目，采用 7 点计分，得分越高表明组织支持感越高。修订后量表验证性因素分析结果良好 χ^2/df=4.30，NFI=0.93，CFI=0.94，IFI=0.94，RMSEA=0.095，RMR=0.041，在本研究中 α 系数为 0.95，修订后问卷信效度较好。

1.2.2 心理委员胜任力量表（college psychological commissioners competence scale，CPCCS）

采用自编的心理委员胜任力量表，问卷共包含 26 个项目，采用 5 点计分，分数越高表明心理委员胜任力水平越好。该问卷项目因子载荷为 0.43~0.76，验证性因素分析结果为 χ^2/df=2.983，TLI=0.92，CFI=0.93，IFI=0.93，RMSEA=0.07，RMR=0.02，在本研究中 α 系数为 0.96。

1.2.3 心理资本量表（psychology capital scale，PCS）[39]

量表包括 26 个项目，采用 7 点计分，部分题项采用反向计分，在将反向表述的项目反向计分后，得分越高，说明积极心理资本状况越好。本研究中 α 系数为 0.90。

1.2.4 应对效能感量表（coping efficacy scale，CES）[24]

量表包括 17 个题目，采用 4 点计分，部分题目为反向题目，得分越高，说明应对效能越好。为了使测量的内容具备一定针对性，在本研究中在指导语中提示问卷情境为“心理委员工作情境中面对挫折与打击时的感受”。本研究中 α 系数为 0.88。

1.3 数据处理

采用 SPSS 23.0 和 Hayes 的 SPSS 宏程序 Process 3.3 和 AMOS 25 对实验数据进行分析处理。

2 结果与分析

2.1 共同方法偏差检验与控制

采用周浩等 [40] 推荐的检验共同方法偏差的方法，使用 AMOS 进行验证性因素分析，将公因子数设为 1，对所有项目进行共同方法偏差检验，结果显示拟合指数很差：χ^2/df=4.64，NFI=0.48，CFI=0.53，IFI=0.54，RMSEA=0.11，RMR=0.18，数据结果表明本研究不存在严重的共同方法偏差。

2.2 相关分析

采用 Pearson 相关分析法。由表 1 可知，组织支持感与心理资本、应对效能感、心理委员胜任力均成显著正相关；心理资本与应对效能感、心理委员胜任力成显著正相关；应对效能感与心理委员胜任力成显著正相关。

表 1 各变量间描述统计和相关分析（N=366）

变量	M	SD	1	2	3	4
1 组织支持	6.02	0.91	1			
2 心理委员胜任力	4.27	0.60	0.61**	1		
3 心理资本	5.31	0.71	0.59**	0.61**	1	
4 应对效能感	3.21	0.41	0.57**	0.63**	0.72**	1

注：* 为 $p<0.05$，** 为 $p<0.01$，*** 为 $p<0.001$，下同。

2.3 模型验证及变量路径分析

2.3.1 模型比较

为考察链式中介效应在本研究的合理性，对假设模型与竞争模型比较。经过对调节竞争模型的数据分析后，发现分别以应对效能感（心理资本为中介）和心理资本（应对效能感为中介）为调节变量的有中介的调节模型数据匹配度较差，乘积项回归系数不显著（$p>0.05$），调节效应不显著[41]。而中介效应模型匹配度较好，心理资本、应对效能感在组织支持感和心理委员胜任力间的部分中介效应和链式中介效应显著（$p<0.05$）。

2.3.2 链式中介效应分析

使用 Hayes 的 SPSS 插件 PROCESS 3.3，采用偏差校正的非参数百分位 Bootstrap 检验方法对变量进行链式中介效应的检验，本研究共重复抽样 5000 次[42]。在控制变量方面，除性别、年级两个类别变量外，对所有变量进行标准化处理，以减少多重共线性问题。结果显示，组织支持感正相关于预测心理委员胜任力（β=0.61，t=14.25，$p<0.001$），本研究的假设 1 得到支持。组织支持感显著正相关于预测心理资本（β=0.59，t=13.64，$p<0.001$），心理资本显著正相关于预测心理委员胜任力（β=0.18，t=2.57，$p<0.05$），因此心理资本在组织支持感对心理委员胜任力的影响中呈现显著中介效应，假设 2 得到支持。组织支持感显著正相关于预测应对效能感（β=0.13，t=3.40，$p<0.001$），应对效能感显著正相关于预测心理委员胜任

力（β=0.29，t=4.32，p<0.001），所以应对效能感在组织支持对心理委员胜任力的影响中呈现显著中介效应，本研究假设 3 得到支持。同理再加入心理资本和应对效能后，心理资本能够显著正相关于预测应对效能（β=0.75，t=20.09，p<0.001），综上研究结果可以看出，心理资本和应对效能感的链式中介效应显著。

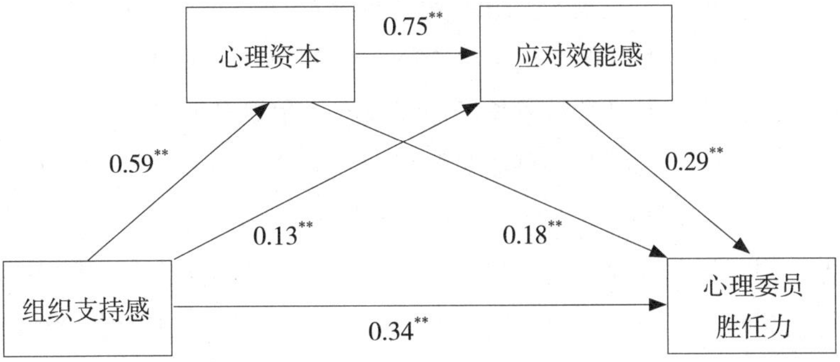

图 2　链式中介模型图

采用 Bootstrap 重复抽样 5000 次分别计算 95% 的置信区间，以考察间接效应的显著性，由表 2 可知，心理资本和应对效能的总间接效应的 Bootstrap 95% 置信区间为 [0.195,0.342] 不包含 0，说明两个中介变量在组织支持与心理委员胜任力之间存在的中介效应显著。假设 2 路径的置信区间为 [0.028,0.176] 不包括 0，说明心理资本在组织支持与心理委员胜任力之间的间接效应显著（0.10，占总效应的 16.98%）；假设 3 路径的置信区间为 [0.012,0.071] 不包括 0，说明应对效能在组织支持与心理委员胜任力之间的间接效应显著（0.04，占总效应的 6.02%）；假设 4 路径的置信区间为 [0.063,0.202] 不包括 0，说明心理资本和应对效能在组织支持与心理委员胜任力之间的间接效应显著（0.13，占总效应的 20.76%）。

表 2　对中介效应显著性检验的 Bootstrap 分析

效应类型	间接效应值	Boot SE	Bootstrap 95%CI		相对中介效应
			下限	上限	
总间接效应	0.27	0.04	0.195	0.342	43.76%
假设 2- 间接效应 1	0.10	0.04	0.028	0.176	16.98%
假设 3- 间接效应 2	0.04	0.02	0.012	0.071	6.02%
假设 4- 间接效应 3	0.13	0.04	0.063	0.202	20.76%

3　讨论

研究结果表明，组织支持感可以直接影响心理委员胜任力，也能够通过心理资本和应对效能感的间接作用影响心理委员胜任力。

组织支持感能够正向预测心理委员胜任力，这与先前的研究一致[43]，这验证了本研究的假设1。根据社会交换理论，人的心理需求是交换的动力[44]，当人的支持性和归属性需要得到满足时，能够对事业活动产生动力，愿意提升自己，回馈支持的源头，进一步促进能力发展[7]。组织支持会使人们产生对工作的责任感，这种责任感一般体现在工作能力和敬业精神上[45]。组织支持作为一种支持性资源，能够有效助力人们实现目标，促进个人成长，加强信心，积累能力[46]。

心理资本在组织支持感与心理委员胜任力之间起到中介作用，这证实了本研究的假设2，与已有研究结论一致[19]，也符合积极心理学理论[47]。组织支持感能够使人们由于感受到同伴和上级的支持与肯定而发展出积极的情感体验[45]，当心理委员感受到来自组织对其工作上的支持时，心理委员在具体的工作中会更有信心也更希望能够在工作中有所建树，因为当个体获得了组织支持感和归属感的联结时，便会充满自信与希望，表现出较强的积极情感和更多的自愿行为，并主动运用自身潜能去完成组织的任务[22]，尝试新的方式来完成工作任务，会更加热心的去帮助同学，以积极的情绪心态应对工作等，这样在工作中的表现便会更好。

本研究也发现应对效能感在支持感心理委员胜任力之间起中介作用，验证了假设3，与前人有关效能感的研究一致[34,48]。支持感能够对个体的应对效能产生影响[49]，组织支持感能够提高心理委员的应对效能，个体感受到的支持感越多，其应对效能越高[48]。当心理委员能够感受到组织尊重其意见、支持其工作并提供一定的帮助，那么心理委员处理工作中的应激事件如危机干预或心理辅导时，认知到自己是有支持的、能处理好情境的信念便越强，进一步促进其在工作中行为表现的提升[27]。因此，组织支持感可以通过提升心理委员在工作中应对刺激情境和事件的成功信念，从而促进心理委员胜任力发展。

综上所述，组织支持感可以通过心理资本和应对效能感的链式中介作用影响心理委员胜任力，这验证了假设4。支持性组织感受是促进员工取得优良绩效水平和积极工作行为的必要条件，而且组织支持创造了提升心理资本的积极条件，有助于员工积极工作态度与行为的产生、发展[28]。组织支持感越高的心理委员，往往会具有较良好的心理资本水平，会以积极的心理状态和情绪处理工作中的问题[22]。应对效能感与心理资本和胜任力的关系与以往研究基本一致[35,23]。在面对危机干预、组织活动和调解心理问题等情境时，往往对自身处理这类情境的能力有着较高的信念，进而增加其事件处理的自信心，对工作表现和能力也起到了促进作用。有更高的积极情绪和状态的个体，在面对工作中困难时，与积极情绪较低的个体有不一样的行为表现和信念[50]。心理资本较高的心理委员会以积极的态度看待面临困难时自身的信念和工作条件，当遇到难题时，会有想法尝试使用新的方法来解决问题，即使在工作中遇到困难和挫折，也更容易从中恢复过来，再次投入工作之中，进而会在工作中表现出更好的状态和行为[51]。

在考虑提高心理委员胜任力水平时，可以从组织层面和个体层面进行改善，例如增强心理委员组织所能提供的支持和对心理委员工作的肯定，加强心理委员同伴之间的交流以提高组织认同感，为心理委员工作营造良好的组织支持环境和氛围；个体层面可以通过培训增强心理委员心理资本和应对效能感，提高心理委员对应激事件的应对信心和能力，以理性的角度看待问题，用积极的心理状态迎接挑战，以此增强心理委员胜任力，也可直接加强对工作技能和知识的培训以直接提高心理委员胜任力水平。

参考文献

[1] 黄士华 . 心理委员在大学生心理危机干预中的作用探析 [J]. 学校党建与思想教育 (高教版), 2015,(4): 62-63,80.

[2] 朱美燕 . 浅谈危机干预中心理委员的角色定位 [J]. 教育探索 ,2010,(6):139-140.

[3] 陈志霞 , 廖建桥 . 组织支持感及其前因变量和结果变量研究进展 [J]. 人类工效学 , 2006,12(1):62-65.

[4] 熊强，徐学俊 . 大学生心理委员胜任力模型建构 [D]. 武汉：湖北大学 ,2010.

[5] 易思佳 . 高校心理委员胜任力模型构建与问卷编制 [D]. 南昌：江西师范大学 ,2014.

[6] ASELAGE J，EISENBERGER R .Perceived organizational support and psychological contracts: a theoretical integration[J]. Journal of organizational behavior, 2003,24(8):491-509.

[7] 陈志霞 . 知识员工组织支持感对工作绩效和离职倾向的影响 [D]. 武汉：华中科技大学 ,2006.

[8] 李声权 , 黄礼慧 . 组织支持感的研究述评 [J]. 新教育时代 ,2015:256-256.

[9] 马丽 . 浅议组织支持感理论 [J]. 轻工科技 ,2016,(12):140-141.

[10] 陈志霞 , 陈剑峰 . 组织支持感影响工作绩效的直接与间接效应 [J]. 工业工程与管理 ,2008,13(1): 99-104.

[11] 杨海军 . 企业员工组织支持感探讨 [D]. 广州：暨南大学 ,2003.

[12] 杨巍 . 工作压力源、组织支持感知与工作投入关系研究 [D]. 杭州 : 浙江大学 ,2008.

[13] 王静 , 刘智 . 组织支持感对工作家庭冲突的影响 : 教师胜任力的中介作用 [J]. 教育学术月刊 , 2018,(11):65-70.

[14] 郭欣 . 实习支教大学生学校支持感、教师胜任力对其职业认同感的影响研究 [D]. 聊城：聊城大学 ,2017.

[15] 周菲，贾波 . 组织支持感研究述评 [J]. 辽宁大学学报 (哲学社会科学版),2014,(42): 105-109.

[16] 李畅 . 积极心理学理论与应用研究进展 [J]. 科教文汇 (下旬刊),2019,(12):155-156.

[17] LUTHANS F,AVEY J B,AVOLIO B J, et al . Psychological capital development: toward a micro-intervention[J]. Journal of organizational behavior, 2010，27(3)：387-393.

[18] LUTHANS F，NORMAN S M，AVOLIO B J, et al. The mediating role of psychological capital in the supportive organizational climate-employee performance relationship[J]. Journal of organizational behavior，2008,29:219-238.

[19] 梁庆国 , 张玮 . 知识型员工组织支持感对工作投入的影响 : 心理资本的中介作用 [J]. 经营与管理 ,2015,(9):135-137.

[20] 赵敏 . 护士组织支持与心理资本的关系研究 [D]. 晋中：山西医科大学 ,2013.

[21] 任燕 . 组织支持对心理资本的影响研究 [D]. 天津：天津商业大学 ,2012.

[22] 田喜洲 , 谢晋宇 . 组织支持感对员工工作行为的影响 : 心理资本中介作用的实证研究 [J]. 南开管理评论 ,2010,(1):25-31.

[23] 王斐 , 孙丹丹 , 张向芬 , 等 . 急诊护士心理资本对岗位胜任力的影响分析 [J]. 护理与康复 ,2019,(6): 23-25,29.

[24] 童辉杰 . 应对效能 : 问卷的编制及理论模型的建构 [J]. 心理学报 ,2005,37(3):413-419.

[25] 卫林英 , 毛彤彤 . 组织支持感、情绪调节自我效能感与员工幸福感关系研究 [J]. 经济研究导刊 ,2018,363(13):91-96.

[26] 郭胜忠 , 王有智 . 组织支持感与团队效能的关系 : 团队反思的中介作用 [J]. 技术与创新管理 ,2016,37(4): 392-396.

[27] 叶宝娟，胡笑羽，杨强，等.领悟社会支持、应对效能和压力性生活事件对青少年学业成就的影响机制 [J]. 心理科学 2014,(2): 88-94.

[28] 张鼎昆，方俐洛，凌文辁 . Theory of self-efficiency and present condition 自我效能感的理论及研究现状 [J]. 心理科学进展 ,1999,(1): 39-43.

[29] 齐亚静，伍新春 . 工作要求－资源模型：理论和实证研究的拓展脉络 [J]. 北京师范大学学报（社会科学版）,2018,（6）:28-36.

[30] 何浩，刘文令 . 学习适应、心理资本对高职生社会自我效能感的影响研究 [J]. 教育导刊 ,2018, 633(5): 38-41.

[31] 梁世钟 . 大学生公正世界信念与应对效能：坚韧人格起中介作用还是调节作用 ?[J]. 中国健康心理学杂志 ,2017,25(7):1034-1038.

[32] 苗雨 . 本科护生积极心理资本和学业自我效能感的关系研究 [J]. 当代护士（下旬刊），2014,0147(2):147-148.

[33] 罗增让，刘洋，李越 . 大学生积极心理资本、创业自我效能感与创业绩效之间的关系 [J]. 职业与健康，2019,035(5): 671-675.

[34] 丁瑾靓，叶燕芳，傅凌海，等 . 高校朋辈心理辅导员胜任力与自我效能感的关系：以福建省某大学朋辈心理辅导员为例 [J]. 武夷学院学报 ,2019,38(8)：98-104.

[35] 孙云，田荣，李健，等 . 共情、人际关系和自我效能对心理委员胜任力的影响研究 [J]. 六盘水师范学院学报 ,2019,031(3):86-91.

[36] 叶颖，崔壮，王红，等 . 高校教师科研胜任力影响因素的实证研究——以天津市高校为例 [J]. 天津农学院学报 ,2018,025(1), 105-108.

[37] 王凯丽 . 大学生心理资本，职业决策自我效能感与职业生涯规划的关系研究 [D]. 聊城市：聊城大学，2019.

[38] 罗增让，刘洋，李越 . 大学生积极心理资本、创业自我效能感与创业绩效之间的关系 [J]. 职业与健康，2019, 035(5):671-675.

[39] 张阔，张赛，董颖红 . 积极心理资本：测量及其与心理健康的关系 [J]. 心理与行为研究 ,2010，8(1)：58-64.

[40] 周浩，龙立荣 . 共同方法偏差的统计检验与控制方法 [J]. 心理科学进展 ,2004,12(6):942-942.

[41] 温忠麟，侯杰泰，张雷 . 调节效应与中介效应的比较和应用 [J]. 心理学报 ,2005,(2):268-274.

[42] 温忠麟，叶宝娟 . 中介效应分析：方法和模型发展 [J]. 心理科学进

展,2014, 22(5):731-745.

[43] 王钢,范勇,黄旭,等.幼儿教师政府支持、组织支持和胜任力对职业幸福感的影响:职业认同的中介作用[J].心理与行为研究,2018, 16(6):83−91.

[44] 周志娟,金国婷.社会交换理论综述[J].中国商界,2009,(1), 281-281.

[45] 施坚.组织支持理论视域下的高校辅导员生涯发展[J].思想政治课研究,2018,(1): 91-94.

[46] BELL B, KOZLOWSKI W. Goal orientation and ability: interactive effects on self-efficacy, performance, and knowledge[J]. Journal of applied psychology, 2002,87(3):497-505.

[47] 仲理峰.心理资本研究评述与展望[J].心理科学进展,2007,15(3):482-487.

[48] 崔慧珍,魏万宏,刘真亚.护士组织支持感、自我效能感与个人组织契合度的关系研究[J].现代预防医学, 2018,45(10):110-112,152.

[49] 王建平,李董平,张卫.家庭经济困难与青少年社会适应的关系:应对效能的补偿、中介和调节效应[J].北京师范大学学报(社会科学版),2010,(4):24-34.

[50] 潘苗苗,高春荣,姜莉,等.信访工作人员专念与工作旺盛感:心理资本和幸福感的多重中介作用[J].中国临床心理学杂志,2018,26(2):358-362.

[51] 叶宝娟,郑清,董圣鸿,等.胜任力对农村小学校长工作满意度的影响:领导效能与职业认同的中介作用[J].心理发展与教育,2017,(3):306-312.

外显自尊、内隐自尊及自尊分离和大学生就业焦虑的关系

段彩彬　张　冰　朱红阳

沈阳农业大学　110866

【摘要】目的：探讨外显自尊、内隐自尊及自尊分离和大学生就业焦虑的关系。方法：选取116名大学生完成内隐自尊测量实验，并施测外显自尊量表（SES）和就业焦虑问卷（EAQ），获得内隐自尊、外显自尊、就业焦虑水平；另外选取80名大学生完成高内隐自尊启动实验、内隐自尊测量实验，获得高内隐自尊水平，并施测SES和EAQ。结果：内隐自尊及SES、EAQ得分分别为（159.5±81.2）、（2.4±0.7）、（3.2±0.9）。SES得分和EAQ得分成负相关（r=-0.55，p<0.01）；SES得分负向预测EAQ得分（β=-0.13）。外显自尊和内隐自尊交互作用显著，高外显自尊时，内隐自尊得分负向预测EAQ得分（β<-0.01）；低外显自尊时，内隐自尊得分正向预测EAQ得分（β=0.01）；高内隐自尊时，SES得分负向预测EAQ得分（β=-0.06）。结论：自尊与就业焦虑关系密切，自尊分离程度越低，就业焦虑得分越低。

关键词：外显自尊；内隐自尊；自尊分离；就业焦虑

引言

就业焦虑指在面临就业时个体所产生的无能、自卑等的认知变化，担忧、恐惧和后悔的情绪反应以及相应的生理机能的变化[1]。随着我国高等教育的扩招，越来越多的大学生开始出现就业焦虑，这严重影响了大学生的身心健康。因此，对大学生就业焦虑影响因素的研究已成为对其预防和控制的重要课题。

自尊作为个体因素，是人格和动机中最重要的一部分。自尊指个体对自己言

行、地位等的态度，是一个人尊重需要的反映[2]。Greenwald 和 Banaji 于 1995 年首次提出内隐社会认知的概念，并将其中的自尊分为外显自尊、内隐自尊，且认为二者是相对独立的关系，即存在自尊分离[3]。外显自尊指个体面临外界环境时对自我价值产生的有意识、逻辑性的评价；内隐自尊指个体面临环境时对自我价值产生的无意识、自动的评价。自尊分离指个体外显自尊和内隐自尊之间的不一致性、不协调性。根据外显自尊、内隐自尊高低程度不同（按照各自得分平均数加减一个标准差值区分高低程度），自尊又可分为安全型高自尊（高外显高内隐）、脆弱型高自尊（高外显低内隐）、真实型低自尊（低外显低内隐）、受损型低自尊（低外显高内隐）。之后，众多学者开始对自尊展开研究，其中不乏自尊对就业领域影响的探讨。

有关外显自尊的研究结果发现，大学生自尊通过消极应对的中介作用对就业焦虑产生影响[4]。研究结果还发现，高自尊个体在面临职业决策时有更强的效能感[5]，且表现出较强的就业能力、不易受外界环境影响[6]。有关内隐自尊方面研究结果发现，内隐自尊对言语及非言语行为均有显著预测作用。内隐自尊越低，则焦虑程度越高[7]。面对负反馈，低内隐自尊个体更易产生负性情绪，无法面对挫折[8]。常丽提出“滤波器”理论对此进行解释，即个体面临不同性质刺激会产生不同感受，高内隐自尊个体比低内隐自尊个体更能过滤负面效应[9]。有关自尊分离方面研究结果发现，自尊分离（指外显自尊、内隐自尊不一致性。即高外显低内隐自尊或高内隐低外显自尊，而非高外显高内隐自尊或低外显低内隐自尊）对个体行为、健康等更有影响。脆弱型高自尊（高外显低内隐）个体更加自恋、攻击性强[10]；受损型低自尊（低外显高内隐）个体更加追求完美主义、神经质[11]。

综上可知，自尊与就业、焦虑情绪、行为决策等均有显著关联。然而，早期的研究大都是从自尊某一方面对另一变量产生的影响进行探讨，从外显自尊、内隐自尊、自尊分离三个方面同时进行探讨的研究相对较少。另外，大四学生面临毕业的特殊时期，在就业、考研等事情之间更易犹豫不决、产生焦虑[1,4]。因此，本研究以大四学生为研究对象，来探讨外显自尊与内隐自尊及自尊分离和大学生就业焦虑的关系，并通过高内隐自尊启动实验[12-13]进一步进行验证。研究假设：H1 外显自尊负向预测就业焦虑；H2 内隐自尊负向预测就业焦虑；H3 自尊分离程度正向预测就业焦虑。

1　对象与方法

1.1　对象

首先，对沈阳市内 24 所高校进行随机编号，并随机选取其中 1 所本科高校；

然后，采用方便取样，以班级为单位选取大四学生 210 人，剔除无效数据，获有效被试 196 人。以学号为依据，随机选取其中 116 人（男 48 人，女 68 人；文科 76 人，理科 40 人）完成内隐自尊测量实验及外显自尊、就业焦虑的测量（第一部分测试）；另外 80 人（男 33 人，女 47 人；文科 54 人，理科 26 人）以学号为依据，随机分成高内隐自尊组（n=38）和正常对照组（n=42 人）。其中，高内隐自尊组完成高内隐自尊启动实验，正常对照组则保持原有自尊水平作为对照（第二部分测试）。所有被试均自愿参加，且裸眼视力或矫正视力正常；大学期间学生各门学科成绩均无不及格现象。

1.2 工具

1.2.1 外显自尊量表（the self-esteem scale，SES）[14]

自评量表，共 10 个条目，采用 1（很不符合）~4（非常符合）4 点计分，以总平均分为外显自尊得分，得分越高则外显自尊水平越高。本研究中量表的 Cronbach α 系数为 0.86。

1.2.2 就业焦虑问卷（employment anxiety questionnaire，EAQ）[15]

自评问卷，共 26 个条目，分为对就业前景的担忧、自信心不足、缺乏就业支持、就业竞争压力 4 个维度。每个条目采用 1(完全不符）~5(完全符合）5 点计分，以总平均分为就业焦虑得分，得分越高则就业焦虑越高。因总平均分代表个体就业焦虑水平，而各维度是对此水平各方面的解释，故本研究只选取总分作为变量。本研究中量表的 Cronbach α 系数为 0.89。

1.3 实验程序

参加第一部分测试的被试，先在电脑前完成内隐自尊测量实验，随后完成 SES 和 EAQ 的测量。参加第二部分测试的被试中，高内隐自尊组先在电脑前完成高内隐自尊启动实验，接着完成内隐自尊测量实验，然后完成 SES 和 EAQ 的测量；正常对照组则先完成内隐自尊测量实验，然后完成 SES 和 EAQ 的测量。每次实验或测量之间，被试均休息 5 分钟，以免前后任务的干扰。

内隐自尊测量实验：运用内隐联想测验 (implicit association test，IAT)，即属性词和概念词的联系程度来测量内隐自尊[8]。概念词中表示自我和非我的词各 10 个（如我、自己的、俺的、他们的、人家的），属性词中积极和消极词各 10 个（如诚实、自豪、罪恶、可恨）。操作分五部分，第一部分对概念词分类反应，将自我词归为一类并按 A 键，将非我词归为一类并按 L 键；第二部分对属性词分类反应，将积极词按 A 键，将消极词按 L 键；第三部分联合分类反应，对之前出现的词中，属于自我或积极的词按 A 键，属于非我或消极的词按 L 键；第四部分为第一部分反转，将非我词归类按 A，将自我词归类按 L 键；第五部分是第三部分反转，将非我词或积极词按 A 键，将自我或消极词按 L 键。第三部分和第五部分分别是相容任务和不相容任务，其他部分为练习。为消除顺序影响，相容任务、不相容任务各有一半在前、一半在后。最终，以相容任务和不相容任务反应时之差作为内隐自尊的指标，如果差值大于 0，则表明个体内隐自尊明显，正性差值越大内隐自尊越高。其中，反应时低于 300 ms 的以 300 ms 计算，高于 3000 ms 的以 3000 ms 计算；删除一个任务中有 20% 以上错误反应的被试数据。

高内隐自尊启动实验[12]：首先在屏幕中呈现掩蔽刺激“xxxxxx”500 ms，高内隐自尊组在掩蔽刺激消失后，屏幕可能会出现启动词“我”17 ms，并接着呈现积极词语；也可能会出现“x”17 ms，并接着呈现消极词语。正常对照组在掩蔽刺激消失后，屏幕只会出现启动词“x”17 ms，并接着呈现消极或积极词语。所有被试任务是判断呈现词语是积极还是消极并按键反应。

1.4 统计方法

运用 SPSS21.0、E-prime1.1 软件对数据进行录入和分析。对 SES 得分、内隐自尊和 EAQ 得分进行描述性统计；采用 Pearson 积差相关探讨 SES 得分、内隐自尊和 EAQ 得分之间的相关性；采用独立样本 t 检验比较高内隐自尊启动组、正常对照组的 SES、内隐自尊得分；采用多重逐步回归分析探讨外显自尊、内隐自尊及自尊分离和就业焦虑的关系，并用简单斜率法对交互作用做后续分析；采用简单线性回归进一步探讨高内隐自尊启动条件下自尊分离和就业焦虑的关系。

2 结果

2.1 各变量描述统计及相关分析

第一部分测试结果表明，外显自尊得分和就业焦虑得分成负相关，内隐自尊得分和就业焦虑得分相关不显著，外显自尊得分和内隐自尊得分相关不显著（表 1）。高内隐自尊启动任务的结果和其一致，使结果进一步得到验证（表 2），说明外显自尊、内隐自尊是相对独立的关系。

表 1　一部分测试任务下各变量的相关分析（r）

变量	$\bar{x} \pm s$	外显自尊	内隐自尊	就业焦虑
外显自尊	2.4 ± 0.7	1	—	—
内隐自尊	159.5±81.2	0.02	1	—
就业焦虑	3.2 ± 0.9	-0.55^{**}	−0.14	1

注：* 为 $p<0.05$, ** 为 $p<0.01$。

表 2　高内隐自尊启动任务下各变量的相关分析（r）

变量	$\bar{x} \pm s$	外显自尊	内隐自尊
高内隐自尊组	—	—	—
外显自尊	2.3 ± 0.7	—	—
内隐自尊	156.3 ± 47.5	0.08	
就业焦虑	3.2 ± 0.8	-0.55^{**}	−0.11
正常对照组	—	—	—
外显自尊	2.4 ± 0.6	—	—
内隐自尊	128.9 ± 44.8	0.07	—
就业焦虑	3.3 ± 3.3	-0.68^{**}	−0.11

注：* 为 $p<0.05$, ** 为 $p<0.01$。

2.2　高内隐自尊启动效果

高内隐自尊组被试的内隐自尊得分高于正常对照组；高内隐自尊组被试的外显自尊得分和正常对照组的外显自尊得分没有显著差异（表 3）。

表 3　不同组别间各变量得分比较（$\bar{x} \pm s$）

变量	高内隐自尊组（n=38）	正常对照组（n=42）	t	P	*Cohen's d*
外显自尊	2.3 ± 0.7	2.4 ± 0.6	−0.52	0.605	0.11
内隐自尊	156.3±47.5	128.9±44.8	2.66	0.010	0.59

2.3　自尊和就业焦虑的关系

根据第一部分测试任务结果，以就业焦虑得分为因变量，外显自尊、内隐自尊得分及其交互项为自变量，进行多重逐步回归。结果表明（表 4），外显自尊得分负向预测就业焦虑；外显自尊和内隐自尊交互作用显著。

表 4　自尊对就业焦虑的多重逐步回归（N=116）

自变量	偏回归系数				标化偏回归系数	R^2	R^2_{adj}
	系数 (*β*/*Coef*)	标准误（*SE*）	*t*	*P*			
外显自尊	-0.13	0.10	-13.39	<0.001	–1.11	0.62	0.61
外显自尊 * 内隐自尊	-0.01	0.00	–9.61	<0.001	–0.80		

采用简单斜率检验对交互作用进行分析，以外显自尊得分的平均数加减 1 个标准差的值区分出高外显自尊（高于平均数一个标准差）、低外显自尊（低于平均数一个标准差）。在高外显自尊下，内隐自尊得分显著负向预测就业焦虑（β<–0.01，t=–3.56，P<0.01），即内隐自尊得分越高，自尊分离程度越低，就业焦虑得分越低；在低外显自尊下，内隐自尊得分可正向预测就业焦虑（β=0.01，t=7.46，p<0.01），内隐自尊得分越高，自尊分离程度越高，就业焦虑得分越高（图 1）。

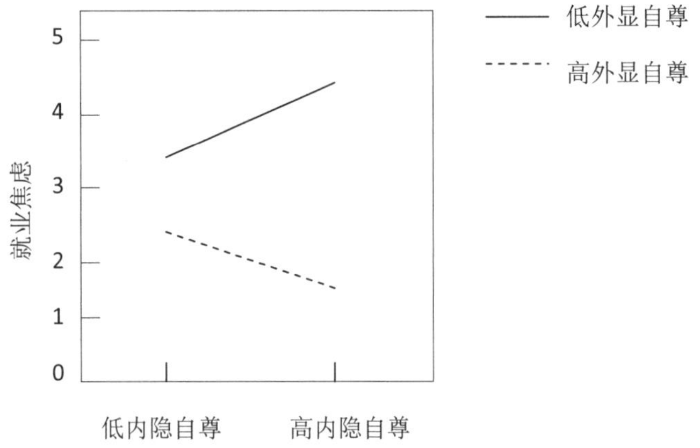

图 1　外显、内隐自尊交互作用

2.4　自尊分离和就业焦虑的关系

采用高内隐自尊启动实验，进一步探讨自尊分离和就业焦虑的关系。通过高内隐自尊启动，增大了低外显自尊个体的自尊分离程度，减弱了高外显自尊个体的自尊分离程度。以外显自尊得分为自变量，就业焦虑得分为因变量，分别对高内隐自尊组、正常对照组进行简单线性回归分析。结果表明（表 5），在高内隐自尊组，外显自尊得分显著负向预测就业焦虑（β=–0.06，t=–3.97, p<0.01）；在正常对照组，外显自尊得分同样显著负向预测就业焦虑（β=–0.07，t=–5.97, p<0.01）。由此说明，内隐自尊的高低影响着外显自尊对就业焦虑预测的强度，即自尊分离程度得分正向预测就业焦虑得分。进一步分析发现，高内隐自尊组被试就业焦虑得分变化比正常对照组得分变化更快（–0.06>–0.07），结合图 1 交互作用分析可知，受损型低自尊

（低外显高内隐）个体就业焦虑最高，安全型高自尊（高外显高内隐）个体就业焦虑最低，其他类型自尊个体的就业焦虑居中。

表 5 外显自尊对就业焦虑的回归分析（N=80）

自变量	偏回归系数				标化偏回归系数	R^2	R^2_{adj}
	系数 (β/*Coef*)	标准误（*SE*）	t	P			
高内隐自尊组	—	—	—	—	—	0.30	0.29
外显自尊	–0.06	0.02	–3.97	<0.001	–0.55	—	—
正常对照组	—	—	—	—	—	0.47	0.45
外显自尊	–0.07	0.01	–5.93	<0.001	–0.68	—	—

3 讨论

首先，研究结果发现，毕业生整体上具有较高水平外显自尊，这与以往研究结果一致[16]。大学毕业生已经具备丰富社会经历和充分学科知识，对自己认识也较为清晰、有自己明确的目标。加之心理上的成熟，能脱离环境从客观的角度评价自己。所以，外显自尊水平较高。研究结果还发现，相容阶段反应时小于不相容阶段反应时，个体具有高水平的内隐自尊，这与以往研究结果一致[17]。说明个体自我表征中倾向于将积极词与自身联系，自动化程度高；消极词与自身联系不紧密，需要更复杂的认知加工。研究结果还发现，大学毕业生总体就业焦虑处于中等偏上水平，这与以往研究结果也一致[18]。大学毕业生人数的增多、就业的不自信造成大学生就业焦虑水平增高。大学生毕业生的性别、出生环境、独生子女等因素也是就业焦虑的原因[1]。

其次，研究结果发现，外显自尊和就业焦虑成显著负相关，内隐自尊和就业焦虑相关不显著，外显自尊和内隐自尊相关也不显著。进一步为外显自尊、内隐自尊存在相对独立的关系提供证据[9]。Smith 和 DeCoster 解释为：人存在两种独立信息加工模式。一种是规则模式，它是有逻辑的、理性的，经过理论知识、反复思考进而有意识、可控制地进行信息加工；另一种是联结模式，它是直觉的、感性的，进而无意识、自动化地进行信息加工。外显自尊通过规则模式对外界情景做出缓慢、缜密的反应，内隐自尊则通过联结模式实现对外界情景快速反应。

再次，研究结果发现，外显自尊对就业焦虑具有显著负向预测作用。外显自尊水平越高，就业焦虑越低，假设 H1 得到证实。可能的原因：第一，外显自尊和自信成显著正相关[19]。自信指个体对自身能力的评估[19]。二者成显著正相关，即外显自尊越高的个体常常赋予自己积极的肯定，在面对未来事情时更加沉着、冷静，所以对于即将到来的就业压力，焦虑程度较低；外显自尊越低的个体常常赋予自己消极的评价，在面对未来事情时更加害怕、慌张，所以对于即将到来的就业压力，焦虑程度较高。第二，外显自尊和自我概念清晰性成显著正相关[13]。自我概念清晰性指个体对自我概念内容了解的清晰度、确信度，是自我概念重要的结构成分[13]。二者成显著正相关，即外显自尊越高的个体对自我及周围环境的认识会越全面、越具体、越客观，所以就业来临时，会清楚知道自己适合什么职业，能找到什么级别的单位，不会受周围同学及环境的影响，就业焦虑较低；外显自尊越低的个体对自我及周围环境缺乏认知，所以就业来临时，面对各种职业会眼花缭乱，不知何去何从，加之其无法忍受不确定性的增强，因此，就业焦虑较高。

然后，研究结果发现，内隐自尊对就业焦虑不具有预测作用，假设 H2 未得到证实。这与牛凯宁研究结果一致[16]。可能的原因：第一，内隐自尊与就业焦虑的关系受到外显自尊高低的影响，内隐自尊无法简单地证明其与就业焦虑的关系，所以从统计分析上无法得到两者之间的关联。文中外显自尊、内隐自尊的交互作用对就业焦虑影响显著也进一步提供了证明。第二，本文中被试就业焦虑的测试属于自我评定问卷，为外显水平。所以，研究结果属于内隐自尊对外显就业焦虑无显著预测，但内隐自尊对内隐就业焦虑预测如何，尚需进一步探讨。

最后，研究结果发现，外显自尊、内隐自尊的交互作用显著；研究结果还发现，自尊分离程度正向预测就业焦虑。假设 H3 得到证实。由此说明，外显自尊的高低决定着内隐自尊对就业焦虑预测的方向；内隐自尊的高低决定着外显自尊对就业焦虑预测的强度；自尊分离程度越高，则就业焦虑得分越高，其中受损型低自尊个体就业焦虑最高。具体而言，低外显自尊下，内隐自尊得分正向预测就业焦虑；高外显自尊下，内隐自尊得分负向预测就业焦虑。所以受损型低自尊（低外显高内隐）个体就业焦虑最高，安全型高自尊（高外显高内隐）个体就业焦虑最低，脆弱型高自尊、真实型低自尊个体就业焦虑居中。可能的原因：自尊分离容易使个体在情绪上产生焦虑、抑郁的状态，这种情绪状态下，使个体不知如何面对就业，故产生就业焦虑[20]。自尊分离容易使个体在认知上产生自我怀疑、缺乏自信，进而不敢面临就业，故产生就业焦虑[19]。自尊分离使个体在能力上缺乏自我效能感——指个体对自己是否有能力完成某行为的自信程度，因而无力面临就业，产生就业焦虑[21]。另外，研究结果表明，受损型低自尊（低外显高内隐）个体更加敏感，缺乏自信，当面对不良信息时自尊水平变化更大[10]；Cai 提出，受损型低自尊个体更加温和、谦卑，乐于接受外界意见，也易受外界影响[22]；段锦云等提出受损型低自尊个体具有更低的自我概念清晰性[13]，因而受损型低自尊个体可能就业焦虑最高。安全型高自尊个体在面临职业决策时具有较强的自我效能感[5]，以及较强的自信心，不易受外界环境影响[6]，因而安全型高自尊个体就业焦虑最低。

综上，基于研究结果，对如何改善大学生就业焦虑有几点启示：第一，家庭、学校应注重对大学生外显自尊的培养，进而使其从容面对就业。第二，自尊分离使个体面临较多危机，学校心理中心应多关注此类学生。同时，研究也有许多不足：第一，就业焦虑量表包含就业前景担忧、缺乏就业支持、自信心不足、就业竞争压力等多个方面，本研究仅测查了总体程度，未来可以针对更细致的某方面进行考量。第二，研究样本仅在沈阳高校中随机选取，代表性不高，未来可扩大取样范围进一步验证。第三，研究只揭示了自尊单个因素与就业焦虑的关系，未能从多因素出发，更深入探讨自尊以何种方式、多大程度上和就业焦虑存在关联，这也为日后研究提供了方向。

参考文献

[1] 段彩彬，刘春雷．就业焦虑与父母教养方式研究概述 [J]. 牡丹江师范学院学报，2013,34(3):129-131.

[2] 曹杏田，张丽华．青少年情绪调节自我效能感和自我控制在自尊与攻击性的关系中的链式中介作用 [J]. 中国心理卫生杂志，2018,32(7):574-579.

[3] GREENWALD A G, BANAJI M R. Implicit social cognition:attitudes, self–esteem and stereotypes[J].Psychological review,1995,102(1):4-27.

[4] 黄梅，李大林，陈维．自尊与大学毕业生就业焦虑的关系：基于 Bootstrap 法的 SEM 分析 [J]. 贵州师范大学学报（自然科学版），2018,36(2):96-100.

[5] WU C. Unpacking the role of self-esteem in career uncertainty: a self-determination perspective[J].The journal of positive psychology,2015,10(3):231-239.

[6] 孙红日，刘丹．大学生一般就业能力与自我效能的关系：自尊的中介效应检验 [J]. 教育学术月刊，2014,30(10):83-86.

[7] PETERSON J L, DEHART T. Regulating connection: implicit self-esteem predicts positive non-verbal behavior during romantic relationship-threat[J]. Journal of experimental social psycology,2013,49(1):99-105.

[8] 乔玉玲，吴仁钢．自尊的不同类型与心理健康 [J]. 精神医学杂志 .2016,29(6):465–470.

[9] 常丽，杜建政．内隐自尊的功能：缓冲器，还是滤波器 [J]. 心理科学，2007,30(4):1017–1019.

[10] MICHAEL L,CHELSEA E,NATHAN T,et al.Self-esteem and narcissism: An item response theory analysis of curvilinearity[J].Personality&individual differences,2018,128(7):16-20.

[11] 董江会，宁静，郭丽．抑郁症患者完美主义与自尊、内隐自尊的关系 [J]. 中国神经精神疾病杂志 ,2015,42(2):82-86.

[12] PARK J K, JOHN D R. More than meets the eye: the influence of implicit and explicit self-esteem on materialism[J].Journal of consumer psychology,2011,21(1):73-87.

[13] 段锦云，古晓花，孙露莹．外显自尊、内隐自尊及其分离对建议采纳的影响 [J]. 心理学报 ,2016,48(4):371-384.

[14] 季益富，于欣．自尊量表 [J]. 中国心理卫生杂志 ,1999, 增刊 :318-320.

[15] 张玉柱，陈中永．高校毕业生择业焦虑问卷的初步编制 [J]. 中国心理卫生杂志 ,2006,20(8):555-557.

[16] 牛凯宁，郑满利．大学毕业生外显自尊、内隐自尊与职业决策困难的关系 [J]. 中国临床心理学杂志 ,2017,25(1):68-72.

[17] 张丽华，施国春，张一鸣．脆弱型高自尊高中生攻击性线索注意偏向 [J]. 心理与行为研究 ,2016,14(1):36-41.

[18] 段彩彬，刘春雷．大学生就业焦虑与父母教养方式、自我概念之关系 [J]. 沈阳大学学报（社会科学版）,2013,15(5):668-672.

[19] OWENS T J. Accentuate the positive-and the negative: rethinking the use of self-esteem, self-deprecation and self-confidence[J].social psycology quarterly,1993,56(4):288-299.

[20] 张丽华，曹杏田．脆弱型高自尊研究：缘起、现状与展望 [J]. 辽宁师范大学学报（社会科学版）,2017,40(6):1-6.

[21] CHOI B, YANG P, LEE E, et al. Understanding career decision self-efficacy: a meta–analytic approach[J].Journal of career deuelcpment,2012,39(5):443-460.

[22] CAI H, SEDIKIDES C, GAERTNER L, et al. Tactical self–enhancement in China: is modesty at the service of self–enhancement in East Asian culture?[J].Social psychological&personality science,2011,2(1):59–64.

大学生强迫症状的走势分析及成因探索

曹晓平　董婉玲　张津凡

沈阳大学　110044

【摘要】采用症状自评量表（SCL-90）对大学新生进行群体施测，对2013—2019级的测量结果进行平均分差异显著检验和方差检验。大学生的量表测试的结果呈现逐年升高的趋势，其中强迫症状上升幅度较大。对大学生强迫症状升高的可能成因进行探索，文中提出基础教育的教学目标和教学方式对学生的强迫症状可能产生影响，并对行为固化对脑结构的改变，以及是否发生代际传递表示关注。因此对基础教学的教学内容和教学方式提出建议。

关键词：强迫症状；教学内容；教学方式

引言

学生的心理发育是连续的，学校的心理卫生工作也应该是衔接的。高等教育的学校心理卫生在承担本阶段的工作内容时，还应该对基础教育阶段影响学生心理发育的因素进行探讨，并对可能的人为成因提出防范和修正的建议。

1　方法

采用德若伽提斯编制的90项症状清单（SCL-90），对入学新生整群测试。采用上海惠诚科教器械股份有限公司的大学生心理测验及档案管理系统V6.0(网络版）进行测试，采用SSPS16.0处理数据。

2 结果

2.1 2013—2019 级学生强迫症状得分均值比较

2013—2019 级学生 SCL–90 的总分不断升高，其中躯体化、强迫症状、人际关系敏感、抑郁等因子项的得分呈上升趋势。本文集中讨论强迫症状的测量结果。

表 1 2013—2019 级学生 SCL-90 强迫症状得分均值比较

年级	*M*	*S*	*N*	*Z*
2013 级	16	5.56	3414	
2014 级	17	5.74	3668	-7.37**
2015 级	18	6.1	3118	-6.19**
2016 级	18	6.1	3519	0
2017 级	18	6.46	3457	0
2018 级	19	6.77	3664	-6.38**
2019 级	19	6.59	3602	0

** 为 $p<0.01$ 差异非常显著，下同。

2013 级至 2019 级全体学生 SCL–90 强迫症状的均值呈现明显的上升趋势。依次将相邻两年的测量结果进行平均数差异的显著性检验，结果见表 1。2013 级与 2019 级强迫症状的 *Z* 值是 20.51，差异非常显著。

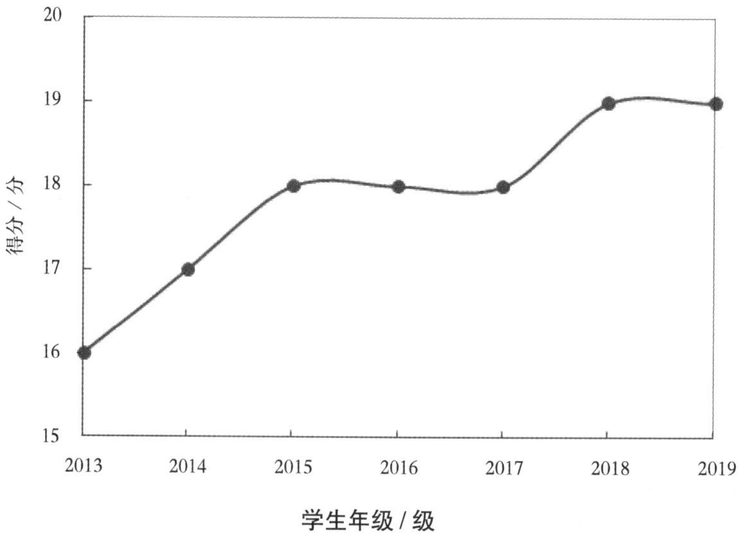

图 1 2013—2019 级学生 SCL-90 强迫症状均分走势

由图 1 可见，2013—2019 级学生在 SCL–90 测验中，强迫症状得分均值呈现阶段性递增趋势。平均数差异显著性检验结果显示，2014 级、2015 级和 2018 级年同前一年相比，大幅增高，差异非常显著；2013 级与 2019 级相比，差异非常显著。

表 2　2013—2019 级男生 SCL-90 强迫症状得分均值比较

年级	*M*	*S*	*N*	*Z*
2013 级	17	5.54	1481	
2014 级	17	5.57	1618	0
2015 级	18	6.27	1195	-4.32^{*}
2016 级	18	6.55	1374	0
2017 级	18	6.66	1362	0
2018 级	19	6.94	1387	-3.68^{**}
2019 级	19	6.79	1415	0

表 2 中，2013—2019 级男生 SCL-90 强迫症状得分的均值呈现明显的上升趋势。依次将相邻两年的得分均值做了平均数差异的显著性检验。2013 级与 2019 级强迫症状 *Z* 值是 8.66，差异非常显著。

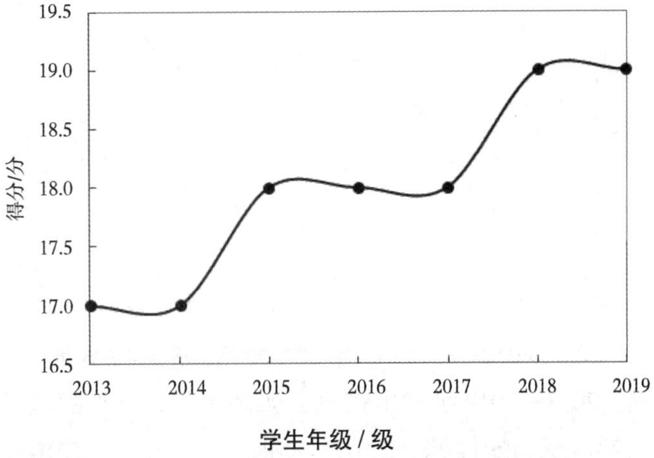

图 2　2013—2019 级男生 SCL-90 强迫症状得分走势

由图 2 可见，2013—2019 级男生在 SCL-90 测验中，强迫症状得分均值呈现阶梯递增趋势。2015 级、2018 级同前一年相比，大幅增高，差异非常显著。2014 级、2016 级、2017 级、2019 级略有下降，差异不显著。

表 3　2013—2019 级女生 SCL-90 强迫症状得分数据表

年级	M	S	N	Z
2013 级	16	5.54	1934	—
2014 级	17	5.72	2060	-5.54**
2015 级	17	6.07	1923	0
2016 级	17	5.83	2145	0
2017 级	18	6.33	2095	-5.35**
2018 级	19	6.66	2277	-5.09**
2019 级	19	6.46	2187	0

表 3 中，2013—2019 级女生 SCL-90 女生强迫症状得分的均值呈现明显的上升趋势。依次将相邻两年的得分均值做了平均数差异的显著性检验。然后检验了 2013 年与 2019 年得分均值的差异，结果值是 -15.83，差异非常显著。

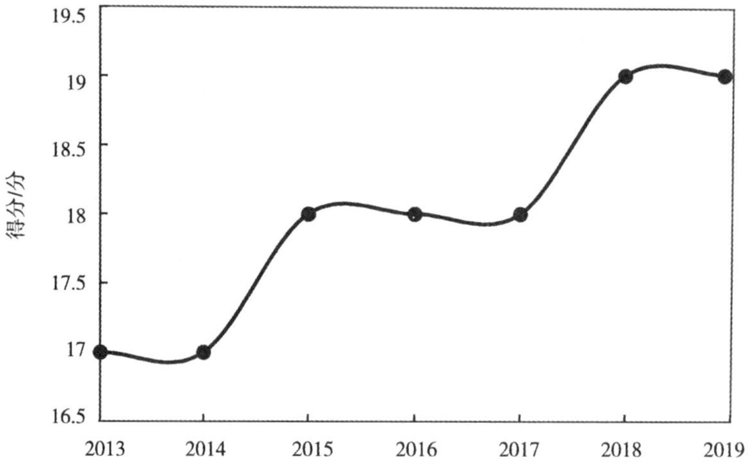

图 3　2013—2019 级女生 SCL-90 强迫症状得分走势

由图 3 可见，2013—2019 级女生在 SCL-90 测验中，强迫症状得分的均值呈现阶梯递增趋势。2014 级、2017 级、2018 级同前一年相比，大幅增高，差异非常显著。2015 级、2016 级、2019 级略有下降，差异不显著。

2.2　2013—2019 级女生强迫症状测试结果的分方差分析

为探究 7 年来学生强迫症状得分变化的总体趋势，研究者对数据进行了方差分析检验。结果如下：

表 4　2013 级—2019 级学生 SCL-90 强迫症状方差分析

变异来源	平方和	自由度	均方	*F* 值	*P* 值
	SS	*df*	*Ms*		
$SS_{总}$	1975.96	42803	—	—	—
$SS_{组间}$	84	6	14	318.18	<0.01
$SS_{组内}$	1891.96	42797	0.044	—	—

表 4 说明了 2013—2019 级，7 年来全体学生 SCL-90 强迫症状得分的总体差异。方差分析结果显示，2013—2019 级学生强迫症状得分不断增高，差异十分显著。

表 5　2013 级—2019 级男生 SCL-90 强迫症状方差分析

变异来源	平方和	自由度	均方	*F* 值	*P* 值
	SS	*df*	*Ms*		
$SS_{总}$	2088.03	17365	—	—	—
$SS_{组间}$	77	6	12.83	110.6	<0.01
$SS_{组内}$	2011.03	17359	0.116	—	—

表 5 说明了 2013—2019 级，7 年来男生 SCL-90 强迫症状得分的总体差异。方差分析结果显示，2013—2019 级男生强迫症状得分不断增高，差异十分显著。

表 6　2013—2019 级女生 SCL-90 强迫症状方差分析

变异来源	平方和	自由度	均方	*F* 值	*P* 值
	SS	*df*	*Ms*		
$\mathrm{SS}_{总}$	1975.96	25437	—	—	—
$\mathrm{SS}_{组间}$	70	6	11.67	185.24	<0.01
$\mathrm{SS}_{组内}$	1597.26	25431	0.063	—	—

表 6 说明了 2013—2019 级，7 年来女生强迫症状得分的总体差异，方差分析结果显示，2013—2019 级女生强迫症状得分不断增高，差异十分显著。

7 年来全体学生强迫症状得分都不断升高的，男生与女生强迫症状得分都在不断增高。

2.3　大学生 SCL-90 强迫症状因子的答题频数

为探讨大学生强迫症状中具体的表现和性别差异，我们对在 2017 级和 2018 级学生中随机取样，对 SCL-90 中所含的强迫症状因子进行评述统计，结果如下：

表 7　大学男生 SCL-90 强迫症状因子的答题频数 N=225

序号	题号	题目	极重	重	合计 / 次
1	46	难以做出决定	71	80	151
2	10	担心自己的衣饰整齐及仪态的端正	47	84	131
3	9	忘记性大	55	74	129
4	45	做事必须反复检查	58	70	128
5	3	头脑中有不必要的想法或字句盘旋	44	73	117
6	38	做事必须做得很慢以保证做得正确	49	65	114
7	55	不能集中注意	51	58	109
8	51	脑子变空了	35	50	85
9	28	感到难以完成任务	23	56	79
10	65	必须反复洗手、点数	29	23	52

表 8　大学女生 SCL-90 强迫症状因子的答题频数 N=309

序号	题号	题 目	极重	重	合计 / 次
1	46	难以做出决定	104	118	222
2	9	忘记性大	91	121	212
3	10	担心自己的衣饰整齐及仪态的端正	75	123	198
4	3	头脑中有不必要的想法或字句盘旋	53	105	158
5	55	不能集中注意	58	90	148
6	45	做事必须反复检查	66	82	148
7	51	脑子变空了	66	65	131
8	38	做事必须做得很慢以保证做得正确	49	79	128
9	28	感到难以完成任务	45	81	126
10	65	必须反复洗手、点数	23	29	52

表 7 与表 8 中，男生和女生的前三项内容相同，后两项内容相同和序位相同。在强迫症状中，居前列的是强迫思虑，强迫行为排在末位。男生也“担心自己的衣饰整齐及仪态的端正”，表面上是对自己衣着的担忧，实际上是难以做出决定，或对自己的决定有担忧，也可考虑是斯金纳的鸽子抵消挫折的迷信动作。“忘记性大”是过度强调记忆准确度造成的。人类记忆的真实情况是模糊记忆，过度强调记忆的准确和牢固势必造成的紧张和恐惧，也可能是对于教师家长批评的抵抗，或内归因自己记性不好的愧疚。“难以做出决定”是自己无法独立做出判断和决策，原因是

否为试题标准答案的严酷，不允许丝毫差错和创见。“不能集中注意”应该与睡眠不足的有关。长年的睡眠不足和繁重的学习负担消耗了神经递质，在得不到及时补充的情况下，出现神经活动的偏离。由于容易觉察的外部表现的强迫行为“必须反复洗手、点数”表现最少，所以学生的强迫症状容易被低估或被忽视。

3 讨论与建议

从生化、脑电生理、影像等视角去探讨强迫状态，可以看到神经递质、神经肽、谷氨酸等发生改变，但在病因上的研究还不确定。

在强迫症状逐年的程度和范围上的增长很难归结为遗传的因素。

从习性学的角度去考虑，家庭的养育方式和学校的教学方式，可能是造成学生强迫加重的原因。

家庭养育中对幼儿的过度束缚和严厉呵斥，以及过度保护和过度干涉，造成的完美倾向。虽然父母不良的教养方式并不必然强化完美主义的非适应性方面，但仍不能或绝不能视为有利因素，只是由于个体差异未造成明显伤害。

学校教学中评价取向的考核和行为规范的严苛都有可能造成特定神经回路的建立和特定脑区的兴奋，表现为对知识精确记忆的要求，对考试成绩的过度追求。在对艾宾浩斯遗忘曲线的畏惧下的反复练习，初三和高三几乎整个学年没有新知识的进展，都是在模拟考试中的威慑下练习纯熟，必定对个体的心理和神经活动造成损伤。

Rachman 等认为，强迫行为常常由某些环境因素引起，当强迫症患者暴露于相应的环境时，会有逐渐增强的不适或焦虑，而其开始强迫行为后常常体会到不适的感觉明显减轻了。

在佛罗斯特多维完美主义心理量表中，“对错误的在意度”（CM）、“行为的迟疑度”（DA）、“个人标准”（PS）以及“父母期望度”（PE）与焦虑、抑郁、紧张（stress）成正相关，与自尊成负相关。我们还考虑“对错误的在意度”（CM）同刺激后大脑闪回是否具有较大的正相关。其中“行为的迟疑度”（DA）的直接表现，在大学是学生答完卷后，不肯立即交卷，要反复检查之后才肯离开考场；在中学是学生同老师交流很少探讨问题，多数是核对答案。

鲁本斯用“结构性内化”(structural internalization) 指源自坏的经验而导致自我各部分分裂及潜抑的内化。虽然按照 Mower 的假设，大学生的强迫症状在毕业后会自然得到缓解，也可能携带更久的时间，后者至少在就读期间的状态是要引起重视，并加以干预和缓解的。如果这种损伤在终止超强度的知识学习后仍然留下终生的痕迹，那么表观遗传学提示，长久的习性变化会改变大脑结构，更加令人担忧的是脑结构的改变是否发生代际传递。

所以，对于大学生的强迫症状的逐年加重的趋势必须正确判断，并做出相应的改变。若保证大学生的心理健康需要在养育方式和教学方式上做出改变。

参考文献

[1] 方新，钱铭怡，罗珊红，等. 大学生完美主义与父母养育方式、心理健康的关系 [J]. 中国心理卫生杂志，2009，23（1）：57-59.

[2] 周雪婷，张斌，朱虹，等. 完美主义与强迫症的关系研究述评 . 医学与哲学（人文社会医学版），2011，32（9）：28-29

[3] 訾非，周旭 . 大学生完美主义心理与父母养育方式的关系 [J]. 中国健康心理学杂志，2005，13（5）：321-323.

[4] 肖泽萍，张明岛，严和骎 . 强迫症的生化、内分泌研究进展 [J]. 上海精神医学，2002，（14）2：109-110.

[5] 肖泽萍，张明岛，严和骎 . 强迫症的神经病理学及遗传研究进展 [J]. 上海精神医学，2002，14（3）：168-169.

[6] 苏中华，成义仁 . 强迫症与多巴胺能作用 [J]. 国际精神病学家杂志，2006，32（2）:117-119.

[7] 谢丽娟，陈焕文，谢光荣，等. 选择性注意的神经生理学解释 [J]. 中国临床心理学杂志，2006(5):550-552.

[8] 周云飞，张亚林 . 强迫症的生物学研究进展 [J]. 四川精神卫生，2004，17（3）：4-5.

人际挫折情境下大学生自尊对自我评价的影响

纪　念

山东师范大学 250014

【摘要】本文通过设置人际挫折情境，采用问卷调查与实验、访谈相结合的方法，考查了大学生自尊对人际拒绝前后自我评价的影响，并从家庭、学校、人际交往角度提出了建议。结果发现：(1) 在人际挫折前后，高自尊水平组被试的自我评价得分都高于低自尊水平组；(2) 人际挫折情境能够有效诱导被试对于自我评价产生反应；(3) 高、低自尊个体在挫折情境前后，自我评价测量的变化幅度差异不显著；(4) 自尊对自我评价产生的影响并不是立即产生的。

关键词：自尊；人际挫折；自我评价

引言

自尊（self-esteem）是自我意识中的自我体验成分，它既是个体人格的核心成分之一，也是人们在应对挑战时的一种自信体验。马斯洛在其需要层次理论中将自尊作为仅次于自我实现的需要之一。

近年来，自尊对心理健康特别是情绪健康的重要意义受到了心理学家的普遍关注。Becker 等人在其恐惧管理理论（TMT）中提出，自尊能够缓解生活中诸如被拒绝、被忘记、失败、毁坏、破灭等包含“死亡”这一含义语句引起的焦虑，是个体顺应社会的文化环境、确保身心健康的有效机制之一。Mruck 将“自尊”喻作“自我之盾”，具有特定的心理防御和保护机能。研究结果发现，自尊主要是以预测性变量（如高、低自尊者在认知上是否会产生不同）、结果变量（如不同经历如何影响个体看待自己的方式）、中介变量（如高自尊常常被看作努力学习的动机）三种变量存在，影响心理健康。

大学生的世界观、人生观、价值观尚未达到成熟、稳定，难以拥有独立的自我评价系统，其自我评价具有自发性、丰富性、主动性、两极性和光环效应等特点。这种偏差使得他们在某些情况下难以正确看待自己，在很大程度上通过主流价值观和外界评价体系来看待自我。

自尊与个体对学识、能力、社会地位等因素的自我评价密切相关。自我认知与评价的差异使得自尊水平出现了差异，影响其言语与行为；言语与行为反过来再影响自我认知预评价。Fleming 等的研究证实：自尊与焦虑、抑郁等低自我评价的词语之间显著负相关，其相关系数分别为 –0.64 和 –0.54。这与张向葵的研究结论相一致。这表明高水平的自尊与积极的情感（如成就感）有正相关，对行为存在着积极的影响；低自尊水平与消极情感（如抑郁等）成正相关，对行为存在消极的影响。同低自尊的人相比，高自尊的人倾向于认同自我在社会期望的特质中展现出来的成就，从而对自我产生更为积极的评价。

自我评价在目前海内外的研究焦点在于：（1）自我评价与非自我评价的比较，探讨两者差别；（2）自我评价中性别和年龄的差异。关于自尊、自我评价与心理健康关系的研究则主要集中在自我评价与心理健康之间的关系，自尊与心理健康之间的关系等领域。关于自尊与自我评价关系的研究，主要集中于自尊作为中介变量对情绪性的自我评价的影响，而且多是特质性的，对于自尊是如何影响状态性的整体自我评价的研究则较少见。研究自尊对心理健康的影响所应用的诱导失败的程序多是成就失败，人际交往失败的研究也较缺乏。

本研究试图通过人际拒绝情境引起被试的状态性自我评价的变化，以期探讨自尊这一因素对失败后自我评价的影响，从而为日前大学生自尊教育、心理健康辅导等提供一些心理学依据。本研究提出三个假设：（1）随着个体自尊程度的增高，个体的自我评价也有所增高；（2）自尊程度与人际拒绝后的状态性自我评价成负相关；（3）高自尊者更倾向将人际挫折情景归因于他人的消极品质，而低自尊者更倾向于自身的消极品质。

1　研究方法

1.1　被试

采取随机整群抽样，选取山东师范大学大一、大二学生共 129 人，进行自尊水平的测量。按自尊量表分数的高低选取总体的前 27% 作为高分组（高自尊组：*M*=43.32，*SD*=1.993），后 27% 作为低分组（低自尊组：*M*=26.14，*SD*=3.809），共选取 68 人作为下一步实验的被试。最终，实际参与实验者 63 人（男 24 人，女 39 人），全部为有效被试。

1.2 实验材料及实验安排

（1）自尊测量。采用 Cooper Smith 自尊调查表（SEI）。该量表共 58 题，被试需要在“像我”、“不像我”两个等级上对自我进行评价。选择前者得 1 分，选择后者得 2 分，高分指向高自尊。该量表在海内外应用广泛，具有较高的信度和效度。本研究中 α 值为 0.805，显示该量表的内部一致性良好，分半信度为 0.755。

（2）对自我评价的测量。采用个人评价问卷（PEI）。该量表将自信作为自我评价的一个方面，进行评估。该量表共包含 6 个维度，分别是学业成就、运动能力、外貌、亲密关系、社会关系、人际互动。量表共 54 道题目，以“非常同意”“基本同意”“基本不同意”“极不同意”进行 4 级评分，高分指向高自我评价。前测中，该量表的 Cronbach's α 值为 0.856，分半信度为 0.774，后测中 Cronbach's α 值为 0.925，分半信度为 0.941，量表的重测信度为 0.798。

（3）诱导失败的人际挫折情境设计。本研究中，将人际挫折情境定义为人际拒绝，实验在实验室进行。3 名被试为一组参加，其中 2 名被试为助手，第三名被试为真正被试。实验进行过程中，2 名助手先保持沉默，直到真正的被试首先发言，然后两名被试互相讨论，眼神不与第三名被试交流，允许第 3 名被试发表自己的意见但不给予反馈。两名助手互相达成统一意见之后，其中一人向主试报告讨论结果。

（4）实验材料

3 名被试参加一组无领导小组讨论，本研究中所使用的材料为《荒岛逃生》。

1.3 实验程序

筛选分组阶段：施测 SEI，删除无效问卷，按 SEI 得分高低将被试分为高自尊、低自尊（分别取总人数的前 27% 和后 27%），再邀请被试逐一到实验室参加实验。

实验阶段：实验开始前由主试进行简单说明，并进行自我评价状态前测。在诱导失败的人际挫折情境中讨论实验材料，时间约为 15 分钟。参与者根据主试要求报告讨论结果。进行自我评价状态后测。被试完成后，对其进行访谈，并向其说明实验真相。

1.4 统计方法

使用 SPSS13.0 统计软件包和 Excel 对数据进行处理和分析。

2 结果与分析

2.1 高、低自尊组被试两次状态性自我评价的测量情况

表 1 高、低自尊组被试两次状态性自我评价情况表

自尊水平	N	自我评价状态	
		人际挫折前	人际挫折后
高分组	33	137.06（9.588）	135.58（14.914）
低分组	30	116.10（10.971）	110.37（14.459）
总计	63	127.08（14.667）	123.57（19.330）

表 1 呈现了高、低自尊组被试在前后测中状态性自我评价的平均分和标准差（括号内）。从表 1 可以看出，在人际挫折前后，高自尊水平组被试的自我评价得分都高于低自尊水平组。

2.2 高、低自尊组在两次状态性自我评价测量中的得分差异

表 2 高、低自尊组被试两次状态性自我评价测量得分差异

	自我评价状态	
	人际挫折前	人际挫折后
t	8.091(df=61)	6.798(df=61)
p	0.000***	0.000***

注：* 为 $p<0.05$, ** 为 $p<0.01$, *** 为 $p<0.001$, 下同。

由表 2 可知，对高、低自尊组的被试在人际挫折前、人际挫折后两次自我评价状态的测量得分进行独立样本 t 检验，结果显示有显著差异（$p<0.001$）。说明无论是人际挫折前，还是在人际挫折后，高自尊组被试的自我评价都明显高于低自尊组被试。

2.3 对人际挫折诱导自我评价状态的效果检验

以自我评价测量时间为重复测量变量进行 2（自尊水平：高 / 低）×2（自我评价测量时间：人际拒绝前 / 人际拒绝后）两因素单变量的 ANOVA。结果表明，对于“自我评价”而言，“自尊水平”的主效应非常显著，分别为 F（1,61）=65.471，p=0.000<0.01; F(1,61)= 224.960，p=0.000<0.01，测量时间的主效应也非常显著，分别为 F（1,61）=65.471，p=0.000；F(1,61)= 46.216，p=0.000，但测量时间和自尊水平的交互作用均不显著。这说明高低自尊组被试在经历人际挫折诱导情境后，自我

评价程度均发生了明显的降低。高自尊组被试在经历人际挫折诱导情境后，自我评价程度明显优于低自尊组被试。本实验的人际挫折情境能够有效诱导被试对于自我评价产生反应。但是，经过访谈，被试表示其自我评价并未受到影响。

2.4 人际挫折后自我评价的变化幅度的差异检验

对高自尊组和低自尊组在人际挫折情境前和人际挫折情境后的两次自我评价得分差进行独立样本 t 检验。结果表明，两组被试在挫折情境前后，自我评价测量的变化幅度上差异不显著，为 $t=-1.486$，$p>0.05$。这表明自尊对自我评价产生的影响并不是立即产生的。

表 3 高低自尊组人际拒绝挫折前后自我评价的变化幅度

自尊水平	n	自我评价差
高自尊组	33	1.48（11.930）
低自尊组	30	5.73（10.635）

3 讨论

3.1 高、低自尊组在两次自我评价测量上的得分差异

经过研究结果得出，人际拒绝前和人际拒绝后，无论是高自尊组被试还是低自尊组被试在状态性自我评价测量中皆有显著差异。这与前人的理论观点相符，同时也是本研究假设（1）的有力支撑——随着个体自尊程度的增高，个体的自我评价也有所增高。因为自尊可以有效缓冲负性情绪，在遇到同样的负性情绪时，高自尊个体的心理弹性像是“弹簧”一样，能够更好地恢复原状；而低自尊个体很难恢复到原有自我评价状态，会变得更糟糕。因此，无论是人际挫折前，还是人际挫折后，高自尊组自我评价都明显高于低自尊组。

3.2 人际挫折情境诱导状态性自我评价的效果

以往研究结果表明，人际挫折可以有效诱导负性情绪反应，即人际挫折可以使个体的自我评价倾向于负向，本研究结果也支持了这一结论。本研究结果还发现，无论是自尊程度较高还是较低的被试，经过人际挫折之后，被试的自我评价都会降低。这说明人际挫折对于某个个体而言，都是一种负性的刺激。在大学教育中，教育者应该尽量避免无意中忽略受教育者，个体本身在生活中也应该注意要对无意中被忽略或被拒绝的现象做出适时的心理调整，以免产生自我评价变低的现象而自己并未察觉，从而影响心理健康。

3.3 人际挫折后自我评价变化幅度的差异

研究中发现，高、低自尊组在人际拒绝后呈现出的自我评价变化程度差异并不显著。这一结果与本研究的假设（2）不相符。这可能是因为自尊对自我评价产生的影响并不是立即发生的，可能需要一定的媒介。这与经过访谈得出的结果相似。对于高自尊的个体，其自我评价降低幅度小于低自尊的个体，可能是因为是高自尊的个体将人际挫折归因于他人的消极特质。另外，经过访谈，发现无论是高自尊组还是低自尊组，都认为与陌生人交往时出现的挫折现象，并不会影响被试的自我评价，而与熟悉的朋友间的交往挫折可能会造成较大的伤害。

3.4 本研究对大学生自尊教育的启示

自尊和自我评价是影响大学生社交行为的重要内部心理因素，从本研究中得知，人际拒绝或者人际挫折会影响个体的自我评价，虽然降低的幅度在统计学的意义上并不显著，但是时间久了或者经历过多的人际挫折，抑或经历较大的人际挫折，可能会使得自我评价持续下降，进而对心理健康水平产生持续的不良影响。因此，在实际生活、学习中，应帮助学生正确归纳，客观评价自我，理性对待生活中遇到的人际交往的挫折。

（1）家庭中，父母要努力对孩子进行积极关注，既关注其好的、正确的方面，同时也使孩子正确地认识自身的缺点、接纳自身的不足，让其充满自信。

（2）学校中，尽可能多地给学生提供各种展现自己的平台，学生一旦发现自己身上的闪光点，并不断加以强化，就会增强其自我效能感。因此，要避免忽视任何一个学生，以免因人际挫折而使自我评价过度降低，对心理健康产生负面影响。

（3）朋友间，大学生仍处于青年初期，尚未形成稳定客观的自我形象，对他人的评价常常十分敏感，非常强烈地感受与体验着周围人们对自己的态度。因此，如果长时间地忽略对方，不仅会损伤友谊，而且还可能造成个体自我评价的降低。因此，朋友间的交往应该多给予关注，并适时的给予好的评价，提高其自尊和自我评价的程度。

4 结论

（1）在人际挫折前后，高自尊水平组被试的自我评价得分都高于低自尊水平组。

（2）人际挫折情境能够有效诱导被试对于自我评价产生反应。

（3）高低自尊个体在挫折情境前后，自我评价测量的变化幅度差异不显著。

（4）自尊对自我评价产生的影响并不是立即产生的。

参考文献

[1] 纳撒尼尔·布兰登. 自尊的力量[M]. 王静，译. 北京：知识出版社,2001.

[2] 杨丽珠，张丽华. 论自尊的心理意义[J]. 心理学探新, 2003,23(4):10-12,16.

[3] 魏运华. 学校因素对少年儿童自尊发展影响的研究[J]. 心理发展与教育, 1998(2):12-16.

[4] 周帆，王登峰. 外显和内隐自尊与心理健康的关系[J]. 中国心理卫生杂志 .2005,19(3): 197-199.

[5] 刘明. 高中学生自尊水平与学业、人际成败归因方式关系研究[J]. 心理科学, 1998(3):281-282.

[6] 周帆，王登峰. 人格特质与外显自尊和内隐自尊的关系[J]. 心理学报, 2005,37(1): 100-105.

[7] 张向葵，田录梅. 自尊对失败后抑郁、焦虑反应的缓冲效应[J]. 心理学报, 2005,37(2): 240-245.

[8] 郑雪. 幸福心理学[M]. 广州：暨南大学出版社,2004.

[9] 郭海燕. 自尊、自我评价与人际关系的相关研究[D]. 保定：河北大学，2010.

大一新生抑郁症认知及相关态度调查

姚 斌

西安交通大学 710049

【摘要】目的：了解大一新生对抑郁症的认知，为进一步针对大一新生的抑郁症知识教育和预防工作提供依据。方法：采用自编抑郁症相关知识及态度问卷对365名大一新生进行调查，比较抑郁症知晓率及其他指标选择率的性别、生源地差异。结果：大一新生对抑郁症的知晓率81.9%，女生知晓率显著高于男生，知晓途径以电视报纸等媒体为主（76.9%）。在知道抑郁症的299人中，多数人认为抑郁症病因是社会压力因素（87.6%）和个人认知因素（84.6%），92.5%的人认为抑郁症可预防，63.2%的人认为抑郁症需要心理治疗和药物治疗，但79.3%的人认为药物会给人带来损害，59.5%认为药物会成瘾，83.6%认为抑郁症治疗后会复发，34.8%的人认为抑郁症会导致自杀。对抑郁症9种典型症状的识别率最高80.6%（兴趣丧失、无愉快感），最低59.5%（性欲减退），对9种典型症状的识别率无性别、生源地差异。结论：大一新生对抑郁症的知晓率和对症状的识别率较高，但对药物治疗存在顾虑，对抑郁症导致自杀的认识不足，需加强相关教育。

关键词：大学生；抑郁症；知晓率；态度

引言

抑郁症是一种较为常见的精神疾病，我国抑郁症的终身患病率在1.15％到6.87%[1-3]，大学生的抑郁症状检出率高达39.3%[4]，尽管有抑郁症状的学生未必达到抑郁症的程度，但也对学习生活造成明显影响。抑郁症不仅影响患者学习工作效率和生活质量，而且是自杀的主要原因，据调查，抑郁症患者终生自杀率为

15 %~20 %，自杀死亡者中有 40 % 符合抑郁症的诊断[5]。研究结果认为，对精神疾病的认识和态度影响着个体的求医行为模式[6]，加强大众对抑郁症的了解，促使患者及时得到医疗帮助，是提高大众心理健康水平的重要手段之一。

由于大学与高中管理、教学等方面存在许多差异，大一新生普遍存在入学适应问题，在适应过程中易产生抑郁情绪，调查结果显示，大学新生的抑郁症率高于其他年级[7]，本调查的目的是了解大一新生对抑郁症的知晓率和相关知识的了解程度，为进一步针对大一新生的抑郁症知识教育和预防工作提供依据。

1 对象与方法

1.1 对象

本研究采用整群随机抽样，对西安某高校新生于大一第一学期中段以班为单位进行现场调查，发放问卷 410 份，回收有效问卷 365 份，回收率 89.02%。

1.2 方法

采用自陈问卷方式进行调查。调查内容包括：（1）一般情况调查：内容包括性别、年龄、专业、生源地等。（2）抑郁症知识调查：内容包括是否了解抑郁症、从何种途径了解抑郁症，以及对抑郁症症状的识别，问卷中罗列了《中国精神疾病分类与诊断标准第三版》中“抑郁发作”的 9 条症状标准，并加入 6 条非抑郁症症状作为干扰项。（3）对抑郁症及其治疗的态度调查：内容包括抑郁症对人的影响、对抑郁症治疗方法及效果的看法、对抑郁症的病因及预后的看法等。

在发放问卷前向学生说明调查的内容和目的，回答并交回问卷说明其愿意参与本研究。

1.3 统计分析

采用 Epidata 3.1 建立数据库并录入数据，采用 SPSS 13.0 软件进行数据的统计分析，统计大一新生对各问题的应答率并比较性别、生源地应答率的差别。

2 结果

2.1 一般情况

调查对象男 277 人（75.9%），女 88 人（24.1%），年龄最小 16 岁，最大 22

岁，平均 18.34±0.86 岁，专业理学 137 人（37.5%），工学 163 人（44.7%），文史 46 人（12.6%），医学 19 人（5.2%），生源地大中城市 136 人（37.3%），县城 99 人（27.1%），乡镇及农村 130 人（35.6%）。

2.2 对抑郁症的知晓率

有 12 人承认曾患过抑郁症，比例 3.3%，有 67 人承认自己认识的人中有人患过抑郁症，比例 18.4%。对抑郁症的知晓率，以及知道抑郁症的 299 名学生的认识和态度，性别、生源地比较的 χ^2 检验结果见表 1。

表 1 大一新生对抑郁症的认识和态度及性别、生源地比较的 χ^2 检验

	总体/%	性别			生源地			
		男/%	女/%	P 值	城市/%	县城/%	农村/%	P 值
知晓情况	—	—	—	—	—	—	—	—
知道抑郁症	81.9	78.7	92.0	0.005	82.4	83.8	80.0	0.746
在知道抑郁症的 299 名学生中：	—	—	—	—	—	—	—	—
是一种精神疾病	54.2	50.0	65.4	0.017	67.9	50.6	42.3	0.001
致病原因	—	—	—	—	—	—	—	—
遗传因素	38.1	40.8	30.9	0.115	38.4	44.6	32.7	0.250
个人认知因素	84.6	83.5	87.7	0.375	90.2	74.7	86.5	0.010
社会压力因素	87.6	87.2	88.9	0.686	85.7	86.7	90.4	0.558
对治疗态度及其他	—	—	—	—	—	—	—	—
如果患抑郁症，愿意告诉别人	52.2	50.5	40.7	0.135	46.4	50.6	47.1	0.833
可以通过自我调节康复	82.6	83.9	79.0	0.317	81.2	85.5	81.7	0.706
抑郁症仅需要心理治疗	26.8	29.8	18.5	0.050	23.2	27.7	19.8	0.535
抑郁症仅需要药物治疗	6.4	6.4	6.2	0.937	5.4	7.2	6.7	0.853
抑郁症需要心理治疗和药物治疗	63.2	61.0	69.1	0.195	69.6	59.0	59.6	0.203
治疗药物会对人造成损害	79.3	78.4	81.5	0.564	84.8	72.3	78.8	0.102
治疗药物会成瘾	59.5	59.2	60.5	0.836	67.9	56.6	52.9	0.067
抑郁症难治愈	37.1	56.8	39.5	0.603	41.1	34.9	34.6	0.549
抑郁症可以预防	92.5	93.1	91.4	0.604	93.8	90.4	93.3	0.639
治疗后会复发	83.6	81.7	88.9	0.133	86.6	80.7	82.7	0.521
会导致自杀	34.8	39.0	23.5	0.012	33.9	42.2	29.8	0.205
对学习、生活影响大	89.0	88.5	90.1	0.696	92.0	83.1	90.4	0.128

2.3 对抑郁症的知晓途径

在知道抑郁症的299人大一新生中，知晓抑郁症的途径为：书本142人（47.5%），电视报纸等媒体230人（76.9%），课堂69人（23.1%），网络103人（34.4%），朋友77人（25.8%），其他途径19人（6.4%）。

知晓途径的6个选项可以多选，故我们对每一个选项的男女、生源地差别做了比较，结果发现，在5个知晓途径选项中，仅有通过电视、报纸等媒体知晓的学生存在性别差异（χ^2=7.207，p<0.001），男生选此项的人数为159人（72.9%），女生为71人（87.7%）。生源地的比较中知晓途径为“亲戚朋友”的选项χ^2检验有统计学意义（χ^2=6.747，p<0.05），不同生源地选此项的人数为：大中城市26人（23.2%），县城30人（36.1%），乡镇及农村21人（20.2%）。

2.4 对抑郁症症状的了解

对抑郁症的9种典型症状的识别情况见表2，结果显示在对抑郁症的9种典型症状的认识方面无性别和生源地的差异。

表2　大一新生对抑郁症典型症状的识别情况性别、生源地比较的χ^2检验

	总体/%	性别			生源地			
		男/%	女/%	P值	城市/%	县城/%	农村/%	P值
对9项抑郁症状的选择率								
兴趣丧失、无愉快感	80.6	81.7	77.8	0.452	83.0	79.5	78.8	0.708
精力减退或疲乏感	74.6	75.2	72.8	0.673	74.1	74.7	75.0	0.988
精神运动性迟滞或激越	60.5	59.2	64.2	0.430	59.8	63.9	58.7	0.755
自我评价过低、自责，或有内疚感	79.3	78.9	80.2	0.798	80.4	78.3	78.8	0.933
联想困难或自觉思考能力下降	61.5	61.9	60.5	0.821	65.2	61.4	57.7	0.528
反复出现想死的念头或有自杀、自伤行为	80.3	80.7	79.0	0.740	83.0	79.5	77.9	0.624
睡眠障碍，如失眠、早醒，或睡眠过多	77.3	76.1	80.2	0.452	80.4	68.7	75.0	0.090
食欲降低或体重明显减轻	69.9	69.3	71.6	0.695	74.1	68.7	66.3	0.444
性欲减退	59.5	59.2	60.5	0.836	66.1	60.2	51.9	0.105
对6项非抑郁症状的选择率								
心慌、出汗	54.2	52.3	59.3	0.283	51.8	55.4	55.8	0.812
担心、怀疑自己有病	72.6	75.2	65.4	0.091	73.2	72.3	72.1	0.981
对一些事物过分恐惧	71.2	70.2	74.1	0.509	70.5	73.5	70.2	0.866
思维敏捷，能力提高	16.1	16.5	14.8	0.722	11.8	25.3	14.4	0.020
无明显原因的紧张	62.9	60.1	70.4	0.102	67.9	62.7	57.7	0.303
重复做一些毫无意义的行为	70.6	70.2	71.6	0.811	68.8	74.7	69.2	0.622

3 讨论

对大一新生的抑郁症知晓率及相关态度尚未见报道，本研究发现大学一年级学生对抑郁症的知晓率为 81.9%，女生知晓率高于男生，与天津居民调查的 76.4% 及北方两地居民调查的城市 76.4%、农村 34.6%，以及浙江普通人群的 39.3% 相比为高 [8–10]，应与大学生群体文化程度较高有关，浙江普通人群的调查显示，文化程度高的人对抑郁症的知晓率高，大专以上文化程度的研究对象为城市 78.9%，农村 83.2%，与本调查结果接近 [10]。本调查中对抑郁症的性质有“一般心理问题”和“精神疾病”两个选项，有 54.2% 的学生将抑郁症看作一种精神疾病，低于天津调查的 87.7%[8]，虽然抑郁症的确是一种精神疾病，但将其看作心理问题，说明更多的大一新生对抑郁症接纳和理解的态度。

在知晓抑郁症的途径方面，较多的学生是从电视、报纸等媒体及书本、网络知道的，与范燕燕等人对西安社区老人的调查结果一致 [11]，但与杨虹等人对高一新生的调查结果主要来自学校不同 [12]，应该与高中学生相对生活圈子小，接触媒体的时间少有关。本结果肯定了大众媒体在传播抑郁症知识中的巨大作用，同时也反映学校教育中心理健康教育的欠缺。

在对抑郁症病因的理解上，84.6% 和 87.6% 的大一新生认为个人认知因素和社会压力因素是抑郁症的原因。王砚华等人对天津市居民的调查结果发现，45. 5 % 的受访者认为严重的心理压力会导致抑郁症，研究结果认为青壮年人群更倾向心理社会因素致病的病因学观点，而老年人认为心理因素致病的比例最低 [8]，与本调查对象为大一新生，更多人认为社会心理致病的结果一致。

在对抑郁症治疗的认识方面，多数学生认为抑郁症同时需要心理治疗和药物治疗，选择“仅需要药物治疗”的人加上选择“同时需要心理治疗和药物治疗”学生，共有 69.6% 的学生认可药物治疗，选择“仅需要心理治疗”的人加上选择“同时需要心理治疗和药物治疗”学生，共有 90.0% 的学生认可心理治疗，对心理治疗的认可度大大高于对药物治疗的认可度。结合后面两个问题，79.3% 的学生认为药物治疗会对人造成损害，59.5% 的学生认为抗抑郁药物会成瘾，可见大一新生对抑郁症的药物治疗还存在错误认识，对药物治疗的认可度需要提高。孙霞等人对北方两地居民的调查显示有 82.8% 的城市居民和 71.6% 的农村居民认为抑郁症通过心理治疗会痊愈，93.5% 的城市居民和 89.9% 的农村居民认为抑郁症通过药物治疗会痊愈，有 59.2% 的城市居民和 68.8% 的农村居民认为抑郁症通过合并心理治疗与药物治疗会痊愈 [9]，与本调查结果有明显差异，原因可能与调查对象有关，也与参与调查人员及调查方式有关。

对抑郁症预防和预后的认识，反映大一新生对抑郁症预防和治疗较为乐观的看法。多数人认为抑郁症可以治愈，可以预防，但即使治愈后还可能会复发，这种认识符合抑郁症防治的一般规律。在抑郁症和自杀的关系方面，仅有 34.8% 的学生认为抑郁症会导致自杀，该比例比孙霞等人对北方两地的调查低，孙霞等人的调查结果是 91.2% 的城市居民和 76.9% 的农村居民认为抑郁症会导致自杀。研究结果显示，抑郁症是导致自杀的主要原因之一[5]，提高对抑郁症导致自杀的认识，并及时治疗抑郁症，可以有效地防范自杀，本调查结果提示需要对大一新生加强这方面教育。

本调查及孙霞等人对北方两地的调查都对抑郁症症状有较高的识别率。本调查对 9 项症状的正确识别率为 59.5%~80.6%，孙霞的调查中对 8 项抑郁症症状的正确识别率城市为 68.7%~92.6%，农村为 67.3%~87.5%。Burns 对 202 名 15—17 岁的青少年的调查，青少年对个案描述中抑郁症症状的识别率分别为疲劳、无力感 44.1%，失眠 59.4%，食欲减退、体重降低 61.4%，思考能力降低 38.6%，活动兴趣降低 73.3%，失去兴趣 35.0%，情绪低沉 36.5%，无价值感 73.5%，自杀意念 77.0%[13]。此 3 项调查结果有国家、研究对象的差异，也有研究方法的差异，前两个调查都罗列出抑郁的典型症状供选择，而 Burns 的研究将 2 个抑郁症的个案描述和其他几个个案描述一起呈现给被试，让其从中发现抑郁症症状，显然直接罗列的方法有一定的引导作用，被试选“是”的比例较大。本调查中的 6 个干扰项是焦虑、疑病、恐惧及强迫的症状，结果中除了“思维敏捷，能力提高”一项的选择率很低外，其他 5 项的选择率都较高。在孙霞等人的调查中，5 个干扰项的选择率为：“兴奋话多”27.4%/48.1%（城市 / 农村），震颤、发抖 53.8%/61.5%，“蓬头垢面、到处乱跑”42.7%/65.9%，“怀疑别人害他”77.0%/68.8%，“烦躁或爱发脾气”76.1%/77.4%，此调查中农村居民对干扰项的选择率多数高于城市居民，城市和农村居民对干扰项都有较高的选择率，说明其对症状的选择有一定猜测的成分，提示今后在进行这方面研究时，需要调整问卷中呈现症状的方式。

本研究还存在一些不足，首先是样本数量较少，且调查对象为一所工科学校的一年级学生，女生数量偏少，难以代表大一新生这个群体，进一步的研究需要加大采样范围和数量，使结果更具代表性；其次是前面论述到的对抑郁症症状识别率的研究方法存在一定缺陷，如何呈现症状才能减少应答中猜测的成分，还需要进一步探讨。

参考文献

[1] 马辛，李淑然，向应强，等. 北京市抑郁症的患病率调查 [M]. 中华精神科杂志，2007（3）：100-103.

[2] 崔利军，栗克清，江琴普，等. 河北省 2004—2005 年抑郁症的现况调查 [J]. 中华精神科杂志，2007（3）：140-143.

[3] 胡斌，卢小勇，魏波，等. 江西省抑郁症患病率的流行病学调查 [J]. 中华精神科杂志，2003（4）：53-56.

[4] 严红虹，刘治民，王声湧，等. 大学生抑郁及相关因素分析 [J]. 中华疾病控制杂志，2010，14（3）：257-259.

[5] PHILLIPS M R, YANG G, ZHANG Y, et al . Risk factors for suicide in China: a national case-control psychological autopsy study[J]. Lancet ,2002 ,360 (9347) :1728-1736.

[6] LAUBER C, NORDT C, FALCATO L, et al. Do people recognize mental illness? factors influencing mental health literacy[J]. Eur arch psychiatry clin neurosci, 2003, 253 (5) :248-251.

[7] 高海燕，门伯媛，殷妍，等. 某高校大学生抑郁状况调查 [J]. 疾病控制杂志，2005, 3:228-230.

[8] 王砚华，崔炳喜，杜长军，等. 天津市城市居民对抑郁症的认识和态度调查 [J]. 临床护理杂志，2010，9（3）：2-4.

[9] 孙霞，李献云，费立鹏. 中国北方两地城乡居民常见精神卫生知识知晓情况现况调查 [J]. 中国心理卫生杂志，2009，23（10）：729-734.

[10] 许毅，蔡巍，胡健波，等. 文化程度及生活地域对常见精神疾病知晓率及就医方式的影响 [J]. 中华预防医学杂志，2005，39（4）：237-240.

[11] 范燕燕，化前珍，徐巧玲，等. 西安昆仑社区老年人抑郁症相关知识知晓情况分析 [J]. 护理学报，2008，15（11）：5-7.

[12] 杨虹，苏莉，黄佟，等. 205 名高一新生心理卫生知识知晓率调查. [J] 现代预防医学，2008，35（11）：2078-2079.

[13] BURSN J R, RAPEE R M. Adolescent mental health literacy: young people’s knowledge of depression and help seeking[J]. Journal of adolescence, 2006, 29: 225-239.

基于时代文化背景开展青年人恋爱观与性观念的研究

沈雨曈　阎　博　王　旭

清华大学 100091

【摘要】大学阶段在发展心理学中对应青春期至成年早期的年龄段，年轻人也在经历着另一项生理方面的重大转折——性的发育。我国在20世纪90年代以前对于恋爱观与性观念的研究一度停滞，在近年我国对于大学生的相关研究获得了较大发展。但是，目前研究存在两个主要问题：(1)概念定义不清，导致不同研究者采用的研究问题不同；(2)作为观念调查性研究不够具有时代特征，导致无法体现学生的思想变化。因此，在研究设计上需要尊重青年人的话语权，采用质性与量化结合的方式进行问卷编辑。

关键词：恋爱观；性观念；研究设计

引言

大学阶段在发展心理学中对应青春期至成年早期的年龄段，在这一阶段年轻人的重要发展任务包括建立自我同一性，以及建立与人之间的亲密感。在社会性和人格稳步发展的同时，年轻人也在经历着另一项生理方面的重大转折——性的发育。性发育带来的转变是撼动青年人全身心的重大变化，在身体发生转变的同时，他们如何发现、理解和利用身体变化，以及他们的理解如何对社会活动产生指导作用，都影响着一个人的发展路径。

1　相关研究的历史背景

在20世纪90年代以前，我国社会对于性的态度都倾向于避而不谈，在文化上对西方和日本文娱产品中带有性意味的相关作品严格管控。当时的社会背景下，青年人对于个人性发展的需求是被压抑的，在寻求解决途径上也是局限的。同样，社会时代背景对于学者的研究也具有极大的影响力。虽然在民国期间已有学者对我国青年的性行为进行了调研，但相关的本土化研究再次回归学界却一直延迟到了20世纪90年代。我国基于本土数据展开对于青年人的婚恋观、性观念的研究从20世纪90年代开始发展，相比于西方国家在金赛、海特等学者的推动下展开的大样本调研，我国最初的调研量是相对较小的。因此，早期的性教育相关理念也都借用了国外的调研结果，相对缺乏中国文化背景下的理解。

1991年的一项基于北京市高校学生的性观念与性行为调研中，研究者发现，虽然处在“禁止发生性关系”几乎被写在所有高校校规的文化背景之下，对于青年男女而言，“性”依然是一个重要的话题。有86.6%的男生和61.8%的女生曾感受到性苦闷，甚至影响到了精神状态，其中真正有过边缘性行为或核心性行为的男生占16.6%，女生占7.3%[1]。这一研究也是目前发表文献中在中国最早开展的针对高校学生且非疾病主题的性学调查，作者也总结，在当时的大学校园中“性压抑”是学生议论最多的话题。从20世纪90年代我国学者开始关注婚恋观与性观念领域，直到2000年后，我国关于性的调查研究、社会学角度探索、心理背景探究才逐渐呈增长态势。目前来看，我国的性研究依旧以医学视角下的生殖健康为主要话题，性社会学中的性与性别研究也从备受争议成为逐渐被接受的研究主题[2]，基于婚恋观、性观念的调查和影响因素分析研究也在2010年之后开始进入蓬勃发展的状态。

研究领域的时代化转变印证了后现代思想对于主流文化其中一个观点，即科学研究是受到政治文化影响的。因此，研究者主导话语权的背景下，研究对象往往呈现的是研究者所期望的成果。在针对青少年的研究中，研究者对于他们特质的定义也更具有主动性和掌控性。因此，在本校开展的恋爱观和性观念研究中，将更尊重学生在其中的话语权，采用从材料出发的方式建构研究问卷。

2 我国大学生恋爱观与性观念研究

目前，在医学、社会学、心理学、教育学、法学等相关领域都出现了许多相关研究，并且在经历了前期以现象描述的调研后，近年的研究开始更加关注在爱情观和性观念背后的影响因素。

有研究者将国内相关研究进行总结梳理后进行分类，划分出九类主要研究主题：（1）对恋爱态度的研究；（2）对恋爱动机的研究；（3）婚姻自主观的研究；（4）婚姻价值观的研究；（5）婚姻角色观的研究；（6）婚姻忠诚观研究；（7）性爱抉择观研究；（8）对性爱行为观研究；（9）对大学生婚恋观影响因素的研究[3]。基于近年的社会调查，发现高等教育对于青年人进入婚姻年龄具有推迟效应，且婚姻的相关影响因素涉及更复杂的，因此在本次开展的对于本科生调研中，主要关注与恋爱和性观念相关的现象。

在中文语境下的研究中，婚恋观、恋爱观、爱情观经常作为相同概念出现，因此为概念的界定带来了一定困难。本研究将统一以“恋爱观”作为研究主题。有些研究中采用了较为笼统的定义，如“恋爱观，是人们对恋爱的总的看法和根本观点，以及对恋爱所持的态度”[4]。以往许多研究直接通过研究者设计的问题来定义何为大学生的恋爱观，使得这一主题往往概念较为模糊，是一种经验性的定义。

在我国的恋爱观相关研究中，调研的重点主题包括：是否支持恋爱；恋爱的动机；恋爱对生活 / 学习的影响；在恋爱中重视的伴侣特质；恋爱与经济；恋爱的情感需求。同时，对于恋爱的观点，也通常以性别、生源地、家庭环境等基本资料作为研究的影响因素加以分析[5-8]。虽然以上研究主题看似丰富，但对题目类型、采集背景资料的分类往往受到研究者假设的影响。

大部分研究中着重将性行为的判断作为性观念的重要部分，且重点在于性知识掌握程度、对性少数的态度、是否发生性行为、贞洁观、性交易的态度等[9-11]，仅有少部分研究涉及了性骚扰等话题[1]。实际上，在近年的性教育实践中，我们发现许多大学生对于性的理解早已超出了性行为和性少数的简单维度，他们的许多认知来源于网络环境中的社会热点话题。例如，性暴力、性权力等话题开始越来越多地出现于学生的对话中。

人们的经历、观念与日益变革的社会之间不断相互影响，并因此获得成长。而当代社会丰富的网络资源、快速的信息获取渠道、多元的视角和声音其实为大学生的社会化发展带来了许多难以预判的未知因素。如果对于这个青年群体的研究停留在预先的概念建构之上，则可能遗失他们最前沿的成长信息。

3 构建以学生为中心的恋爱观和性观念调查

基于对目前大学生恋爱观和性观念领域的文献调研，不难发现研究者作为主导对探索主题的局限性。其弊端在于两点，首先，在受测者从未思考过某一题目内的议题情况下，仓促答题时有可能更倾向于社会赞许的回答；其次，研究缺失对于社会的动态追踪，采用多年以前的题目构想来进行调查可能会遗漏某些重要维度。心理学认为态度对于行为具有一定的预测性，但如果研究不够贴近受测者个人经验时，由于研究方法及工作导致的偏差将误导对于群体的解读。

研究的目的是在实践中更贴近学生，反思我校开设的“爱，性与健康”课程中，也基于经验将课程讲授分为爱情观、性健康、性观念三大部分，其中所教授的具体内容或许也存在着“代替学生发声”的现象。

因此，我们提出将在研究中首先深入学生群体，从访谈出发，了解学生群体对于恋爱观、性观念内涵的理解，从收获的质性研究资料中了解学生对该话题的理解程度和思考深度，从而进一步构建本校学生在这一话题上的初始理解。由收集到的质性资料结合前人研究所提出的因子，设计一份预测本校学生恋爱观与性观念的问卷，并不断更新，由此获得更贴近青年人自我理解的数据。

参考文献

[1] 潘绥铭 . 北京高校学生的性观念与性行为 [J]. 青年研究 , 1994 (5): 35-40.

[2] 程化琴 , 丁胜云 , 庄明科 , 等 . 中国当代大学生性观念现状及影响机制分析 : 基于 2014 年全国大学生性观念调查数据 [J]. 云南师范大学学报 (哲学社会科学版), 2016, 48(1): 91-8.

[3] 苏红 , 任永进 . 国内外大学生婚恋观研究综述 [J]. 河南职业技术师范学院学报 (职业教育版), 2008(2): 81-83,107.

[4] 蔡融 . 当代大学生恋爱观现状及恋爱观教育 [J]. 社会心理科学 , 2005 (3): 78-82.

[5] 蔡敏 . 当代大学生婚恋观的测评与分析 [J]. 教育科学 , 2013, 29(2): 61-67.

[6] 卢春莉 . 当代大学生恋爱观的新动态探析 [J]. 山西农业大学学报 (社会科学版), 2003 (3): 271-274.

[7] 张海霞 , 郭成 . 当代大学生婚恋观特点及影响因素分析 [J]. 中国性科学 , 2017, 26(3): 151-154.

[8] 罗萍 , 封颖 . 从性别视角看当代大学生的婚恋观念 [J]. 武汉大学学报 (社会科学版), 2001 (5): 631-635.

[9] 程毅 . 当代大学生性观念现状调查、成因分析及其政策维度 [J]. 华东理工大学学报 (社会科学版), 2011, 26(5): 27-35.

[10] 崔翔 , 张皓翔 . 当代大学生性观念调查报告 : 以吉林大学本科生为例进行分析 [J]. 法制与社会 , 2010(30): 172-173.

[11] 胡珍 . 大学生性观念发展趋势研究 [J]. 中国青年政治学院学报 , 2014, 33(5): 43-47.

大学生特殊心理问题与应对研究

我想上的心理健康课：非心理学专业大学新生的学习兴趣分析

贾亚菲　候金波　梁芷君　刘陈陵

中国地质大学（武汉）430074

【摘要】目的：课堂教育是高校心理健康教育的主渠道，如何激发大学生的学习兴趣是提高教学效果的关键问题。本研究旨在了解非心理专业大学新生的学习兴趣。方法：本研究以学生的求知兴趣为出发点，以某教师的课堂为观察点，2013—2019年持续六年用开放式问题收集大学新生最想学习的知识，共有853人参与，有效记录2127条。结果：采用质性分析软件NVIVO对文本资料进行分析，结果发现，非心理学专业大学生的学习兴趣由高到低主要分布在心理知识教育、人际交往、心理健康、情绪管理、自我成长、适应与学业发展6个主要方面。大学生的学习兴趣也会随着时间发生变化，对心理知识教育和心理健康的兴趣在增加，对情绪管理，适应与学业发展的关注有下降趋势。结论：教师在提高心理健康课堂教学效果时要注重激发学生的内部动机，满足学生的求知欲。根据学生的求知兴趣适当调整教学内容有助于吸引非心理学专业学生参与课堂。

关键词：学习兴趣；内容分析；心理健康教育；课堂参与

课程教育是高校心理健康教育工作的主渠道，2011年教育部出台的《普通高等学校学生心理健康教育课程教学基本要求》将心理健康课程从选修课提高到必修课，并出版了相关的示范教材[1]。教育部2018年〔41〕号文再次明确指出课堂教育的核心是推进知识教育，要丰富教学形式，激发大学生的学习兴趣，提高课堂教学效果。

心理健康课是一门帮助学生全面发展和健康成长的课程。学生参与心理健康课程的意愿、对心理健康知识的兴趣、对课程内容的要求是推动学生不断学习的内驱力，决定他们能否将知识转化为解决实际问题的能力[2-3]。在高校开展心理健康教育 30 年的探索历程中，教学内容日趋固化，研究者和教育工作者倾向于将焦点放在通过丰富教学形式，吸引学生参与到课堂教学，较少关注从学生的求知兴趣来调整教学内容、通过激发学生的内部动机来促进学生参与到课堂教学中。课程教学能否回应学生的学习兴趣，直接影响心理健康课程的教学效果。了解大学生学习兴趣，将大学生的心理热点问题融入教学中，有助于避免出现“所讲非所想，所教非所想”的尴尬局面[4]。

学习兴趣具有始动性，在学习动机中是一种动力源，能决定学习强度和维持学习活动的力度[5]。学习兴趣来源于需要，需要是个体认知过程的内部动力。需要的满足能更有效地引起学生的认知加工，伴随认知加工的进行，学生的兴趣点可能进一步转化为求知欲，成为兴趣发展的动力源泉[6]。实证分析证明，学习兴趣与学习效果间存在良性的正向循环——学习兴趣促进深度学习，深度学习提升学习效果，学习效果进一步激发教学兴趣[7]。

学习兴趣是影响学习投入的重要因素。研究结果发现，兴趣等内部动机对学习投入的影响远高于外部动机[8]。对于感兴趣的课程，学生会投入更多的时间和精力。与环境支持度、教学有效度等相关因素相比，学习兴趣对课程学习投入度的解释力最高[9]。对大学生课堂参与作用机制的研究结果表明，学生参与投入情况是影响课堂参与效果的核心因素[10]。学生积极参与课堂，而不是被动接受信息，才能收获知识的增加和能力的提升。而随着学生参与课堂教学的质量的提升，教学效果也随之提高。

学生是学习的主体，学生的学习效果是评价教学质量的重要指标。了解学生的学习兴趣，是提高教学质量的前提。以往的教育教学实践倾向通过改变教学形式、创新教学手段，提高学生学习兴趣。然而，过于关注教学形式和手段、忽略教学内容的调整带来的消极后果，是教学活动流于形式化，教学内容肤浅化和表面化。因此，本研究试图从学生的求知欲出发，探索大学生的学习兴趣。研究结果有利于教师在教学过程中，结合大学生学习兴趣适当调整教学内容，提高学生学习投入度和课堂参与度，进而提升教学效果。

1　对象与方法

1.1　研究对象

研究对象为 2013—2019 年选修 D 大学某教师心理健康课的大学新生。心理健康课是该大学新生的公共必修课，安排在入学后的第二个月开设，共16学时。任课教师每年带2个教学班，学生人数为150~300人，主要为地球科学、管理学等非心理学专业学生。

1.2 方法

1.2.1 研究过程

任课教师在第一节课介绍完教学目的、教学内容和教学安排后，都会向学生提一个开放问题："你最感兴趣/最希望探讨的三个心理学问题是什么?"汇总整理学生的回答用来调整每年教学设计，从而调动学生课堂参与积极性。从2013—2019年，共收集到6年的数据（2016年数据丢失）。经过筛选，排除无意义回答，留下表意清晰的词语、句子。共有853人参与，有效记录2127条。本研究以这些有效回答记录作为分析文本。各年份有效条目分布情况如表1所示。

表1 样本构成

材料年份	有效条目	百分比
2013年	181	8.51%
2014年	277	13.02%
2015年	398	18.71%
2017年	499	23.46%
2018年	145	6.82%
2019年	627	29.48%
合计	2127	100%

注：2016年数据缺失。

1.2.2 文本分析和编码

研究使用NVIVO软件对文本进行内容分析。研究者和其他心理学研究生组成讨论小组，对文本进行编码。小组遵循"由细到粗"的编码思路，即从细处下手，从材料中分析总结出初步的主题，之后合并相似的主题，最终凝练成具有概括性的树节点。在一级编码过程中，研究者逐字阅读文本内容，对原文进行编码。例如问题"晕轮效应是什么?"作为一个编码参考点，将其编码成"常见效应"。之后，根据一级编码下参考点内容的相似度，将相似的一级编码合并归类到一个主题下，这个过程称为二级编码。三级编码是对二级编码的进一步概括，即将"普通心理学知识"、"行为心理"与"心理健康课"概括为"心理知识及教育"。随着几位编码者的深入讨论和修改，编码一致性逐渐提高。

为了保证编码的信效度，研究者邀请一名具有丰富的学生工作和心理咨询经验的心理学教授，对编码结果进行审视并提出相应的建议。根据其反馈结果，与编码一致的保留，不一致的返回到原始材料进行再分析。之后，小组讨论反思提取出的研究结果是否合理，是否有充分的证据。若充分则继续保留原结果；若证据不足，则根据反馈对结果进行适当修改。通过对原始材料的分析编码，最终形成了 6 个树节点、16 个二级编码、75 个一级编码，各级编码及参考点信息如表 2 所示。

表 2　大学生学习兴趣编码层级结构

树节点	参考点	二级编码	参考点	一级编码
心理知识及教育	623	普通心理学知识	294	心理学的分支、常见心理效应、心理学人、心理特性、精神分析与潜意识、内外环境的影响、心身关系、个体差异、人性、智力问题、意识与无意识、其他
		行为心理	194	读心术、微表情或微动作、犯罪心理、心理暗示、行为心理学、心理掩饰
		心理健康课	135	什么是心理学、学心理学的必要性、心理学的应用、课堂教学建议、学习心理学对个人和社会的影响
人际交往	406	沟通能力	235	正确处理人际关系、交流技巧、理解他人、人际冲突、提高情商、克服封闭心理
		情感与性	143	恋爱心理、女性心理、同性恋
		家庭关系	28	亲子沟通、原生家庭的影响、家庭冲突
心理健康	349	心理疾病知识	180	抑郁症、人格分裂、异常心理或行为、强迫症、精神疾病或心理疾病、睡眠问题、网络或手机依赖、自闭
		心理健康的促进	169	心理问题的判断、心理健康的维护、心理治疗、心理疾病的预防、心理危机
情绪管理	261	情绪感知	105	克服焦虑、缓解紧张、克服孤独、保持乐观、情绪的产生
		控制情绪	156	情绪调节、缓解压力
自我成长	260	提升自我	125	培养自信、自我完善、战胜自卑、性格的形成及改变
		自主性	74	自我冲突、自我认识、自我决定
		人生目标与意义	61	人生目标、人生意义
适应与学业发展	228	适应大学	77	适应问题、应对挫折、安全感、面对成败。
		提高自控力	42	自控力、集中注意力、坚持性
		学业与就业	109	时间管理、学习、生涯规划、专业兴趣

2　研究发现

为进一步分析大学生所提问题中的词汇使用特点，表 3 列出了前 30 个使用频率最高的词汇。对高频词按照词性归类，主要有三类：一是动词，如处理、克服、影响、了解等；二是名词，如心理、心理学、情绪、健康、抑郁症等；其他则是少量代词如别人。

表 3　前 30 高频词表

词汇	频数	占比	词汇	频数	占比
心理	353	4.00%	内心	44	0.50%
心理学	243	2.76%	影响	43	0.49%
问题	111	1.26%	犯罪	42	0.48%
情绪	108	1.22%	恋爱	41	0.47%
学习	74	0.84%	表情	41	0.47%
生活	66	0.75%	交往	39	0.44%
大学	65	0.74%	了解	38	0.43%
处理	63	0.71%	性格	38	0.43%
健康	57	0.65%	控制	36	0.41%
抑郁症	56	0.64%	提高	36	0.41%
别人	52	0.59%	焦虑	36	0.41%
克服	49	0.56%	自信	35	0.40%
自我	48	0.54%	疾病	34	0.39%
关系	47	0.53%	解决	34	0.39%
压力	45	0.51%	人际关系	32	0.36%

2.1　学习兴趣历年变化趋势分析

非心理学专业大学生的学习兴趣分布在 6 个方面，按比重大小依次为：心理知识教育（29%）、人际关系（19%）、心理健康（17%）、情绪管理（12%）、自我成长（12%）、适应与学业发展（11%）。计算 6 个主题占各年份参考点总数的比例，绘制成如图 1 所示的柱形图。可以看出，虽然大学生的学习兴趣比较分散，但是仍然呈现出一定的规律。心理知识、人际交往相关问题一直维持在较高水平且逐年上升；关于心理健康的问题随着时间的推移也呈现稳定增长趋势。与此同时，对情绪管理，适应与学业发展的关注有所下降。刘海燕于 2010 年开展的大学生课程教学需求调查显示，学生最需要讲授的心理健康教育内容，排在前六位的依次是情绪管理、人际关系、自我认识、压力应对、职业生涯人格心理规划 [11]。对比我们的分析结果，说明大学生学习兴趣既有稳固的部分，又随着时间的推移呈现出新的变化。

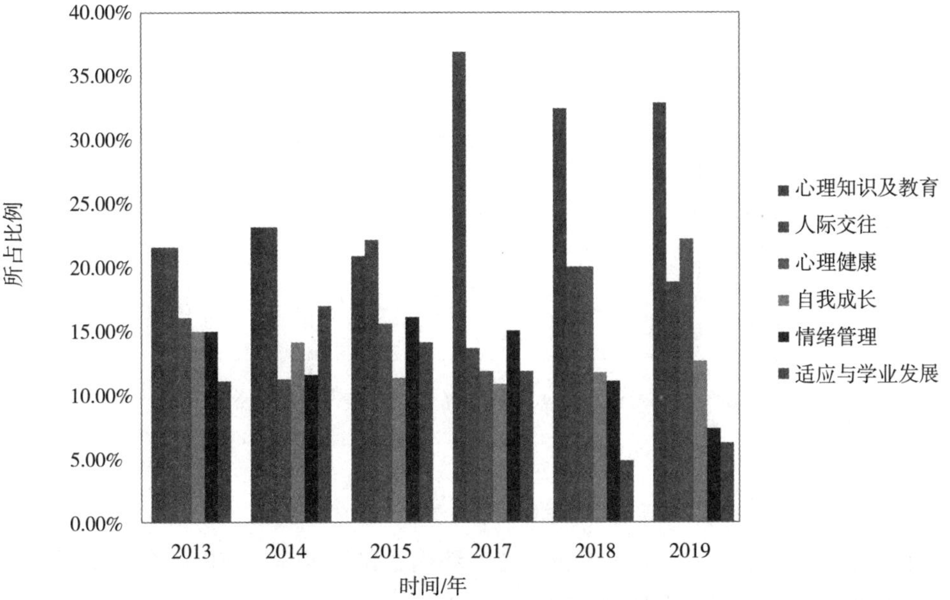

图 1　各主题参考点分布随时间变化柱形图

2.2　编码结果与分析

2.2.1　心理知识及教育

心理知识及教育主题包含两大方面：希望学习的心理健康知识以及心理健康课该如何进行。由 3 个次级主题构成，按其所占百分比多少，依次为普通心理学知识（49%）、行为心理（33%）、心理健康课（22%）。

普通心理学知识可以概括为下面几个方面：意识与无意识（36%）、心理学分支（14%）、常见效应（11%）、心理学人（6%）、精神分析与潜意识（5%）、心理特性（4%）、心身关系（4%）、人性（3%）、内外环境的影响（3%）、个体差异（3%）、智力问题（1%）和其他（11%）。“普通心理学知识”节点的编码情况如图 2 所示，相关问题涵盖较广且分布较为分散，各个方面都有涉及。

关于意识与无意识的问题最多，主要集中在梦、催眠、超感官知觉三个方面。梦产生的原因及梦境的蕴意提到最多。例如：为什么会做梦？梦境对于现实生活有什么影响？排在第二位的是催眠。催眠是否存在及其原理、方法、效果都被广泛探讨。超感官知觉（extra sensory perception），一般认为在未凭借感官信息的情况下，对外界事物获得知觉经验的现象。被提及最多的超感知觉有 3 种：预言能力、第六感和心灵感应。

心理学分支中主要涉及社会心理学、消费心理学、人格心理学等心理学分支学科。此外，通过对节点下内容的仔细阅读分析发现，常见的心理学效应如蝴蝶效应、光环效应等也被大量提及。心理学家、心理医生 / 咨询师是被提到最多的两个职业。

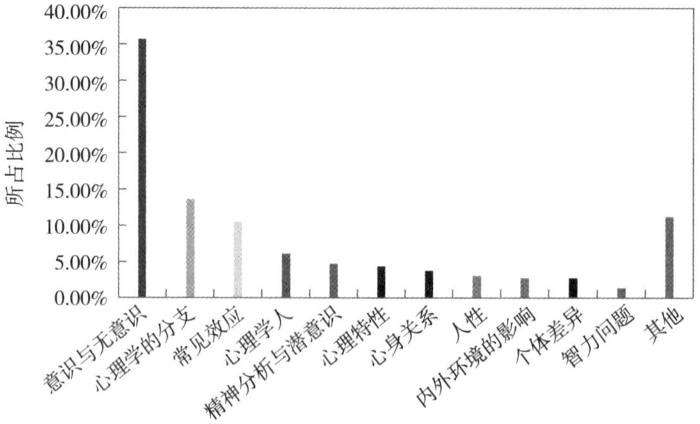

图 2　普通心理学知识节点参考点分布柱形图

行为主义流派认为，行为是有机体适应环境变化的身体反应的组合，查明刺激与反应之间的关系，可以预测和控制人的行为。关于行为心理的问题主要集中在几个方面：对读心术存在和其准确性的探讨（32%）、微表情和微动作（25%）、犯罪心理的应用（22%）、心理暗示的影响和运用（8%）、行为心理学（7%）、心理掩饰（6%）。读心术、微表情或微动作、犯罪心理等引起了大学生广泛关注，许多大学生表示出对其的质疑与探讨。这种情况出现的可能原因是，随着自媒体的宣传和心理健康教育的普及，大学生对心理学的了解虽然逐渐增多却不够深入；同时受近年来影视剧宣传的影响，大学生对犯罪心理的兴趣逐渐提升。

高校心理健康教育课程是集知识传授、心理体验与行为训练为一体的综合性课程。虽然各高校已广泛开设心理健康课程，但是相关研究表明部分学生仍对课程目的不甚了解。他们认为心理健康课是针对心理有问题的学生开设的，与自己关系不大[12]。部分大学生提问为什么要学心理学（38%）、学习心理学的必要性（30%）、心理学的应用（12%）、学习心理学对个人和社会的影响（10%）。对于心理健康课堂如何进行，他们也提出了相应的建议（11%），如希望老师能推荐心理学相关的书籍或电影、加强互动、在课堂中穿插游戏等。

2.2.2　人际关系

人际关系是人与人在交往过程中建立的心理和社会关系。研究结果发现，大学生人际关系与心理健康紧密相关，人际关系单独对心理健康变异的解释甚至能达到18.5%~48.8%的高水平[13]。人际关系通过沟通能力（58%）、情感与性（35%）、家庭关系（7%）三个方面来描述。

随着生活水平的提高，“90后”新一代作为家庭的核心成员，可能受到家庭成员的过分关注甚至溺爱，养成以自我为中心的处世习惯。初入大学，面对不同背景、性格的同学，难免产生社交困扰。他们的困扰主要来自与同学和朋友的冲突，例如怎样处理与同学之间的小矛盾（生活中与一些同学发生了小矛盾，但又在乎自尊，应该怎样做?）、如何面对班集体的抱团分化等（感觉现在班里同学都已经分成一组一组的，就是搞两极分化，这是为啥?）。面对冲突，他们期望能找到保持良好人际关系的方法。

“沟通能力”节点包含6个次要主题：如何与他人相处、正确处理人际关系（47%），交流技巧（22%）、理解他人（14%）、与同学、朋友等的人际冲突(11%)、提高情商（6%）、克服封闭心理（5%）。从个人方面来讲，他们尝试自我改变以解决人际困扰。如克服封闭心理、敞开心扉，保持乐观开朗的态度（如何敞开心扉与人交朋友，学会交际？）或者掌握一些人际交往的小技巧（怎样恰当巧妙地拒绝别人的某些请求?）；学会理解他人，提高自己的情商，从而减少人际交往中的误解和障碍，典型问题如：怎样知道别人的真正想法？如何提高情商？

两性关系是人际关系的一个重要方面。由于样本数据主要来源于理工科大学且男性占比较大，情感相关问题为数众多且集中于恋爱心理和女性心理。一部分人纠结于大学是否应该谈恋爱，一部分人徘徊于如何开始，一部分人思考如何使爱情保鲜，另一部分人则沉浸于如何应对失恋的苦恼。对于部分男性来说，女性心理是一个让他们头疼的问题，他们迫切想知道异性的所思所想，如择偶标准等。典型问题如：女生喜欢什么样的男生？女人为何善变？同性恋也是大学生关注的一个热点问题。可能原因是社会环境的改变，使人们不再对同性恋闻之色变，而代之以更加开放和包容的态度。大学生思维活跃，接受能力强，受到流行文化的熏陶，不可避免地对其产生好奇心理。如他们询问同性恋出现的原因：同性恋的形成和基因有关么?

大学生刚刚跨越成年门槛，脱离家庭独立生活，关于家庭关系的问题相对较少，主要体现在亲子沟通、原生家庭的影响等几个方面，如何与父母相处及沟通是大学生家庭问题的核心。

2.2.3 心理健康

心理健康是大学生幸福生活、顺利完成学业的必要保证，是持续和动态变化的。维持心理健康需要了解预防心理疾病，度过心理危机。心理健康节点由2个次级主题构成：心理疾病知识（52%）和心理健康的促进（48%）。

大学生主要关注抑郁症、精神分裂、人格分裂、自闭症等常见心理精神疾病。“心理疾病知识”节点的编码情况如图3所示，抑郁症是大学生关注最多的心理疾病。随着互联网的发展和智能手机的普及，网瘾和手机依赖也成为值得大学生关注的问题行为。大学生提到较多的异常心理或行为主要包含梦游、社交障碍等。

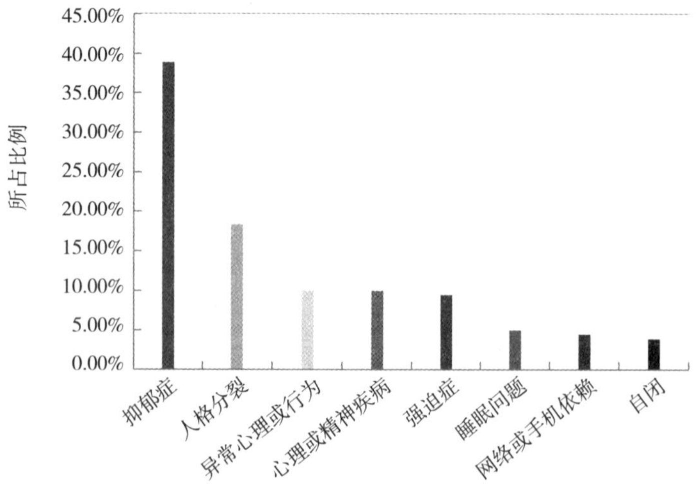

图 3　心理疾病知识节点参考点分布柱形图

对于如何促进心理健康，大学生关注的焦点主要在如何判断、维护心理健康以及心理疾病的治疗和预防。第一，心理问题的判断。大学生表达自己的内心感受，希望其他人能做出正常的判断。较为典型的有：不爱说话而感觉孤独失落，是否存在心理问题？第二，心理健康的维护。健康的心态并非一蹴而就，需要积极的调节和维护。心理健康的维护需要保持积极向上的心态（如何才能在平时生活中保持乐观开朗，积极活泼的心态？)，不断提高心理素质（怎样改善和提高自身心理素质？)。第三，心理疾病的预防。自我调节能力是有限的，遭遇困境时，仍然难免心理危机的出现。所以，如何防患于未然也是大学生关注的重点问题。典型问题如：在什么情况下，一个人的心理会较容易出现问题？如何预防心理问题？第四，出现心理危机时如何自救或寻求心理治疗。虽然心理咨询等心理治疗手段已经逐步走入大众的生活，大多数同学仍对此缺乏足够的了解，主要体现在对心理治疗有效性的质疑、对心理疾病能否治愈的困惑以及心理治疗方式的好奇。另外，大学生不仅关注自身心理问题的解决，还试图帮助身边的同学和朋友。典型问题如：如何对心理出现问题的同学朋友进行心理疏导？

2.3.4　情绪管理

情绪管理是个体在觉察理解自我情绪的前提下，驾驭掌控自己的情绪，用最恰当的方式表达情绪，集中体现在情绪感知（60%）和控制情绪（40%）两个方面。

大学阶段是从青少年过渡到成人的重要阶段，独自进入陌生环境，难免陷入社交困境。焦虑（36%)、紧张（20%)、孤独（15%）等负面情绪成为困扰大学生的主要情绪问题，长期沉浸负面情绪必然会对身心健康造成不可挽回的伤害。因此，大学生不仅对情绪的产生（16%）感到困惑和好奇，还急切寻求摆脱负面情绪，保持乐观心态（13%）的方法。许多大学生在问题中吐露了他们的情绪困扰：为什么有时感觉心里很空荡？有时候会莫名其妙地忧伤是为什么？

进一步利用NVIVO的矩阵编码查询功能，可以得到大学生体验到的几种主要情绪随时间变化的矩阵图。将矩阵图导入到Excel生成图4。随着时间的推移，有关焦虑的提问大幅提升。焦虑的主要来源有考试、学习压力等，主要表现为心情烦躁不安，严重时甚至会出现失眠、心慌等生理反应。

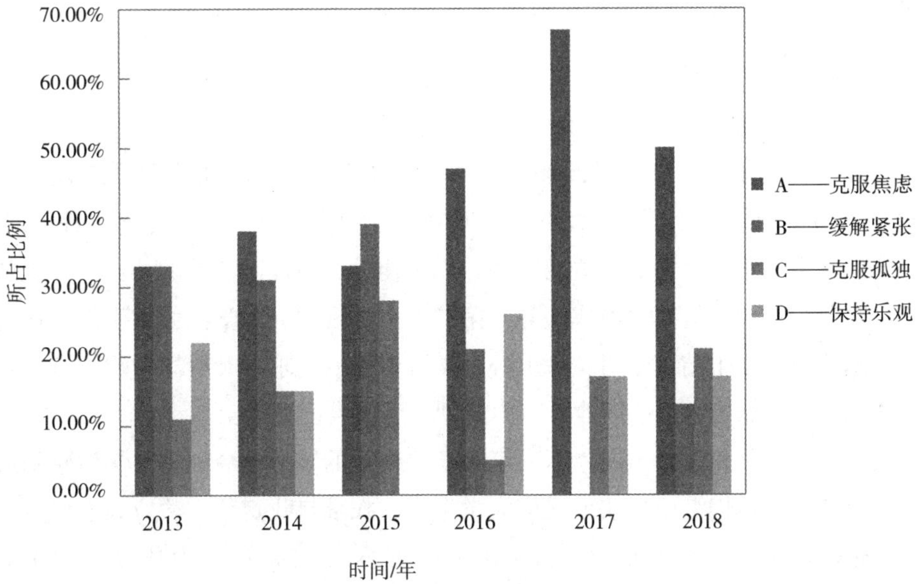

图4　大学生主要情绪体验随时间变化柱形图

在意识到自身的负面情绪后，大学生试图掌握控制情绪的方法。控制情绪从两方面来体现，一是情绪调节，寻求控制负面情绪、有效调节心情的方法。二是缓解压力。大学生面临学业和社交的双重压力，希望获得一些缓解压力的建议，压力的主要来源有现在与过往的差距带来的心理落差、繁重的学业任务等。

2.2.5　自我成长

自我成长是个人能力、心理素养的全面发展。自我成长由提升自我（48%）、自主性（28%）、人生目标与意义（23%）3个次级主题构成。

提升自我包含4个维度：自我完善（17%）、培养自信（14%）、战胜自卑（9%）以及性格的形成和改变（9%）。大学生在社会化的过程中，对于自我实现有着强烈的冲动和追求。他们向内探讨自己的性格，通过提升自我来弥补不足。摆在首位的是自我完善的需求，包括如何使自己更加坚强、减少依赖感、培养创造性思维，摆脱幼稚，走向成熟等。

自我认识（17%）、自我冲突（6%）、自我决定（6%）是自主性的3个方面。自主性即不依赖他人，按照自己意愿行事，是衡量一个人个性心理特征的重要尺度。大学生的自主性得到了很好的发展，他们在不断完善自我认知的同时面临自我冲突，如期望与现实情况的差距、自卑又高傲的双重性格等。他们希望自己能破除纠结犹豫，克服选择恐惧，在理性与感性之间平衡。典型问题如：自我矛盾深陷时如何走出？如何调节双面人格，内心矛盾自卑又高傲？

对于人生目标（13%）与人生意义（10%）的探寻是自我成长的另一大主题。许多大学生表现出对人生目标和意义的迷惘。他们开始思考自己的未来（长大后要成为一个怎么样的人？）以及存在的意义（人活着究竟是为了什么？）。

2.2.6 适应与学业发展

适应与学业发展包括适应大学（48%）、学业与就业（34%）、自控力（18%）三个方面。其中学业与就业的问题主要集中在4个方面，时间管理（22%）、记忆与学习（15%）的问题占了绝大部分，其次是生涯规划（8%）、专业兴趣（2%），主要分为两类。第一，学业相关的问题。如平衡学习与社团活动的冲突、处理厌学情绪、改善记忆力、提高学习成绩等。第二，生涯规划。大学是大学生走上社会的一个奠基阶段，学生结束了对“考上好大学”目标的追求，开始思考规划未来。典型问题如：如何做出自己的职业，人生规划，明确自己方向？

大学新生活并非一帆风顺，新环境和学习模式的转变，令许多大学生感到迷茫焦虑和不适应。他们渴望更快地适应大学生活，找准自我定位。适应大学包含4个维度：适应问题（15%）、应对挫折（10%）、安全感（5%）、面对成败（4%）。如：刚入大学，有些茫然，没有固定的生活规律，这是否正常？在失败时怎样才能快速走出阴影？当理想与现实不符时，该怎样面对？缺乏安全感怎么办？

自控力通过自制力（14%）、集中注意力（2%）、坚持性（2%）3个方面来描述。自我控制关注的是如何提高自制力，抵制诱惑，克服懒惰放纵，拒绝拖延症；同时改善注意力不集中的陋习，强化意志力，培养自己专注、持之以恒的好习惯。

3 讨论

3.1 依托学生兴趣，构建高效课堂

大学生心理健康课程的总体目标是促进学生全面发展及在知识、技能、自我认知三个层面的全面提升。教学的最终目的是使学生自由充分发挥自身能力，保持积极健康的心态，达成自我实现[14]。教师必须适应学生兴趣点的变化调整教学内容，注重激发学生的内部动机，吸引非心理专业学生参与课堂。

研究结果发现，大学生对一些心理学常见效应和概念有所了解却理解不深；行为心理特别是犯罪心理引起了各位大学生的广泛兴趣；人际关系是出现矛盾和冲突

较多的一个领域；心理健康和心理疾病逐渐受到非心理专业大学生的重视；负面情绪的疏导和情绪管理是大学生面临着的一大难题，且随着时间的推移，焦虑相关问题也逐渐增多；大学生在关注自我成长、追求自我实现的同时，也在积极思考自我定位和未来人生走向。

教育部 2011 年出台的《普通高等学校学生心理健康教育课程教学基本要求》中，将主要教学内容划分为心理健康的基础知识、了解与发展、提高自我心理调适能力三大类。对比本研究可以发现，大学生的学习兴趣随着时间的推移展现出新的变化。首先，大学生对自我的探索不再局限于人格和自我意识两个主题，还追求提升自我能力和自主性。自我能力的提升涵盖提高自制力、培养自信、摒弃自卑心理、弥补性格缺陷。因此，教学在帮助学生树立自尊自信的自我意识的同时，还应关注大学生自我探索的深度和广度。其次，大学生适应问题。大学一年级是一个重要的过渡阶段。新生入学后，往往会面临时间管理、环境认同、学业挑战、目标重建等适应问题 [15]。调查结果显示，这种适应问题是具有普遍性的。因此，教学过程中有必要关注适应不良问题，引导新生解决角色混乱危机，顺利度过过渡期。综上所述，教师可以根据教育部的要求和学生的学习兴趣，对教学内容进行建设性的改进和设计。

如上所述，大学生的学习兴趣覆盖面广且非常分散，存在共性和差异。作为一门公选课，在很多高校，心理健康课堂往往面临很多不同专业的学生，基于有限的课时和教学目标的要求，很难顾及所有学生的需要。对于个性化问题，教师要发挥引导作用，如鼓励学生根据自己的兴趣进行课外阅读。对于共性的问题，可以寻求在课堂共同探讨。如尝试“案例启发 + 体验学习 + 实践巩固”的体验式教学模式，围绕各专题设置课堂活动，使大学生在互动中掌握知识和技能 [16–18]; 利用心理视频案例再现真实场景，促进学生重构主观经验 [19]。

3.2 加强心理精神疾病教育

卫生部办公厅印发的《精神卫生宣传教育核心信息和知识要点》中指出促进精神健康防治精神疾病是全社会的责任。精神分裂症、抑郁症被列为当前我国重点防治的精神疾病。教育部 2018 年〔41〕号文也提出要扩大心理健康教育覆盖面、收益面，提升大学生心理健康素质，降低心理疾病的发生率。在政策层面，危机预防干预逐渐被置于更加突出的地位 [20]。从研究结果可以看出，抑郁症、人格分裂等心理和精神疾病是大学生希望在心理课堂上了解和探讨的重要话题之一。

但是纵观心理学教材和课堂教学实践，涉及心理疾病的部分往往点到即止，不够深入。大学生群体的相关知识仍然十分匮乏。因此，教师在教学过程中，需要着重培养大学生的疾病预防意识，提高大学新生的心理健康素养。从知识角度来讲，普及心理疾病相关的心理学知识——如何识别和区分各种心理精神疾病、心理疾病的症状表现和诊断标准等；从技能角度来讲，引导学生掌握情绪调节的方法，开发学生潜能，提升大学生心理适应能力；从态度角度来讲，帮助学生形成对心理治疗和心理求助的正确态度，引导学生正确看待心理精神疾病，消除对精神疾病和患病人群的恐惧和污名。

3.3 研究局限与不足

本研究通过开放式调查，探索了非心理专业大学生的学习兴趣分布以及随时间的变化趋势，有利于教师在教学实践中依托学生学习兴趣，不断改进教学。本研究仍然存在许多不足。其一，社会变迁对大学生的心理健康有着不容小觑的影响[21]。研究调查对象主要为“95后”大学生，跨度为6年，无法了解到更长时间内大学生心理需求的变化。未来的研究可以考虑在更宏观的社会经济背景和更长的时间跨度下，探讨大学生学习兴趣的变化。其二，不同专业的学生，心理健康教育的效果不同[22]。我们的研究将不同专业学生作为一个整体进行分析，之后的研究有必要进一步探讨不同性别、年级、专业大学生学习兴趣的差异。其三，2016年的数据遗失，这可能会对我们的分析结果造成一定的影响。此外，由于研究数据来源于教师随堂提问，研究方法比较单一，进一步的研究可以与访谈相结合，获得更翔实的数据支撑。

参考文献

[1] 马建青．大学生心理健康教育课程30年建设历程与思考[J]. 心理健康教育,2016（11）:87-91.

[2] 梁芹生．需求导向下的学生心理健康教育研究[J]. 教育理论与实践,2016,36(29):17-19.

[3] 赵霞．心理健康教育课程评价及反思[J]. 黑龙江教育（高教研究与评估）,2011(1):32-33.

[4] 李晶．构建参与式教学模式的基本策略：兼论大学生心理健康教育新课型[J]. 黑龙江教育学院学报,2009,28(4):73-75.

[5] 江文，刘健，金志成．结合大学生心理学学习兴趣：实施参与性课

堂教学改革实践探索 [J]. 中国大学教学 ,2008(6):49-51.

[6] 段作章，田业茹 . 学习兴趣的发生学探析 [J]. 教育科学，2012,28(3):33-37.

[7] 朱亮，顾柏平 . 人本主义理论视阈下大学生专业兴趣、深度学习与学习效果的关系研究：基于 N 校学习投入度调查结果分析 [J]. 中国成人教育 ,2018(16):66-70.

[8] 嵇艳，汪雅霜 . 学习动机对大学生学习投入的影响：人际互动的中介效应 [J]. 高教探索 ,2016(12):23-28.

[9] 陈翱，钟嘉欣，侯辉萍，等 . 农林高校硕士研究生课程学习投入度的影响因素研究 [J]. 黑龙江畜牧兽医（上半月）,2019(4):148-151.

[10] 郑文奇，王真真 . 基于扎根理论的大学生课堂参与作用机制研究 [J]. 煤炭高等教育 ,2020,38(2):69-75.

[11] 刘海燕，宁淑芬 . 大学生心理健康教育课程教学需求的调查与思考 [J]. 思想理论教育导刊 ,2010(9):98-101.

[12] 张亚丽 . 心理健康教育课程对大学生影响的质性研究 [D]. 临汾：山西师范大学 ,2012.

[13] 朱君，赵雯，刘增训，等 . 大学生人际关系与心理健康的相关研究 [J]. 精神医学杂志 ,2013,26(4):265-267.

[14] 赵冰洁 . 心理健康教育课堂教学模式研究 [J]. 教育理论与实践 ,2019(18):53-54.

[15] 董贝贝，李巧巧 . 大学新生心理适应现状与应对策略分析 [J]. 高教学刊 ,2020(29):54-57.

[16] 邱小艳，宋宏福 . 大学生心理健康教育课程体验式教学的实验研究 [J]. 湖南师范大学教育科学学报 ,2013,12(1):95-98.

[17] 高飞 . 论高校心理健康教育课程中的体验式教学 [J]. 西南交通大学学报 (社会科学版),2013,14(1):91-95.

[18] 于成文，史立伟，王艳 . 体验式教学在大学生心理健康教育课程中的探索与应用 [J]. 思想理论教育导刊 ,2018(5):136-138.

[19] 牟书，曾美英 . 大学生心理健康教育课中视频案例的设计 [J]. 中国电化教育 ,2008(7):67-69.

[20] 谢宇，陈发祥．基于 NVivo 的我国高校心理健康教育政策研究 [J]. 黑龙江高教研究 ,2020,38(7):145-149.

[21] 桑志芹，肖静怡，吴垠．社会变迁下大学新生心理健康状况研究 [J]. 江苏高教 ,2016(6):134-138.

[22] 刘海燕．大学生心理健康教育教学模式的构建与实践研究 [J]. 心理学探新 ,2003(1):47-50.

大学生无聊倾向与童年心理虐待和忽视经历、述情障碍的关系研究

赵 君[1] 苏荣坤[2]

1 沈阳建筑大学 110168 2 沈阳市精神卫生中心 110168

【摘要】目的：探讨童年心理虐待和忽视经历、述情障碍对大学生无聊倾向的影响及其关系。方法：采用大学生无聊倾向问卷（BPS）、儿童心理虐待和忽视量表(CPANS)、多伦多述情障碍量表（TAS-20）对1557名大学生进行调查，采用SPSS 22.0进行描述性统计、相关分析和回归分析。结果、大学生无聊倾向总分（101.11±19.73）、内部刺激（35.13±8.21）、外部刺激（66.02±21.08）。无聊倾向总分及其各因子与童年心理虐待和忽视、述情障碍的各因子存在显著相关（$-0.37 < r < 0.61$，$p \leqslant 0.05$）。进一步的回归分析显示，外向性思维、教育忽视、情绪识别困难、干涉、情绪描述困难和恐吓相继进入无聊倾向的内部刺激的回归方程，β为0.06~0.21，R^2为0.163，共同解释变异量为16.3%，其中外向性思维预测力最强，其解释变异量为8.3%。情绪识别困难、情感忽视、外向性思维、情绪描述困难、责骂、身体忽视相继进入无聊倾向外部刺激的回归方程，β为0.07~0.32，R^2为0.438，共同解释变异量43.7%，其中情绪识别困难预测力最强，其解释变异量为31.2%。情绪识别困难、责骂、身体忽视、情绪描述困难、干涉相继进入对无聊倾向总分的回归方程，β为0.07~0.29，共同解释变异量为32.2%，其中情绪识别困难预测力最强，其解释变异量为23.3%。结论：童年心理虐待和忽视经历、述情障碍对大学生无聊倾向存在影响，并对大学生的无聊倾向具有预测力，其中情绪识别困难、外向性思维对无聊倾向的预测力最强。述情障碍得分高的个体在自我创造、自我娱乐、兴趣爱好、自我充实的能力差，无法充分体验内在需要，难以从生活中找到乐趣和动

力，容易体验无聊。无聊倾向的个体无法深入体验自身情感感受可能是导致无聊的关键所在。
关键词：无聊倾向；虐待；忽视；述情障碍；大学生

引言

无聊是现代社会的一种常见的负性情绪体验，由于当前活动或环境与个体的内部标准不匹配所致，包括体验到不满足、焦躁不安、缺乏刺激、缺乏挑战、无趣等，会激发个体试图避免或改变当前情境的动机或行为，以增加刺激性、挑战性、趣味性和意义水平[1-4]。GPC研究报告指出，12—19岁的青少年群体中有51%认为自己“很容易无聊”[2]。研究结果表明无聊倾向个体容易体验到更多的负性情绪，如愤怒、无奈、绝望等[3-4]。大学生如果长期处于无聊状态，容易意志消沉、丧失目标、内心空虚、回避人际，甚至沉溺于网络游戏、放纵自己。少数学生为了追求刺激或寻找存在感和意义感而违反校规校纪，甚至发生犯罪行为[5-9]。陈慧等人的研究表明神经质、述情障碍与大学生无聊倾向性间存在低到中度相关[10]。郑美娟等认为高无聊倾向的人有更少的开放经验、宜人性和组织性，更多地想控制他人[11-12]。朱湘茹等研究发现述情障碍和无聊倾向性是影响神经质类型人格心理健康水平的重要因素[13-14]。童年期心理虐待与忽视经历对述情障碍的影响，已有很多研究证实二者成正相关[15-17]。目前国内外没有童年期的心理虐待和忽视经历与无聊倾向的相关研究，但有基于童年期心理虐待与忽视经历对大学生的心理健康、认知方式、应对方式及人格等的实证研究[18-22]，我们推测童年期的心理虐待和忽视经历与无聊倾向也存在关系。综述国内外无聊倾向的研究，主要较多侧重于无聊情绪导致的后果研究，即无聊倾向作为自变量，如无聊倾向如何影响认知、抑郁焦虑，以及与人格和不良行为等关系的研究，而无聊作为因变量的形成原因及其作用机制研究较少。基于当前对无聊倾向的研究现状，本研究尝试探讨大学生无聊倾向与童年心理虐待和忽视经历、述情障碍的关系，以期揭示这些因素对大学生无聊倾向的影响机制，为大学生无聊倾向的心理健康教育提供理论依据。

1 对象和方法

1.1 对象

2019 年 6—7 月，采用方便抽样的方法，在沈阳市某所综合性大学，选取 10 个大班，共 1635 名大学生作为调查对象，进行问卷调查。回收有效问卷 1557 份，有效回收率 95.2%。其中男生 1013 人，女生 544 人，年龄为（18.3 ± 0.9）岁。

1.2 测量工具

1.2.1 大学生无聊倾向问卷（boredom proneness scale for college students，BPS）

该问卷由黄时华等于 2010 年编制[23]。该量表共 30 个条目，采用 likert7 点计分（1 强烈反对~7 完全赞成），得分越高表示无聊倾向性越高。包括外部刺激与内部刺激两部分。其中外部刺激问卷反映的是个体对环境刺激的低度感知性，包括单调性、约束性、孤独感和紧张感四个因子。内部刺激问卷反映的是个体自我创造兴趣活动的能力，包括自控力和创造力两个因子。问卷内部一致性信度 Cronbach's α 系数为 0.87，重测信度为 0.80，具有较好的内容效度。

1.2.2 儿童心理虐待和忽视量表 (child psychological abuse and neglect scale，CPANS)

该量表由潘辰、邓云龙借鉴国内外关于心理虐待和忽视的理论和测量的研究成果编制而成[24]。该量表包括心理虐待分量表和忽视分量表。心理虐待分量表包括责骂、恐吓、干涉三个维度。忽视分量表包括情感忽视、教育忽视、身体忽视三个维度。该量表总共有 31 个题目，每个题目采取 0~4 的 5 点计分。心理虐待分量表均分 = 心理虐待分量表总分 /14，忽视分量表均分 = 忽视分量表总分 /17，心理虐待分量表均分大于等于 1 认为存在心理虐待，忽视分量表均分大于等于 1 认为存在忽视。该量表中各维度的 Cronbach's α 系数为 0.56~0.71，总量表的 Cronbach's α 系数为 0.88，心理虐待分量表和忽视分量表的 Cronbach's α 系数分别为 0.82、0.83。

1.2.3 多伦多述情障碍量表（the toronto alexithymia scale，TAS-20）

该量表最初是 Taylor（1994）编制而成。后来国内学者蚁金瑶（2003）将其进行修订[25]，修订后中文版 TAS–20 的 Cronbach's α 系数为 0.83，重测信度为 0.87。说明该量表适合用于国内大学生。量表共有 20 个项目，包括情绪识别困难、情绪描述困难、外向性思维三个维度，每个项目 1~5 采取的 5 级计分（1 完全不同意 ~5

完全同意）。被试得分越高，表明其述情障碍程度越严重。

1.3 测评方法及质量控制

获得大学生知情同意后，采用集体施测的方式，利用班会时间，由心理健康老师担任主试，统一指导语。学生匿名独立完成答卷，并当场回收问卷。对所有的主试进行两周的项目施测操作的规范化培训，确保主试之间施测的一致性、数据回收的有效性及管理的规范化。

1.4 统计方法

采用 SPSS 22.0 对数据进行统计分析，计数资料用频数、频率表示；所有计量资料均是连续变量，总体符合正态分布，使用均数、标准差表示。计量资料多组之间的关系用 Pearson 相关分析，不同因素对大学生无聊倾向的影响采用多元线性逐步回归分析。

2 结果

2.1 大学生童年心理虐待和忽视、述情障碍与无聊倾向的描述性分析

大学生童年心理虐待和忽视、述情障碍与无聊倾向量表各个因子的描述性分析结果详见表 1。

表 1 大学生童年心理虐待和忽视、述情障碍与无聊倾向的描述性分析

因子	*N*	*M*	*SD*
识别情感	1557	19.36	4.84
描述情感	1557	14.17	3.00
外向思维	1557	20.38	3.43
责骂	1557	8.14	3.18
恐吓	1557	8.03	2.99
干涉	1557	10.37	3.86
心理虐待总分	1557	26.54	8.99
情感忽视	1557	17.83	5.69
教育忽视	1557	7.75	3.15
身体忽视	1557	7.08	2.79

表 1（续）

因子	N	M	SD
忽视经历总分	1557	32.67	10.65
单调性	1557	28.37	12.37
孤独感	1557	13.39	6.67
自控力	1557	25.66	6.50
创造力	1557	9.47	2.73
紧张感	1557	13.17	3.75
约束性	1557	11.09	3.93
外部刺激	1557	66.02	21.08
内部刺激	1557	35.13	8.21
无聊倾向总分	1557	101.11	19.73

2.2 大学生童年心理虐待和忽视、述情障碍与无聊倾向的相关分析

为了探索童年心理虐待和忽视、述情障碍与无聊倾向的关系，本研究对各量表及其分量表采用 Pearson 相关检验进行相关分析。结果显示（见表 2），无聊倾向性总分及其各个因子与童年心理虐待和忽视、述情障碍的各因子存在显著相关（$p<0.01$）。其中，无聊倾向的外部刺激及其单调性和孤独感因子与述情障碍及童年心理虐待和忽视的各个因子成较高程度的正相关，相关系数为 0.21~0.61，而内部刺激及其自控力、创造力因子与述情障碍及童年心理虐待和忽视的各个因子成负相关（干涉和心理虐待除外），而与童年心理虐待和忽视的各个因子存在较低的相关性。

表 2　童年心理虐待和忽视、述情障碍与无聊倾向性的相关

因子	单调性	约束性	孤独感	紧张感	外部刺激	自控力	创造力	内部刺激	无聊倾向
情绪识别困难	0.469^{b}	0.378^{b}	0.444^{b}	0.409^{b}	0.559^{b}	-0.302^{b}	-0.081^{b}	-0.266^{b}	0.484^{b}
情绪描述困难	0.413^{b}	0.319^{b}	0.430^{b}	0.365^{b}	0.503^{b}	-0.286^{b}	-0.134^{b}	-0.271^{b}	0.422^{b}
外向性思维	0.371^{b}	0.162^{b}	0.211^{b}	0.160^{b}	0.343^{b}	-0.273^{b}	-0.219^{b}	-0.289^{b}	0.245^{b}
述情障碍	0.540^{b}	0.377^{b}	0.470^{b}	0.409^{b}	0.609^{b}	-0.367^{b}	-0.174^{b}	-0.349^{b}	0.502^{b}
责骂	0.289^{b}	0.253^{b}	0.382^{b}	0.209^{b}	0.375^{b}	-0.151^{b}	-0.008	-0.123^{b}	0.348^{b}
恐吓	0.259^{b}	0.196^{b}	0.330^{b}	0.154^{b}	0.321^{b}	-0.138^{b}	-0.019	-0.116^{b}	0.293^{b}

表 2（续）

因子	单调性	约束性	孤独感	紧张感	外部刺激	自控力	创造力	内部刺激	无聊倾向
干涉	0.249[b]	0.179[b]	0.354[b]	0.118[b]	0.312[b]	–0.073[b]	0.022	–0.050[a]	0.311[b]
心理虐待	0.295[b]	0.232[b]	0.397[b]	0.176[b]	0.373[b]	–0.131[b]	0.000	–0.104[b]	0.354[b]
情感忽视	0.338[b]	0.189[b]	0.404[b]	0.125[b]	0.384[b]	–0.199[b]	–0.098[b]	–0.191[b]	0.329[b]
教育忽视	0.304[b]	0.171[b]	0.388[b]	0.149[b]	0.360[b]	–0.229[b]	–0.150[b]	–0.231[b]	0.287[b]
身体忽视	0.318[b]	0.136[b]	0.381[b]	0.080[b]	0.347[b]	–0.166[b]	–0.133[b]	–0.176[b]	0.295[b]
忽视	0.354[b]	0.188[b]	0.431[b]	0.132[b]	0.403[b]	–0.218[b]	–0.132[b]	–0.216[b]	0.338[b]

注：a 为 $p<0.05$；b 为 $p<0.01$。

2.3　大学生童年心理虐待和忽视、述情障碍与无聊倾向的回归分析

为了进一步探讨童年心理虐待和忽视、述情障碍与无聊倾向之间的关系，考察童年心理虐待和忽视、述情障碍对大学生无聊倾向性的预测力，分别以无聊倾向外部刺激、内部刺激及总分作为因变量，童年心理虐待和忽视、述情障碍各因子作为自变量进行逐步线性回归，结果见表 3。由于无聊倾向的外部刺激维度包含了单调性、孤独感、紧张感、约束性四个因子，而内部刺激维度包含自控力和创造力两个因子，外部刺激和内部刺激维度是对其所含因子的集中体现和反映，因此，在做回归检验分析时只对无聊倾向外部刺激、内部刺激及总分三个变量进行检验分析。

表 3　童年心理虐待和忽视、述情障碍与无聊倾向性的回归分析

因变量	自变量	β	R^2	ΔR^2	t	p
内部刺激	外向性思维	–0.21	—	0.083	–8.61	0.00
	教育忽视	–0.19	—	0.039	–6.63	0.00
	情绪识别困难	–0.12	—	0.024	–3.99	0.00
	干涉	0.15	—	0.010	4.66	0.00
	情绪描述困难	–0.10	—	0.005	–2.93	0.00
	恐吓	–0.06	0.163	0.002	–1.97	0.04
外部刺激	情绪识别困难	0.32	—	0.312	12.58	0.00
	情感忽视	0.10	—	0.060	3.10	0.00
	外向性思维	0.17	—	0.034	8.44	0.00
	情绪描述困难	0.17	—	0.018	6.69	0.00

表 3（续）

因变量	自变量	β	R^2	ΔR^2	t	p
	责骂	0.14	—	0.011	5.57	0.00
	身体忽视	0.07	0.438	0.003	2.65	0.00
BPS 总分	情绪识别困难	0.29	—	0.233	10.23	0.00
	责骂	0.13	—	0.051	4.38	0.00
	情绪描述困难	0.15	—	0.017	5.21	0.00
	外向性思维	0.10	—	0.010	4.33	0.00
	身体忽视	0.09	—	0.008	3.81	0.00
	干涉	0.07	0.322	0.003	2.44	0.02

从表 3 可以看出，外向性思维、教育忽视、情绪识别困难、干涉、情绪描述困难和恐吓相继进入对无聊倾向的内部刺激的逐步回归方程，标准回归系数为 0.06~0.21，R^2 为 0.163，共同解释无聊倾向内部刺激 16.3% 的变异量，其中外向性思维对无聊倾向内部刺激最具有预测力，其解释变量为 8.3%。情绪识别困难、情感忽视、外向性思维、情绪描述困难、责骂、身体忽视相继进入对无聊倾向外部刺激的逐步回归方程，标准回归系数为 0.07~0.32，R^2 为 0.438，共同解释无聊倾向性外部刺激的 43.7% 的变异量，其中情绪识别困难对无聊倾向外部刺激最具有预测力，其解释变量为 31.2%。情绪识别困难、责骂、身体忽视、情绪描述困难、干涉相继进入对无聊倾向总分的逐步回归方程，标准回归系数为 0.07~0.29，共同解释无聊倾向 32.2% 的变异量，其中情绪识别困难对无聊倾向预测力最强，其解释变量为 23.3%。

3 讨论

本研究发现无聊倾向及其各个因子与童年心理虐待和忽视、述情障碍的各因子存在显著的相关性，提示无聊倾向与童年心理虐待和忽视、述情障碍密切关系。无聊倾向与童年心理虐待和忽视相关方面，目前国内外尚没有相关研究报道。研究结果显示童年心理虐待和忽视与无聊倾向的外部刺激及其单调性和孤独感成较高程度的正相关，而与内部刺激及其自控力、创造力成较低程度的负相关。这意味着有过童年心理虐待和忽视经历的大学生自我创造、自我娱乐、自我充实的能力差，对外界更容易感受到单调、孤独，更多体验无聊。无聊倾向与述情障碍相关方面，二者成显著正相关。研究结果表明述情障碍总分及各因子与无聊倾向总分、外部刺激及其单调性、孤独感、约束力因子间成正相关，其中与单调性、孤独感相关系数最高。这提示述情障碍的个体缺乏描述情感的能力和识别情感能力，倾向于将外部环境刺激知觉为单调的、缺乏灵活性和生命力的，社会互动困难，社会支持欠缺，容易感到孤独和无助，进而产生无聊感。述情障碍总分及各因子与无聊倾向总分、内部刺激及其控制力、自控力因子间成负相关，提示述情障碍得分高的个体在自我创造、自我娱乐、兴趣爱好、自我充实的能力差，无法充分体验内在需要，难以从生活中找到乐趣和动力，容易体验无聊。而进一步回归分析显示，情绪识别困难、身体忽视、责骂、干涉能有效预测大学生无聊倾向；而情绪识别困难、情感忽视、身体忽视、责骂能有效预测无聊倾向的外部刺激；外向性思维、教育忽视、干涉、恐吓能有效预测无聊倾向的内部刺激，其中外向性思维、情绪识别困难最具有预测力。结果提示述情障碍对大学生无聊倾向的影响比童年心理虐待和忽视对大学生无聊倾向的影响更大。Eastwood 等人的研究结果也发现高无聊倾向性个体具有识别和描述情绪的能力较低的特征 [8,26]。这意味着无聊倾向的个体无法深入体验自身情感感受可能是导致无聊的关键所在。当然，童年期经历作为个体成长的一个关键因素，它对无聊倾向的影响可能存在通过述情障碍的各个因素来起到中介作用。这个中介作用具体如何有待于后续研究进一步分析验证。

综上所述，童年心理虐待和忽视、述情障碍对大学生无聊倾向存在明显的影响，其中述情障碍对大学生无聊倾向存在较高的预测力。未来我们可以有针对性地设计教育或辅导方案，改善大学生对童年经历的认识，促进大学生的情绪识别、情绪表达，可能有利于降低大学生无聊倾向的水平，为有效避免大学生产生的行为问题及心理危机的发生提供借鉴和参考。

参考文献

[1] TILBURG WAP，IGOU E R. On boredom: lack of challenge and meaning as distinct boredom experiences[J]. Motivation&emotion,2012,36(2):181-194.

[2] EASTWOOD J D,CAVALIERE C,FAHLMAN S A，et al. A desire for desires：boredom and its relation to alexithymia[J]. Personality and individual differences, 2007,42: 1035-1045.

[3] 张莹，曾建敏．有关“无聊”研究的新进展 [J]. 心理学进展 ,2016,6(12):1323-1335.

[4] 高普梅，杨世昌．无聊倾向性研究进展 [J]. 临床心身疾病杂志 ,2012, 18(2):192.

[5] 许娟，邓学红，刘苗苗，等．核心自我评价对医学生无聊倾向性与攻击行为的中介作用 [J]. 中华行为医学与脑科学杂志 ,2014,23(7):644-647.

[6] 李玲，曹华．在校大学生无聊倾向状况的调查研究 [J]. 青春岁月，2016(8):184-183.

[7] 许娟．医学生无聊倾向性的调查及相关因素研究 [D]. 宁夏：宁夏医科大学 ,2014.

[8] 梁家凤，李炳全．大学生生命意义感、社会性无聊感与学习倦怠的相关性 [J]. 中国健康心理学杂志 ,2017,25(2):222-226.

[9] 赵鑫，李莹莹，金佳，等．大学生无聊倾向对学习倦怠的影响：情绪调节策略的中介作用 [J]. 中国临床心理学杂志 ,2016,24(1):64-68,80.

[10] 陈慧．大学生无聊倾向性与神经质、述情障碍的关系研究 [D]. 湖南：中南大学 ,2011.

[11] 郑美娟．"无聊"的研究综述 [J]. 湖北第二师范学院学报 ,2008,25(11):85-86,112.

[12] 海蒂．大学生人格特质、无聊情绪与微信使用行为的关系研究 [D]. 哈尔滨：哈尔滨工程大学 ,2017.

[13] 朱湘茹，张慧君，刘畅，等．述情障碍和无聊倾向性在神经质与焦虑、抑郁之间的中介效应 [J]. 中国心理卫生杂志，2009,23（5）:345-348.

[14] 陈慧．述情障碍与焦虑、抑郁的关系：无聊倾向性的中介作用 [J]. 中国临床心理学杂志 ,2016,24(4):648−651.

[15] 王惠玲．童年心理虐待和忽视经历、述情障碍对大学生手机成瘾倾向的影响 [D]. 武汉：华中师范大学 ,2014.

[16] 金童林，张璐，乌云特娜，等．社会性创伤对童年期有留守经历大学生攻击行为的影响 :2019(6):91-96.

[17] 胡春凤，李武．童年期受虐经历与躯体形式障碍患者认知情绪调节策略、述情障碍及抑郁的关系 [J]. 临床精神医学杂志 ,2017,27(2):95-97.

[18] 王路晗，苏普玉．童年期性虐待对青少年认知功能和心理健康影响及其机制 [J]. 中国公共卫生 ,2016,32(5):697-701.

[19] 孔思又．童年期心理虐待与忽视对香港青年心身健康及应对方式的影响研究 [D]. 南京：南京中医药大学 ,2019.

[20] 龚纯，方姣，单杰，等．童年期虐待经历与青春期抑郁症状的前瞻性关联 [J]. 中华流行病学杂志 ,2018,39(9):1184-1187.

[21] 张天宏，肖泽萍，王兰兰，等．人格障碍与童年创伤经历的相关性研究 [J]. 中华行为医学与脑科学杂志 ,2009,18(8):707-709.

[22] 陈荣翠．童年虐待经历与精神疾病之间的客体关系 [J]. 中国健康心理学杂志 ,2015,23(2):313-316.

[23] 黄时华，李冬玲，张卫，等．大学生无聊倾向问卷的初步编制 [J]. 心理发展与教育 ,2010,26(3):308-314.

[24] 邓云龙，潘辰，唐秋萍，等．儿童心理虐待与忽视量表的初步编制 [J]. 中国行为医学科学 ,2007,16(2):175-177.

[25] 蚁金瑶，姚树桥，朱熊兆．TAS−20 中文版的信度、效度分析 [J]. 中国心理卫生杂志 ,2003,17(11):763-767.

[26] EASTWOOD J D, FRISCHEN A, FENSKE M J, et al. The unengaged mind defining boredom in terms of attention[J]. Psychology science, 2012,7(5):482-495.

大学生学习拖延与完美主义、学习动机的关系研究

武　笛

山东师范大学 250358

【**摘要**】目的：初步探讨大学生学习拖延与完美主义、学习动机的关系。方法：让500名大学生填写积极消极完美主义量表、学习拖延量表、大学生学习动机量表。结果：（1）女生的学习拖延程度显著高于男生，大四学生的学习拖延程度显著低于其他年级，学业成绩偏下的大学生学习拖延程度显著高于其他大学生，在独生子女和非独生子女、不同专业、不同生源地、贫困生与非贫困生、个人选择专业和专业被调剂等方面不存在显著差异；（2）学习拖延与积极完美主义、消极完美主义、自我决定学习动机之间都成显著正相关；（3）自我决定学习动机中的外部调节、认同、内摄、成就四个维度，完美主义中的消极完美主义维度对学习拖延有较好的预测作用。结论：完美主义、学习动机能够较好地预测学习拖延。

关键词：学习拖延；完美主义；学习动机

引言

学业拖延是指在预定时间内，学习者没有按时完成应该完成的学习任务，或者推迟开始已经计划好的学习任务[1]。学习者往往会延迟进行学习任务，特别是拖后自行制定的学习计划，并且会由此产生相关的焦虑情绪。

完美主义是一种人格特质，有完美主义倾向的人会力求高标准地完成任务，且对自我评估有批判性倾向；学习动机是激发和维持学生进行学习活动的一种内在心理活动与内部力量。本研究认为，这两者影响大学生对学习的认识，同时也对其学习拖延产生一定影响。

1 研究对象与方法

1.1 研究对象

在山东省某高校随机抽取 500 名大学生发放问卷，收回有效问卷 482 份，有效率 96.4%。

1.2 研究方法

1.2.1 积极消极完美主义量表

周雪婷修订的积极消极完美主义量表分为两个因子：积极完美主义、消极完美主义。该表共有 25 道题目。积极完美主义维度 12 道题目，消极完美主义维度 13 道题目，全部采用 5 点计分。同质信度 0.84，重测信度 0.83。分数越高，积极或消极倾向越明显[2]。

1.2.2 学习拖延量表

陈保华修订的学习拖延量表共有 44 道题目，问卷第一部分测量拖延程度（18 个项目），测量在六种学习活动中的拖延程度，分为自我决定任务和他人决定任务，每一类任务包含三个项目量表，第二部分测量拖延的原因（26 个项目），提供了一个具体的任务情境，列出了 26 种在该任务上拖延的原因。自我决定任务拖延程度的重测信度为 0.62，他人决定任务拖延程度的重测信度为 0.51，原因量表的重测信度为 0.69，结构与原量表一致，结构效度良好。分数越高，拖延程度越高[3]。

1.2.3 大学生学习动机量表

陈保华修订的大学生学习动机量表包括 7 个量表（包括认识、成就、刺激、认同、内摄、外部调节、无动机），每一个量表包含 4 个项目，总共 28 个项目，采用 5 点计分。各分量表的重测信度为 0.58~0.77，内部一致性信度为 0.51~0.72，修订后的量表基本上保持了原来的结构，具有较好的结构效度。分数越高，自我决定学习动机越高。

2 结果与分析

2.1 大学生学习拖延在人口学变量上的差异分析

2.1.1 学习拖延在性别上的差异

对不同性别大学生学习拖延得分进行 t 检验，结果见表 1。

表 1 大学生学习拖延的性别差异比较

	男	女	t	p
拖延程度	13.64 ± 4.20	14.27 ± 4.56	−3.920	0.000**
问题程度	14.52 ± 4.82	15.38 ± 4.65	−4.877	0.000**
降低期望	16.18 ± 6.63	16.93 ± 7.22	−2.934	0.003**
学习拖延总分	44.34 ± 12.86	46.58 ± 12.74	−4.728	0.000**

注：* 为 $p<0.05$，** 为 $p<0.01$，下同。

经独立样本 t 检验发现，女生在拖延程度、问题程度、降低期望和总拖延程度上显著高于男生。

2.1.2 学习拖延在年级上的差异

对不同年级的大学生学习拖延得分进行方差分析，结果见表 2。

表 2 大学生学习拖延的年级差异比较

	拖延程度	问题程度	降低期望	学习拖延总分
大一	13.54 ± 4.19	15.26 ± 5.22	16.63 ± 7.67	45.43 ± 13.72
大二	14.52 ± 4.52	15.25 ± 4.79	16.62 ± 7.07	46.39 ± 13.38
大三	14.15 ± 4.32	14.72 ± 4.41	16.45 ± 6.23	45.32 ± 11.68
大四	13.13 ± 4.46	14.08 ± 4.31	16.37 ± 6.53	43.57 ± 12.31
F	12.311	7.479	0.221	4.295
p	0.000**	0.000**	0.882	0.005**
多重比较	二、三 > 一、四	一、二 > 三 > 四	无显著差异	一、二、三 > 四

对不同年级大学生的学习拖延程度进行方差分析，结果显示不同年级大学生在拖延程度、问题程度、降低期望和学习拖延总分上没有显著差异，经过事后多重比较发现，在拖延程度上，大二、大三学生显著高于大一、大四学生，在问题程度

上，大一、大二学生显著高于大三学生，大一、大二、大三学生显著高于大四学生，在降低期望上，没有显著差异，在学习拖延总分上，大一、大二、大三学生显著高于大四学生。

2.1.3 学习拖延在综合测评排名上的差异

对不同综合测评排名的大学生学习拖延得分进行方差分析，结果见表3。

表3 大学生学习拖延的综合测评排名差异比较

	拖延程度	问题程度	降低期望	学习拖延总分
偏上	13.57 ± 4.03	14.41 ± 4.95	16.81 ± 7.28	44.79 ± 12.91
居中	13.63 ± 4.42	15.15 ± 4.57	15.74 ± 6.53	44.53 ± 12.27
偏下	16.14 ± 4.66	15.77 ± 4.62	18.43 ± 6.70	50.33 ± 13.54
F	58.346	14.694	24.395	33.512
p	.000**	.000**	.000**	.000**
多重比较	偏下 > 居中、偏上	偏下 > 居中 > 偏上	偏下 > 偏上 > 居中	偏下 > 居中、偏上

经分析方差发现，不同成绩的大学生在拖延程度、问题程度、降低期望和学习拖延总分上差异显著，事后多重比较显示在拖延程度和学习拖延总分上，成绩偏下的大学生要显著高于成绩居中、偏上的大学生，在问题程度和降低期望上，成绩偏下的大学生显著高于成绩居中、偏上大学生，成绩居中的显著高于成绩偏上大学生。

2.2 大学生学习拖延与完美主义、学习动机的相关分析

对学习拖延各维度与完美主义、学习动机各维度之间进行相关分析，结果见表4。

表4 大学生学习拖延与完美主义、学习动机的相关分析

	拖延程度	问题程度	降低期望	学习拖延总分
认识	0.026	0.068**	0.125**	0.102**
成就	0.057**	0.070**	0.079**	0.088**
刺激	0.073**	0.052**	0.104**	0.100**
认同	0.126**	0.126**	0.158**	0.175**
内摄	0.087**	0.111**	0.252**	0.207**
外部调节	0.204**	0.120**	0.241**	0.244**
无动机	0.153**	0.120**	0.115**	0.158**
学习动机总分	0.138**	0.125**	0.205**	0.204**
积极完美主义	0.109**	0.087**	0.213**	0.184**

消极完美主义	0.166**	0.152**	0.161**	0.199**

从表 4 可以看出，相关分析结果表明，学习拖延与积极完美主义、消极完美主义、自我决定学习动机呈显著正相关。

2.3 大学生学习拖延与完美主义、学习动机之间的回归分析

以学习拖延为因变量，完美主义、自我决定学习动机各维度为预测变量进行回归分析，结果见表 5。进入方程的变量有外部调节、消极完美主义、内摄、成就、认同，对学习拖延的解释率为 11.1%，表明完美主义、学习动机和未来时间洞察力对学习拖延有一定的预测作用。

表 5 大学生学习拖延与完美主义、学习动机的回归分析

进入方程的变量	β 值	R^2	校正后的 R^2	F 值	t 值
外部调节	0.174	0.059	0.058	182.154***	6.670***
消极完美主义	0.132	0.092	0.091	98.737***	5.273***
内摄	0.119	0.103	0.101	66.680***	4.265***
成就	–0.117	0.108	0.106	58.716***	–4.537***
认同	0.057	0.111	0.109	45.636***	2.308**

3 讨论

3.1 大学生学习拖延在人口学变量上的差异

3.1.1 学习拖延在性别上的差异

经独立样本 t 检验发现，女生在拖延程度、问题程度、降低期望和总拖延程度上显著高于男生。

女生的学习拖延程度要高于男生，这可能与男女生在行为方式和学习动机自我决定程度上的差异有关。在行为方式上，有了一定学习的目标后，男生进行学习任务较为果断，而女生则显得优柔寡断，因此女生会比较多地出现学习拖延行为。对本次调查的结果进行分析发现女生的学习自我决定动机要显著高于男生（女生 87.51 ± 16.97，男生 84.40 ± 19.04，$p<0.05$），陈宝华的研究结果表明学习动机的自我决定程度高的个体，其学习拖延程度也较高，在学习方面女生的自主性较高，而男生多是在一定的外在压力下才去完成学业任务，当自我决定的任务没有完成时个体不会受到来自外部的惩罚性结果，在归因方式上也倾向归因于其他外界因素，个

体感受到的愧疚感较少，拖延程度也因此越高。

3.1.2 学习拖延在年级上的差异

对不同年级大学生的学习拖延程度进行方差分析，结果显示不同年级大学生在拖延程度、问题程度、降低期望和学习拖延总分上没有显著差异，经过事后多重比较发现，在拖延程度上，大二、大三学生显著高于大一、大四学生，在问题程度上，大一、大二学生显著高于大三学生，大一、大二、大三学生显著高于大四学生，在降低期望上，没有显著差异，在学习拖延总分上，大一、大二、大三学生显著高于大四学生。

大四学生的学习拖延要低于其他年级，在处在低年级阶段时，由于刚刚脱离高中时期高强度的学习生活，对学习活动还有较大的厌恶情绪，再加上大学阶段有较多的自主支配时间，学生在学习方面的积极性就不高，较多地出现学习拖延；而大四学生临近毕业感受到的外界压力较多，对学习的重要性有较为深刻的理解，有比较明确的学习目标和学习方法，在外部要求较多和自我积极性提高的双重作用下，大四学生的学习拖延明显减少[4]。

3.1.3 学习拖延在综合测评排名上的差异

经分析方差发现，不同成绩的大学生在拖延程度、问题程度、降低期望和学习拖延总分上差异显著，事后多重比较显示在拖延程度和学习拖延总分上，成绩偏下的大学生要显著高于成绩居中、偏上的大学生，在问题程度和降低期望上，成绩偏下的大学生显著高于成绩居中、偏上大学生，成绩居中的显著高于成绩偏上大学生。

本研究结果发现在大学阶段成绩偏下的学生其学习拖延程度要显著高于其他学生，学习成绩不太理想的大学生他们在学习方面的自信心和动力不足，对学习活动有较多的厌恶情绪，因此他们对于学习的积极性要低于其他学生，在完成学习活动的过程中会经常遇到各种困难和障碍，易出现回避和拖延行为，学习拖延程度比较高[5]。

3.2 大学生学习拖延与完美主义、学习动机之间的相关与回归分析

在完美主义与学习拖延的关系方面，积极完美主义指的是个体对自己比较理性的要求，消极完美主义是指一些不切实际的要求。本研究结果发现学习拖延与积极完美主义和消极完美主义都有显著正相关关系，回归分析表明消极完美主义对学习拖延有较大的影响作用。在大学生活里处处都有竞争，比如奖学金、各种评优活动等，完美主义高的个体，他们对自己的要求比较严格，在学习中会给自己设定比较高的目标，有的时候这些目标超出了个体所能达到的水平，当个体无法实现自己的预设目标时，为了避免出现失败，他们选择回避或是拖延对目标的完成，会出现较

为严重的学习拖延行为，且预设目标超过个体水平越多，学习拖延行为就越严重，因此消极完美主义对学习拖延的影响更明显[6]。

自我决定学习动机与学习拖延方面，本研究结果表明学习动机自我决定程度与学习拖延成显著正相关，个体学习动机的自我决定程度越高，则学习活动是个体自发进行的程度也越高。没有外部要求下进行的学习活动当出现障碍和困难，或是因为其他因素吸引个体使得该学习活动无法继续进行下去时，个体没有来自外部处罚的担心，由于将拖延的原因归因于外部其他因素而感受到的愧疚、抑郁等消极情绪也较少，因此基于自我决定学习动机的学习活动比较容易出现学习拖延行为。

4 结论

（1）女生的学习拖延程度显著高于男生，大四学生的学习拖延程度显著低于其他年级，学业成绩偏下的大学生学习拖延程度显著高于其他大学生，在独生子女和非独生子女、不同专业、不同生源地、贫困生与非贫困生、个人选择专业和专业被调剂等方面不存在显著差异。

（2）学习拖延与积极完美主义、消极完美主义、自我决定学习动机之间都存在显著正相关。

（3）自我决定学习动机中的外部调节、认同、内摄、成就四个维度，完美主义中的消极完美主义维度对学习拖延有较好的预测作用。

参考文献

[1] 王旭祥，戴美霞，郭翠华，等．广州某高校本科生学习拖延现状及其相关因素[J]. 中国心理卫生杂志 .2018,32(4):344-349.

[2] 应洁峰，于晋，沈毅．大学生拖延行为现状及影响因素分析[J]. 当代教育实践与教学研究 .2018(19):239-240.

[3] 许馨方．大学生完美主义、自我效能感与拖延的关系及干预研究[D]. 石家庄：河北师范大学 ,2019.

[4] 张元祝．大学生学业拖延行为与完美主义、自我意识的关系研究[D]. 苏州：苏州大学 ,2016.

[5] 张小聪．大学生学习拖延与时间管理、学习动机的关系[J]. 南京中医药大学学报（社会科学版）.2016,17(4):263-267.

[6] 李欣晏，熊庆秋，王锦红．大学生学习拖延、强迫症状和应对方式之间的关系[J]. 中国健康心理学杂 .2017,25(3):407-411.

跨民族交往影响少数民族大学生心理健康与文化适应的实证研究

毛志宏

陕西师范大学　710119

【摘要】目的：探究跨民族交往对少数民族大学生心理和文化适应的影响。方法：采取总体幸福感量表、病人健康问卷抑郁自评量表、文化疏离感量表对某高校571名少数民族学生进行调查。结果：① t 检验结果表明，汉族交往组的少数民族大学生总体幸福感和文化孤立感的得分显著高于本民族交往组，文化分离感和抑郁得分显著低于本民族交往组；民汉混住组的少数民族大学生总体幸福感和文化孤立感的得分显著高于本民族合住组，文化分离感和抑郁得分显著低于本民族合住组。② 相关分析结果表明，汉区居住时间和幸福感、文化孤立感显著正相关，和文化分离感、抑郁水平显著负相关。总体幸福感和文化孤立感显著正相关，和抑郁水平显著负相关。结论：民族间交往更多的少数民族大学生的总体幸福感更高，抑郁水平更低，文化孤立感更高，文化分离感更低。

关键字：跨民族交往；心理健康；文化适应；少数民族大学生

引言

中国是一个多民族国家，实现多民族共同进步和共同繁荣是党和国家高度重视的大事，也是多年来不懈的追求。在过去经济欠发达的时代，教育资源的不均衡一直是少数民族地区的重要难题。改革开放以后，得益于国家对少数民族大学生的优惠政策，越来越多的少数民族学子进入了高等学府，获得了平等的受教育机会。但在获得了更好的发展前途的同时，他们也面临着种种困难，集中表现在学业压力[1]

和对汉族文化的不适应[2]。少数民族有着自己特有的文化，独特的生活习惯，一些民族还有自己的信仰或忌讳，这些因素都导致生活在汉族聚居区中的少数民族学生会遇到一定的文化适应困难。在这种压力下，少数民族学生可能选择尽量和本民族的同学交流[3]，从而减少了和汉族和其他少数民族同学的跨民族交际。

大学生是国家的精英阶层，是未来国家建设的主力军，不同民族大学生之间的跨民族交际具有重要意义。2014 年 9 月召开的中央民族工作会议明确提出要加强各民族间交往交流交融。研究结果发现少数民族的学生和汉族学生有很强的族群交往意愿，但文化差异是其重要影响因素[4]。这种文化差异很大一部分体现在宿舍生活中[5]。宿舍生活是大学生生活和交际的重要场所，也是少数民族大学生接触汉族文化的重要途径。目前少数民族学生在高校中的住宿有民汉混住和民族单住两种形式，处在两种住宿条件下的少数民族学生与汉族文化的接触程度是相去甚远的，民族间交往的程度也有差异。目前，对于“民汉混宿”的多民族高校宿舍管理模式的作用只有理论上的研究[6-8]，且大多是以民族团结的角度论述其优劣。民汉混住必然带来文化的交流和碰撞，但其对少数民族大学生带来的实际影响还没有得到具体验证。有研究结果表明生活在汉区的少数民族学生存在着不同程度的文化疏离感。文化疏离感是处于交叉文化背景中的个体因文化差异而对母文化和主流文化产生的分离感、孤立感、被控感、不和谐感、非卷入感等消极的情感[9]。有研究结果发现文化疏离感和交往汉族朋友的数量有关[10]。本研究考虑文化孤立感和文化分离感，其中文化孤立感指个体感到对汉区文化的不适应以及母文化的被排斥；文化分离感指个体对母文化的疏远和脱离[9]。

前人研究结果证明文化疏离感会影响少数民族大学生的幸福感[11-13]。幸福生活是人们不懈的追求，提升少数民族幸福指数是实现全民族共同繁荣的重要组成部分。随着越来越多的少数民族学子进入高等学府，少数民族大学生的幸福感受到了越来越多的关注。已有研究结果表明少数民族大学生的幸福感较汉族大学生要低[14]。寻找影响少数民族大学生幸福感的因素具有实际意义，因此，我们把幸福感作为第二个比较点。

除此之外，大学生群体的心理健康问题也受到了持续的关注。有研究结果表明，中国大学生抑郁发生率居高不下[15]，少数民族的抑郁水平更是高于平均水平[16]。抑郁症不但影响正常学习与生活，更是导致大学生自杀的重要因素[17]。因此，我们把抑郁水平作为第三个比较点。

本研究从跨民族交往的视角出发，以交往汉族朋友的多少、是否和汉族学生合住、在汉族聚居区生活的时间，作为对跨民族交往程度以及文化交流程度的衡量。本研究旨在探究大学生群体内跨民族的交往是否对少数民族学生有实质性的积极影响，考察文化交流在个体层面的积极作用，为多民族高校关于少数民族学生的宿舍管理模式提供参考依据。

1 对象和方法

1.1 研究对象

以某高等院校民族教育学院的本科学生为研究对象，采用网络途径发放与回收问卷，回收问卷614份，剔除无效问卷43份，共有571名被试的数据进入统计。其中女生462人（80.9%），被试年龄为16—29岁，维吾尔族最多，有189人（33.1%），其次是回族118人（20.7%）和哈萨克族44人（7.7%）。其中和汉族居住在一起的有236人（41.3%），交往朋友中汉族占多数的有224人（39.2%）。

1.2 研究方法

1.2.1 测量工具

文化孤立感和文化分离感的测量采用刘曦、杨东于2005年编制的汉区少数民族学生文化疏离感量表。该量表共37道题，采用五点式计分，包含四个维度，分别为文化孤立感、文化分离感、不和谐感和被控制感，得分越高表示疏离感越高。本研究中只应用前两个维度。量表在之前的研究中展现了良好的信效度[11, 12]。在本次研究中，量表的内部一致性系数为0.848。

总体幸福感的测量采用段建华于1996年修订的总体幸福感量表中国版，修订后的版本有18道题目，包含六个维度，分别是对健康的担心、精力、对生活的满足和兴趣、忧郁或愉快的心境、对情感和行为的控制以及松弛和紧张。满分为120分。总分越高代表幸福度越高。量表在之前的研究中展现了良好的信效度[18]。在本次研究中，量表的内部一致性系数为0.805。

抑郁情况的测量采用病人健康问卷抑郁自评量表（PHQ-9）。该量表共9个条目，采用四点计分，满分为45分，得分越高表示抑郁程度越高。本次研究中，量表的内部一致性系数为0.871。

1.2.2 统计方法

采用统计软件SPSS20.0进行数据处理，运用独立样本t检验考察不同组被试的差异显著性，运用相关分析检验在汉族聚居区居住的时间和其他因素的相关关系。

2　结果

2.1　交往程度不同的少数民族大学生比较分析

在汉族聚居区必然会接触汉族学生，交往的汉族朋友越多，和朋友之间的文化交流也就越多，文化交流程度也就越高。在社会人口学问卷中设置题目“您的朋友中，谁占多数”，按照回答分为本民族交往组和汉族交往组，对两组被试的总体幸福感、文化孤立感、文化分离感、抑郁水平做独立样本 t 检验。结果见表 1。

表 1　交往汉族朋友数量不同的少数民族大学生比较分析

	本民族交往组 (n=347)	汉族交往组 (n=224)	p
总体幸福感	80.86 ± 11.04	84.12 ± 10.89	0.001
文化孤立感	61.03 ± 7.95	64.03 ± 6.61	0.000
文化分离感	43.44 ± 6.35	37.28 ± 7.64	0.000
PHQ 得分	17.37 ± 5.31	15.60 ± 4.77	0.000

注：p<0.05 为差异显著；p<0.01 为差异非常显著。

高校宿舍管理有民汉混住和本民族合住两种方式，和汉族学生居住在一起意味着共同饮食起居，共享私密生活空间。大学生宿舍既是友谊产生的场所，也是矛盾的高发场所，尤其对于有饮食忌讳或有宗教习俗的少数民族学生来说，共同居住带来了更多文化碰撞。在社会人口学问卷中设置题目“您平时是和谁一起居住”，按照回答分为民汉混住组和本民族合住组，对两组被试的总体幸福感、文化孤立感、文化分离感、抑郁水平做独立样本 t 检验。结果见表 2。

表 2　与汉族合住和与本民族合住的少数民族大学生比较分析

	民汉混住组 (n=335)	本民族合住组 (n=236)	p
总体幸福感	83.80 ± 11.51	80.97 ± 10.65	0.003
文化孤立感	63.51 ± 7.13	61.29 ± 7.78	0.001
文化分离感	38.74 ± 7.91	42.63 ± 6.78	0.000
PHQ 得分	15.92 ± 4.92	17.21 ± 5.29	0.003

注：p<0.05 为差异显著；p<0.01 为差异非常显著。

结合表 1、表 2 可以看出，汉族交往组的少数民族大学生总体幸福感和文化孤立感的得分显著高于本民族交往组，文化分离感和抑郁得分显著低于本民族交往组；民汉混住组的少数民族大学生总体幸福感和文化孤立感的得分显著高于本民族合住组，文化分离感和抑郁得分显著低于本民族合住组。由于交往汉族朋友的数量和与汉族共同居住都体现了更高的跨民族交往程度，因此可以认为跨民族交往程度越高，幸福感越高，抑郁水平越低；文化孤立感越高，文化分离感越低。

2.2 加入在汉区的居住时间为自变量做相关分析

表 3 在汉区居住时间及各因素相关矩阵

	在汉区的时间	总体幸福感	文化孤立感	文化分离感	抑郁水平
在汉区的时间	1	—	—	—	—
总体幸福感	0.215**	1	—	—	—
文化孤立感	0.163**	0.344**	1	—	—
文化分离感	–.204**	0.039	0.131**	1	—
抑郁水平	–0.189**	–0.616**	–0.356**	–0.032	1

注：** 表示 $p<0.01$。

从表 3 中可以看出，在汉区居住的时间和总体幸福感、文化孤立感显著正相关，和文化分离感、抑郁水平显著负相关。在汉区居住的时间体现了跨民族交往的程度，这一结果与独立样本 t 检验的结果一致。其余因素之间，总体幸福感和文化孤立感显著正相关，和抑郁水平显著负相关；文化孤立感和文化分离感显著正相关，和抑郁水平显著负相关。关于这一结果的解释见讨论部分。

3 讨论

本研究通过对比与汉族交往程度不同的少数民族大学生被试的总体幸福感、文化孤立感、文化分离感、抑郁水平，考察文化交流程度不同的个体差异。结果显示，与汉族交往程度越高，总体幸福感越高，文化孤立感越高，文化分离感越低，抑郁水平越低。

交往程度较高的少数民族大学生的总体幸福感更高，这一发现证明了少数民族与汉族交流的重要意义。随着少数民族地区在政策扶持下快速发展，越来越多的少数民族同胞进入内地寻求教育或就业机会，与此同时，为响应国家的西部大开发战略，许多汉族人民也自发去往新疆、西藏等少数民族聚居区寻找机会，实现价值。少数民族人民和汉族人民的联系正变得前所未有的紧密，也有了更多的文化交流和碰撞。本研究的结果为担忧进入汉族聚集区后适应不了汉族文化的少数民族同胞尤其是大学生提供了一颗定心丸。

交往程度较高的少数民族大学生的抑郁水平更低。证明对于抑郁水平偏高的少数民族大学生群体，和汉族同学交流沟通并接触汉族文化具有重要意义。少数民族大学生多来自西部地区，陌生的环境和面临的种种压力极易让人产生消极情绪，久而久之便可能发展成抑郁症。研究结果证明，大学生抑郁症和社会支持高度相关，具有良好社会支持的大学生不论压力大小，都具有更低的抑郁水平[19-20]。汉族聚居区的少数民族人口远不及汉族人口多，和汉族学生交往可以获得更多的社会支持，这可能是导致抑郁水平降低的原因之一，但这一解释还需要之后的研究证明。

交往程度较高的少数民族大学生具有更高的文化孤立感，更低的文化疏离感。文化孤立感来自对汉文化的不适应和母文化的被排斥。对于少数民族来说，和汉族交往越密切，可能产生的文化碰撞就越多，例如有饮食忌讳或有宗教信仰的民族学生，当和汉族学生生活在一起时这种不便就会体现出来，因此，偏高的文化孤立感是文化交流的必然产物。但文化孤立感高不代表跨民族交往的影响是消极的，正相反，相关分析结果表明，文化孤立感和总体幸福感显著正相关，和抑郁水平显著负相关，说明文化孤立感不影响少数民族学生的生活质量。但这一结果不同于以往的研究[11, 13]，这可能是由于之前研究采用的衡量标准不同或被试群体不同。

文化分离感代表的是和母文化的疏远感，和汉文化无关[9]。本研究中与汉族交往程度更高的少数民族学生有更低的文化分离感。文化分离感高的个体会逐渐不适应自己的母文化，甚至因为母文化而产生别扭的感觉，测量条目例如“穿着自己民族的服饰让我觉得很别扭”“我已经不能保持自己本民族特有的饮食习惯了”[9]。这一结果说明，和汉族生活在一起不仅不会使得少数民族学生因自己母文化的特殊性而感到不和谐，跨民族的接触还有利于少数民族学生保持对母文化的感情。而和本民族生活在一起的大学生更大程度上保持了本民族传统的生活习惯，但一些需求在汉区又得不到充分满足，因此产生了更高的对母文化的分离和不和谐感。造成这一结果的具体原因有待进一步的研究。但相关分析显示文化分离感和总体幸福感以及抑郁水平无关，表明文化分离感并不会对生活造成实质性影响；文化分离感和在汉族聚集区居住的时间负相关，证明随着少数民族大学生接触更多的汉族文化后，这种对母文化的疏离感会得到缓解。

4 结论

本研究的结论是：

（1）与汉族同住、交往更多汉族朋友的少数民族大学生，总体幸福感越高，抑郁水平越低。

（2）与汉族的交往程度越高，文化孤立感越高，文化分离感越低。

（3）文化孤立感和总体幸福感显著正相关，和抑郁水平显著负相关；文化分离感和在汉族聚集区生活的时间显著负相关，和总体幸福感及抑郁水平无关。

研究结果证明，推动少数民族与汉族大学生交往有其实际意义，文化的交流不仅是时代的要求，也对少数民族大学生有着实际的积极影响，因此应鼓励少数民族大学生和汉族学生混住。但部分研究结果与前人不一致，对于文化疏离感和总体幸福感的关系以及跨文化接触和文化分离感之间的影响机制还需要在不同群体中做进一步研究。

参考文献

[1] 尔古果果．少数民族大学新生学习不适应问题初探 [J]. 魅力中国，2010(23): 206.

[2] 叶丽芹，项先红．少数民族大学生新文化下的心理适应问题浅探 [J]. 科技促进发展，2011(10): 44-46.

[3] 孙倩，严建骏，陈晨子．内地高校新疆少数民族学生群体交往特点及教育管理工作的思考 [J]. 教育与职业，2013(21): 67-69.

[4] 姜玉琴．民汉合校中影响学生族群交往意愿的因素分析 [J]. 新疆大学学报（哲学·人文社会科学版），2013(2): 82-85.

[5] 张艺．嵌入式居住视角下新疆高校民汉合宿现状调查 [J]. 太原城市职业技术学院学报，2017(2): 96-97.

[6] 周建业．民汉混住：让“两个世界”亲如一家 [J]. 中国民族教育，2017(4): 56-58.

[7] 王倩，熊明巧，马广强．浅议高校宿舍“民汉混住”模式 [J]. 山东青年，2015(4): 102-103.

[8] 马维娜．浅析文化认同障碍产生的原因：以民汉合住模式为视角 [J]. 中国培训，2015(10): 72.

[9] 刘曦，杨东．汉区少数民族学生文化疏离感的理论建构及量表编制．中国临床心理学杂志，2005, 13(2): 141-143.

[10] 杨东，金钊，黎樱，等．汉族社区少数民族的文化疏离感研究．社会学研究，2009(3): 187-210.

[11] 叶宝娟，郑清，曹灿兮，等．文化疏离感对汉区高校少数民族大学生幸福感的影响机制 [J]. 心理发展与教育，2015, 31(5): 618-624.

[12] 蔡妤荻，叶宝娟．文化疏离感对汉区高校少数民族大学生幸福感的

影响：情绪调节策略的调节作用 [J]. 中国临床心理学杂志，2016, 24(1): 49-52.

[13] 叶宝娟，杨强，董圣鸿. 文化疏离感对汉区高校少数民族大学生幸福感的影响：应对方式的中介作用和文化智力的调节作用 [J]. 心理科学，2017(1): 76-82.

[14] 陈田林. 汉区高校少数民族大学生幸福感调查 [D]. 南昌：南昌大学，2012.

[15]LEI X Y, XIAO L M, LIU Y N, et al. Prevalence of depression among chinese university students: a meta-analysis ploS one, 2016, 11(4): e0153454.

[16] 张富花，张俐花，张雯，等. 内地少数民族大学生抑郁、焦虑调查及分析 [J]. 中国健康心理学杂志，2016, 24(8): 1254-1257.

[17]LI Z Z, LI Y M, LEI X Y, et al. Prevalence of suicidal ideation in Chinese college students: a meta-analysis[J]. Plos one, 2014, 9(10): e104368.

[18] 尉杰忠，吴花林. 医学生总体幸福感、应对方式及其关系. 中国健康心理学杂志，2015(4): 563-566.

[19] 李伟，陶沙. 大学生的压力感与抑郁、焦虑的关系：社会支持的作用. 中国临床心理学杂志，2003, 11(2): 108-110.

[20] 叶俊杰. 领悟社会支持、实际社会支持与大学生抑郁. 心理科学，2006, 29(5): 1141-1143.

新冠肺炎疫情下大学生信息焦虑对手机成瘾的影响：一个有中介的调节模型

姜立君

大连大学 116622

[摘要] 为探索新冠肺炎疫情下大学生信息焦虑对手机成瘾的影响以及负性信息注意偏向的调节作用和反刍思维的中介作用，对532名大学生进行问卷调查分析。结果表明信息焦虑对手机成瘾有直接预测作用，负性注意偏向起到调节作用，反刍思维起到部分中介作用。

关键词：信息焦虑；手机成瘾；负性注意偏向；反刍思维

1 研究目的

自2019年12月以来，新冠肺炎疫情快速蔓延至全国各省市，逐渐演变成影响广泛的公共卫生事件，给全国的大学生带来了不同程度的影响[1]。新冠肺炎疫情对于每一个个体都具有一定的生命安全威胁，大学生会更多关注死亡病例、网络谣言、防疫物资短缺等负性信息，引发一定程度的信息焦虑[2]。随着新冠肺炎疫情肆虐，居家防疫带来的活动空间限制，活动内容单一带来的无聊感，都会进一步加深大学生的焦虑状态。同时，不能正常开学返校带来的学业压力、就业压力、人际压力、情感关系压力等会加重大学生的焦虑状态，大学生会选择通过手机游戏或社交软件排解焦虑情绪。而“停课不停学”背景下的在线教学也大大增加了学生手机的使用时间，通过微信群、QQ群等进行疫情信息日报工作也在一定程度上增加了手机的使用频率。这种特殊的居家防疫状态无疑加剧了手机的使用，疫情除了影响生命安全，还可能潜在影响手机过度使用而导致的手机成瘾[3]。因此本研究认为疫情下大学生信息焦虑可以直接预测手机成瘾。

负性信息注意偏向是一种认知倾向，个体会偏向于注意负性信息并放大负性信息的影响或抑制其他信息的作用。面对新冠肺炎疫情，个体本能地去搜寻疫情的发展趋势、防治药物、预防方法、物资信息等，受疫情发展日趋严重的趋势和对病毒威胁的恐惧，个体更偏向注意负性信息。大学生的负性信息注意偏向水平越高，个体越倾向于主动搜寻信息来验证负性信息的真伪、对自己的影响多少，会加剧信息焦虑对手机使用的影响。相反负性信息注意偏向水平较低时，个体则不会主动搜寻信息，不会导致手机使用增多。因此本研究认为负性信息注意偏向在信息焦虑对手机成瘾的影响中起到调节作用[4]。

反刍思维是个体面对问题时消极、反复思考，并负性认知放大潜在影响的心理特质。个体对新冠肺炎疫情的信息焦虑，会让个体反复思考分析已经获得的信息，并不断怀疑否定积极的想法，让自己陷入消极反刍的状态。在这种状态下，个体会选择通过进一步搜索相关信息来支撑自己的想法，消除自己的担心。但在反刍思维的负性作用下个体会产生更多的信息焦虑和手机使用。也就是说信息焦虑会引发大学生的反刍思维，不断重复负性信息的影响而造成更多的手机使用。因此本研究认为反刍思维在信息焦虑对手机成瘾的影响中起到中介作用。

综上所述，本研究认为新冠肺炎疫情下大学生信息焦虑对手机成瘾具有直接影响，负性信息注意偏向起到调节作用，反刍思维起到中介作用。本研究采用有中介的调节模型对研究假设进行检验。

2　对象与方法

2.1　被试

本研究采用横断研究设计，整群抽取辽宁某大学在校生 595 人，采用网络问卷的方式进行调查。共回收问卷 595 份，经过筛选获得有效问卷 532 份，问卷有效率为 89.4%。其中男生 290 人、女生 242，理科生 326 人、文科 206 人，年龄范围为 18~21 岁，平均年龄 18.86 ± 0.75 岁，受疫情影响严重 103 人、一般 429 人，被试中无新冠病毒感染病例。

2.2　研究工具

2.2.1　信息焦虑量表（information anxiety scale，IAS）

信息焦虑量表（IAS）由吴贤华等编制。量表共用 23 个题目，包括 5 个维度分别是采用策略焦虑、搜索信息焦虑、筛选信息焦虑、加工信息焦虑、利用信息焦虑，量表采用 5 点计分法。

2.2.2 手机成瘾指数量表（mobile phone addiction index, MPAI）

手机成瘾指数量表（MPAI）由梁永炽编制。量表共用 17 个题目，包括 4 个维度分别是失控性、戒断性、逃避性、低效性，量表采用 5 点计分法。

2.2.3 负性注意偏向量表（attention to negative information，ANI）

负性注意偏向量表（ANI）选自 Nugochi 编制、戴琴等翻译修订的中文版正负性注意偏向量表中的负性注意偏向分量表。量表共用 11 个题目，采用 5 点计分法。

2.2.4 反刍思维量表（RRS）

反刍思维量表（RRS）由 Nolen–Hoeksema 编制、韩秀等翻译修订成中文版。量表共有 22 个题目，包括症状反刍、强迫思考、反省深思 3 个维度，采用 4 点计分法。

2.3 数据统计与分析

采用 SPSS 22.0 软件对数据进行整理和录入、分析，采用 Hayes 编制的 Process 插件来分析有中介的调节效应。

3 结果

3.1 共同方法偏差检验

为检验自我报告可能带来的共同方法偏差，采用 Harman 单因素法对数据进行探索性因素分析，结果表明本研究数据的不存在共同方法偏差。

3.2 人口统计学变量差异检验

为进一步分析新冠肺炎疫情下不同大学生群体的差异，本研究采用独立样本 t 检验来考察研究变量在性别、专业、疫情对个人影响程度等人口统计学变量上的差异。结果（详见表 1）显示，男大学生信息焦虑水平显著高于女大学生，女大学生反刍思维水平显著高于男大学生；文科生的反刍思维显著高于理科生；疫情影响严重大学生的信息焦虑、负性注意偏向、反刍思维和手机成瘾均显著高于疫情影响一般大学生。

表 1　各变量的人口统计学差异检验

	n	信息焦虑		负性注意偏向		反刍思维		手机成瘾	
		$M \pm SD$	t	$M \pm SD$	t	$M \pm SD$	t	$M \pm SD$	t
男	290	2.57 ± 0.59	4.16***	2.95 ± 0.51	0.85	2.62 ± 0.57	−2.04*	2.04 ± 0.81	−0.86
女	242	2.36 ± 0.53		2.92 ± 0.45		2.72 ± 0.53		2.08 ± 0.76	
理科	326	2.51 ± 0.59	1.60	2.93 ± 0.50	−0.62	2.63 ± 0.56	−2.19*	2.02 ± 0.79	−1.64
文科	206	2.43 ± 0.54		2.95 ± 0.45		2.73 ± 0.54		2.13 ± 0.78	
影响严重	103	2.78 ± 0.59	6.35***	2.97 ± 0.47	3.87***	3.06 ± 0.53	8.26***	3.14 ± 0.61	18.81***
影响一般	429	2.41 ± 0.55		2.79 ± 0.48		2.57 ± 0.52		1.81 ± 0.58	

注：* 为 $p<0.05$,*** 为 $p<0.001$。

3.3　各变量的描述性分析和相关分析

为检验观察新冠病毒疫情下大学生的信息焦虑、负性注意偏向、反刍思维和手机成瘾之间的关系，本研究采用 Pearson 相关系数来分析四个变量之间的相关性。结果（详见表 2）显示，信息焦虑与反刍思维、手机成瘾显著正相关，信息焦虑与负性注意偏向不相关，负性注意偏向与反刍思维、手机成瘾显著正相关，反刍思维与手机成瘾显著正相关。

表 2　各变量之间的相关分析

	$M \pm SD$	信息焦虑	负性注意偏向	反刍思维	手机成瘾
信息焦虑	2.48 ± 0.57	1	—	—	—
负性注意偏向	2.94 ± 0.48	−0.04	1	—	—
反刍思维	2.67 ± 0.56	0.26***	0.15***	1	—
手机成瘾	2.06 ± 0.79	0.23***	0.28***	0.39***	1

注：*** 为 $p<0.001$。

3.4　有中介的调节效应检验

本研究按照温忠麟等提出的检验程序进行有中介的调节效应检验，采用 Bootstrap 法抽取 5000 个样本来估计中介效应及调节效应的 95% 置信区间。鉴于四个变量在疫情影响严重程度方面的均有显著差异，本研究把影响程度作为控制变量放入检验模型。第一步，采用 Hayes 编制的 Process 插件中的 Model1 检验负性注意偏向在信息焦虑对手机成瘾的直接影响的调节效应。结果表明（详见表 3），在控制了影响程度之后，信息焦虑对手机成瘾的直接预测效应显著（$\beta_{信息焦虑→手机成瘾}=0.13$，$p<0.001$，95% 置信区间为 [0.07，0.19]），负性注意偏向的调节效应显著（$\beta_{信息}$

$_{焦虑\times负性注意偏向}$=0.05，p<0.05，95% 置信区间为 [0.01，0.10]），可以进行有中介的调节效应检验。第二步，采用 Hayes 编制的 Process 插件中的 Model5 检验有中介的调节效应。结果表明（详见表 3），在控制了影响程度之后，信息焦虑对手机成瘾的直接预测效应显著（$\beta_{信息焦虑\to手机成瘾}$=0.09，p<0.01，95% 置信区间为 [0.03，0.14]）；反刍思维的中介作用显著，中介效应为 0.04，占总效应的 30.76，95% 置信区间为 [0.02，0.06]，起到部分中介作用；负性注意偏向的调节效应显著（$\beta_{信息焦虑\times负性注意偏向}$= 0.06，p<0.05，95% 置信区间为 [0.01，0.10]）。

表 3　有中介的调节效应分析

结果变量	预测变量	R	R^2	F	β	se	t	LLCI	ULCI
手机成瘾		0.70	0.49	155.36***					
	影响程度				–1.55	0.07	–20.82***	–1.70	–1.40
	信息焦虑				0.13	0.02	4.58***	0.07	0.19
	负性注意偏向				–0.16	0.02	–5.89***	–0.22	–0.11
	信息焦虑 × 负性注意偏向				0.05	0.02	2.12*	0.01	0.10
反刍思维		0.42	0.17	68.55***					
	影响程度				–0.71	0.09	–7.53***	–0.89	–0.52
	信息焦虑				0.25	0.04	6.72***	0.17	0.32
手机成瘾		0.72	0.52	137.81***					
	影响程度				–1.43	0.07	–18.99***	–1.58	–1.29
	信息焦虑				0.09	0.02	3.03**	0.03	0.14
	反刍思维				0.18	0.03	5.86***	0.12	0.24
	负性注意偏向				–0.15	0.02	–5.21***	–0.20	–0.09
	信息焦虑 × 负性注意偏向				0.06	0.02	2.48*	0.01	0.10

注：* 为 p<0.05，** 为 p<0.01，*** 为 p<0.001。

为进一步分析负性注意偏向的调节效应，本研究将负性注意偏向分为高分组（M+1SD）和低分组（M–1SD）两组，运用进行负性注意偏向在信息焦虑对大学生手机成瘾影响中的简单斜率检验，检验结果见图 1。检验结果表明，在高负性注意偏向水平下信息焦虑对大学生手机成瘾有着显著的正向预测作用（Simple slope=0.15，t=3.80，p<0.001），而在低负性注意偏向水平下信息焦虑对大学生手机

成瘾的预测作用不显著（simple slope=0.03，t=0.81，p>0.05）。

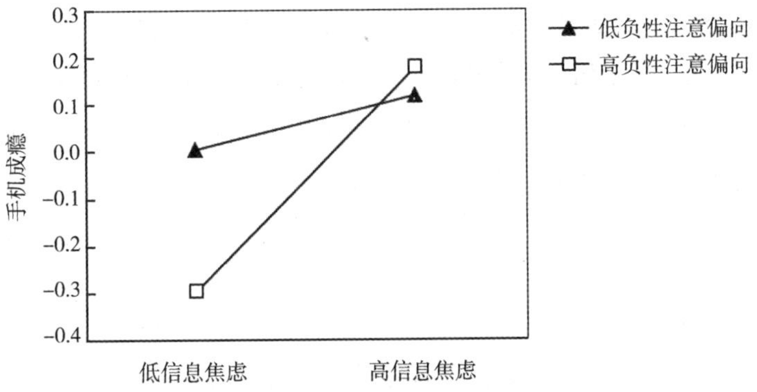

图 1　调节效应的简单斜率检验图

4　讨论

本研究结果表明，在新冠病毒疫情下大学生信息焦虑对手机成瘾具有直接的影响作用。使用手机本身是一种大学生自我放松调节的方式，但过度使用就会导致手机成瘾，这也可以说是新冠肺炎疫情对大学生生命安全以外的影响。日常生活中手机已经成为大学生的必需品，上网冲浪、打游戏、刷社交媒体等已经成为一种生活习惯，是一种问题性非成瘾使用状态。疫情阻断了大学生的其他社会功能，手机成为了主要的社会活动媒介，进一步增加了手机的使用时间和频率，促使手机问题性使用向成瘾方向发展。这需要引起大学生本人、家长和学校的重视。因此学生本人要加强自律，培养适合居家的兴趣爱好，减少手机使用时间；家长要注意大学生手机的使用情况，做好监督和管理，避免因疫情造成手机成瘾；学校也要加强教育引导，开展焦虑自我调节的线上教育，帮助大学生更好地面对疫情信息引发的信息焦虑。

本研究结果发现，在新冠肺炎疫情下大学生的负性注意偏向会调节信息焦虑对手机成瘾的影响。负性注意偏向程度越高，信息焦虑对手机成瘾的影响也越大。负性信息的关注会增强个体的焦虑感，并试图通过手机获得更多的信息来缓解焦虑或消除之前负性信息的担心，但负性注意偏向会影响获取更多的负性信息，让大学生陷入饮鸩止渴的恶性循环中去。因此可以把负性注意偏向作为一种反向调节手段，通过控制负性信息源、加强正性注意偏向的引导等方式削弱负性注意偏向的影响，来减轻信息焦虑对手机成瘾的影响。

本研究结果还发现，反刍思维在信息焦虑对手机成瘾的影响中起着部分中介作用。反刍思维作为认知思考的一种典型形式，对信息焦虑对手机成瘾起到重要的影响。大学生对获取的信息会进行反刍思考，更多从负性角度解读信息的影响，并陷入悲观绝望的状态，认为自己很难面对或解决问题。为避免信息资源的限制，会通过手机获取更多信息的方式进行补充。也就是信息焦虑会引发反刍思维，进而增加手机使用时间和频率而影响手机成瘾。因此高校可以通过反刍思维问卷的测量，来甄别在新冠肺炎疫情下大学生的反刍思维水平，针对反刍思维水平较高的学生地进行积极乐观思维方式的教育和引导。

5 结论

本研究结果表明，在新冠肺炎疫情下，大学生的信息焦虑对手机成瘾具有直接影响，负性注意偏向会调节信息焦虑对手机成瘾的影响，而反刍思维则起着部分中介作用。本研究对做好疫情期间大学生的心理健康教育工作具有一定参考价值。

参考文献

[1] 刘素芳，宋艳梅，卢爱莲，等．隔离对医科大学生心理状态的影响[J]. 健康心理学杂志，2004(3):211-212.

[2] 吕敬惠，袁愈新，王冬．新型冠状病毒肺炎疫情下大学生心理健康状况及影响因素分析[J]. 南方医科大学学报，2020,40(2):171-176.

[3] 赵春珍．"新冠肺炎"疫情期间大学生心理状况调查及教育对策研究[J]. 心理月刊，2020,15(8):1-3.

[4] 匡征凌，郭凯文，刘蔚珂，等．武汉某高校大学生对新型冠状病毒肺炎防疫知识认知及心理状态的调查[J]. 热带医学杂志，2020(3):1-7.

心理健康教育工作视域下特殊学情的概念内涵与应对策略

王　倩　彭　飞　林东慧　李岩松

哈尔滨工业大学　150001

[**摘要**] 特殊学情作为一个全新概念出现在高校心理健康教育工作实践中，它包含了心理学情、学业学情和生活学情三部分重要部分内容，具有隐蔽性与公开性同存、即时性与定期性同在、个体性与群体性同行、发展性与障碍性同列等时代特点，需要借助学情信息化系统采取特殊学情预防、识别、干预的应对策略。

关键词：高校学生；特殊学情；信息化系统

近年来，高校学生因学业、人际交往、就业等方面的问题和压力而出现的危机事件频发，关心关爱高校学生的健康成长已经成为高校心理健康工作的重点。我们从问题解决角度，提出了“特殊学情”的概念，针对“特殊学情”范围内的少数人开展多一分关心、多一分厚爱的帮辅机制，帮助学生成为拥有理性平和的健康心态、积极投入的学习风气、乐观向上的生活态度和立场坚定的社会主义建设者和接班人，让学生能够肩负起建设社会主义现代化强国和实现中华民族伟大复兴的中国梦的历史重任。

1　特殊学情的基本内涵

“学情”的概念最早见于黎世法的“最优中学教学方式实验法”[1]，随后，被学者定义为指学生的知识基础、学习方法、心理状态、理解能力、学习兴趣等[2]。与其不同，本文所说的“特殊学情”作为一个全新概念，它是我们在多年高校心理健康教育工作实践基础上总结提炼生成，事关高校学生心理健康成长与发展，是指以具有指标性的认知或行为表征为标准、以全员全过程全方位的专业帮辅为举措的少数学生群体情况概述。具体来说，特殊学情由心理学情、学业学情、生活学情等三部分内容组成。

一是心理学情，主要指在学习生活中表现出认知功能下降、情绪行为异常、支持系统匮乏、社会功能受损等特征的学生情况，具体从心理测评、咨询师评估、日常行为、精神状态、人际交往、应激事件、学业表现等方面综合分析。目前，超过30% 的中国大学生存在心理障碍，大学生自杀和伤害他人的行为大多与心理危机有关[3]，可见关注和帮辅心理学情学生对于高校安全稳定和学生心理健康成长具有重要意义，这是特殊学情中的核心部分。二是学业学情，主要指在学习生活中表现出学习态度不端、专业兴趣不高、学习过程困难、学业成绩不良等表征的学生情况，具体从学生生源信息、志愿调剂、学籍异动、课堂出勤、实验室出勤、学习状态、集体自习、作业完成、考试成绩、论文进展、任课教师反馈、导师反馈等方面综合分析。学业学情的学生需要进行引导、缓解压力、提升效能感，如果放任学业继续恶化下去，学生将无法正常完成学业，这不仅损害了学生及其家庭的直接利益，更会影响到高校的和谐稳定和人才培养质量[4]。三是生活学情，主要指在学习生活中表现出家庭经济困难、家庭发生重大变故、原生家庭环境不良、身体病变引起特殊情况等表征的学生情况，会给学生带来较强的自卑感、压力感等，具体可从家庭情况、日常习惯、餐卡消费、人际交往、假期留校、勤工俭学、学生体检等方面综合分析。高度重视并且着力做好家庭经济困难学生资助工作，同时加强心理关爱，帮助他们有效应对生活和心理双重困难。

2　特殊学情的时代特点

随着社会快速发展，高校学生所感受到的压力日渐彰显，这种压力带来了诸多特殊学情的不良表现，使得帮助特殊学情学生健康成长、构建和谐稳定校园，日益成为高校心理健康教育工作的重要课题，从而赋予了特殊学情以新的时代特点。

一是隐蔽性与公开性同存。隐蔽性与公开性的特点直接反映了特殊学情的问题呈现表征，隐蔽性是指特殊学情学生在日常学习生活中会由于其刻意隐藏而呈现出问题表现不突出，往往以心理学情、生活学情等为主，这是由于人们常存在病耻感、自卑感等多种原因，在生活中的自我暴露较低，导师、专业课教师、思想政治教育工作者和身边的同学等很难了解到具体情况。公开性是指通过观察特殊学情学生在日常学习生活中的客观性指标而觉察到问题表现，往往以学业学情、生活学情等为主，这是由于学业成绩、生活消费等信息可以通过信息化系统等多种途径直接获取。特殊学情这两种特性彼此交叉、相互融合，需要高校心理健康教育工作者通过更细致、更精准的方式来识别。

二是即时性与定期性同在。即时性与定期性的特点直接反映了特殊学情的问题呈现规律，即时性是指特殊学情会随着生活现实问题即时出现而即时发生，如因失恋而产生心理学情、由于突发重大灾害产生生活学情等。定期性是指特殊学情会在固定时间节点而产生，如开学初学业成绩下发时、临近考试和论文答辩前的学业学情等。可以说，即时性与定期性特点的特殊学情同时存在，为高校心理健康教育工作者提供了时间维度的预警信号。

三是个体性与群体性同行。个体性与群体性的特点直接反映了特殊学情的问题呈现形式，个体性是指特殊学情学生具有个性化、差异性的问题表现，每名学生都是独立且不同的个体，他们的问题呈现形式也是各具特点，如心理学情中的曾患精神类疾病等。群体性是指特殊学情会由于高校学生的同质性而表现出问题的普遍性、共通性，如学业学情中部分学生学习兴趣丧失而出现的态度消极表现等。可以说，个体性与群体性既是相互独立，又是彼此相融，需要高校心理健康教育工作者准确把握特殊学情学生的认知、情绪与行为表现特征。

四是发展性与障碍性同列。发展性与障碍性的特点直接反映了特殊学情的问题呈现程度，发展性是指特殊学情体现了高校学生在成长发展阶段所遇到的一般性问题，构成了学习生活中的“坎坷”，如学业学情中学习状态不佳、出现课程挂科、论文课题进展不顺利等，这在学习生活中比较常见且相对好解决。障碍性是指特殊学情体现了高校学生在成长发展阶段所遇到的严重性问题，构成了学习生活中的“障碍”，如心理学情中需要明确抑郁症诊断的学生、病情不稳定的学生、正在服药治疗的学生，需要高校心理健康教育工作者重点关注和帮辅，推动其健康成长。

3 特殊学情的应对策略

特殊学情的帮辅工作是高校心理健康教育工作的重要内容，是维护校园安全稳定的重要途径。我们根据特殊学情的特点和发展规律，在网络信息安全与法律规范的前提下，通过贯穿始终的网络信息化系统，构建特殊学情信息库，提出了以下特殊学情应对策略。

一是构建以预防为主的前沿阵地。“防微杜渐而禁于未然”的理念在高校心理健康教育工作中尤为关键，凡事预则立不预则废，这就需要我们针对潜在的特殊学情学生进行提前预测、及早防范，及时捕捉他们在学习生活中表现出的带有苗头性、倾向性的问题，把特殊学情问题解决在萌芽状态。要抱持着“居安思危”态度，紧绷预防为主的思想之弦，持续进行危机预警意识的学习，参加相关培训督导，持续收集和维护网络信息化系统中的学生生活数据，依托信息化系统建立网络汇报制度，借助大数据的动态变化关注学生，把安全教育预防工作处处做、时时抓。

二是构建以识别为主的筛查手段。科学有效的筛查标准是做好高校特殊学情工作的重要标尺，它能够准确识别出特殊学情学生。筛查标准的制定要结合高校实际情况，遵循学生成长规律与特点，如心理学情可按照由低到高分为心理易感、行为偏差或人格偏差、精神状况异常等三个等级，通过对学生在学习、情绪、食宿、经济等多方面的状态数据整合分析和风险评估，对照科学规范的特殊学情筛查标准，为可能出现特殊学情的学生建立个性化的学情档案，动态掌握特殊学情学生的"症状"变化，及时给予其有效的关爱帮辅。

三是构建以干预为主的帮扶举措。针对已纳入特殊学情信息库的学生，要实行一人一策的干预方案，整合校内外资源，构建包括心理咨询师、院系学工负责人、导师、辅导员、学生骨干等在内的"师生共同体"，采取全员全程育人全方位育人措施。当特殊学情学生出现危机状况时，需立即启动学校、学院、宿舍三级干预网络，依托大数据智能系统，对特殊学情学生进行全面分析，合理运用心理危机干预的支持技术和解决问题技术，采取确定问题、制订计划、保证安全、给予支持、有效应对等基本步骤，确保学生人身安全。

特殊学情学生是高校学生群体中重要的部分，我们不能用"问题学生"的眼光来看待，他们只是尚未"发展好"，需要更多的关心、关爱、关照。曾有学者说："教育的本质意味着，一棵树摇动另一棵树，一朵云推动另一朵云，一个灵魂唤醒另一个灵魂。"作为高校心理健康教育工作者，我们要通过借助信息化手段用爱来"摇动""推动""唤醒"他们，让他们以积极向上、和谐稳定的状态投入学习生活。

参考文献

[1] 黎世法."最优中学教学方式实验法"理论体系梗概[J].武汉师范学院学报(哲学社会科学版),1984(S1):94-102.

[2] 赵振旗.应加强对学情的研究[J].山东教育科研,1988(4):30.

[3] LI P,ZHANG Z P,WANG Q Q,et al.College students' psychological crisis:types,factors and countermeasures[C]//XIAO X N,HAUER T,KHAN S A R.Proceedings of the 2018 4th International Conference on Social Science and Higher Education(ICSSHE 2018),September 28-30,2018.Sanya,China. Paris:Atlantis Press,2018:579-581.

[4] 甘友成.高校学业困难学生的精准帮扶研究[J].高校辅导员学刊,2017,9(3):79-83.